全过程工程咨询实践与案例丛书

体育建筑工程
全过程工程咨询实践与案例

浙江江南工程管理股份有限公司　编著

胡新赞　钱　铮　陈飞龙　韩仲凯　主编

中国建筑工业出版社

图书在版编目（CIP）数据

体育建筑工程全过程工程咨询实践与案例/浙江江
南工程管理股份有限公司编著；胡新赞等主编. —北京：
中国建筑工业出版社，2021.11
（全过程工程咨询实践与案例丛书）
ISBN 978-7-112-26774-3

Ⅰ.①体… Ⅱ.①浙… ②胡… Ⅲ.①体育建筑—咨
询服务—案例 Ⅳ.①F407.9

中国版本图书馆CIP数据核字（2021）第211229号

与一般公共建筑相比，体育建筑有着投资额大、投资控制要求高、建设周期短、质量标准高、专业性强、工艺复杂等特点，工程建设需要有更系统、更具整合能力的全过程工程咨询师，为委托方精心谋划。分析已经完成的工程案例，咨询师们主动工作、开拓创新，在顺利推进项目目标实现的同时，不断总结，积累汇总了大量的成功经验。本书以体育建筑全阶段建设咨询内容为切入点，收编了编委们主持或参与过的多项有代表性的体育建筑工程建设过程中全过程工程咨询的内容、方法、措施与成效等实践案例，深入浅出，案例真实，数据翔实，具有较高的学术研究和实际应用价值。

全过程工程咨询服务方式在推行过程中，服务内容也在不断更新，将更多内容如场地选址、建设模式确定、工程勘察、工程设计、工程检测、项目管理、工程监理、造价咨询、项目运营等集成一体的服务模式更加体现出了其优越性。

本书作为"全过程工程咨询实践与案例丛书"之一，突破了前几本书的主案例以工程项目管理和工程监理作为主线的编写思路，把工程建设前期咨询、实施阶段咨询、验收移交与运营、拆除改造等，结合体育建筑的特殊性，案例与实践穿插叙述、经验与总结过程分享，相信能为同行提供更加有益的参考。

责任编辑：周方圆 封 毅
责任校对：赵 菲

全过程工程咨询实践与案例丛书

体育建筑工程全过程工程咨询实践与案例

浙江江南工程管理股份有限公司 编著
胡新赞 钱 铮 陈飞龙 韩仲凯 主编

*

中国建筑工业出版社出版、发行（北京海淀三里河路9号）
各地新华书店、建筑书店经销
北京建筑工业印刷厂制版
天津翔远印刷有限公司印刷

*

开本：787毫米×1092毫米 1/16 印张：30¾ 字数：707千字
2021年12月第一版 2021年12月第一次印刷
定价：**92.00**元
ISBN 978-7-112-26774-3
（38575）

本书编委会

总 策 划：李建军

技术顾问：田村幸雄

主　　编：胡新赞　钱　铮　陈飞龙　韩仲凯

副 主 编：裘云丹　刘　浩　郑刚兵　陈自强

编　　委：谷金省　谭清清　王翌明　施丽萍

　　　　　谢忠良　吴延升　易　勇　石　晶

　　　　　林　杰　周志强　章　明　李蕴慧

校　　对：周　婷　吴　俊　吴建宇　张静玉

　　　　　潘雷明　范健辉

序　1

体育建筑主要是承载竞技运动比赛、体育教学、群众锻炼和体育娱乐等社会活动的功能性建筑，包括主体建筑物和场地配套设施等。体育建筑大多采用大跨度结构形式，将体育建筑的结构、形体和空间进行有机结合，以达到"结构成就建筑之美，建筑展现结构之妙"的效果。随着体育建筑建设理念与技术的创新，众多城市的体育中心或场馆不仅考虑使用功能，还通过创新建筑造型、色彩搭配等设计元素，展示出体育建筑的主题特色，更加能够突出城市的文化，成为城市形象的典型标志。

体育建筑具有复合功能、结构复杂、体量大，而且建设管理和协调难度大等特点，传统的建设管理模式往往难以适用。近年来，行业内一直在努力探索适合体育建筑建设的管理模式，其中全过程工程咨询是国务院和住房和城乡建设部重点培育的新管理咨询模式。2017年，国务院办公厅印发《关于促进建筑业持续健康发展的意见》，首次提出了"全过程工程咨询"的概念，并明确指出"政府投资工程应带头推行全过程工程咨询，鼓励非政府投资工程委托全过程工程咨询服务"，这为国内全过程工程咨询建设模式的孕育和推广带来优越的政策环境。全过程工程咨询服务能够贯彻前期策划、过程把控和运维管理等项目建设全阶段，大幅提高管理效率，有效应对管理难点，能够灵活有效地满足体育建筑建设的专业性强、综合性高的要求以及不同业主与使用单位个性化咨询服务需求。

满眼生机转化钩，大工人巧日争新。从近几年全过程工程咨询项目的发展情况来看，其普及面已经逐步覆盖全国，在某一些省份如浙江、广东和江苏等，全过程工程咨询模式已经逐渐成为主流，认可度与日俱增，在大型公建项目中应用尤为广泛。从全过程工程咨询的实施成效来看，其能够有效避免了传统"碎片化"、缺乏全面沟通协调的弊端，并能够站在工程项目全寿命周期角度考虑，有利于实现投资、质量、进度和安全等综合效益最大化的预期目标，始终保持对整个项目的全方位、全过程综合管理、整体把控，增强了建设工程内部联系的便利性，使项目决策、准备、实施和运营等环节的管理更加科学、合理和高效。2020年，国务院办公厅印发的《关于加强全民健身场地设施建设发展群众体育的意见》，提出"完善健身设施建设顶层设计，增加健身设施有效供给，补齐群众身边的健身设施短板，大力开展群众体育活动。"进一步激发体育建筑营建的全面化、精细化、标准化、高效化和智慧化。

浙江江南工程管理股份有限公司已经在房屋建筑、市政基础设施、水利以及未来社区等领域总结了全过程工程咨询实践经验，取得了一批创新成果。《体育建筑工程全过程工程咨询实践与案例》一书，作为该公司在体育建筑工程全过程工程咨询领域的新突破，贯彻"以运维为导向，全过程贯穿，全方位协同"的咨询服务理念，将理论阐述与案例分析相结合，展示出全过程工程咨询模式在体育建筑工程建设管理中的应用优势，为体育建筑全过程工程咨询模式提供理论与实践总结，值得业内人士学习研读。

浙江大学建筑工程学院教授　博士生导师

序 2

当前，中国正在经历着百年未有之大变局，创新、协调、绿色、开放、共享的新发展理念正在构成，以项目为依托的工程咨询服务方式也正在发生着巨大变化。3D 打印、装配式建筑、BIM、智能建筑、智慧城市等一大批新技术、新工艺正改变着工程项目从立项到拆除的每一个细节；在供给侧结构性改革、环境治理、政府和社会资本合作（PPP）等国家宏观战略背景下，投资效率和效益的要求正在发生质的飞跃。同时，互联网背景下，大数据、物联网等新技术给工程建设行业的发展带来了新的挑战，特别是在重大建设工程领域，对于高质量建设发展的目标追求正推动工程咨询业发生着深刻变革。投资人的需求已经从单一化和碎片化建设组织模式转变为复合型和集约化建设组织模式，工程总承包、全过程工程咨询建设组织模式逐步成为主导模式。互联网、大数据要素赋能工程建设行业企业，具备高新技术应用能力、具备全过程工程咨询服务能力的咨询服务企业正在成为工程咨询行业的领跑者。

社会发展需要建筑的更新和建设，人们生活质量的提高也对配套设施提出更高要求，这些都推动着工程建设行业的延续发展和迭代更新。建筑业作为国民经济的支柱产业，国家政策导向集中反映了行业发展的新趋势。2017 年，国务院办公厅印发了《关于促进建筑业持续健康发展的意见》（国办发〔2017〕19 号）。该意见在完善工程建设组织模式条款中明确提出培育全过程工程咨询。这是国家首次针对工程建设咨询业发展方向发布的政策引导文件。

作为工程咨询领域为数不多的起步早、资质全、要素齐、发展快的全过程工程咨询服务企业，浙江江南工程管理股份有限公司于 2020 年、2021 年先后出版《水利项目全过程工程咨询实践与案例》、《房屋建筑工程全过程工程咨询实践与案例》、《市政基础设施工程全过程工程咨询实践与案例》和《未来社区项目全过程工程咨询研究与实践》，在工程咨询行业引起了极大的反响。体育建筑工程咨询，作为公司的拳头产品，在过去二十多年的实践中，积累了大量的富有成效的体育建筑建设管理经验，编者认真梳理，从基础理论展开，以投资决策和工程建设全过程为主线，对体育建筑工程建设各阶段工程咨询服务内容、方法与措施，引用典型实际案例，结合实践经验进行论述，有经验总结，有操作流程，也有体育建筑特有的工程实例，编制《体育建筑工程全过程工程咨询实践与案例》一书，以期为体育建筑和其他类型工程项目的投资人、工程咨询机构、相关从业者开展全过程工程咨询工作提供帮助。

本丛书在陆续编写与出版过程中，编委们多次与众多工程咨询领域、项目管理领域的专家、教授、学者和资深从业人员进行交流、探讨，得到了很多很好的意见和建议，在此向他们表示深深的感谢！书中引用和参考的许多论著和研究成果，已经在书中详细列出，在此向这些论著和研究成果的作者一并表示感谢。

浙江江南工程管理股份有限公司　董事长

前　言

浙江省人民政府办公厅 2021 年 3 月 31 日发布《浙江省人民政府办公厅关于推动浙江建筑业改革创新高质量发展的实施意见》（浙政办发〔2021〕19 号），提出积极推进全过程工程咨询。支持专项咨询企业通过联合经营、并购重组等方式向全过程工程咨询企业转型，加快培育一批涵盖房建市政、交通、水利等领域和投资决策、建设实施、运营维护等阶段的全过程工程咨询企业。全过程工程咨询是我国建设组织模式变革的重要内容，国办发〔2017〕19 号、发改投资规〔2019〕515 号等一系列国家层面的重磅文件中均提出政府投资工程应带头推行全过程工程咨询。

正是由于政府层面的积极引导、建设行业的积极推进，加上很多实施了全过程工程咨询建设组织模式的项目切切实实为建设单位解决了许多传统建设模式中存在的痼疾问题，因此，全过程工程咨询建设组织模式被越来越多的政府或国有投资项目接纳。据有关数据统计，不同类型的政府投资项目采用全过程工程咨询模式的差异较大，其中学校、医疗、文体类项目占比较高。

由于体育建筑有着投资额大、投资控制要求高、建设周期短、质量标准高、专业性强、工艺复杂等特点，这就需要有更系统、更具整合能力的咨询服务人员，为建设投资方精心谋划，从场地选择、经济适用、适度超前和满足城市发展等方面，提出统领性和引导性的思路与措施。全过程工程咨询，作为集约化、贯穿工程全过程的新型工程建设组织模式，必将以目标和结果为导向，发掘体育建筑功能更多的可能性、发挥体育建筑建成后更大的价值，最终实现体育建筑建设与体育产业发展的可持续性。

浙江江南工程管理股份有限公司自 1997 年承担杭州黄龙体育中心体育场工程咨询服务起，至今先后承接了近 300 项体育建筑工程项目的咨询服务，其中包含了近年来以全过程工程咨询组织模式开展的服务项目。在为委托方提供咨询服务的过程中，咨询师们主动工作、开拓创新，在顺利推进项目目标实现的同时，不断总结，积累汇总了大量的成功经验。全过程工程咨询服务方式在推行过程中，服务内容也在不断更新，将更多内容如场地选址、建设模式确定、工程勘察、工程设计、工程检测、项目管理、工程监理、造价咨询、项目运营等集成一体的服务模式更加体现出了其优越性，本书作为"全过程工程咨询实践与案例丛书"之一，突破了前几本书的主案例以工程项目管理和工程监理作为主线的编写思路，把工程建设前期咨询、实施阶段咨询、验收移交与运营、拆除改造等，结合体育建筑的特殊性，案例与实践穿插叙述，经验与总结过程分享，相信能为同行提供更加有益的参考。

本书由浙江江南工程管理股份有限公司主编，公司董事长李建军总策划，田村幸雄院士担任技术顾问，公司副总裁兼江南研究院院长胡新赞、江南研究院副院长钱铮、体育会展研究中心副主任陈飞龙和全过程工程咨询研究中心副主任韩仲凯担任主编；由参编单位浙江省建筑设计研究总建筑师裘云丹、浙江黄龙呼啦网络科技有限公司董事长刘浩及总经理陈自强、杭州华新检测股份有限公司董事长郑刚兵担任副主编。本书共4篇、15章，其中第1、2章由谷金省、胡新赞编写；第3章由钱铮编写；第4章由谭清清、胡新赞编写；第5、12章由韩仲凯、胡新赞编写；第6章由王翌明、施丽萍、胡新赞编写；第7章由裘云丹、谢忠良、胡新赞、李蕴慧编写；第8章章由胡新赞、吴延升、易勇编写；第9章由石晶、林杰、周志强编写；第10章由陈飞龙、胡新赞编写；第11章由刘浩、陈自强、章明、郑刚兵、李蕴慧编写；第13章由刘浩、陈自强、章明、李蕴慧编写；第14章由郑刚兵编写；第15章由裘云丹、谢忠良编写；附录由韩仲凯、陈飞龙编写。全书由胡新赞统筹定稿。上述人员均为本书的编委。

本书是浙江江南工程管理股份有限公司"全过程工程咨询实践与案例丛书"之一，在沿袭水利项目、房屋建筑工程、市政基础设施工程、未来社区项目四本书编写思路的基础上，引入了全过程工程咨询更多服务内容的实践与案例。作者在本书编写过程中参考了相关文献，得到了江南研究院院士工作站和博士后工作站的指导和支持，得到了案例项目参建各方的支持，案例中选用的部分图片与内容也来自项目参建单位，在此谨向文献作者、两站人员、案例参建单位同仁们表示衷心感谢。

由于受到编委们知识面和项目实践经验的限制，本书尚存在不完善和有待商榷之处，敬请读者朋友们不吝提出宝贵意见，以共同推进全过程工程咨询在体育建筑建设中的发展。

浙江江南工程管理股份有限公司

2021 年 10 月

目　　录

第1篇

绪 论

区别于一般工业与民用建筑，体育建筑因其特殊的使用功能，一般具有建筑跨度大、观众容量大和厅堂体积大的特点；作为体育竞技、体育教学、体育训练和健身娱乐等活动之用的建筑物，体育建筑包括体育场、综合体育馆、各种单项体育场馆（如专用足球场、曲棍球场、游泳馆、跳水馆、网球馆等）、训练馆、训练场等；随着生产的发展、人民生活水平的不断提高、社会发展的需要以及科学技术的发展，为体育建筑的多功能的建造要求提供了更多的可能。因此，就需要有更系统、更具整合能力的咨询服务人员，为建设投资方精心谋划，从场地选择、经济适用、适度超前和满足城市发展等方面，提出统领性和引导性的思路与措施。全过程工程咨询作为集约化、贯穿工程全过程的新型工程建设组织模式，必将以目标和结果为导向，发掘体育建筑功能更多的可能性发挥体育建筑建成后更大的价值，最终实现体育建筑建设与体育产业发展的可持续性[1]。本书开篇通过分析体育建筑特点和发展趋势，提出了体育建筑工程建设引入全过程工程咨询的必要性，接着从体育建筑项目的前期咨询、工程实施阶段咨询和验收移交与运营咨询来进行阐述。

---

[1] https：//wiki.mbalib.com/wiki/ 体育建筑.

第1章　体育建筑概述

随着国际交流与合作的扩大，体育事业发展的规模和水平以及体育产业是否健康发展，已然成为衡量一个国家、社会发展进步的一项重要标志，也成为国家间外交及文化交流的重要手段。一个国家的体育发展水平由以下几个方面来衡量：人民的体质水平、体育普及的程度、体育的科学理论水平、体育设施状况、运动技术水平和最好的运动成绩等。[①]

体育建筑是体育产业的一个分支，是承载体育产业的重要场所，体育建筑的发展与体育产业息息相关，可以说体育建筑的发展史也是体育产业的发展史。同样，体育产业的健康发展也离不开体育设施的建设与完善。

1.1　我国体育产业的发展

体育产业是指为社会提供各种体育产品（货物和服务）和体育相关产品的生产活动的集合。按照《体育产业统计分类（2019）》（国家统计局令第26号）的划分标准，其分类范围包括：体育管理活动，体育竞赛表演活动，体育健身休闲活动，体育场地和设施管理，体育经纪与代理、广告与会展、表演与设计服务，体育教育与培训，体育传媒与信息服务，其他体育服务，体育用品及相关产品制造，体育用品及相关产品销售、出租与贸易代理，体育场地设施建设等11个大类[②]。

我国体育事业的产业化发展开始于20世纪80年代，90年代中期我国体育产业已经初步形成较为完整的产业形态和较为完善的行业制度，体育建筑业、体育广告业、体育博彩业、体育旅游业和体育消费用品生产等与体育相关的行业在这个时期得以充分发展。

我国的体育基本法是《中华人民共和国体育法》，该法是1995年8月29日第八届全国人大常委会第十五次会议通过，1995年10月1日起实施的。该法从颁布实施至今的20余年间，为我国体育事业的发展起了非常重要的作用。我国的体育事业在十几年间取得了突飞猛进的发展，与体育相关的体育产业逐年壮大，已经在中国第三产业中占据了重要地位。

1995年6月，国家体育总局出台了《体育产业发展纲要（1995—2010年）》，指出我国体育产业要用15年时间逐步建成适合社会主义市场经济体制，符合现代体育运动规律、门类齐全、结构合理、规范发展的现代体育产业体系。至此，我国体育事业呈产业化的发

---

① https：//zh.wikipedia.org/wiki/体育运动.
② 国家统计局.体育产业统计分类（2019）[Z].2019-4-1.

展趋势得以正式形成。之后，《2001—2010 年体育改革与发展纲要》（国家体育总局发布，体政字〔2000〕079 号）、《体育事业"十一五"规划》（2006 年 7 月 11 日国家体育总局公布）、《体育产业"十二五"规划》（2011 年 4 月 29 日国家体育总局发布）、《关于加快发展体育产业促进体育消费的若干意见》（国发〔2014〕46 号）、《体育产业发展"十三五"规划》（国家体育总局 2016 年 6 月 27 日）、《关于加快发展健身休闲产业的指导意见》（国办发〔2016〕77 号）、《关于加快发展体育竞赛表演产业发展的指导意见》（国办发〔2018〕121 号）、《关于促进全民健身和体育消费　推动体育产业高质量发展的指导意见》（国办发〔2019〕43 号）等文件相继发布，将体育产业发展定位为国家战略层面后，为我国体育产业的快速增长注入了强大的动力，体育事业产业化发展呈现迅猛之势。

2020 年 1 月 20 日，国家体育总局、国家统计局联合召开 2018 年度体育产业统计数据发布会。经核算，2018 年，全国体育产业总规模（总产出）为 26579 亿元，增加值为 10078 亿元，体育产业增加值占国内生产总值的比重达到 1.1%。

从体育产业内部结构看，体育服务业保持良好发展势头，增加值为 6530 亿元，在体育产业中所占比重达到 64.8%，比 2019 年有所提高。其中：体育用品及相关产品销售、出租与贸易代理规模最大，增加值为 2327 亿元，占全部体育产业增加值比重为 23.1%；体育用品及相关产品制造的增加值为 3399 亿元，占全部体育产业增加值比重为 33.7%；体育场地设施建设的增加值为 150 亿元，占全部体育产业增加值比重为 1.5%。

数据显示，我国体育产业前景广阔，潜力巨大，始终保持持续快速发展态势，对经济的贡献不断扩大，有望成为国民经济支柱性产业[①]。

1.2　我国体育建筑的发展趋势

21 世纪以来，随着我国经济的飞速发展，体育产业也随之带动起来，特别 2008 年北京奥运会之后，体育产业更是蓬勃发展，体育建筑也与体育产业同频共振，呈现出来了新的发展趋势。

1.2.1　从狭义走向广义

体育建筑能够体现一个国家的经济实力和设计、建造水平，与其经济发展和人民生活密切相关。我国体育建筑在经历了从无到有、从少到多的量变之后，发生了巨大的质变。随着基于计划经济的体育事业发展到基于市场经济的体育产业，体育建筑已从单纯承载竞技体育发展到服务全民健身，由单一的比赛场馆发展到包含比赛、商业、健身等多功能的体育综合体。

从体育事业到体育产业——改革开放和市场经济是体育向产业化发展的催化剂，体育产业化实现了经济效益和社会效益的相互促进，能够保证体育建筑健康长久的发展。场馆

---

① 国家体育总局 . http：//www.sport.gov.cn/n319/n4835/c942314/content.html，2021-2-28.

设施是发展体育产业的硬件基础，其社会化、产业化的发展方向也愈发受到关注。

从竞技体育到全民健身——全民健身是世界体育的发展趋向，发达国家早在 20 世纪 70 年代就已倡导并推行了这一理念。我国于 1995 年制定并颁布了到 2010 年分三个阶段实施的《全民健身计划纲要》。其中提出，为了满足全民健身的需求，在发展竞技体育的同时要关注全民健身。

从体育建筑到体育综合体——随着现代体育建筑功能的不断拓展，体育建筑从传统的专业性、单一化的功能组成向复杂的建筑综合体发展。以体育功能为核心，包含娱乐、餐饮、展览、商业等一系列的相互配套、彼此关联的功能集群的建筑综合体，更注重功能组成的多元、系统以及空间组合的复合、弹性。

1.2.2　从建筑走向城市

以 2008 年北京奥运会的筹办为契机，体育建筑创作及后奥运时代体育场馆的规划成为我国建筑界的热点。国际上体育建筑研究已经从单体拓展至城市范畴，体育场馆作为城市公共空间的重要组成部分，在城市功能和城市生活中扮演着重要角色。

城市空间结构的节点——随着当代中国高速的城市开发与更新，体育场馆已经突破了建筑本体的单纯含义，大型体育场馆因其复合功能、巨大体量和独特形象往往成为城市空间和景观的重要节点，在城市中心形成集聚中心，甚至地标。

城市开发建设的触媒——在当代城市建设生活中，体育建筑往往作为新区开发的启动项目，即"触媒"，对塑造城市形象、激发城市新发展具有积极的促进作用，并在一定程度上促成城市开发的联动效应。

城市发展战略的"大事件"——大型体育赛事等"大事件"会对主办城市的发展产生深远的影响。体育场馆作为承载这些"大事件"的物质载体，其建设的本身就是一个"大事件"。以举办大型赛事为契机的场馆建设，在城市的招商引资、解决就业、改善环境等方面有巨大的推动作用，能够增强城市综合实力，推动城市发展。因此，"事件型"大型体育设施的建设，运作往往与城市整体发展战略相结合，并成为其中重要的组成部分①。

1.2.3　从单一走向多元

既然体育建筑已经由体育事业走向了体育产业，由单一的竞技功能走向了多元化的复合功能，由体育建筑发展到了体育综合体，并且由建筑拓展到了城市，那么其在建设资金、运营管理、评价指标等方面也必然由最初的单一走向多元。

建设资金由单一走向多元——根据公共产品理论，体育建筑具有公共产品的特性，这也是我国长期以来由国家财政直接投资建设各类竞技体育场馆主要原因。但在另一方面，体育建筑的功能已经由单一走向了复合，由体育建筑发展成了体育综合体，具备了娱乐、餐饮、表演、展览等一系列具有商业竞争性的功能，在这一方面它又具有私人产品的属

① 李玲玲，陆诗远，罗鹏，等 . 21 世纪我国体育建筑发展趋势［M］// 李玲玲，杨凌 . 体育建筑 . 哈尔滨：黑龙江科学技术出版社，2014.

性。可见，大型体育建筑属于准公共产品，应由政府和私人部门共同提供。既然可由政府和私人部门共同提供，那么其建设资金必然也由单一的政府投资走向多元化的融资建设。

运营维护由单一走向多元——体育建筑在政府投资建设的模式下，体育建筑的功能相对单一，竞技功能是其主要功能，其运营维护模式一般是公益性事业单位下的运营管理，闲置率高，使用效率低下，一直为社会各界所诟病。随着市场经济的发展，其建设资金也由单纯的政府投资走向了多元化的融资，那么其运营维护的模式也必然由单一走向多元。

评价指标由单一走向多元——既然体育建筑属于准公共产品，并且由建筑走向了城市，其建设资金、运营维护模式也由单一走向了多元，那么其建设与运营维护的评价指标必然也要从单一走向多元，要在公益性与商业性、社会效益与经济效益之间找到一个平衡，形成多维度、全过程、全方位的指标评价体系。

1.3　体育建筑发展趋势下的特点

体育建筑的发展趋势，决定了其决策具有系统性与科学性、其建设过程具有专业性与复杂性、其运营维护具有综合性与长期性的特点。

1.3.1　决策的系统性与科学性

体育建筑的建设资金由单一走向了多元，其目的不仅是为了解决建设资金的难题，更重要的是利用社会资本"逐利避险"的天性，通过融资的多元化组成投资的"联合体"，形成利益"共同体"，使体育建筑在决策、建设、运维等各个环节降低成本，提高效率。既然引入了社会资本，实现了融资的多元化，那么必然就涉及风险与利益的分配。政府作为社会公众的代表，必然想用最小的投资换来最好的公益性服务，带来最大的社会效益，取得最佳的政治声誉；而社会资本也想用最小的投入换来最高的产出，这样就产生了分歧。它从最初的意向性投资开始，到项目的运营维护，贯穿项目的整个生命周期，因此在决策阶段应系统、科学地进行整体的决策与筹划。

1.3.2　建设过程的专业性与复杂性

体育建筑是建筑结构非常复杂的大型公共设施，是具有鲜明特色的专业化建筑，它除了包含一般工业与民用建筑的分部分项外，还具有了与体育工艺相关的系统。它涉及很多非常规的技术与材料，如超大型的铸钢构件、超大跨度的屋架钢结构、非常规的金属屋面/幕墙的安装方法等；与体育工艺相关的部分专业性非常强，如塑胶田径场地、专用的运动地板、足球场草坪、制冰系统、泳池水处理系统、场地扩声系统、计时记分系统、赛事管理系统等等，建设难度非常大[①]。

此外，由于建设资金投入或来源的多元化，其新的建管模式也在不断兴起，已经由

---

① 谷金省，郭爱霞. 体育场馆建设 PPP 模式探讨［J］. 建设监理，2013（8）：13-14.

原来相对单一、成熟的 DBB 模式（Design Bid Build，设计—招标—建造模式）逐步发展为以 EPC 模式（Engineering Procurement Construction，设计—采购—施工模式）、PPP 模式（Public-Private Partnership，政府和社会资本合作模式）为引领的新兴模式。新兴模式的崛起，也给其建设与管理带来了新的难度与挑战，在一定程度上增加了其过程管控的复杂性。

1.3.3 运营维护的综合性与长期性

多元化融资背景下复合功能的体育建筑，运维是实现其建设目的最终环节，重建设轻运维的现象也正得到改变。"一个目标，两个平衡"是现阶段运营维护的基本方针。"一个目标"即以提高公共体育服务水平、满足人民群众体育需求为目标；"两个平衡"即在"一个目标"的基础上平衡体育建筑的公益性与商业性、平衡体育建筑的社会效益与经济效益，实现体育建筑的长期运维。要实现这个基本方针，就要完善财政与税费政策、创新体制机制、优化运营模式、强化公共服务、突出体育功能、拓宽服务领域等方面综合施策，形成长久的运营维护体系。

第2章 体育建筑与全过程工程咨询

随着全过程工程咨询建设模式的完善，国有投资项目或大型复杂项目的建设，越来越多地选择了全过程工程咨询建设组织与服务模式。作为公共设施属性的体育建筑，其投资建设模式和建筑本身建设的复杂性，急需要引入全过程工程咨询建设模式，从而更多地保证其实现良好的经济效益和社会效益。

2.1 全过程工程咨询的提出与引入

2.1.1 传统建设模式的缺陷

传统的建设模式是将建设项目中的决策、设计、施工、监理、运维等阶段分隔开来，各单位分别负责不同环节和不同专业的工作，这不仅增加了成本，也人为分割了建设工程管理体系各内容的内在联系，在这个过程中由于缺少全产业链管理的整体把控，许多有效的建设组织模式信息流被切断，使得投资建设方难以得到完整的建筑产品和服务。为此，政府有关部门提出了"全过程工程咨询"工程建设组织形式。

2.1.2 全过程工程咨询的提出

全过程工程咨询，是指采用多种服务方式组合，为项目决策、实施和运营持续提供局部或整体解决方案以及管理的服务[①]。

2017年2月，国务院办公厅发布了《关于促进建筑业持续健康发展的意见》（国办发〔2017〕19号），第一次提出了"培育全过程工程咨询"的意见。2019年3月15日，国家发展改革委、住房和城乡建设部共同发布了《关于推进全过程工程咨询服务发展的指导意见》（发改投资规〔2019〕515号），提出了"遵循项目周期规律和建设程序的客观要求，在项目决策和建设实施两个阶段，着力破除制度性障碍，重点培育发展投资决策综合性咨询和工程建设全过程咨询，为固定资产投资及工程建设活动提供高质量智力技术服务，全面提升投资效益、工程建设质量和运营效率，推动高质量发展"的意见。

全过程工程咨询的提出与推广，是转变建筑业经济增长方式的需要，是促进工程建设实施组织方式变革的需求，是政府职能转变的需求，是提高项目投资决策科学水平、提高

---

① 浙江省住房和城乡建设厅. 全过程工程咨询服务标准: DB 33/T 202—2020 [S].

投资效益的需要，是实现工程咨询企业转型升级的需求，也是推进工程咨询行业国际化发展的战略需求。

2.1.3　体育建筑全过程工程咨询的引入

体育建筑的发展趋势及其发展趋势下的特点，理所应当地为工程项目管理提出了系统化、集成化、全面性的咨询服务需求。

只有系统化的咨询服务，才能涵盖体育建筑建设的各个阶段，才能站在全局的角度，系统性地思考问题，才能统筹决策、建设与运维三大阶段，才能促进投资决策与工程建设的结合、投资决策与运营维护的结合、工程建设与运营维护的结合，才能提升投资决策的科学化水平。

只有集成化的咨询服务，才能涵盖体育建筑建设各个阶段所需的项目建议书、可行性研究、工程勘察与设计、工程项目管理、建设监理、法务咨询、融资咨询、项目后评价等全部咨询内容，才能将工程建设相互关联的内容纳入统一的管理控制系统之中，才能使资源得到充分共享，才能实现集中、高效、便利的管理与控制，才能提升管控的专业化水平。

只有全面性的咨询服务，才不会仅从某一阶段、某一角度去思考和探索，才能统筹局部与整体、统筹当前与长远、统筹环境与发展，才能全面、系统地统筹整个项目的全过程、全方位与全要素，进而运用价值工程的理念，才能提升项目投资的效果效益，达到为建设工程增值的目的。

全过程工程咨询服务模式的推行，打破了传统模式下工程咨询服务松散状、碎片化的现状，实现了项目系统化、集成化的管理；全面性的咨询服务，契合了体育建筑建设的发展需求。要提高体育建筑投资的效果效益，就应该走集成化建设管理的道路——全过程工程咨询。

2.2　体育建筑全过程工程咨询要点

体育建筑属房屋建筑工程中的专业建筑，其生命周期分为投资决策、建设实施和运营维护三个大的阶段，在每一个阶段，其与一般的工业与民用建筑相比，都有其专业建筑的特殊性。因此，在开展全过程工程咨询工作时，应结合项目特点有针对性地进行策划并组织实施。

2.2.1　投资决策阶段的咨询要点

投资决策阶段在项目建设程序中具有统领作用，对项目顺利实施、有效控制和高效利用投资至关重要，甚至关系到项目的成败。在投资决策环节应统筹考虑影响项目可行性的各种因素，就投资项目的市场、技术、经济、生态环境、能源、资源、安全等影响可行性的要素，并结合国家、地区、行业发展规划及相关重大专项建设规划、产业政策、技术标准及相关审批要求进行分析研究和论证，认真贯彻"以运维为导向，全过程贯穿，全方位协同"的全过程工程咨询的核心理念，充分发挥全过程工程咨询的作用，增强决策论证的科学性。

体育建筑功能策划与论证是投资决策阶段的核心内容之一。体育建筑的功能应结合宏观的必要性和外部的约束条件进行综合性的分析，使其定位契合社会的发展，功能满足社会的需求，规模不宜过大，但可适当超前，也可预留出进一步发展的空间。

体育建筑属准公益性项目，即使采用政府与社会资本合作的模式，一般仍应纳入正常的基本建设程序，其实施方案是控制的要点，也是"以运维为导向"的重要体现。实施方案一般包括项目概况、风险分配基本框架、项目运作方式、交易结构、合同体系、监管架构、采购方式等方面，应重点明确项目经济技术指标、经营服务标准、投资概算构成、投资回报方式、价格确定及调价方式、财政补贴及财政承诺等核心事项。

2.2.2　建设实施阶段的咨询要点

建设实施阶段又可以分为招标采购阶段、勘察设计阶段、实体施工阶段和验收移交阶段。

不论是勘察设计等咨询服务类的招标采购，还是工程类和货物类的招标采购，实施能力都是决定后续工作质量的先决条件。企业及项目团队的技术与管理力量、类似的项目经验、以往的社会荣誉等都是需要调研与考核的指标。体育建筑不同于一般的工业与民用建筑，是具有鲜明特色的专业化建筑，因此，应根据招标采购的内容与体育建筑——这种专业建筑的相关度，有针对性地考核相应的内容。

在勘察设计阶段，全过程工程咨询应以批准的可行性研究报告等文件为依据，以功能控制为核心，以运维管理为导向，以建筑物全寿命周期的角度，限额设计，促进技术与经济的结合、技术与运维的结合、经济与运维的结合。要通过"三个结合"，既要降低建设与运维成本，又要提升建设与运维质量，从而实现高质量发展。

实体施工阶段是将建设意图、设计文件直接转化为工程实体的过程，此阶段应以建设阶段的项目管理为核心，以安全、质量、投资、进度等目标控制贯穿全过程，全过程工程咨询应发挥全过程、全方位的服务优势，内外协调，促进设计与采购、采购与施工、设计与施工的结合，确保项目顺利实施。

在验收移交阶段，除了完成综合调试、消防专项验收、规划专项验收等联合调试与专项验收之外，全过程工程咨询还要编制体育建筑使用说明手册，要加大运维单位的参与力度，做好暖通、灯光、扩声、智能化、草皮、跑道等专业设施使用与维护的专门培训。

2.2.3　运营维护阶段的咨询要点

目前，运营维护阶段全过程工程咨询虽然参与较少，但体育建筑作为大型的准公益性建筑，后评价或自我评价工作是提高体育建筑建设管理、运营维护的有效手段，理应涵盖在全过程工程咨询的范畴。

2017 年 8 月 22 日住房和城乡建设部发布了《关于展开工程质量安全提升行动试点工作的通知》(建质〔2017〕69 号)中也提出了对大型公共建筑展开后评估试点的要求。体育建筑的后评估,除了按照国家发展改革委《中央政府投资项目后评价管理办法(试行)》(发改投资〔2008〕2959 号)、《国家发展改革委投资咨询评估管理办法》(发改投资规〔2018〕1604 号)等文件执行外,国家体育总局也针对体育建筑的特点,发布了《大型体育场馆基本公共服务规范》、《大型体育场馆运营管理综合评价体系》(体经字〔2014〕411 号),提出了体育建筑的运营管理综合评价体系。

新时代体育建筑的发展使其变为了体育综合体,其评价指标也应根据体育综合体的特点,有针对性地调整。因此,综合性的评价指标、长期性的跟踪评价是体育建筑运营维护阶段的咨询要点。

第2篇

项目前期咨询

《全民健身计划（2021—2025年）》提出，加大全民健身场地设施供给，广泛开展全民健身赛事活动，推动体育产业高质量发展等，在这项计划的实施过程中，体育建筑扮演了举足轻重的角色。在我国，体育建筑的建设投资主体，决定了绝大多数的体育场馆具有公共事业属性的特点，因此，体育建筑的建设，就需要追求长远的社会效益。体育产业需要可持续、高质量发展，体育建筑的建设同样不能忽略经济效益，否则将是对国有资产的极大浪费。本篇分为第3章和第4章：第3章主要介绍帮助投资者作出决策所采用的咨询方法和咨询重点，然后通过案例加以对比说明；第4章主要介绍建设模式咨询，包含PPP、EPC等。

第3章 体育建筑投资决策咨询

3.1 引言

中国正由体育大国向体育强国迈进。因为体育能为经济建设、国防建设和社会发展服务，所以国家把体育产业作为绿色产业、朝阳产业培育扶持，自上而下营造重视体育、支持体育、参与体育的社会氛围。一方面，体育建筑是开展群众性的体育活动、提高全民族身体素质、提高体育运动水平、促进社会主义物质文明和精神文明建设的关键载体，要发展体育产业乃至事业，就要在供给侧推动体育建筑的投资建设。另一方面，人们通过形式多样的体育运动树立文明健康的生活方式，推进健康关口前移，延长健康寿命，也在需求侧推动形成投资健康的消费理念和充满活力的体育消费市场。

无论哪一侧推动都离不开国家引导，国家制定了强有力的政策，通过多措并举使发展体育产业落到实处。就投资体育建筑而言，从土地供给、项目建设到建成运营各环节均有据可循。

3.1.1 投资体育建筑的政策引导

1. 关于土地供给

《中华人民共和国体育法》规定，县级以上各级人民政府应当按照国家对城市公共体育设施用地定额指标的规定，将城市公共体育设施建设纳入城市建设规划和土地利用总体规划，合理布局，统一安排。

国务院办公厅 2020 年 10 月 10 日印发《关于加强全民健身场地设施建设发展群众体育的意见》（国办发〔2020〕36 号）提出：① 总体要求：完善健身设施建设顶层设计，增加健身设施有效供给，补齐群众身边的健身设施短板，大力开展群众体育活动，统筹推进新冠肺炎疫情防控和全民健身促进工作。争取到 2025 年，有效解决制约健身设施规划建设的瓶颈问题，相关部门联动工作机制更加健全高效，健身设施配置更加合理，健身环境明显改善，形成群众普遍参加体育健身的良好氛围。② 顶层设计：要系统梳理可用于建设健身设施的城市空闲地、边角地、公园绿地、城市路桥附属用地、厂房、建筑屋顶等空间资源，以及可复合利用的城市文化娱乐、养老、教育、商业等其他设施资源，制定并向社会公布可用于建设健身设施的非体育用地、非体育建筑目录或指引。各地区要结合相关规划，于 1 年内编制健身设施建设补短板 5 年行动计划，明确各年度目标任务，聚焦群众就近健身需要，优先规划建设贴近社区、方便可达的全民健身中心、多功能运动场、体育公园、健身步道、健身广场、小型足球场等健身设施，并统筹考虑增加应急避难（险）功能设置。对确有必要建设的大型体育场馆，要从严审批、合理布局，兼顾社区使用。③ 挖掘存量建设用地潜力：要盘活城市空闲土地，用好城市公益性建设用地，支持以租赁方式供地，倡导复合用地模式。

2. 关于体育建筑

在我国，政府投资是建设体育建筑的主要方式。《中华人民共和国体育法》规定，县级以上各级人民政府应当将体育事业经费、体育基本建设资金列入本级财政预算和基本建设投资计划，并随着国民经济的发展逐步增加对体育事业的投入；学校应当按照国务院教育行政部门规定的标准配置体育场地、设施和器材，学校体育场地必须用于体育活动，不得挪作他用。

体育建筑投资建设方兴未艾。城市在规划企业、学校、街道和居住区时就已将体育设施纳入建设规划，乡、民族乡、镇也在随着经济发展，逐步建设和完善体育设施。按照国务院 2014 年 10 月 20 日发布《关于加快发展体育产业促进体育消费的若干意见》（国发〔2014〕46 号）的要求，到 2025 年，人均体育场地面积达到 $2m^2$；各级政府要结合城镇化发展统筹规划体育设施建设，合理布点布局，重点建设一批便民利民的中小型体育场馆、公众健身活动中心、户外多功能球场、健身步道等场地设施；盘活存量资源，改造旧厂房、仓库、老旧商业设施等用于体育健身；在城市社区建设 15 分钟健身圈，新建社区的体育设施覆盖率达到 100%；推进实施农民体育健身工程，在乡镇、行政村实现公共体育健身设施 100% 全覆盖。

3. 关于场馆利用与运营

《关于加快发展体育产业促进体育消费的若干意见》要求推动场馆设施开放利用。积极推动各级各类公共体育设施免费或低收费开放，加快推进企事业单位等体育设施向社会开放。学校体育场馆课余时间要向学生开放，并采取有力措施加强安全保障，加快推动学校体育场馆向社会开放，将开放情况定期向社会公开，提高全民体育健身工程设施使用率。

《关于加快发展体育产业促进体育消费的若干意见》要求创新体育场馆运营机制。积极推进场馆管理体制改革和运营机制创新，引入和运用现代企业制度，激发场馆活力。推行场馆设计、建设、运营管理一体化模式，将赛事功能需要与赛后综合利用有机结合。鼓励场馆运营管理实体通过品牌输出、管理输出、资本输出等形式实现规模化、专业化运营。增强大型体育场馆复合经营能力，拓展服务领域，延伸配套服务，实现最佳运营效益。

《关于加强全民健身场地设施建设发展群众体育的意见》指出：① 提升建设运营水平要从简化审批程序，鼓励改造建设，落实社区配套要求，支持社会参与，推广委托运营，推动设施开放，加强信息化建设共七个方面统筹安排。② 实施群众体育提升行动，要从丰富社区体育赛事活动，推进"互联网+健身"，推动居家健身，夯实组织人才基础等方面予以推动。

3.1.2　投资决策咨询总体要求

我国已将全民健身上升为国家战略，充分体现出对体育的重视，也为体育建筑投资奠定了坚实的基础。咨询工程师要做的就是借助政策鼓励的东风，发挥工程咨询的专业能力，从投资决策阶段开始就协助决策者为具体的体育建筑项目建设布好局、开好头。

体育建筑投资决策咨询强调政策性、完整性、技术性，除此之外，尚应依据有关行业标准、现行规范及具体工艺的要求提交相应的咨询报告。

1. 合法合规

一份合格的投资决策咨询成果，从形式上看应当依据可靠、数据准确、规范完整、深度满足，其建议的投资规模和标准应符合国家政策，附件附图附表齐全，咨询的责任主体和责任人明确。从内容上看就当符合相关法律、法规和政策规定，重视生态文明、环境保护和安全生产，充分考虑与建设和谐社会和美丽生活相适应。

2. 内容真实

投资决策咨询是一项研究工作，要确保其中反映的各项情况是真实的，各种参数、基础数据、定额费率是合理的，各项指标计算是正确的，否则研究将成为无本之木、无水之源，严重时甚至会导向截然相反的结论。只有前提正确，才有可能保证关于国家和社会等方面的综合分析正确，进而使项目的社会效益、经济效益和环境效益判断正确。

3. 项目建设必要

应当应用现代科学技术手段进行市场预测，对项目建设的实际需求进行调查，对项目相关的规划目标进行分析，从社会经济发展战略规划的角度对项目的目标功能定位进行论证，然后得出项目建设必要性的结论。

4. 建设规模适当

建设规模应是总建筑面积及其总体框架科学合理不超标，同时总体框架包含的各组成子项或各功能板块、各功能区的划分和整合合理，能形成有机整体。此处较易出现"建筑规模过大"和"建设标准过高"问题，但"规模大小"和"标准高低"都是相对的，掌握好标准要处理好现实条件与前瞻性之间的辩证关系。各类项目虽属同一类别，但其间还是有差别，至少有上限、下限之别。因此，要"适度"掌握标准，因地制宜，区别对待，该高则高，可低则低，充分结合当前国情，考虑国家、地区的整体经济水平。

5. 建设方案科学

建设方案包括总体规划方案、体育工艺方案、建筑设计方案、结构设计方案、各机电设备专业方案等，总体要求安全、实用、经济、美观、节能。投资决策咨询时应根据建设总目标、功能定位，认真提出建设方案。方案应经过比选与优化后方能确定。

6. 实施方案可行

项目实施方案主要是招标方式和实施进度计划。对于政府直接拨款投资的项目，应按照《中华人民共和国招标投标法》和《中华人民共和国政府采购法》等政策法规要求组织招标采购，应重视招标方案评价。实施进度计划方面则应注意建设内容、工程量大小、进度安排、工作包时长和流水搭接等一系列问题。

7. 投资估算准确

关于总投资估算，要确保其准确性和合理性，包括投资估算依据和所采用的国家、当地政府颁布的现行标准定额的准确性，无重复计列和漏项，估算精度满足控制投资额的要求等。大型设备、精密设备和仪器、采购量大的设备和仪器既对投资总额、又对项目品质有着重大影响，其单价的确定要有充分的依据，要说明供应商的询报价或是参照同类工程的实际成本价，要进行认真论证。

8. 效益分析清晰

运用科学的评价指标体系和方法来分析评价项目的财务效益、经济效益和环境效益等，为项目决策提供科学依据。

9. 资金筹措有效

对于政府投资的体育建筑，资金筹措方案应确保政府投入方式的合理性。对于资金来源可靠性，应研究能否按项目所需得到足额、及时的资金供应，即中央政府出资、地方政府配套投资、项目法人单位自筹资金等各类投入资金在币种、数量和时间安排上能否满足项目建设需要。中央及地方政府配套投资，应通过分析项目是否符合政府投资的支持对象，是否纳入本年度政府投资计划等，论证其可靠性。

10. 重视社会影响

政府投资的体育建筑具有较强的社会发展目标，涉及产业带动、区域综合开发、全民健身等，因此应重视对社会影响的分析和评价，在社会调查的基础上识别关键利益相关者，分析主要利益相关者的需求、对项目的支持意愿、目标人群对项目内容的认可和接受程度。在评价投资项目的社会影响时，如果确认有负面影响，则必须阐明需要解决什么社会问题才能减轻这些负面影响，并提出对策和措施。

3.2　建设标准与规模

3.2.1　主要咨询依据

体育建筑是满足体育运动竞赛、训练和群众健身娱乐等需要的场所，投资决策的基本要求是做到规模合理、功能适用、经济高效。以下文件为投资者对项目决策和综合评价提供基础指标，建议咨询工程师认真研读，并据此向政府投资方提出体育建筑建设标准与规模的建议，如非政府投资亦可参考。

（1）中华人民共和国体育法；

（2）《关于加快发展体育产业促进体育消费的若干意见》（国发〔2014〕46 号）；

（3）《关于加强全民健身场地设施建设发展群众体育的意见》（国办发〔2020〕36 号）；

（4）公共体育场馆建设标准系列 -1（体育场建设标准）；

（5）公共体育场馆建设标准系列 -2（体育馆建设标准）；

（6）公共体育场馆建设标准系列 -3（游泳场建设标准）；

（7）体育场建设用地指标；

（8）国家公共体育设计基本标准；

（9）公共文化体育设施条例；

（10）体育标准体系建设指南（2018—2020 年）；

（11）各地方政府的工作报告、统计年报、会议纪要等。

3.2.2 投资标准与规模

由于体育事业已纳入国民经济和社会发展计划，全民健身已上升为国家战略。体育建筑投资决策咨询目的是帮助投资者提高体育场馆建设项目决策与管理水平，充分发挥投资效益。本书虽然主要聚集于新建体育场馆项目，但改建、扩建工程亦可参照。

投资应首先符合国家及所在地区城乡建设规划、体育事业发展规划的要求，按实际情况考虑未来发展需要。长期以来，受我国国情与地区发展差异性影响，各地体育建筑建设水平差距较大，因此，投资决建设应充分考虑有效地使用建设资金，实现功能、规模的合理配置，避免重复建设，若是改建、扩建项目应充分利用原有设施，将原有设施中能够利用的部分计入所定的总面积中，合理优化，充分利用。

以体育场、体育馆、游泳馆为代表的体育建筑，投资标准根据竞赛的赛事等级可分为特级、甲级、乙级、丙级，见表 3.2-1 体育赛事等级表。

体育赛事等级表 表 3.2-1

等级	主要使用要求
特级	举办奥运会、世界田径锦标赛、足球世界杯
甲级	举办全国性和其他国际比赛
乙级	举办地区性和全国单项比赛
丙级	举办地方性、群众性运动会

根据《公共体育场馆建设标准》，政府投资的体育场、体育馆、游泳馆规模按照竞赛要求和人口规模确定。人口规模可分为五级，即 200 万以上人口、100 万～200 万人口、50 万～100 万人口、20 万～50 万人口、20 万以下人口，各级对应的建设规模见表 3.2-2 ～表 3.2-4。

体育场根据人口规模分级对应的建设规模表 表 3.2-2

单座面积指标（m²/座）　座位数（座）　人口规模	40000～30000	30000～20000	20000～10000	10000～5000
200 万以上	1.20～1.25	1.20～1.25	1.10～1.25	1.10～0.80
100 万～200 万		1.20～1.25	1.10～1.25	1.10～0.80
50 万～100 万			1.10～1.25	1.10～0.80
20 万～50 万			1.10～1.25	1.10～0.80
20 万以下				1.10～0.80

注：①建设 40000 座席以上体育场应根据承办的赛事等级另行审批。

②5000 座以下体育场按 4000m² 为上限。

体育馆根据人口规模分级对应的建设规模表　　　　表 3.2-3

单座面积指标（m²/座）　座位数（座）　人口规模	12000～10000	10000～6000（不含 10000）		6000～3000（不含 6000）	3000～2000（不含 3000）
	体操	体操	手球	手球	手球
200 万以上	4.3～4.6	4.5～4.6	3.7	3.7～4.1	4.1～5.1
100 万～200 万		4.5～4.6	3.7	3.7～4.1	4.1～5.1
50 万～100 万				3.7～4.1	4.1～5.1
20 万～50 万					4.1～5.1
20 万以下					4.1～5.1

注：① 体育馆坐席为 6000 人时，分别按体操和手球计算单座建筑面积。

② 2000 座以下体育馆以 10000m² 为上限。

游泳馆根据人口规模分级对应的建设规模表　　　　表 3.2-4

单座面积指标（m²/座）　座位数（座）　人口规模	4000～3000	3000～1500（不含 3000）	
	含跳水池	不含跳水池	含跳水池
200 万以上	6.7～7.9	6.9～8.7	7.9～10.7
100 万～200 万	6.7～7.9	6.9～8.7	7.9～10.7
50 万～100 万		6.9～8.7	7.9～10.7
20 万～50 万			7.9～10.7
20 万以下			

注：1500 座以下游泳馆按 13000m² 为上限。

3.3　市场调研

3.3.1　目的

体育建筑建设项目具有使用需求多样化的特点，例如主要服务于某一级别的运动会、强化某类地方优势竞技项目、大力开展全民健身、避免同质化竞争等，因此，市场调研也紧跟需求，服务于项目开发建设，表现为项目定位调研、政策调研、同类产品调研、地方体育产业和体育消费调研等。调研人员应明确为什么要进行市场调研、通过调研要解决哪些问题、调研结果怎么用等问题，如果开始选择的方向错误，会使以后一系列工作成为浪费。所以进行市场调研应首先明确调研目的，目的明确，市场调研就有了方向，不至于出现太大的过失。

3.3.2　程序

市场调研是一项研究工作，具有系统性，必须遵循一定的程序与步骤才能取得可靠的资料，达到期望的效果。调研大致可以分为三个阶段：准备阶段、实施阶段、分析和总结阶段。

1. 准备阶段

巧妇难为无米之炊，资料就是"米"，要保质保量完成调研这个"炊"，资料必须准备充足。准备阶段的工作主要解决调研的目的、范围、规模、手段等问题。

（1）提出问题，明确调研的目标

市场调研的任务是为投资决策提供信息，帮助发现并管控投资风险。工作人员要牢记调研是为成功的投资而服务的，任何偏离主题的调研都不是有效的调研。

（2）初步情况分析和假设

问题提出后，要对已有的资料和信息作出大致判断，提出多个假设并从中进行筛选，从而框定调研边界。

（3）初步调研

研究搜集到的资料，与专业人士共同进行市场分析，向决策者作出汇报并进行讨论，明晰市场现状，细化和调整需要解决的问题。

（4）制定调研工作方案

调研工作方案是指在某项调研之前，对组织领导、人员分配、工作进度、费用预算等做出的安排，这是即将正式付诸实施的行动计划，它是为了调研有序进行而针对调研本身设计的。一般包括：① 调研目的；② 调研方法；③ 调研范围；④ 调研对象的选择和样本的规模；⑤ 调研起止时间；⑥ 调研项；⑦ 分析预测方法；⑧ 调研进度计划；⑨ 调研经费；⑩ 调研人员。

2. 实施阶段

实施阶段主要工作是严格按照调研方案的要求，听取被访者的意见，系统地、有组织地、多途径地收集各种资料和数据。资料和数据有直接（或称"第一手"）和间接（或称"第二手"）之分。直接资料需进行实地考察，以问卷、访谈等方式获取。若直接资料尚不能满足调研要求，就需要寻找间接资料，如各类政策文件、政府工作报告、体育产业发展报告、统计年鉴、研究报告、参考文献等。虽然如今互联网技术发达，但间接资料只依靠浅显的网络搜索往往不够可靠，需辅以深度挖掘和大量的可信性验证过程，方能评估资料的准确性。

3. 分析和总结阶段

对收集的所有资料进行筛选，保留有效资料，然后进行分类归档和编辑加工，把散点状的资料有机地结合起来，然后开展整理、比较和综合分析活动，从而得出可信的结论。

得出结论后，就能撰写项目调研报告了。调研报告是市场调研活动的最终成果，需要突出重点、结论清晰、论据可靠，以方便决策者做出合理的决策。

3.3.3　内容

政府投资的体育建筑虽属公共配套设施，但本质上仍必须贴近市场，能够适应市场营销环境，方能长期生存和发展。市场营销环境从微观环境看包括投资方内部因素、营销中介、顾客、竞争者和公众等因素，从宏观环境看是由一些综合的社会约束力量所组成，包括人口、经济、自然、科技、政治、法律和文化等因素。市场调研要围绕着市场环境展开，调研的主要内容包括政治法律环境、经济环境、社会文化、场址、同类竞品、消费价格、服务群体等，然后对本项目产品进行定位分析。

3.3.4　方法

市场调研要根据调研的目的、对象和内容，结合项目进展状况和需要解决的问题进行有针对性的调研。通常采用的方法有文案调研法、实地调研法、实验调研法、问卷调研法，而且需分阶段、分层次，由浅入深循序渐进。

1. 文案调研法

文案调研法是指对已经存在的各种资料档案，以查阅和归纳的方式进行市场调研。文案调研法又称文献调研。文案资料来源很多，主要有：① 国际组织和政府机构资料；② 行业资料；③ 公开出版物；④ 相关体育建筑官方网站和产业网站；⑤ 有关运营单位的内部资料。

2. 实地调研法

此法是调研人员通过跟踪、记录调研对象的行为取得第一手资料的方法。这种方法是调研人员直接去亲身感受或借助于某些摄录设备和仪器，跟踪、记录调研对象的活动、行为和事物的特点，获取所需信息资料。常用于场址调研、消费行为调研、设备调研等方面。

3. 实验调研法

该法是指调研人员在调研过程中，通过改变某些影响调研对象的因素，观察调研对象行为的变化，从而获得消费行为和某些因素之间的内在因果关系。该法主要用于消费行为的调研，体育建筑的运营单位推出新产品、提高建筑智慧水平、调整产品价格、改变广告方式时，都可以用这种方法。例如，调查广告效果时，可选定一些消费者作为对象，对他们进行广告宣传，然后根据接受的效果来改进广告词语、声像等。又如，研究广告对销售的影响时，可在其他因素不变的情况下研究广告投放量的变化所造成销售量的变动，并将它和未进行广告宣传的区域进行比较。

4. 问卷调研法

这种方法是调研人员以面访询问、电话询问、邮件询问、网上填表、邮寄问卷、小组座谈等方式，了解调研对象的行为方式，以被访者的答复作为调研资料依据，从而收集信息。问卷调研法是市场调研常用方法，尤其在消费者行为调研中大量应用，其核心工作是设计问卷，实施问卷调研。

问卷调研成本较低、精准度高，是除了文案调研以外最为常用的方法，以下摘录国家体育总局体育经济司发布的《城市公共体育场馆建设标准（体育场、体育馆、游泳馆）专题调研表》供参考，见表 3.3-1，咨询工程师们也可以根据调研目的自行设计问卷。

城市公共体育场馆建设标准（体育场、体育馆、游泳馆）专题调研表　　表3.3-1

场馆名称					
场馆级别（省、市、区、县级）和隶属单位	级别			隶属单位名称	
竣工时间（年月）					
总投资（万元）					
建筑占地面积（投影面积）（m²）					
总用地面积（含绿化面积）（m²）					
总建筑面积（m²）					
观众坐席数（席）					
其中	固定坐席数				
	活动坐席数				
	贵宾坐席数				
比赛场地面积（m²）（长×宽）					
热身场地面积（m²）（长×宽）					
其他训练场地	名称			数量	
	1				
	2				
	......				
改扩建情况	改扩建次数	改扩建时间	改扩建目的	改扩建内容	
	1				
	2				
	......				
可满足使用要求（打"√"选择）	A.举办奥运会、世界田径锦标赛、足球世界杯	B.举办全国性和单项国际比赛	C.举办地区性和全国单项比赛	D.举办地方性、群众性运动会	
曾经举办过的最高级别比赛情况	比赛名称		举办时间（年月）		
	1				
	2				
某年或某数年（根据需要确定）举办大型活动的名称、对应的场馆上座率（%）	大型活动的名称		场馆上座率（%）		
	1				
	2				
	3				
	......				
某年或某数年（根据需要确定）全年开放天数和每天开放时间	全年开放天数		每天开放时间（小时数）		
	主场（或主馆）	热身场馆或功能用房改建场所	主场（或主馆）	热身场馆或功能用房改建场所	
体育场馆用房出租情况	场馆用房出租面积（m²）		出租面积占场馆总建筑面积的比例（%）		
场馆使用存在问题	1				
	2				
	3				
	......				
停车场面积（m²）	地上停车场面积（m²）		地下停车场面积（m²）		
车位数（个）	地上		地下		

3.4　投资决策咨询主要关注点

3.4.1　建设必要性

项目建设必要性是投资决策咨询的最基本点，应对的是未来的市场需求，决定的是项目要不要投资。在咨询实务工作中，要基于前文所述的市场调研所得资料，认真研究国家和地方的经济和社会发展规划、行业部门的发展规划，全面分析有关法律法规和政策、项目所在地的自然、经济、社会方面的基础资料，以及与待投资项目有关的各种市场信息资料或社会公众要求等，实事求是地按照客观情况进行论证和评价，然后才能得出科学可信的必要性判断。具体而言，主要判断以下三项内容：

（1）判断建设理由是否充分、合理，应以符合项目本身投资效益和区域、行业发展、城市规划几方面为重点来说明建设理由。

（2）判断建设是否可能和可行，应以满足项目建设的主要建设条件为重点来说明项目建设的可能性，应从技术、工程、经济、环境等方面来说明项目建设的可行性。

（3）判断项目建设是否满足人民不断增长的物质文化生活需要，是否满足社会需求并能获取经济利益，是否能促进地区经济和社会发展，是否满足可持续发展的需要。

3.4.2　场地选址

体育建筑选址的指导思想是在城乡规划确定的建设用地范围内选址，符合城乡规划条件要求，并考虑远期发展的需要。具体选址时，应考虑市、区各级体育设施的布局，符合人口集中、交通便利的原则，选在基础设施条件较好的地段，合理利用自然地形、地貌。用地至少应有一面或两面临接城市道路，以满足交通、疏散等要求。总之，必须根据建设项目的特点和要求，对场址进行深入细致的调查研究，进行多点、多方案比较后再择优选定场址。主要考虑以下五项因素：

（1）自然因素。包括自然资源条件和自然条件，如水资源、土地资源、能源、气象条件、地形地貌、工程地质、水文地质等，具备防洪防涝、防潮、防台风、防地质灾害、防震等条件。

（2）运输因素。有便利的外部交通运输条件和交通联结条件，包括当地的铁路、公路、水路、空运、管道等运输设施及能力。

（3）消费市场因素。包括消费市场与消费群体分布、消费能力资源、消费者素质、可依托的基础设施和方便的生活服务设施等。

（4）社会和政策因素。包括经济社会发展的总体战略布局，少数民族地区经济发展政策，西部开发、中部崛起、振兴东北老工业基地政策，发展区域特色经济政策，东部沿海经济发达地区政策等因素。

（5）人文条件因素。包括拟建项目地区民族的文化、习俗等。

3.4.3　建筑方案比选

多建筑方案充分比选是投资决策咨询的重要内容，可供比选的建筑方案均应符合法律、法规、政策、标准、环境、社会的要求，消防、人防及城市规划的要求，使用、节能、可持续发展的要求，经济、安全的要求，技术、施工的要求，所有比选方案均符合各项控制指标，如总建筑面积、建筑控制高度、容积率、建筑密度、绿地率、机动车位数、自行车位数等。规划设计方案应从规划设计思想、原则、手法、风格、结构、空间、序列、节点等方面把内容描述清楚；建筑设计方案应从建筑设计思想、原则、功能、安全疏散、保温节能等方面把内容描述清楚；建筑艺术与风格应从设计手法、风格、色彩、比例、尺度、符号等方面把内容描述清楚；建筑物与城市的协调应从建筑造型、风格、色彩、层数与城市文脉的关系、建筑物与城市的协调等方面把内容描述清楚。

体育建筑落位时，应结合地形地貌、周边环境以及项目使用特点、工艺流程要求，合理地布局各功能分区和各子项工程，应满足朝向、日照、风向、安全、卫生、消防、环保等建设条件的要求，并根据当地气候条件，在满足体育竞赛要求的前提下，采取节能、节水措施，科学利用自然通风和天然采光。体育建筑空间形式、设备选型、材料选用应充分考虑节能、环保等可持续发展要求，结构形式应满足大空间、大跨度的建筑设计要求，同时兼顾经济性和合理性，内部辅助用房应有一定的适应性和灵活性。

体育建筑的建设应考虑体育运动的特点，考虑老幼及残障人士等不同使用对象的特殊需要，同时应便于维护管理，应有安全、可靠的措施能够应对使用中发生的紧急情况和意外事件。

体育建筑应充分满足相应级别的体育竞赛要求，同时应满足观众观看比赛所需要的视觉及声学环境要求，在满足基本比赛要求同时，应适当考虑其他的运动项目。看台平面布置应根据比赛场地和运动项目，使多数席位处于视距短、方位好的位置。信息化、智能化系统是现代化建筑的重要组成部分，要根据项目性质、使用特点和需求进行配置。

建筑装修标准应在满足体育竞赛要求前提下，因地制宜，就地取材，优先选取国产装修材料。项目建设应满足国家和当地节能减排的相关规定，严格执行《公共建筑节能设计标准》GB 50189，对供暖、空调、电梯、供配电、弱电、卫生及消防等设备宜采用高效、节能、环保的国产产品。

最后，对某些方案的重大分歧及未被采纳的理由应加以明示，以供决策者权衡利弊后进行决策。

3.4.4　投资估算

在确定项目建设方案工程量的基础上估算项目的建设投资，可参考《建设项目投资估算编审规程》CECA/GC 1—2015，分别估算建筑工程费、安装工程费、设备及工器具购置费、工程建设其他费用、基本预备费，宜包括涨价预备费、建设期贷款利息、铺底流动资金（若无则应注明"不含"），所有费用内容应全面反映建设项目的实际需求。从经验来看，体育场的平均建安工程造价水平可参照当地多层住宅的平均建安工程造价的 4～6 倍确定，体育馆、游泳馆则约为当地多层住宅的平均建安工程造价的 3.5～5.5 倍。

投资估算章节应至少包含编制说明、投资估算汇总表、单项工程投资估算汇总表、工程建设其他费用计算表等内容，编制说明应包括工程概况、编制范围、编制方法、编制依据、主要技术经济指标、有关参数及率值的说明、特殊问题的说明等，格式应符合规定，编制依据有效、充分。

投资估算方法很多，但一般应采用指标估算法，土建及装修、给水排水、供暖、通风、照明等工程费用应以建筑面积或体积为单位，依据相应专业的投资估算指标或参考已建成的相近规模和建设标准工程的造价结算资料，并考虑价格变化因素进行估价。对投资有较大影响的单项工程或无适当估算指标、工程造价结算资料时，应根据方案设计图纸计算主体工程实物工程量及主要设备材料数量，依据综合定额或概算定额进行估价。

建筑工程费无缺项，尤其是道路、硬化、绿化、总图竖向布置、大型土石方工程等；安装工程费中是否有缺项，尤其是各种机电设备、专用设备、仪器仪表、工艺，配套的室外供热、供排水、供气、供电、通信、污水处理、垃圾处理等工程的各种管道、配件和阀门等。设备及工器具购置费应包含设备自身的费用以及购置过程中发生的运杂费等全部费用，应注意设备自身费用包括为建设项目而购置或制造的达到固定资产标准的各种需要安装和不需要安装的设备、工器具、交通运输设备、备品备件等的购置费。

工程建设其他费用一般包括建设用地费（土地征用费、拆迁补偿费、租地费用等）、建设单位管理费、建设工程监理费、建设项目前期工作咨询费、工程勘察费、工程设计费、环境影响咨询服务费、场地准备费及临时设施费、工程保险费、生产准备费、办公及生活家具购置费、联合试运转费、招标代理服务费、设计文件审查费、地震安全性评价费、人防易地建设费、城市公用设施配套费等内容，应根据国家或项目所在地现行工程计价规定估价，若有全过程工程咨询费计项时则应相应扣减重复计费项，若某些计费项可获当地政府部门的减免，应作出说明并附依据。

投资计划表应以表格形式反映出项目分年度的投资计划额度。针对项目特点和可能发生的问题，要提出控制项目投资的主要对策。

3.4.5　融资分析

虽然传统做法是公共体育建筑由政府全额直接投资兴建，但近些年来引入社会资本共同建设的模式也越来越多，这样既能减轻政府财政风险，又能盘活市场，为体育建筑后期运营创造良好条件。当社会资本进入时，融资就变得越来越重要。融资方案研究是在已确定建设方案并完成投资估算的基础上，结合项目实施组织和建设进度计划，构造融资方案，进行融资结构、融资成本和融资风险分析，优化融资方案，并作为融资后财务分析的基础。应明确说明财政部门为该项目拨款的数量和所占比例，若有其他资金来源，如社会集资、国内外捐赠、个人出资、银行借款，亦应明确说明来源、各自的数量和所占比例，评估其可行性。为了确保资金及时足额借给，应评估资金的可靠性，必要时提供相关证明材料，检查项目建设的资金来源和筹措方式是否切实可行，如需还款则应检查还款计划是否切实可行。

融资方案研究的任务，一是调查项目的融资环境、融资形式、融资结构、融资成本、融资风险，拟定出一套或几套可行的融资方案；二是经过比选优化，推荐资金来源可靠、资金结构合理、融资成本低、融资风险小的方案。对于融资数额较大的建设项目，应做专题融资方案研究报告。成功的融资方案应当在各融资来源之间实现合理的风险分配，并且通过融资规模的调整和时间上的衔接，实现资本成本最小化。

资金成本在融资分析时必须考虑，是筹集和使用资金所要付出的代价，如银行借款、发行债券要向债权人付利息，吸收投资、发行股票要向投资者分配利润、股利。当然，资金成本并不是选择融资方式所要考虑的唯一因素，各种融资方式使用期的长短、取得的难易、偿还的条件、限制的条款等也是重要因素，但资金成本是融资时最主要的分析对象。资金成本由资金占用费和资金筹集费两部分组成，即：

资金成本＝资金占用费＋资金筹集费

资金占用费是指使用资金过程中发生的向资金提供者支付的代价，包括支付资金提供者的无风险报酬和风险报酬两部分，如借款利息、债券利息、优先股股息、普通股红利及权益收益等。资金筹集费是指资金筹集过程中所发生的各种费用，包括律师费、资信评估费、公证费、证券印刷费、发行手续费、担保费、承诺费、银团贷款管理费等。资金占用费与占用资金的数量、时间直接相关，可看作变动费用；而资金筹集费通常在筹集资金时一次性发生，与使用资金的时间无关，可看作固定费用。

资金成本通常以资金成本率来表示。资金成本率是指能使筹得的资金同融资期间及使用期间发生的各种费用（包括向资金提供者支付的各种代价）等值时的收益率或折现率。不同来源资金的资金成本率的计算方法不尽相同，但理论上均可用下列公式表示：

$$\sum_{t=0}^{n} \frac{F_t - C_t}{(1+i)^t} = 0$$

式中　F_t——各年实际筹措资金流入额；

C_t——各年实际资金筹集费和对资金提供者的各种付款，包括借款、债券等本金的偿还；

i——资金成本率；

n——资金占用期限。

在融资数额较大的情况下，往往通过多种融资方式的组合来实现，如吸收投资、发行股票、内部积累、银行借款、发行债券、融资租赁等，但不同的融资方式其资金成本是不同的，不同的资金结构其加权平均资金成本也是不同的。所谓的加权平均资金成本，是将融资方案中各种融资的资金成本以该融资额占总融资额的比例为权数加权平均，得到该融资方案的加权平均资金成本。即

$$I = \sum_{t=1}^{n} i_t \times f_t$$

式中　I——加权平均资金成本；

　　　i_t——第 t 种融资的资金成本；

　　　f_t——第 t 种融资的融资金额占融资方案总融资金额的比例，有 $\Sigma f_t = 1$；

　　　n——各种融资类型的数目。

运用比较资金成本法的步骤包括：① 确定融资目标；② 提出几个可行的融资方案；③ 确定各方案的资金结构；④ 计算各方案的加权资金成本；⑤ 通过比较，选择加权平均资金成本最低的结构为最优资金结构。

当然，选择融资方案时经济性是重要的考虑因素，但不是唯一的考虑因素，一般还要对安全性、经济性和可行性进行综合比较分析。所谓综合，即按投资方各自的投资风格对安全性、经济性和可行性赋予不同的权重，然后分别考察各个融资方案，对各要素逐一评分，综合选择出安全性、经济性和可行性三项指标均令人满意的方案。也可以不评分只评级，各要素都从优到劣分成 A、B、C、D 四级，选择 AAA 级标准的融资方案为最佳融资决策方案。

3.4.6　财务分析

公共体育建筑是带有社会属性的公共配套设施，政府投资时一般不考虑财务分析而重视经济分析，但引入社会资本后，财务分析和经济分析就同等重要了，若是完全由社会资本投资的体育建筑则更是只重视财务分析而不重视经济分析。因此，财务分析应作为体育建筑投资决策咨询的重要内容。

财务分析是在现行会计规定、税收法规和价格体系下，通过财务效益与费用（收益与支出）的预测，编制财务报表，计算评价指标，考察和分析项目的财务盈利能力、偿债能力和财务生存能力，据以判断项目的财务可行性，明确项目对财务主体及投资者的价值贡献。财务分析有国际通用的编制方法，我国政府投资和建设主管部门也发布了《建设项目经济评价方法与参数》，对财务分析方法和部分参数进行了规范和指导。

财务分析的编制内容包含以下内容：

1. 成本和费用估算

（1）成本和费用估算的依据及说明，如项目所在地区或国家有关法律、法规和文件，有关参考信息、资料来源，有关方面合同、协议或意向，等等。

（2）成本和费用估算的方法可采用制造成本加期间费用估算法。生产成本费用（总成本费用）包括建设总投资、外购原材料费用、外购燃料费用、外购动力费用、制造费用、期间费用等，制造费用包括折旧费用、维修费用、其他制造费用等，期间费用包括其他管理费用、财务费用、其他营业费用。经营成本为总成本费用扣除固定资产折旧费、无形资产、其他资产摊销费用和财务费用后的成本费用。由于固定资产投资中的增值税可以抵扣企业增值税，因此，项目固定资产原值和摊销费用估算时，应扣除可抵扣的固定资产增值税额。

（3）对成本构成项目和费用比例进行简要分析，根据项目特点与行业普遍水平比较并提出建议。

2. 销售收入和税金估算

（1）销售收入估算。销售收入是指投资项目销售产品或者提供服务获得的收入，是折现现金流量表中现金流量的主要项目之一，也是利润与利润分配表的主要科目之一，基础数据包括产品或服务的数量和价格。

（2）税金估算。销售产品或服务涉及的税费主要有增值税、消费税、资源税、城市维护建设税及教育费附加、地方教育费附加等，项目增值税为销项税和进项税之差。地方税种计算时要调查不同地区的税率规定。

3. 财务分析

（1）财务分析用报表，包含项目投资财务现金流量表、项目资本金财务现金流量表、投资各方财务现金流量表、利润与利润分配表、借款还本付息计划表、财务计划现金流量表、资产负债表等。

（2）财务分析指标

1）盈利能力分析。分为静态指标和动态指标：静态指标有项目息税前利润（EBIT）、项目息税折旧摊销前利润（EBITDA）、经济增加值（EVA）、利润总额、税后利润、项目投资回收期、总投资收益率、资本金净利润率、投资利税率等；动态指标有项目投资财务内部收益率（FIRR）、项目财务净现值（FNPV）、项目资本金财务内部收益率（EFIRR）、投资各方财务内部收益率等。

2）偿债能力分析。计算利息备付率、偿债备付率、借款偿还期等。

3）财务生存能力分析。分析是否有足够的净现金流量维持正常运营，尤其是在项目投产初期；分析各年累计盈余资金是否出现负值，是短期还是长期，对出现负值的原因进行分析。经营能力弱的项目通过财务生存能力分析提出需要政府补助维持项目持续运营的费用。

（3）不确定性分析

1）敏感性分析。根据项目具体情况，找出项目的敏感因素，选择各敏感因素的变化率，计算对项目盈利能力的影响。通过敏感性分析，计算敏感度系数和临界点，确定敏感程度，并绘制敏感性分析图。

2）盈亏平衡分析。计算盈亏平衡点，一般用生产能力利用率或产量表示，分析结果表示项目经营的安全程度。

3.4.7　经济分析

社会资本投资的体育建筑一般需要进行财务分析，对政府投资且盈利能力弱，财务现金流量不能全面、真实地反映其经济价值的项目也应进行经济分析。因为财务分析主要是从投资者的角度考察项目的效益，而企业利益并不总是与国家和社会利益完全一致，例如国家给予项目补贴、企业向国家缴税在财务盈利性和经济合理性上是矛盾的，项目的外部效果（间接效益和间接费用）在财务分析中无法体现，所以需要从项目对社会资源增加所做贡献和项目引起社会资源耗费增加的角度进行项目的经济分析，以便正确反映项目对社会福利的净贡献。体育建筑建成后虽然只是一个单一的建筑产品，但是能起到的社会和经济作用是丰富的，例如能丰富体育产业内容，推动体育与养老服务、文化创意和设计服务、教育培训等融合，促进体育旅游、体育传媒、体育会展、体育广告、体育影视等相关业态的发展，以体育设施为载体，打造城市体育服务综合体，推动体育与住宅、休闲、商业综合开发等。

经济分析从社会经济资源有效配置的角度，识别与估算项目产生的直接和间接的经济费用与效益，编制经济费用效益流量表，计算有关评价指标，分析项目建设对社会经济所做出的贡献以及项目所耗费的社会资源，评价项目的经济合理性。对于非营利性项目以及基础设施、服务性工程等，主要分析投资效果以及财务可持续性分析，提出项目持续运行的条件。

经济分析按合理配置资源的原则，采用社会折现率、影子汇率、影子工资和影子价格等经济分析参数，从项目对社会经济所做贡献以及社会经济为项目付出代价的角度，识别项目的效益和费用，分析计算项目对社会经济的净贡献，评价项目投资的经济效益。咨询工程师应对项目的经济效益费用流量与财务现金流量存在的差别以及造成这些差别的原因进行分析，体育建筑如经济分析合理而财务分析不可行，可提出相应的财务政策方面的建议，调整项目的财务条件，使项目具有财务可持续性。

在经济费用效益分析中，要正确理解和使用经济分析参数，正确估算经济效益和费用，计算评价指标并进行经济合理性的判断，并进行方案的比选优化。特别要充分考虑间接费用和间接效益，例如体育建筑对减少疾病增进健康的价值、健康使人力资本增值的价值、可能减少死亡的价值。间接费用和效益可以量化，也有不可量化的，在经济分析时，都应充分说明。

经济分析包含以下内容：

（1）经济分析报表。主要报表是"项目投资经济费用效益流量表"，辅助报表一般包括建设投资调整估算表、流动资金调整估算表、营业收入调整估算表和经营费用调整估算表。编制项目投资经济费用效益流量表时，可以按照效益、费用的识别和计算方法直接进行，也可以在财务现金流量的基础上调整。

（2）主要经济分析指标。通过"项目投资经济费用效益流量表"计算经济净现值（ENPV）和经济内部收益率（EIRR）指标。

（3）敏感性分析。根据项目具体情况，找出项目的敏感因素，选择各敏感因素的变化率，计算对项目盈利能力的影响。

（4）费用效果分析指标。即效果费用比，用单位费用所达到的效果表示。习惯上也可以采用费用效果比，即单位效果所花费的费用，与效果费用比互为倒数。

3.4.8　风险分析

投资决策阶段要对市场、技术、环境、安全、消防、投资、融资、财务、经济及社会分析等各个环节进行风险识别和评价，并提出应对措施。体育建筑尤其是大型公共体育建筑，不但要耗费大量资金、物资和人力等宝贵资源，而且具有一次性和固定性的特点，很难进行更改，所以风险分析作为事前控制的技术手段尤其值得关注。在投资决策阶段正确地认识到相关风险，并在实施过程中加以控制，大部分风险的负面影响是可以降低和防范的。

一般投资项目的风险主要有政策风险、市场风险、融资风险、技术与工程风险、组织管理风险、财务风险、环境与社会风险以及一些项目特有的风险，要根据项目具体情况予以识别。风险分析包含以下内容：

（1）风险因素的识别。应针对项目特点识别风险因素，层层剖析，找出深层次的风险因素。

（2）风险程度的评估。采用定性或定量分析方法估计风险程度。

（3）研究提出风险对策。提出针对性的切实可行的防范和控制风险的对策建议，将信息反馈到有关专业人员或投资者，指导改进设计方案、落实有关对策，为投资者能够得到最大的经济利益提出建设性和可实施性的建议。

（4）编制风险与对策汇总表。将项目的主要风险进行归纳和综述，说明其起因、程度和可能造成的后果，以全面、清晰地展现项目主要风险的全貌，将风险对策研究结果汇总于表，格式可参考表3.4-1。

风险与对策汇总表 表 3.4-1

序号	主要风险	风险起因	风险程度	后果与影响	主要对策
1					
2					
3					
……					

3.5 工程案例

以下摘录工程案例，用实践成果与前文所述的工程咨询理论方法加以比照和补充。

1. 需求分析

摘自《HS奥林匹克体育中心项目可行性研究报告》，有删节。

一、场馆现状

HS市在1986年新建了一批在当时看来功能齐全、设施完备的体育场馆，依托这些场馆，成功承办了湖北省第七届运动会。时隔近30年后，HS市体育场馆设施进一步完善，特别是2008年以来，体育场馆设施建设进入高峰期，相继开工建设了HS体育馆、新国乒基地、南湖游泳馆、大冶市体育公园等一批大型公共体育设施。

HS市现有体育场馆设施统计见表3.5-1。

HS 市现有体育场馆设施统计表　　　　　　　　　　　　　　表 3.5-1

序号	类别	场馆名称	规模	功能、器材
1	体育馆	HS 体育馆	综合馆 6368 人座位	篮球、乒乓球、羽毛球、体操、排球
2		HS 一中体育馆	综合馆 3000 人座位	篮球、乒乓球
3		湖北理工学院体育馆	综合馆 3000 人座位	篮球、排球
4		大冶铁矿体育馆	综合馆 2000 人座位	篮球、羽毛球
5		有色体育馆	综合馆 1000 人座位	篮球
6		大冶一中体育馆	综合馆 3000 人座位	篮球
7		阳新体育馆	综合馆 2000 人座位	羽毛球、篮球、乒乓球
8		市体委院内综合训练馆	训练馆	武术、摔跤、柔道
9		湖北师范学院综合训练馆	训练馆	跆拳道、举重
10		冶金技术学院体育馆	训练馆	羽毛球、乒乓球
11	体育场	HS 体育场（自然草坪）	20000 人座位	足球、田径
12		HS 一中体育场（人工草坪）	5000 人座位	足球、田径
13		HS 二中体育场（人工草坪）	3000 人座位	足球、田径
14		湖北理工学院体育场（人工草坪）	5000 人座位	足球、田径
15		湖北师范学院体育场（人工草坪）	5000 人座位	足球、田径
16		大冶一中体育场（人工草坪）	5000 人座位	足球、田径
17		有色体育场（人工草坪）	3000 人座位	足球
18	游泳馆/池	新国乒基地游泳馆	25m 训练池	短池游泳
19		HS 体育馆游泳馆	50m 比赛池	游泳、跳水
20		金湖海游泳馆	25m 比赛池	游泳
21		阳新县游泳馆	25m 训练池	游泳
22		大冶一中游泳池	50m 比赛池	游泳

随着近年来 HS 体育设施建设提速，有一批大型体育设施正在建设或者刚投入使用，一定程度上促进了 HS 体育事业的发展。

HS 市目前在建和刚投入使用的体育场馆设施统计见表 3.5-2。

HS 市在建和刚投入使用的体育场馆设施统计表　　　　　　表 3.5-2

场馆名称	用地规模	建设内容	投资额	建设年限
中国乒乓球队 HS 训练基地	15 亩	分 A 运动员生活公寓区、B 运动员训练场馆区（游泳馆、体操馆、乒乓馆）	2 亿元	2011—2014
HS（南湖）游泳馆	14 亩	游泳馆	1 亿元	2014—2016
大冶市体育公园	80 亩	综合训练馆、游泳馆、门球场、篮球场、网球场	2.5 亿元	2013—2015

二、需求分析

HS 市现有场馆建设年代久远，存在安全隐患，且没有一个能满足省运会要求的游泳馆和网球馆，离省运会场馆要求相去甚远，场馆设施的齐备将直接关系到省运会的成功承办，建设一系列体育场馆设施是成功承办省运会的前提。

省运会的项目设置见表3.5-3。

省运会的项目设置　　　　　　　　　　　　　表3.5-3

类别		项目内容
青少年体育类（21项）		乒乓球、羽毛球、网球、体操、跳水、赛艇、皮划艇、田径、游泳、射击、足球、篮球、排球（含沙排）、举重、摔跤、柔道、跆拳道、武术、散打、拳击、棋牌（围棋、象棋、国际象棋、桥牌、五子棋、国际跳棋）
群众体育类（50项）	高等院校	田径、游泳、篮球、排球、足球、乒乓球、羽毛球、毽球、武术、体育舞蹈、健美操、啦啦操、桥牌、定向越野
	少数民族	蹴球、陀螺、高脚竞速、押加、民族式摔跤、三人板鞋、民族健身操
	公安民警	射击、警体达标赛
	农民	中国象棋、钓鱼、农趣田径、舞龙
	职工	乒乓球、网球、足球、篮球、游泳、桥牌、围棋、中国象棋、门球、柔力球、大众体育创编、健身排舞
	残疾人	田径、游泳、举重、乒乓球、羽毛球、中国象棋
	社会组	气排球、健身气功、龙舟、轮滑

对比省运会的项目设置，HS市现有体育场馆存在以下特点：

（1）HS市唯一的体育场是20世纪70年代通过"大跃进"的形式建成的，部分看台经鉴定属危房，存在安全隐患，场地塑胶跑道已有近20年的使用期，虽然经过多次补修，仍有大面积起层，无法达到比赛要求。同时，老体育场地处主城区，交通拥挤，也无法承担省运会开、闭幕式等大型活动的任务。

（2）HS市没有一座标准的承办省运会游泳比赛的游泳馆。南湖游泳池是HS市为承办1986年湖北省第七届运动会而改造成的室外游泳场地，现已拆除。

（3）HS市网球场馆设施几乎处于空白。

（4）目前符合省运会要求的场馆为HS市体育馆。HS市体育馆建于2010年，座位数6368个，是省内除武汉外规模最大的综合性体育场馆，可举办篮球、排球、乒乓球、羽毛球、体操等正规比赛，是HS市标志性城市建筑。

通过以上分析，HS市不新建一个网球馆、游泳馆和群众运动场馆，将无法成功承办省运会。为了解决这个矛盾，同时也是为了促进全民健身事业，HS市必须建设一个覆盖网球、游泳及各种群众运动场馆，进一步推动体育事业发展。

2. 投资估算

PX奥林匹克体育中心项目投资估算（表3.5-4）摘自《PX奥林匹克体育中心项目可行性研究报告》，有删改。

表 3.5-4

萍乡奥林匹克体育中心项目投资估算

序号	项目编号	工程和费用名称	建筑工程	安装工程	其他费用	合计	面积或数量	数量	经济指标		备注说明
			估算价值（万元）				技术经济指标				
1	一	工程费用	65245.68	29084.97		94330.65	106666.92	m²	8843.48	元/m²	以下为建筑安装工程费用1＋2＋3＋4＋5＋6
2	1	体育场（22000座）	21436.17	10837.08		32273.24	28667.91	m²	11257.62	元/m²	详见建筑安装工程单项造价估算表1.1＋1.2
3	1.1	土建、钢结构、装修工程	21436.17			21436.17	28667.91	m²	7477.41	元/m²	土建、装饰、基础1.1.1～1.1.6
4	1.1.1	基础工程	1433.40			1433.40	28667.91	m²	500.00	元/m²	钻孔灌注桩基础
5	1.1.2	土建工程（地上结构）	4873.54			4873.54	28667.91	m²	1700.00	元/m²	实体建筑地上部分
6	1.1.3	钢结构（地上）	7453.66			7453.66	28667.91	m²	2600.00	元/m²	大跨度钢结构、外围护钢结构
7	1.1.4	内装饰装修工程	2400.35			2400.35	16097.00	m²	1491.18	元/m²	1.1.4.1～1.1.4.3
8	1.1.4.1	大厅等大空间	980.00			980.00	3500.00	m²	2800.00	元/m²	
9	1.1.4.2	主馆	938.40			938.40	9384.00	m²	1000.00	元/m²	
10	1.1.4.3	商业	481.95			481.95	3213.00	m²	1500.00		
11	1.1.5	外立面装饰（玻璃幕墙）	2866.79			2866.79	28667.91	m²	1000.00	元/m²	
12	1.1.6	屋面双层金属板（铝镁锰）	2161.82			2161.82	21618.21	m²	1000.00	元/m²	
13	1.1.7	屋面出檐（包铝板）	246.61			246.61	3522.95	m²	700.00	元/m²	
14	1.2	设备安装工程		10837.08		10837.08	28667.91	m²	3780.21	元/m²	设备安装工程指标1.2.1～1.2.27
15	1.2.1	生活给水排水		372.68		372.68	28667.91	m²	130.00	元/m²	按类似工程指标估算
16	1.2.2	消防自动喷淋（含大空间水炮）		415.68		415.68	28667.91	m²	145.00	元/m²	含抗震支撑系统
17	1.2.3	变配电设备安装		802.70		802.70	28667.91	m²	280.00	元/m²	含抗震支撑系统
18	1.2.4	电力照明、防雷接地		1318.72		1318.72	28667.91	m²	460.00	元/m²	
19	1.2.5	火灾自动报警系统		223.61		223.61	28667.91	m²	78.00	元/m²	

续表

序号	项目编号	工程和费用名称	估算价值（万元）				技术经济指标		备注说明
			建筑工程	安装工程	其他费用	合计	面积或数量	经济指标	
20	1.2.6	综合布线		189.21		189.21	28667.91 m²	66.00 元/m²	计算机、电话系统
21	1.2.7	智能物业管理系统		51.60		51.60	28667.91 m²	18.00 元/m²	
22	1.2.8	有线电视系统		57.34		57.34	28667.91 m²	20.00 元/m²	
23	1.2.9	智能应急照明、疏散照明		100.34		100.34	28667.91 m²	35.00 元/m²	软件平台
24	1.2.10	信息发布系统		229.34		229.34	28667.91 m²	80.00 元/m²	软件平台
25	1.2.11	设备自动控制（BMS系统）		389.88		389.88	28667.91 m²	136.00 元/m²	
26	1.2.12	空调工程（集中空调）		1290.06		1290.06	28667.91 m²	450.00 元/m²	含抗震支撑系统
27	1.2.13	气体灭火系统		129.01		129.01	4300.19 m²	300.00 元/m²	局部有气体消防要求
28	1.2.14	漏电火灾报警系统		258.01		258.01	28667.91 m²	90.00 元/m²	
29	1.2.15	机房工程		172.01		172.01	28667.91 m²	60.00 元/m²	
30	1.2.16	会议系统		157.67		157.67	28667.91 m²	55.00 元/m²	
31	1.2.17	公共广播及扩声系统		114.67		114.67	28667.91 m²	40.00 元/m²	
32	1.2.18	安全技术防范系统		544.69		544.69	28667.91 m²	190.00 元/m²	
33	1.2.19	场地照明		315.35		315.35	28667.91 m²	110.00 元/m²	
34	1.2.20	场地扩声		120.41		120.41	28667.91 m²	42.00 元/m²	
35	1.2.21	计时计分及成绩处理		172.01		172.01	28667.91 m²	60.00 元/m²	
36	1.2.22	大屏幕信息显示		430.02		430.02	28667.91 m²	150.00 元/m²	
37	1.2.23	自动升旗系统		43.00		43.00	28667.91 m²	15.00 元/m²	
38	1.2.24	电视转播系统		63.07		63.07	28667.91 m²	22.00 元/m²	
39	1.2.25	电梯工程		480.00		480.00	8.00 部	60.00 万元/部	客梯4台，自动扶梯4组
40	1.2.26	座椅		396.00		396.00	22000.00 座	180.00 元/座	足球、田径场地

续表

序号	项目编号	工程和费用名称	估算价值（万元）				技术经济指标			备注说明
			建筑工程	安装工程	其他费用	合计	面积或数量	单位	经济指标	
41	1.2.27	体育工艺		2000.00		2000.00	1.00	项	2000.00	万元/项	足球、田径体育工艺
42	2	体育馆（4500座）	14081.98	6507.90		20589.88	21239.00	m²	9694.37	元/m²	2.1＋2.2
43	2.1	土建、钢结构、装修工程	14081.98			14081.98	21239.00	m²	6630.25	元/m²	土建、装饰，基础2.1.1～2.1.6
44	2.1.1	基础工程	1061.95			1061.95	21239.00	m²	500.00	元/m²	无地下室，地面以上部分
45	2.1.2	土建工程（结构）	3823.02			3823.02	21239.00	m²	1800.00	元/m²	实体建筑地上部分
46	2.1.3	钢结构	2867.27			2867.27	21239.00	m²	1350.00	元/m²	大跨度钢结构，外围护钢结构
47	2.1.4	内装饰装修工程	2651.28			2651.28	21239.00	m²	1248.31	元/m²	2.1.4.1～2.1.4.4
48	2.1.4.1	大厅等大空间	1048.00			1048.00	5240.00	m²	2000.00	元/m²	
49	2.1.4.2	主馆	1054.70			1054.70	10547.00	m²	1000.00	元/m²	
50	2.1.4.3	训练馆	307.68			307.68	3846.00	m²	800.00	元/m²	
51	2.1.4.4	商业	240.90			240.90	1606.00	m²	1500.00	元/m²	
52	2.1.5	外立面装饰（幕墙）	2123.90			2123.90	21239.00	m²	1000.00	元/m²	
53	2.1.6	屋面金属板（铝镁锰）	1499.00			1499.00	14990.00	m²	1000.00	元/m²	
54	2.1.7	屋面出檐（包铝板）	55.57			55.57	793.80	m²	700.00	元/m²	
55	2.2	设备安装工程		6507.90		6507.90	21239.00	m²	3064.13	元/m²	设备安装工程2.2.1～2.2.22
56	2.2.1	生活给水排水		201.77		201.77	21239.00	m²	95.00	元/m²	按类似工程指标估算
57	2.2.2	消防自动喷淋（含大空间水炮）		424.78		424.78	21239.00	m²	200.00	元/m²	含抗震支撑系统
58	2.2.3	变配电设备安装		488.50		488.50	21239.00	m²	230.00	元/m²	含抗震支撑系统
59	2.2.4	电力照明、防雷接地		722.13		722.13	21239.00	m²	340.00	元/m²	
60	2.2.5	场地照明		254.87		254.87	21239.00	m²	120.00	元/m²	
61	2.2.6	火灾自动报警系统		186.90		186.90	21239.00	m²	88.00	元/m²	

续表

序号	项目编号	工程和费用名称	估算价值（万元）				技术经济指标				备注说明
			建筑工程	安装工程	其他费用	合计	面积或数量		经济指标		
62	2.2.7	综合布线		114.69		114.69	21239.00	m²	54.00	元/m²	计算机、电话系统
63	2.2.8	智能物业管理系统		38.23		38.23	21239.00	m²	18.00	元/m²	
64	2.2.9	有线电视系统		97.70		97.70	21239.00	m²	46.00	元/m²	
65	2.2.10	信息化观众服务系统		142.30		142.30	21239.00	m²	67.00	元/m²	软件平台
66	2.2.11	LED屏、计分系统		484.25		484.25	21239.00	m²	228.00	元/m²	
67	2.2.12	设备自动控制（BMS系统）		233.63		233.63	21239.00	m²	110.00	元/m²	
68	2.2.13	空调工程（集中空调）		1061.95		1061.95	21239.00	m²	500.00	元/m²	含抗震支撑系统
69	2.2.14	多媒体信息发布系统		144.43		144.43	21239.00	m²	68.00	元/m²	
70	2.2.15	漏电火灾报警系统		76.46		76.46	21239.00	m²	36.00	元/m²	
71	2.2.16	时钟系统		25.49		25.49	21239.00	m²	12.00	元/m²	
72	2.2.17	无线对讲系统		59.47		59.47	21239.00	m²	28.00	元/m²	
73	2.2.18	公共广播及扩声系统		339.82		339.82	21239.00	m²	160.00	元/m²	
74	2.2.19	安全技术防范系统		403.54		403.54	21239.00	m²	190.00	元/m²	
75	2.2.20	电梯工程		200.00		200.00	4.00	部	50.00	万元/部	客梯4台
76	2.2.21	座椅		207.00		207.00	4500.00	座	460.00	元/座	4500座（其中活动座椅1500座）
77	2.2.22	体育工艺		600.00		600.00	1.00	项	600.00	万元/项	球类体育工艺
78	3	游泳馆（1500座）	9395.96	4820.14		14216.10	13745.00	m²	10342.74	元/m²	3.1＋3.2
79	3.1	土建、钢结构、装修估算	9395.96			9395.96	13745.00	m²	6835.91	元/m²	土建、装饰、基础3.1.1～3.1.7
80	3.1.1	基础工程	687.25			687.25	13745.00	m²	500.00	元/m²	钻孔灌注桩基础
81	3.1.2	土建工程（地上结构）	2474.10			2474.10	13745.00	m²	1800.00	元/m²	实体建筑地上部分
82	3.1.3	钢结构（地上）	1855.58			1855.58	13745.00	m²	1350.00	元/m²	大跨度钢结构桁架、外围护钢结构

续表

序号	项目编号	工程和费用名称	估算价值（万元）				技术经济指标				备注说明
			建筑工程	安装工程	其他费用	合计	面积或数量		经济指标		
83	3.1.4	内装饰装修工程	1649.40			1649.40	13745.00	m²	1200.00	元/m²	
84	3.1.5	外立面装饰（玻璃幕墙）	1374.50			1374.50	13745.00	m²	1000.00	元/m²	
85	3.1.6	屋面金属板（铝镁锰板＋玻璃天窗）	1303.60			1303.60	13036.00	m²	1000.00	元/m²	屋盖采用双层凯威特面网壳体
86	3.1.7	屋面出檐（包铝板）	51.53			51.53	736.20	m²	700.00	元/m²	
87	3.2	设备安装工程		4820.14		4820.14	13745.00	m²	3506.83	元/m²	设备安装工程 3.2.1～3.2.23
88	3.2.1	生活给排水		206.18		206.18	13745.00	m²	150.00	元/m²	按类似工程指标估算
89	3.2.2	消防自动喷淋（含大空间水炮）		302.39		302.39	13745.00	m²	220.00	元/m²	
90	3.2.3	比赛池循环水处理系统		247.41		247.41	13745.00	m²	180.00	元/m²	
91	3.2.4	训练池循环水处理系统		247.41		247.41	13745.00	m²	180.00	元/m²	
92	3.2.5	变配电设备安装		384.86		384.86	13745.00	m²	280.00	元/m²	
93	3.2.6	电力照明、防雷接地		467.33		467.33	13745.00	m²	340.00	元/m²	
94	3.2.7	火灾自动报警系统		109.96		109.96	13745.00	m²	80.00	元/m²	
95	3.2.8	综合布线		74.22		74.22	13745.00	m²	54.00	元/m²	计算机、电话系统
96	3.2.9	智能物业管理系统		24.74		24.74	13745.00	m²	18.00	元/m²	
97	3.2.10	有线电视系统		63.23		63.23	13745.00	m²	46.00	元/m²	
98	3.2.11	信息化观众服务系统		92.09		92.09	13745.00	m²	67.00	元/m²	软件平台
99	3.2.12	LED 屏、计分系统		313.39		313.39	13745.00	m²	228.00	元/m²	
100	3.2.13	设备自动控制（BMS 系统）		151.20		151.20	13745.00	m²	110.00	元/m²	
101	3.2.14	空调工程（集中空调）		687.25		687.25	13745.00	m²	500.00	元/m²	
102	3.2.15	多媒体信息发布系统		93.47		93.47	13745.00	m²	68.00	元/m²	

续表

序号	项目编号	工程和费用名称	建筑工程	安装工程	其他费用	合计	面积或数量		经济指标		备注说明
103	3.2.16	漏电火灾报警系统		49.48		49.48	13745.00	m²	36.00	元/m²	
104	3.2.17	时钟系统		16.49		16.49	13745.00	m²	12.00	元/m²	
105	3.2.18	无线对讲系统		38.49		38.49	13745.00	m²	28.00	元/m²	
106	3.2.19	公共广播及扩声系统		219.92		219.92	13745.00	m²	160.00	元/m²	
107	3.2.20	安全技术防范系统		288.65		288.65	13745.00	m²	210.00	元/m²	
108	3.2.21	电梯工程		100.00		100.00	2.00	部	50.00	万元/部	客梯2台
109	3.2.22	座椅		42.00		42.00	1500.00	座	280.00	元/座	
110	3.2.23	体育工艺		600.00		600.00	1.00	项	600.00	万元/项	游泳体育工艺
111	4	高架平台层	7201.57	631.82		7833.38	26151.01	m²	2995.44	元/m²	4.1+4.2
112	4.1	土建、装修估算	7201.57			7201.57	26151.01	m²	2753.84	元/m²	土建、装饰、基础 4.1.1～4.1.3
113	4.1.1	基础工程	915.29			915.29	26151.01	m²	350.00	元/m²	桩基础
114	4.1.2	土建工程（结构）	4184.16			4184.16	26151.01	m²	1600.00	元/m²	
115	4.1.3	装饰装修工程	2102.12			2102.12	26151.01	m²	803.84	元/m²	4.1.3.1＋4.1.3.2
116	4.1.3.1	平台	1338.06			1338.06	20273.64	m²	660.00	元/m²	含室外装修
117	4.1.3.2	其他商业用房	764.06			764.06	5877.37	m²	1300.00	元/m²	按中档装饰标准
118	4.2	设备安装工程概算值		631.82		631.82	5877.37	m²	1075.00	元/m²	设备安装工程 4.2.1～4.2.5
119	4.2.1	生活给水排水		47.02		47.02	5877.37	m²	80.00	元/m²	
120	4.2.2	消防自动喷淋		55.84		55.84	5877.37	m²	95.00	元/m²	按类似工程指标估算
121	4.2.3	电力照明、防雷接地		211.59		211.59	5877.37	m²	360.00	元/m²	
122	4.2.4	火灾自动报警系统		47.02		47.02	5877.37	m²	80.00	元/m²	
123	4.2.5	空调工程		270.36		270.36	5877.37	m²	460.00	元/m²	

续表

序号	项目编号	工程和费用名称	估算价值（万元）				技术经济指标		备注说明
			建筑工程	安装工程	其他费用	合计	面积或数量	经济指标	
124	5	地下室	5818.08	1231.07		7049.15	16864.00 m²	4180.00 元/m²	5.1＋5.2
125	5.1	基坑支护、基础、土建结构估算	5818.08			5818.08	16864.00 m²	3450.00 元/m²	土建、装饰、基础 5.1.1～5.1.4
126	5.1.1	基坑支护	843.20			843.20	16864.00 m²	500.00 元/m²	基坑外围延长米估算
127	5.1.2	基础工程	590.24			590.24	16864.00 m²	350.00 元/m²	桩基础
128	5.1.3	地下室结构	3541.44			3541.44	16864.00 m²	2100.00 元/m²	含承台底板
129	5.1.4	地下室装饰工程	843.20			843.20	16864.00 m²	500.00 元/m²	普通装修
130	5.2	设备安装工程		1231.07		1231.07	16864.00 m²	730.00 元/m²	设备安装工程 5.2.1～5.2.6
131	5.2.1	生活给水排水		118.05		118.05	16864.00 m²	70.00 元/m²	按类似工程指标估算
132	5.2.2	消防自动喷淋		160.21		160.21	16864.00 m²	95.00 元/m²	
133	5.2.3	应急疏散照明系统		55.65		55.65	16864.00 m²	33.00 元/m²	
134	5.2.4	电力照明、防雷接地		387.87		387.87	16864.00 m²	230.00 元/m²	
135	5.2.5	火灾自动报警系统		114.68		114.68	16864.00 m²	68.00 元/m²	
136	5.2.6	通风工程		283.32		283.32	16864.00 m²	168.00 元/m²	
137	5.2.7	停车管理系统		111.30		111.30	16864.00 m²	66.00 元/m²	
138	6	室外市政配套工程	7311.93	5056.96		12368.89	239532.00 m²	516.38 元/m²	6.1～6.16
139	6.1	道路、前广场	1500.00			1500.00	50000.00 m²	300.00 元/m²	道路沥青面
140	6.2	室外停车场	228.00			228.00	19000.00 m²	120.00 元/m²	广场铺设火烧板花岗石
141	6.3	绿化景观	2874.38			2874.38	71859.60 m²	400.00 元/m²	其中包含绿化景观设置
142	6.4	水面景观	297.55			297.55	5410.00 m²	550.00 元/m²	含浅水池及水面景观
143	6.5	围墙	162.00			162.00	1800.00 m	900.00 元/M	按外围周长，铁花装饰栏杆
144	6.6	室外前期土石方工程	720.00			720.00	120000.00 m³	60.00 元/m³	场地前期大型土石方挖填

续表

序号	项目编号	工程和费用名称	建筑工程	安装工程	其他费用	合计	面积或数量	单位	经济指标	单位	备注说明
145	6.7	燃气管网及锅炉燃气系统		119.77		119.77	239532.00	m²	5.00	元/m²	按同类型建筑经济指标估算
146	6.8	室外给水排水及构筑物工程		598.83		598.83	239532.00	m²	25.00	元/m²	按同类型建筑经济指标估算
147	6.9	室外电力照明、广播及安防工程		838.36		838.36	239532.00	m²	35.00	元/m²	按同类型建筑经济指标估算
148	6.10	室外泛光照明		1500.00		1500.00	1.00	项	1500.00	万元/项	按同类型建筑经济指标估算
149	6.11	海绵城市		2000.00		2000.00	1.00	项	2000.00	万元/项	按同类型建筑经济指标估算
150	6.12	门房、道闸	80.00			80.00	1.00	项	80.00	万元/项	门房、电动道闸
151	6.13	足球训练场	720.00			720.00	12.00	个	60.00	万元/个	高标准练习场
152	6.14	室外篮球场	360.00			360.00	12.00	个	30.00	万元/个	篮球场等小球场地
153	6.15	室外排球场	50.00			50.00	2.00	个	25.00	万元/个	小球场地
154	6.16	门球、地掷球场	20.00			20.00	1.00	个	20.00	万元/个	小球场地
155	6.17	室内外标识、标牌	300.00			300.00	1.00	项	300.00	万元/项	静态及动态标识
156	二	建设项目其他费			9034.36	9034.36	106666.92	m²	846.97	元/m²	1～＋27
157	1	建设管理费			894.65	894.65	94330.65	万元			（财建[2016]504号）文件的规定；分档计算
158	2	工程监理费			1320.93	1320.93	94330.65	万元			发改价格[2007]670号；插值法计算
159	3	前期工作咨询费			250.23	250.23					3.1+3.2+3.3+3.4
160	3.1	项目建议书编制及评估费			56.94	56.94	110000.00	万元			计价格[1999]1283号
161	3.2	可行性研究报告编制及评估费			105.90	105.90	110000.00	万元			计价格[1999]1283号
162	3.3	环境影响报告书编制及评估费			34.44	34.44	110000.00	万元			计价格[1999]1283号
163	3.4	节能评估报告书编制及评审费			52.95	52.95	110000.00	万元			按可研收费50%预估

续表

序号	项目编号	工程和费用名称	估算价值（万元）				技术经济指标			备注说明
			建筑工程	安装工程	其他费用	合计	面积或数量	技术经济指标	经济指标	
164	4	勘察与设计费			3072.60	3072.60				4.1＋4.2＋4.3＋4.4＋4.5
165	4.1	工程勘察费			565.98	565.98	94330.65	万元	0.60%	计价格［2002］10号；建安工程费的0.5%～0.8%
166	4.2	工程设计费			2088.93	2088.93	94330.65	万元		计价格［2002］10号；插值法计算
167	4.3	竣工图编制费			167.11	167.11	2088.93	万元	8%	计价格［2002］10号
168	4.4	总平面规划设计费			70.57	70.57	35.28	公顷	2.00	计价格［2002］10号，按2万元/公顷考虑
169	4.5	BIM设计费			180.00	180.00				参考类似项目暂估
170	5	消防性能化设计及风洞试验费			150.00	150.00				参考类似项目暂估
171	6	绿色建筑星级设计咨询费			40.00	40.00				参考类似项目暂估
172	7	建设工程造价咨询服务费			872.62	872.62	94330.65	万元		参照（赣价协［2015］9号）文件匡算（含清单编制、施工过程造价控制）
173	8	招标代理服务费			97.36	97.36	94330.65	万元		参照规格（计价格［2002］1980号）文件的规定匡算
174	9	劳动安全卫生评价费			47.17	47.17	94330.65	万元	0.05%	参照（发改投［2003］1346号）文件规定匡算
175	10	工程保险费			282.99	282.99	94330.65	万元	0.30%	参照（国发［1983］35号）文件的规定
176	11	场地准备及临时设施费			471.65	471.65	94330.65	万元	0.50%	参照（计标（85）352号）文件的规定，暂按建安工程费的0.5%匡算
177	12	市政公用设施配套费			373.33	373.33	106666.92	m²	35	参照赣府发［1993］13号文件的规定，按35元/m²匡算
178	13	施工图审查费			47.17	47.17	94330.65	万元	0.05%	按建安工程费的0.05%暂估

续表

序号	项目编号	工程和费用名称	建筑工程	安装工程	其他费用	合计	面积或数量	数量	经济指标		备注说明
179	14	抗震设计审查费			80.18	80.18	94330.65	万元	0.09%		按类似项目
180	15	基坑工程设计专项审查咨询			2.00	2.00					按类似项目
181	16	人防异地建设费			550.32	550.32	3057.36	元			赣发改收费字〔2012〕1582号 地面总建筑面积×3%×1800元/m²
182	17	建筑消防设施检测服务费			20.00	20.00		元			按类似项目
183	18	垃圾清运费			192.00	192.00	106666.92	元	18	元/m²	按每平方18元/m²考虑
184	19	卫生监督防疫费			47.17	47.17	94330.65	元	0.05%		按建安装工程费的0.05%暂估
185	20	竣工档案整理综合服务费			5.00	5.00		元			按类似项目
186	21	地质灾害评估报告编制及审查费			40.00	40.00					按类似项目
187	22	压覆矿产资源评估报告编制及审查费			40.00	40.00					按类似项目
188	23	水土保持方案编制及审查费			40.00	40.00					按类似项目
189	24	地形图测量费			35.00	35.00					按类似项目
190	25	档案服务费			12.00	12.00					按类似项目
191	26	放红线、验线、竣工图费			20.00	20.00					按类似项目
192	27	检测试验费			30.00	30.00					按类似项目
193	三	预备费	3262.28	1454.25	451.72	5168.25	106666.92	m²	484.52	元/m²	按建安工程投资5%计算
194	四	征地费			45390.00	45390.00	106666.92	m²	4255.30	元/m²	按项目建议书征地费计入
195	五	估算造价合计	68507.97	30539.22	54876.08	153923.27	106666.92	m²	14430.27	元/m²	工程估算总造价（一十二十三十四）

3. 销售收入估算

摘自《BB 市体育中心项目可行性研究报告》，有删改。

项目的营业收入包括：事业收入（主要包括体育比赛收入、门票收入、广告赞助收入、体育技术服务收入和无形资产转让收入）；经营收入（主要包括销售收入和租赁收入）；财政资金收入（一般包括财政补助收入、上级补助收入和彩票公益金收入）。参考类似项目，预测项目运营收入见表 3.5-5。

项目运营收入估算表（单位：万元）　　　　　　　　　　表 3.5-5

项目	金额	备注
一、事业收入		
1. 体育比赛收入	（略）	场地、门票收入等，按每年 4 场比赛、平均上座率 40%，场地出租费 20 万元，门票平均收入 60 元／人次
2. 广告赞助收入	（略）	参考同类项目预估
3. 体育技术服务收入	（略）	训练、培训，参考同类项目预估
二、经营收入	（略）	
三、商业出租收入	（略）	出租率 70%，租金 40 元／（m² · 月）
场地出租收入	（略）	演唱会、展览展销、企业年会等
四、停车收入	（略）	
五、游泳馆及全民健身馆、室外场地社会收入	（略）	
六、补贴收入	（略）	根据服务重大赛事、设施重大修缮、设备更新等需要申请补贴。专款专用
1. 财政补贴收入	（略）	
2. 彩票公益金补贴收入	（略）	
合计	（略）	

第4章　建设模式咨询

4.1　建设模式类型

建设模式是指工程建设项目组织实施的方式。从建设单位角度来看，建设模式指从项目立项开始到项目运营阶段，如何引入投资资金，并对资金进行有效管理，使项目在全生命周期达到投资效益最大化；如何引入设计单位、施工单位及其他参建单位，使项目建设在项目成本、工期、质量、安全达到合理的均衡且满足项目建设要求。

建设模式有很多种，从建设管理角度来看，有项目自营制模式、总分包模式、平行发包模式、工程总承包模式、全过程工程咨询模式；从投融资角度来看，有 PPP 模式、BT模式、专项债券等。

4.1.1　项目自营制模式

在《建筑法》出台之前比较普及的是项目自营制模式。项目自营制模式是指在项目立项后，建设单位组建、成立专门的项目部，也是总承包管理部门。此类案有北京工人体育场、首都体育馆等。

这种模式的主要特点是设计方、施工方、使用方没有明确的职责分工，有的甚至隶属于同一主管部门，各参与方更多地属于行政管理关系，而非合同关系。这种模式适用于当时的国内经济、政治环境，存在一定的合理性，但与项目建设的经济规律有一定冲突，随着改革开放的不断推进，这种模式逐渐被新的建设管理体制所替代。

4.1.2　平行发包模式

《建筑法》出台后，明确了勘察、设计、施工、设备采购、工程监理、建设单位等主要参建单位的职责，工程建设正式进入资质管理时代。《建筑法》提倡对建筑工程实行总承包，对总分包、平行发包也有说明。如：大型建筑工程或者结构复杂的建筑工程，可以由两个以上的承包单位联合共同承包。共同承包的各方对承包合同的履行承担连带责任[①]。

平行分包模式指建设方将建设工程的设计、施工以及材料设备采购的任务经过分解，

---

① 《中华人民共和国建筑法》第二十七条.

考虑工程情况、市场情况等多方面因素，划分标段，分别发包给若干个设计单位、施工单位和材料设备供应单位，并分别与各方签订合同。大型体育中心含有多个单体工程的项目，此模式采用较多，如枣庄体育中心、苏州工业园区体育中心（后更名为苏州奥林匹克体育中心）等项目。

4.1.3　总分包模式

《建筑法》第二十九条规定："建筑工程总承包单位可以将承包工程中的部分工程发包给具有相应资质条件的分包单位；但是，除总承包合同中约定的分包外，必须经建设单位认可。施工总承包的，建筑工程主体结构的施工必须由总承包单位自行完成。"

总分包模式指：将工程项目全过程或其中某个阶段（如设计或施工）的全部工作发包给一家符合要求的承包单位，由该承包单位再将若干专业性较强的部分工程任务发包给不同的专业承包单位去完成，并统一协调和监督各分包单位的工作。这样，建设方只与总承包单位签订合同，而不与各专业分包单位签订合同。规模适中、或单体较多的体育中心建筑项目、或分期建设的体育中心项目，适用较多，如浙江省黄龙体育场、深圳宝安体育场、杭州奥体博览中心主体育场等。

4.1.4　工程总承包模式

2003 年，建设部发布《关于培育发展工程总承包和工程项目管理企业的指导意见》，大力推广工程总承包模式，到 2017 年，国务院办公厅发布《关于促进建筑业持续健康发展的意见》，工程总承包模式逐步成为房屋建筑和市政公用工程的常见建设模式。

工程总承包是指承包单位按照与建设单位签订的合同，对工程设计、采购、施工或者设计、施工等阶段实行总承包，并对工程的质量、安全、工期和造价等全面负责的工程建设组织实施方式。[①] 近年来，体育建筑工程也逐步推行工程总承包建设模式，如黄龙体育中心亚运会场馆改造项目、西安国际足球中心等项目。

在工程总承包建设模式推行的过程中，也衍生了"EPC ＋ F"模式，"EPC ＋ F"即"工程总承包＋融资"，承包商负责项目融资，主要适用于由政府投资的基础设施和公共服务领域。在"EPC ＋ F"模式下，政府方需要借助承包商的资金实力及融资能力，实际操作中还存在主体不合规、变相 BT、违规举债等触及政策红线的问题，因此需要不断摸索改进。

4.1.5　全过程工程咨询模式

全过程工程咨询最早出现在《关于促进建筑业持续健康发展的意见》（国办发〔2017〕19 号），而在 2019 年 3 年 15 日《关于推进全过程工程咨询服务发展的指导意见》（发改投资规〔2019〕515 号）发布后，全过程工程咨询模式在全国各地逐步开展起来。

---

① 《房屋建筑和市政基础设施项目工程总承包管理办法》第三条．

全过程工程咨询是指采用多种服务方式组合，为项目决策、实施和运营等持续提供局部或整体解决方案以及管理服务。而全过程工程咨询服务是指对建设项目全生命周期提供的组织、管理、经济和技术等各有关方面的工程咨询服务，包括项目的全过程工程项目管理以及投资咨询、勘察、设计、造价咨询、招标代理、监理、运行维护咨询、BIM 咨询及其他咨询等全部或部分专业咨询服务。[①]

近几年，采用全过程工程咨询服务模式的体育建筑工程有深圳市青少年足球训练基地、杭州市亚运会马术项目主场馆、成都市新都香城体育中心等项目。

4.1.6 PPP 模式

PPP[②] 是 "Pubic-Private Partnership" 的缩写，直译为 "公私合作伙伴关系"，"公" 即公共部门，"私" 即私营机构。从总体上看，PPP 是指公共部门和私人机构就提供公共产品和服务而建立的合作关系。由于各国的具体实践不同，PPP 并没有一个被广泛认可和接受的定义。这里，仅以国内提法为准。

财政部、国家发展改革委对 PPP 模式都做了详细定义。财政部 2014 年 9 月 24 日发布《关于推广运用政府和社会资本合作模式有关问题的通知》(财金〔2014〕76 号)，该通知中定义：政府和社会资本合作模式 PPP 是在基础设施及公共服务领域建立的一种长期合作关系。由社会资本承担设计、建设、运营、维护基础设施的大部分工作，并通过 "使用者付费" 及必要的 "政府付费" 获得合理投资回报。

根据合作范围、合作周期等不同情况，PPP 模式又分为 BOT、BOOT、TOT、BTO、BOO 等多种形式，其中 BOT 是目前的主流模式。2014 年以来，国内有许多体育建筑采用了 PPP 模式，如黄石奥林匹克体育中心、滁州奥林匹克体育中心、衢州市体育中心、杭州奥体博览中心体育馆游泳馆等项目。

4.1.7 BT 模式

BT 模式（Build-Transfer），即 "建设—移交"，也叫回购模式，是指政府把基础设施的投资建设任务交给社会资本，在社会资本完成基础设施建设后，再由政府出资分期付款和利用补偿措施等方式对基础设施进行收购。BT 模式实质上与贷款无异，但又能够避开银行系统的资格审查等一系列烦琐手续，而这种便利性是以较高的利率为代价的。

2012 年 12 月，财政部、国家发展改革委、人民银行、银监会等四部委联合发布了《关于制止地方政府违法违规融资行为的通知》(财预〔2012〕463 号)，其中严格规范政府及所属机关事业单位、社会团体的 BT 融资回购行为。该文件明确规定，只有法律或国务院规定的可以举借政府性债务的公共租赁住房、公路等项目，可以采取 BT 方式进行融资建设回购。因此，文件出台后的体育建筑工程，一般不采用此模式。文件出台前已经建设完成的有徐州市奥体中心、西宁市海湖体育中心等，均采用了 BT 模式。

---

① 中国建筑业协会.《全过程工程咨询服务管理标准》T/CCIAT 0024-2020 第 2.0.2 条款.
② 林华. PPP 与资产证券化 [M]. 北京：中信出版社，2016.

4.1.8　专项债券

狭义地说，专项债券发行只是一种融资模式。但是地方政府专项债券和以城投公司为主体的企业专项债券大多数应用于基础设施融资领域，在建设过程中，建设方需要按照专项债券相关的法律法规实施建设管理，所以，广义地说，专项债券也是一种建设模式。

专项债券分为地方政府专项债券、企业专项债券，两者均可服务于基础设施投融资，均用于特定的产业，有一定的相似性；同时，在发行主体及使用主体、发行额度限制、募集资金用途、偿债资金来源等方面又有些不同。

1. 地方政府专项债券

财政部于 2015 年 4 月发布了《地方政府专项债券发行管理暂行办法》（财库〔2015〕83 号），对地方政府专项债券有了明确的定义。地方政府专项债券（以下简称专项债券）是指省、自治区、直辖市政府（含经省级政府批准自办债券发行的计划单列市政府）为有一定收益的公益性项目发行的、约定一定期限内以公益性项目对应的政府性基金或专项收入还本付息的政府债券。

地方政府专项债券的应用案例有郎溪县为郎溪县全民健身中心（公共体育场）发行的 1 亿元专项债券、厦门市为厦门新体育中心发行的 2 亿元专项债券。

2. 企业专项债券

国家发展改革委于 2017 年 8 月发布了《社会领域产业专项债券发行指引》（发改办、财金规〔2017〕1341 号），对企业专项债有了明确的定义。社会领域产业专项债券，是指由市场化运营的公司法人主体发行（公立医疗卫生机构、公立学校等公益性质主体除外），募集资金主要用于社会领域产业经营性项目建设，或者其他经营性领域配套社会领域产业相关设施建设的企业债券。

企业专项债券的应用案例有广州珠江实业集团有限公司就其中标的开封市体育中心建设项目发行的 10.2 亿元专项债券、成都城投置地集团为大运会场馆凤凰山体育中心项目发行的 25 亿元专项债等。

4.2　建设模式分析

上述建设模式中，项目自营制模式、总分包模式、平行发包模式的特点已经基本盖棺定论，BT 模式已经被明文禁止，全过程工程咨询模式是本书的主题，专项债券更偏向于融资方式，因此，本节主要对工程总承包模式、PPP 模式进行阐述。

4.2.1　工程总承包模式分析

1. 工程总承包模式的特点

工程总承包模式有其独有的优点，如合同关系简单有利于减少建设方的协调工作量、提高项目总体效率，设计与施工融合有利于设计成果优化、提升工程品质，固定总价模式有利于转移项目建设方风险、激发承包商积极性等。因此，建设过程中：

（1）能更好地降低项目成本、缩短建设周期、保证工程质量。由于承包商能充分发挥设计主导作用，有利于实现施工统筹安排，有利于掌控项目的成本、进度和质量。

（2）合同关系比传统模式简单，组织协调工作量较小，而且责任明确。

（3）建设方需要在监督、管理方面严格把控。

2. 对总承包商的要求

在工程总承包模式下，总承包商承担了更多的责任和更大的风险，也得到了获取更大利润的可能。工程总承包模式实施成败的关键在于建设方和总承包方的互相信任和总承包商的综合能力。

（1）总承包商要具备较强的风险承担能力。工程总承包模式下，项目的不确定性比较大，可变性强，因此总承包商承担着更大的风险，这就要求承包商企业能够进行准确的企业市场运营定位、企业成熟完善的运营风险防范手段以及顺畅的融资能力和渠道，同时也要具有紧密、良好的战略合作伙伴。

（2）总承包商要具有为建设方提供全过程优质服务和连续服务的意识和能力。工程总承包模式下，总承包商负责整个项目的设计、采购、施工整个过程，包括前期的初步设计和最后的试运行阶段，对全过程和全生命周期的质量、安全、工期、造价等负责，在项目建设过程中需要充分考虑体育建筑的使用功能，从全生命周期的角度来满足运营方的使用需求，不能局限于原来的施工建设阶段。

（3）总承包商要具有强而有效的项目运营能力。工程总承包模式下，建设方主要是通过总承包合同对总承包商进行监管，减少对工程的具体实施过程管控，让承包商对项目建设拥有更多的控制权，这就要求承包商既要有对项目有效的运营管理和组织协调手段，又要具备严密的营运管理程序、简约的运营渠道、良好的经营效益、准确的运营成本控制等多方面的能力。

（4）承包具有对工程技术要求较高的研究和开发能力。工程总承包模式下，设计、施工、采购技术人员都会参与项目设计阶段。因此，工程设计要统筹考虑经济适用、适度超前、安全可靠，做到设计最优、施工可行、成本最省。因此，总承包商要有强大、高端、多专业的人力资源支持。

3. 体育建筑工程总承包实施案例

以汕头某体育场馆为例，该项目采用工程总承包模式。项目总用地面积为 237.2 亩，总建筑面积 136400m²。建设内容包括：22000 座体育场，建筑面积 46610.34m²；会议中心，建筑面积 19118.75m²；8000 座体育馆，建筑面积 36537.29m²；训练场，建筑面积 17332.72m²；大平台，建筑面积 16782.49m²。另外，还包括连接校区天桥、道路、广场、绿化、停车场等室外附属配套工程。

（1）工程总承包的招标范围

1）设计工作范围：包括但不限于施工图设计、设计工作所需的检测、专家咨询和评审、设计变更、全过程的施工配合服务工作、配合完成审核竣工图、配合竣工验收服务等。各项设计［含专项工程，如：防雷、消防、人防（如有）等］在满足当前相关国家规范、标准、法律法规等规定的基础上，做好与前期初步设计的衔接，对初步设计缺陷（如有）进行修复完善，并以初步设计专家评审会专家组意见、设计咨询意见、体育工艺咨询意见为依据优化方案推进施工图设计工作。

2）施工总承包范围：根据审定的施工图纸以及招标人发出的与本工程有关的所有文件，包括人工、材料、工期、质量、安全生产、文明施工、工程照管、招标范围内工程竣工验收通过及编制竣工图、结算以及竣工资料整理归档、保修、移交等。

该项目由国内体育建筑施工、设计业绩比较好的某施工承包单位与某设计单位以联合体形式中标，施工承包单位为联合体牵头人。

（2）工程总承包实施成效

1）工期目标完成出色

该项目于 2019 年 7 月，工程总承包单位中标进场，在建设过程遭遇了新冠肺炎疫情，在项目建设过程中，工程总承包单位进度控制意识强，施工单位与设计单位通力合作，节约设计施工衔接时间，实施边设计、边施工，2020 年 4 月，体育馆封顶，2021 年 1 月，体育场、馆机电设备安装完成，2021 年 7 月，全面竣工。

2）工程总承包单位勇于担当

该项目前期工作时间紧，基础工作不扎实，在项目实施过程中出现了合同范围重叠或遗漏现象，也出现了材料设备定价机制缓慢等情况。工程总承包单位勇于担当，从大局出发，不计较小得失，积极主动推进项目。比如，红线外临时水电接入事宜，总包承包范围没有描述，总承包单位有过费用争取但未获取，总承包单位从大局出发组织了实施，且未另行计价。

（3）实施过程中存在的问题

1）设计施工融合度不高

目前在实施的工程总承包模式中，以联合体形式实施的占绝大多数，不管是施工单位还是设计单位做牵头方，都或多或少存在着设计单位和施工单位各自为政的情况。

该项目在实施过程中，由于工期较紧，设计单位出图进度跟不上施工进度，施工单位作为牵头人并没有与设计单位进行有效的沟通、协调、管理，双方对接仍停留在传统的设计、施工割裂的模式上。由于设计单位出图阶段时间紧，出现了后期施工图反复修改，从而影响了施工进度，同时增加了工程造价。

因此，在工程总承包模式下，建议联合体单位在各自完成设计、施工的前提下，应当建立一个工程总承包管理部，由联合体牵头人派出工程总承包负责人，下设综合管理部、技术部、成本部等部门，对设计团队、施工团队进行管理协调，设计团队、施工团队向工程总承包负责人负责，联合体牵头人适当收取一定的管理费用。建设单位、全过程咨询单位（或监理单位）主要对接该工程总承包管理团队。

2）成本控制意识不强

该项目由于进度原因，招标时存在功能需求和建设标准不确定、设计图纸深度不足等问题，项目计价模式采用了建安费下浮率的模式，使实施过程中存在一些问题，如：

① 设计单位出图时未进行限额设计。设计单位没有限额设计意识，总承包牵头单位对施工图设计图纸未履行审核、管理责任，施工单位只关注现场施工，部分项目甚至是施工完成后施工图预算才编制完成，造价不能进行有效控制，容易造成超概。

② 施工单位不考虑施工方案的经济性。施工单位在编制施工方案时，多考虑施工方便、施工安全、利润最大。特别是涉及安全的危险性较大分部分项工程，一般只经过安全方面的专家论证，而没有进行经济性方面的论证，部分施工方案过于保守，造成造价增加。其次，在材料档次和品牌造型时，施工单位偏向于选用利润大的。建设单位在工程实施过程中，如推荐施工单位选用高档品牌，施工单位就提出超概，如推荐选用中低档品牌，又担心品质得不到保证。

3）职责界定不清

在项目实施过程中，总承包单位中的设计单位与施工单位经常由于施工图失误发生推诿。

从设计角度，设计单位认为施工图出图时间短，明显低于定额设计周期，出现失误在所难免，不应当由设计单位承担相应责任，而且设计费所占比例不大，施工图出现失误就扣设计费，设计单位无法承受。

从施工角度，施工单位认为设计单位出现失误，应由设计单位或建设单位负责，但是工程总承包模式下，施工单位认为施工图设计出错理由工程总承包单位联合体共同承担，双方有连带责任的做法不合理。

由此可见，设计单位、施工单位还未有效的理解工程总承包的含义，设计与施工两者的相互结合和补位仍处于比较低的层次，有时候需要建设方出面协调工程总承包联合体双方的工作，这完全违背了工程总承包制度设立的初衷。

针对这种情况，应当明确工程总承包单位的责任，原则上应由联合体承担，联合体在签订联合体协议时，应明确设计单位发生失误的造成返工的限额，联合体牵头人应当承担一定的连带责任。

（4）总结

1）在建设单位技术能力不强的情况下，推荐使用工程总承包模式，实现"专业的事情由专业的人来做"。

2）在采用工程总承包模式时，应当预留合理的前期工作时间，确保前期准备工作充分，对项目建造的范围、功能、设计标准、技术及质量要求、工期、竣工验收标准、承包人所承担风险等有清晰描述。要尽可能做到准确、全面，避免出现错误和遗漏。

3）不推荐使用固定费率的计价模式。在设计图纸深度不够，不能满足工程量清单编制的情况下，可以采用组合式的计价模式，即主体结构采用固定下浮率，措施费采用包干模式，复杂或功能不定的采用暂估价，后续采用施工图工程量清单招标方式来确定，而装修和机电专业工程品牌档次相差大时，采用材料设备由建设单位定品牌定价的模式。

4）选择优秀的承包商作为工程总承包单位的牵头人非常关键。应做广泛深入的调查，扩大承包商的选择范围；要对潜在承包商的资格、经验和能力进行调查评估，部分地区可以采用评定分离形式来选择承包商。

5）采用全过程工程咨询模式，引入优秀的全过程工程咨询单位，加强过程设计管理和施工管理，加强无价材料设备的询价及变更管理，加强项目全过程管理，加强风险管理。

4.2.2　PPP 模式分析

1. PPP 模式的特点

PPP 模式适用于投资额大、建设周期长、资金回报慢的项目，PPP 项目成功的关键是项目的参与者和股东都已经清晰了解项目的所有风险、要求和机会，才有可能充分享受 PPP 模式带来的收益。

（1）优点

1）公共部门和企业在初始阶段就共同参与论证，有利于尽早确定项目融资可行性，缩短前期工作周期；

2）可以在项目初期进行风险评估，由于政府分担一部分风险，使风险分配更合理，减少承建商与投资商风险，从而降低融资难度；

3）参与项目融资的企业在项目前期就参与进来，有利于引入企业的先进技术和管理经验；

4）公共部门和企业共同参与建设和运营，双方可以形成互利的长期目标，更好地为社会和公众提供服务；

5）使项目参与各方组成战略联盟，便于协调各方利益。

（2）缺点

1）对于政府来说，如何确定合作公司给政府增加了难度，而且在合作中要负有一定的责任，增加了政府的风险负担；

2）组织形式比较复杂，增加了管理上协调的难度；

3）如何设定项目的回报率可能成为一个颇有争议的问题；

4）目前 PPP 法律保障体系不健全，PPP 条例立法一直无实质性进展，给 PPP 项目的建设和运营带来不利影响；

5）PPP 审批、决策周期长，给社会资本方带来了更大政策风险。

2. 某体育中心 PPP 实践案例

某地级市体育中心 PPP 项目，总投资约 13 亿元，总建筑面积约 12.8 万 m^2，主要建设内容为体育场、体育馆、游泳馆、全民健身综合馆和动力中心。其中，体育场建筑面积 $48488m^2$，共 30000 座；体育馆、游泳馆、全民健身综合馆建筑面积合计 $77938m^2$，体育馆座位数为 7500 座（固定 5500 座，移动 2000 座）；游泳馆座位数为 1500 座。

（1）PPP 基本情况

该项目合作期限为 20 年（建设期 3 年，运营期 17 年），运作方式为 BOT（建设—运营—移交），回报机制为可行性缺口补助。政府方与社会资本方股权比例为 30% 和 70%，项目资本金比例为项目全部建设成本的20%。

年度建设投资补贴的价格调整方式为：运营期内，5年以上人民币贷款基准利率发生调整时，根据基准利率变动情况，对年度建设投资补贴中的年度融资资金投资回报进行调整。

运营差额收益补贴的价格调整：运营期内，根据当地物价变动情况，对运营期第4年运营差额收益补贴进行一次调整，第5年在第4年调整后基础上按照采购文件规定的计算公式计算；对第8、11、14、17年的运营合理收益分成进行调整，其他年份在第8、11、14、17年调整后基础上按采购文件规定的计算公式计算。

（2）项目实施特点分析

1）落实运营主导理念，改变了以往"重建设、轻运营"的局面

PPP模式有利于在项目前期引入专业的运营单位。该项目中标的社会资本方包含具有体育场馆丰富运营经验的某运营企业，该企业在项目PPP协议中对项目公司的运营管理提出了较高的绩效考核要求，建设投资补贴的20%与运营期内项目设施维护质量直接挂钩，有利于实现项目建设与运营的长期充分整合。

同时，在实施过程中充分考虑后期运营需要，在确保满足体育赛事使用要求的基础上对原设计文件进一步优化。同时，允许社会资本参与设计评审、提出优化建议，确保该项目建成后可满足项目公司的运营使用要求。

2）组织多次市场测试，使实施方案更契合实际

该项目前期过程中先后组织四次公开市场测试，就项目运作方式及合作期限、项目回报机制、土地供应方式、项目资本金比例、项目公司股权比例等核心边界条件，广泛征求市场意见，确保项目方案符合市场要求、与市场接轨。通过市场测试，项目方案更为合理、更具可操作性，对社会资本的吸引力大大增强，为项目后续顺利实施奠定良好基础。

3）允许政府引入其他资金，进一步优化融资结构

该项目允许政府通过申请国家专项建设基金、引入政策性基金等方式为该项目筹集部分建设资金，进一步拓宽项目融资渠道、优化项目融资结构、降低项目融资成本。同时，坚持"激励相容"原则，政府引入基金后，因占用社会资本出资额度导致社会资本投资收益下降，政府将给予社会资本一定补偿，确保社会资本的参与积极性，实现多方共赢。

4）合理分配政府与社会资本方的权责利

考虑到国内多数体育场馆处于运营亏损状态，该项目场馆大（中）修费用由政府和项目公司按约定比例共同承担，政府承担比例为场馆大（中）修费用的90%；项目公司承担比例为场馆大（中）修费用的10%。

设立"风险共担、收益共享"运营机制。该项目基于体育场馆运营"前期亏损、后期可实现收益"的客观规律，重点完善项目回报机制，实现项目运营"风险共担、收益共享"：运营期前5年，政府以前5年运营差额收益补贴为限承担项目运营亏损，通过招标竞价实现政府风险可控，其余运营亏损由社会资本自行承担；运营期第8年至第17年，政府方股东按出资比例参与项目公司运营合理收益分配，并通过招标竞价确保政府方股东

获得稳定的合理收益分成，其余运营合理收益由社会资本自行享有。为避免社会资本获得暴利，该项目进一步约定了运营超额收益分成机制，项目公司取得的运营超额收益由政府方股东和社会资本按累进制进行分配，避免社会资本获得暴利。

5）计价模式设置不理想

项目中标社会资本方联合体牵头人主营业务为施工，按 PPP 项目常规做法，该项目成为施工总承包单位的项目。施工合同采取费率下浮的计价模式，费率下浮的计价模式虽然可以节约招标时间、可以提前动工，但是，费率下浮模式给建设管理、投资控制带来了较大的风险：

① 施工合同是一个"开口"合同，施工单位既是项目公司最大股东，又是施工实施主体，实施过程中可以通过施工图设计、施工方案、施工工艺调整等多种手段来把"蛋糕做大"获得更多利润。该模式也无法通过有效竞争降低施工措施性费用。

② 由于是费率招标，项目实施过程中，很多材料、设备、专项工程施工内容需要定价，建设方、全过程咨询方、造价咨询单位和跟踪审计单位等，询价、定价工作任务重、责任大、风险因素多，而且由于材料设备的技术规格及型号、品牌档次及功能需求招标时不明确，施工单位在定价时能够占据有利的局面，从而使成本控制难度加大。

③ 对政府方而言，材料设备无法或难以定价，监管存在较大难度和廉政风险。在应对审计与稽查时风险较大，建设单位的责任人届时不得不承担很多责任。

6）过度强调运营导向，提高了建设成本

过度强调运营主导理念在实施过程中也存在负面作用。运营单位是项目股东之一，在项目建设过程中有一定的发言权，基于运营利润最大化的目的，会在建设过程中有意无意地提高建设成本。

① 本项目运营单位是一家优秀的体育工艺设备单位。在项目建设过程中，基于技术先进、运营便捷、运营成本节约等多方面因素，使用了高于同类平均水平的工艺设备，提高了项目建设成本。

② 为了提高运营效率，项目公司还引进了一些先进的材料设备。以智慧场馆为例，该项目引进全国领先的智慧场馆运营体系，与华为合作，实现场馆服务与 5G、人工智能、机器人、AR/VR 全体投影、物联网等智慧化技术全面融合，做到"管理一张图、物联一张网、运营一生态"。

该项目预计 2021 年年底竣工，从目前了解的情况来看，该项目的总投资预计超出原定投资约 18% 以上。

（3）总结

1）PPP 模式仍是体育场馆建设的重要选项之一，在项目运营、投融资方面有一定的优势。

2）从多个实践来看，PPP 模式下的体育场馆总投资一般会高于政府直接投资模式。

3）体育场馆采用 PPP 模式时，应当重视计价模式的设定，优先考虑工程量清单计价或模拟工程量清单计价模式，避免固定费率下浮模式。

第3篇

工程实施阶段咨询

全过程工程咨询分为项目决策和建设实施两个阶段，包括投资决策综合性咨询和工程建设全过程咨询。体育建筑工程建设中，全过程工程咨询单位可以提供的服务包括招标代理、勘察、设计、监理、造价、项目管理等内容。本篇结合工程实践，分别对项目实施策划、招标采购、工程设计、体育工艺、投资管理、工程技术管理和其他专项咨询内容展开论述。

第5章 项目实施策划咨询

5.1 项目策划的概念

建设项目策划是确定项目定位、建设目标及项目管理目标的一项重要工作，是项目建设成功的基本前提，其根本目的是为建设项目的决策和实施增值。通过项目实施策划，可以使项目建设者的工作有正确的方向和明确的目标。

体育场馆往往是一个地区的地标性建筑，其建设实施具有建设规模大、建设任务紧、社会关注度高、涉及相关方众多、建设过程中不确定性应性因素多等特点，面对如此复杂的一个系统工程建设，项目策划的重要性不言而喻。

体育场馆项目策划阶段的主要活动包括：确定项目建设目标和范围，定义项目阶段、里程碑，估算项目规模、成本、时间、资源，建立项目组织结构，项目工作结构分解，识别项目风险，制定项目综合计划。同时，项目策划是在项目前期所做的一种预测性工作，其成果不是一成不变的，随着项目实施的深入，应随着项目实际情况和需要不断丰富和完善。

5.2 建设项目实施策划工作思路

5.2.1 把握关键点

体育建筑建设实施策划与其他类型建筑一样，关键点一般可以包括以下方面内容：

（1）项目建设目标策划；

（2）项目管理组织结构策划；

（3）管理制度、流程策划；

（4）项目统筹与总控计划策划；

（5）招标采购策划；

（6）设计与技术管理策划；

（7）工程建设过程有关策划；

（8）其他需要把控的重点等。

5.2.2　项目实施策划前期准备

建设管理包含了前期研究阶段、项目工程勘察与设计阶段、项目施工阶段、项目竣工验收阶段等各个阶段，未来还需参与建筑物试运营的管理工作。而项目策划是建设单位项目管理活动的起点，因此在编制时要以项目全生命周期管理的思维去考虑各项目在各阶段可能遇到的问题，以目标为导向开展策划准备工作。

1. 项目实施策划参与人员

体育场馆建设往往体量大、专业繁杂，涉及单位及人员众多，组织协调工作量巨大。项目实施策划应当由项目主要负责人组织编制，参考同类项目的经验，由设计技术、综合管理、造价合约、工程管理等项目建设管理各条线专业人员共同参与策划编制。

2. 项目有关信息搜集

（1）建设资料信息收集与分析

体育场馆建设一般是由政府投资项目实施策划，咨询方应详细了解项目建议书及其批复文件，以及建设单位关于本项目的会议纪要、建设用地批复文件、所在区域的法定图则等，熟悉项目定位、项目规模、投资、使用需求、工作计划等内容。

通过收集场地及项目相关基础资料、各类技术报告等，了解并分析项目建设条件。收集资料应力求全面准确，必要时需到规划、档案部门、使用单位等进行查询和办理。资料收集后，应对资料进行分析整理。

（2）项目场地现场踏勘调研

通过现场踏勘了解用地条件，用地性质，现有的建筑、构筑物，用地周边环境及配套设施等，研究场地地形特点，分析设计与建设难点，预判项目存在的问题等。

根据项目区域发展条件、场地特征、项目定位、项目特殊性、未来发展趋势等，梳理项目关键性议题，提炼项目核心问题（具体项目具体分析，比如进度、项目影响力、品质等）。

1）用地条件分析

研究建设场地的用地性质，自然地貌，水位地质条件，分析该场地可能存在的自然水系、农业用地、林地、公园改造情况，尤其注意是否存在不良地质条件、危险边坡治理等情况以及估算初步场地平整的土石方量。

2）场地现状分析

建设场地土地权属和相关手续办理情况，是否存在现有建、构筑物，是否存在征地拆迁、产权不清晰的问题及当前使用情况，现有植被情况，是否在航空限高区域内。

3）周边交通分析

分析建设场地周边的主次干道路以及高速路等车辆交通情况，分析场地周边现有的公交、地铁及未来规划城市公共交通情况。从安全、流线、噪声、振动等方面分析此类设施与建设项目的相互影响。

4）周边设施配套

分析建设场地周边公共建筑、商业、住宅、市政配套等设施情况，这些现有条件对项目建设的影响以及项目建设对周边的影响。

（3）确认建设管理模式、设计招标、总承包招标模式

合理的建管模式能有效推进项目，在项目策划编制过程中，针对项目的特点进行充分研究，对比分析各种建设管理模式的利弊。根据分析结果，对建设管理模式初步达成一致意见，提出拟采用的建设管理模式，并选择匹配的设计招标和总承包招标模式。体育场馆项目资金来源一般由政府投资建设，也有部分体育场馆采用由社会资本方参与的 PPP 模式；大部分体育场采用设计总包和施工总承包管理模式，近年来也有一些体育场馆建设采用工程总承包模式。

（4）建立沟通机制

1）与使用单位及认证验收单位（体育局、体育工艺检测认证等）交流，确认需求与项目定位、编写设计任务书；使用方的需求确认分为信息收集和转化、需求评审、需求确认、需求动态管理、需求变更、需求跟踪及完善几个步骤。

体育场馆建设需求研究应从使用方的需求和运营管理需求出发，分析项目为满足赛事要求与民众健身所应提供的各种设施和服务，可采用引入公众参与等方式，进一步发掘使用者对建筑功能的诉求。

2）协助建设方与发展改革委、规划局、财政局等建设主管部门沟通，明确项目投资、用地规划要点、前期经费、资产核销等项目相关信息。

3）加强与使用单位负责施工管理的部门沟通，共同分析预判项目建设全过程中的技术难点和管理难点，预估对项目建设的影响，并对项目工期达成共识。

（5）项目统筹计划工作准备

1）项目已完成的工作

项目立项前已获得关键性的时间节点应做说明，如（如有）政府会议纪要、项目建议书批复时间、选址意见书、建设用地规划许可证、可研批复、前期资金下达（资金申请报告）等；其他非关键性节点的工作也应予以说明，如场地管线迁改、场地建筑物拆除等。

2）项目当前进展情况

项目正在进行的工作进度，如（如有）勘察、设计招标、设计任务书编制、全过程工程咨询单位招标等进度。

3）项目下一阶段工作

下阶段工作计划，如方案设计计划、可行性研究报告及环境影响评价报告等行政审批计划等。

（6）了解参建单位情况

项目使用单位、运营部门、可研报告编制单位、咨询单位、设计单位等信息。根据相关参见单位的需求、期望、利益和对项目的潜在影响，制定项目相关方参与项目的方法。

5.2.3　项目实施策划具体工作

1. 组织策划

（1）组织结构

包括项目建设总体组织架构图、参建各方关系图、全过程咨询项目管理部的组织结构图。通过总体组织架构图理清参建单位的管理界面，通过内部组织机构图明确项目管理部的职责分工。

（2）各部门主要职责

各部门的主要职责内容必须以合同内容为基础，主要职责不宜少于合同明确的责任和义务，同时也不宜过于增加项目管理的责任。

（3）制度流程

1）明确拟推行的管理工作制度清单，如参加方的履约考评制度、设计管理制度、工程技术管理制度、施工安全文明管理制度、招标采购管理制度、工程投资管理制度等。

2）明确后期拟编制的管理文件，如项目管理手册、监理规划、监理细则等。

（4）建管模式策划

为加速推进项目进程，应根据项目特点对各种建管模式进行对比分析，采取合理的建管模式。具体适合项目建设的模式从施工的角度可分为：从施工的角度，常规建管模式（设计、施工分离模式）和工程总承包（EPC）模式。

2. 项目定位与目标策划

（1）项目定位

1）项目定位

项目总体定位是基于项目整个宏观经济、区域经济、地域总体规划和体育建筑项目特征而做出与项目定义相一致的宏观功能定位。

2）功能定位

主要从体育场馆项目的建设内容、建设规模、建设标准分析，以满足项目运营活动需要，满足项目相关人群需要的定位。

（2）目标策划

包括项目设计目标、工期目标、投资目标、质量目标、技术创新目标（含相关措施）等。

1）设计目标

应围绕项目总体定位开展设计。应以符合规范要求、满足使用需求、符合规定的设计深度、具有可实施性、建筑新颖、使用合理、功能齐全、结构可靠、经济合理、环境协调、使用安全等方面为目标。

2）工期目标

应与建设单位就项目总工期协商，达成一致意见后以项目总工期为目标，按施工开工为节点，合理安排或倒排全过程计划，其中前期设计的重要里程碑节点包含：设计方案定标时间、设计方案优化时间、可研报告批复时间、建设工程规划许可证批复时间、初步设计完成时间、设计概算批复时间、施工图设计完成时间。

3）投资目标

方案及初步设计阶段，以方案深度或初步设计深度进行投资估算，提高可研报告的精确度。编制与设计目标相匹配的概算，并积极与相关部门沟通。严格控制项目估算不超匡算、概算不超估算，施工图设计阶段，以预算不超概算为目标，施工阶段应控制变更及修改量，严防超概算为目标。

4）质量目标

根据项目类型及重要程度可提出以全国或省、市级质量奖为目标。

5）技术创新目标

海绵城市设计理念、BIM技术及信息化集成技术的应用、绿色建筑、减隔震技术、装配式建筑技术等，根据项目的规模、特点、定位等实际情况选择适合的新技术，并思考实现的方式。

3. 项目需求分析

（1）根据接收时项目所处的阶段及使用单位对需求的理解，判断是否需要进行需求研究，以及各阶段需求研究的主要工作内容、管理方式。

（2）需求调研工作需贯彻最终用户理念，与使用单位沟通，了解项目需求、特点和难点。调研同类项目，了解其主要专业特点和技术难点，了解其实施、运营过程的经验、教训；

（3）充分利用可研编制单位、设计单位或工作坊团队（若有）的力量，寻找合理的需求研究方式、方法，引导使用单位完善需求，以详尽设计任务书为最终结果。

4. 项目重难点分析

项目重难点包括场地方面、需求方面、设计方面、职能部门沟通方面及其他各方面的应对措施。

（1）场地方面可以对场地特点进行分析，在场地平面布置，交通组织规划方面重点分析。

（2）设计方面，根据项目定位需要引入的设计团队做以分析，同时可以就各专业设计方面的难点可能存在的难点进行分析并提出解决方案。

（3）职能部门沟通方面，重点分析与市发改委、市规划与自然资源局、市生态环境局等在可研报告、可研修编、规划要点等各阶段报批报建问题存在的难点进行分析，并提出解决办法。

5. 招标策划

主要对设计招标方案及其他服务、总承包及专业承包单位、供应商招标方案进行分析，并确定各内容招标策略。

（1）设计招标

设计招标的形式分设计方案招标和设计团队招标，设计招标形式分为设计方案招标和设计团队招标。设计招标主要采用方案招标形式。前期设计招标内容按设计过程分有建筑方案＋建筑专业初步设计，其他专业初步设计＋全专业施工图设计，建筑方案＋全专业初步设计，全过程设计（方案＋初设＋施工图）；按专项设计有建筑设计、景观设计、室内设计、幕墙设计、体育工艺设计等。

（2）服务招标

除设计外，为完成工程所需的勘察、施工图审查、监理、咨询、环境影响评价、检测鉴定、项目管理、项目代建等与工程建设有关的其他服务。

专项咨询服务招标一般有可研编制、全过程咨询、造价咨询、勘察测绘、环境影响评估、勘察审查、施工图审查、交通影响评价、地质灾害评估、水土保持方案、集群研究（工作坊）等其他服务。

（3）施工招标

招标采购按照采购内容可分为专业分包采购、机械设备采购、工程材料采购三类，针对各项类别采购需分别明确具体管控措施。在项目实施前 30 日内，总承包单位需完善施工组织设计，确定分包单位实施策划，材料、设备采购实施策划。对采购方式、分包单位资质要求、分项工程名称、估算工程量、预计工程造价、预计进场时间、预计工期、工程质量、工程进度、安全等要求做详细要求。供应商的选择标准、供应材料（设备）名称、估算材料（设备）总用量、材料（设备）单价、预计材料（设备）总造价、预计进场时间、预计工期、采购方式、材料（设备）质量要求等进行重点关注。

6. 合同管理策划

合同管理的对象分为项目合同与非项目合同，其中项目合同包括技术、服务类合同（勘察、设计、造价咨询合同等）和施工类合同。技术、服务类合同管理策划包括对设计类合同、服务类合同的执行管理，侧重于技术、进度、资金、付款条件、工作范围等以及合同的订立、履行、变更、终止和解决争议等内容；施工类合同管理主要根据采用的发包模式而定，常规采用的平行发包模式下，合同数量众多，界面划分及管理协调工作量较大，而采用施工总承包和工程总承包模式，通常合同数量少，界面协调工作量较小，但是对于总承包合同条款设置及履约具有较大的难度。

体育场馆作为大型公建项目，涉及合同数量、类型繁多，可以考虑编制《合同管理白皮书》，对合同签订情况进行汇总分析；通过合同对概算及结算对比分析；对合同履约情况进行分析，如合同履行进展情况、合同履约评价、支付情况分析、存在问题分析等。

7. 进度管理策划

体育场馆项目因其政治性、社会影关注度高等因素，往往具有严格的关门工期，对于体育场馆项目建设须结合项目总工期要求，对项目前期进度及重要节点进行规划，包括报批报建各重要节点、重要招标节点、设计各阶段节点、施工阶段重要节点等重要工作节点计划。

（1）对进度进行把控：可通过分项工作计划、阶段计划、月计划制定详细的进度目标，通过里程碑节点控制、定期例会、过程抽检、专题会议等进行把控。

（2）在进度控制过程中，根据关键控制点检查实际进度，并与计划进度进行比较，以确定实际进度是否出现偏差。

（3）当实际进度与计划进度相比出现滞后时，分析产生偏差的原因，如设计等技术服务进度滞后，督促相关单位采取切实可行的措施消除偏差。如审批环节出现问题，需与审批部门沟通解释，并及时应向上级领导汇报。

（4）加强内外协调工作，提前预见、及时解决项目前期工作过程中遇到的困难和问题，确保项目前期工作顺利推进。

（5）加强对各参建单位的监督管理，对于因组织不力、管理混乱、投入不足等导致进度缓慢的单位，应及时提出批评、警告，情节严重的应根据合同及相关规定给予相应处罚。

8. 报批报建管理策划

（1）梳理报批报建事项，判断是否存在特殊报建程序及可能对项目进度产生影响的报建工作，分析报建风险点，提前安排沟通协调。

（2）项目前期阶段的报批报建工作主要可分四个阶段，即立项及用地规划许可阶段、建设工程规划许可和概算批复阶段、施工许可阶段、竣工验收阶段，按项目各阶段规划相应报批报建工作。

9. 质量管理策划

根据项目特点及重要程度确定质量管理的标准、目标，制定质量管理措施，并明确成果决策机制及决策团队。项目质量管理是在充分理解使用单位当前和未来需求的前提下，在总结以往工程的成熟设计、施工管理经验的基础上，从项目的方案设计开始，包括可行性研究报告、初步设计，施工图设计、项目实施及验收，对工作要求制定高质量、高要求、可操作性强的管理要点。体育场馆项目较一般项目除满足国家建设质量规范要求外，还应注重体育工艺质量标准，须满足相关赛事组织机构的认证（如泳池、田径跑道等），以满足其赛事功能要求。

10. BIM 管理策划

BIM 管理策划是指从建设单位角度出发，为项目建设全过程 BIM 技术应用与管理进行策划，规范 BIM 技术应用过程，以充分发挥 BIM 技术在项目前期策划、规划、设计、施工和运维等阶段的应用潜力和应用价值，通过 BIM 的实施为项目投资、进度、质量、安全等目标控制和项目增值提供辅助及支撑。

11. 投资管理策划

制定详细投资控制制度、规范程序。详细明确各项制度的原则、上报审批流程、时限要求等具体内容，使投资控制工作能够制度化、规范化、程序化。

实行限额设计。采用价值工程原理优化设计方案、主动限额设计的指导思想开展工作，控制造价、减少返工，实现技术先进与经济合理的统一。根据投资控制目标，进行目标分解。将投资目标按专业或分项工程确定投资分配比例，并进行目标价值与实际值的对比和分析、论证，以确定各专业和分项工程设计限额控制目标，通过目标分解，实现投资限额的控制和管理，实现对设计规模、设计标准、工程数量与概预算指标等各个方面的控制。

材料、设备价格确认方式科学、严谨。体育场馆结构体系的复杂，无价材料众多，认价工作艰巨、进展缓慢。项目实施策划阶段须对材料认价办法、程序予以明确，确保认价工作高效、合规。

12. 档案管理策划

明确需进入档案存储及管理的重要文件，对项目阶段性文件或会议纪要进行网上档案系统备案。

（1）明确信息与档案管理目标；

（2）梳理信息与档案管理的特点；

（3）信息与档案管理的难点分析；

（4）信息与档案管理的基本原则及主要流程。

13. 其他策划

其他策划包括与工程实施有关的，对项目实施可能产生影响的策划，项目实施策划也要一并考虑进去，如工程创优策划（奖项级别、创优措施等）、专项咨询策划（如与项目实施有关的体育工艺、工程监测、工程检测、法务咨询等）、项目宣传策划（宣传媒体选择、宣传内容等）、项目团建与党建等。

5.3　工程案例

本节摘录 SZ 市青少年足球训练基地（SZ 国际青少年足球交流中心）项目实施策划，供参考。

5.3.1　项目概况

1. 建设内容与规模

SZ 市青少年足球训练基地规划总占地面积 196791.85m²，分两个标段建设实施。一标段为足球公园，包括 10 片足球场（7 片 11 人制足球场，3 片 5 人制足球场），以及足球场配套用房等。二标段包括 10000 座中心足球场、运动员综合保障区以及公交首末站，主要建设内容包括基础工程，地下室工程，地上建筑土建、装饰及安装工程，室外足球训练场、道路广场、景观绿化等配套工程，体育专业设备及系统购置等。占地面积 5.5 万 m²，建筑面积约 8.02 万 m²。

投资规模：项目为社会公益类项目，可研预批复 10.76 亿元（其中二标段建安工程费为 6.9 亿元），资金来源于市财政资金。

SZ 市青少年足球训练基地航拍平面图如图 5.3-1 所示。

2. 项目定位

（1）建设国家级青训中心、足球与田径混合选材基地（SZ 足协已取得中国足协授权），建成后积极争创国家队南方训练基地，满足各级国家队冬季集训需求。

（2）打造成粤港澳大湾区青少年足球活动交流中心，为湾区青少年足球提供交流场地，承办国内外青少年足球交流活动赛事。

图 5.3-1 SZ 市青少年足球训练基地航拍平面

（3）打造成 SZ 青少年足球运动的新高地，满足城市青训体系建设的需求，为 SZ 市青少年足球运动员提供专业的训练和比赛场地，引领 SZ 青少年足球运动，大力促进 SZ 市青少年足球运动员的培养，落实国家领导人"足球要从娃娃抓起"的指示精神。

3. 规划要求

（1）绿色建筑：应当达到绿色建筑评价标识二星标准

海绵城市：本工程应符合《SZ 市海绵城市专项规划及实施方案》及《SZ 市海绵城市规划要点和审查细则》等海绵城市相关要求，地块内的年径流总量控制率应大于或等于 73%。

（2）装配式建筑：本工程应当按照《SZ 市装配式建筑发展专项规划（2018—2020）》的要求实施装配式建筑，本工程装配率需达到 50% 并满足《SZ 市装配式建筑评分规则》。

（3）停车位：本工程应按停车位数量的 30% 配建充电桩，剩余停车位应全部预留充电设施建设安装条件。

4. 场地条件

（1）地形条件项目场地内没有岩溶、土洞、埋藏河道、暗滨等分布，同时结合已建的建筑地基情况判断，本项目场址工程地质条件良好。

（2）场地条件

场地地势较平坦，局部区域存在小土丘，对场地清理影响较小；场地北侧及南侧道路畅通，便于后期施工车辆进出场地；地块 1 和 2 之间有李松蓢排洪渠。

5. 项目功能需求

中心场为 SZ 举办全国及全省大型青少年足球赛事场所，未来可作为青少年国际足球交流的比赛场地和大型足球比赛场地。为加强 SZ 与国际足球组织及专业机构、足球发达国家、世界著名足球俱乐部等交流与合作提供场所。与欧美发达国家职业俱乐部合作培训教练员和青少年运动员。举办和参与各类高水平国际足球活动。

综合保障区为主要是满足各梯队的运动员和教练员日常食宿、体能训练及运动员的教学、足球运动科学研究等，同时配备简单的医疗与康复用房。

6. 项目进展情况

一标段 2020 年 4 月开工，2021 年 3 月竣工；二标段计划 2021 年 12 月开工、2024 年 5 月竣工。本策划仅对二标段全过程工程咨询有关工作，对现场已经完成的工作、正在办理的事宜进行了梳理：

（1）场地现状：现场场地待清理和移交，正在办理土地划拨及用地规划许可手续。

（2）报批报建：选址意见书已批复→规划设计要点已取得→可研已批复→完成概算预审→概算已正式申报。

（3）工程设计：已完成方案深化设计→已完成初步设计→已完成主体施工图设计。

（4）招标采购：已完成勘察招标、设计招标、防洪评价招标、水土保持方案设计招标等前期招标工作→施工总承包招标准备。

（5）其他工作：防洪评价报告已取得；水土保持方案已备案；交通影响评价编制已完成；土壤环境调查已完成；正在申报用地规划许可证、工程规划许可证等手续。

5.3.2　项目重难点分析

1. 项目特殊性

同一项目，不同标段，不同建设时序（一标段竣工时间与二标段计划开工时间间隔 9 个月），需要通过经验和资源共享，助力二标段高质量、高效建设。

（1）项目前期土地利用总体规划证调整时间长（约 1 年），前期手续办理受制约，致使一标段涉及未批先建，二标段用地手续受影响。

（2）使用单位运营方案待完善，概算申报受影响。

（3）施工期间隔时间长对项目全寿命周期管理存在一定影响。

（4）分标段移交对项目建设及管理产生许多未能预见的影响。

（5）2 标段策划可有效借用 1 标段已有资源，借鉴经验教训。

（6）总结一标段经验，在项目二标段实施时可充分予以借鉴和进行风险规避。

2. 项目重难点与解决方案

（1）施工环境协调困难：紧邻居民区、厂区、学校，存在极大扰民风险，对项目的实施造成极大的制约，协调难度较大。

解决方案：① 优化施工方案，尽可能采用噪声较小施工工艺；② 成立施工协调小组，编制协调方案，开展专项协调。

（2）周边建设条件复杂：与周边市政道路同期施工；周边存在较多树木、架空线缆对项目施工存在影响。

解决方案：① 交叉作业影响预判，实行清单化协调；② 建立协调机制，加强与区政府的协调。

（3）体育工艺质量标准高：专业足球场需获得国际足联认可的专业竞赛级球场认定；

7 人场需达到"FIFA Quality 认证参数性能"。

解决方案：① 优化施工方案，尽可能采用噪声较小施工工艺；② 成立施工协调小组，编制协调方案，开展专项协调。

（4）钢结构体量大：项目钢结构最大覆盖投影面积超过 1 万 m^2，吊装安全隐患较大。

解决方案：① 交叉作业影响预判，实行清单化协调；② 建立协调机制，加强与各相关方的协调。

（5）临设用地：项目组临设占用 2 标段公交场站位置，建设后期需迁移，同时由于 2 标段场地周边 300m 范围内无空地提供项目组和总承包单位搭建临设，需协调场外临时用地。

解决方案：组织周边环境调研，寻找机会、见缝插针。经核实，项目西北角穿过南光高速为已征转非农业保护的国有用地，可申报临时占地手续，拟作为 2 标段临设搭建场地。

5.3.3 策划方案

SZ 市青少年足球训练基地 2 标段全过程工程咨询策划方案包括项目目标策划、建设管理模式及组织架构、设计管理策划、招采管理策划、进度管理策划、投资管理策划、质量管理策划、安全文明生产管理策划、材料设备管理策划、风险管理策划、信息化管理策划、档案资料管理策划、技术应用及创新策划、运维管理策划、党建廉政策划、项目宣传策划等。本节对部分内容做摘录如下。

（一）项目目标策划

1. 总体目标

（1）建成集"训、科、医、教、服"综合为一体的现代化专业足球基地；

（2）建成高质量文化体育活动场所，打造区域地标。

2. 设计目标

（1）力争获得建筑行业优秀勘察设计奖；

（2）力争获得全国 BIM 大赛"创新杯"奖项。

3. 进度目标：项目拟于 2021 年 12 月开工建设，2024 年 5 月建成。

4. 质量目标

（1）项目整体确保省优，项目钢结构、幕墙、装饰装修工程争创国优；

（2）足球场获得国际足联认可的专业竞赛级球场认定。

5. 创新目标：装配式装修、体育工艺相关课题研究。

6. 安全文明施工目标

（1）确保市级安全文明标化工地；

（2）争创省级安全文明标化工地；

（3）坚守安全生产三条底线。

7. 投资目标

在预算不超概算，结算不超概算的基础上，最大限度地发挥投资的效果效益。

（二）建设管理模式及组织结构

目前已完成全过程工程咨询、设计的招标。项目采用"设计＋施工总承包＋全过程工程咨询"的建管模式，属于成熟的建管模式，有利于提高管理效率，便于精细化管控。

1. 组织结构图与职能分工（略）

2. 组织体系采用三线并行、三级联动组织体系，如图 5.3-2 所示。

图 5.3-2 三线并行、三级联动组织体系图

（三）设计管理

贯彻落实《SZ 市建筑建设方政府工程高质量发展行动方案（2019—2025 年）》，进一步加强政府工程设计管理工作。确保高品质设计、高品位设计、高效能设计，力争获得建筑行业优秀勘察设计奖。设计管理的重点包括：

1. 设计优化

（1）需求优化：通过调研分析，优化使用需求。

（2）功能优化：通过调研、专家团队的基础上分析优化功能设计。

（3）效果优化：在中标方案的基础上，深化设计理念和空间效果。

（4）投资优化：分析项目设计内容的必要性、重要性、合理性、关注点等进行分析，在概算批复投资范围内进行合理调配。

（5）品质优化：以造价优化为基础，对"出效果"的部位进行品质提升。

2. 设计管理

（1）需求引领：使用单位需求提资→针对性的市场调研→专家评审、论证→使用功能需求确认，使用单位需求 100% 留痕管理。

（2）指标指引：功能定位→指标分析→可研指标→概算指标→指标控制。

（3）清单化管理：设计管理高质量发展的"头脑风暴"清单、设计问题负面清单。

（4）设计管理五大措施：目标策划、比选优选、调研分析、成果审核、过程跟踪。

1）进行设计质量、投资、进度、品质目标策划，明确设计目标；

2）通过方案比选，对设计变更、设计问题处理、设计投资控制指标、设计用材用料选择最优方案，优化设计；

3）通过调研分析，提升功能需求的准确性，精确定位设计功能需求，参照优秀项目的先进做法改善设计，提升设计品质；

4）建立完善的设计成果审核机制，使用单位、项目组、全咨单位、外聘专家团队对维度审核，审核意见实行清单销项制；

5）利用 BIM、VR 等先进设计管理工具，提高设计管理效率；

6）尊重主创，全咨单位全寿命周期统筹管理设计质量、投资、进度和品质。

3. 设计协调管理

（1）项目 2 标段设计合同包划分

1）方案设计＋建筑专业初步设计（已完成招标）；

2）其他专业初步设计＋施工图设计（已完成招标）。

（2）方案设计、初步设计与施工图设计之间的协调的主要方向

1）功能需求：以满足使用功能需求为设计协调的出发点，协调各阶段设计之间的关系；

2）艺术导向：以坚持原创、尊重主创为协调的主导思想，协调各阶段设计之间的关系；

3）目标导向：以实现策划的质量目标、进度目标、投资目标为协调的目的，协调各阶段设计之间的关系。

4. 设计效果落地措施

（1）设计方案确认：按照《SZ 市建筑建设方建筑文化艺术审查委员会的实施细则》执行；

（2）设计材料样板确认：对主要材料进行设计选样、定样、封样，作为施工招标、施工采购、施工管理的依据；

（3）初步设计审核：内审、方案团队审核、外聘专家审核、咨询审核，主要对初步设计落实方案设计的情况进行审核；

（4）施工图设计确认：内审、方案团队审核、外聘专家审核、咨询审核，主要对施工图设计落实初步设计的情况进行审核；

（5）项目实施检查：设计团队参与对设计效果落地情况进行检查。

（四）招标采购管理策划

1. 设计招标

项目 2 标段已完成设计招标工作，设计合同包划分原则、采用的招标方案、招标范围设置如下：

（1）方案设计＋建筑专业初步设计

1）合同包划分原则：

① 充分实现建筑师的设计意图、设计风格、设计理念；

② 设计决策增效，契合前期现状。

2）招标方式：采用公开招标＋投标报名的方式。

3）招标范围：包括但不限于规划、总图、建筑、结构、电气、给水排水、通风与空

调、室内设计、建筑智能化、电梯、钢结构、幕墙、人防、海绵城市、泛光照明、BIM 设计、体育工艺专项设计、声光专项设计等。

（2）施工图设计＋其他专业初步设计

1）合同包划分原则：满足使用功能需求、加快设计进度；

2）招标方式：采用预选招标子项委托的方式；

3）招标范围：包含建筑专业方案报建配合及初步设计（建筑专业除外）设计内容、概算编制、施工图设计（全专业）设计内容、施工服务、绘制工程竣工图、项目设计统筹及总协调等工作。

2. 施工招标

施工招标合同包划分的原则：① 减少协调工作量；② 利于工程安全质量；③ 利于择优选择承包；④ 满足特殊专业需求。

合同包、合同包相关具体内容、招标计划、招标流程本文略。

（五）投资管理策划

1. 投资目标

本项目可研批复总投资 10.7677 亿元，项目总工期从 2020 年 4 月开始实施，计划 2024 年 5 月 30 日完成全部投资内容，根据项目形象进度和 5 年投资滚动计划，编制项目投资控制计划，如表 5.3-1 所示。

SZ 市青少年足球训练基地项目完成投资计划表（单位：万元） 表 5.3-1

年度	当年完成投资	累计完成投资	形象进度
2020	28000	28000	完成项目一标段的所有建设内容
2021	9000	37000	二标段施工总承包招标，完成临时围挡、临时用电施工，基坑开挖土方外运
2022	28000	65000	地下室封顶，主体结构基本完成，装修、幕墙施工单位进场开展施工，防水、涂料等战略合作单位进场施工
2023	37000	102000	主体结构封顶，安全工程全面施工，装修、幕墙、智能化、体育工艺工程基本完工，景观工程施工
2024	5677	107677	完成剩余的所有施工内容，完成竣工验收，开展工程结算工作，工程进入维保阶段

2. 投资目标保障措施

（1）可研阶段

1）调研分析，精确使用功能需求；

2）提升可研报告编制的精准度；

3）设计团队、可研编制团队协同工作。

（2）设计阶段

1）限额设计，经济指标限制；

2）概、预算编制提前介入，设计与概算互验互控；

3）提升计质量，减少实施变更。

（3）实施阶段

1）提高预算编制质量，减少预算清单错、漏项；

2）限额招标、不平衡报价调整；

3）控制变更，变更方案实施优化比选。

（4）结算阶段

1）做好过程控制，结算有理可依、有据可查；

2）借用第三方单位技术支撑严控结算资料的准确性；

3）分阶段结算，分部工程早结算早控制。

投资控制总目标：定位精准，可研批复的经济指标充裕；概算总投资、分项投资控制在可研批复金额的 10% 以内施工图预算总投资、各分项投资不超概算批复金额；结算金额不超概算。

3. 全寿命周期投资控制分析

（1）投资控制分析曲线（略）

（2）项目投资控制全生命周期评估

1）项目决策阶段是项目投资控制的关键阶段，对项目投资控制起决定性作用，投资控制关键点：

① 保证项目定位、使用功能需求的精准性；

② 保证可研报告的准确性。

2）设计阶段在项目可研批复的情况下可最大限度地节约项目投资，对项目投资起到关键性作用，投资控制关键点：

① 加强设计质量；

② 提高设计深度。

（六）新技术应用管理策划

1. BIM 技术应用

（1）BIM 实施目标

以项目策划目标的实现为导向，BIM 技术应用贯穿项目设计、施工、运维各个阶段，通过 BIM 技术在项目上的应用，提高项目建设的总体质量，提高建设效率，节约建设成本，提高建设品质。

（2）BIM 技术应用范围

1）设计 BIM 技术应用

方案分析、碰撞检测、实景模拟、优化设计、其他。

2）施工 BIM 技术应用

冲突检测、可视化交底、施工方案深化优化、施工进度模拟、其他。

3）运维 BIM 技术应用

设备管理、维修维保、管网管理、安防安保、资产管理等。

2．智慧工地建设

（1）依托智慧工务平台创建工地互联网远程视频监控系统；

（2）塔式起重机及施工电梯等特种设备监控系统；

（3）环境监测及抑尘治霾喷雾联动控制系统；

（4）远程视频会议及智慧党建系统；

（5）劳务信息采集、人脸识别及一卡通门禁系统；

（6）工人生活区宿舍烟雾感应自动报警系统。

3．绿色建造体系

（1）海绵城市

从方案设计起深度结合景观设计考虑海绵城市设计理念，并贯穿始终，将项目打造为海绵城市示范项目。

（2）绿色建造

为契合项目的特质，项目设计及实施过程中将在绿色建筑方面进行提升，项目绿建标准整体二星。

4．四新技术应用

项目推广使用新技术、新材料、新工艺和新设备，将本项目打造成为建设方"四新技术"应用示范工地。

（1）四新技术应用范围

1）新技术应用：包括 BIM 技术应用、信息化技术、装配式装修技术、智慧党建、智慧建造；

2）新材料应用：根据项目特点尝试使用市场最新研发和推广的新型建筑材料；

3）新工艺应用：实现"策划目标"为指引创新施工工艺、科学施工，推动项目高质量建设；

4）新设备应用：以"体育工艺"为出发点，使用国内外先进的体育工艺设备，突破项目建设标准高的重难点。

（2）四新技术应用措施及落地

1）"四新技术"应用详细策划，编制"四新技术实施方案"；

2）成立"四新技术"应用管理小组，全程监督实施落地；

3）"四新技术"应用在招标、合同中进行约定，纳入合同履约评价考核，通过合同管理手段监督实施落地。

（3）四新技术应用成果

1）形成《SZ 市青少年足球训练基地项目新工法汇编》；

2）形成《SZ 市青少年足球训练基地项目"四新技术应用"总结》。

（七）创新管理策划

1．装配式装修技术

（1）装配式装修在本项目的应用目标

将本项目装配式装修工程打造成为建设方室内装配式装修的标杆工程。

（2）装配式装修在本项目的应用范围

装配式地面、装配式墙体、装配式吊顶、整体式卫浴、管线分离。

（3）装配式装修在本项目的应用的管理和技术保障

1）设计引领

需求分析和定位：根据项目定位、可研批复金额确定装配式装修档次；

提高设计深度：装配式装修施工图设计深度尽可能提高，利于优选承包；

设计技术支撑：设计的产品技术参数、产品选型等技术支撑；

设计指导施工：针对装配式装修技术重难点、关键点，提供施工技术指导。

2）创新施工

基层与面层的分离：基层与面层分离能够减少标准件重量，提高安装效率；

管线分离：管线单独安装，减少开槽修复等工序，提高施工效率；

模块化安装：采用整体卫浴，保证质量的同时提高施工效率；

工艺标准化：采用标准化施工工艺，定式施工，提高安装速度。

3）信息化管理

BIM 平台管理：基于 BIM 平台的设计应用和施工管理应用；

工程管理平台：利用建设方工程管理平台加强对施工落地进行管理；

微信平台：建立微装配式装修管理微信群，交流、探讨、管理；

二维码应用：配合 VR 安排专人定期更新装配式装修实施情况二维码。

4）技术保障

产业工人技术水平：产业工人经过正规培训，技术可靠，服务质量可追溯；

现场施工机械化：提高施工现场安装的机械化施工，质量优于现场加工；

设计驻场指导施工：专业设计师全程驻场知道施工，提供技术保障；

制造商驻场监造：要求产品制造商常驻现场，提供必要的技术指导。

2. 课题研究

（1）目的

总结项目建设经验，为建设方类似项目建设提供参考，论文编写基于项目建设管理全过程的经验总结，编写完成后进行分享，作为建设方后续类似项目建设的参考。

（2）措施

1）建设全过程资料信息收集，相关事项详细记录。

2）建设方现有招采制度研究分析，国家及省市相关规定研究分析。

3）类似项目建设经验参考，考察及调研材料。

4）项目建设全过程中出现的成功、失败经验收集、整理。

5）通过专家咨询、组织专家评审、形成最终成果。

6）编制完成后经专家评审后在署内分享。

（3）成果

1)《地下室上部足球场地施工工艺标准》；

2）《装配式装修施工工艺标准》；

3）《钢结构整体提升工艺标准》。

（八）创优管理策划

1. 创优目标

（1）设计：中国建筑工程装饰奖（公共建筑装饰设计类）；

（2）质量：确保 SZ 市优质工程奖；确保广东省建设工程优质奖；争创国家优质工程奖、中国建筑工程装饰奖；

（3）安全文明：确保省级安全文明标化工地；争创国家 AAA 级安全文明标化工地；

（4）BIM 技术应用：全国 BIM（建筑信息模型）大赛"龙图杯"；

（5）绿色建筑：国家绿色建筑评价二星级。

2. 创优保障措施

（1）组建创优架构成立创优小组，完善创优组织体系；

（2）借鉴参建企业创优经验编制创优方案；

（3）聘请行业内具有类似创优经验的专家组成顾问团队。

3. 创优要点梳理

工程整体设计优秀，施工质量控制严格，工程资料整理全面，四新技术完全应用，科技成果科技示范。

4. 创优步骤

创优策划—明确要点—任务分解—过程跟踪—申报落地。

（九）运维管理策划

1. 设计阶段运维管理

设计阶段明确运维管理目标，落实运维需求设计，主要需要落实以下几点内容：

（1）提醒使用单位提前完成运营管理方案，提供运营管理需求，落实运维需求设计；

（2）设计前进行类似项目运维情况调研，完善运维需求设计；

（3）征询行业专家意见，完善运维需求设计。

2. 信息化运维管理

构件 BIM 运维管理平台由 BIM 建筑模型、建筑设施信息数据库、楼宇自控系统等模块组成，所有模块都基于 BIM 立体模型界面进行展示和使用，实现高效便捷的运营管理模式。

3. 运维管理重点

（1）运维管理体系的建立和运行；

（2）运维管理需求在设计、施工过程中的落实；

（3）参建各方对运维阶段的认知、责任落实程度；

（4）运维管理方案的落地效果。

4. 运维培训和反馈机制

（1）项目试运行及竣工验收阶段，落地设备、系统等的使用手册、使用培训和交底；

（2）建立健全运维反馈机制，及时有效地解决运维阶段发生的问题，保障项目的正常运行。

第6章 招标采购咨询

6.1 招标策划

随着我国经济的持续发展和人民生活水平的不断提高，城乡居民体育锻炼意识不断增强，体育服务需求日趋旺盛，全民健身活动蓬勃开展，体育健身已经融入群众日常生活。体育运动能增强国民体质，降低医疗投入，促进体育消费，而体育场馆是体育运动的重要载体，是提供体育服务的重要场所，在保障群众体育健身权益、满足群众体育健身需求方面发挥重要的作用。

招标策划是工程项目实施阶段开始之前的一项重要策划，特别是体育建筑工程，很多与体育工艺有关的专项工程内容需要有专业承包能力的企业组织实施，体育工艺专项工程与其他工程内容的界面划分、招标采购与进场时间等直接影响着工程项目的各项目标和使用功能，因此，合同包的数量和内容一旦确定，招标计划就需要同步确定，招标文件的编制、合同条件的设定等，都是全过程工程咨询招标采购阶段的重要工作内容。下面以 ZZ 体育中心工程施工招标为例，介绍全过程工程咨询中招标采购咨询的有关工作内容。

ZZ 体育中心

招标准备阶段编制的招标策划文件应包含的内容有：项目概况、招标范围和内容、招标采购的时间、施工开始和完成的时间、施工总承包与专业分包的工作内容与工作界面等。

1. 项目概况

ZZ 市体育文化中心由体育中心和文化中心组成（图 6.1-1），其中，体育中心由"一场两馆"及室外配套工程组成。

"一场"即 31284 席体育场，总建筑面积为 54089m²，体育场为乙级中型体育建筑，场内设置标准 400m 环形跑道，标准足球场及田径场地，可满足举办地区性综合比赛和全国单项比赛的要求。

"两馆"即 6000 席体育馆和 2000 席游泳馆，总建筑面积约 80111.98m²。其中体育馆为大型乙级馆，建成后可满足省内综合及国内单项多个单项比赛要求，平时可作为专业运动员训练、群体活动、文艺汇演、商业经营等场所使用；游泳馆为中型甲级馆，由按照国家标准的跳水池、游泳池和训练池组成，能满足国际单项比赛及国内综合比赛的需求，平时可作为游泳健身的场所。

图 6.1-1　ZZ 市体育文化中心效果图

体育中心室外配套总面积约 24.8 万 m²，主要包括园林绿化、健身步道、儿童游戏活动广场、体育健身场地与设施、喷泉水景等工程内容，是集体育健身、休闲游戏于一体的大型体育公园。其中，室外体育场地主要有田径场、天然草足球场、篮球场、网球场、乒乓球场、羽毛球场、门球场等。

2. 招标内容合同包策划

ZZ 体育中心工程招标采购内容分咨询服务类（包括项目管理、工程监理、第三方检测试验、咨询顾问等）、勘察设计类（工程地质勘察、水文勘察、工程设计、工程专项设计等）、施工承包类（包括施工总承包、专业工程施工承包等）、设备供货类（包括招标暂估价材料设备、甲控乙供材料设备、特种设备供货与安装等）等。

以体育场工程为例，针对工程施工承包内容，项目前期阶段在综合分析项目整体进度要求、施工图设计进度和现场可以提供的条件等，策划确定的合同包有（按招标依次排列）：

（1）基槽开挖土石方工程

包括基坑土石方爆破、挖运、清底工程等。

（2）体育场施工总承包

包括体育场工程、人防工程及临时道路等配套工程。

（3）体育场索膜结构工程

包括体育场屋盖结构（索膜）施工图及工程量清单明确的工作内容，以及中标后深化设计及补充（修改）图纸、变更联系单等明确的工作内容。

（4）体育场钢结构工程

包括体育场钢结构施工图及工程量清单明确的工作内容，以及中标后图纸深化设计及补充（修改）图纸、变更联系单等明确的工作内容。

（5）体育场座椅采购

包括体育场座椅的优化设计、采购及安装，包括但不限于观众座椅、贵宾座椅、主席台座椅、条形桌等的场地安排、座椅分列排布、编号、座椅制造、试验、运输（含装卸）、就位组装、技术服务、相关文件的提交、与技术规格一致的座椅图表及资料、质保期内的维修等。

（6）体育场内场天然草坪

包括体育场足球场草坪优化设计、坪床建造、草毯培育、打包、运输、铺装及养护、喷灌给水系统、草坪排水系统、人员培训、第三方检测等。

（7）体育场及配套商业的电梯供货与安装

包括完成体育场及配套商业电梯的优化设计、设备供应、安装及调试、验收及检测、培训及在质保期内的保修、维修等。

（8）体育场及附属商业的智能化系统

包括体育场及附属商业智能化系统的设备供应及安装调试等施工图及工程量清单明确的工作内容，包括但不仅限于智能化系统的深化设计、管线、设备供应、安装、调试、试运行、第三方检测（100%全检）、验收、培训及售后服务等所有工作内容，使各系统满足设计和施工规范并满足相关专业举办专项比赛的要求，并能使各系统及整个智能建筑工程正常运行。

（9）体育场场地扩声工程

包括体育场场地扩声工程的设备供应及安装调试等施工图及工程量清单明确的工作内容。

（10）体育场场地照明工程

包括体育场场地照明工程的设备供应及安装调试等施工图及工程量清单明确的工作内容。

（11）体育场LED显示屏

包括体育场LED大屏施工图及工程量清单明确的工作内容，以及中标后深化设计及补充（修改）图纸及变更联系单等工作内容中的设备材料供应、安装、调试、试运行、检验检测、报审、验收、培训，还包括与该显示屏系统相关的配电、通风散热、钢构、装饰、防雷、接地、报警等设备及安装。

（12）体育场室外景观亮化工程

包括体育场室外亮化工程施工图及工程量清单明确的工作内容，以及中标后深化设计及补充（修改）图纸和变更联系单等明确的工作内容。具体工作内容有：亮化照明灯具选型、确认；亮化效果的理论模拟和现场试灯验证；亮化照明灯具、配电柜、配电箱、控制器、线槽、电缆、电线、备品备件、吊架、支架、油漆及其表面处理、相关的电气元件、自动控制装置等的优化设计、供货、运输、安装、调试、验收等；体育场室外亮化照明系统（含室外体育场地照明）、系统调试等。

（13）体育场室外田径训练场场地设施采购

分为三个标段：

标段一，室外田径场地塑胶跑道面层：完成ZZ市体育中心室外田径场地合成材料面层工程的优化设计、材料／构配件供应、运输、装卸货、施工安装及划线、验收及第三方检测（获得中国田协Ⅰ类场地认证证书）、保修、维修、维护培训等。还包括撑杆跳高插穴、铅球投掷圈、铁饼链球投掷圈等所有埋件器材供货和安装并负责体育场整体工程竣工前的塑胶跑道（包括跑道划线）成品保护工作；

标段二，室外足球场地天然草坪工程：完成 ZZ 市体育中心工程室外足球场草坪优化设计、坪床建造、草毯培育、打包、运输、铺装及养护、喷灌给水系统、草坪排水系统、人员培训、第三方检测（获得中国足协天然草坪足球场地一级证书）等；

标段三，ZZ 市体育中心室外运动场地：完成 ZZ 市体育中心室外运动场地面层的深化设计、面层铺设（包含室外地掷球场地面层的铺设，门球场地面层的铺设，手球场地面层的铺设，5 人制足球场地面层的铺设，羽毛球场地面层的铺设，网球场地面层的铺设，乒乓球场地面层的铺设，篮球场地面层的铺设）、材料／构配件供应、运输、装卸货、面层施工及划线、验收及检测保修、维修、维护培训等。以及上述场地所包含的必要的体育设施预埋件及体育运动围网的购买与安装等，并负责工程竣工前的场地（包括场地划线等）成品保护工作。

（14）体育场主入口工程

包括体育场景观绿化工程设计图纸 ss12881-1 环境景观设计总平面布置图（图纸号 LP1-1 总平面布置图界面划分）Ⅰ区（黄色区域）范围内所有硬质铺装和所有沥青道路工程、建筑垃圾及土石方挖填外运、路基渣土回填碾压、各色地面的铺装、花坛砌筑、树池砌筑、喷泉及其景灯、景石及雕塑等工程（具体见招标文件附图及工程清单）。

（15）体育场室外景观绿化工程

分为两个标段：

一标段，体育场西侧室外景观绿化工程：为Ⅲ区（青色区域，详见相关设计图纸界面划分）。包含本区域内挡墙施工、地形整理、种植土回填、绿化种植、绿化养护、道路、铺装、体育运动场地基础、景石、雕塑、管道安装、各种垃圾桶及坐凳等室外家具的购买及安装；

二标段，体育场东侧室外景观绿化及场地整理工程：为Ⅱ区（蓝色区域，详见相关设计图纸界面划分）和Ⅴ区（绿色和红色填充区域，详见图纸一期绿化分区施工图—界面划分）。包含Ⅱ区域内挡墙施工、地形整理、种植土回填、绿化种植、绿化养护、道路、铺装、体育运动场地基础、景石、雕塑、管道安装、各种垃圾桶及坐凳等室外家具的购买及安装、Ⅴ区地形整理。

（16）体育场室外安防及广播系统工程

包括室外"总体弱电平面图"中弱电系统的室外监控摄像机（体育场、游泳馆、体育馆）、报警立柱、室外防雨型音响及后端功放的配置、线管敷设（图纸红色及蓝色实线部分）、弱电系统线缆敷设、电井、安装摄像机的金属杆和支架及基础，室外广播系统与室内广播系统对接，室外监控系统与室内监控系统对接等；室外"总体弱电平面图"中，体育场与民生路、和谐路、长江路以及与两馆连接的弱电主干管及井（即图纸中蓝色虚线部分）由总承包单位施工。

（17）体育场室外市政工程

分两个标段：

一标段，体育场东侧室外市政工程：本区域内挡墙施工、地形整理、建筑垃圾及土石方挖填运输、路基渣土回填碾压道路、铺装、景石、雕塑、花池、树池等砌筑、各种垃圾桶及坐凳等室外家具的购买及安装。包含本区域内的给水排水，不包含本区域内的强弱电。

二标段，体育场西侧室外市政工程：本区域内挡墙施工、地形整理、建筑垃圾及土石方挖填运输、路基渣土回填碾压道路、铺装、景石、雕塑、花池、树池等砌筑、各种垃圾桶及坐凳等室外家具的购买及安装。包含本区域内的给水排水，不包含本区域内的强弱电。

（18）体育场泛光照明工程

包括体育场泛光照明工程施工图及工程量清单明确的工作内容，还包括中标后深化设计及补充（修改）图纸、变更联系单等明确的工作内容。

（19）体育场跑道面层

包括体育场合成材料面层工程量清单、图纸及招标文件中的专业承包工程的优化设计、材料/构配件供应、运输、装卸货、施工安装及画线、验收及检测、保修、维修、维护培训等。包括撑杆跳高插穴、铅球投掷圈、铁饼链球投掷圈等所有埋件供货和安装并负责体育场整体工程竣工前的塑胶跑道（包括跑道画线等）成品保护工作。

3. 合同承包内容与工作界面

招标策划阶段，策划内容除各合同包承包内容外，还需要确定总分包和专业分包之间的工作界面，以便组织招标时有清晰的工作范围，便于编制工作量清单和工程计价，便于现场检查验收等。下面给出几个专业承包内容的示例。

（1）土石方工程

1）施工总承包界面，包括但不限于：

① 基础土石方工程：负责图纸说明中关于需人工清挖500mm厚预留层（基底、梁底等需人工清挖部分）。

② 基础土方回填工程：基坑土方回填由总包单位负责，土方单位负责运至甲方指定处。

③ 负责开挖、外运垫层底标高向上50cm以内土方及桩间土；建筑物竖向基坑、基槽及地下室顶板等土石方回填工程。

④ 负责放土方边线、标高等相关工作。

2）专业分包界面，包括但不限于：

① 场区堆积土方：负责开挖外运或内倒（若有政府负责清运，场区堆积土方则由政府负责，不在本次范围内）。

② 基础土石方工程：负责基础梁土石方（涉及机械开挖部分为本工程招标范围）、独立基础土石方、承台土石方。

③ 地下室基坑土石方工程：负责地下室基坑土方大开挖工作。

④ 室外土石方开挖或回填：负责道路雨污水工程进场前场地平整工程（土方开挖或

回填标高达到道路竖向设计标高并交总包单位确认，管网土方及道路土方工程由总包单位负责）、景观进场前场地平整工程（土方开挖或回填标高达到道路竖向设计标高 ±50cm 并交分包景观单位确认，造坡及微地形由景观单位负责）。

⑤ 土方单位负责按支护图纸范围内基坑土方开挖。如支护高度较高，土方单位需分层开挖配合支护施工。

⑥ 施工道路清理等。

（2）桩基工程

1）施工总承包界面，包括但不限于：

① 提供水、电（接驳点）等配合。

② 负责桩基端部截桩等施工处理。

③ 负责桩基承台施工及桩基承台下土方回填。

④ 负责参加材料进场验收。

⑤ 负责施工方案审核，配合完工验收。

⑥ 负责桩基专业分包单位移交给总包的施工项目的成品保护。

⑦ 配合专业分包单位按当地政府部门要求完成施工合同备案（如需）。

2）专业分包界面，包括但不限于：

① 负责施工方案的编制和报审。

② 负责桩基施工，施工临时便道敷设。

③ 负责桩基试验和验收试验。

④ 参加组织材料进场验收。

⑤ 负责自身施工项目移交总包单位前的成品保护。

⑥ 按当地政府部门要求完成施工合同备案（如需）。

（3）园林景观工程

1）施工总承包界面，包括但不限于：

① 负责提供水、电（接驳点）等配合。

② 负责建设场地内现有水电管线位置交底。

③ 负责配合甲方要求进行室内外土方回填。

④ 室外地下室顶板部位由土建总包单位施工至防水和保护层完毕，须蓄水试验合格后移交场地给园林单位进行透水层及土工布施工等。

⑤ 室外楼梯、车库疏散口及人防口界面划分：楼梯贴砖、楼梯栏杆、楼梯踏步饰面由土建总包单位负责施工。

⑥ 水电的预留预埋由土建总包单位负责施工。汽车坡道口内侧墙面粉刷由土建总包单位负责施工，墙面装饰由外装饰单位负责施工。

⑦ 室外土建施工图中的构筑物（含天井、通风井等井道）、混凝土挡墙由土建总包单位负责施工至饰面完成。

⑧ 负责施工方案的审核，配合完工验收。

⑨ 负责景观园林专业分包单位移交给总包的施工项目的成品保护。

⑩ 配合专业分包单位按当地政府部门要求完成施工合同备案（如需）。

2）专业分包界面，包括但不限于：

① 负责施工方案的编制和报审。

② 负责园林范围内的场地平整、道路基层及面层施工、景观小品（包括结构基础及水电管线预留预埋）、树池工程、木栈道及其他硬质铺装。

③ 负责种植土换填、土壤改良、地形整理；乔木、灌木、草坪的种植、苗木养护等。

④ 负责与机电预留水源接口的接驳和接驳点至用水设备末端点位线管、管道、水泵、阀门等材料供应及安装等（不包括室外综合管网）。

⑤ 大门、岗亭、景观厕所等附属建筑物的结构、室内外抹灰、外墙饰面及水电接入到户由景观单位负责施工（包括入口门、通风窗），内部装饰及洁具、电器安装由景观单位负责施工，园林单位负责将洁具、龙头管线接到景观图安装点。

⑥ 涉及压顶收边、出口处平台及四周维护栏杆、廊架等由园林单位负责施工。

⑦ 负责提供景观园林使用配电箱下口出线端接驳及出线端至景观园林用电设备末端点位施工，包含出线线缆、线管的安装、敷设和路灯、地灯、射灯、室外音乐及广播、喷泉水景等室外机电工程施工。

⑧ 配合园林景观区域内标示标牌的预留预埋。

⑨ 负责移交前的成品保护。

⑩ 按当地政府部门要求完成施工合同备案（如需）。

（4）电梯工程

1）施工总承包界面，包括但不限于：

① 提供水、电（接驳点）等配合。

② 预留电梯召唤按钮盒等设备孔洞、预留设备基础、设备预埋件，提供电梯施工和调试用电源，并负责电梯井道移交电梯安装单位之前的井道看护。

③ 电梯井道分隔梁（水平、竖向）施工等工作。

④ 为电梯预留的电梯厅门洞口、孔洞、基础质量缺陷处理和尺寸偏差的剔凿和修补。

⑤ 电梯厅门塞口及初装修区域电梯厅门的收口。

⑥ 电梯井道、电梯井坑质量缺陷、尺寸偏差、垂直度偏差等不符合相关验收规范要求部分的处理。

⑦ 电梯井道分隔梁（竖向、水平）质量缺陷、尺寸偏差的处理，电梯吊环的预留预埋。

⑧ 负责机房通风空调系统施工、机房电源和照明、插座系统施工。

⑨ 负责电梯电源电缆敷设至电梯动力柜。

⑩ 预留井道接地、电梯机房内接地端子箱／排。

⑪ 负责组织材料进场验收。

⑫ 负责电梯井道移交电梯施工单位之前的井道安全防护。

⑬ 负责施工方案审核，配合完工验收。

⑭ 负责电梯专业分包单位移交给总包的施工项目的成品保护。

⑮ 配合专业分包单位按当地政府部门要求完成施工合同备案（如需）。

2）专业分包界面，包括但不限于：

① 负责电梯施工方案的编制及报审。

② 负责电梯设备本身的接地，至机电分包预留的端子箱／板;电梯井道内的所有线槽、管、盒;电梯电源箱往后（不含电源箱）至电梯井道内的检修灯具、开关、插座及其电线的供货、安装。

③ 负责提供电梯各种功能所需的随行缆并敷设，将电梯视频监控线缆、电梯梯控线缆、电梯对讲线缆接驳至电梯控制箱;提供火灾报警、楼宇自控等其他弱电系统所需的全部控制接口、设备和控制软件。

④ 负责电梯动力柜下口出线端接驳和出线端至电梯控制柜的线缆敷设及该线缆与电梯控制柜的接驳。

⑤ 负责材料进场验收。

⑥ 负责总包移交后的井道安全防护。

⑦ 配合客梯轿厢内部精装修分包拆卸与安装厅门，装修完成后二次电梯调试。

⑧ 负责电梯井道预留预埋等深化设计。

⑨ 负责移交前的成品保护;负责电梯工程的专项验收及特种设备的运行许可证的获取。

⑩ 按当地政府部门要求完成施工合同备案（如需）。

6.2 招标采购风险管理

招标风险存在于与工程实施有关的所有内容的招标过程中。不利于招标工作的各种偶然因素，产生的结果都会与前期策划的预期结果存在差异，这种差异往往会带来某种程度的损失或影响项目目标的顺利实施。有经验的全过程工程咨询方，在每一项工程内容招标前，都需要对招标风险进行充分分析与评估，做好风险管理，把不可规避的风险可能造成的不良影响降至最低。

6.2.1 招标投标风险分析

1. 体育建筑工程招标风险的成因

（1）受外部环境影响大

体育建筑工程施工属于室外露天作业，项目实施受自然环境变化的影响较大。施工现场的地形地貌状况也会对施工造成一定的影响。

（2）市场变化造成影响

体育建筑工程建设周期通常比较长，在建设期间会出现很多变化，市场经济的多变性以及相关政策的变化都会对工程的建设造成很大影响。比如国家政策的调整、材料价格的涨跌、劳动力供求等，都会影响工程能否顺利实施。

（3）人为因素

工程的建设离不开人，人的主观能动性和对过程中有关问题的判定或处理，经常会出现不理想的结果。比如，体育建筑一般为一个区域的地标性建筑，在体育建筑工程的设计中，其外形的选择，不同的设计师和不同建设方的决策层，都会有不同的想法与要求，不同的建筑外形将直接影响工程建设成本、建设周期等；建设期间相关决策人员对工程实施过程中有关事项的处理也可能会出现失误等，特别是一些创新技术的应用，有时也会存在问题。

（4）工程本身的因素

一般体育建筑工程都有体量大、建设周期长的特点，建设周期内恶劣的气候条件（如台风、暴雨、连续高温、地震等）、不同作业班组的进场退场、大型设备的使用等，使得工程施工本身就是一种风险产生的因素。

2. 建筑工程招标中存在的风险类型

招标风险可以分成技术性风险和非技术性风险两大类。其中技术性风险主要包含与地质勘探、设计技术有关的风险，施工技术的风险，招标技术要求部分文件的风险，技术方案评审的风险，新材料新技术新工艺应用方面的风险等；非技术性风险又包含了法律法规风险、经济风险、合同风险、市场风险等。风险的产生必然会带来各种成本的变化，往往也会使投资人的经济效益受到影响。

（1）设计技术和施工技术的风险

体育建筑工程招标时，工程设计是十分重要的。完善的设计技术资料可以增加招标成功率。若在招标时设计方案还没有确定，会增加招标的风险，也可能会造成现场施工无法进行下去，在工程进行的时候也会出现资源浪费等问题。在施工前，施工单位首先要根据前期的设计方案来制定完善可行的施工方案、施工工艺和方法等，若采取了不适用的施工技术将会增加索赔风险。

（2）投标人带来的风险

在建筑工程投标的过程中，经常遇到投标人为了中标想方设法钻法律的空子。利用相关法律的不健全以及招标文件或合同中存在的漏洞，采取先低成本价中标并在施工过程中实行高价索赔的方式，给招标人带来巨大损失。若招标方不同意赔款，承包人将可能不按照合同上的协议内容进行施工，会造成更大的损失。

在建筑工程招标时，招标人往往希望形成良性的竞争局面，从中选择较优的承包人。但在这一环节可能会存在一种风险，多个投标人为了谋取利益，商议好后进行投标并抬高报价，中标后在内部又进行一次招标来达到获取更多利润的目的，或者几个投标人合作完成整个项目。或者是某些投标人为了中标，去寻找其他单位进行合作，进行围标，增加自己的中标可能性，这些情况很容易造成市场垄断，招标的自由竞争将没有意义，原本由自由竞争带来的优势将不复存在，这时往往会给招标人造成一定的损失。

在投标过程中，一些投标人为了能够中标可能会只展现对自己有利益的一面把对自己不利的方面隐藏起来，造成表面的假象欺骗招标人。由于这些信息一般难以获取确认，最终造成招标人认不清形势，施工单位进场施工后引发一系列的问题，造成难以挽回的局面。这种道德缺失、诚信缺失也是一种比较常见投标人带来的风险。

（3）自然环境以及社会环境风险

体育建筑工程施工本身就存在风险，并且由于施工周期性长，也加剧了其他环境因素的不确定性。在长期的工程建设过程中，一些材料市场的价格、政府政策、用人的薪酬等都会发生变化。

体育建筑工程的施工受到自然环境的影响是比较大的，并且这种影响通常是无法预先得知的。比如洪水、火灾、台风甚至是地震，这些自然灾害都是可能突然发生。施工现场的地质条件、水文条件、气候条件以及施工场地的外部环境等都存在着一定的风险。建筑工程建设过程中存在着诸多不确定的因素，也由此产生了许多我们不可预控的潜在风险。

（4）招标方法存在风险

在体育建筑工程的招标中，考虑到所处地区的情况不同以及市场外部条件经常发生变化，所使用的招标方法不尽相同，如果招标方法没有随之及时调整，可能会造成招标失败。招标方法在初步策划时可能会存在一些漏洞，在具体操作时这种缺失将会逐渐地表现出来，不适应市场和当地情况的招标方法最终会失去效用。不合适的招标方法会大大地增加招标人的风险，也可能会对工程进度以及工程质量造成一定影响。任何看似完美的招标方法，我们都必须与市场、当地情况充分结合，结合相关管理以及技术尽量将招标方法做到最好。

6.2.2 体育工程招标的风险控制及应对措施

在招标的过程中有些风险是可以预见的或者是能够及时发现的，对于这类风险，我们可以采用引导的方法去化解。首先改变风险方向，再分析风险存在的内外因素，最后找准症结对症下药。有些无法预测的，我们只能在招标时尽可能地考虑防范措施，以便在风险出现时，能够更快更好地应对。

（1）在体育建筑工程招标中，切实做好招标前的准备工作。

招标前的准备工作包括了体育建筑工程项目的前期报建工作、相关土地使用情况、建筑工程的规划许可、资金周转的落实、施工图纸和场地的准备工作等。作为招标代理应当熟悉招标相关的法律法规，且能够同招标管理办公室、公共资源交易中心等保持良好的协调与沟通。根据体育工程的相关特点切实选择合理的招标方式和招标范围等。招标人应符合自主开展招标的条件，具备较强的招标投标管理能力，具有完备的相关管理、技术和经济人员配置，具备编制招标文件、组织开标评标、定标的能力，做好招标前的准备工作，从而为最后圆满完成招标任务打好坚实的基础。

（2）根据招标工程项目的特点采用科学招标方式。

对于难度不大的一般性体育建筑工程进行招标时，可以在满足技术要求的情况下，重点考虑经济因素。但是对其他一些技术要求较高的体育建筑工程，工程招标时则应该优先采用侧重综合因素的招标程序，进行综合对比，有利于突显不同方案的优劣及方案报价的合理性。所以，针对不同情况的体育工程要选择相匹配的招标方式。

（3）在体育建筑工程中，评标办法的设置也是评标环节中重要的一部分，科学地选择评分办法，可以降低招标风险产生的概率。

在现阶段招标实践中，采用较多的是综合评审法与合理低价评审法。综合评审法是对于技术方面有特殊要求，或技术难度大的项目。在评审中，根据工程实际情况来设置其中的评审办法条款。合理低价评审法则是比较适合没有特殊要求，且采用的相关技术在市场上比较成熟的项目。故在招标中选择合适的评标办法，可以降低招标风险。

（4）合理地降低工程造价、控制工程成本。

在建筑工程招标过程中，降低工程造价、控制工程成本是招标需要实现的目标之一。但一味追求成本的降低，投标单位以过低的中标价中标则会导致合同无法履行。应该有效运用相关的限价规则，比如风险控制价等，在合理范围内对工程成本进行降低。为此，在体育建筑工程招标中应当充分考虑过程中可能会出现的行为事实，并进行调查和分析，严控在招标中发生违反相关法律法规的行为。如若出现这种情况，我们应该遵循相关法律法规进行合理处置。

体育建筑工程的招标活动是招标人进行采购等的具体表现形式。招标程序是在体育建筑工程建设过程中的一个步骤。但是这个步骤往往会影响到整个建设工程，且范围较广。招标环节的完善，可以有效减少工程后期问题的产生。同时，切实做好工程招标工作也是提升企业建筑工程项目管理水平的客观要求。针对工建设过程中可能出现的风险，我们在了解相关法律法规的情况下，编制全面、高质量的招标文件，面对不同的风险，采取相关的防范措施。并且加强对风险的实时监控等，争取风险出现时，能第一时间发现、第一时间解决，把风险控制在范围之内，最终保证工程顺利地完成。

6.3　体育工艺招标

6.3.1　体育工艺的特点

随着时代的发展与进步，经过不断地实践与创新，"体育工艺"的概念和理论也在不断成熟。在 20 世纪 80 年代中期以前，是"体育工艺"的起步和探索期，当时对其内涵也仅局限于"场地布置及构造"层面。

自 1986 年北京亚运会场馆设计开始直到 2002 年，是"体育工艺"的发展期，通过北京亚运会这一平台开阔了我国体育场馆建设的国际化视野，在设计理念和建设要求上也逐渐与国际接轨，"体育工艺"在考虑"场地布置及构造"的同时又注入了"辅助用房功能分布及流程"。

从北京奥运会场馆设计为起点到 2008 年，这个时期是令我们引以为傲的中国体育场馆建设的飞跃期，在奥运这一国际最高规格的舞台上，国内的场馆建设者创造了众多中国特色的体育建筑传奇。奥运会竞赛对场馆规格的苛刻要求，也让这一时期的"体育工艺"内涵有了更高层次的升华，除了"场地布置及构造"和"辅助用房功能分布及流程"外，还融入了与比赛关系紧密的"场馆智能化系统"。

2008 年北京奥运会结束后至今，通过奥运场馆的建设，并吸收国际著名设计咨询机构及场馆的建设与运营经验，行业内对体育工艺的认识更加全面、深入，概念也更明晰。融入系统智能化建造工艺、新一代信息技术，与互联网应用、数据挖掘、云计算等一系列高新技术融合，一套完善、全方位、系统化的体育场馆工艺体系逐渐形成。

因此，体育工艺的内容应该包括：体育场地与场地设施，体育场馆中满足体育比赛与训练的配套设施，满足观众观演的配套设施，满足体育场馆运营与可持续发展的有关设施等。这些内容不同于一般房屋建筑工程中土建与机电安装工程，它们有着独特的专业性和技术要求，因此，体育工艺有关内容的招标也有着其特殊性。

6.3.2　体育工艺招标案例

体育工艺专项内容的招标不是千篇一律地采用某一种模式（招标内容或承包方式），要根据项目特点灵活掌控，公司近年来承担的体育建筑全过程工程咨询项目采用的招标模式均有所差异，如前文所述的 ZZ 体育中心和以下两案例的招标模式就有明显的差异。

1. BB 市体育中心

（1）项目概况

BB 市体育中心项目规划总用地面积 353086m²，由体育场、体育馆、多功能综合馆、体校、景观塔共 5 个单体和相应的连桥、室外平台组成，总建筑面积 146793m²，其中地上 115257m²、地下 31536m²。

（2）体育工艺招标内容

本工程体育工艺的重难点主要在于场地设施多、技术标准高、材料与设备产品档次高、工期紧张；体育工艺专项工程与一般建筑安装工程、体育工艺专项工程与专项工程之间的交叉作业组织及交叉作业期间的相互前置条件的衔接等。本着有效结合项目特点、便于现场管理和功能集约的思路，体育工艺专项内容决定分为 4 个合同包，即场地照明工程、LED 显示屏及控制系统、场地扩声及赛事智能化工程和体育场地设施工程，除此之外的内容包含于总承包施工合同中，所有招标均提供施工图和工程量清单。

（3）招标范围设置

招标范围包括 BB 市体育中心体育场、体育馆、多功能馆、体校室内馆及室外田径场等的体育工艺相应专项内容

1）场地照明工程

内容包括场地照明工程的优化设计及施工，设备材料供应、安装、现场指导、技术服务、调试、开通、验收；工程试运行（含测试赛期间配合提供足够数量技术人员配合测试及试运行工作）、培训、维保及施工管理等所有工作内容，使工程满足设计和施工规范并满足举办专项比赛的要求。具体以工程量清单、招标内容、招标文件、技术要求、图纸为准。

2）LED 显示屏及控制系统

包括 LED 显示屏及控制系统的深化设计及施工，设备材料供应、安装、现场指导、技术服务、调试、开通、验收；工程试运行（含测试赛期间配合提供足够数量技术人员配合测试及试运行工作）、培训、维保及施工管理等所有工作内容，使工程满足设计和施工规范并满足举办专项比赛的要求。

3）场地扩声及赛事智能化工程

① 场地扩声工程

包括场地扩声工程的深化设计及施工，设备材料供应、安装、现场指导、技术服务、调试、开通、验收；工程试运行（含测试赛期间配合提供足够数量技术人员配合测试及试运行工作）、培训、维保及施工管理等所有工作内容，使工程满足设计、施工规范以及举办专项比赛的要求。（具体以工程量清单、招标内容、招标文件、技术要求、图纸为准）。

② 赛事智能化（体育专项弱电）工程

包括专项弱电工程的深化设计及施工，设备材料供应、安装、现场指导、技术服务、调试、开通、验收；工程试运行（含测试赛期间配合提供足够数量技术人员配合测试及试运行工作）、培训、维保及施工管理等所有工作内容，使工程满足设计和施工规范并满足举办专项比赛的要求。（具体以工程量清单、招标内容、招标文件、技术要求、图纸为准）。

4）体育场地设施工程

① 体育场及热身场（含围网）塑胶跑道面层材料采购及配套安装；

② 体育场天然草的种植、体校人造草面层材料采购及配套安装；

③ 体育中心室外篮球场地（含围网、照明）、网球场地（含围网、照明）面层材料采购及配套施工；

④ 体育馆、多功能馆、体校综合训练馆等室内木地板采购及配套安装；

⑤ ①～④场地所包含的所有埋件器材的供货和安装。

上述内容包含招标范围内所有场地的深化设计及施工，材料／构配件供应、运输、装卸货、施工安装及划线、现场指导、技术服务、验收及第三方检测；试运行（含测试赛期间配合提供足够数量技术人员配合测试及试运行工作）、培训、维保及施工管理等所有工作内容，使工程满足设计和施工规范并满足举办专项比赛的要求。（具体以工程量清单、招标内容、招标文件、技术要求、图纸为准）。

2. XZ 市奥体中心

（1）项目概况

XZ 市奥体中心，分为入口广场区、竞赛训练区、体育公园区、宾馆接待区和生态景观区。建设内容包括一个 3.5 万座的体育场，一个 2000 座的游泳跳水馆，一个球类馆（其中网球场设 400 个固定座位、羽毛球场设 800 个活动座位，场地包括 6 片网球场、52 片羽毛球场、52 片乒乓球场），一个 2000 座的综合训练馆，一个体育宾馆和室外配套设施。所有场馆平时作为训练和全民建设场所、赛时可以满足热身和比赛使用，还可以根据场地特点提供演艺、会展等需要。工程施工总承包采用 BT 工程建设模式，内容包括各单体的地基与基础工程、主体结构工程、建筑装饰装修工程、建筑屋面工程、建筑给水排水及供暖工程、建筑电气工程、通风与空调工程、电梯工程和室外工程等，主要材料设备采取甲控的方式确定品牌与价格，建安工程费约 18 亿元；智能化系统以及与体育工艺有关的专业承包内容，费用约 1.8 亿元，实行专业分包。

（2）体育工艺专项招标内容和招标方式 [①]

1）体育工艺专项招标内容

体育工艺专项内容包括所有场馆的智能化工程、综合体育馆人工冰场工程，综合训练馆、球类馆、游泳跳水馆的运动木地板工程，游泳跳水馆泳池瓷砖工程，夜景照明专业工程，LED 显示屏专业工程，体育场塑胶面层（进口）专业工程，田径训练场塑胶面层专业工程，游泳跳水馆游泳池水处理设备采购与安装施工专业工程，场地照明系统设备采购与安装专业工程，场地扩声系统设备采购与安装专业工程，天然草坪采购与施工专业工程，室内外网球场、篮球场场地专业工程，导向标识系统采购及安装专业工程，游泳跳水馆地暖系统专业工程等。

2）招标方式的确定

① 模式确定的过程分析

针对项目招标采购内容量大、面广、任务重的特点，为了使项目顺利实施，2011 年 7 月全过程工程咨询方编制了《甲控材料、设备管理办法》，经过参建各方多次讨论，最终于 2011 年 8 月定稿。根据《甲控材料、设备管理办法》的要求，同月成立由建设方牵头，市监察审计部门、全过程工程咨询方、跟踪审计方、建设单位采购部门、总承包施工单位采购部门和顾问专家等组成的招标采购小组，2011 年 8 月招标采购小组正式开始工作，并编制了《甲控材料、设备名录》以及具体的招标或采购方式，包括公开招标、邀请招标、询价和竞争性谈判等，确定专业承包单位后，专业承包单位与总承包单位签订专业分包合同。

招标采购小组开始开展工作后，影响项目进展的问题开始陆续出现。如，材料设备供应商或专业分包单位得知其中标后将与项目总承包方签订分包合同，一方面，行业内一些知名企业直接拒绝参与本项目的竞标，给项目档次定位和质量带来不利影响；另一方面，愿意继续参与的材料供应商或专业分包单位，屡次出现提前抬价或被要求抬价后再行报价的现象，给造价控制带来潜在的风险。通过对部分报价的评审，全过程工程咨询方发现其与类似项目同类产品比较，虚高的成分过多，招标采购小组再次进行谈判，使得采购周期拖延，严重影响项目实施进度。

建设方、全过程工程咨询方发现问题后及时总结经验教训，此时恰值《中华人民共和国招标投标法实施条例》（中华人民共和国国务院令第 613 号）（以下简称《条例》）颁布，自 2012 年 2 月 1 日起施行，为保证项目按期完工，建设方决定调整招标采购方式，2012 年 4 月建设方最终将采购内容分成两部分实施：A. 装饰装修、机电安装工程内容等涉及

---

① 李晓庆，胡新赞. 两阶段招标在某体育中心专业承包采购活动中的应用实践［J］. 建设监理，2014（9）：37-38.

到的材料设备，仍然甲控乙供，首先进行采购计划安排，随着项目进度需要逐步分批确定品牌与费用，费用按照如下方式确定：材料造价信息涵盖的按照造价信息执行，未涵盖部分，采购小组圈定品牌后组织市场询价和类似已完工项目询价，参照类似项目同类内容并考虑相关成本因素后确定费用；B. 与体育工艺相关，专业性比较强的工作内容采取两阶段招标采购方式进行。由建设方直接采购，建设方与专业承包单位签订专业承包合同，工程费用由建设方直接支付，专业承包单位服从总承包方现场安全文明施工管理。

②招标采购方式与《条例》的符合性

体育场馆工程不同于一般工业与民用建筑工程，体育建筑等级不同（特级、甲级、乙级、丙级）、规模不同（特大型、大型、中型、小型）、场地认证标准不同（国际协会认证、国内协会认证）、赛事期间转播要求不同（高清与标清或数字与模拟等）等，体育场馆中与工艺有关的材料、设备的选择标准也有所不同，包含这些材料、设备内容的项目应属于技术复杂或者无法精确拟定技术规格的项目，可以按照《条例》第三十条约定的方式组织实施，选择专业承包单位或供货单位。第三十条条文如下：

"对技术复杂或者无法精确拟定技术规格的项目，招标人可以分两阶段进行招标。

第一阶段，投标人按照招标公告或者投标邀请书的要求提交不带报价的技术建议，招标人根据投标人提交的技术建议确定技术标准和要求，编制招标文件。

第二阶段，招标人向在第一阶段提交技术建议的投标人提供招标文件，投标人按照招标文件的要求提交包括最终技术方案和投标报价的投标文件。

招标人要求投标人提交投标保证金的，应当在第二阶段提出。"

根据《条例》精神，全过程工程咨询方将体育场、综合训练馆、球类馆、游泳跳水馆和室外足球、田径、篮球、网球、羽毛球等训练场地中技术复杂或者无法精确拟定技术规格的项目内容进行梳理，整理出人工冰场、游泳跳水池的水处理系统、场地专用照明系统、场地专用扩声系统、智能化系统（包括设备管理系统、信息设施系统、专用设施系统、信息应用系统和机房工程）设计与施工、LED大屏幕、夜景照明（设计与施工）、泳池瓷砖、座椅（包括普通座椅和电动活动座椅）、运动木地板、标识系统（设计与施工）、足球场草坪、室外篮球场、室内外网球场、光导照明、塑胶跑道、泳池池岸地暖、锅炉设备共18项内容，需要采取两阶段招标的方式进行招标采购。由于该体育中心项目属于政府重点投资项目，招标采购方式的重新确定需要政府主管部门的审批，通过后方可组织实施，建设单位根据全过程工程咨询方提交的内容形成专题报告，报请了市政府主管部门和市领导的批复，项目现场随即按两阶段招标的方式组织实施。

3）两阶段招标操作实例

体育中心项目专项内容的招标采购方式调整为两阶段实施，目的在于确保被邀请的品牌及厂家是国际或国内一流，厂家或专业承包商实力强、业绩好、信誉高，选用的产品基本是同一档次。如果直接通过政府采购渠道，则需要公开招标并履行公开招标程序，采购进度不能保证现场需要，采购效果不一定满足项目需要，投资控制也会受到影响。

明确采用两阶段招标采购方式确定与体育工艺有关的专业承包单位后，招标采购小组组织召开了工作布置会议，会议明确了两阶段招标的内容、流程和实施方式，在不违背《条例》精神的条件下做了进一步细化。体育中心项目两阶段招标采购流程如下：

第一阶段：

① 确定招标或采购的内容；

② 各方（建设单位、全过程工程咨询单位、跟踪审计单位、总承包施工单位等）推荐方案汇报单位；

③ 招标采购小组圈定入围汇报单位 5 家以上（专家参与）；

④ 编制初步技术要求文件与邀请函；

⑤ 向入围汇报单位发方案汇报邀请（载明方案汇报要求）；

⑥ 入围单位汇报初步方案（包括企业资信、业绩、针对本工程的实施方案和技术建议、实施周期、后期维保服务与承诺、对方案和邀请内容的初步估算费用等）；

⑦ 对入围单位的汇报进行初步评审（专家参与），圈定备选单位；

⑧ 必要时对备选单位进行考察，删除不满足项目需求的单位。

第二阶段：

① 在各汇报单位给出的技术建议的基础上，确定技术标准和要求；

② 编制招标或采购文件、确定招标控制价并向备选单位发招标或采购邀请；

③ 投标单位递交投标保证金；

④ 开标评审（专家参与），参加投标单位 5 名以上时初评选出前 5 名（技术标得分与商务得分总和排前 5 名者）进行二次报价，然后再评（技术标分值不变，重新计算商务分值，取合计分值名次）选前 3 名，推荐第一、二名，并对第一、二名澄清标书疑问，综合评审确定中标单位（不一定是最低价）；

⑤ 交履约保证金、招标代理费；

⑥ 发成交通知书；

⑦ 签订合同。

上述两阶段招标工作中，有两点需要说明：

① 方案汇报单位的推荐。参与实施该项目的全过程工程咨询公司，在国内体育场馆工程管理方面有着非常丰富的管理经验，类似工程管理业绩斐然，对国内从事体育工艺有关专业承包的单位情况和产品信息也非常了解，有自己的信息库，这样，能够保证推荐的单位或品牌口碑较好、信誉较高，且在国内类似工程成功使用。

② 采购文件的编制和控制价的确定

全过程工程咨询采购咨询师利用国内从事过众多体育场馆管理的经验与资源，参考类似项目类似文件编制招标（采购）文件，成稿后组织相关单位及专家进行反复讨论和修改，定稿后予以发售。

招标（采购）控制价的确定：根据方案汇报阶段各单位的初步报价，结合类似工程公开招标的中标价格，并考虑投标单位对控制价的疑问分析等因素，确定投标控制价格，对可能出现恶意竞争的内容（如智能化系统专业承包）同时限定报价的上限，以保证公平、公正、合理。

4）两阶段招标采购成效

经统计，建设方招标采购的专业承包内容共18项，前后实施周期约75天，比原计划周期缩短105天；招标控制价16041万元，中标单位签订合同价13764.6855万元，节省投资约16%，与同类工程相比节省投资约30%。

通过本项目两阶段招标采购的工程实践，整个过程完全受控，各项目标得以成功实现，首先得益于《条例》的及时颁布，使得我们的招标采购工作有法可依，其次得益于全过程工程咨询的类似工程业绩经验，最后得益于组织的科学性及实施程序的规范化。政府监察部门的支持也是程序得以顺利执行的保障。

整个招标采购过程，建设方邀请了政府监察和审计部门代表全程跟踪（包括专题考察），所有工作均在公开、公平、公正、完全透明的状态下开展，避免了违规违纪事件的出现。招标采购过程基本没有出现严重的、颠覆性的投诉，实施过程与实施结果各方均比较满意，一致认为该模式值得推广。

5）案例总结

《中华人民共和国招标投标法》（中华人民共和国主席令第21号）颁布以来，国内工程建设招标投标市场规范了很多，实施过程中具体实施细节上也在不断完善，2012年2月1日起施行的《中华人民共和国招标投标法实施条例》（中华人民共和国国务院令第613号）恰好对《招标投标法》进行了补充，技术复杂或者无法精确拟定技术规格的项目，招标人可以分两阶段进行招标，对工艺控制要求高的大型公共建筑（如体育场馆、文化场馆、医疗卫生等）项目目标的实现更加有利。

6.4　体育设施集成采购

体育设施集成内容一般包括灯光（照明）系统、扩声音（音响或音视频）系统、LED显示屏系统、比赛设备集成管理系统等体育工艺设备、系统，是体育场馆项目的重要组成部分。

目前采用的发包方式一般有两种：一种即为打包集成发包的方式，如台州市玉环新城体育中心、全民健身中心、体育休闲公园及游泳馆PPP项目，杭州奥体博览中心主体育场等采取的是总体内容集成打包，武汉东西湖体育中心、蚌埠市体育中心采取的是部分专项内容集成打包的发包方式；另一种是专项内容分别单独发包的方式，如蚌埠体育中心、徐州市奥体中心等。两种方式各有利弊，如采用集成模式便于建设过程的管理，但由于各内容的专业性过强，一个集成单位很难具备所有专项工程的采购、安装、施工等能力，容易导致再次发包和贴牌的现象；如采用单独发包，虽然每个专项都可以择优选择专业单位，但是加大了现场管理协调工作，建设成本也有所增加。

体育工艺专项内容单独发包的案例ZZ体育中心、XZ市奥体中心前文已经描述，下面是两个集成发包的案例。

1. ZZ 地质大学新校区体育馆

（1）招标范围

ZZ 地质大学新校区体育馆体育工艺设备设施集成采购及安装项目招标采购范围：运动场地木地板、看台座椅、智能化系统（含比赛照明系统、场地扩声系统、竞赛智能化系统等），包括货物及其运输（含装卸、保险）、仓储、安装、调试、验收、检验、两年免费质保及维保、培训及其相关服务。

（2）采购清单

1）本项目报价分为货物部分清单报价及安装部分清单报价两部分，其中，货物部分开具 16% 增值税专用发票；安装部分开具 10% 增值税专用发票；且安装部分数量仅供参考，投标人报价时应结合施工现场实际情况考虑深化工作内容，安装部分价格在施工范围内包干，结算时不再进行调整（经发包人书面确认的重大设计变更除外）。

2）项目涉及总承包服务（配合）费按安装部分金额的 2% 计取，由投标人在投标报价中自行考虑，发包人不再另行支付。

3）投标人应按计价规范要求，并结合项目现场情况，投标报价中合理考虑项目施工超高增加费用及脚手架等措施费用，发包人后期不再另行支付。

4）投标人所投的主要设备、材料品牌的档次应参照或相当于招标文件中参考品牌的技术指标、质量标准和工艺水平。投标人在对投标产品进行报价的同时应注明所投产品的产地、品牌和规格型号，并须提供相应的证明材料用于证明其符合参照或相当于的标准要求。投标报价应充分考虑参考品牌的档次价位，中标后，如经招标人委托的第三方检测机构对所投产品的相应指标进行对比测试后的结论达不到参照或相当于标准的，招标人有权要求中标人在下列参照对象中选择购买，且费用不予调增。

5）投标人投标报价时，应综合施工图纸、图纸疑问回复、招标文件及自行深化图纸等全部资料进行报价；报价应包含但不限于：设备材料购置费、运输费、包装费、保险费、货物现场保管保护费、系统安装及调试、检测、验收、总承包服务（配合）费、现场用水电费、安全文明施工费、措施费、税费、人员培训、质保及售后服务等为完成本招标范围所有工作的全部费用（相关费用均计入分项报价中，不单独列项）。施工过程中，上述投标价格为包干价格，在合同履行过程中是固定不变的，不因货物交付或安装日期、原材料或人工成本的波动而变更（重大设计变更除外）。

2. HZ 奥体博览中心主体育场

招标范围包括：

（1）招标图纸、资料及报价清单明确的体育工艺设备及系统集成：主要包括扩声（音响或音视频）系统（主体育场和训练场）、灯光（照明）系统（主体育场和训练场）、LED 显示屏系统（主体育场）、比赛设备集成管理系统等体育工艺设备、系统及相应辅助配件的深化设计、制造、供货、运输、装卸、搬运、到货验收、组装、安装、集成、调试、试运行、检验、验收及质保期内的售后服务等相关工作。

（2）做好与其他相关相邻专业施工单位、供货单位的配合协调工作。

第 7 章　工程设计咨询

按照现行国家有关文件规定，全过程工程咨询的工程设计咨询可以包括两部分工作内容，即设计技术咨询和设计管理咨询。当委托方将工程勘察设计工作委托给全过程工程咨询单位时，全过程工程咨询单位就应当承担起工程勘察、工程设计的技术咨询和工程勘察、工程设计的管理咨询工作；当委托方将工程勘察设计工作分别委托给工程勘察单位、工程设计单位，将项目管理工作内容委托给全过程工程咨询单位时，全过程工程咨询单位仅承担工程勘察、工程设计的管理咨询工作。因此，全过程工程咨询单位的服务内容需要根据合同约定予以开展。本章所述工程设计咨询按照设计技术咨询和设计管理咨询两部分予以展开，其中设计技术咨询对体育建筑中具有不同使用功能的体育场馆，结合工程案例分析研究相应的设计思路和有关要求；设计管理咨询包括咨询服务内容、设计管理思路与方法，并将两个工程案例中的部分管理成果进行分享。

7.1　设计技术咨询

7.1.1　体育场

体育场是指具有可供体育比赛和其他表演使用宽敞的室外场地，同时为大量观众提供座席的建筑物。主要用来举办在场地上进行的体育运动，例如足球、田径等。体育场的内场有以田径为主的椭圆形和以足球为主的长方形两个形式，在国内多数体育场以椭圆形形式为主，即外围为跑道圈和田径配套设施区域，跑道圈内布置足球场和一些田径项目的场地。体育场实例照片如图 7.1-1 所示。

图 7.1-1　某体育中心体育场外景与内场

1. 设计要点

（1）规模的确定

体育场的规模一般根据城市人口规模、举办赛事的等级等指标综合确定。体育场规模根据使用要求分级表可参考表 7.1-1 确定。

体育场规模根据使用要求分级表（单位：m²/座）　　　　　表 7.1-1

等级	60000 以上	60000～40000（不含 60000）	40000～20000（不含 40000）	20000～10000（不含 20000）	10000 以下（不含 10000）
特技	1.70	1.20～1.70			
甲级		1.20～1.70	1.20～1.25		
乙级			1.20～1.25	1.10～1.25	
丙级				1.10～1.25	0.80～1.10

（2）功能分区和出入口设计

根据比赛和使用要求，应确定建筑功能分区。建筑功能分区可分为竞赛区、观众区、运动员区、竞赛管理区、新闻媒体区、贵宾区、场管运营区等。建筑设计应根据功能分区妥善安排运动场地、看台、各类用房和设施的位置，满足各部分之间的联系和分割要求。

根据功能分区应合理安排各类人员的出入口。比赛用的建筑和设施应保证观众安全、有序地入场与疏散，应避免观众和其他人流（如运动员、贵宾等）的交叉。

在同一场地上应能开展不同的运动项目。内部辅助用房应有一定的适应性和灵活性，当若干体育设施相连时，应考虑设备、附属设施的综合利用。

建筑设计应考虑身材高大运动员的使用体验；对一般群众开放时，应考虑儿童、妇女、老人等不同使用对象的特殊要求。应考虑残疾人运动项目的特点和要求，并应满足残疾观众的需求。

2. 赛后利用

体育场的使用分为赛时和赛后两种模式，因此体育场的赛后转换预留也是场馆设计的重要关注点，可以从标识标牌转换、设备管线、灯光转换等方面进行设计预留。

3. 设计案例

本节以 LP 体育场为例予以阐述。

（1）建筑设计

LP 体育场作为 2021 年亚运会足球比赛场地，在建筑设计上主要从以下几点进行设计研究：

1）人流分类

场馆主要使用人员分为运动员、贵宾、裁判官员、运行、媒体、安保、观众这七大类。

2）基础功能用房

运动员：检录大厅、休息室（内含卫生间、更衣室、淋浴间）、赛场、兴奋剂检查站、医疗室、设备存放室、混合区、运动员看台等。

贵宾：贵宾门厅、贵宾休息室（内含卫生间）、随行警卫休息室、贵宾避难间、贵宾看台等。

裁判官员：裁判官员门厅、各功能办公室、卫生间等

运行：运行门厅、工作区、卫生间等。

媒体：媒体门厅、工作室、发布厅、混合区、新闻发布厅、卫生间等。

安保：安保门厅、工作区、监控区、卫生间等。

观众：观众看台、卫生间、母婴室等。

3）流线分析

① 运动员流线

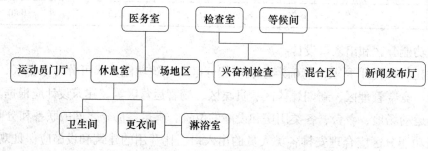

图 7.1-2　运动员流线

② 贵宾流线

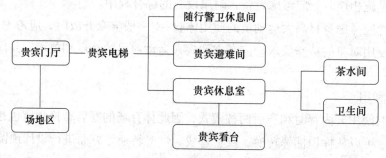

图 7.1-3　贵宾流线

③ 技术官员流线（裁判流线）

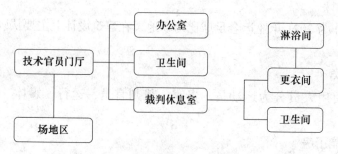

图 7.1-4　技术官员流线

④ 媒体流线

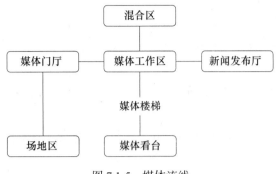

图 7.1-5　媒体流线

⑤ 安保流线及运营流线等：无固定流线

根据流线图可以看出，混合区、新闻发布厅、赛场这几个点是流线交汇节点。根据赛事对于各人流相对隔离的要求，需要在这几个流线交汇节点为相应人员设置独立、便捷的通道。

4）功能分区

LP 体育场根据这几类使用人员的各自流线，将功能分区进行上下两层布置，其中跟竞赛有关的运动员、贵宾、裁判官员、运行、媒体、安保这六类人流布置在体育场一层，方便入场和管理。观众人流需独自设置在场馆内的二层，通过室外踏步进入二层观众门厅，使观众人流和竞赛相关人流相对隔离，保证竞赛的顺利举行。声光设备及转播用房设置在看台顶端，并需要在看台顶端设置 1 ～ 2 间能观察全场的安保值班用房。

5）场地区布置

① 体育场内可举办球类、田径等多项竞技比赛。比赛内场需要根据各类比赛场地要求进行布置。竞赛灯光需根据比赛类型进行专项设计调整，同时要在项目前期做好产品定位，确认选用合适参数的比赛照明灯具。

② 在体育场地区，为减少运动员、管理人员及新闻媒体等不同功能流线的互相干扰，利用场地区边缘交通沟进行流线分离。当设置交通沟时，其宽度不宜小于 2.5m，净高不得小于 2.2m，同时采用不低于 0.9m（有高差时应不低于 1.05m）的栏杆与比赛场地隔离。

③ 场地区内一般需设置两组旗杆，分别位于场地区南北两侧。北侧一般用于悬挂冠亚季军等颁奖旗帜，数量为 3 ～ 4 个；南侧一般用于悬挂举办国国旗和会旗等礼宾旗帜，数量 2 ～ 4 个。

④ 场地区出入口布置应符合下列要求：

至少应有二个出入口，且每个出入口的净宽和净高均不应小于 4m；当净宽和净高有困难时，至少其中一个出入口满足宽度、高度要求；供入场式使用的出入口，其宽度不宜小于跑道最窄处的宽度，高度不低于 4m；供团体操使用的出入口，其数量和总宽度应满足大量人员的出入需要，在出入口附近设置相应的集散场地和必要的服务设施。

田径运动员进入比赛区的入口位置宜靠近跑道起点，离开比赛区的出口宜靠近跑道终点。

足球运动员进入比赛区的入口宜位于主席台同侧，并靠近运动员检录处和休息室。

6）体育场设计的易漏点

① 看台宽度

当看台兼顾作为横向疏散通道时，需要加宽设计。

② 看台组织排水

有条件的情况，可在看台踏步两侧设置导流槽，组织引导排水。

③ 看台扶手栏杆

看台临空栏杆需要设置 1.05m 以上，此高度正好为视线遮挡高度，需要进行特殊设计。

④ 房间净高问题

体育场房间基本布置在看台下侧，由于看台为阶梯上升，在设计房间功能和考虑管线的同时，需结合剖面进行判断分析，合理规划设计，避免在实际使用中由于净高问题，导致使用困难、功能无法实现等不可逆的情况。

⑤ 马道

体育场马道兼顾着设备安装及人员检修的功能，需要结合体育场结构综合分析，合理进行马道设计，判别选用下挂式马道或是内置式马道。当选用内置式马道时，需充分考虑结构内马道的净高高度是否能满足。同时，也需合理布置使用者到达马道的路径。

（2）结构设计

1）重点结构处理

① 本工程是一般的体育场建筑，属于标准抗震设防建筑，对于局部需要加强的结构、构件（局部单跨、大跨）加强抗震构造措施。

② 体育场场地内需新增两层地下停车库，与原结构设缝脱开，打桩及地库开挖时采取措施考虑对原结构的影响；

③ 体育场为原有建筑，原建筑主看台及罩棚结构需拆除并重新建造看台及屋盖结构。新增的屋盖罩棚采用悬挑桁架结构，采用工厂预拼装及现场拼装结构的方式加快施工进度。

2）结构模型（图 7.1-6）

图 7.1-6　体育场结构模型

7.1.2　体育馆

体育馆是配备有专门设备，能够进行球类、室内田径、冰上运动、体操（技巧）、武术、拳击、击剑、举重、摔跤、柔道等单项或多项室内竞技比赛和训练的体育建筑。主要由比赛和练习场地、看台和辅助用房及配套设施组成。体育馆根据比赛场地的功能可分为综合体育馆和专项体育馆；不设观众看台及相应用房的体育馆也可称为训练馆。

1. 设计要点

（1）规模

体育馆的规模（包括建筑面积和座位数量）应根据城市的需求和所处的区域等，综合考虑确定。根据场馆后期运营使用的经验，一般城市体育馆的座位数在 6000 ～ 8000 个比较适用。体育馆规模与人口规模的关系也可以参考表 7.1-2 确定。

体育馆规模与人口规模的关系　　　　　　　　　表 7.1-2

人口规模（万人）	座位数（个）
200 以上	10000 以上
100 ～ 200（不含 100）	6000 ～ 10000
50 ～ 100（不含 50）	3000 ～ 6000
20 ～ 50	2000 ～ 3000
20 以下	2000 以下

体育馆规模对应的单位面积指标，如表 7.1-3 所示。

体育馆规模根据使用要求分级表（单位：m^2/ 座）　　　　表 7.1-3

等级	15000 人以上	15000 ～ 10000（不含 15000）	10000 ～ 6000（不含 10000）		6000 ～ 3000（不含 6000）	3000 ～ 2000（不含 3000）	2000 以下（不含 2000）
特级	4.1	4.1 ～ 4.6	4.5 ～ 4.6	3.7			
甲级			4.5 ～ 4.6	3.7	3.7 ～ 4.1		
乙级					3.7 ～ 4.1	4.1 ～ 5.1	
丙级						4.1 ～ 5.1	5.1 ～ 5.5

（2）功能分区

根据比赛和训练的使用要求，应确定建筑功能分区。可分为竞赛区、观众区、运动员区、竞赛管理区、新闻媒体区、贵宾区、场管运营区等。应根据分区妥善安排运动场地、看台、各类用房和设施的位置，解决好各部分之间的联系和分割要求。

体育馆各类用房的要求

1）运动员用房

运动员用房应包括运动员及随队官员休息室、兴奋剂检查室、医务急救室和检录处等。运动员用房应符合表 7.1-4 的要求。

运动员休息室、兴奋剂检查室、医务急救室和检录处面积指标（单位：m^2）　表 7.1-4

等级	运动员休息室	兴奋剂检查室	医务急救	检录处
特级	800（4 套）	≥ 65	≥ 25	150
甲级	600（4 套）	≥ 60	≥ 25	100
乙级	300（2 套）	≥ 50	≥ 15	60
丙级	200（2 套）	无	≥ 15	40

2）体育馆技术设备用房

体育馆技术设备用房包括：计时记分用房和扩声、场地照明机房。计时记分用房应包括屏幕控制室、数据处理室等。体育馆技术设备用房应符合表 7.1-5 的要求。

体育馆技术设备用房面积指标（单位：m^2）　表 7.1-5

等级	显示屏控制室	数据处理室	灯光控制室	扩声控制室
特级		100	30	30
甲级	40	80	30	30
乙级		50	20	20
丙级	20	30	10	10

3）竞赛管理用房

竞赛管理用房应包括组委会办公和接待用房、赛事技术用房、其他工作人员办公区、储藏用房等。面积指标应符合表 7.1-6 的要求。

竞赛管理用房面积指标（单位：m^2）　表 7.1-6

等级	组委会办公和接待用房	赛事技术用房	其他工作人员办公区	储藏用房
特级	550	250	100	500
甲级	300	200	80	400
乙级	200	150	60	300
丙级	150	30	40	200

4）媒体用房

媒体用房应包括媒体工作区和媒体技术支持区。媒体工作区包括新闻发布厅、记者工作区、记者休息区、评论员控制室（CCR）、转播信息办公室（BIO）和新闻官员办公室等。媒体用房最低标准应符合表 7.1-7 的规定。

媒体用房面积指标（单位：m^2）　表 7.1-7

等级	新闻发布厅	记者工作区	记者休息区	评论员控制室（CCR）	转播信息办公室	新闻官员办公室
特级	225（150 人）	≥ 300	≥ 75	≥ 25	≥ 25	≥ 25
甲级	150（100 人）	≥ 200	≥ 50	≥ 20	≥ 20	≥ 25
乙级	120（80 人）	≥ 160	≥ 40	≥ 15	≥ 15	≥ 15
丙级	75（50 人）	≥ 100	≥ 25			≥ 15

5）场馆运营用房

场馆运营用房包括办公区、会议区和库房，建筑面积指标如表 7.1-8 所示。

场馆运营用房建筑面积指标（单位：m²）　　　　　　　　　　　　　　表 7.1-8

等级	办公区	会议室	库房
特级	180	60	100
甲级	100	50	50
乙级	80	40	20
丙级	50	无	无

（3）出入口

根据场馆功能分区应合理安排各类人员出入口。比赛用建筑和设施应保证观众的安全、有序入场和疏散，应避免观众和其他人流（如运动员、贵宾等）的交叉。

（4）功能复合

在同一场地上应能开展不同的运动项目。内部辅助用房应有一定的适应性和灵活性，当若干体育设施相连时，应考虑设备、附属设施的综合利用。如图 7.1-7 所示。

图 7.1-7　体育馆篮球与体操场地实景

（5）适用性

建筑设计应考虑身材高大运动员的使用体验；对一般群众开放时，应考虑儿童、妇女、老人等不同使用对象的需求。应考虑残疾人运动项目的特点和要求，并应满足残疾观众的需求。

（6）空间与场地

根据运动项目竞赛规则的要求，确定体育馆内运动场地的尺寸、净高。因此，在体育馆建设前，应合理定位体育馆的等级，并根据体育馆的功能需要，选择合适的场地尺寸。

2. 赛后开发利用

体育馆赛时、赛后是两种使用模式，所以体育馆的赛后转换预留也是场馆设计的重要设计点，主要可从屋面荷载、标识标牌转换、设备管线、灯光转换等几点进行设计预留。

3. 设计案例

本节以 LP 体育馆为例予以阐述。

（1）建筑设计

LP 体育馆作为 2021 年亚运会、亚残运会排球、空手道、坐式排球的比赛场地。在建筑设计上主要从以下几点进行设计研究：

1）人员分类

本场馆主要使用人员分为运动员、贵宾、裁判官员、运行、媒体、安保、观众这七大类。

2）基础功能用房

各类人员的功能用房，如下：

运动员：检录大厅、休息室（内含卫生间、更衣室、淋浴间）、热身场地（内含卫生间、更衣室、淋浴间）、赛场、兴奋剂检查站、医务室、设备存放室、混合区、新闻发布厅、运动员看台等。

贵宾：贵宾门厅、贵宾休息室（内含卫生间、茶水间）、随行警卫休息室、贵宾避难间、贵宾看台等。

裁判 / 官员：裁判 / 官员门厅、办公室、卫生间等。

运行：运行门厅、车行通道、工作区、卫生间等。

媒体：媒体门厅、工作室、新闻发布厅、混合区、卫生间等。

安保（安保系统也可在室外临时布置）：安保门厅、工作区、监控区、卫生间等。

观众：观众门厅、观众看台、卫生间、母婴室等。

3）流线分析

① 运动员

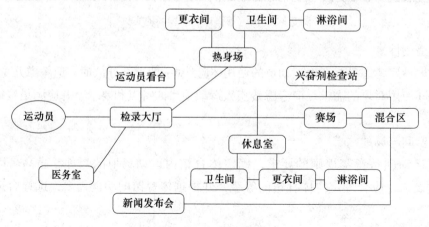

图 7.1-8　运动员流线

② 贵宾

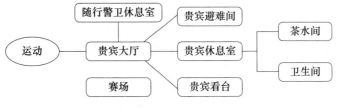

图 7.1-9 贵宾流线

③ 裁判官员

图 7.1-10 裁判官员流线

④ 运行流线

图 7.1-11 运行流线

⑤ 媒体

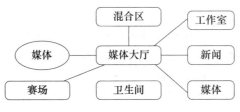

图 7.1-12 媒体流线

⑥ 安保

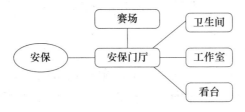

图 7.1-13 安保流线

⑦ 观众

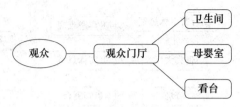

图 7.1-14　观众流线

⑧ 观众门厅需独立设置，其他门厅需要贯通

图 7.1-15　通道

根据流线图可以看出，混合区、新闻发布厅、赛场这几个点是流线交汇节点。根据赛事对于各人员相对隔离的要求，需要在这几个流线交汇节点为相应人员设置独立、便捷的通道。

4）功能分区

LP 体育馆根据这几类使用人员的各自流线，将功能分区进行上下两层布置：其中跟竞赛有关的运动员、贵宾、裁判官员、运行、媒体、安保这六类人流布置在体育馆一层，方便入场和管理；将观众流线独自设置在场馆内的二层，通过室外踏步进入二层观众门厅，使观众人流和竞赛相关人流相对隔离，保证竞赛的顺利举行。声光设备及转播用房设置在看台顶端，并需要在看台顶端设置 1 ～ 2 间能观察全场的安保值班用房。

5）内场布置

体育馆内可举办球类、室内田径、冰上运动、体操（技巧）、武术、拳击、击剑、举重、摔跤、柔道等单项或多项室内竞技比赛。比赛内场应根据各类比赛场地要求进行布置。竞赛灯光需根据比赛类型进行专项设计调整。

6）颁奖设施

体育馆竞赛颁奖一般在内场举行，根据颁奖流程和视频转播的需求，升旗设备设置在主席台正对面或侧面，颁奖台设置在主席台侧面，领奖运动员需要对旗帜有比较好的视野，旗帜背后不能有大屏等影响电视转播的灯光设备；另外，需要准备 2 套及以上的备用升旗方案。

7）体育馆设计的易漏点

① 首排看台宽度：首排看台往往兼顾作为横向疏散的作用，需要加宽设计。

② 看台扶手栏杆：看台临空栏杆需要设置 1.05m 以上，此高度正好为视线遮挡高度，需要特殊设计。

③ 马道：赛馆马道兼顾着设备安装及人员检修的功能，需要合理均匀布置。

④ 活动座椅安装空间：活动座椅不作为常规使用，平时需要垂直收纳，需要合适的空间深度来满足收纳需求。

（2）结构设计

1）重点结构处理

① 本工程是一般的体育馆建筑，属于标准抗震设防建筑。对于局部需要加强的结构、构件（局部单跨、大跨）加强抗震构造措施。

② 体育馆主要为改扩建项目，增加原体育馆的面积，存在新增建筑外围与原结构的交接问题，需要进行原结构的抗震鉴定加固。

③ 体育馆的原有网架屋盖需要拆除，由于建筑周边场地狭窄，整体吊装提升较为困难，拆除时需搭设高大支模架。根据体育馆调整后的平面，需要拆除原结构的悬挑平台，拆除时需做好支护措施并采用无振动切割机，尽量减少对原结构的损伤。

2）结构模型（图 7.1-16）

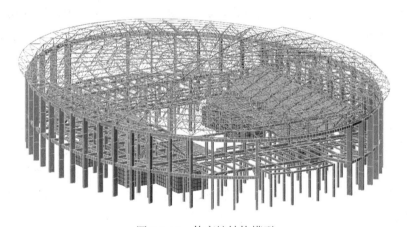

图 7.1-16　体育馆结构模型

7.1.3　游泳跳水馆

游泳跳水馆是赛时主要用于承担游泳、跳水、水球等比赛项目的体育场馆，通常包含 25m×50m 标准比赛池、25m×25m 十米跳台跳水池及热身池。

本节以"HL 体育中心游泳跳水馆"为例，对游泳跳水馆工程设计咨询要点进行分析研究。

HL 体育中心游泳跳水馆占地 15732m²，总建筑面积约 48791m²，设有座席约 3000 个；于 2012 年启动建设，自 2017 年 11 月竣工，主要开展了体育培训和小型文化活动，尚未举办专业游泳及跳水赛事。

1. 建筑设计

（1）游泳、跳水比赛的综合考虑

考虑到游泳跳水馆赛时承办的跳水、游泳比赛所用水池并不相同，观众区域也不尽相同，但跳水比赛与游泳比赛在赛时是不会同时举行，所以在设计布置功能房间时，应尽可能考虑将跳水、游泳的运动员区（休息、淋浴用房等）结合布置，热身池布置应尽可能布置在游泳比赛池附近，便于赛时运动员使用。

HL 体育中心游泳跳水馆，在 2022 年杭州亚运会期间将承办亚运水球赛事，水球赛事使用 25m×50m 标准比赛池；但 HL 体育中心游泳跳水馆专门为跳水、游泳比赛设计了两套独立的运动员区，在亚运会水球比赛期间仅能使用游泳比赛的运动员区，跳水比赛运动员区局部在赛时将进行改造以满足水球比赛的运行需求，其余区域赛时将封闭管理，在使用空间上存在浪费。

（2）重大赛事的功能用房布置

在举办亚会等重大赛事期间，场馆内"运动员区""竞赛管理区""媒体区""场馆办公区""贵宾区""观众区"六大分区需独立运行，场馆内需通过清晰的"垂直分区"来组织功能流线。"竞赛管理区""媒体区""场馆办公区"在赛事举办时会占用较大的使用面积，在设计初期应充分考虑。

HL 体育中心游泳跳水馆原设计为 3000 座，属于小型体育场馆，地上建筑面积 18812m²，场馆规模较小，赛时"竞赛管理区""媒体区""场馆办公区"的功能用房严重不足，所以在亚运会等重大赛事中无法承办观众人数较多的比赛类型，所以 2022 年杭州亚运会将观众人数较少、关注度并不那么高的水球比赛安排在这里举办。

（3）赛后综合利用

游泳馆在日常生活中全民健身的属性体现度较高，但场馆运营能耗高，所以运营成本较高，且在运行过程中季节性明显，夏季客流量较大，冬季客流就会少很多。因此，在平时的运营过程中如何最大限度地开发场馆的服务属性就显得尤为重要。

HL 体育中心游泳跳水馆采用了拼装式 25m×50m 标准比赛池，且看台区域活动坐席比例较高（2377/3000 座），这些非固定的设施使得游泳跳水馆在日常运营的过程中可以将空间转变为非游泳类的运动场地进行使用，如拼装泳池区域可作为篮球场地，活动坐席区域在拆除坐席后稍加隔断即可变为健身场地，跳水池日常作为潜水教学体验区使用；由此增加了场馆运营的可变性与灵活性。

2. 结构设计

（1）抗震设防

本工程为装修改造，未涉及结构主体的改变，且使用功能、外部环境也未发生变化，加固部分结构计算地震设防烈度等抗震计算参数按原设计标准取值。改造后结构使用年限为 30 年。

（2）上部结构

1）主体育场应先进行结构安全性鉴定，根据鉴定报告对原有结构进行复核并加固。根据建筑房间使用功能及隔墙布置情况，对原有结构进行验算，并依据规范要求，针对不满足的部位采取加固措施。

2）安全不足的梁、板构件，采取粘钢或粘贴碳纤维布进行加固。另外应注意建筑材料的密度，新增隔墙采用轻质隔墙，密度不大于 7kN/m³。原体育场在改造过程中应加强成品保护，避免对原有结构造成损伤。

3）根据建筑改造要求，局部将增加电梯，结构应充分考虑电梯的荷载，并对于楼板开洞部位设置边梁。新增构件与原有结构的连接采用植筋方式进行，植筋应满足混凝土后锚固技术规范要求，并进行抽检。

4）装修改造需对主体结构及相关构件的进行成品保护，不得破坏原结构。

（3）地下部分

按照改造后的荷载进行地基承载力及基础验算。

7.1.4　曲棍球馆

曲棍球运动是通过集体配合，用带弯头的曲棍击硬球射门得分的对抗性小型球类运动。曲棍球项目场地尺寸（91.4m×55.0m）与足球比赛尺寸（105.0m×68.0m）接近，观众规模一般控制在2000～5000人不等。本节以HZGS曲棍球场为例，分析小型体育场建筑工程中的设计咨询难点。该项目场馆可作为小型体育场实践的典型案例。

1. 项目概况

HZGS曲棍球场位于HZGS区运河亚运公园（图7.1-17），该公园是GS区重点打造的一处以全民健身为主题的综合性公园项目，公园设计手法通过"体中体"设计概念，将城市设计、公共空间、内外功能协同综合考虑，形成了一个多元共享的体育、休闲公园。

图 7.1-17　运河亚运公园效果图

曲棍球场是甲级小型体育场建筑（图7.1-18），地上2层，地下1层，建筑高度23.5m，屋盖最高点（钢管中心线）49.7m。建筑与场地分为3个部分：看台和附属用房，屋盖以及场地。看台和附属用房为钢筋混凝土框架结构，上、下看台共可容纳约5000名观众；屋盖采用钢结构体系，像一把"油纸伞"将整个建筑及场地遮盖；场地为一个标准尺寸的曲棍球场地。

图 7.1-18　曲棍球场效果图

2. 设计要点

（1）建筑设计

1）场馆功能流线组织

曲棍球场建筑面积 8659.65m²，占地面积 3557m²，与普通大中型体育场不同，该建筑占地面积较小且土建部分呈"下大上小"的建筑形态，建筑可利用的周长较小。因此在举办重要赛事时，"运动员区""竞赛管理区""媒体区""场馆办公区""贵宾区""观众区"六大分区需独立运行，场馆内需通过清晰的"垂直分区"来组织功能流线。

"曲棍球场"观众是从室外广场经室外大台阶进入二层观众大厅，由大厅进入上、下部看台。利用上部看台下的空间，配置了相关配套服务设施，即卫生间、咨询台等。观众的进、退场流线均与其他流线完全不交叉。

除观众外的其他区域人群，均从首层架空连廊内进入相对应的独立门厅。运动员、裁判、媒体、工作人员到达负一层各自区域后，由不同的通道通往与负一层相连的比赛场地。其中，媒体区还配备独立电梯通往二层评论员区，以满足赛时、赛后的通讯记者记录比赛、采访运动员的重要使用流线。

贵宾及要员从首层独立门厅进入后，场馆设置 2 部独立电梯分部通往二层的贵宾包厢、体育展示工作间等房间，在平面上亦设置独立通道通往室外贵宾看台区。

2）无障碍设计

由于场馆垂直流线较多，无障碍设计也成了设计中的难点。在保障赛时各流线平稳运行的前提下，曲棍球场设计了 9 部无障碍电梯，确保残障人士能快速、便捷地到达各个观赛、比赛区域。

为满足残障运动员的使用需求，场馆运动员区已设置的 4 套运动员休息室均按《无障碍设计规范》GB 50763 考虑一套无障碍卫生间及淋浴间设施，且室内高差位置均设置无障碍坡道，确保通行的无障碍要求。

除此之外，观众区、贵宾区、竞赛管理区、媒体区均设置独立无障碍卫生间，高标准满足国标规范及高品质赛事的比赛要求。

3）亚残运会的转换及赛后利用

曲棍球场是 2022 年亚运会曲棍球比赛的主场，同时也是 2022 年亚残运会盲人"五人制足球"的比赛场地，赛后可能举办小型市级足球联赛。场馆设计需要充分考虑场馆的高端赛事要求及赛后利用情况。

场馆原设计以亚运会比赛功能流线为基础，通过亚运－亚残中 15 天的功能转换，铺贴运动员、观众的提示盲道、行进盲道，重要出入口及交通节点增设语音提示设备等措施，满足亚残运会盲人"五人制足球"赛事的要求。

球场的建筑排水沟、喷灌等设备均按曲棍球比赛尺寸设计，在场地底板上预留十一人制足球比赛结构排水沟，赛后仅需取消建筑面层排水沟，场地重新划线即可满足正式足球比赛场地要求，做到了赛时－赛后场地综合利用。

（2）结构设计

1）该工程为中大型体育场建筑，属于重点抗震设防类建筑，按地震设防烈度提高一度采取抗震措施，故抗震计算按 7 度，按 8 度采取抗震构造措施。对于局部需要加强的结构、构件（局部单跨、大跨）再加强抗震构造措施。

2）上部重点结构处理

曲棍球场为大型体育场，最大跨度超过 100m，两侧均为大悬挑结构，采用大型拱架结构，需解决罩棚大悬挑结构的受力问题及两端水平推力等问题。

3）地下部分

该工程地基基础和桩基设计等级为甲级。桩基采用桩型为钻孔灌注桩。曲棍球场部分范围内设有一层地下室。设地下室范围采用承台加筏板基础。无地下室范围内采用地梁和承台的架空楼板。地下室周边采用现浇钢筋混凝土墙抵抗水压力和土压力。地下室防水等级二级，底板及外墙防水混凝土设计抗渗等级为 P8（埋深小于 10m 的外墙采用 P6），对于地下室结构超长区域，采用在适当部分设置后浇带或膨胀加强带及加强梁、板、墙配筋等措施减少温度和收缩应力的影响。

4）结构模型（图 7.1-19、图 7.1-20）

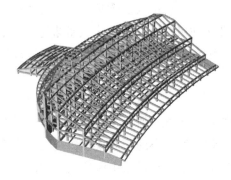
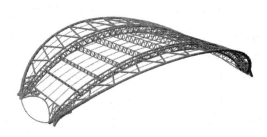

图 7.1-19　曲棍球场看台混凝土结构模型　　　图 7.1-20　曲棍球场罩棚钢结构模型

7.1.5 全民健身中心

全民健身中心是以体育健身为主题，集全民健身、体育创新、运动康复、科学研究、文化宣传、产业导向等功能于一身的体育服务综合体。本书以 ZJ 省全民健身中心为例对全民健身中心工程设计咨询要点进行分析探究。

ZJ 省全民健身中心：根据功能划分，中心将设置"七中心"。具体包括健身活动中心、智力运动中心、智能体育运动中心、亚洲体育东部中心、运动康复中心、科学健身指导中心、体育文化科技展示中心。地上建筑面积约 12.5 万 m^2。ZJ 省全民健身中心以其综合性、前瞻性、示范性带动 ZJ 省体育事业发展，通过引进明星俱乐部提升中心的国际形象，将 ZJ 省的体育事业推向国际化。

1. 建筑设计

（1）建设规模的确定

由于国家对于省、市级的全民健身场馆尚未有明确的建设标准，设计初期主要从国内类似项目的规模设置情况、现有场地和周边其他体育场馆的活动场地设置及利用情况等方面入手，结合区域内社会经济发展实际，参考项目所在地块的城市规划控制指标等来综合论述全民健身中心的建设规模。

浙江省全民健身中心作为省级的全民健身中心，在充分研究了南京、武汉等地的市一级全民健身中心后，结合浙江省体育发展的现状，以此确定规模，并与建设方进一步商定全民健身中心功能。

（2）体育健身活动类型与数量的设置

健身活动中心规模主要取决于两方面的因素：一是体育运动健身的类型和内容；二是活动场地的数量。全民健身中心应做到既要设置大众型的运动健身项目，又要考虑一般运动健身场所无法设置的活动类型，同时在场地数量的设置上也要与普通运动健身场馆有所区别，发挥规模效应和集聚效应，提高场地的利用效率。

ZJ 省全民健身中心内运动场地布置既考虑了大众型的体育运动项目，如篮球、乒乓球、羽毛球、网球、足球、游泳池等；也对较为小众或普通场馆无法满足的运动项目进行合理补充，如拳击、跆拳道、击剑、射击射箭、滑冰等。ZJ 省全民健身中心为了将未来使用过程中针对时下流行的体育运动项目进行场地转换的可能性发挥到最大，在场地内设置了多片可转换功能的运动场地；如网球与羽毛球场地可相互转换功能，篮球与室内足球场地可相互转换功能。由此，ZJ 省全民健身中心中各个体育运动项目场地的数量也可以根据使用需要进行灵活调整。

（3）与城市空间的交流

全民健身中心承担了城市居民日常健身活动的功能属性，所以在选址的过程中应充分考虑可达性。考虑到现中国当下的城市发展进程较快，城市空间相对狭小，全民健身中心在日常运营中势必会造成车流、人流的增大，全民健身中心在城市中应注意与城市空间的交流，做好交通组织设计以及健身空间与城市空间的连通性。

ZJ省全民健身中心共有4个专用双向汽车坡道通往其地下三层的机动车停车库，用以解决到全民健身中心运动的市民的停车需求；建筑底部为架空层设计，上部为各功能房间，朝向城市一侧完全开放，一方面可以扩大城市空间范围，另一方面也增加了市民全天候的活动空间。

2. 结构设计处理要点

（1）本工程是一般的体育建筑，属于标准抗震设防建筑，对于局部需要加强的结构、构件（局部单跨、大跨）加强抗震构造措施。

（2）本工程结构复杂，上部存在较多的大跨度、转换、大开洞，采取的加强措施有：

1）运动场地均为大开间，且竖向叠放，存在大跨度结构，本工程采用双向钢桁架结构，对于支承桁架的钢柱，抗震等级由三级提高到二级；对于钢桁架，控制应力比在0.8以内；对于钢桁架与钢柱交接区域，按框架核心区，通过构造加强。

2）运动场地均为两侧通高，存在较多的穿层柱，这些穿层柱同时又是大跨度钢桁架的支承柱，对这些柱按上条加强。同时，参考混凝土钢筋框架—核心筒结构，控制位移角不大于1/800。

3）因为建筑功能的特殊性，会存在很多的大开洞，设计时，按弹性板进行包络计算。

4）基于本工程的复杂性，在设计时进行抗震性能化设计，对关键部位和薄弱部位采取相应的加强措施。

（3）结构模型（图7.1-21）

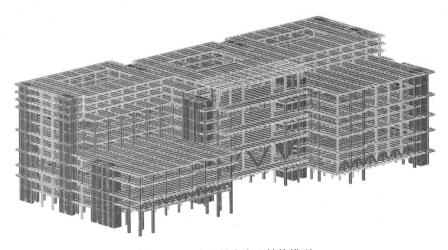

图7.1-21 全民健身中心结构模型

7.1.6 体育公园

体育公园属于专类公园，是一种能够提供专业的体育比赛训练的设施与场地，能够满足大众日常健身运动式游憩需求的，同时能够结合优美园林景观的开放性公园绿地。

结合体育公园概念定义的总结，提出三种分类方式：

（1）依据体育公园的综合程度划分：综合体育公园、社区体育公园。这一分类参考了

《城市园林绿地规划》中公园绿地（G1）包含综合公园（G11）与社区公园（G12）的分类方法。

（2）依据体育运动种类划分：田径类、水上娱乐类、球类等。这一分类从体育运动的分类沿袭过来，具有较高的参考性。

（3）依据所处地市环境划分：城区体育公园、郊区体育公园。不同的景观基础在一定程度上也反映出体育公园的性质，在城区内兴建的体育公园其自然景观大多需要人造，而建在郊外的体育公园往往和原地的自然景观能够较好地融合。

体育公园的功能特征反映出体育公园不同于一般公园的独有功能。

首先，体育公园具有一定的系统性。成熟的体育公园，如英国的高斯林（Gosling）体育公园，自身具有一个完整的体系，不仅可以满足专业体育的需要，对于非专业运动者也能提供好的配套服务，为人们在体育之外的延伸活动提供了保障（如高斯林体育公园另提供了儿童游戏、餐饮、医疗、会议、洗浴、洗车等一系列配套服务）。

其次，体育公园具有一定的参与性。和一般性公园所不同的是，体育公园有着功能上的预设，人群在其中的活动虽然没有限制，但会在这个预设前提下形成体育运动的氛围，因此人的活动就会在这个氛围中继续得到引导，从而共同参与到体育公园的主题活动——体育运动中来。这种具有引导作用的参与特性是一般性公园所不具有的。

体育公园作为展现城市经济、文化、生态、科教、卫生等功能，以体育健身运动为特色多功能复合型场所，在文明城市发展中发挥着重要作用。本书从 HZ 亚运会的角度出发，以 HZ 运河亚运公园为研究对象，通过深入的分析来为我国体育公园建设提供借鉴与建议。

1. 项目概况

运河亚运公园（图 7.1-22），是 GS 区重点打造的一处以全民健身为主题的综合性公园项目。地块南北长约 1100m，东西向北窄（约 250m）南宽（约 570m），亚运会期间需承办乒乓球比赛和曲棍球比赛，即在公园的配套用房中需建设高标准的比赛场馆。除了体育场馆和配套设施外，公园还包括亚运广场、全民健身中心、下穿广场等，园区内还设有 3.6km 跑道、非正式健身绿地、滑板场、篮球场等，满足各类体育项目需求。同时公园内设有阳光草坪、童趣天地、音乐广场、人工湖、罗汉松园等。公园提供大量的开敞活动空间，能够满足市民休闲活动需求，同时彰显亚运、运河以及拱墅文化。

2. 规划设计

项目充分利用地形地貌的特点与体育公园的功能设计相结合，确定北场（曲棍球场）、南馆（乒乓球馆）的布局概念，通过地形的设计，打造绿色生态峡谷，通过峡谷下穿育英路、北庄河串联起整个公园。

南、北公园除了下穿峡谷的联通，还采用飞跨育英路两侧的生态漫步道（人行天桥）联系起来。在空间上丰富了本项目的形态，有效整合了该区域城市慢行体系，构成独具特色的总体印象和公园南北区的可达性。

通过"体中体"设计概念，将公园、场馆、景观之间流畅整合。功能定位以提升 GS

区全民健身项目、推动文体消费升级为主要目标，满足市民新的需求，实现公众参与性、开放性，将城市设计、公共空间、内外功能协同考虑，形成一个多元共享的体育、休闲公园。运河亚运公园游览路径图如图 7.1-23 所示。

图 7.1-22　运河亚运公园效果图

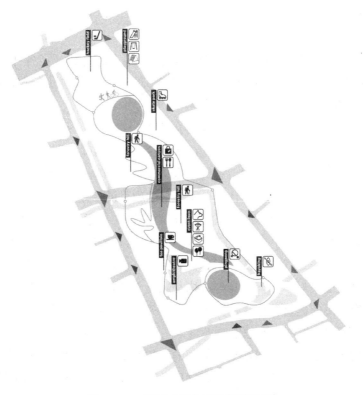

图 7.1-23　运河亚运公园游览路径图

3. 建筑设计

（1）总体思路

南馆作为公园的核心建筑，亚运会期间是乒乓球比赛的体育馆，在总平面设计中将该建筑作为整个公园的重点。设置于学院北路与申花路的交叉处，退让城市道路和北庄河，形成大面积的入口广场。该建筑就像河流中的鹅卵石一样，自然地搁置在景观中，建筑和起伏的坡地，形成自然的结合，同时保持各自的完整性，成为城市范围内即可识别的目的地。乒乓球馆的造型设计即来源于"玉琮"圆形和方形的交集部分。经过大量的形态分析后，为体（体育馆）与体（其他功能空间）创建了优化的调节方式，形成了一个美丽的交叉点。这也使使用者能够在运动场地中获得完美的气候控制，并间接自然采光，从而节省巨大的能源成本。

峡谷是一个平缓倾斜的线性广场，是南北两个园区及两个场馆间的连接空间。有着多种多样的服务空间、休憩空间，这个自然的空间将会成为公园来访者的聚集地，并成为周边居民和周末游客的目的地。加上约 5.7 万 m^2 的地下停车场，分别设置在育英路的两侧，这样使我们能够保留公园景观的最大面积。

北场作为公园的另一个核心建筑，即亚运会曲棍球比赛场地，坐落在峡谷的北端。整个 5000 座的看台顶部是一个轻巧而优雅的大跨度屋盖。两个苍劲有力的拱形构件支撑整个看台，上覆交叉纤维的表皮，赋予其地标性的符号感。

运河亚运公园总图如图 7.1-24 所示。

（2）设计要点及设计难点

1）相关配套服务设施基本完善。

HZ 运河亚运公园以体育场馆和体育场为主体，除了围绕它设置了各种运动场地和设施，还有设置在商业峡谷中的餐饮、电影院、体育商店、地下车库等周边设施或场地，综合度很高。

2）植入时尚运动项目。

HZ 运河亚运公园除了能满足举办亚运会等大型赛事外，平时还能提供足球、篮球、羽毛球等项目的运动场地和设施，同时其内部的全民健身中心馆还能为跆拳道、拳击、击剑、射箭等时尚项目提供活动场地。室外极限运动场地和骑行步道还能满足当下较为流行的轮滑、滑板、自行车骑行等时尚且亦易于参与的项目的使用需求。

3）在体育公园的管理与规划上，忽略了体育公园的技术性与系统性。

从运河亚运公园的案例可以看出，各项体育设施需要按照人们的年龄、性别、工作、锻炼目的等不同状况来设置；其次对于餐饮、医疗、洗浴的配套服务设施也需要完善；同时考虑到，大多数居民对于如何健身与锻炼是缺乏专业性知识的，而以上案例中并未配备服务居民、方便居民的健身教练或是具有一定相关知识的指导人员。

4）不能忽视当地传统体育文化。

各城市之间不同的经济发展水平、不同的气候类型以及各地区人们不同的运动喜好都会造成各地区传统体育文化的不同，然而这种地域性体育文化特色在这些体育公园中却没有明显突出。

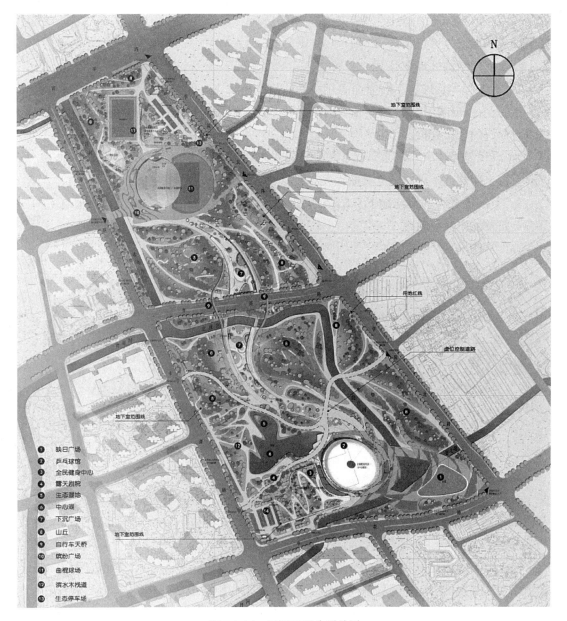

① 映日广场
② 乒乓球馆
③ 全民健身中心
④ 露天剧院
⑤ 生态湿地
⑥ 中心湖
⑦ 下沉广场
⑧ 山丘
⑨ 自行车天桥
⑩ 缤纷广场
⑪ 曲棍球场
⑫ 滨水木栈道
⑬ 生态停车场

图 7.1-24　运河亚运公园总图

5）对于特殊人群的需求必须多加考虑。

何为特殊人群，不仅是行动不便之人，还包括一些极少运动的人，这些人由于心理和生理上的需求大大区别于常人，因此活动设施以及运动环境也应该与常人有所不同。体育公园设计上需要优化场地环境，充分满足诸如无障碍设计等相关设计需求。

4. 结构设计处理要点

（1）本工程中的乒乓球馆为大型体育馆建筑，曲棍球场为中大型体育场建筑，均属于重点设防类建筑，按地震设防烈度提高一度采取抗震措施，故抗震计算按 7 度，按 8 度采取抗震构造措施。本工程其余部分均属于标准抗震设防建筑。故抗震计算及抗震措施均按

7度。对于局部需要加强的结构、构件（局部单跨、大跨）再加强抗震构造措施。（其中曲棍球场单独章节另行介绍。）

（2）上部结构处理重点

1）本工程乒乓球馆大跨屋面采用空间网格结构，支座间跨度约为85m，屋面最高点约为35m，屋面结构需进行专门的计算分析，球馆的侧廊为高大空间，外侧多为弧形柱，需进行专门的计算分析；

2）全民健身中心中的羽球馆、篮球馆及游泳池均为大跨框架，跨度均超过32m，屋面还有覆土荷载，采用单向变截面钢梁布置；

3）下沉广场为两层纯地下室结构，中央为敞开的峡谷，需着重解决穿过地下室的架空育英路及北庄河等问题。

（3）结构模型，如图7.1-25、图7.1-26所示。

 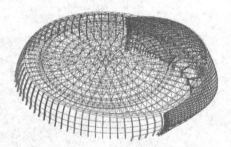

图7.1-25 体育馆下部混凝土结构模型　　　　图7.1-26 体育馆上部钢结构模型

7.1.7 自行车馆

自行车馆是专门进行自行车比赛和训练的专业场馆。内设自行车赛道、观众看台、配套附属用房等设施。赛道周长为250m，一般采用木质赛道。自行车馆的赛道技术参数如下：

（1）自行车赛道长度为250m（测量线），安全区宽度至少为4m，赛道宽度为7.5m。赛道表面（安全区）比中间场地高至少1.20m。赛道内沿向上20厘米为赛道测量线。

（2）赛道内安全区内沿设置钢化玻璃保护栏板，护栏上设置木扶手，高为1.25m。

（3）赛道外设置木制护栏板，护栏板高0.6～0.7m，护栏板上设置0.3m高扶手，自赛道外沿表面最高点算起，护栏总高度为0.9～1m。

（4）赛道安全区木质表面与建筑构造面高差为255mm，赛道内沿线与安全区木质表面高差为169mm。

（5）赛道坡度在13°～45°过渡。直段部分为13°，圆弧段最大坡度为45°。赛道直道段长41m，弯道半径20m。

（6）看台视线设计，视点应设置在赛道的内沿高500mm处，由于赛道坡度是变化的，因此应根据赛道的坡度做视线设计。

（7）赛道外沿与土建看台外沿预留200～300mm空隙，以便于做赛道外沿木质护栏。

（8）赛道及其配套设施均由赛道专业施工单位施工，土建设计预留赛道施工条件，满足赛道视线要求。土建预留搭建赛道的平台即可。

（9）赛道材料：赛道为进口松木铺设。表面材料为 40mm×40mm 松木条，赛道由木质支架支撑。内场可以铺设木地板或其他体育地板材料，赛后可以作为健身场地使用。

（10）自行车馆木赛道施工过程如图 7.1-27 所示。

图 7.1-27　自行车馆木赛道（辽宁柏叶训练基地）

7.1.8　马术馆

马术项目是各类赛事中最复杂、最专业、最特殊的项目，是唯一一项人与动物同赛的项目。同样，马术馆项目的建设内容也相对复杂具有其特殊性，主要为马术馆场地建设和无疫区建设。马术馆场馆建设遵循国际马术专项的高规格要求，严格按照马术比赛对场地及周边环境的特殊布局规划，合理设置场地功能分区，确保运动员、马匹有充足的训练、比赛、休憩空间，科学、系统、全面地执行马术运动竞赛规则及场地规定以保证马术比赛的顺利进行。

常规马术馆建设项目主要包括主场馆及风雨训练场、马厩区、马僮宿舍及办公区域、饲料仓库、马诊所、越野赛道等。作为盛装舞步、障碍赛的比赛场地的主场馆及马匹训练的风雨训练场是马术项目工最重要也是最难的部分；马厩区是作为赛马寄养场所。建成后马厩区是一个完全封闭的区域，不仅是比赛时马匹寄养的场所，更是国外马匹提前到达赛场 45 天隔离时的场所；马僮宿舍及办公区域作为照顾马匹人员（马僮）的住宿及生活区域，但与马厩区是完全隔离开得。饲料仓库是比赛期间所有马匹所需草料的存储空间，不同马匹饲料要求不同且每天消耗量较大，所以需提前储备大量饲料供马匹使用；马诊所作为对马匹检疫检验及临时紧急处理马匹受伤的场所；越野赛道是马术越野赛的比赛场地，需通过国外专业设计公司设计，经过赛事委员会，中马协、国际马协等相关单位审查通过后方可进行施工建设。是马术越野赛的比赛场地。

本节以 HZ 亚运马术馆项目有关设计为例，介绍马术馆设计有关要求。

1. 项目概况

项目总用地面积 271045m²，总建筑面积 53732.49m²，无地下室。项目由主场馆、马厩区、饲料仓库及服务、马僮宿舍及办公、马诊所多个建筑组团组成，组团内有多个单体，均为层数较少的多层建筑。

除了建筑单体以外本项目根据《2022年第19届亚运会场馆建设要求（马术）》的马术赛事标准化要求，还在该地块建设亚运会马术竞赛配套场地，包括障碍赛、盛装舞步、越野赛相关场地与设施（即纤维砂场地和越野赛道）等。鸟瞰图如图7.1-28所示。

图7.1-28　HZ亚运马术馆鸟瞰图

2. 设计要点

（1）设计指导思想

1）项目整体定位

本项目旨在建设国际马术赛事中心，满足亚运赛事需求，建造符合综合马术项目国际标准的马术赛场，打造符合全国标准的马术场地，并成为全国唯一承办马术三项赛的赛区。

2）创新及理念

2022亚运会马术场地坐落于风景秀丽的TL，四周群山环抱，分水河流经此处。建筑设计没有突出建筑自身造型，而是选择成为景观的一部分。柔和弯曲的波浪形态灵感来源于自然景观。入口处的大台阶和绿植斜坡屋顶成为景观的延续，仿佛热情邀请人们进入其中的赛事空间。移步到观众大厅层，这里为完全开放的空间，没有建筑立面围合，周边优美的自然景观直接映入眼帘，身处观众大厅和坐席区仿佛置身大自然的怀抱。草地看台由建筑造型天然形成，使得观众不仅可以坐在观众席上观看比赛，而且可以通过多样的方式体验观赛的乐趣。另外，在非比赛日，它也可以对公众开放，成为大众野餐聚会的场所。这里为社区和公众提供了更多沟通交流的机会，而不仅作为体育场馆为体育赛事而存在。

该建筑为社区生活长远规划（20～30年）而设计，并致力于在亚运会后为当地居民提供一份宝贵的赛事遗产。

（2）设计要求

规划、设计、建设应充分体现"绿色、智能、节俭、文明"的办赛理念，着重体现桐庐当地特色，助力区域发展，兼顾亚运赛事举办和赛后利用。

建设符合杭州亚运会要求和国际一流赛事标准的马术比赛场馆场地，马厩区，其他各类符合规范标准的赛事功能区（如赛事管理区、观众区等）。

该地块主要建设内容及标准为：建筑结构设计使用年限大于等于 50 年，功能及配套符合国家、地方强制性标准的规定。马术比赛场地分为主赛场和越野赛场。主赛场中应设置 1 块 120m×100m 比赛场地，1 块 80m×60m 准备活动场地，不少于 3 块 80m×60m 的训练场地（其中一块训练场地必须有屋顶结构，比赛场地、准备活动场地赛前可兼做训练场地使用），马术主场馆要求坐席不低于 3000 座，内场照明应达到高清电视转播和国际单项竞赛对内场照明、均匀度等条件的要求；越野赛场应不低于三星级标准，赛道总长度应在 3640～4680m（30 跳），并设置 1 条 600m 左右的越野训练赛道，1 个 80m×60m 的准备活动场地。马厩区应考虑不少于 200 匹马的马房、马僮村及相应马厩附属功能，马厩区附近应设置 2 个直径约 15m 的调教圈。

建设内容应符合国际单项竞赛体育建筑标准和亚组委下发《2022 年第 19 届亚运会场馆建设要求（马术）》要求。

3. 马术馆场馆特殊性

马术项目是唯一一项人与动物的运动。除包括常规竞赛区、观众区、运动员区、竞赛管理区、新闻媒体区、贵宾区、场管运营区等外，还包括附属配套用房。

（1）马厩。本项目共计 5 座马厩，每座马厩有 48 个马房，共计 240 个马房。每个马房存放一匹马，可以存放 240 匹马。本次亚运会预计有 23 个国家，230 多匹马参加比赛。为保证马匹的健康及防疫要求，马厩周围需砌筑 2.5m 高围墙。

（2）马僮村。每匹马都会配备一个专人照顾马匹的马僮，原则上要求马僮全天 24 小时不离岗，所以需配套建设马僮村，包括宿舍、餐饮及办公区域。

（3）马诊所。马匹需在比赛开始前提前 15 天进入比赛场馆，在此期间，需保证马匹的健康，如果比赛期间马匹受伤，需对马匹进行简单的医疗处理。马诊所包括检查处理马匹房间及兽医办公区域。

（4）马饲料仓库及海关检疫办公区域。马匹每天需食用大量干草及辅料，所以需要提前储备。马匹在进入比赛场地时需进行全面的检疫及杀菌消毒，保证当地生态环境的安全。

（5）阳性隔离场。按要求场馆必须建设隔离场，当个别马匹出现流行疫病时，需马上隔离，以免传染其他健康马匹。

4. 马术馆建筑设计

马术馆作为 2022 年亚运会马术比赛的场地。在建筑设计上主要从以下几点进行设计研究：

（1）人员分类

本场馆主要使用人员分为运动员、贵宾、裁判官员、马僮、海关人员、兽医、运行、媒体、安保、观众等这十大类。

（2）基础功能用房

各类人员的功能用房，如下：

运动员：检录大厅、休息室（内含卫生间、更衣室、淋浴间）、风雨训练场（内含60m×80m 纤维砂训练场地）、纤维砂赛场、兴奋剂检查站、医务室、混合区、运动员看台、越野赛道等。

贵宾：贵宾门厅、贵宾休息室（内含卫生间、茶水间）、随行警卫休息室、贵宾看台等。

裁判/官员：裁判/官员门厅、办公室、卫生间等。

运行：运行门厅、车行通道、工作区、卫生间等。

媒体：媒体门厅、工作室、新闻发布厅、混合区、卫生间等。

安保（安保系统也可在室外临时布置）：安保门厅、工作区、监控区、卫生间等。

观众：观众门厅、观众看台、卫生间、母婴室等。

其他功能用房：① 马厩：存放马匹。② 马僮村：照顾马匹马僮住宿，包括宿舍、餐饮及办公区域。③ 马诊所：比赛期间马匹受伤，对马匹医疗处理。包括检查处理马匹房间及兽医办公区域。④ 马饲料仓库及海关检疫办公区域：马储备干草及辅料；海关检疫对马匹进行全面检疫及杀菌消毒。⑤ 阳性隔离场：马匹出现流行疫病时，需马上隔离。⑥ 裁判塔：马术进行盛装舞步、场地障碍及越野赛时，裁判在裁判塔内实施查看比赛情况，确认运动员得分情况。

（3）功能流线分析

1）场馆出入口：安检大棚为普通观众入口；停车场处为贵宾、运动员、裁判官员及场馆相关人员入口；马饲料仓库处为马匹运输车出入口。

2）场馆内人员流线：大台阶处为普通观众入口；东侧 VIP 区为贵宾入口；南面东西分开方向为运动员和裁判及官员入口。

主要平面布置图分别如图 7.1-29 ～图 7.1-35 所示。

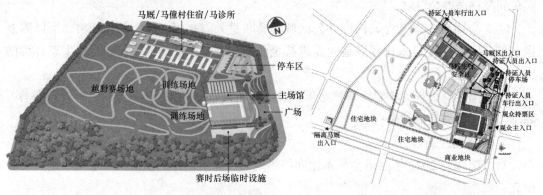

图 7.1-29　总平面功能分析图　　　　图 7.1-30　总体流线分析

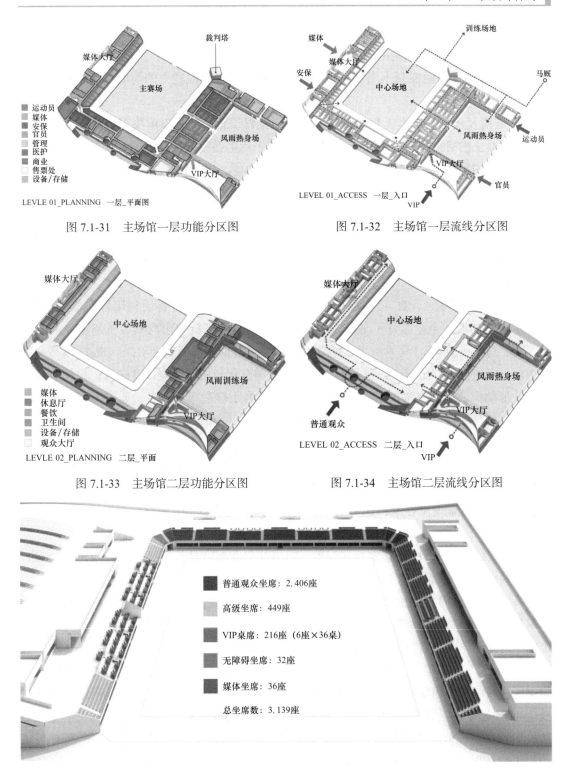

图 7.1-31　主场馆一层功能分区图

图 7.1-32　主场馆一层流线分区图

图 7.1-33　主场馆二层功能分区图

图 7.1-34　主场馆二层流线分区图

图 7.1-35　主场馆观众坐席分区图

5. 马术馆结构设计要点

（1）本工程是一般的体育馆建筑，属于标准抗震设防建筑，对于局部需要加强的结构、构件（局部单跨、大跨）加强抗震构造措施。

（2）上部结构重点结构处理

1）超长弧形屋面混凝土浇筑。为了解决温度应力以及混凝土的前期收缩影响，拟采取以下措施：

① 底层及地下室：本工程超长，拟在适当位置设置后浇带以解决混凝土的前期收缩问题；混凝土的后期温差所引起的伸缩问题，拟采用加强超长方向的梁、板的配筋，施工时注意楼板的养护等，来加以解决。拟在混凝土中加入纤维抗裂防水剂。

② 地上部分：尽量设置伸缩缝；混凝土的后期温差所引起的伸缩问题，拟采用加强超长方向的梁、板的配筋，屋顶加强保温措施，施工时注意楼板的养护等，来加以解决。减少水泥用量和降低水灰比，掺入合适的外加剂，以减少混凝土的收缩徐变。

2）大跨度钢结构焊接。

6. 赛后开发利用

截至 2021 年 8 月，TL 已与国内知名高校等 10 家单位签订赛后利用合作框架协议。瑶琳镇与新加坡的企业签订了马产业配套生产项目填补了杭州市马具装备制造产业的空白。而"马术＋游戏""马术＋俱乐部"等储备类项目也在积极对接洽谈。TL 还以马术场馆为核心点位推出"游桐庐·看马术"品牌促进马文化与旅游产业深度融合，拉长旅游产业链条推动桐庐全域旅游再出发。未来，TL 将致力于打造布局完备、业态丰富、特色凸显的长三角马术基地，进而成为马产业发展的新高地。

7. "无疫区"建设

（1）"无疫区"是国际马术比赛的先决条件，根据杭州亚运会马术比赛的需求，农业部门要牵头实现区域内马属动物的疾病管控；海关部门牵头制定准入标准并开展监管，确保所有参赛马匹能安全往返，这里也有望成为广州从化后中国内地第二个无规定马属动物疫病区。

（2）"无疫区"以桐庐县富春江为界，富春江以北桐庐县行政区域，东西长约 55km，南北宽约 46km，总面积约 1300km^2。如图 7.1-36 所示。

马术比赛赛场为"无疫区"内的核心区，沿无疫区边界外围还设立总面积约 12300km^2 的保护区。"无疫区"在马术比赛开始前的很长一段时间，要彻底打扫干净并对其进行一定频次的动物防疫质量监测，确保马匹入住前后的安全。

"无疫区"范围很大，不可能完全封闭，要预留进出的通道，在实现流通的情况下又能保证区域内的生物安全。届时，世界各地来杭州参加亚运会的赛马，抵达萧山机场再到抵达 TL "无疫区"，脚是不落地的，全部走专属通道，被称为"马匹运输生物安全通道"，从机场到比赛场地沿线 130 多公里的生物安全通道，两侧不少于 1km 范围内，所有马属动物将被迁出，参赛马匹将通过这个"安全门"进入"无疫区"。同时，进入"无疫区"的省道还设立了 4 个动物卫生监督检查站，向无疫区输入的马属动物、猪牛羊等易感动物及其产品，或经无疫区过境的易感动物及其产品，都要接受专业监督检测，这也是出厂检疫后的二次检查。此设置有效减少区域内疫病感染风险，竖起了另一道屏障。

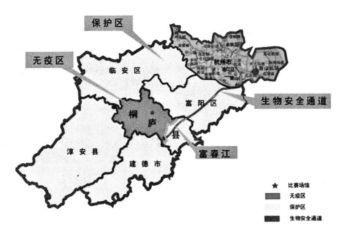

图 7.1-36　无疫区建设图

按照计划，TL"无疫区"将建成 3 处动物隔离场。国内马匹隔离场、国外参赛马匹隔离场以及易感动物隔离场。设有专门的马厩用于马匹隔离检疫以及比赛期间生病马匹应急隔离。区域内还有设备齐全设施先进的兽医实验室以及专属"马医院"。"无疫区"还有一套连接城市大脑的综合管理信息平台，动物免疫、疫病监测、调运监管、屠宰检疫、无害化处理等信息一目了然，这与杭州亚运会"绿色智能节俭文明"的办赛理念相契合。建设符合标准的"无疫区"，是举办国际马术及赛马比赛的前提。

无疫区建设已基本通过省级验收，计划于 2021 年底前通过农业农村部验收，2022 年一季度通过世界动物卫生组织（World Organisation for Animal Health，OIE）等国际组织认可。建成后的主场馆将是国内第二个获得国际组织认可的"无疫区"马场。

8. 现场实景照片

现场实景照片分别如图 7.1-37～图 7.1-40 所示。

图 7.1-37　马厩内马房实景

图 7.1-38　洗马格实景　　　　　　　图 7.1-39　纤维砂场地实景

图 7.1-40　遛马圈实景

7.1.9　射击馆

射击馆应考虑使用安全、室内吸声设计等问题。其中，枪弹库的设置应考虑防盗设施；射击场地靶面照明应达到射击规则要求的标准。

1. 10m 靶（图 7.1-41）

图 7.1-41　10m 靶场

必须为室内场地，靶位宽度至少为 1m，设置输靶机或电子靶。靶面照度为 1500lx。射击地线到靶位的距离为 10m。

2. 25m 靶（图 7.1-42）

图 7.1-42　25m 靶

25m 靶射击位置尺寸如表 7.1-9 所示。

25m 靶射击位置尺寸　　　　　　　　　　　　　表 7.1-9

种类	宽度（m）	长度（m）
男子手枪速射	1.50	1.50
女子手枪和男子中心发火手枪	1.00	1.50
男子标准手枪	1.00	1.50

（1）射击位置上必须采用透明屏风隔开，以防止弹壳的干扰。

（2）25m 靶的靶面照度至少为 1500lx，最好为 2500lx。

（3）25m 手枪速射项目，5 个靶子为一组，靶场分段设置，每 2 组为一段，每段之间必须设置防护墙，并提供防护通道，便于靶线和地线人员的工作。25m 靶场一般设置在室外，至少 12.5m 在室外。

3. 50m 靶场（图 7.1-43）

图 7.1-43　50m 靶场

50m 靶场一般设置在室外，至少 45m 在室外。靶位宽度至少为 1.25m。50m 靶的靶面照度至少为 1500lx，最好为 3000lx。

采用机械靶时应设置靶壕。靶设置在小车或输送装置上，两个靶能交替显示，小车可在轨道上、缆绳或类似装置上移动。小车采用传送装置驱动，其速度应能精确控制。

4. 决赛场地

射击决赛一般在室内进行，决赛馆可以进行10m、25m、50m射击项目的比赛。在同一场地内根据比赛项目的不同，设置不同的靶子。

辽宁柏叶训练基地射击馆如图7.1-44所示。

图7.1-44　辽宁柏叶训练基地射击馆

5. 飞碟靶场（图7.1-45）

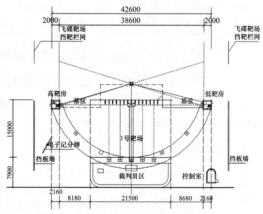

图7.1-45　飞碟靶场与示意图

飞碟靶场的平面布置：在北半球的靶场射向朝北偏东方向，南半球靶场射向南偏东方向，这样设计可以主要是考虑在比赛中，太阳光尽可能从背向射向射手。新建成靶场的弹丸落地区应适当平坦无障碍，可以用机械化方式回收铅弹。

（1）多向抛靶房：

抛靶房必须保证抛靶房屋顶的上面与设计位置的地面在同一高度。抛靶房的内部左右距离约20m，前后距离约2m，地面到屋顶的距离为2.0～2.1m，以便工作人员活动。每一抛靶房内装15台抛靶机，每3台为一组。设置5个射击位。

（2）双向抛靶房：

设置2个抛靶房，高靶房和低靶房，设置8个射击位。

7.1.10 网球中心

用于比赛、训练和全民健身的网球中心有室外、半室外、室内、屋顶可开启等场馆形式。

如国家网球中心，是为北京 2008 奥运会兴建的专业网球场馆，是世界顶级网球场馆之一。占地面积 16.68hm²，拥有 30 片（座）国际标准比赛场地；其中室外场地 17 片，室内场地 12 片（其中包括两片符合国际赛事标准的红土场）和 1 座屋顶可开启的钻石球场。

再如 XZ 市奥体中心球类馆，总建筑面积 36339.54m²，其中地上建筑面积 33004.72m²，地下建筑面积 3334.82m²。内设置 7 片网球场地、50 片羽毛球场地及 72 片乒乓球场地。具体案例设计如下。

1. 球类馆建筑设计

（1）平面布局

XZ 市奥体中心球类馆地下一层为商业及设备用房，一层为商业用房及 16 片羽毛球场地，东侧为半室外网球场地，北侧为健身入口、淋浴更衣用房及贵宾休息用房，南侧为健身入口、淋浴更衣用房及少量办公用房。利用 5.400m 标高夹层设置 72 片乒乓球训练场地、休息厅淋浴更衣等服务房间、网球观摩廊、多功能休息厅。14.000m 标高设置 32 片羽毛球场地及配套服务用房。馆内网球场设 400 个固定座席，羽毛球场设约 400 个活动坐席。一层平面布局如图 7.1-46 所示。

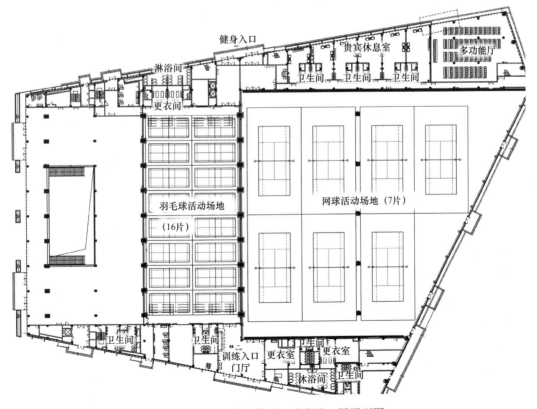

图 7.1-46　XZ 市奥体中心球类馆一层平面图

（2）剖面及竖向交通设计

球类馆内主要为大空间训练用房，其中网球场地净高可达到 12m，羽毛球场地净高可达到 9m，乒乓球场地净高可达到 5m，均满足各场地训练使用要求。

球类馆地面层竖向交通由 8 部封闭楼梯间和 3 部电梯组成。8 部楼梯于整个平面中分布均匀，有利疏散。地下一层疏散楼梯为 3 部。

2. 网球场场地设计

（1）场地尺寸

用于网球运动的网球场地整体呈一个长方形，标准尺寸是 36560mm（长）×18280mm（宽），这一尺寸也是一片标准网球场地四周围挡网或室内建筑内墙面的净尺寸。其中，有效双打场地的标准尺寸是 23770mm（长）×10970mm（宽），有效单打场地的标准尺寸是 23770m（长）×8230mm（宽）。

场地每条端线后应留有余地不小于 6400mm，每条边线外应留有余地不小于 3660mm。如果是两片或两片以上相连而建的并行网球场地，相邻场地边线之间的距离不小于 4000mm。

（2）其他要求

如果是室内网球场，端线 6400mm 以外的上空净高不小于 6400mm，室内屋顶在球网上空的净高不低于 11500mm。室外场地边线以南北方向为宜，与正南正北方向最大偏转角度不得大于 18°。无论室内或室外场地，场地内都不得有障碍物。

7.1.11 体育场馆给水排水、机电安装设计

1. 给水排水设计

（1）给水系统设计

1）给水方式：体育建筑作为一个独立的建筑体系，其给水排水设计有着独特之处。单纯作为体育功能的体育建筑，在有赛事时，用水量较大且用水较集中，而没有赛事时相对用水量又较小。因此给水流量有着很强的"瞬时性"。因此应充分利用市政管网直供，如市政压力不足或市政压力波动较大时，市政供水压力范围外的楼层应优先采用管网叠压供水设备。这样既能充分利用市政管网，又不至于设置过大的生活水池，避免无赛事时生活水池得不到水源更新而造成二次污染的情况。当然，该项设计优化的前提是征得当地自来水公司的同意。

2）给水计量：通过水表分级计量，可以有效地核查管道跑冒滴漏现象，通过分级计量达到节约水资源的目的。水表均采用远传水表。

（2）饮用水系统设计

采用分散供应饮用水方式来供应饮用水，在各楼层饮水间内设置带内置过滤净化功能的全自动电开水器，供应开水和温水。

（3）热水系统设计

体育场馆运动员和贵宾的卫生间以及场馆内的浴室应设热水供应装置或系统。淋浴热

水的加热设备，应优先采用可再生能源，如太阳能热水系统或空气源热泵热水系统，并根据当地气候条件配置一定比例的辅助热源，如电辅助或燃气辅助。

（4）排水系统设计

排水系统应按照室外排水系统的制度，并以有利于废水回收利用为原则，选择生活污水与废水的合流或分流，并根据各地的规定选择是否设置中水回用系统。场馆室内排水系统水平排出管较长时，应采取措施防止出现堵塞问题。

（5）雨水系统设计

1）体育馆：体育馆的结构形式比较复杂，场馆屋面大跨区域常采用平板网架结构支撑于下部混凝土柱上，因此建议选择压力流屋面雨水排水系统，管道均为有压管道不存在坡降问题，占用的室内立体空间小，对于布置在屋架内的本专业其他系统管线及其他专业管线影响最小，且排水立管数量少，立管设置位置可选择性大，方便后期装修处理。部分区域为混凝土屋面，屋面排水点很分散，选择采用半有压屋面雨水排水系统，系统比较简单，造价较低。天沟位置应避开场地中间区域，宜设在观众席后排。对于一些场馆天沟本身有较大坡度的，建议在天沟内设置雨水集水箱，一方面有利于集水，另一方面有利于雨水的均匀排放，也满足了压力流雨水斗水深的要求。设计重现期应视体育馆等级合理选取，同时应设置溢流孔口或溢流管系等溢流设施，且溢流排水不得危害建筑设施和行人安全。雨水管道工程和溢流设施的总排水能力不应小于 100 年重现期的雨水量。

2）体育场：比赛场地应有良好的排水条件，沿跑道内侧和全场外侧分别设一道环形排水明沟，明沟应有漏水盖板。足球场两端也宜各设一道排水沟，并与跑道内侧的环形排水沟相连。足球场草地下宜设置排水暗管（或盲沟）。场地排水量以及体育场室外观众席的雨水排入环形排水沟的水量均应计算确定。室外比赛场区和练习场区应设排水管网，以排除排水沟、交通沟、跳高跳远的沙坑和障碍赛跑的跳跃水池等处的积水。

3）雨水控制与利用：雨水控制和利用系统应满足现行国家标准《建筑与小区雨水控制及利用工程技术规范》GB 50400 和当地海绵城市设计导则的相关要求，道路和绿化的浇灌采取雨水收集回用的措施。当采用非饮用水做冲洗和浇洒用水时，应采用明显的标志标出。

（6）足球场草坪浇灌系统设计

足球场等场地应有养护草坪和跑道的喷洒装置。乙等以上体育场应设固定的喷洒系统，喷头应采用可升降、喷水角度可调型。在场地内采用 360° 旋转喷水，场地边缘或跑道内沿采用 180° 旋转喷水，在场地各角落采用 90° 旋转喷水。3 种不同角度的喷水器应分别连接到各自的给水支管上。喷水系统应配置配套电控制器以及相应的水泵和贮水池等设施。

（7）泳池水系统设计

1）水质：游泳池的池水水质应符合现行行业标准《游泳池水质标准》CJ/T 244 的规定，举办重要国际竞赛和有特殊要求的泳池水质，尚应符合有关专业部门的规定。游泳池补充水水质应符合现行国家标准《生活饮用水卫生标准》GB 5749 的规定。

2）循环水净化工艺：充分考虑游泳池和水上游乐池的用途、水质要求、游泳负荷、消毒方法等因素，通过经济技术指标对比后确定该工艺。

3）泳池加热：加热方式宜采用间接式，并应优先采用余热和废热、太阳能、空气源热泵等作为热源。

4）消毒方式：建议采用臭氧消毒，辅以次氯酸钠消毒。

（8）消防系统设计

1）消火栓系统：按同层任何部位均有两股消火栓的水枪充实水柱可同时到达的原则布置室内消火栓。消火栓箱的设置位置则要方便使用，比如看台上的消火栓箱，就应设在看台的通道对着的地方。在吊顶的灯桥、检修通道上也最好设置消防箱。

2）自动喷水灭火系统：超过 3000 个座位的体育馆以及超过 5000 人体育场的室内人员休息室与器材间等应设置自动灭火系统，并宜采用自动灭火系统；设置自动灭火系统的场馆内，对净高超过 12m 的高大空间，应采用自动跟踪射流灭火系统，按现行国家标准《自动跟踪定位射流灭火系统技术标准》GB 51427 的有关规定执行。

2. 电气设计

（1）供配电系统

体育场馆的设计之初，就要明确场馆的分级和分类，根据《体育建筑设计规范》JGJ 31 的规定，体育场馆的分级分为特级、甲级、乙级、丙级，分类分为特大型、大型、中型、小型。确定了场馆的分级和分类，才能确定各负荷的等级及应急电源的要求。值得注意的是，针对直接影响比赛的空调系统、泳池水处理系统、冰场制冰系统等用电负荷，特级体育场馆的应为一级负荷，甲级体育场馆的应为二级负荷。

确定负荷等级后，按照各级负荷的供电要求分别供电。甲级及以上等级的体育场馆应由双重电源供电，乙级、丙级体育场馆宜由两回线路电源供电，其他等级的体育场馆可采用单回线路电源。

除按负荷等级分类外，体育场馆的负荷还可以按使用功能分为三大类：常规负荷、体育工艺负荷和演艺预留负荷。综合运动会主体育场不应将开幕式、闭幕式或极少使用的大容量临时负荷纳入永久供配电系统。

导线选择应遵循如下要求：① 选择铜材质导体；② 消防配电线路选用矿物绝缘电缆或低烟无卤辐照交联型阻燃耐火电缆；③ 非消防配电线路选用低烟无卤辐照交联型阻燃电缆；④ 敷设在室外阳光直射环境中的电力电缆，应选用防水、防紫外线型电力电缆；⑤ 体育场竞赛场地的电气线路应采用防水型电力电缆。

（2）应急电源

甲级及以上等级的体育场馆应为临时柴油发电机组的接驳预留条件，为降低一次投入，可采用移动发电机。应为移动发电机预留专门停靠位置及临时电缆通道。在发电车停靠位置配置专门接入箱，接入箱内配置移动发电机接口，并设置良好接地点。在变电所内或室内预留发电机接入点设置柴油发动机进线柜，内设框架断路器。备用发电机在重大赛事期间可能需要长时间运行，且在此期间带可变负荷持续运行，故移动发电机的容量按基本功率（PRP）进行选择。

用于场地照明的 EPS 和 UPS，其容量不宜小于所带负荷最大计算容量的 2 倍，供电时间不宜小于 10min。

（3）比赛照明

根据《体育场馆照明设计及检测标准》JGJ 153，体育场馆的照明分级如表7.1-10所示。

体育场馆照明分级　　　　　　　　　　　　　　　　　表 7.1-10

无电视转播		有电视转播	
等级	使用功能	等级	使用功能
Ⅰ	健身、业余训练	Ⅳ	TV 转播国家比赛、国际比赛
Ⅱ	业余比赛、专业训练	Ⅴ	TV 转播重大国家比赛、重大国际比赛
Ⅲ	专业比赛	Ⅵ	HDTV 转播重大国家比赛、重大国际比赛

确定了照明等级后，各运动项目场馆的照明标准应依据《体育场馆照明设计及检测标准》JGJ 153—2016 第 4 章确定。在重要的体育赛事中，当电源断电和电源瞬间突变需继续进行比赛和电视转播时，场地照明应设置 TV 应急照明，其照度为该级场馆标准照度的 50%，且主摄像机方向的垂直照度不低于 750lx。

特级体育场馆中比赛厅（场）的 TV 应急照明负荷应为一级负荷中特别重要的负荷，其他场地照明负荷应为一级负荷；甲级体育场馆中的场地照明负荷应为一级负荷；乙级、丙级体育场馆中的场地照明负荷应为二级负荷。

因比赛照明最为直观，其可靠性是供配电设计中最受关注的部分。传统金卤光源最大的痛点在于熄灭后无法瞬间重启，断电后需要 10min 以上才能恢复，若比赛期间发生断电，即使电源短时间内切换成功，金卤灯依然可能无法快速重新点亮，造成不可估量的损失，所以传统上，采用金卤灯的比赛照明专配有 UPS 电源。而 LED 光源没有这样的问题，《2022 年第 19 届亚运会场馆及设施电气配置导则》明确提出，当比赛照明采用 LED 光源后，可不配置 UPS 电源。随着 LED 照明技术的日臻成熟，从可靠性、经济性、节能性及场地空间利用诸方面考虑，LED 光源取代金卤光源是大势所趋。

（4）防雷与接地

室外体育场场地照明灯杆应采用接闪杆作为接闪器。灯杆上的灯具和附件应在接闪杆保护范围内，接闪杆应固定在灯杆上。当金属灯杆能满足防雷要求时，灯杆金属结构可兼做接闪器和引下线。

体育场及其他室外比赛场地，应利用看台形成环形接地。室外比赛场地的灯杆应成组或单独接地，当灯杆距离建筑物较近时，应将灯杆接地体与建筑物防雷接地体可靠连接。

（5）HZ 市亚运会场馆供配电设计简介

对于亚运会等重要比赛的举办场馆，其供电可靠性要求较高，供配电设计有一定特殊性。

一、二级亚运场馆采用两路 10kV 进线，两路中压来自不同变压站，每路主供电源容量应能满足所有负荷的运行要求，中压设联络，分段断路器设母分备自投和手投。

低压配电方案如图 7.1-47 所示，低压主接线单母线分段，设联络开关，母联常断，变压器分列运行。一台变压器故障时，切断该变压器低压侧总开关，闭合母联，主进开关与联络开关之间设电气连锁，并设自动切换装置，切换方式为自投不自复。低压共设四段母线，两段 0.4kV 母线，两段备用母线，以满足交叉供电之要求，备用母线进线处电源级ATS 需具备手动功能。

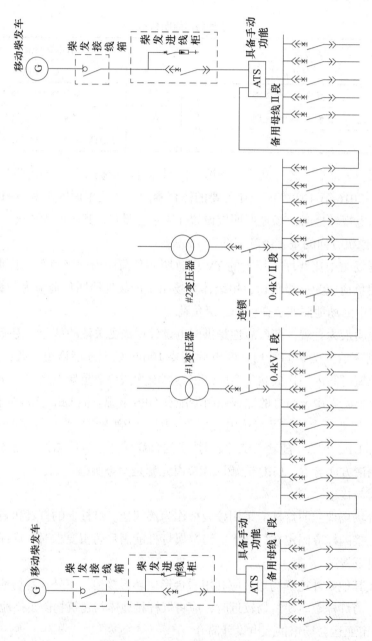

图 7.1-47　0.4kV 低压主接线图

除了比赛照明，亚组委最关注两个区域的供电可靠性。一是新闻发布厅、检录区、混合区、医疗室，这几个功能区域一般相连，对于赛事的正常举行和赛事报道、电视转播具有重要作用。二是贵宾区，关乎国际影响和赛事形象。《2022 年第 19 届亚运会场馆及设施电气配置导则》要求这两个区域的供电除采用双电源外，还需预留 UPS 的接驳条件，图 7.11-48 为接线示意图，切换开关不仅用于 UPS 的投切，还能在 UPS 故障时作为外部检修旁路。

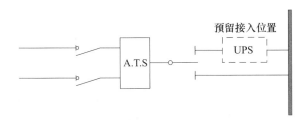

图 7.1-48　重点区域预留 UPS 接驳条件接线示意图

3. 暖通空调设计

随着"全民运动"理念的提出，人民群众的健康意识不断加强，对运动健身的要求也不断提高，体育建筑不仅要求建筑大方，而且对室内环境的舒适度、空气品质也提出了更高要求。此外，体育建筑的使用特点也是暖通空调设计需要考虑的主要因素，包括：① 体育建筑的多功能性（除了满足举办各类赛事的需求外，平时也可以作为文娱演出、集会、展览等多功能活动场所）。② 有效使用的间歇性（在非比赛或演出等活动期间，只有部分辅助用房在正常使用，其余的都处在关闭状态）。③ 体育场馆的大空间（体育馆、训练馆等室内空间层高高，空间体积大，人员密集，空调负荷大，系统投资大及运行能耗高）。

（1）体育建筑的空调系统

特级和甲级体育馆应设全年使用的空气调节装置，乙级宜设夏季使用的空气调节装置。乙级以上的游泳馆应设全年使用的空气调节装置。未设空气调节的体育馆、游泳馆应设机械通风装置，有条件时可采用自然通风。

体育建筑除比赛大厅、观众席外，还有与体育比赛有关和运行需要的附属用房，满足体育比赛的同时也可作为大型文娱演出、集会、展览等多功能活动场所，其空调系统形式有两大类：集中式空调和分散式空调。

集中式空调系统一般是指中央空调系统，有集中的冷热源。方便集中管理、冷热源设备能效高、可减少装机容量，互为备用等优点。冷源可采用电动冷水机组，热源可采用常压或真空热水机组。项目较小的体育馆也可采用风冷热泵机组作为冷热源。有些南方地区或对冬季制热需求不大的地区也可只设冷源。

分散式空调一般是指多联机系统（即 VRF 系统）。该系统具有室内机独立控制、使用灵活、计费方便、安装空间小、扩展性好，可分期投资等优点。

针对体育建筑的使用特点，比赛大厅、观众席一般采用中央空调系统。其余与比赛或平时使用相关的附属用房，均可采用多联机系统（即 VRF 系统）。

在有条件的体育建筑中，特别是室外有较多绿地的条件下，结合采用地源热泵系统的工程也越来越多。地源热泵技术具有节能、环保、可靠、经济等优点。主要是利用地下的土壤温度常年相对稳定的特性，在冬季，把土壤中的热量"取"出来，供给室内用于供暖；在夏季，把室内的热量释放到土壤中去。地源热泵系统提高了一次能源的利用率，使用地源热泵技术比风冷热泵节能40%，比燃气锅炉效率提高48%，所需制冷剂比一般空调减少50%。地源热泵系统不向外界排放废气、废水，是一种理想的绿色空调。

（2）空调设计要求及难点

比赛大厅和观众席属于高大空间，空调设计气流组织因温度梯度较大，需采用合理的送风方式。

1）比赛大厅气流组织要求

① 送风气流应满足比赛场地各种体育项目比赛的要求，宜采用CFD模拟；

② 比赛大厅内送风形式宜采用下送风或喷口侧送的形式，当采用喷口侧送时，宜采用可调节角度和变速的风口；

③ 产生粉尘的体育场馆（如体操训练馆等）宜采用上送下回的气流组织形式，回风口应设置过滤网，同时控制地面0.5m范围内的风速不宜过高，以避免二次扬尘；

④ 游泳馆、跳水馆的气流组织应根据池区和观众区的不同，采用防结露要求进行设计；

⑤ 设计馆的气流组织应保证观众区域对射击区域维持一定的正压，以防止设计粉尘流向观众区。

室内空调风速要求见表7.1-11。

室内空调风速要求 表7.1-11

区域	供冷工况风速（m/s）	供热工况风速（m/s）
人员短期逗留区域	≤0.5	≤0.3
人员活动区域	0.2～0.5	≤0.3
乒乓球比赛场地（3m以下）	≤0.2	≤0.2
羽毛球比赛场地（9m以下）	≤0.2	≤0.2
其他球类比赛场地	≤0.5	≤0.5

2）空调送风方式

① 比赛场地和观众席区域空调系统合用，统一送风，气流组织方式为上送下侧回方式或上侧送下侧回方式，其优点是系统简单，投资少；缺点是空调系统必须全部开启，能耗大，常见于早期的或中小型体育馆。

② 比赛场地和观众席区域空调系统分设，比赛场地喷口采用侧送下回方式，观众席区域也采用侧送下回方式，优点是空调系统可分区运行、运行能耗较小；缺点是：喷口远程投送比赛场地、末端风速难以控制，对小球比赛会有影响。

③ 比赛场地采用置换送风的方式，观众席区域采用座位送风方式。其优点是：舒适性好、系统节能、能控制场地风速、适合各类比赛需求；缺点是：需设送风土建送风井道或静压箱，系统复杂，投资大。

空调送风静压腔做法如图7.1-49所示，体育馆观众席座位送风口如图7.1-50所示。

图 7.1-49　空调送风静压腔做法　　　图 7.1-50　体育馆观众席座位送风口

（3）专业总结

体育建筑相对于一般建筑，有较多的高大空间，对供暖、通风和空调系统提出了更高的要求。在针对高大空间的暖通空调设计应重点围绕体育建筑的空间结构以及气流特性等要点难点进行分析和优化设计，力求满足体育场馆的温度场、速度场的要求，同时做到舒适节能。

7.2　设计管理咨询

7.2.1　设计管理工作内容 ①

全过程工程咨询的设计管理分为工程勘察管理和工程设计管理。

（1）工程勘察管理工作内容包括：① 协助确定勘察单位；② 审查勘察单位资质；③ 协助编制勘察要求（勘察任务书）；④ 审查勘察方案；⑤ 检查勘察工作质量；⑥ 审查勘察报告等。

（2）工程设计管理工作贯穿于工程建设的全部过程，内容包括：

1）决策阶段：① 协助确定设计单位；② 审查设计单位资质；③ 协助编制设计任务书。

2）方案设计阶段：① 明确设计范围；② 划分设计界面；③ 审查项目设计方案；④ 督促设计单位完成方案设计任务。

3）初步设计阶段：① 督促设计单位完成初步设计任务；② 配合完成设计概算；③ 组织评审初步设计内容，并提出评估意见。

4）施工图设计阶段：组织施工图审查工作，并提出图纸优化意见。

5）施工阶段：① 督促专业单位为施工现场提供技术服务；② 组织设计交底和图纸会审；③ 进行施工现场的技术协调和界面管理；④ 进行工程材料设备选型和技术管理；⑤ 审核、处理设计变更、工程洽商、签证的技术问题；⑥ 根据施工需求组织或实施设计

---

① 关于印发《陕西省全过程工程咨询服务导则（试行）》《陕西省全过程工程咨询服务合同示范文本（试行）》的通知（陕建发〔2019〕1007 号）中附录 2 陕西省建设项目管理服务内容。

优化工作；⑦ 组织关键施工部位的设计验收管理。

6）竣工验收阶段：① 组织项目竣工验收；② 要求设计单位对设计文件进行整理和归档。

7）后评价阶段：① 组织实施工作总结；② 对设计管理绩效开展后评价。

7.2.2 设计管理思路与方法

1. 设计管理的原则

（1）根据项目建设立项文件、可行性研究报告及批复等决策文件进行系统梳理，组织开展项目需求调研，明确体育建筑项目建设定位、建设等级、建设标准、功能配置等重要技术经济指标。

（2）建立行之有效的管理制度，明确相关方建设活动中的职责，规范设计管理活动行为、提高设计管理成效。

（3）围绕项目建设总进度目标，分解细化设计进度管理目标，明确设计成果提交节点，加强过程跟踪，确保工程通过有序推进设计工作进度。

（4）充分发挥全过程工程咨询及其他参建单位的管理经验，对设计文件进行全专业评审并提交评审报告，共同提高设计成果质量。

（5）建立完善的设计文件收发管理制度，有效管理设计文件接收、分发、存档，确保设计文件分发及时，现场使用的施工图纸版本正确。

2. 设计管理流程（图 7.2-1）

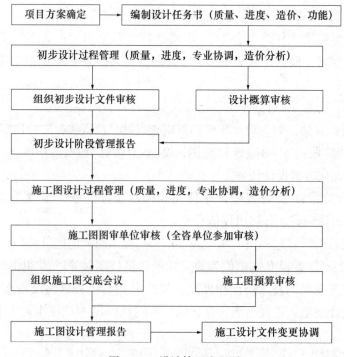

图 7.2-1 设计管理流程图

3. 设计管理工作职责

（1）代表建设方负责与设计方就设计工作进行日常工作交流，并行使建设单位授权范围内或合同约定的部分管理职责。

（2）审核方案设计、初步设计、施工图设计等各阶段设计成果文件，并对设计文件中存在问题确认后书面反馈设计方，并跟踪设计方修改回复。

（3）组织设计交底及图纸会审工作，出具图纸会审纪要。

（4）检查设计进度，对设计进度偏差情况与建设方、设计方沟通，确定纠偏方案后由设计方采取有效措施改进，并监督执行。

（5）负责设计文件的接收、分发、存档管理，负责更新设计文件，将作废设计文件及时收回同时加盖作废章，并由专人负责设计文件的管理。

（6）针对设计分提出的问题、建议或需建设方解决事项，提出处理意见，报建设方确认后反馈设计方。

（7）针对设计代表现场服务质量进行履约评价，并提出评价报告。

（8）根据设计进展，定期组织设计工作专题会议，协调解决设计问题。

（9）根据设计出图计划，提交影响施工图出图计划的大型设备清单的设备参数、用电负荷、外形尺寸等技术指标给设计方。

4. 设计进度与质量管理

（1）设计进度管理

1）根据设计总控计划及分阶段出图计划，跟踪设计出图进度，协调解决设计过程中存在的问题，保证按计划出图。

2）根据招标总控计划及标段划分情况，划定各专业设计出图范围及界面，落实设计方按计划、按范围出图，紧急情况下协调设计方先行出具招标用图。

3）针对图纸会审纪要及现场施工发现的设计问题，协调设计单位及时补足缺少的图纸、解决图纸中存在的问题。

4）通过检查设计每周工作进展，对比设计进度执行情况，对设计进度偏差早发现、早纠偏。

（2）设计质量管理

1）编制设计任务书，明确设计目标、设计范围、设计条件、设计标准。

2）在设计各阶段，特别是方案设计和扩初设计阶段，及时组织设计方沟通汇报设计思路、设计制约因素及存在问题，咨询师提出解决方案，交由建设方确认后执行。

3）重大设计或方案调整，必要时组织专家论证会，根据论证意见开展设计。

4）对设计中计划使用的新技术、新材料、新工艺初步评审，必要时组织专项论证，保证在技术可靠、造价合理情况下推广使用新材料、新技术、新工艺。

5）对重要或大宗材料、关键设备的选用，做到提前沟通、事先确认，保证产品成熟性、可靠性、经济性、通用性、互换性。

6）全过程工程咨询单位收到各阶段图纸后，及时组织设计成果审查，提出审查意见，必要时组织有设计人员参与的专题会议，商讨修改意见。

7）图纸会审，收到正式施工图后，组织设计、监理、施工有关方进行图纸会审，形成会审记录，落实设计方根据图纸会审记录补充设计文件或出具设计变更。

8）施工图审查，全咨单位将正式施工图报施工图审查机构（必要时）进行审查，并将审查机构出具的审查意见转发设计单位，由设计单位对审查意见进行回复或补充完善设计文件。

9）发挥设计总承包统筹协调机制优势，定期组织不同专业之间设计协调会，要求各专业统筹兼顾、互相协调，避免专业之间设计冲突。

5. 设计成本管理——限额设计

体育建筑工程的复杂性决定了其工程造价管理任务的艰巨性，如何在有限的投资条件下，实现技术经济的平衡，经过多年的经验总结，做好限额设计是成本管理比较有效的举措之一。

限额设计的控制理论本节不做描述，限额设计的额度可以采取纵向控制和横向控制两种方法实现。

（1）纵向控制法

1）限额设计贯穿于工程设计的每个阶段，甚至每一个阶段中要落实到各专业设计的每道工序，在每个专业、每道工序都要明确限额目标。初步和扩初设计阶段概算（修正概算），控制不得超过方案设计阶段的投资估算；施工图设计阶段预算，控制不得超不定期初步和扩初设计阶段概算（修正概算）。

2）要求设计方在每一个设计阶段按分项、分专业编制投资概算，动态分析投资增减情况，出现超投资情况，分析原因并采取措施施予以核减。

（2）横向控制法

1）全过程工程咨询方应加强设计管理与造价管理的工作配合，重点监控各阶段的方案估算和分项概算，起到加强预控和平行监控作用。

2）全过程工程咨询方组织相关各方工程经济人员紧密配合，对工程量大、特殊设计方案或构造，实行先估价、再多方案比选，以得出最优方案。发现重大设计方案或多项费用指标超出批复的投资额度时，及时组织召开专题会议讨论解决。

3）加强对设计方各专业设计人员的考核。设计工作开始前，按照估算、概算、预算对应的不同设计阶段，将工程投资按专业进行分配，并分段考核，下段指标不能突破上段指标，一旦有突破迹象时，应首先从本专业分析突破原因，用修改设计的方法解决。

4）通过各阶段投资会审，对设计概算或预算进行控制。在各阶段，如多个专业出现突破设计限额苗头时，首先进行分配专业的投资审查，再进行有关专业的技术、投资会审。解决技术问题并对各专业投资进行调整，使各阶段设计总限额不被突破。

6. 设计变更管理

（1）设计变更的提出与变更原则

1）设计变更以《设计变更申请表》（参考表 7.2-1）的方式提出，《设计变更申请表》

可由各参建单位提出，并具有充足理由与依据；

设计变更申请表

表 7.2-1

工程名称：××××工程—××××　　　　　　　　　　　　　　　　编号：

提出单位	
变更原因	1. 2. 3.
变更内容	1. 2. 3.
说明材料	1. 2. 3.

注：本表由责任单位填写，一式 10 份，完成审批程序后按规定留存。（本表为示意，实际需调整使用）

2）设计变更后，总投资额原则上不得超出批复概算投资额；

3）由于责任单位的失误提出设计变更所发生费用由责任单位承担，若造成影响，将严肃追究责任单位的责任；

4）提出的设计变更必须技术可行、经济合理；

5）重大设计变更与系统改变必须由责任单位组织专家论证会，提出专家论证意见，报建设单位批准；

6）设计修改与设计变更必须在变更前做出经济分析；

7）《设计变更通知单》必须分专业办理，内容翔实、文字清楚、附图全面，专业设计人与设计单位负责人签发；

8）符合国家相关法规、规范、操作规程的要求。

（2）变更操作程序

1）设计单位必须派驻设计现场代表，及时处理施工过程中的技术问题并对节点、细部处理方面具体指导。

2）设计内容发生变更时，由责任单位提出《工程变更报审表》（参考表 7.2-2），附工程变更申请（注明变更原因、变更内容和相关说明材料）和工程变更估算（注明变更工程量、单价、依据、金额）报全过程工程咨询单位，相关咨询师分别对技术及变更估算进行审核并签署审核意见，经负责人签认后报建设单位审核。

3）建设单位审核完成，签署意见后发设计单位，由设计单位审核并出具《设计变更单》返回全过程工程咨询单位，由全过程工程咨询单位相关咨询师起草《工程设计变更呈批表》报建设单位。

4）经建设单位同意后，留存《工程设计变更呈批表》，下达执行指令并返回全过程工程咨询单位。全过程工程咨询单位按照流程发相关单位实施。

工程变更报审表 表7.2.2

工程名称： 编号：

提出单位	

致：_____（全过程工程咨询单位）

由于_____原因，兹提出_____工程做下列变更（内容见附件），请审批。

附：

1. 设计变更申请（变更原因、内容、相关说明材料）

2. 设计变更概算（工程量、单价及依据、金额）

提出单位代表人（签字）： 年 月 日

项目监理部审查意见：	全过程工程咨询审查意见：
总监（签章）： 年 月 日	项目经理（签章）： 年 月 日

建设单位工程部审核意见：

年 月 日

建设单位领导审批意见：

主管领导（签字）：

董事长（签字）： 年 月 日

注：①本表由提出单位填写，一式8份，经项目监理机构审核后，承包单位留存2份、项目监理部收存2份、项目管理部2份、建设单位2份。

②若设计变更概算超20万元，需经领导审批。（本表为示意，实际需调整使用）

7. 深化设计管理

（1）总体要求

1）体育建筑由于专业工程相对复杂，主设计单位施工图完成后，部分专项工程需要专业承包单位进行二次深化设计，为保证二次深化设计成果质量，全过程工程咨询单位需要组织编制深化设计有关管理制度与流程，确保深化设计工作符合工程需要。

2）主设计单位是指项目的设计总承包单位，承担项目的建筑、结构、给水排水、暖通、空调、消防、电气、智能化、体育工艺等基本设计内容的设计单位。

3）深化设计单位是指根据工程招标文件和工程承包合同约定，施工承包方或供货单位，在主设计或专业设计出具的方案图、条件图、原理图或初步设计或施工图等设计文件的基础上，结合施工现场实际情况，对原设计图纸进行必要的细化、深化、补充和完善，直至满足现场施工深度需要的设计活动。如钢结构的连接方式、安装及加工工艺设计，幕墙的板块排布、埋件、安装节点等细化设计，装修饰面板块的排布、下料单、构造层次、细部节点工艺等细化设计，弱电、消防、虹吸雨水、高压细水雾、气体灭火等安装专业综合管网排布，以及各安装专业中的设备与管线的联结、安装等工艺细化，或为满足实际功能需要的相关深化设计工作。

（2）深化设计一般规定

1）承包单位具备深化设计相应设计资质及设计能力的，可自行进行深化设计工作，不具备相应设计资质及设计能力的，必须委托具有相应设计资质的单位进行深化设计工作，并报全过程工程咨询单位、建设单位审批确认后方可开展具体深化设计工作。

2）深化设计应围绕原专业设计或主设计内容进行细化、完善或补充，是针对原设计文件中有关细节不明确、不完善之处的进一步明确，或针对原设计文件与现场实际情况不符的修正、调整等。不得改变原设计文件确定的整体风格、设计理念，不得改变原设计文件已明确的主材／设备规格、型号、技术参数、材质等，不得降低原设计文件中对有关材料／设备档次标准的设计要求。同时，深化设计图纸尚应满足原设计文件技术要求及招标文件中有关约定，并符合设计规范和施工规范，通过相关审查，能直接指导现场施工以及满足相关验收规范的要求。

3）深化设计单位在进行深化设计过程中如发现原设计文件存在错误或按相关规范要求需对原设计文件作出修正和调整等类似情况时，必须及时填报《深化设计修改／调整原设计内容审批单》（略），就相关修改或调整的原因、理由、造价变化情况等申报原设计单位、全过程工程咨询单位、建设单位审批确认后方可进行，如深化设计单位在未经以上各方书面确认的情况下，擅自对原设计文件作出修改或调整的，均视为无效并承担因此可能造成的延误工期、返工、质量及安全问题等一切损失，针对深化设计单位基于利润角度出发，恶意降低成本的目的，擅自修改原设计思路、主材／设备规格、型号、技术参数、材质、降低主材／设备档次标准的，建设单位将视情况要求全面返工整改或结算时加倍扣除差价等方式处理。

4）全过程工程咨询单位负责深化设计过程的组织管理工作，负责就深化设计过程中相关事项协调有关单位给予明确及配合。在深化设计初稿完成后，咨询师应及时落实初步审核，审核符合要求后，组织深化设计设计人员向原设计单位、建设单位进行深化设计成果专题汇报，汇报重点内容为深化设计阶段落实的相关修改及调整。针对汇报会上相关单位提出的合理化建议或意见，深化设计单位应在限定时间内完成修改或调整，并最终完成定稿。

（3）深化设计的报审流程（略）

（4）深化设计文件最终成果提交要求

1）深化设计图纸一式六份（根据项目需要确定）。

2）深化设计文件应为正式蓝图，经相关审查方审查确认，签署盖章齐全。

3）依据深化设计图纸，按照合同约定的计价办法编制的清单及预算（针对合同中约定深化设计导致造价增加可按实调整时适用）。

（5）深化设计专用表式

1）深化设计修改／调整原设计内容审批单（略）。

2）深化设计成果文件报审表（略）。

3）深化设计设计变更审批单（略）。

8. 设计成果文件管理

（1）管理原则

1）所有设计成果文件统一由设计方按照设计合同约定的份数提交到全过程工程咨询单位，由全过程工程咨询单位负责分类、发放、存档。

2）所有设计文件接收、发放、更替，由专人负责管理，建立收发文台账，以便设计文件跟踪管理。

3）施工期间，因各种原因造成的图纸更新，在设计单位出具新版图纸后，前一版本图纸统一由全过程工程咨询单位收回并加盖作废章，留存2份，其余销毁，避免因图纸使用混乱，导致施工错误。

4）各专业承包单位若因技术或现场施工需要必须参考使用其他专业图纸，由承包单位书面提出所需图纸份数、内容、时间，提前向全咨单位申报，由全咨单位报建设单位同意后落实设计单位另行出图，统一发放，出图费用按合同约定执行。

5）严禁承包单位未通过建设单位及全咨单位同意，私自通过任何渠道（包括设计单位）获取与本工程有关的图纸，并作为施工依据，建设单位及全咨单位对此部分图纸真实性不负责任，擅自获取图纸及由此带来损失由承包单位自行承担。

6）严禁各承包单位将其施工图包括电子版擅自外借给其他单位，若由此带来损失，借出单位承担连带责任。

7）施工图更新要求图纸编号不变，但需如实填写出图时间、图纸版次（如结施100-51-A，表示结构施工图共100张，本张为第51张A版，因某种原因该图中某部分内容发生较大变化，需重新出图则新出图为结施100-51-B），以便识别，要求新版图纸替换前版图纸，并在新版图纸中用云线或其他标注说明更新内容。

8）某体育中心设计成果文件发放示例（供参考）

① 按照合同要求提供规定数量的方案设计文本8份。其中，全过程工程咨询单位存档2份，建设单位保留2份，其余4份机动调配，报批报建所需方案资料由设计单位单独出具。

② 按照合同要求提供规定数量的初步设计（含概算）文本15份（包括电子版1份）。其中，全过程工程咨询单位存档2份，建设单位工程部保留2份，其余按照审批需要分别报送发改委、消防等部门，多余文本由全过程工程咨询单位统一管理；

③ 按照合同要求提供规定数量的施工图纸文件10份（包括电子版1份）。其中，全过程工程咨询单位保留2份，建设单位保留2份，施工图审查中心1份，造价咨询单位

1 份，消防局 1 份，承包单位 10 份，其余图纸由全过程工程咨询单位妥善保管并根据需要机动调配。

（2）管理流程（图 7.2-2）

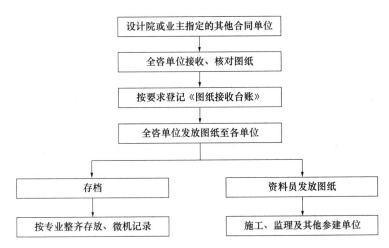

图 7.2-2　设计文件管理流程图

（3）设计文件的接收与变更要求

1）全过程工程咨询单位的图纸管理人员按合同规定接收设计文件，接收时必须进行准确核对与检查，以保证实际到图的内容、份数等与图纸提供单位清单保持一致，如有疑问，应及时与图纸提供单位（设计院或其他与业主有合同关系的单位）联系。

2）电子版设计文件原则上不得作为现场施工的依据，如因工程紧急抢险或保障工程进度等需要，电子版设计文件不得不用于现场施工时，设计单位应将电子版设计文件发至全过程工程咨询单位专用电子邮箱（并特殊注明"该文件为正式施工图文件，纸质蓝图将于几月几日递交至现场"等类似提示语言），并同步发给驻场设计代表。驻场设计代表应及时打印白图 5 份，签字后交全过程工程咨询单位专人收发。全过程工程咨询单位组织建设单位现场代表签字后，发建设单位、监理部、设计单位、全过程工程咨询工程管理部、施工单位各 1 份，作为电子版文件用于现场施工及验收的依据。设计单位正式图纸会签完毕，应保证 4 天内将对应该电子版的蓝图递交至现场，同时务必保证该蓝图与各方会签的白图一致（即拟用于施工的电子版文件一致），如有改动，设计单位应在正式蓝图中以云线 ⌒⌒ 圈出蓝图与电子版存在的改动之处，否则因此造成现场错误施工及错误验收的责任由设计单位承担。

3）为落实图纸版次管理，保证现场各方及时、准确掌握升版图纸的改动内容、保障各方工作效率、防范误读、漏读升版图纸，要求各设计单位针对设计修改内容，原则上优先采用设计变更的形式作针对性修改，如因单张图纸改动内容较多，不得不以图纸升版的形式落实修改时，设计单位应在升版图的电子版中以云线 ⌒⌒ 圈出升版图对照原版图的改动之处，协助现场各方及时、准确把握升版改动内容，否则，因此造成现场错误施工及错误验收的责任由设计单位承担。

（4）设计文件的登记管理

1）设计单位按合同要求提供正式设计文件时，全过程工程咨询单位图纸管理人员应专业分别做好核对、签收并及时登记，建立管理台账备查。台账内容包括：图纸编号、图纸名称、绘图日期、签收日期、图纸类别、图纸数量、签收人等。

2）合格的设计文件必须有设计单位出图专用章，本次出图的出版编号及出图时间，以便于区分新旧版次。全过程工程咨询单位在设计单位正式出图前，应与设计单位予以沟通、检查图纸规范程度，并就图纸质量及标准提出要求。

（5）设计成果文件的发放

1）按照设计成果文件管理规定，全过程工程咨询单位应及时通知施工承包单位、监理单位或其他参建单位的专门人员领取设计文件，并建立设计文件发放记录台账。

2）施工、监理等单位或其他参建单位的图纸接收人应为资料员或专业工程师。

3）图纸发放应办理发放手续，接收人核查无误后进行签字。

4）施工、监理等单位或其他参建单位办理接受手续以后，要求做好图纸接收以后的二级管理工作。

5）电子版图纸的发放：由于电子版图纸涉及知识产权，凡属电子版图纸外传必须经主管领导批准。

（6）作废图纸的处置

1）对施工过程中由于改版或其他原因而作废的图纸，全过程工程咨询单位应及时收回。施工、监理等单位及其他参建单位必须及时将作废图纸交回原领取处。图纸管理人员及时办理回收作废图纸手续，全过程工程咨询单位负责人确认批准，加盖作废标识章，并隔离存放。

2）作废图纸不能全数收回的处理：由于图纸使用时间较长，涉及的参建单位较多，造成图纸的损坏或丢失，部分作废图纸不能全数收回时，应由原图纸接收单位，作出详细的情况说明，由本单位的技术负责人确认，然后报全过程工程咨询单位存档。

3）作废图纸放置一定时间后确无使用价值时，为避免占据不必要的空间，留一份存档，其余由图纸管理人员统一造册登记并经相关领导批准后销毁处置。

（7）施工图纸的借阅

1）资料室存档的图纸一律不予借出，由图纸管理人员统一整理保管，严禁其他任何人随便动用。归档的原件仅允许在管理人员监看下查阅，不准离开监管的视线范围。

2）内部有关人员若需借阅图纸资料，须填写《图纸借阅申请单》，经全过程工程咨询单位负责人批准后方可借阅，借阅后必须及时归还，借阅时间最长不得超过2个月，如超过须办理续借手续。

3）非本项目工作人员不得借阅图纸，特殊情况确有需要，填写《图纸借阅申请单》，必须经建设方主要负责人同意方可借阅，且借阅形式只限于复印、扫描、摘抄，不得将图纸资料带走。

4）设计变更图纸，按上述施工图纸管理规定进行管理。

（8）竣工图纸的编制和移交

1）工程竣工后，根据相关竣工文件编制规范和移交的有关办法和文件，全过程工程咨询单位组织设计单位、监理单位、施工单位等有关单位进行竣工图纸编制与整理。

2）竣工图纸的移交按照本书第 12 章有关要求办理。

7.3　设计管理案例

7.3.1　SZ 市青少年足球训练基地项目

1. 方案创新与费用管控

（1）要点分析

中心足球场草皮为天然草坪，作为项目众多草坪当中，最为重要且标准最高的一块公共比赛足球场，SZ 文体局和足协提出要求要在场地草皮设计配置强排水＋通风＋温控的装置。这种强排通风装置在国内新近出现，其设备和管线布局均与传统不同，目前国内没有专用设备生产厂家，强排设备均为国外进口，本项目可研没有列在建设清单。该项目成为建设和运营单位意见相左、无法达成共识的问题，项目设计工作推进受到影响。

（2）管理措施

考虑到建设和运营双方在费用、可行与必要性问题上的意见分歧，组织召开专家论证会，以专家意见作为公平取舍意见；在不影响概算和进度的条件下，组织设计院机电专业开展创新研究，在设计方案中对管线敷设采用创新方案，兼顾未来排水系统升级换代。

2. 设计阶段成果的流程确认与设计进度的控制

（1）要点分析

在公建项目建设中，项目建设方和运营方由于其职责不同，对项目的关注要点和项目实施的目标会有显著的不同，这些差异会在项目建设过程中，尤其是对设计方案、设计进度、设计费用的管控均产生重要的影响，从某种程度上评价，繁杂且没有效率的流程管控会对项目的设计工作造成不利且负面的影响。

全过程咨询方作为项目建设过程中的总协调单位，需要及时建立起设计管理流程、担当设计管理的牵头，组织推进设计与需求共同配合完成项目设计管控流程。

（2）管理措施

从方案、初步和施工图设计阶段，协调建设方向使用方提交专函组织设计成果专题汇报，强化执行设计与运营兼顾流程；及时确认方案，组织设计院各专业研究反馈意见和方案，在综合设计可研条件、造价范围等因素之后，对设计成果进行优化，从而满足运营单位对未来项目的使用需求。

3. 概算目标与限额设计

（1）要点分析

公建项目概算指标通常是在施工图设计完成之前由发改审核后批复项目建设概算费用

指标，有鉴于此，设计从方案、初设到施工图设计就需要详尽进行各专业从方案、材料设备和实施方案的比选，将各个专业的概算批复指标贯彻在设计中，避免超概所带来的一系列问题。

（2）管理措施

1）按照可研所界定的费用目标展开设计自查方案建筑面积、使用功能、项目各专项建设目标以及项目建设费用目标；

2）设计各专业采用"限额设计"的工作指针开展各项设计，包括材料和设备的选用，严格限制超过项目建设目标的"超概"设计；

3）使用需求的满足要建立在概算限额内，使两者在合理可行的条件之下达到统一；

4）在设计遇到使用需求和概算目标相悖的情况时，及时组织各设计专业和概算编制单位一道研究问题和解决方案，沟通反馈给运营方，征得对方的理解和支持。

7.3.2 体育建筑设计审查意见摘录

以下摘录为某训练基地项目设计管理过程中，对初步设计文件的审查意见，这些意见不一定违反规范，但对于体育建筑而言，在质量、进度、投资、管理等方面均具有专属性的参考价值。

1. 建筑专业

（1）大楼梯处为大梯井，人员坠落风险高，应采取防坠落措施。仅 900mm 高扶手安全防护措施不足。

（2）体育馆和游泳馆墙面和顶面采用的穿孔铝板穿孔率应通过计算确定，并建议增加"铝板背面加铺玻璃吸声棉或者无纺布"要求。

（3）因普通沥青混凝土耐高温性能较差，夏季室外场地暴晒后，容易对面层造成损坏，减少场地面层使用寿命。所以，建议选用熔点较高的沥青。若采用 SBS 改性沥青混凝土，则应进行性能价格综合比较。

（4）VIP 房间与空调机房相邻，且建筑平面布置不能调整时，空调机房内的墙面、吊顶均需考虑隔声构造做法。

（5）直立锁边铝镁锰屋面板下面建议增加隔声毡。支撑层底板 0.6mm 偏薄，不吸声，建议改为 1mm 穿孔吸声板，并在上面增加吸声玻璃棉。游泳馆的内圈屋面需要考虑吸声，其支撑板建议为穿孔铝板。铝板后的玻璃棉采用防水膜包裹处理解决潮湿的影响。

（6）体育场首层四个通道设置了 ZLM4845（图 7.3-1），建议修改为伸缩门，利于管理操作。

（7）调整风机房位置，使器材库更好用（图 7.3-2）。

（8）体育场首层设备房间门 M1030（图 7.3-3）宽度是否满足设备安装需求，投入使用后设备更换时门洞宽度是否能够满足需求。

（9）体育场二层贵宾坐席区建议通过结构＋栏杆与普通座席分割开（图 7.3-4），保证主席台区域相对独立。

图 7.3-1　通道门修改　　　　　　　图 7.3-2　风机房位置修改

图 7.3-3　设备房门　　　　　　　　图 7.3-4　建议分区

（10）体育场二层包厢间建议增加栏杆分隔，如图 7.12-5 所示。

（11）一层平面图 2-G 轴裁判缺少更衣室及淋浴间，如图 7.12-6 所示。

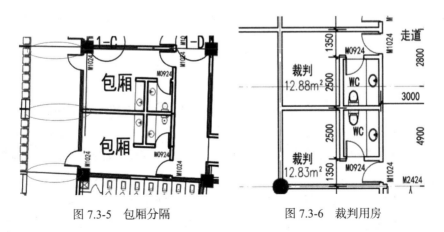

图 7.3-5　包厢分隔　　　　　　　　图 7.3-6　裁判用房

（12）体育馆二层平面图包厢朝向场地一侧设置防火门是否必要？建议为落地玻璃门

143

窗，保证从室内即可观看比赛及表演，如图 7.12-7 所示。

（13）体育馆屋面需要考虑吸声和防雨噪声，而体育场不需要，故从经济角度，可采用不同的屋面做法。

（14）游泳馆缺少强制淋浴间布置。

（15）屏幕控制室设置面积过大，请依据《体育建筑设计规范》JGJ 31—2003 表 4.4.6 要求屏幕控制按 40m² 控制调整，如图 7.12-8 所示。

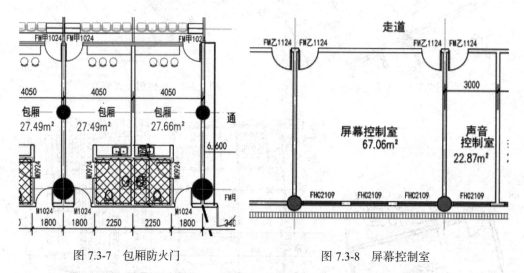

图 7.3-7　包厢防火门　　　　　　　　　图 7.3-8　屏幕控制室

（16）体育场一层新闻发布厅采用花岗石墙面及轻钢龙骨石膏板顶棚，是否满足建筑声学要求，请核实。

（17）体育场排烟机房、风机房、体育馆空调机房顶棚与桥架、风管干扰多，故玻璃棉毡铝板网吸声顶棚建议改用 25mm 厚吸声喷涂直接喷到顶面上。

（18）体育馆一层平面商业配套由于后期装修改动大，不建议设置吊顶，建议简装交付即可，赛时需要利用房间除外。

（19）游泳馆报警阀间建议取消轻钢龙骨石膏板吊顶。

（20）游泳馆二层排烟机房、补风机房为设置吸声墙面和顶棚，请根据建筑声学要求考虑是否增加。

（21）田径场地电源信号井中建议预留足球场地四周广告牌电源。

（22）场地北侧设置了 3 根不锈钢旗杆，应相应考虑升旗系统机房及管线预留。

（23）用于田径场地冲洗的快速取水点建议同内、外环水沟沉沙井协同设置。

（24）兴奋剂检测卫生间建议墙面各面墙设置镜子。

（25）为防止木地板下层龙骨间空气湿度过大造成对木地板的损害，在木地板的四周边缘区域需要做通风孔，且相应对称，建议采用运动木地板踢脚开孔通风。

（26）金属屋面与采光玻璃顶之间，考虑到不同材质的连接会发生伸缩变形，引起开裂、渗水，建议优化此处的连接方式，或建议采用阳光板与金属屋面连接。

（27）场外草皮堆土坡道控制在 15° 左右。

（28）开放型游泳池瓷砖考虑防滑系数，建议采用 PC 板。

（29）室外增设宣传墙，考虑运营效果。

（30）体育场室外坡道增加裸跑及相应设施。

（31）室外篮球场、足球场、排球场等，建议增设休闲座椅，以便于运动员休憩。

2. 结构专业

（1）和钢结构连接的挑梁承当较大的拉力，该构件建议设置预应力筋预加压应力和拉力平衡。相关区域的楼板板厚和配筋也建议加强。

（2）篮球馆钢桁架区域楼板赫兹数验算结果是多少？是否符合运动场地的指标要求？如数值过小，应加大桁架刚度。

（3）各个单体在正常使用阶段均为超长结构，对露天的场馆采取防裂加强措施。

（4）体育馆、游泳馆的边柱较高（约 12.5m 和 17m）且为斜柱，仅环向有支撑，径向没有，故径向为底部固定顶部自由，计算高度为自然高度的 2 倍，而柱径仅 0.8m，需特别注意其稳定性是否可靠。

（5）游泳馆活荷载中，水处理间和水处理机房 10.0kPa 偏小。

3. 给排水专业

（1）目前先进发达国家的泳池设备普遍采用耐强腐蚀抗 UV 材料制成，过滤砂缸、臭氧反应罐、臭氧吸附罐流行的是采用树脂材料合成材料制成，耐腐蚀程度强，使用寿命较长（大于 20 年），如果采用 304 不锈钢或者 316 不锈钢，设备使用寿命会比较短，熔点式腐烂十分严重，所以建议不要采用金属材料制作的罐体。

（2）游泳馆可调式布水口建议使用 ABS 工程塑料，节省投资。

（3）戏水池不建议使用逆流式循环系统，顺流式即可满足使用要求，可节省投资。

（4）体育场为避免下大雨时低区看台最下层雨水积水，建议增加设计高区露天部位最下层、低区看台雨排水管道设计。

（5）场址市政水压不稳定，压力波动大，且上午水压只有 0.1MPa，不适合采用无负压供水。大型公共建筑的供水标准较高。从市政条件、供水可靠性、对市政管网的影响等方面综合考虑，生活加压供水方式采用变频供水比较合适。

（6）建议加设游泳馆大厅设计池岸地面清理取水点。

4. 电气专业

（1）地下室变配电 10KV 高压配电系统图本工程二次线路使用 LFZZJ-12 型电流互感器为环氧树脂浇筑式电流互感器，该种互感器最大的缺点是后期无法维修。且一般用于室外，不应用于室内。建议调整为 LZZBJ9。

（2）体育场一层西区办公室应急照明主供计算电流虽仅 5.1A，但电缆截面的选择不仅要满足过负载保护的要求，还应校验热稳定，故建议加大线径。

（3）室外照明建议增设导视系统自发光，以便于在夜晚能为人们提供方向或者是地位置的地理信息。

（4）室外台阶建议增设地脚灯或者将 LED 灯带镶嵌在台阶上，供人夜间活动用，避免看不清台阶发生意外。

5. 设计变更管理意见

（1）设计师需始终坚持限额设计的原则，慎重考虑变更所带来的影响。

（2）因屋面造价超限额较多，建议将防水铝板、穿孔铝板等改回原设计的防水钢板、穿孔钢板。

（3）所有基于外观所作的变更，如檐口蜂窝板包环梁、固定百叶等，应由建筑师提供对比效果图，然后提请业主方确认，不能由建筑师单方面修改。

（4）设计疏忽所造成的变更，如增加天沟伸缩缝、天沟集水井等，应明确责任归属。对于因违反强条而作的变更，如保温层加厚，既增加了保温层的造价，又增加了承重结构的造价，更应明确责任，以便实施下一步的合同管理。

（5）对于减小结构荷载且有利于节约造价的变更，应积极采用，同时修改结构计算书，调整结构设计。

第8章　体育工艺咨询

体育工艺是根据体育竞赛、体育训练和全民健身等的使用要求，提出对体育建筑、场地设施、配套附属用房、体育专用设备的设置等诸多方面的建设要求。体育场馆的场地规格、附属用房、功能流程、场地照明、场地扩声、计时记分、电视转播、竞赛信息系统的设置等，都属于体育工艺涵盖的内容。体育工艺专项咨询，包括策划、设计、施工、监理、项目管理、运营管理等与体育建筑建设前期、实施阶段和运营阶段等全产业链的咨询服务内容。

8.1　田径场地

田径场地一般设置于体育场或体育训练场内，可以用来进行田赛项目和径赛项目的比赛或训练。田径场地布局示意图如图 8.1-1 所示。

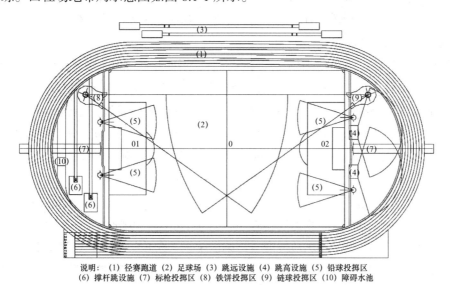

说明：（1）径赛跑道（2）足球场（3）跳远设施（4）跳高设施（5）铅球投掷区
（6）撑杆跳设施（7）标枪投掷区（8）铁饼投掷区（9）链球投掷区（10）障碍水池

图 8.1-1　田径场地布局示意图

8.1.1　田径场跑道的设计要求 [①]

（1）田径场地

田径场地分标准田径场地和非标准田径场地。不同场地的布置要求会有所不同，设

---

① 08J933-1 体育场地与设施（一）-V1.

计可以按照不同的要求参照国家和国际有关标准适当调整。训练场地的布置更加具有灵活性，可酌情设计。

1）标准田径场地 [①]

标准 400m 综合田径场一般为椭圆形跑道，由 2 个半圆和 2 条相等的直道组成。标准 400m 跑道即第一条环形跑道的实跑线（丈量线）为 400m。一般直跑道为 8 ～ 10 条道，北半球的场地，直道多设于西侧；环形跑道（弯道）为 8 ～ 9 条道。跑道一般铺设人工合成材料，即塑胶跑道。

内场设置有全部田径比赛项目和一个国际标准尺寸 105m×68m 草坪足球场；场地南端跑道外设 3 根旗杆，场地北端跑道外设 3 ～ 4 根旗杆（4 根仅由国际重大赛事会需要），可分别用于悬挂会旗和进行运动员颁奖的升旗仪式。

① 径赛项目的布置：在西侧直道设置 100m 和 110m 栏，在北侧半圆区内设置 3000m 障碍水池。除此之外，在环形跑道上可设置所有国际田联规定的其他径赛项目。

② 田赛项目的布置：在东直道外侧设有两条独立的跳远、三级跳远助跑道及四个沙坑落地区。在北半圆内分别设有四个东西向的撑杆跳高场地，以增加对比赛场地选择的灵活性，方便比赛的组织。在南北半圆区域分别设有两个铅球投掷区，以足球草坪作为落地区。南半圆区域内设置两块跳高场地，可避免眩光对运动员的影响。在南北半圆区域的东侧各设有一个铁饼、链球同心投掷圈，可适合不同风向对铁饼、两球比赛的需要。在南北半圆的正中分别设有一条北、南向的标枪助跑道，其落地区为足球场草坪。

2）非标准田径场地

在一些中小学校，由于受到场地尺寸的限制，不能建造 400m 跑道。可以根据场地的大小，建造周长为 200m，300m 的田径场，满足学校和群众体育活动的需要。

（2）跑道的实跑线一般按照以下原则设计：当跑道内侧设置突沿时（第一条跑道），跑道的实跑线为突沿外 0.3m 计算；无突沿时，跑道的实跑线从跑道分道线外侧 0.2m 计算。跑道宽为 1.22m（以前可以为 1.25m），包括跑进方向右侧的分道线（线宽 5cm）。跑道的点位线计算原则：使所有参与比赛的运动员，所跑的距离相等。

（3）田径场地跑道半径一般采用 36 ～ 38m，国际田联将半径为 36.5m 田径场场地称为标准场地。之前采用较多的跑道半径有 36m、36.5m、37.898m 等。

（4）标准田径场跑道对于场地坡度有严格的要求：场地的坡度按《国际田径竞赛规则》的相关规定设计。主跑道的横向坡度设计为 0.8%，南北半圆区的坡度设计为 0.35%，坡度沿半径方向坡向内环沟。主跑道的横向坡度均不超过 1%。主跑道及各田赛项目的主跑道纵向坡度均不超过 0.1%。助跑道以外的辅助区，除特殊标明坡度或标高外均以自然坡坡向外环沟。所有坡度设计均符合田径规则的要求。

（5）塑胶面层厚度：主跑道面层为 13mm，辅助区为 9mm；撑杆跳高、跳远及三级跳远、跳高的起跳区、标枪助跑道的投掷区、100m、110m 栏起跑区等部位的塑胶厚度一

---

① 08J933-1 体育场地与设施（一）-V6.

般取 20mm；3000m 障碍水池的落地区塑胶加厚区厚度为 25mm。

加厚区与相邻的非加厚区的塑胶顶面平齐，而加厚区的沥青混凝土基础降低。13mm 塑胶与 9mm 塑胶相邻部位的基础齐平，但相邻部位的塑胶应从 13mm 厚平滑过渡到 9mm 厚即可。

（6）跑道面层的平整度：面层平整度要求 3m 直尺误差小于 3mm。

（7）举办正规比赛的田径场地应设置场地电源信号井，满足田径比赛计时记分的要求。

8.1.2 田赛项目的场地要求

（1）跳高场地：场地设置落地海绵包，跳高支架。助跑距离至少 15m，最好 20m。

（2）跳远场地：跳远助跑宽 1.220m，场地至少 40m。场地设置起跳板、落地沙坑一般 2.75m×9m。沙坑内填充细砂。

（3）标枪场地：助跑道长 30 ～ 36.5m，道宽 4.00m。

（4）铅球投掷区：设置铅球投掷圈，半径为 2.135m，如图 8.1-2 所示。

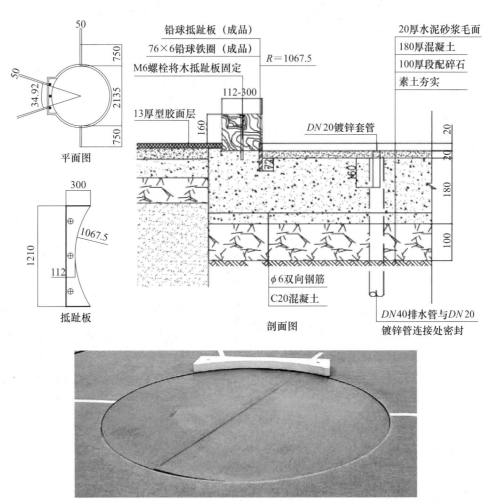

图 8.1-2　铅球投掷圈示意图

（5）链球（铁饼）投掷区（图 8.1-3）：设置链球、铁饼联合投掷圈，投掷圈外设置护笼，练球圈半径为 2.135m，铁饼投掷圈半径为 2.50m。

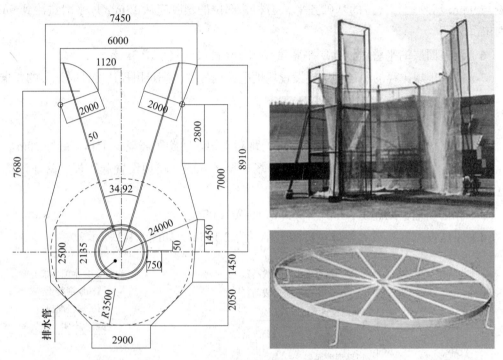

图 8.1-3　链球（铁饼）护笼、投掷圈示意图

（6）撑杆跳高：设置撑杆跳高插穴（图 8.1-4），助跑道长至少 40m，条件允许为 45m，宽 1.22m。

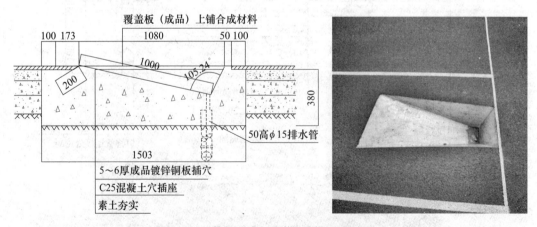

图 8.1-4　撑杆跳高插穴横向剖面图与实物

（7）3000m 障碍水池：障碍水池长 3.66m（包括栏架宽度），宽 3.66m，最深处 0.50m 深。

（8）铅球、标枪、链球、铁饼的落地区在足球场天然草坪上（人造草坪不能作为投掷项目的落地区），也可以在田径场外单独设置投掷场地。

8.1.3 塑胶跑道面层与场地画线

塑胶跑道由面层和基层组成，面层为人工合成材料塑胶面层。塑胶面层是一种用橡塑性质的合成材料弹性体铺设的用于田径比赛的场地，其主要材质系聚氨酯塑胶弹性体。不同类型的塑胶跑道，性能及造价差异较大，在开展全过程工程咨询时，需对场地进行有针对性的分析，要确保所选用的塑胶跑道的类型，既符合赛事及常规使用功能需求，同时也满足投资合理化的计划指标要求。

1. 面层

塑胶跑道根据其用料及施工的结构方法的不同可分为预制型塑胶跑道、混合型塑胶跑道、透气性塑胶跑道、复合型塑胶跑道、全塑型塑胶跑道等。

（1）预制型环保橡胶跑道

以复合橡胶、天然橡胶为原材料，特殊工艺压光、硫化、稳定处理预制而成，产品在设计过程中充分考虑了运动员的生物力学需要，立体网状的内部结构，使跑道具有优良的弹力、强度、韧性及减震效果，有效减少了运动员的肌肉疲劳和微损伤。具有性能恒定、安装简便、绿色环保的显著特点。应用实例如图 8.1-5 所示。

（a）沈阳奥体中心体育场预制型跑道铺装　　　　　　（b）预制型块材小样

图 8.1-5　预制型环保橡胶跑道

（2）混合型聚氨酯跑道

以化学原料在工厂制备甲乙两组分，现场使用时，将两组分混合，同时加入填料等，经过铺设、碾压、撒防滑胶粒等一系列工序而成，施工工艺简单，符合国际赛事标准，标准厚度 13mm。具有弹性好、防滑、耐磨等优点，广泛使用于国际、国内大中型田径场。采用国际田联认可的混合结构，面层为 PU 颗粒或 EPDM 耐候性环保彩色颗粒，母体是全 PU 掺和部分橡胶颗粒。施工工艺为现场摊铺式，因此对基层强度、平整度等要求较高。在所有类型的塑胶跑道中，混合型聚氨酯塑胶跑道造价最高。应用实例如图 8.1-6 所示。

（3）透气型塑胶跑道

透气型塑胶跑道又称渗水型跑道，因其具有良好的透气透水性能而被多雨水地区广泛采纳。透气型塑胶跑道不仅具有一般跑道的优点和性能，又成本低廉，成为目前塑胶跑道面层的主流产品之一。透气型的塑胶场地是采用橡胶颗粒混合胶水，使用机械摊铺的方法摊铺，等胶水固化后使用专用喷胶设备喷涂 PU 胶水和细小 PU 颗粒（或 EPDM）混合体，喷在铺设好的塑胶场地表面做成的塑胶场地。这个场地的特点是造价低、透气、透水，平整度好，弹性好，安全性高，施工难度小，易于普及，适合非专业训练、比赛、学校使用。

基础层：水泥或者沥青基础层
底漆：渗透、强化基面、提高粘接
混合层：PU胶加黑颗粒缓冲层
面层：喷涂颗粒层

（a）混合型现场摊铺　　　　　　　　　（b）沥青基层平整度控制
图 8.1-6　混合型聚氨酯跑道

（4）复合型塑胶跑道

复合型塑胶跑道介于透气型和混合型跑道之间，是用透气型跑道的弹性层加面层胶粒，弹性层采用 EPDM 颗粒进行摊铺，面层将 TPU 或 EPDM 颗粒分散到 PU 液体层里，形成无缝表面。复合型塑胶跑道具有表面结构稳固、耐磨性能高，不易脱粒，使用寿命长，无公害、符合环保要求，施工技术成熟、维护方便，节约管理成本等特点，适用于一般的赛事、学校教学、训练等室内外场地和高寒地区场地，经济性较高。

（5）全塑型塑胶跑道

全塑型塑胶跑道的特点、施工工艺、技术参数和验收方法和混合型基本相同，不同之处在于，混合型跑道的弹性层中加有不超过 25% 的黑橡胶颗粒，而全塑型跑道中没有加入黑橡胶颗粒，又称纯胶型，用于网球场、篮球场、排球场、羽毛球场。如图 8.1-7 所示。

（a）苏州奥体中心体育场跑道面层施工　　　　（b）美国斯坦福大学训练场塑胶场地
图 8.1-7　全塑型塑胶场地

2. 田径场地画线

（1）田径场地画线是场地是否符合比赛要求的关键之一。一圈长度的误差不得大于 40mm，不得出现负误差。100m 及 110m 栏误差不得大于 20mm，并不得出现负误差。由各径赛项目起跑线的误差和一圈长度的固定误差值所引起的综合误差不得大于各项目标准长度的万分之一，也不得出现负误差。

（2）竞赛项目的原则是必须保证各起跑点运动员跑向终点的允许最小距离相等。对于不分道起跑的竞赛项目及抢道线，必须使用渐开线画法，不得使用圆弧、其他曲线或连续折线代替。

8.1.4　塑胶跑道基层

塑胶跑道基层一般包括天然基土、灰土垫层、二灰砾石稳定层、沥青层（粗、细）或混凝土层。塑胶跑道沥青混凝土基础做法应结合当地实际情况考虑。

1. 基层结构设计

（1）沥青混凝土层：一般为双层沥青混凝土，包括一个粗沥青混凝土底层和一个细沥青混凝土面层。由于各个地区的水文地质及气候条件情况不同，因此沥青混凝土的基础层按当地市政工程设计要求确定，差异主要表现在灰土层的做法与厚度、稳定层的做法与厚度。沥青混凝土的设计不仅要有平整度、密实度和倾斜度的要求，而且要符合塑胶面层铺设材料的安装和使用情况的要求。

（2）普通混凝土层：由于普通混凝土基层的造价比沥青混凝土低、施工工艺相对比较简单，因此部分项目会有选用普通混凝土为铺设塑胶面层的基础。

（3）两种基层的比较：通过本书编委大量的工程实践发现，混凝土基层属于刚性结构，热胀冷缩会出现裂缝，即使建造时设置了伸缩缝，仍然避免不了收缩裂缝的产生，进而导致塑胶面层撕裂；沥青混凝土属于柔性结构，不会因为热胀冷缩而出现裂缝，不会产生塑胶面层被撕裂的情况，因此塑胶面层设在沥青基础层上为比较妥当的工艺方案。

2. 塑胶跑道施工要求

（1）塑胶跑道基础沥青混凝土及级配碎石应符合《公路路面基层施工技术细则》JTG/T F20 中高速公路级一级公路的配合比及有关要求。

（2）沥青应选择重交通道路石油沥青，其软化点应大于 48℃。石油沥青材料的技术要求应满足《公路沥青路面施工技术规范》JTG F40 中高速公路级一级公路对沥青的有关要求。建议沥青用高等级公路用的抗裂改性沥青。

（3）沥青混凝土的施工压实度应大于 95%；无机混合料、级配砂石的压实度大于 95%。

（4）无机拌和料的比例为：石灰：粉煤灰：天然级配砂石＝5：15：80，其最大骨料粒径不大于 45。在最佳含水量状态下进行施工。

（5）在铺设上面层沥青混凝土时，其施工接缝应避开下层沥青混凝土施工的接缝。

（6）沥青混凝土坡度、平整度要求：

1）主跑道横坡尽量控制在 0.6% 以上，但不得超过 1% 或出现反坡；由圆心方向坡向内环沟的半圆区坡度不得大于 0.4%。

2）各助跑道、半圆区及主跑道区域的沥青混凝土表面平整度：3m 直尺靠量不应大于 5mm。辅助区平整度可参考该要求由设计确定或现场使用方自定，但应保证表面排水顺畅。

（7）基层养护要求：

1）一般沥青基础完成后需要养护半个月之后可以铺设塑胶面层。沥青混凝土基层质量要求：基础表面不得有裂纹，不能有明显碾压轮迹，不得有油污、油渍和未搅拌开的沥青块，不得有硬结、凹沉、龟裂、蜂窝或脱皮阻水现象。沥青混凝土养护周期不满足规定时间，沥青内的挥发物会直接影响跑道面层的质量，如图 8.1-8 所示。

图 8.1-8　某体育场沥青混凝土挥发物污染塑胶跑道

2）混凝土基础完成后需要养护一个月之后可以铺设。普通混凝土基层质量要求：基础竣工后，水泥面层不得太光滑，不得有起砂、起壳脱皮和裂纹等现象。

跑道的做法较多，塑胶的性能和做法也有一定的区别，可结合厂家产品和使用方的要求选择。另外还有炉渣、黄土、黏土细沙、灰土、沙土、石灰黄土等场地做法。可参照《工程做法》J 909。

8.1.5　塑胶跑道边界

（1）体育场塑胶跑道与排水明沟、跑道与田赛设施的衔接处，都存在塑胶面层的包边收口的边界设计。以衔接线为界，塑胶面层直接收止于衔接线处，通常会在衔接线处出现开裂，或因时间久塑胶收缩出现裂缝，严重影响使用寿命，设计应避免选择此类做法。常见问题如图 8.1-9 所示。

（2）为了避免上述现象的产生，在塑胶面层包边收口处，需要设置混凝土挡墙作界定，并设计出一个至少 0.02m×0.04m 的塑胶层包边，如图 8.1-10 所示。

（a）与内外环沟处大面积空鼓开裂　　　　（b）障碍水池处大面积开裂，水池积水排水不畅

图 8.1-9　塑胶场地边界处理常见问题

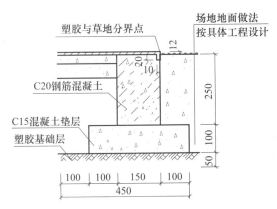

图 8.1-10　塑胶面层收口做法

8.2　木地板

体育馆、训练馆的楼地面一般采用体育专用木地板，使用时根据运动项目的不同，在地板上用胶条粘贴出运动场地、铺上运动地胶、铺设专用场地材料等。

运动木地板系统一般要求具有优良的承载性能、高吸震性能和抗变形性能，其表面的摩擦系数必须达到 0.4 ～ 0.7，太滑或太涩都会对运动员造成伤害，优良的冲击吸收性能可有效避免运动员受到运动损伤。作为篮球场地的木地板，还需要具有 90% 以上的球体反弹能力。

8.2.1　体育木地板有关的标准与性能指标

1. 有关标准

（1）《天然材料体育场地使用要求及检验方法　第 2 部分：综合体育场馆木地板场地》GB/T 19995.2；

（2）《实木地板　第 1 部分：技术要求》GB/T 15036.1；《实木地板　第 2 部分：检验方

《法》GB/T 15036.2；

（3）《木结构工程施工质量验收规范》GB 50206；

（4）《建筑地面工程施工质量验收规范》GB 50209；

（5）《体育馆用木质地板》GB/T 20239；

（6）《室内装饰装修材料 人造板及其制品中甲醛释放限量》GB 18580。

2. 性能指标

体育木地板有关的指标标准见表 8.2-1。

体育木地板有关的指标标准 表 8.2-1

内容	性能指标	
	竞技体育	健身
冲击力吸收（%）	≥ 53	≥ 40
球反弹率（%）	≥ 90	≥ 75
滚动负荷（N）	≥ 1500	≥ 1500
滑动摩擦系数（μ）	0.4～0.6	0.4～0.7
标准垂直变形（mm）	≥ 2.3	不要求
垂直变形率 W_{500}（%）	≤ 15	不要求

注：①垂直变形率 W500 指标对举办一般国际比赛以下级别及健身用的场地不作要求；

②球反弹率对没有篮球项目的全国性比赛以下级别及健身用的场地可不作要求。

8.2.2 木地板的结构构成

体育专用木地板地基层一般采用混凝土基层，并设置防潮层。基层应不开裂、不沉降。基层标高应根据木地板规格确定，以保证地板表面为设计标高。防潮油毡一般为特制的一种沥青油毡，厚度 1mm，起到减震防潮作用。

1. 木地板系统本身按照铺装方式分为固定式和活动式两种。

（1）固定式木地板系统构成

固定式一般采用悬浮式安装方式，地板与地面没有固定连接。结构采用体育运动木地板专用的固定悬浮式结构，整个结构不与混凝土场地固定连接。

体育木地板场地的结构由弹性垫层、弯曲刚性强的（主龙骨、次龙骨和毛地板）承载层、稳定层、面层（面层地板）四层构成。运动木地板构造示意如图 8.2-1 所示。

1）面板

面板可采用实木复合或实木板。树种选用优质硬木，比较普遍使用的有硬枫木、水曲柳、柞木、榉木等。由于枫木是长纤维树种，坚韧性好，硬度也适中，且在比赛以及电视转播中的观看效果最佳，因此世界上绝大多数体育馆的面板均是采用枫木来制作。面板含水率不得超过当地平衡含水率。国外进口的 MFMA 的枫木面板规格一般有 20mm、26mm 厚度，宽度有 38mm、57mm 等。国产板的尺寸大多数为 22mm 厚，宽度为 125mm 带凹槽及凸缘。

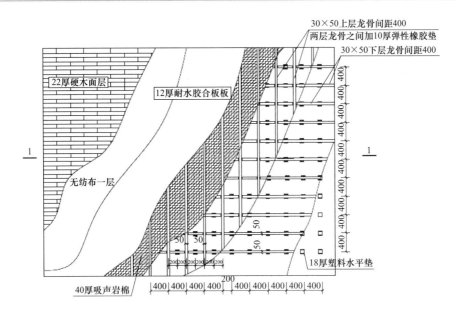

30×50上层龙骨间距400
两层龙骨之间加10厚弹性橡胶垫
30×50下层龙骨间距400

22厚硬木面层

12厚耐水胶合板板

无纺布一层

18厚塑料水平垫

40厚吸声岩棉

| 22厚硬木面层22×120（129）×（1200－1800） |
| 无纺布一层90g/m² |
| 12厚耐水胶合板 |
| 32×50上层LVL龙骨间距400，龙骨间填充40厚吸声岩棉 |
| 两层龙骨之间加10厚弹性橡胶垫10×50×100，间距400 |
| 30×50LVL下层龙骨间距400 |
| 18厚水平垫18×100×100@400×400 |
| 水泥地面，平整度误差在－5mm内，（构造做法见建筑专业图） |

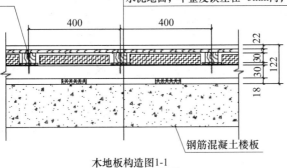

悬浮式铺装，龙骨与地面不固定
将垫块钉在龙骨上，上下层龙骨
穿销钉定位

钢筋混凝土楼板

木地板构造图1-1

图 8.2-1　运动木地板结构构造示意图

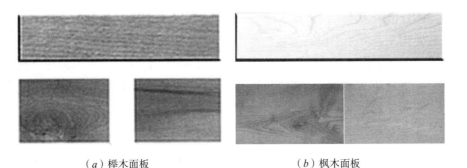

（a）榉木面板　　　　　　　　（b）枫木面板

图 8.2-2　运动木地板面层

2）稳定层（毛地板）

通常采用较大幅面的板材，主要有OSB板，胶合板等，尺寸基本为1220mm×2440mm，厚度大多在12mm以上。

3）承载层（龙骨）

承载层可采用单龙骨或双龙骨做法，通常需要使用防腐剂进行防腐处理。龙骨间距一般设置为400mm。根据是否将龙骨与地面做固定以及采用何种固定方式，可将体育木地板分为悬浮式系统，固定悬浮式系统和固定式系统。

主龙骨一般应选用落叶松，规格为高80mm、宽50mm、长800～4000mm，含水率小于18%。铺龙骨材质可选用各种松木，规格为高宽各50mm、长350mm，含水小于15%以下。

4）弹性垫层

弹性垫材料有PU、橡胶、再生橡胶、PVC等等不同种类，主要为系统提供吸震性能。减震橡胶垫选用硬度为65°～70°的优质橡胶，规格为100mm×100mm，厚度为20mm。

5）其他辅材

木垫块材质可选用各类松木，规格为100mm×100mm，厚度为25～30mm上下面压刨光。

固定式木地板施工实例如图8.2-3所示。

（a）龙骨施工　　　　　　　　　　　（b）毛板施工

图8.2-3　固定式木地板施工照片

（2）活动式木地板（可拆装）

多功能体育馆内通常采用活动木地板，活动体育木地板为可拼装式，根据需要可临时拆除或拼装使用。通常用于设有冰场的体育馆内，图8.2-4为南京奥林匹克体育中心体育馆比赛馆活动木地板场地，结构采用双层地板无钉式钢夹连接，并配以铝合金轨道式双轨龙骨，一个标准模块为1200mm×1200mm。模块之间的连接采用手动钢丝扣结构，连接点为尼龙轴承。

2. 不同形式运动木地板的特点与适用场合

运动木地板按照铺装模式分为单层、双层、满铺和移动式四种，特点与适用场合如表8.2-2所示。

图 8.2-4　南京奥林匹克体育中心体育馆活动木地板（作者现场拍摄）

运动木地板分类及特性　　　　　　　　　　　　　　　表 8.2-2

类型	单层龙骨运动木地板	双层龙骨运动木地板	满铺龙骨运动木地板	移动运动木地板
特点	铺装模式简单有效，是单层半圆连接系统。具备优良的运动弹性、均匀吸震性、耐用、维护简单等特点。结构简单，经济实惠	采用国产优质枫木面板，双层龙骨结构，采用悬浮式安装。可以通过调整底部木垫块来确保地板整度和标高，龙骨经过加密后，地板承重抗变形能力更好	运动木地板中相对较好的铺装方式，它能满足专业运动需要的所有要求：杰出的运动性能，符合 DIN 标 18032-2；理想的舒适性，附层弹性充足；运动质量在各个方向统一	装备了一套非常牢固又易于拆装的底层系统，能提供所有符合要求的运动性能，是一种理想的可移动运动地板铺装模式
适用场合	室内综合体育馆。可满足篮球训练、篮球休闲健身、羽毛球训练休闲健身、体操训练、乒乓球训练休闲健身等	适用于各种标准体育馆，特别适用于安装活动看台的体育馆。可满足篮球、排球、手球、羽毛球、体操、乒乓球等比赛训练	室内综合体育馆。可满足篮球、排球、手球、羽毛球、体操、乒乓球等比赛、训练	室内综合体育馆。可满足篮球、排球、手球、羽毛球、体操、乒乓球、冰场等比赛、训练

8.2.3　木地板特殊节点要求

（1）室内馆的活动看台下方、篮球架下方等，由于荷载较大，需要对该部位运动木地板龙骨进行加密处理，以保证该部位木地板的使用寿命。

（2）采用运动木地板踢脚线通风系统，通过专门设计的悬浮式内循环通风系统，使运动木地板的龙骨和基层地板始终处于自然通风状态，解决了由于运动木地板龙骨和基层地板长期不通风而出现的返潮和腐朽等现象。如图 8.2-5 所示。

（a）局部部位龙骨加密　　　　　　　　　（b）采用踢脚线通风系统

图 8.2-5　木地板特殊处理做法

8.2.4　体育木地板其他要求

1. 木地板的招标采购时，投标单位须提供至少以下资料：

（1）投标文件中应提供相关测试报告。

（2）提供至少为 500mm×500mm 的材料样品，样品须能够完整地反映出该地板铺装后的剖面结构形式，并且作为投标评分的主要依据。

2. 体育木地板设计、施工与验收

（1）涂层的颜色不应影响赛场区划线的辨认，反光不应影响运动员的发挥，并具有耐磨、防滑、难燃的特性。

（2）体育地板结构宜具有通风设施，该设施既能起良好的通风作用，又要布置合理，不可设在比赛区域内，其颜色和面层相同或相近。

（3）面层应采取防变形措施，避免地板因外界环境变化而发生影响正常使用的起翘、下凹等各种变形。

（4）场地规格、预埋件、标志块和标志线应与场地的功能要求一致并符合相应运动项目的要求。

（5）应在室内装修完成后进行，有利于木地板完成后的成品保护。

（6）工程项目竣工后，木地板应通过国家体育总局相关部门的验收。

3. 体育木地板的日常维护和保养

（1）保持体育馆内通风，防止地板受潮。

（2）严禁用力水洗木地板，水是对地板危害最大的敌人。未咨询专业人士前严禁动手整改或修理木地板。

（3）严禁在场馆内吸烟、乱扔口香糖、果皮杂物、果汁饮料、油污等。

（4）严禁穿高跟鞋、钉鞋等进入场地。

（5）严禁用力、锉子等尖锐的锐器损伤木地板。

（6）严禁在地板上放置重物。

（7）保养。为了保持地板美观，延长使用寿命，应保持地板表面清洁，必要时使用地板专用蜡。

8.3　运动草坪

运动草坪是指专供竞技和体育活动的草坪，如足球、曲棍球、马球、高尔夫球、橄榄球、垒球草坪场等。

在进行天然草地与人造的选择时，需结合场地所处区位的气候条件、养护条件、场地赛事及常规使用功能，系统性地进行对比，综合分析前期投资与后期养护成本的综合效益。

8.3.1　天然草坪

天然草坪求草坪草既耐高温、耐严寒、耐阴、耐干旱，又耐贫瘠、耐盐碱、耐践踏、抗病虫害、再生能力强、绿色期长等。

1. 天然草坪分类[①]

天然草坪的种类分为冷季型草和暖季型草。冷季型草最适合成长的温度为 15～20℃，主要分布在华北、东北河西北地区。足球场地常用的冷季型草有早熟禾、黑麦草、高羊茅、剪股颖等。暖季型草最适合成长的温度为 25～30℃，主要分布在长江流域及以南地区。足球场地常用的暖季型草有结缕草、狗牙根、兰引三号等。为了发挥两类草的优点，很多足球场采用两类草混播，取得了很好的效果。各类草的特点详见表 8.3-1。

常用天然草类型与特点　　　　　　　　　　表 8.3-1

品种名称	类型	特点	不足
早熟禾	冷季型	适种植于寒温带地区，具有良好的耐磨损性，可以提供适宜的摩擦力，恢复能力及抗虫性较强；常规养护条件即可	成坪慢是其最大的不足，至少需要 180 天的成坪时间方可投入使用
黑麦草	冷季型	适种植于非极端温度条件下，具有极强的耐践踏性和抗病虫害能力，同时具有极其发达的根系。成坪速度快，仅需 60～90 天	多年生黑麦草为非匍匐的丛生型草坪草，恢复慢，不易形成致密的草皮，这是它的最大不足。同时由于其不耐极端温度，且没有草垫层的保护，在冬季易受冻害
高羊茅	冷季型	高羊茅是冷季型草坪草中抗热性和抗旱性最好的草种，同时耐践踏性也极强。因此，在气温相对较高、使用强度不大及灌溉条件不好的地方，高羊茅是一种不错的选择	高羊茅由于质地较粗糙，因此在高质量运动场草坪的建植中很少使用
狗牙根	暖季型	狗牙根是暖季型草坪草中生长和建坪最快的草坪草，恢复能力强，极耐践踏。可选用成品草卷或选择种子建植	养护复杂，同时狗牙根草坪最大的不足就是耐阴性差，如果体育场遮阴较为严重时，可考虑其他选择
结缕草	暖季型	与狗牙根相比，结缕草的耐磨损性更强，抗病虫害能力也较强且弹性好，对水肥的要求不高，非常适宜做运动场草坪，而且其对低温的抗性是暖季型草坪草中最强的	生长速度慢，损伤后恢复能力较差。因此如果使用强度较大时，一般不选择结缕草
锚固草（超级草 super grass）	混合型	天然草坪与人造草混合，适用条件多样。① 天然草平内植入人造草丝。② 铺设人造草草毯，然后播种天然草	维护要求高

2. 天然草场地构造

天然草场地构造一般包括草坪面层、草坪种植层、渗水层、排水层、排水系统、素土夯实基层。天然草坪基础做法示意如图 8.3-1 所示。

3. 天然草坪选种

运动场草坪作为各项体育运动的基础，其质量的优劣将直接影响体育比赛的质量、球

[①] 苏仕君，李启明. 体育场地建筑工艺 [M]. 北京：人民体育出版社，2009.

场的使用寿命及运动员的临场发挥。优质运动场草坪的形成受多种因素综合制约，其中草种选择是首要问题。一般在进行草种选择时，应综合考虑环境和气候条件、使用特性、场地养护管理条件以及草种特性等几个因素。

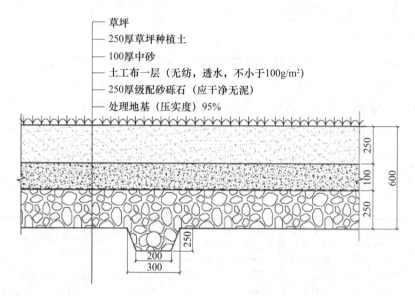

图 8.3-1　天然草基础构造示意图（苏州奥体中心体育场）

4. 天然草建植方法

草坪建植主要包括建植时间、草种的选择、坪床处理及播种等方面。

（1）建植时间：由于不同草种适宜的生长温度有所不同，因而建植时间的选择也有一定的区别。冷季型草坪草种适宜的生长温度是 15 ～ 25℃，因此，冷季型草坪的建植多选择初春及秋季，春播草坪的洒水压力大，易受杂草侵害，相比之下，秋季为最佳建植时间。在我国夏季冷季型及旱区，夏初雨季来临前建植草坪也较好。暖季型草坪草种适宜生长温度为 25 ～ 29℃，建植主要以夏季为主。

（2）坪床处理：坪床处理是建坪的重要步骤，主要包括土壤清理、翻耕、平整、改良、施肥及排水灌溉系统的安装等工作。要认真清除坪床中的建筑垃圾、杂草等杂物，施入细沙或泥炭，改善土壤的通透性。根据土壤的肥力状况，播种时可适量施入磷酸二铵、复合肥、有机肥等、以底肥施播量每平方米 30 ～ 40g 为宜（有机肥可适当加大）。建植节坪要充分考虑到地面排水问题。

（3）草种选择及混配比例：选择适宜当地气候、土壤条件的草坪草种是成功建植草坪的重要前提，其基本原则是先选择适宜当地土壤气候条件的草种，即先选择生存问题，再选择颜色、质地、均匀性等。其次要依据不同的管理条件选择适宜的品种有序互补，因此混合播种是目前草坪普遍采用的方式。草坪草种混配的重要依据是要充分考虑混播建植草坪的外观、质地等方面的均匀性，即完整均一的景观效果。不同地区、同一地区不同用途的足球场地草种混配及比例有所不同；在我国南方，狗牙根类、结缕草类、地毯草、多年生黑麦草比较适合，北方则以草地早熟禾、高羊茅、结缕草、多年生黑麦草等混播建坪。

5. 天然草灌溉系统设计

灌溉系统主要有地埋、自动升降式系统，固定在场外向内喷系统和移动系统三种。

（1）地埋、自动升降式系统：固定埋于运动场内地下，喷时弹出，喷完缩回。这种布置方式要求喷头必须为地埋、伸缩式，各级管道均应埋于地下。其优点为全系统易于自动控制；灌溉管理操作方便，省工、省力；喷洒均匀度高，易于满足草的需水要求，但是投资略高于其余两种。如图 8.3-2 所示。

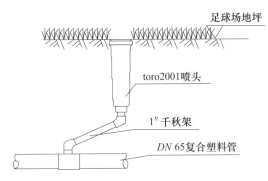

（a）场地喷灌大样　　　　　　　　　　（b）场地喷灌实景图

图 8.3-2　地埋、自动升降式喷灌系统

（2）固定在场外向内喷系统：这种布置方式要求喷头射程大、流量大（喷头可移动）。优点是场内无喷头，无伤害运动员之虑。缺点是大喷头通常水流大，易产生地面径流，对土壤侵蚀严重；均匀度不如地埋、自动升降式，这种灌溉方式采用得较少。

（3）移动系统：临时装在场内，灌完移走，可为移动式管道灌溉系统，也可为移动机组。因为管理麻烦，费工费力，且喷洒质量较差，移动式管道灌溉系统一般采用不多。小型移动机组管理较方便，不会伤害运动员；但由于这种机组通常也在场外运行，必须用大射程、大流量喷头，故而均匀度及喷灌强度不理想，对土壤有侵蚀，易产生地面径流。采用这种灌溉方式的也不多。

6. 天然草的养护与管理

天然草坪日常养护管理需要剪草机、草坪打孔机等专用设备。

（1）苗期管理：播种后覆土 0.5 ～ 1.0cm 效果好，也可不覆土，播后用 50 ～ 80 公斤滚子滚压，使种子和土壤充分接触，以促发芽，保持水分供应，至 2.5cm 草高时，可减少浇水次数，当草高 8 ～ 10cm 时可进行一次修剪，然后使之际控制在 3.5 ～ 7cm。

（2）修剪：保持经常的修剪，一般 5 ～ 10 天修剪一次，足球场草坪 5 ～ 7 天，修剪不及时会造成草坪枯草层发生、退化草坪，难以修复。

（3）施肥：一般每月施一次全价复合肥较好，夏季氮肥不宜过多，除非很缺肥。磷、钾肥可在夏季进行，春秋两季应是施肥的高峰期，施肥后要浇水。

（4）病虫防治：注意 6 月上旬～ 9 月上旬是病虫高峰期，主要防治腐霉枯病和褐斑病。主要害虫为草地螟和蝼蛄粘虫。

（5）去除杂草。

8.3.2　足球场天然草坪技术要求

（1）足球场草坪要求符合《天然材料体育场地使用要求及检验方法 第 1 部分：足球场地天然草面层》GB/T 19995.1 的技术要求。

（2）场地规格、划线、朝向应符合国际足球联合会竞赛规则的规定。

（3）表面硬度：合格值应为 10 ～ 100，最佳值应为 20 ～ 80。

（4）牵引力系数：合格值应为 1.0 ～ 1.8，最佳值应为 1.2 ～ 1.4。

（5）球反弹率：足球垂直自由落向场地表面后反弹的高度与开始下落高度的百分比；合格值应为 15% ～ 55%，最佳值应为 20% ～ 50%。

（6）球滚动距离：合格值应为 2 ～ 14m，最佳值应为 4 ～ 12m。

（7）场地坡度：合格值应不大于 0.5%，最佳值不大于 0.3%。

（8）平整度：草坪场地表面凹凸的程度；3m 长度范围内任意两点相对高差，其合格值不大于 30mm，最佳值不大于 20mm。

（9）茎密度：单位面积内向上生长茎的数量；合格值应为 1.5 ～ 4 枚 /cm²，最佳值茎密度为单位面积内向上生长茎的数量，合格值应为 1.5 ～ 4 枚 /cm²，佳值应为 2 ～ 3 枚 /cm²。

（10）均一性要求：草坪颜色无明显差异，目测看不到裸地，杂草数量（向上生长茎的数）小于 0.05%，目测没有明显病害特征，目测没有明显虫害特征。

（11）根系层渗水速率：采用圆筒法合格值应为 0.4 ～ 1.2mm/min，最佳值应为 0.6 ～ 1.0mm/min。采用实验室法合格值应为 1.0 ～ 4.2mm/min，最佳值应为 2.5 ～ 3.0mm/min。同一场地应采用一种检测方法，当检测结果有分歧时以实验室检测法为准。

（12）渗水层渗水速率：实验室法应大于 3.0mm/min。

（13）有机质及营养供给：根系层要求应有足够的有机质及氮（N）、磷（P）、钾（K）、镁（Mg）等。

（14）环境保护要求：不应使用带有危险的或是散发对人、土壤、水、空气有危害污染的物质或材料。

（15）叶宽度：叶宽度宜不大于 6mm，可根据各地区具体情况选择合适的草种。

（16）基础构造和给排水系统按照设计图纸施工。适合本地区生长的暖

（17）选用的草种应是季型足球场专用草种。

（18）配备 2 台足球场天然草坪专用剪草机。

（19）草坪喷灌系统能够同时满足城市供水系统和自备井两个系统使用。在场地内要建设有自备井，自备井的位置和数量要进行科学合理计算后确定。同时，要根据本地区的水质合理配置喷灌网和自动控制系统。

（20）每年 7 月、8 月、9 月天然草坪应控制在最佳状态。

8.3.3　天然草坪应用案例

SZ 市青少年足球训练基地项目，项目位于光明区公明街道李松蓢社区屋园路与金朗

路交会处，总占地面积约 19.6 万 m²；总建筑面积 8.40 万 m²，项目总投资约 11.30 亿元。项目分为一、二两个标段建设：其中一标段为 3 片 11 人制天然场地足球场、4 片 11 人制人造草足球场以及 3 片 5 人制人造草坪足球场；二标段为新建 10000 座标准足球场，并配建全民健身中心、运动员活动中心、运动员综合保障区，总建筑面积为 79926.76m²。

目前该项目 3 片 11 人制天然场地通过 FIFA 授权的国际最权威的检测机构 La bospoet 实验室 FIFA 场地分级评定为专业竞赛级，其中 1 号球场获得当前国内天然足球场最高分 97 分，4 片 11 人制人造草场地获得国际足联 FIFA Quality Pro 认证，3 片 5 人制人造草地达到国际足联 FIFA Quality 参数性能。如图 8.3-3 所示。

图 8.3-3 SZ 市青少年足球训练基地草坪认证证书

SZ 市青少年足球训练基地一期场地实景，如图 8.3-4 所示。

图 8.3-4 SZ 市青少年足球训练基地实景

天然草坪场地近景细节图，如图 8.3-5 所示。

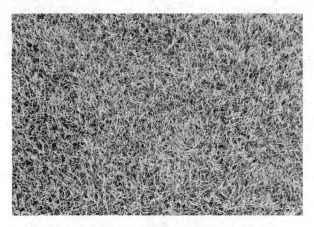

图 8.3-5　SZ 市青少年足球训练基地天然草坪场

SZ 市青少年足球训练基地项目天然草坪构造示意，如图 8.3-6 所示。

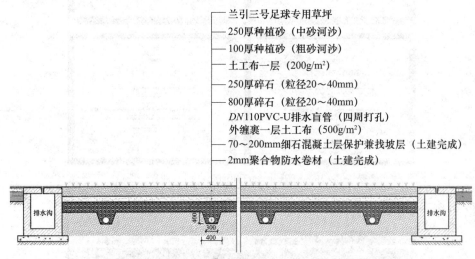

图 8.3-6　SZ 市青少年足球训练基地项目天然草坪构造示意图

由于 SZ 属于亚热带季风气候地处我国南部，在草种选择方面，遵循暖季型草的种植要求及特点，选择结缕草兰引三号。在广东地区该草的绿期可达 300 天。草层弹性和韧性好，叶片较宽且稍硬、质地较粗。

（1）种植层选用全砂层种植，分为中砂河沙和粗砂河沙，种植层总厚度为 350mm。

（2）渗水层按照级配碎石配置，总厚度为 1050mm，碎石粒径要求 20 ～ 40mm，碎石经过见证取样，控制含泥量。

（3）排水层采用较为常规的 PVC 打孔透水盲管，外缠裹土工布，盲管布置基层进行夯实处理。

（4）天然草坪建植过程，如图 8.3-7 所示。

（a）排水层 PVC 盲管安装，
满铺级配碎石

（b）种植砂层摊铺并凭证

（c）种植层人工平整

（d）场地喷灌系统试射

（e）草茎种植并养护

（f）天然场地草坪修剪

图 8.3-7　天然草坪建植过程

8.3.4　人造草坪

人造草是将仿草叶状的合成纤维，植入在机织的基布，背面涂上起固定作用涂层的具有天然草运动性能的化工制品，广泛应用于运动和休闲场所。

其原料多为聚乙烯（PE）和聚丙烯（PP）为主，也可用聚氯乙烯和聚酰胺等。片叶上着仿天然草的绿色，并需加紫外线吸收剂。

人造草的基础结构，可以是混凝土、沥青混凝土地面，也可以是硬沙地面、水泥稳定层等，或采用透水性基层。必须保证表面平整，不开裂、不下沉。人造草的构成分为草苗、编织草底、底胶三部分。如图 8.3-8 所示。

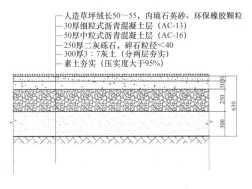

—人造草坪绒长50～55，内填石英砂、环保橡胶颗粒
—30厚细粒式沥青混凝土层（AC-13）
—50厚中粒式沥青混凝土层（AC-16）
—250厚二灰碎石，碎石粒径＜40
—300厚3：7灰土（分两层夯实）
—素土夯实（压实度大于95%）

图 8.3-8　人造草坪构造与面层示例

1. 人造草坪设计注意事项

（1）人造草坪类型

人造草坪的草坪面可分为镶嵌型和编织型两种类型。编织型草坪采用尼龙编织，成品成毯状。与镶嵌的束簇型草坪相比，编织人造草坪制作程序复杂，价格相对昂贵，草坪表面硬度大，缓冲性能不好，但草坪结实耐用，非常适用于网球、曲棍球、草地保龄球等运动。镶嵌式草坪与编织型草坪相比，叶状纤维长度较长且变化较大，可以从 12 ～ 55mm 不等，而且可以根据特殊需要进行调整。人造草坪如图 8.3-9 所示。

编织型人造草评　　　　　　　　　　　　镶嵌型人造草坪

图 8.3-9　编织型和镶嵌型人造草坪

（2）人造草坪的纤维材料

人造草坪的制作材料一般有两种，即聚丙烯（PP）和聚乙烯（PE）。聚丙烯材料的人造草坪坚实，缓冲力较小，一般适用于冲击力较小的运动项目，如网球等。聚乙烯材料的人造草坪质地柔软，缓冲性能良好，对运动员的伤害作用小，适用于冲击力较大的运动项目，如足球、橄榄球等。也可以将两种材料混合制作成人造草坪，如此可以综合二者的优点，满足特殊比赛的需要。

（3）填充物质的类型及填充深度

1）填充材料的选择：人造草坪的填充材料一般为沙或橡胶颗粒，有时也将二者混合使用。在混合使用时，两者的比例依具体情况而定，通常的混用比例为 70% 橡胶颗粒＋30% 沙。过去常使用 100% 的沙作为填充材料，为的是增加草坪基部的稳定性，但是随着人造草坪制造工艺的日益成熟，其基础制造相对已十分完善，所以过去以填充沙来稳定草坪的做法已逐渐被淘汰，现在使用较多的填充方式为 100% 橡胶颗粒。填充的沙或橡胶颗粒多为中等大小，而且在填充之前一定要将其洗净。对于一些冲击强度较大的运动项目，如橄榄球、足球等应适当增加橡胶颗粒的比例，尽量减少运动员的损伤。对那些冲击强度小或几乎没有冲击作用的运动场地，如网球场等只要场地硬度均一即可，对缓冲性的要求不高，在填充材料的选择上余地较大。

2）填充深度：人造草坪中石英砂或橡胶颗粒的填充深度可根据使用目的和所选择的草坪束高度而定。对于冲击强度较大的运动，可选用叶束较长的人造草坪且填充较深的填充物，一般人造足球场草坪适宜的填充深度为距叶尖 5mm，而对于要求平整度高、均一性好的运动，如曲棍球，叶束可适当降低，填充深度可升高，甚至可以与草坪面持平。

（4）排水设计

有的人造草坪设计有排水系统，草坪垫层具有渗透性，基础层中设计有排水管道，此类草坪的建造结构较复杂.造价较高。也有的系统没有设计排水系统，只能依靠表面自然坡度排水，因此对表面建造要求较高。

（5）基层设计

人造草坪基层构造不同，可分为沥青基层、水泥基层、二灰石土基层和瓜子石基层等多种层面。

沥青面层在全国较为普及，它本身具有防水性能，不能使水直接渗透，只能靠场地坡度斜排水。在雨水较大时，场地的积水汇集成小型流水，对草坪上的沙子、胶粒造成损失，场地边缘也会积水过多，在短时间内不易将积水排出，水泥面层也存在这种弊端。

二灰石和瓜子石都有较好的渗透性，面层的厚度也同沥青面层相同，且面层下的碎石层、干硬土层的施工工艺同沥青面层相同，雨水能直接渗透到下面的碎石层及干硬土层，这样可减少草坪上的沙子及胶粒的流逝，缓解场地的积水状况，雨停后在短时间内可将水排出，造价也低于沥青和水泥的面层造价，但这两种层面，不能在冬季较寒冷的地区使用，因渗入面层下面的水在冬季封冻之前，如果未能尽快渗透或蒸发，到封冻时冻层范围内的积水就会结冰膨胀，使场地表面出现凹凸不平的现象。

因此，建议优先选择二灰石土面层或瓜子石面层作为人造草坪球场的基础，但在冬季较寒冷的地区必须采用沥青或水泥面层。

2. 人造草坪使用和维护注意事项

（1）禁止穿 5mm 长或超过 5mm 的钉鞋在草坪上剧烈运动（包括高跟鞋）。

（2）禁止任何机动车辆在草坪上行。

（3）防止重物长期压放在草坪上。

（4）禁止铅球、标枪、铁饼或其他高坠落式运动在草坪上进行。

（5）严禁各种油污污染草坪。

（6）遇雪天禁止即刻踩踏，需将表面浮雪扫净后再进行使用。

（7）严禁在草坪上乱扔口香糖及所有杂物。

（8）严禁一切烟火。

（9）禁止在草坪上面使用具有腐蚀性的溶剂。

（10）严禁携带含糖饮料入场。

（11）严禁破坏性撕拉草坪纤维。

（12）严禁利器损坏草坪地基。

（13）运动型草坪要保持填充的石英砂平整，定期梳理充砂，保证球的运动轨迹或弹跳轨迹。

3. 人造草坪的质量标准

（1）《人工材料体育场地使用要求及检验方法 第3部分：足球场地人造草面层》GB/T 20033.3。

（2）《体育用人造草》GB/T 20394。

（3）足球场地

1）场地规格、划线和朝向规格参照国际足球联合会（FIFA）竞赛规则的有关规定。

2）坡度：场地长轴线成直角方向的坡度无渗水功能的场地不大于8‰；有渗水功能的场地不大于3‰。

3）平整度：直径3m范围内间隙应不大于10mm。

4）渗水速率：铺装后场地面层的渗水速率应大于3mm/min。

5）足球与人造草坪间的相互作用：足球与人造草坪之间相互作用的有关性能要求见表8.3-2。

足球与人造草坪有关性能要求 表8.3-2

项目	要求
球反弹率（%）	30～50
球滚动距离（m）	4～10
角度球反弹率（50km/h，15°入射角）（%）	45～70

6）运动员与人造草坪间的相互作用：运动员与人造草坪之间相互作用的有关性能要求应符合表8.3-3的规定。

运动员与人造草坪间的相互作用的有关性能 表8.3-3

项目	要求
冲击吸收（%）	55～70
垂直变形（m）	4～9
牵引力系数（μ）	1.2～1.8
滑动阻力	120～220

7）耐久性能

拉伸强度、连接强度：草坪底衬的拉伸强度以及连接处的连接强度均应大于15N/mm。

8）防磨损性能：耐磨模拟试验后，草坪颜色应无明显改变。

9）抗老化性能：草坪经过紫外线照射和高温老化后，草坪底衬的拉伸强度应符相关规定。

10）安全和环境保护

足球场地人造草面层材料，应具有阻燃性和抗静电性能，并应符合国家有关人身健康、安全及环境保护的规定。

4. 人造草的其他用途

人造草坪的用途不同，草绒的长度也不同，使用时根据用途选择不同的人造草。

8.4　网球场

8.4.1　场地面层基本要求

主流的网球场地地面为弹性丙烯酸场地，另外也有红土、人造草和木地板等面层场地。不论是采用木板地面还是合成材料地面，都必须保证运动员在比赛中不感到太滑或太粘，并有一定的弹性。同时要注意地面平整，以防出现伤害事故。

8.4.2　场地与场地固定物有关要求

1. 场地外观

（1）场地表面颜色均匀，不应出现较大的色差。

（2）场地面层粘接牢固，不得有断裂、起泡、起鼓、脱皮、空鼓现象。

（3）所有划线应是同一颜色。

（4）场地四周挡网应使用较深颜色。

（5）全打区场地表面比周围地面应高出至少 254mm。

（6）室内网球馆，场地两边墙壁底部向上 2438mm，场地两端墙壁底部向上 3658mm 的范围内应采用较深颜色。

2. 场地允许偏差

规格尺寸允许误差为 ±5mm。

3. 场地划线宽度

（1）发球中线宽度应为 50mm。

（2）端线的宽度应为 100mm。

（3）其他线的宽度均应大于 25mm，小于 50mm。

4. 缓冲区

（1）中心场地边线至看台的距离至少为 4513mm。

（2）中心场地端线至看台的距离至少为 8230mm。

（3）相邻两片场地主打区之间的距离至少为 7315mm。

（4）边线外 3658mm 处上方 5486mm 以下无障碍物。

（5）端线外 6401mm 处上方 6401mm 以下无障碍物。

（6）球网上方 10668mm 以下无障碍物。

5. 场地固定物

（1）网柱

1）球场需安装网柱，两柱中心测量，柱间距 12800mm，网柱顶端距地面 1070mm。网柱的高度应使网绳或钢丝绳的顶端距地面垂直距离 1067mm。

2）网柱不能超过网绳顶端以上 25mm。

3）每侧网柱的中点应距场地 914mm。

4）单打场地网柱的边长或直径不超过 152mm，双打场地网柱的边长或直径不得超过 80mm。

5）网柱的颜色为黑色或绿色。

（2）球网

1）网带里面的绳索或钢丝绳的最大直径为 8mm，抗断强度不小于 1179 kg。

2）绳索或钢丝绳要用一条白色的网带包裹住，每一面的宽度不得小于 51mm，也不能大于 63.5mm。

3）球网中心高度是 914mm，并用不超过 51mm 宽的白色网带向下绷紧固定。

4）在球网、网带及网柱上不得做广告。

5）网眼尺寸应为 45mm×45mm。

6）球网的抗张强度至少为 124kg，球网合股线的抗张强度可以在 84 ～ 141kg。

7）中心网带和地锚：地锚必须与场地表面齐平并与张网线平行。

（3）挡网

1）高度不得小于 3048mm，通常为 4m 高。

2）网眼尺寸应为 45mm×45mm。

3）挡网涂料的标准颜色为绿色、黑色或褐色。

6. 场地基础及排水设施

（1）场地基础

1）应密实、坚固、稳定。

2）表面材料与面层材料应具有相容性，两者粘接牢固、稳定。

3）厚度应大于 380mm。

4）表面平整度、坡度与面层要求基本一致。

（2）排水设施

1）宜设置在场地的周边。

2）排水沟宽度不应小于 200mm；深度不应小于 200mm。

3）排水沟坡度应小于 1%（1：100）。

4）排水沟应设沟盖板。

7. 场地坡度

（1）单片场地应在一个斜面上。

（2）每片场地坡度至少应为 0.3%（1：200），最大不应超过 1%（1：100）。

（3）从边线到边线向同一方向倾斜的场地不应超过 3 片（54864mm）。

（4）从端线到端线向同一方向倾斜的场地不应超过 1 片（39624mm）。

8. 平整度

用 300mm 直尺测量，场地表面任何位置凹陷不应超过 2mm。

9. 场地表面物理机械性能（表 8.4-1）

10. 场地面层材料

场地表面物理机械性能 表 8.4-1

项目	指标
反（回）弹值（%）	≥80
滑动阻力	60～100
冲击吸收（%）	5～15（一般运动） 15～20（国内赛事） 20～35（国际巡回赛）
地面速率	30～45
渗水性（率）（mm/min）	0

丙烯酸网球场专用材料：丙烯酸材料是一种用于网球场和娱乐场地的 100% 丙烯酸涂料。性能比较适用于比赛和训练，运动场地可以保证球员脚部的舒适度和网球反弹效果的一致，可以通过改变运动场地质地来获得慢速、中速和快速三种不同速度的场地。100%丙烯酸类树脂组成，无毒、无石棉、色彩鲜艳，耐磨、耐紫外线，维护保养便利。

网球场应符合《人工材料体育场地使用要求及检验方法 第 2 部分：网球场地》GB/T 20033.2 丙烯酸网球场地面层。

8.5 其他室外运动场地

1. 聚氨酯运动地面材料

采用聚氨酯纯胶，厚度 9mm（《合成材料运动场地面层》GB/T 14833—2020），表面无防滑颗粒，可以用于篮球、排球场等（图 8.5-1），基础沥青混凝土基层。

图 8.5-1 聚氨酯面层施工与成品

2. 硅 PU

硅 PU 球场材料（SPU）是在 PU 球场材料的基础上开发研制出来的新一代球场铺面材料。该材料是以聚氨酯（PU）材料与含有有机硅成分的材料科学地复合在一起，所生产出来的材料用在球场面层上，从根本上有效地解决了 PU 球场材料在专业性能、环保施工、使用寿命、日常维护等方面的不足，具有革命性的创新性能。厚度为 5～6mm，可以直接在水泥混凝土上施工，做到不起鼓、不脱层。可以任意弯折，强大的延伸性超越传统。可以覆盖水泥混凝土上的细小裂缝。

3. 预制橡胶卷材

预制型多功能球场面层是一种可适用于室内和室外的多功能合成运动面层材料，它采用了高密度弹性耐磨层为面层，同时具有两种不同花纹的面层可供选择，其摩擦系数可适用于不同的运动场地。底层为微孔发泡弹性层，能提供理想冲击吸收和减震保护；产品的韧性优良，其拉裂伸长率 250% 以上，即使球场地基出现普通的开裂，卷材面层也不会出现被拉裂的现象。预制型橡胶多功能运动面层厚度均匀，保证了球场在任何区域都具有一致的弹性和脚感。预制型橡胶球场卷材面层为 1.5～2mm 的全色耐磨层，不存在面漆磨损及面漆脱落等问题；在耐久性能方面，户外正常使用寿命可达 6 年以上；室内正常使用寿命达 8 年以上。厚度为 5～6mm，可用于专业比赛球场、训练球场、大中小学球场及幼儿园活动场，如图 8.5-2 所示。

图 8.5-2　预制橡胶卷材场地

4. 悬浮式拼装运动地板

悬浮拼装地板（图 8.5-3）主要原材料为高强度聚丙烯（pp），其核心是对传统对胶水粘接铺装的地面铺装材料或施工复杂、基础要求高、不环保的聚胺酯、PU、木地板等产品进行的升级替代。产品在使用功能上突出了"易安装、全天候、耐寒、抗老化、免维护、性价比高"等优点，是全面降低综合成本、提高使用效率，创造个性化、追求完美的首选产品。适用于室内外全天候球场，如篮球、网球、排球、羽毛球、乒乓球场等，以及轮滑场、车库、车间和其他各种活动场所。

图 8.5-3　悬浮拼装地板

8.6　游泳池

根据不同的使用功能要求，游泳池可分为竞赛泳池、训练池（热身池）以及戏水池，不同的泳池其专项工艺设计标准不同。对于标准比赛池，由于所承担的赛事等级不同，在进行泳池专项设计时，需严格按照赛事竞赛规则为前提，进行专项设计。国内很多游泳馆如国家游泳馆、南京奥林匹克体育中心游泳馆、杭州黄龙体育中心游泳馆、徐州市奥体中心游泳跳水馆等将游泳池与跳水池设计于同一区域，某游泳跳水馆实景如图 8.6-1 所示。

图 8.6-1　某游泳跳水馆实景照片

8.6.1　泳池专项设计参照标准

泳池专项设计可以参考的标准如下：

（1）国际泳联手册《FINA HANDBOOK 2017》；

（2）国际泳联游泳竞赛规则《FINA SWIMMING RULES 2017—2021》；

（3）中国游泳协会《游泳竞赛规则 2019—2022》；

（4）《体育建筑设计规范》JGJ 31；

（5）《游泳池给水排水工程技术规程》CJJ 122；

（6）《体育场地与设施（二）》13J933-2；

（7）《游泳池设计及附件安装》10S605；

（8）《体育场地使用要求及检验方法　第 2 部分：游泳场地》GB/T 22517.2。

8.6.2　泳池设计的基本要求 [①]

1. 泳池分类

泳池包括标准竞赛池、标准训练池、标准跳水池、戏水池等。

2. 游泳比赛场地尺寸

（1）特级和甲级比赛时为 50m×25m×2m（2.5m×10 道），10 泳道（赛时可用 10 道

---

① 体育场地与设施（二）：13J933-1［S］.北京：中国计划出版社，2018.

或 8 道进行比赛，取决于赛事组委会要求）。

（2）乙级比赛时为 50m×21m×2m（2.5m×8 ＋ 0.5m×2），8 泳道。

（3）丙级比赛时为 50m×21m×1.3m（2.5m×8 ＋ 0.5m×2）设 8 泳道。

（4）泳道宽度为 2.5m，最外一条分道线距池边至少 50cm（国际泳联规定）。

3. 花样游泳比赛场地尺寸

根据赛事要求，标准游泳比赛池可进行花样游泳比赛。做花样游泳比赛的标准游泳池的比赛区最小尺寸为 12.0m×25.0m，奥运会和世界锦标赛要求 30m×20m，其中 12.0m×12.0m 范围内最小水深为 3.0m，其他部位最小水深为 2.5m。目前国内正规比赛场地尺寸皆为 30m×20m，青少年比赛场地尺寸可以适当减小。

4. 水球比赛场地尺寸

男子比赛场地尺寸为 30m×20m，女子比赛场为 25m×20m（《FINA SWIMMING RULES 2017-2021》第 7.2 条），对于泳池最小尺寸需求为 33.0m×21.0m，场地内水深不得小于 1.8m。

5. 多功能泳池尺寸

目前，我国大部分泳池的设计，为满足多竞赛使用尺寸为 50m×25m×2 ～ 3m，长向 30m 内水深为 3m 以满足花样游泳的使用，其余部分水深变坡过渡到 2m，以减少泳池水量。如为重要国内、国际水球比赛常用场地通常要求为 35m 区域内水深为 2.5m，具体做法：将变坡点左移 1m，或将 −2.0m 改为 −2.5m。多功能泳池剖面示意如图 8.6-2 所示。

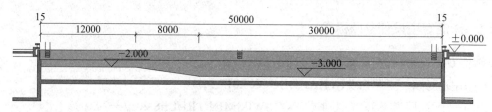

图 8.6-2　多功能泳池剖面示意图

6. 标准泳池尺寸（表 8.6-1）

标准泳池尺寸表　　　　　　　　　　　　　　　　表 8.6-1

分类	不带触摸板	带触摸板
50m 标准游泳池	50m×25m	50.03m×25m
	50m×21m	50.03m×21m
25m 标准游泳池	25m×25m	25.03m×25m
	51.5m×25m	51.53m×25m
带活动池岸标准游泳池	51.5m×21m	51.53m×21m

8.6.3　泳池详细设计

1. 游泳比赛场地布置及预埋件定位主要的埋件

泳道水线预埋件 18 个，犯规召回线立柱预埋件 4 个，仰泳转身标志线立杆预埋件 4 个，终点摄像机插孔预埋件 4 个，出水扶梯预埋件 6 套 24 个。如图 8.6-3 所示。

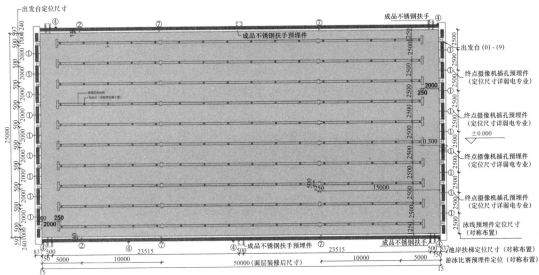

① 316 不锈钢泳线预埋件
② 316 不锈钢仰泳转身标志线立柱安装插孔预埋件（距触摸屏表面净距 5 米，对称布置）
④ 水深标志砖为标准成品砖，定位详室内设计
⑦ 316 犯规召回线立柱安装插孔（距触摸屏表面净距 15 米，对称布置）
（以上预埋件均应与厂家配合施工具体定位尺寸应以室内设计图纸为准）

图 8.6-3　竞赛池布置及预埋定位图

2. 水球比赛场地布置及预埋件定位

主要的预埋件为：球门预埋件 2 套，16 个；其中 2 个球门预埋件与仰泳转身标志线立杆共用，边线预埋件 4 个和泳道水线预埋件共用；水球缓冲器拉线预埋件 4 个；水球发球器预埋件 1 套 3 个，其中 1 个设于池岸预埋，另两个设于池底，是否预埋及位置由供货商提供准确意见。如图 8.6-4 所示。

3. 花样游泳场地布置相关注意事项

花样游泳为临时搭台，水下扬声器的预埋由弱电专业施工分别提供准确位置。需要注意的是，各预埋件的定位要结合泳池的排砖，埋件位置须保证足够尺寸便于埋件安装。泳池施工前设备厂商提供埋件及提出相关预理要求。如图 8.6-5 所示。

花样游泳场地布置实景图，如图 8.6-6 所示。

4. 泳池附属及配件设计的相关注意事项

（1）出发台设计：出发台有标明泳道次序的号码，并按出发方向由右向左依次排列。（10 泳道 0 ～ 9，8 泳道 1 ～ 8）。

（2）歇脚台的设计：泳池池壁水面下 1.2m 宜设通长歇脚台，宽 0.10 ～ 0.15m。目前设计多为突出池壁。

（3）触摸板安装：触板 2.4m×0.9m，厚度 0.01m，安装固定在泳道的中间，触板可做成可装卸的，以便在没有比赛的时候将它拆下。为调整触板安装误差，一般 50m 泳池饰面完成后尺寸为 50.030m。

（4）泳池出水扶手的安装定位：一般在泳池的四角，与泳道平行的池壁，可以做好预埋件安装预留，注意扶梯的安装位置应结合泳池排砖模数确定。

（5）泳池溢水算子的选择：泳池算子国产一般为300mm，国外进口大篦子有345mm和350mm，为使算子有更大的可选余地，建议将算子设计为300mm。同时建议采用横向算子以增强水的溢流效果。算子距池岸距离及留缝结合泳池排砖模数。

（6）泳池泳道线的安装：在进行池壁土建施工阶段，必须预埋泳道线预埋件，材质一般为304不锈钢，后期安装泳道线时直接挂钩连接预埋件。埋件点位如图8.6-7所示。

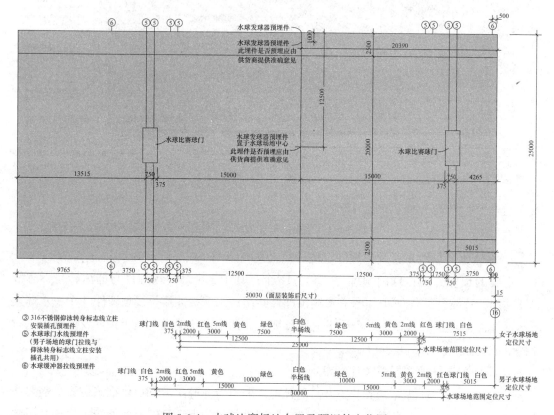

图 8.6-4　水球比赛场地布置及预埋件定位图

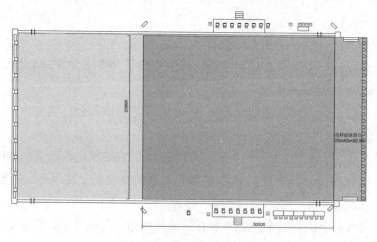

图 8.6-5　花样游泳场地平面布置图

图 8.6-6　花样游泳场地布置实景

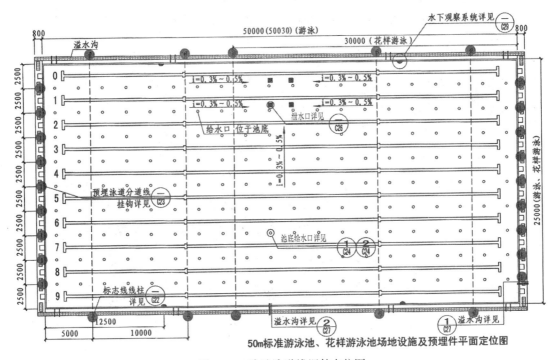

50m标准游泳池、花样游泳池场地设施及预埋件平面定位图

图 8.6-7　泳池泳道线埋件点位图

（7）泳池附属及配件大样，如图 8.6-8 所示。

（a）出发台

图 8.6-8　泳池附属及配件大样（一）

（b）触摸板

（c）歇脚台

（d）泳池出水扶手

（e）泳池溢水篦子

（f）泳道线

图 8.6-8　泳池附属及配件大样（二）

5. 泳池池砖铺装注意事项

（1）泳池专用砖：白光砖、白毛砖（B 级）、蓝光砖、蓝毛砖（B 级）、抓手砖、波纹砖（C 级）、黄蓝砖（蓝边砖）等，使用时应按照说明对照使用，并应注意每种砖的细部构造，保证使用效果。

（2）泳池池壁必须垂直平整，池底应防滑，池面易于清洗。自水面以上 0.3m 到水面以下 0.8m 处的所有池壁应防滑，休闲和儿童池池壁贴浅色泳池砖或马赛克砖，池底贴浅色防滑釉面砖，泳道标志线为深色泳池砖。

（3）游泳池专用瓷砖的釉面耐腐蚀，耐酸碱性，抗冻性，破坏强度，吸水率等检测相关数据都要符合国家标准。一般国家标准游泳池砖，规格为 240mm×115mm。游泳池砖部分国家检测标准：吸水率：平均值 0.5%～3%，单个值≤3.3%；耐污染性：有釉面耐污染砖试验后不低于 3 级；抗压强度：平均值≥30，单个值≥27；耐腐蚀性：经试验后不低于 GB 级；抗冻性：经验后无裂纹或剥落。颜色标准：池内主砖颜色以白色为主，泳道中心线：为深色，深蓝色或黑色。

6. 泳池观察窗的设置

专业训练和正式比赛的游泳池和跳水池的池壁宜设水下观察窗或观察廊，其位置和尺寸根据要求确定，若泳池内设置了水下智能救生系统则观察窗可不设。观察窗如图 8.6-9 所示。

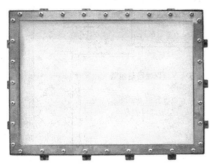  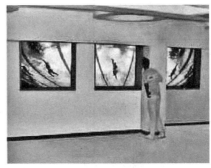

成品水下观察窗　　　　　　　　　　水下观察窗安装实景图

图 8.6-9　泳池观察窗

7. 泳池回水方式选择

（1）泳池四面溢流槽回水：池水溢流入回水槽，通过槽底找坡流到均衡水箱，后进入水处理设备进行加药消毒等处理。水面回水溢水效果好，但由于找坡原因溢流槽深度加大。

（2）泳池两侧溢流槽回水：池端两侧不设回水槽，池水通过两端接管流入水处理设备。一般做活动池岸的泳池选用此回水方式。

（3）两种回水方式大样图，如图 8.6-10 所示。

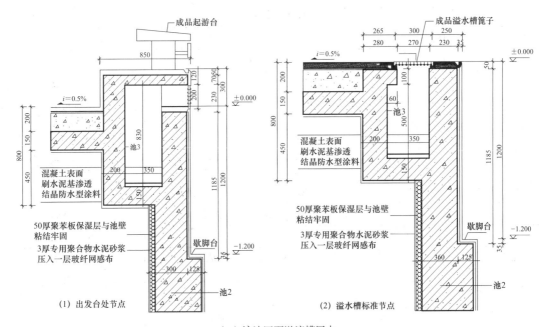

（1）出发台处节点　　　　　　　　　（2）溢水槽标准节点

（a）泳池四面溢流槽回水

图 8.6-10　泳池回水方式大样图（一）

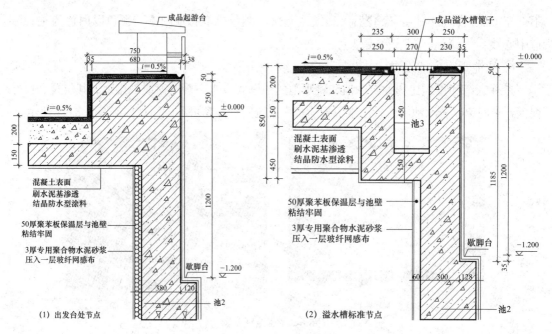

（1）出发台处节点

（2）溢水槽标准节点

（b）泳池两侧溢流槽回水

图 8.6-10　泳池回水方式大样图（二）

8.6.4　泳池水处理系统设计

（1）围绕着泳池水质标准符合赛事要求，开展泳池水处理系统配置设计，通过循环过滤、消毒、加热等过程，使水质满足相关指标。国际泳联对水质标准如表 8.6-2 所示。

国际泳联水质标准　　　　　　　　　　　　　　　　　　　表 8.6-2

序号	项目	限值	备注
1	温度	26℃ ±1℃	
2	pH	7.2 ～ 7.6（电阻值 10.13 ～ 10.14Ω）	宜使用电子测量
3	浑浊度	0.1FTU	滤后电池前测定
4	游离性余氯	0.3 ～ 0.6mg/L	DPD 液体
5	化合性余氯	≤0.4mg/L	
6	菌落	21℃ ±0.5℃；100FTU/mL	24h；48h
7	大肠埃希氏杆菌	37℃ ±0.5℃，100mL 池水中不可检测出	24h；48h
8	绿脓杆菌	37℃ ±0.5℃，100mL 池水中不可检测出	24h；48h
9	氧化还原电位	≥700mV	电阻值 10.13 ～ 10.14Ω
10	透明度	能清晰看到整个游泳池底	
11	密度	kg/L	20℃测定
12	高锰酸钾消耗量	游泳池原水或补充水高锰酸钾耗氧量＋3mg/L； 池水中最大总量 10mg/L	
13	三卤甲烷（THM）	≤μg/L	

（2）循环方式：为保证游泳池和休闲游乐池的进水水流均匀分布，在池内不产生急流、涡流、死水区，且回水水流不产生短流，使池内各部位水温和余氯均匀一致而设计的进水与回水组织方式，包括顺流循环、逆流循环、混合循环方式。其中逆流式运用最为广泛，国内绝大多数室内游泳馆标准泳池及训练池均采用逆流式循环系统。室外季节性泳池或拼装泳池多选择顺流式或混合式循环系统。根据《游泳池给水排水工程技术规程》CJJ 122 不同使用要求的游泳池，应分别设置独立的池水循环水净化系统。

（3）逆流式循环净化系统：游泳池的全部循环水量，经设在池底的给水口或给水槽送入池内，再经设在池壁外侧的溢水槽取回使用过的相应体积的水，进行净化（加药、过滤、加热和消毒）后再送回池内继续使用。如图 8.6-11 所示。

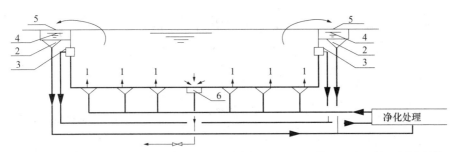

组成结构：1—给水口；2—回水口；3—吸污接口，位于水面下0.5m。仅在采用吸污器抽吸池底积污并将其排入池水净化系统经处理回用时设；4—溢流回水槽；5—溢流水槽格栅盖板；6—泄水口

图 8.6-11　逆流式泳池水循环示意图

逆流式循环水处理流程工艺图，如图 8.6-12 所示。

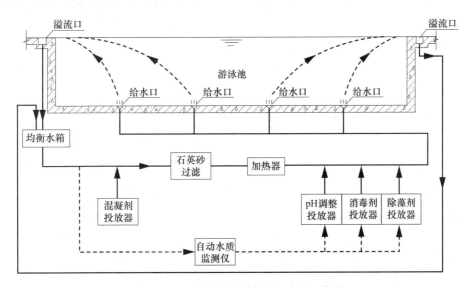

图 8.6-12　逆流式循环水处理流程工艺图

逆流式水处理系统，池底给水管布置实景图，如图 8.6-13 所示。

（4）泳池消毒方式

泳池水质消毒方式，较为成熟的为臭氧消毒、紫外线消毒、氯制品消毒。竞赛泳池多采用臭氧作为长效消毒并结合氯辅助消毒。根据臭氧的消毒流量情况，可分为全流量全程式臭氧消毒、全流量半程式臭氧消毒、分流量全程式臭氧消毒、分流量半程式臭氧消毒，其中分流量为游泳池循环流量中分流出一部分流量经过游泳池水处理系统中的某些工序处理后再返回系统的过程。全流量为游泳池循环流量的全部都经过游泳池水处理系统中的某项处理工艺。目前竞赛泳池多采用全流量全程式，而热身训练池多采用全流量半程式。全流量全程式臭氧消毒系统如图 8.6-14 所示，全流量半程式臭氧消毒系统如图 8.6-15 所示。

全流量半程式臭氧消毒，较全流量全程式臭氧消毒增加了活性炭吸附罐设备，如图 8.6-16 所示。

图 8.6-13　逆流式水处理系统池底给水管布置图

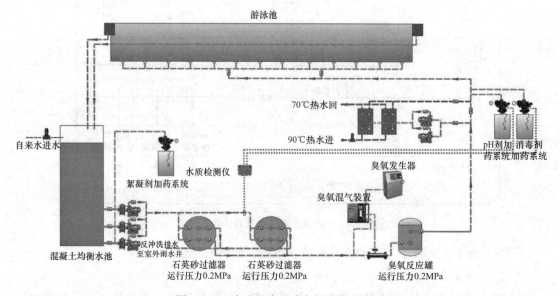

图 8.6-14　全流量全程式臭氧消毒系统图

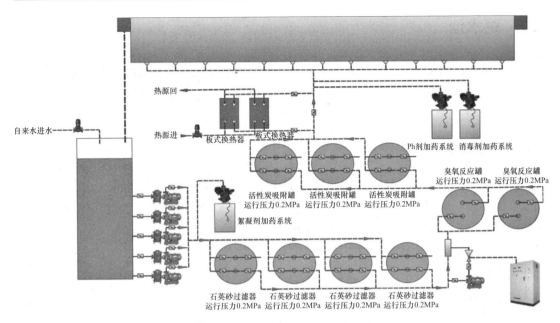

图 8.6-15　全流量半程式臭氧消毒系统图

（a）活性炭吸附罐　　　　　　　　　（b）臭氧发生器

图 8.6-16　活性炭吸附罐与臭氧发生器

8.6.5　泳池专项设计与其他专业的配合

（1）给水排水专业相关设计要求：给水排水专业需验证溢水槽设计的宽度和深度；需提供给水点位置，消防吸水口位置（如水池作为消防水池用），积水坑位置尺寸；需与给水排水专业协商确定水池的水循环方式及回水方式，给水做法。

（2）弱电专业相关设计要求：甲级和特级比赛场馆的计时计分系统需做好相关预埋；计时计分线槽是否埋到出发台，终点摄像机信号线槽是否埋到终点摄像机位，亦需赛事主办方提供意见。弱电专业需提供扬声器位置，做好预埋件定位；如做智能摄像救生系统需弱电专业提供设备位置，做好预埋定位。

（3）结构专业相关设计要求：确定泳池的结构形式，泳池与池岸间结构关系；确定池壁池底厚度，以及溢水槽与结构间搭接做法。

8.7　跳水池

跳水池作为泳池的其中一种形式，用于进行跳水运动的比赛及训练。由于跳水池深度较深，为了确保运动员的安全，对于跳水池跳板安装及泳池附属配套安全措施，这是跳水池专项设计的重点。

8.7.1　跳水池尺寸

（1）跳水池不小于 16m×21m，宜为 25m×25m 或 30m×25m，水深最好为 5m。不同高度的跳台、跳板对于水深的要求不应低于最新的《国际游泳联合会设施规则》要求。新建跳水池，池水深宜为 6m。如图 8.7-1 所示。

（2）跳板和跳台的高度与规则所规定的高度之间的误差范围为 0.00 ～ 0.05m。跳板和跳台表面必须防滑。

（3）10m 跳台上方净空高度不应小于 4m。如图 8.7-1 所示。

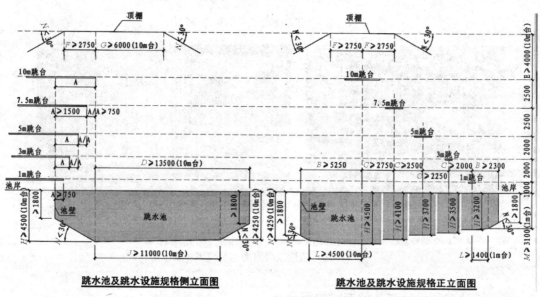

图 8.7-1　跳水池及跳水设施

8.7.2　跳水池场地设施

（1）比赛、专业训练跳水池应设水面喷水制波或水下喷气制波装置，举办国家级以上比赛的跳水池旁应设有可控制水温的按摩放松池和淋浴喷头。

（2）跳水池底部应设置安全气垫，安全气垫系统的功能是为初学跳水或练习新跳水动作的运动员提供一个安全的保护措施。安全气垫的系统设置应与跳水池水处理系统一并设计。

（3）跳板：跳板长 4.8m，宽至少 0.5m，表面应防滑。跳板的数量根据实际使用需求确定。在国际游泳联合会承认的比赛中，跳板类型必须由国际游泳联合会指定；跳板应有可移动支点，方便运动员调节前后位置。所有活动支点到位时，跳板应绝对水平地安装在平台前沿；当可移动支点在任何位置时，跳板前缘应处于水平状态；跳板后端至支点中心线的最短距离必须符合跳板生产厂家的说明要求；在双人跳板比赛时，应至少有两个跳板安装在同一高度，且不会有任何障碍物妨碍双人跳水运动员观察对方的动作。

（4）跳台：跳台的数量根据实际使用需求确定；跳台应设有楼梯，可通往所有跳台处；跳台必须坚固、水平，跳台表面和前沿应覆盖有弹性的防滑材料；跳台前端最大厚度为 0.2m，垂直或向内与垂直线的角度不超过 10°；除 1m 台外，所有跳台的后端和两侧应该有扶手栏杆，两边栏杆之间最小距离为 1.8m，栏杆高度至少为 1.05m，应于台前端 0.8m 处开始安装，安在跳台的外侧。

跳台最小尺寸参考表如表 8.7-1 所示。

跳台最小尺寸参考　　　　　　　　　　　　　　　　　　　　表 8.7-1

跳台类型	参考尺寸
1.0m 跳台	5.0m 长，0.6m 宽，0.6～1.0m 高
3.0m 跳台	5.0m 长，0.6m 宽，0.6～1.0m 高
5.0m 跳台	6.0m 长，1.5m 宽，5.0m 高
7.5m 跳台	6.0m 长，1.5m 宽，7.5m 高
10.0m 跳台	6.0m 长，3.0m 宽，10.0m 高

跳台不宜上下重叠，当两跳台上下重叠时，上一层跳台比下一层跳台至少伸出 0.75m（最好 1.25m）的长度。5.0m 跳台的前端不能超过 3.0m 跳板的前端；10.0m 跳台和 7.5m 跳台前沿应至少伸出泳池边沿 1.5m；5.0m 跳台和 3.0m 跳台前沿应伸出泳池边沿 1.25m；1.0m 跳台前沿应伸出泳池边沿 0.75m。如图 8.7-2 所示。

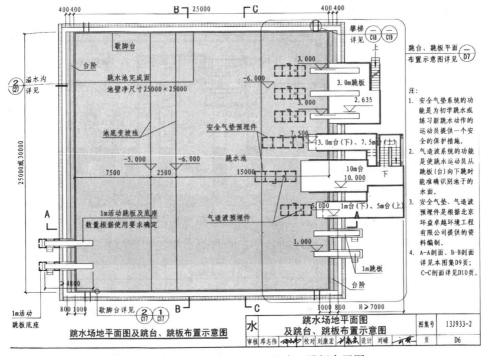

图 8.7-2　跳水场地平面图及跳台、跳板布置图

8.7.3　跳水池场地特殊设计要求

（1）跳水池必须设置水面制波装置

当池水处于静态时，跳水池水面如同镜面，进行10m跳水的运动员很难找准入水点目标，影响跳水成绩。水制波的作用是通过池水面产生均匀的波浪，使得进行10m跳水的运动员从心理上和视觉上能找准入水点；同时保证入水时水面不起大波浪。跳水池制波的形式：起泡制波、喷水制波、涌泉制波，其中喷水制波应用最为广泛。

（2）跳水池安全保护气垫

跳水池若用于教学和训练时，为保证运动员的安全，宜设置安全保护气垫；安全保护气垫能使水体变软，增加弹性，减少水面对非正常入水运动员的身体造成冲击伤害。安全保护气垫的供气环管，应在跳台（板）在池底水平投影的正前方0.5m处进行布置；安全保护气垫应与起泡制波系统共用一套供气设备，但起泡制波供气管应为独立的供气管道。如图8.7-3所示。

图8.7-3　跳水池安全气垫

（3）跳水池泳池水处理系统同标准比赛池，应采用逆流式循环系统，消毒方式采用全流量全程式臭氧消毒。跳水池在进行比赛时，除水制波工作外，水处理循环净化系统不工作。

8.8　看台与座椅

看台是体育建筑设计中最重要的内容之一。在开展体育建筑全过程工程咨询服务时，需对看台座椅进行针对性的专项设计咨询。在满足现行规范的基础上，看台需要根据不同的场馆使用功能的要求，进行系统性的分析；同时对于室内馆座椅和室外场地看台座椅要分别进行视线设计和疏散设计。

看台设计应以为观众提供良好的视觉条件和安全方便疏散条件为原则。看台平面布置应根据比赛场地、运动项目，使多数座位处于视距短、方位好的位置。有正式比赛的场馆，根据各比赛的特殊需要分别设定出专用坐席区、贵宾席、运动员席、媒体席、普通观众席、残疾人席等。不同坐席区的座椅形式、尺寸可以根据使用需要有所区别，如图8.8-1*a*

为某体育馆看台与座椅布置照片。对于一般使用要求标准不高的看台，可以使用简易座椅、坐凳或条板，如图 8.8-1*b* 为美国斯坦福大学训练场看台。

（*a*）某体育馆看台与座椅 　　　　　　（*b*）美国斯坦福大学训练场看台

图 8.8-1　看台与座椅

8.8.1　看台功能分类及要求

1. 观众看台功能分类（表 8.8-1）

观众看台功能分类表　　　　　　　　　　　　　　　表 8.8-1

等级	主席台	包厢	记者席	评论员席	运动员席	一般观众席	残疾观众席
特技	有	有	有	有	有	有	有
甲级	有	有	有	有	有	有	有
乙级	有	无	兼有			有	有
丙级	有		兼有				有

注：① 残疾观众（轮椅）席位数可按关总席位总数的 0.2% 计算。位置应方便残疾观众入席及疏散；
　　② 贵宾包厢面积每间不宜小于 2m×3m。

2. 观众席位的设计宜（表 8.8-2）

观众席位设计参考表　　　　　　　　　　　　　　　表 8.8-2

部位 等级	主席台	记者席	评论员席	运动员席	一般观众席
特技	移动扶手软椅	有背软椅			有背硬椅
甲级	移动软椅				有背硬椅或无背方凳
乙级	有背软椅				无背方凳或无背条凳
丙级	有背软椅				

3. 体育场馆主席台的规模（表 8.8-3）

体育场馆主席台的规模　　　　　　　　　　　　　　表 8.8-3

主席台规模		
观众总规模（席）	10000 席以下	10000 席以上
主席台规模	1%～2%	0.5%～1%

包厢的设置和位置可根据使用情况决定，主席台和包厢宜设单独的出入口，并选择视线较佳的位置。主席台应与其休息室联系方便，并能直接通达比赛场地，与一般观众席之间宜适当分隔。

8.8.2　看台与座椅

一般体育场的观众看台分为固定看台、活动看台（也叫可移动看台）和可拆卸看台。固定看台的座椅安装在看台台阶上，如图 8.8-2 所示；活动座席安装在可移动支架上，可依据设计或实际赛事与训练需要展开、收起或转移，以灵活调控座席总数和场地尺寸；可拆卸座席通常在赛时使用，在比赛场地周边设置，供运动员、教练员、裁判员等使用；或在固定座席外围加设，以增加大型赛事观众数量，并可在赛后拆除。活动座席形式较多，如机械或人工推拉式、活动台阶式、翻转滚动式等，座椅为可折叠座椅，如图 8.8-3 所示，活动坐席的推拉有电动和手动两种形式。

图 8.8-2　固定座椅

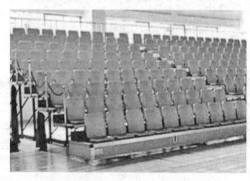

图 8.8-3　活动座椅

1. 看台设计

（1）在造价和用地允许的情况下，建议排距做到 850mm，以提高舒适度。对于大型场馆和用地比较紧张的场馆，排距不应小于 800mm。

（2）首排宽度建议不小于 1100mm。

（3）设计看台时，应注意栏板、栏杆、扶手等部位的构造尺寸，应在视线计算时考虑周到。避免在细部设计时，因为构造厚度的增加影响走道宽度甚至导致重新计算视线。

2. 座椅

根据使用场合的不同可以分为室内和室外。室内外座椅使用的环境不同，日常的维护也不同，座椅的性能和抗老化要求也不一样。

一般场馆使用的座椅主要以 PE 或 PP 为原料制作而成。座椅的选择可以从座感舒适、机械性能等方面综合考虑，考虑内容包括强度、抗冲击性、安全性、耐候性能、抗老化性能、耐酸碱、抗静电、耐磨、憎水、颜色稳定等。

座椅的设计、造型及安装方式应符合国际通用要求，既要造型美观，又要座感舒适，同时兼顾便于安装、维护和管理。

3. 座椅其他分类

按制作方式可分为：中空吹塑椅与注塑椅；

按座椅外形可分为：平椅、低背椅、中背椅、高背椅、分体椅，如图 8.8-4 所示；

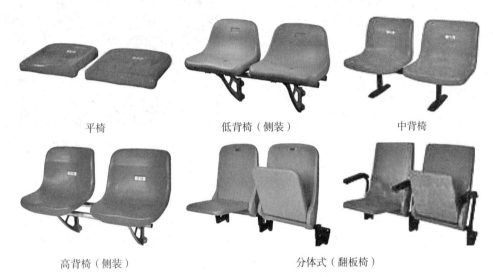

平椅 　　　　低背椅（侧装）　　　　中背椅

高背椅（侧装）　　　　　　　分体式（翻板椅）

图 8.8-4　固定座椅的型式示例

按安装方式可分为：铁脚平装、铁脚侧装、铁脚立装、铝脚侧装、铝脚立装。

此外还有分体式座椅：椅背和坐垫是分开的，坐垫为翻板式。

4. 观众席尺寸不应小于表 8.8-4 的要求

观众席尺寸　　　　　　　　　　表 8.8-4

席位种类 规格	无背条凳	无背条凳	有背硬椅	有背软椅	活动软椅	扶手软椅
座宽（m）	0.42	0.45	0.48	0.50	0.55	0.60
排距（m）	0.72	0.75	0.80	0.85	1.00	1.20

注：①记者席占 2 座 2 排，前排放工作台；
　　②评论员席占 3 座 2 排，前排放工作台；
　　③看台排距指净距，如首末排遇栏杆或靠背后倾有影响应适当加大；
　　④一般观众座椅高度不宜小于 0.35m，且不应超过 0.55m；
　　⑤座椅应安装牢固，并便于看台清扫，室外座椅还应防止座椅面积水。

8.8.3　看台栏杆设计

（1）栏杆高度不应低于 0.9m，在室外看台后部危险性较大处严禁低于 1.1m；

（2）栏杆形式不应遮挡观众视线并保障观众安全。当设楼座时，栏杆下部实心部分不得低于 0.4m；

（3）横向过道两侧至少一侧应设栏杆，如图 8.8-5 所示；

（4）当看台坡度较大、前后排高差超过 0.5m 时，其纵向过道上应加设栏杆扶手；采用无靠背座椅时不宜超过 10 排，超过时必须增设横向过道或横向栏杆，如图 8.8-6 所示；

（5）栏杆的构造做法应经过结构计算，以确保使用安全。

图 8.8-5　看台栏杆（蚌埠市体育中心体育场）　图 8.8-6　横纵向栏杆分区（沈阳奥体中心体育馆）

8.8.4　视线设计注意事项

（1）视点轨迹线：视线计算只是针对剖面进行分析，视点轨迹线可以认为是视点以看台内轮廓为轨迹旋转生成的一条线，轨迹线之内的场地区域都可以认为是可视区域。因此当场地长短边距离看台距离不等，或者看台轮廓与场地形状不平行时，需要分析视点轨迹线和场地的关系，以确保全部场地区域可见。

（2）应根据运动项目的不同特点，使观众看到比赛场地的全部或绝大部分，且看到运动员的全身或主要部分；对于综合性比赛场地，应以占用场地最大的项目为基础；也可以主要项目的场地为基础，适当兼顾其他；当看台内缘边线（指首排观众席）与比赛场地边线及端线（指视点轨迹线）不平行（即距离不等）时，首排计算水平视距应取最小值或较小值；座席俯视角宜控制在 28°～30° 范围内。

看台视点位置应符合表 8.8-5 要求：

<table>
<tr><td colspan="5">不同场地的看台视点位置　　　　　　　　　　　　　表 8.8-5</td></tr>
<tr><td>项目</td><td>视点平面位置</td><td>视点距地面高度
（m）</td><td>视线升高差 C 值
（m/ 每排）</td><td>视线质量等级</td></tr>
<tr><td rowspan="3">篮球场</td><td rowspan="3">边线及端线</td><td>0</td><td>0.12</td><td>I</td></tr>
<tr><td>0</td><td>0.06</td><td>II</td></tr>
<tr><td>0.6</td><td>0.06</td><td>III</td></tr>
</table>

项目	视点平面位置	视点距地面高度 （m）	视线升高差 C 值 （m/ 每排）	视线质量等级
手球场	边线及端线	0	0.06	Ⅰ
		0.6	0.06	Ⅱ
		1.2	0.06	Ⅲ
游泳池	最外泳道外侧边线	水面	0.12	Ⅰ
		水面	0.06	Ⅱ
跳水池	最外侧跳板（台）垂线与水面交点	水面	0.12	Ⅲ
		水面	0.06	Ⅰ
足球场	边线端线（重点为角球点和球门处）	0	0.12	Ⅱ
		0	0.06	Ⅲ
田径场	两直通外侧边线与终点线的交点	0	0.12	Ⅰ
		0	0.06	Ⅱ
		0.6	0.06	Ⅲ

（3）看台各排地面升高应符合：视线升高差（C 值）应保证后排观众的视线不被前排观众遮挡，每排 C 值不应小 0.06m；在技术、经济合理的情况下，视点位置及 C 值等可采用较高的标准，每排 C 值宜选用 0.12m。

8.8.5　安全疏散及出入口设计注意事项

（1）确定合理的疏散通道宽度，一般应满足下列规定：座席间的纵向通道应大于或等于 110cm；如按单股人流设计，其宽度应不小于 90cm；在出入口两侧的通道宽度以不小于 60cm 为宜。当观众席内设有横向通道时，横向通道宽度亦应大于或等于 110cm。观众席纵走道之间的连续座位数目，室内每排不宜超过 26 个；室外每排不宜超过 40 个。当仅有一侧有纵向走道时，座位数应减半。

（2）当看台分层设置时，需对上层看台的观众由上层平台疏散至主集散厅（大平台或地面层）的时间进行复核，应能满足体育建筑设计规范对疏散总时间的要求。

（3）考虑到疏散方式关系到体育场馆空间的总体布局和人流组织，在看台疏散方式选择时应从环境出发，结合比赛场馆的规模、使用特点选择合理疏散方式。具体方式有 4 种，如图 8.8-7 所示。

1）上行式疏散：观众入场时从最高排进入，退场时背向场地向上疏散。室内空间完整美观，节省辅助面积，提高观众厅的有效利用率。

2）下行式疏散：主要入口位于座席下部，疏散时观众由上至下到疏散口，退出比赛厅。一般适用于小型场馆。

3）中行式疏散：体育场馆中最常用的疏散方式。它集中了上行式和下行式两种疏散方式的优点，人流路线短捷、顺畅，所以广泛用于大中型场馆的疏散设计中。

4）复合式疏散：为适应不同使用要求的场馆比赛厅，创造出灵活多变的建筑形式，其疏散方式可灵活采用上述3种方式的组合，从而形成了复合式疏散方式口。

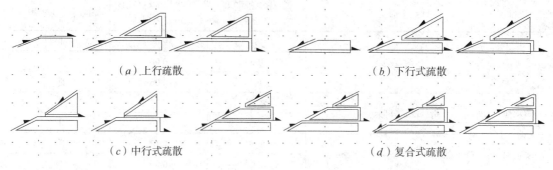

（a）上行疏散　　　　　　　　　　　（b）下行式疏散

（c）中行式疏散　　　　　　　　　　（d）复合式疏散

图 8.8-7　看台疏散方式

（4）制定合理的看台疏散路线：

1）普通流线：座席→疏散走道（纵向走道或横向走道）→疏散口→观众门厅→平台→广场；

2）贵宾流线：座席→疏散走道（纵向走道或横向走道）→贵宾厅疏散口→贵宾门厅→广场。

（5）疏散口布置：疏散口布置观众席走道的布置应与观众席各分区容量相适应，与安全出口联系顺畅。经过纵横走道通向安全出口的设计人流股数与安全出口的设计通行人流股数应相等。疏散口及过道的布置方式如图8.8-8所示。

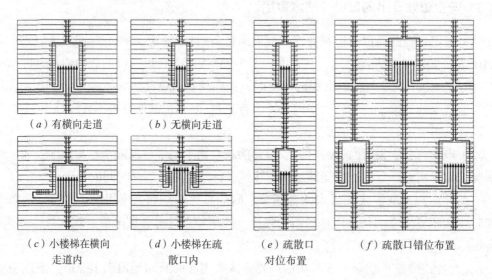

（a）有横向走道　　　（b）无横向走道

（c）小楼梯在横向　　（d）小楼梯在疏　　（e）疏散口　　　　（f）疏散口错位布置
　　　走道内　　　　　　散口内　　　　　　对位布置

图 8.8-8　疏散口及过道布置方式

（6）设计看台出入口时，应避免看台出入口或者纵走道正对百米终点线、泳池终点、跳台或跳板前端等关键区域。

（7）通过出入口到达看台的纵横走道，应尽量遵循来去相等的原则设置，保证各处的通行宽度一致。

（8）安全出口应均匀布置，独立的看台至少应有二个安全出口，且体育馆每个安全出口的平均疏散人数不宜超过 400 ~ 700 人，体育场每个安全出口的平均疏散人数不宜超过 1000 ~ 2000 人。

（9）观众席走道的布局应与观众席各分区容量相适应，与安全出口联系顺畅。通向安全出口的纵走道设计总宽度应与安全出口的设计总宽度相等。经过纵横走道通向安全出口的设计人流股数应与安全出口的设计通行人流股数相等。

（10）安全出口和走道的有效总宽度均应不小于表 8.8-6 的要求。

安全出口和走道的有效总宽度　　　　　表 8.8-6

宽度指标 （m/ 百人） 疏散部位	观众座位数（个）	室内看台			室外看台		
	耐火等级	3000 ~ 5000	5001 ~ 10000	10001 ~ 20000	20001 ~ 40000	40001 ~ 60000	60001 以上
		一、二级	一、二级	一、二级	一、二级	一、二级	一、二级
门和走道	平坡地面	0.43	0.37	0.32	0.21	0.18	0.16
	阶梯地面	0.5	0.43	0.37	0.25	0.22	0.19
楼梯		0.5	0.43	0.37	0.25	0.22	0.19

注：表中较大座位数档次按规定指标计算出来的总宽度，不应小于相邻较小座位数档次按其最多座位数计算出来的疏散总宽度

（11）每一安全出口和走道的有效宽度除应符合计算外，安全出口宽度不应小于 1.1m，同时出口宽度应为人流股数的倍数，4 股和 4 股以下人流时每股宽按 0.55m 计，大于 4 股人流时每股宽按 0.5m 计；主要纵横过道（指走道两边有观众席）不应小于 1.1m；次要纵横过道（指走道一边有观众席）不应小于 0.9m；活动看台的疏散设计应与固定看台同等对待。

8.8.6　看台无障碍设计注意事项

（1）轮椅区位置：看台残疾人座席区应设有适当陪护空间，且应与正常座席进行隔离；尽可能地将轮椅设置在前排座席区，使残疾人能够融入观众区，不产生孤立感；在看台尽可能分布轮椅区，使残疾人有更多的选择性。如图 8.8-9 所示。

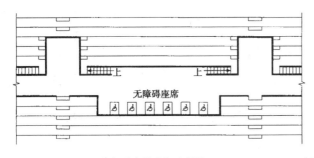

（a）无障碍看台示意图　　　　　　（b）体育场无障碍看台（南京奥体中心体育场看台）

图 8.8-9　无障碍看台

（2）轮椅席位数量：看台应多设置无障碍坐席区，国内标准规定轮椅席位不小于座位

数的 0.2%，国际残奥会标准为 1%，建议适当提高国内标准。

（3）轮椅坐席区视线质量：轮椅坐席区尺寸一般为 1100mm×800mm，但当残疾人有陪护时，往往该空间则会非常紧凑，建议适当加宽，可以放置一个可移动座椅；当考虑视线升高差值 C 时，至少应包含前排有陪护人员站立的高度，因此后排残疾人座席应适当提高高度。

8.9　冰上运动场地

冰上运动是借助专用装备和用具在天然或人工冰雪场地上进行的各项体育运动的总称。冰场专项工艺设施是进行冰雪运动的场地及其附属设施的统称。冰场按冰冻方式分为天然滑冰场与人工滑冰场，按空间形态分为露天滑冰场和室内滑冰场。本书着重介绍室内人工冰场。

人工冰场为利用人工制冷设备制成的冰场，一般为室内冰场。在寒冷地区还可建造室外人工冰场，可延长其使用期。[①]

8.9.1　冰上运动项目的分类及技术要求

冰上运动可分为速度滑冰、花样滑冰、冰球和冰壶，每种冰上运动项目的竞赛场地尺寸及场地基本形状和场地设施要求均不一致。冰上运动项目的分类及技术要求如表 8.9-1 所示。

冰上运动项目的分类及技术要求　　　　　　表 8.9-1

项目名称		竞赛场地尺寸（m）	场地总面积（m²）	场地基本形状	备注
速度滑冰	标准场地	周长 400 188.98×70.00	4124.56		一般须加设联系道及缓冲带
	短跑道场地	61.00×31.00	1891.00		最小尺寸，一般利用冰球场
花样滑冰		61.00×30.00	1830.00		冰上舞蹈最小为 57m×26m
冰球	最大	61.00×30.00	1830.00		标准场地
	最小	56.00×26.00	1456.00		不用于重大比赛
冰壶		45.72×5.00	228.00		—

1. 速度滑冰场 [②]

（1）场地规格

① 哈尔滨工业大学建筑学院．建筑设计资料集第六分册［M］．北京：中国建筑工业出版社，2017.

② 体育场地与设施（二）：13J933-2［S］．北京：中国计划出版社，2018.

1）标准场地的环形跑道周长为 400m，由弯道与直道组成。

2）非标准场地可根据冰面的大小布置 333m、300m、250m、200m 不同周长的滑冰跑道。

3）正规比赛应在周长 400m 的环形跑道上进行。跑道两长边为直滑道，两短边的弯道分别由 180°的圆弧组成。跑道内包括两条比赛道和一条练习道，这三条道的宽度均为 4.0m。

4）考虑运动员摔倒时的安全缓冲，比赛道外围应设置防护垫，防护垫必须压放在冰面上。设计冰面时，应考虑赛道宽度、场地画线宽度及防护垫总厚度等全部尺寸要求。

5）标准、非标准场地，都应设有练习道、换道区和两条同宽的比赛跑道。

（2）场地线

1）跑道分界线：相邻两条跑道的界线，由场地划线和放置在场地划线上可移动的胶块或木块组成，线宽计算在内跑道的宽度之内。

2）终点线：场地划线，线宽不计算在滑跑距离之内。

3）终点 5m 线：从终点线后沿 5.0m 每隔 1.0m 画一条线，共画 5 条。

4）起点线：场地划线，线宽计算在滑跑距离之内。

5）预备起跑线：场地划线，画于起点线后沿向后 2.0m 处。

6）所有划线颜色及宽度均根据最新比赛规则和要求确定。

（3）场地设施

1）标志块为底座直径 100mm、顶部直径 50mm、高不超过 50mm 的圆锥形橡胶块或木块放置在分界线上用以划分跑道。

2）速滑比赛场地四周应设有可移动防护垫。防护垫为矩形，一般高 1.0～1.1m，厚度不应小于 700mm。防护垫用尼龙搭扣，通过上下两条尼龙绑带绑定，围合场地一圈，使外表面尽量平滑。防护垫中间不需设立柱。

3）防护垫的表层应由耐磨、耐切割、无胶的防水材料组成。

4）弯道处 4.0m 外障碍物应设防护垫，防止运动员运动时受伤。

5）场地中间应有联系运动员进入场地内的地下通道。位于场内通道口附近布置活动座椅，方便运动员更换冰鞋及休息。

6）速滑道内应设一块融雪池，用于场地内侧两块短道及花样场地使用；速滑道直道外侧应设一块融雪池，位于扫冰车库房内，供速度滑冰场地使用。

7）速度滑冰两条直道外侧应各预留 3 个上水口，用于速度滑冰跑道浇冰使用。在速滑场地内侧的两块标准冰场界墙外侧应各预留 4 个上水口。应在速滑道内侧的融雪池旁为浇冰车配经软化加热处理的热水接口等设施。

（4）场地环境

1）冰场建设方应向设计方提供当地气候、环境、水质等资料。

2）冰层下地面构造。

① 冰层下地面面层需用抗冻混凝土，厚度均匀，高差控制在 ±5mm 范围内，且应充分考虑场地使用时所承受的荷载。混凝土强度宜选用 C30～C40。

② 冰层下地面应能承受因温度变化而产生的反复热胀冷缩。

③应有防止面层产生冻结的措施。

④冰层下地面做法必须设置可靠的防水层。

3）冰层

①冰面厚度：40～50mm。

②冰面温度：-5～-7℃。

③冰面平整度：冰面应光滑平整，不能出现高低不平之处，更不能有鼓包、沟、坑及起伏。

④冰场湿度：冰场湿度应控制在50%。

（5）速度滑冰场平面示意

1）速度滑冰场标准400m场地平面图（半径25m），如图8.9-1所示。

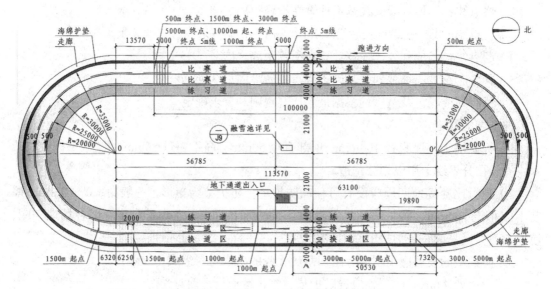

图 8.9-1　速度滑冰场标准 400m 场地平面示意图（半径 25m）

2）速度滑冰场标准400m综合场地平面图（半径26m）（略）。

3）速度滑冰场非标333.33m场地平面布置图，如图8.9-2所示。

4）速度滑冰场非标250m场地平面布置图（略）。

2. 短道速度滑冰[①]

（1）场地尺寸

1）场地外要求。短道速度滑冰、冰球及花样滑冰场地，在标准场地周围应考虑安全缓冲区，其总尺寸（含场地）长不小于75m、宽不小于40m。休闲健身场地可酌情减小。

2）场地规格。冰场尺寸为61m×31m，跑道应为椭圆形，周长111.12m。直道宽度不小于7m，弯道弧顶距可移动防护垫内侧距离不小于4m，弯道半径8m，直道长28.855m。

3）场地划线。跑道起、终点用线标识，弯道用点标识。起、终点线及起点预备线为场地划线，其样式、颜色及宽度根据最新规则和要求确定。

① 体育场地与设施（二）：13J933-2［S］. 北京：中国计划出版社，2018.

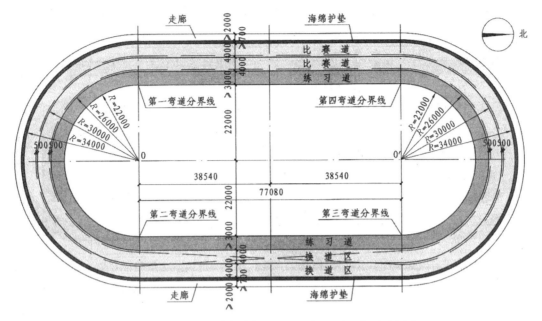

图 8.9-2　速度滑冰场非标 333.33m 场地平面布置示意图

（2）场地设施：短道速度滑冰场地设施与速度滑冰场地设施一致。

（3）场地环境：冰层下地面构造及其他技术要求与速度滑冰一致，冰层厚度为 25～30mm，冰面温度为一般 -7～-9℃，特殊要求可达 -12℃。

（4）短道速度滑冰平面示意，如图 8.9-3 所示。

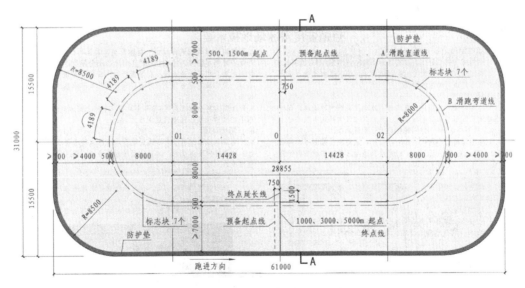

图 8.9-3　短道速度滑冰平面示意图

3. 花样滑冰及冰球[1]

（1）场地尺寸

① 体育场地与设施（二）：13J933-2〔S〕. 北京：中国计划出版社，2018.

1）短道速度滑冰、冰球及花样滑冰场地，在标准场地周围应考虑安全缓冲区，其总尺寸（含场地）长不小于75m、宽不小于40m。休闲健身场地可酌情减小。

2）当冰球场地用于比赛时，边线处的界墙外侧走廊宽度应不小于2.5m，其用于设置监门席、运动员替补席、受罚席及裁判席的走廊宽度不应小于1.5m。

3）冰球场地最大规格长61m、宽30m，最小规格长57m、宽26m，四周圆弧的半径为7.0～8.5m。国际冰联主办的锦标赛及国内大赛应使用符合国际标准的滑冰场地。

4）花样滑冰场地最大规格同冰球场地，最小规格长57m、宽26m。

（2）场地设施

1）球门：应采用规定的样式和材料制成，门柱垂直高度从冰面算起1.22m，两个门柱内侧相距1.83m。从球门前线前沿至球门网后部，最深处不得大于1.12m，且不小于0.60m。

2）冰球防护界墙：界墙需选用能保证国际、国内比赛要求的可塑材料制成，其高度从冰面算起不低于1.17m且不高于1.22m，内侧全部为白色。界墙面向冰面的一面应是平滑的，不得有任何能使运动员受伤的障碍物；所有通向冰场的门需向外开启；界墙每块之间的缝隙应小于3mm。界墙内侧应安装一圈黄色防踢板，其高度从冰面算起150～250mm、厚10mm。

3）防护玻璃：位于界墙上的防护玻璃在场地端面应为1.6～2.0m，长度应从球门线向中心区延伸4.0m。场地侧面的界墙上防护玻璃不低于0.8m。

4）保护网：场地两端应安装固定保护网，在界墙上离开冰面的一侧，高度至顶棚。

花样滑冰及冰球场地设施大样详见图8.9-4。

（3）场地环境

1）冰层下地面构造详见速度滑冰场地技术要求。

2）冰层除以下要求外，其他冰层技术要求详见速度滑冰场地技术要求。

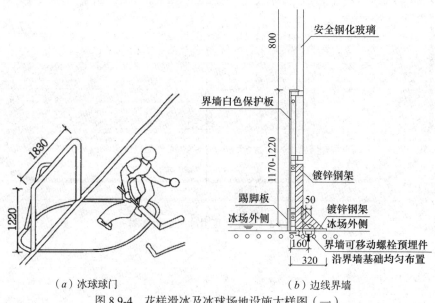

（a）冰球球门　　　　　　　（b）边线界墙

图8.9-4　花样滑冰及冰球场地设施大样图（一）

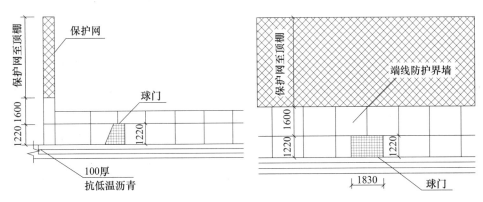

（c）防护界墙剖面　　　　　　（d）防护界墙立面

图 8.9-4　花样滑冰及冰球场地设施大样图（二）

3）冰球冰面厚度：40 ～ 50mm。花样滑冰冰面厚度：50 ～ 55mm。

4）冰球冰面温度：−5 ～ −6℃。花样滑冰冰面温度：−3 ～ −5℃。

（4）花样滑冰与冰球场地平面示意，如图 8.9-5、图 8.9-6 所示。

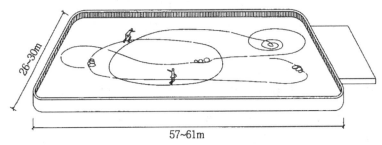

图 8.9-5　花样滑冰场地平面示意图

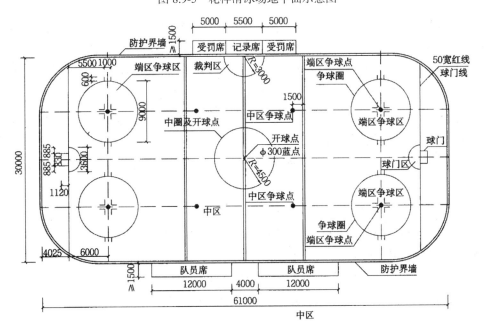

图 8.9-6　冰球场地平面示意图

4. 冰壶 [①]

（1）场地尺寸

1）比赛场地为长方形。这一区域可以通过划线标出场地范围，也可通过在边界上放置隔板标出场地范围。比赛场地赛道应用100mm（宽）×100mm（高）的黑色海绵条围起，从海绵条内缘算起，场地长为45.72m、宽为5.00m。

2）当现有的场地不够放置一个上述规模的赛道，场地长度可减少至44.50m、宽度可减少至4.42m。

3）赛道内的冰层要有清晰可见的标志线，标志线分为T线、后卫线、前掷线、中线、起踏线、限制线。线宽及颜色根据最新规则要求确定。

① T线：线的中心距离赛道中心17.375m，在赛道中心两侧各一条。

② 后卫线：线的外缘距T线中心1.829m，在赛道中心两侧各一条。

③ 前掷线：线的内缘距T线中心6.401m，在赛道中心两侧各一条。

④ 中线：连接两条T线的中心，并向两端分别延长3.658m。

⑤ 起踏线：线长475mm，与T线平行，位于中线两端。

⑥ 限制线；线长152.4mm，距前掷线外沿1.219m，位于中线两端，与前掷线平行。限制线在赛道两侧以及左右两边各一条，并紧挨边线。

⑦ 中点位于T线与中线的交叉点。以此为圆心，在赛道两端各有一个由四个同心圆组成的大本营。最大圆的外沿距圆心的半径为1.829m，第二个圆的半径为1.219m，第三个圆的半径为0.610m，最内侧圆的半径最小值为152.4mm。划线颜色根据最新规则要求确定。

4）标准冰场最多可设置5块冰壶场地。

（2）场地设施

1）起踏器：两个起踏器分别放在中线与两侧起踏线的交叉点上，高51mm。每个起踏器的内沿距中线76.2mm，每个起踏器的宽度不应超过152.4mm，对称于中线放置。起踏器应固定在适当的材料上，该材料的内侧位于起踏器的内侧，起踏器在起踏线前端不能超出203.2mm。如果起踏器嵌入冰层内，其嵌入深度不得超过38.1mm。

2）冰壶场地应具备供冰壶扫冰车充电的配电箱，冰壶赛道浇喷专用的软化水处理及加热设备，以及冷热水接驳口等。

3）配备室内冰场除湿设备、冰面专用温控头及接口，以供电子设备对冰面面层的温度进行监控。

（3）场地环境

1）冰面1.5m以上的空间要保持其室内温度在8～10℃，湿度在50%～60%，冰面上方不可有空气的移动对流。

2）冰层下地面构造详见速度滑冰场地技术要求。

3）冰层除以下要求外，其他冰层技术要求详见速度滑冰场地技术要求。

---

① 体育场地与设施（二）：13J933-2［S］. 北京：中国计划出版社，2018.

① 冰面厚度：40 ～ 50mm ；

② 冰面温度：-6.5 ～ -5.0℃。

4）根据冰面的不同情况选用不同孔径的喷洒头，宜用经过软化处理的矿泉水或纯净水，加温到 50℃左右进行喷洒制冰。冰面需经磨边机打磨，以确保冰面光洁平整。

（4）冰壶场地平面示意，如图 8.9-7、图 8.9-8 所示。

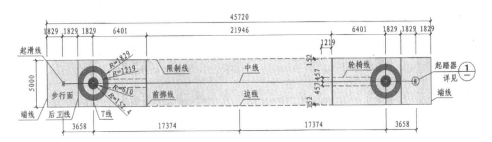

图 8.9-7　冰壶场地平面示意（一）

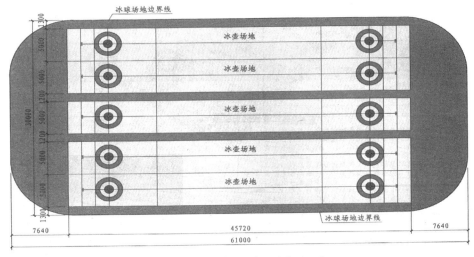

图 8.9-8　冰壶场地平面示意（二）

（5）冰壶比赛场地实景，如图 8.9-9 所示。

图 8.9-9　冰壶比赛场地实景照片

（6）冰壶比赛专用起踏器示意，如图8.9-10所示。

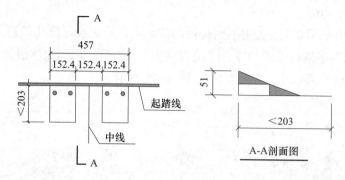

图8.9-10　冰壶比赛专用起踏器示意图

（7）冰壶比赛专用起踏器，如图8.9-11所示。

图8.9-11　冰壶比赛专用起踏器

8.9.2　人工冰场构造及技术要求[1][2]

1. 室内冰场冰面要求

人工冰场冰面应光滑、平坦，无任何障碍。冰面厚度、温度、平整度应根据不同的冰上竞技项目要求进行控制。运动冰场点位线应严格按照各项目竞赛规则的规定画线，点位线应清晰明确。此外，为避免冰面局部融化，平整度、硬度等性能受到破坏，冰面应避免光线直射。

2. 冰场构造方式

（1）人工冰场设计思路

人工冰场构造应满足场地使用、承受冰面上荷载、降低能耗损失等设计要求，并能经受由于温度变化而产生的反复热胀冷缩现象对冰场整体构造的破坏。

根据制冷工艺及冰场使用要求，一般可将冰场构造分为冰面层、抗冻混凝土基层（内置冷冻排管）、结构基础层等。各构造层次的厚度、强度、材料性能等具体指标及做法。

① 哈尔滨工业大学建筑学院.建筑设计资料集第六分册［M］.北京：中国建筑工业出版社，2017.
② 体育场地与设施（二）：13J933-2［S］.北京：中国计划出版社，2018.

204

应根据具体项目设计要求进行合理配置。构造层次示意图如图 8.9-12 所示。在设计冰场时，应考虑场地胀缩问题，预留伸缩缝。

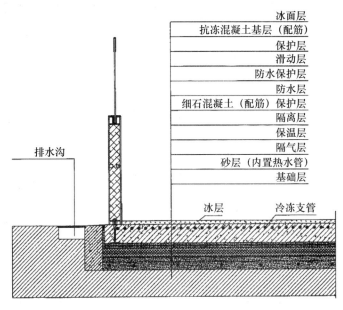

图 8.9-12　冰场构造层次示意图

冰场周边应设置排水沟，以及时排放人工冰场融化后的冰水，排水沟的断面尺寸可根据不同设计条件与要求确定。

（2）冰场构造层的具体要求：

1）面层由制冷排管（工艺层）及结构层组成。面层是形成冰面的基础，为保证冰面平整、温度与硬度均匀，要求排管布置均匀、面层水平度高。

2）基层由防水层、滑动层、保温层和热交换层组成。应具有防止积水冻胀、减小地下冷损以及不影响面层温度变化而伸缩的功能。

3）结构基础层根据环境气候条件，选择强度为 C30 ～ C40 混凝土。

4）冰场构造详见表 8.9-2。

冰场构造表　　　　　　　　　　　　　　　　　　　　　　　表 8.9-2

做法种类	结构基础层	面层及基层	
做法一	真冰层－工艺层－结构层－保护层－滑动层－防水层－保护层－绝热层－隔汽层－热交换层	无地基（楼面）	混凝土垫层－结构底板
		有地基（楼面）	找平层－结构底板
做法二	真冰层－工艺层－结构层－保护层－防水层－保护层－滑动层－绝热层－隔气层－热交换层	无地基（楼面）	混凝土垫层－结构底板
		有地基（楼面）	找平层－结构底板

（3）人工冰场构造层及技术要求

1）真冰层根据不同项目及使用性质，其厚度要求不同，一般厚度为 25 ～ 55mm。

2）工艺层具有传递冷源的功能，采用抗冻混凝土内配钢筋，工艺层中敷设制冰盐水管，布管方式及间距详见厂家深化设计。

3）结构层与其工艺层结合为整体，采用抗冻混凝土内配双向双层钢筋。

4）滑动层降低对结构的约束，确保冰面层不因冻融变形而破坏结构层。

5）防水层由两道相同材料的防水层构成，既防潮，又可确保冰场的气密性。

6）绝热层确保保温隔热效果及地面强度。

7）隔气层由一道防水层构成，确保冰场的气密性。

8）热交换层用于防范底层结露、冻胀等现象。当场馆位于寒冷地区或场地长年冻冰应设热交换层；当场馆冰面构造下设架空层或场地不常冻冰不宜设热交换层。

（4）冰层技术指标设计标准，如表 8.9-3 所示。

冰层技术指标设计标准 表 8.9-3

项目名称	冰面厚度（mm）	冰面温度（℃）
冰球	40～50	−5～−6
标准速滑	40～50	−5～−7
短道速滑	25～30	−7～−9
花样滑冰	50～55	−3～−5
冰壶	40～50	−5～−6.5
娱乐性滑冰	30～50	−3

8.9.3 人工冰场制冷系统工艺

冰场的制冷系统根据制冷方式可以分为直接蒸发式和采用载冷剂的间接式制冷方式。

1. 直接蒸发式

直接蒸发式制冷系统选用蒸发盘管置于冰层下部作为蒸发器。该制冷系统通常采用氨制冷剂。这种制冷剂对大型系统具有明显的价格优势，但是这种制冷系统的特点是系统流程复杂，冰场地坪下的蒸发盘管内制冷剂在常温下压力较大，一旦泄漏会严重污染环境，存在安全隐患。这种系统由于没有二次传热的温差损耗，有节能的特点。但是，它存在的弊端与其特点同样明显，由于蒸发盘管系统大、管道长、接头多，系统内充灌的制冷剂量较大；由于制冷剂的渗透性较强，所以管道密封难度较大，一旦发生蒸发管道泄漏，修复极为困难，维修损耗大。所以目前一般很少运用。

2. 载冷剂的间接式制冷方式

冰场间接式制冷系统按照冷却方式可以分为水冷式和风冷式。水冷式制冷系统由于冷凝温度低，系统吸排气压力差小，耗功小，节能。但是由于冰场制冷系统是要求一年四季 24 小时昼夜连续运行，在冬季运行工况中由于室外温度低于零度以下，冷却塔散热片结冰严重，且循环水管道防冻措施要求严格。所以对北方地区，特别是夏季平均气温在 30℃，并且 28℃以上气温持续周期比较短的区域，选用风冷式制冷系统比较有利。

根据冰场规模的大小以及冰场环境的热负荷大小，经过冰场各种热负荷的综合计算，可以得到制冷系统的制冷量。一般在我国华东、华中、东北部分、西北部分地区冰场制冷机组的制冷量设计参考值为：$350 \sim 550W/m^2$。（乙二醇出水温度为 $-15℃$），华南、海南、香港、澳门等地区的参考值为：$500 \sim 700W/m^2$。以上制冷量的取值是考虑到冰场环境空气温度不高于 $25℃$。

3. 制冷机组的选型

（1）根据项目实际需求制冷量的大小和低温制冷工况选用螺杆式制冷机组是目前制冰系统中较为合理方式。螺杆式冷水机组可分为水冷式和风冷式两种。东北地区的北部、新疆等纬度较高的地区可以选用风冷式中温冷水机组，而国内其他大部分地区选用水冷式机组比较适宜。制冷剂选用 R22 中压制冷剂，也可选用可以替代 R22 的 R134a 等环保制冷剂。载冷剂选用浓度为 40% 的乙二醇液体。

（2）机组一般可以选用带排气管热回收器的制冷系统。一方面通过冷却高压气体，降低排气温度，提高冷却效果，降低排气压力，改善制冷系统工况条件。另一方面，将热回收的热能加热循环水，可用于融雪，扫冰车的浇冰，或者运动员淋浴用。特别对风冷式机组在夏季运行时，节能、降压效果尤其明显。冰场制冷设备的选型方案设计时，特别需要考虑制冷系统运行可靠性的冗余备份的特殊需求。一个冰场制冷系统应选择多台机组并联组合以保证机组运行时的可靠性。通常冰场制冷系统选用 $2 \sim 3$ 台机组进行并联安装。要求保证每个机组可以独立工作运行。

（3）冰场制冷主机选型主要考虑以下几点：

1）制冷机组长期运行的可靠性，故障率；

2）制冷机组的技术性能是否满足冰场的需求。比如，控制系统的操作目前，国内冰场制冷设备占有率比较高的。

4. 制冷盘管设计与选型

冰场冻冰的换热盘管可以选用金属管或耐低温的工程塑料管。由于金属管安装工艺复杂，材料成本高，现在冰场换热盘管材质通常选用热熔焊接的可以耐低温的 HDPE 高密度聚乙烯管。这种管材具有优异的材料性能：重量轻、杰出的柔韧性、良好的耐磨性、抗塑性断裂、抗低温（$-40℃$）脆裂、耐化学腐蚀性好、可焊接；特别在施工中的多种可加工性能，大大简化了施工难度，提高了施工效率，降低了施工成本。

（1）采用工程塑料管的冰场制冷盘管一般有 2 种形式：

1）固定冰场一般使用 HDPE100 硬管，管材供货状态有直管或者卷管。常用管径有 D25×2.3mm、D16×2mm，常用汇集管径为 D200 ~ D250mm。汇集管组装形式应该设计为同程管式，可以使管内液体流量均匀。并达到冰面温差较小的效果。

2）移动冰场的设计通常选用 HDPER100 软管。这种管材通常供货状态为半透明白色，不使用时可以拆卸，卷起后保管储藏。因此，这种材料的管道是可以重复使用的，特别适用于移动冰场。一些冰场设计还有选用地毯式制冷盘管，管道之间还有薄膜连接，换热管径为 6 ~ 10mm。在小型移动冰场的设计中，还有选用冲压成型的制冷盘管模板组装成整个冰场的制冷盘管组，这种铝合金板块上的承压密封管道是用压缩空气冲制的。

（2）冰场制冷盘管铺设的间距必须等距匀称，以保证整个冰面温度的均匀。由于在初次冻冰过程中盘管可能有较大的收缩变形，所以应该有相应的措施避免这种收缩变形对制冷系统的影响。

5. 水泵及乙二醇泵的选型

（1）由于冰场使用特征是常年连续运行制，所以水泵和乙二醇泵都是常年连续运行制。所以冰场的冷却水循环系统的水泵和乙二醇系统的循环泵都是并联设置两份，一用一备。泵的轴承是易损件，必须有备份。乙二醇泵的泵体和叶轮必须选用不锈钢材质，其密封件应是特种机械密封件。所有泵都必须选用性能、质量均为上乘的产品。乙二醇的流量计算应该考虑如何减少冰面温差，通常在设计时采用加大流量，减小进出温差的方法。温差一般取 2 ~ 3℃，扬程取 38m。

（2）水泵冷却水循环系统中应设置断流保护开关、阻尼压力表、指针式温度计、软水机组、反冲式电子除垢仪以及各种关闭性能良好的阀门。考虑到冬季机组的运行，所有冷却水管道均应做带有电伴热带的保温处理。

（3）乙二醇循环系统除上述的添加元器件外，还应在乙二醇泵的吸程管道上加入乙二醇恒压补偿机组，并在各管道流程最上部设置自动排气装置，确保乙二醇循环管道系统不含气体。

8.10 体育照明

与其他公共建筑不同，体育建筑照明[①]，应严格按照使用功能要求及是否具有电视转播进行分类分级设计。体育照明设计的核心，是围绕两类人开展：一是运动员与体育照明的关系（含裁判）；二是观众与体育照明的关系。体育照明包括比赛场地照明、观众席照明和应急照明。在体育建筑方案设计阶段，应同时考虑照明的方案设计。这样通过合理的设计手段，控制场地的照度、显色指数、眩光指数，为运动员及观众都提供较为良好的照明环境。

8.10.1 体育场馆照明分级

体育场照明分级，如表 8.10-1 所示。

体育场照明分级表 表 8.10-1

无电视转播		有电视转播	
等级	使用功能	等级	使用功能
Ⅰ	健身、业余训练	Ⅳ	TV 转播国家比赛、国家比赛
Ⅱ	业余比赛、专业训练	Ⅴ	TV 转播重大国家比赛、重大国家比赛
Ⅲ	专业比赛	Ⅵ	HDTV 转播重大国家比赛、重大国家比赛

注：表中Ⅳ级、Ⅴ级、Ⅵ级也适用于有其他要求的特殊比赛

---

① 体育照明设计及检测标准：JGJ 153—2016［S］. 北京：中国建筑工业出版社，2016.

8.10.2　体育照明标准

（1）体育照明的各个参数设计标准应严格按照《体育场馆照明设计及检测标准》JGJ 153 执行。

（2）体育场馆场地照明的照度值应为参考平面上的使用照度值，参考平面的高度应符合 JGJ 153 附录规定。

（3）体育场馆场地照明的照度均匀度 U1 和 U2 不应低于 JGJ 153 的规定。

8.10.3　体育场馆照明设计质量标准

1. 眩光

（1）体育照明的关键除提供足够的水平和垂直照度以外，还需要减少眩光，从而达到亮而无眩光的效果。眩光是影响照明质量的最重要因素之一。根据 CIE NO.83 出版物"彩电系统的体育场地照明"，场内最大眩光指数 GR_{max} 应小于 50。眩光额定值 GR 愈小，眩光限制愈好，眩光额定值为 50 时。眩光额定值 GR 由下列公式算出：

$$GR = 27 + 24Lg, \; Lvl/Lve\, 0.9$$

式中，Lvl 是灯具产生的光幕亮度，Lve 是环境产生的光幕亮度。

（2）一般在计算照度时，应计算不同方向的眩光额定值 GR，当 $GR < 50$ 时，即可行。眩光的限制除了合理确定灯具的选型，安装高度和排列方式外，还可以采取提高赛场背景照度的方法。

2. 光的方向性

灯具的俯角不仅影响垂直照度，同时也对运动员、观众和裁判有可能产生较大眩光影响。针对体育场馆照明设计，应选择好灯具的瞄准方向。另外，主摄像机与另一侧过来的光线之比例应控制在一定范围内，而照明的最重点是在比赛区域的中央及禁区设置。

3. 光源色温及显色性要求

为达到良好的彩电转播效果，体育场的照明质量不但与照度有关，而且与照明光源的色温及显色性有紧密关系。我国《建筑照明设计标准》GB 50034 规定：电视转播用一般光源显色指数 Ra 不应小于 65。依据 CIE NO.83 号出版物及国际足联的要求，光源相关色温 Tc 大于 5000K 和光源显色指数 Ra 大于等于 80，以达到最佳的现场照明效果及彩电转播效果。

4. 节能要求

（1）照明节能重在采用合理的照明方案和高效的照明装置，降低线路损耗，从而实现良好的照明控制。体育建筑属照明用电较大的建筑项目，从节能意义上讲，仅比较初始投资费用，而不以最低运行成本为基础选择得出的照明设计不是合理的设计，应根据具体情况，将初始投资及运行成本综合加以考虑。

（2）应选择高效率的光源和灯具，采用能耗较低的镇流器等附件，并加补偿电容，提高系统的功率因数。照明设计应有多种开灯模式及对应的控制方案。可以通过调节灯具数量，为不同需要的比赛和活动提供合适的照明，控制方案要简单、实用，并具有较强的灵活性。

5. 体育照明设计参考标准值（表8.10-2）

体育照明设计参考标准值　　　　表8.10-2

运动项目		照度标准值（lx）					
		无电视转播			有电视转播		
		训练和娱乐活动	业余比赛、专业训练	专业比赛	TV转播国家、国家比赛	TV转播重大国际比赛	HDTV转播重大国际比赛
篮球、排球		300	500	750	1000	1400	2000
手球、室内足球		300	500	750	1000	1400	2000
羽毛球		300	750/500	1000/750	1000/750	1400/1000	2000/1400
乒乓球		300	500	1000	1000	1400	2000
体操、艺术体操、技巧、蹦床		300	500	750	1000	1400	2000
拳击		500	1000	2000	1000	2000	2500
柔道、摔跤、跆拳道、武术		300	500	1000	1000	1400	2000
举重		300	500	750	1000	1400	2000
击剑		300	500	750	1000	1400	2000
游泳、跳水、水球、花样游泳		200	300	500	1000	1400	2000
冰球、花样游泳、冰上舞蹈、短道速滑		300	500	1000	1000	1400	2000
速度滑冰		300	500	750	1000	1400	2000
场地自行车		200	500	750	1000	1400	2000
射击、射箭	射击区、弹（箭）道区	200	200	300	500	500	500
	靶心	1000	1000	1000	1500	1500	2000
马术		200	300	500	1000	1400	2000
网球		300	750/500	1000/750	1000/750	1400/1000	2000/1400
足球		200	300	500	1000	1400	2000
田径		200	300	500	1000	1400	2000
曲棍球		300	500	750	1000	1400	2000
棒球、垒球		300/200	500/300	750/500	1000/750	1400/1000	2000/1400
沙滩排球		200	500	750	1000	1400	2000

8.10.4 室内场地照明

（1）在室内体育馆进行的体育运动，要求场地上有较高的亮度和色彩对比。在各点上有足够的光，照度要均匀，立体感要强，要有合适的配光，光源的色温及显色性要满足彩色电视转播要求，并能对眩光加以限制。

（2）室内设施多数为多功能使用，为适应不同的布光方案，使照明灯具的调节和控制有充分的灵活性，灯具布置除采用顶部、两侧及混合布置的方式外，宜设置灯光马道，这样调节范围大，便于维修管理。

（3）加强侧向照明，可提高垂直面和空间照度。此外，应注意室内设计与照明设施和采光的结合。

（4）室内照明布置方式，如图 8.10-1 所示。

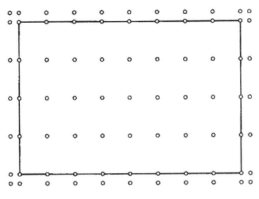

（a）室内体育馆灯具顶部布置　　　　　　　　（b）某冰球运动场场馆灯具布置

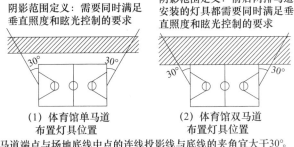

阴影范围定义：需要同时满足垂直照度和眩光控制的要求

（1）体育馆单马道布置灯具位置

阴影范围定义：前后两排马道安装的灯具都需要同时满足垂直照度和眩光控制的要求

（2）体育馆双马道布置灯具位置

马道端点与场地底线中点的连线投影线与底线的夹角宜大于30°。

（c）室内体育馆灯具马道布置

（d）某游泳馆灯具布置

图 8.10-1　室内照明布置方式图

8.10.5　室外场地照明

（1）对足球、田径等室外运动，主要考虑地表面的光量和光问题；此外，还应注意场地上部空间光分布的均匀，在一定的空间高度的各个方向上要保持一定的亮度。

（2）投光灯应根据运动项目的要求，选用不同光束角配光。灯具防护等级应符合国家有关规范要求，室外投光灯灯具有关规范要求，室外投光灯灯具外壳的防护等级不应小于 IP55，不便于维护或污染严重的场所其防护等级不应小于 IP65；投光灯应有水平和垂直方向的调整刻度，照计算时维护系数值应为 0.8，对于多雾和污染严重地区的室体育场维护系数值可降低至 0.7。

（3）室外场地照明灯具布置方式，如图 8.10-2 所示。

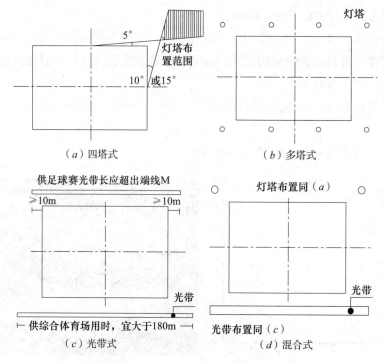

图 8.10-2 室外场地照明灯具布置方式图

8.10.6 体育照明灯具布置的其他要求

灯具布置应根据运动项目的特点和比赛场地的特征确定。灯具安装位置、高度、瞄准角应满足降低眩光和控制干扰光的要求。有电视转播比赛场地的灯具布置应满足主摄像机和辅摄像机垂直照度及均匀度的要求。

当体育馆具有赛事转播要求时，对于灯光的布置设计，需要满足表 8.10-3 中的有关要求。

不同运动项目灯具布置要求 表 8.10-3

类别	灯具布置
篮球	宜以带形布置在比赛场地边线两侧，并应超出比赛场地底线，灯具安装高度不应小于12m；以篮筐为中心直径 4m 的圆区上方不应布置灯具
排球 羽毛球	宜布置在比赛场地边线 1m 以外两侧，底线后方不宜布灯，并应超出比赛场地底线，灯具安装高度不应小于 12m；比赛场地上方不宜布置灯具
手球 室内足球	宜以带形布置在比赛场地边线两侧，并应超出比赛场地底线，灯具安装高度不应小于12m
体操	宜采用两侧布置方式，灯具瞄准角不宜大于 60°
乒乓球	宜在比赛场地外侧沿长边成排布置及采用对称布置方式，灯具安装高度不应小于 4m；灯具瞄准宜垂直于比赛方向
网球	宜平行布置于赛场边线两侧，布置总长度不应小于 36m；灯具瞄准宜垂直于赛场纵向中心线，灯具瞄准角不应大于 65°

类别	灯具布置
拳击	宜布置在拳击场上方，灯具组的高度宜为 5 ～ 7m；附加灯具可安装在观众席上方并瞄向比赛场地
柔道、摔跤、跆拳道、武术	宜采用顶部或两侧布置方式；用于补充垂直照度的灯具可布置在观众席上方，瞄向比赛场地
举重	宜布置在比赛场地的正前方
击剑	宜沿长台两侧布置，瞄准点在长台上，灯具准角宜为 20° ～ 30°；主摄像机侧的灯具间距为其相对一侧的 1/2
游泳、水球、花样游泳	宜沿泳池纵向两侧布置；灯具瞄准角宜为 50° ～ 55°
跳水	宜采用两侧布置方式，馆内有游泳池和跳水池时，灯具布置宜为游泳池灯具布置的延伸
冰球、花样滑冰、短道速滑、冰壶	灯具应分别布置在比赛场地及其外侧的上方，宜对称于场地长轴布置
速度滑冰	宜布置在内、外两条马道上，外侧灯具布置在赛道外侧看台上方，内侧灯具布置在热身赛道里侧，灯具瞄准方向宜垂直于赛道
场地自行车	应平行于赛道，形成内、外两环布置，但不应布置在赛道上方；灯具瞄准应垂直于骑手的运动方向；应增加对赛道终点照明的灯具
射击	射击区、弹道区灯具宜布置在顶棚上，避免直接投射向运动员
射箭	射箭区、箭道区灯具宜以带形布置在顶棚上

8.10.7　体育照明设计相关规定

（1）有电视转播时场地平均水平照度与平均垂直照度的比值宜为：体育场 0.75 ～ 1.80lx，体育馆 1.0 ～ 2.0lx。

（2）重大比赛时辅摄像机方向的垂直照度应为面向场地周边四个方向垂直面上的照度。（应注意摄像机对场地照明的影响较大）

（3）重大比赛时 TV 应急照明的照度标准值宜为该级照度的 50%，且主摄像机方向的垂直照度不应低于 750lx。

（4）HDTV 转播重大比赛有超高速摄像要求时，摄像机方向的垂直照度不应低于 1800lx，场地照明的频闪比不宜大于 6%。

（5）照明设计应进行照明计算，比赛场地的照度计算网格及摄像机位置宜符合 JGJ 153 的规定。

（6）照明计算维护系数取值应为 0.8；多雾和污染严重地区的室外体育场维护系数可取 0.7。

（7）水平照度和垂直照度均匀度梯度应符合有电视转播：当照度计算与测量网格小于 5m 时，每 2m 不应大于 10%；当照度计算与测量网格不小于 5m 时，每 4m 应大于 20%；无电视转播：每 5m 不应大于 50%。

（8）比赛场地每个计算点四个方向上的最小垂直照度和最大垂直照度之比不应小于 0.3；HDTV 转播重大比赛时不应小于 0.6。

（9）有电视转播要求的观众席前12排和主席台面向场地方向的平均垂直照度不应低于比赛场地主摄像机方向平均垂直照度的10%。主席台面的平均水平照度值不宜低于200lx，观众席的最小水平照度值不宜低于50lx。

（10）重大比赛场馆的外部相邻建筑、通道、停车场、设备之间的照明要求宜适当提高。

（11）观众席和运动场地安全照明的平均水平照度值不应小20lx。

（12）体育场馆出口及其通道的疏散照明最小水平照度值不应小于5lx。

8.10.8　体育照明光源选择

针对不同的光源种类，所具备的光源特性，是影响体育照明光源选择的主要因素，主要光源特性表，如表8.10-4所示。

体育照明光源选择　　　　表8.10-4

光源种类	光效（lm/W）	平均显色指数（Ra）	色温（K）	寿命（h）	特性
LED	55～70	＞70	3000～6500	30000～50000	节能，效率较高，配光控制容易
节能荧光灯	60～90	＞80	2700～6500	8000～12000	节能高效，配光控制较容易
金属卤化物灯	70～90	65～80	5000～6000	6000～9000	高效，配光控制容易

（1）灯具安装高度较高的体育场馆，光源宜采用高悬挂荧光灯、高效LED投光灯具、金属卤化物灯。

（2）顶棚较低，面积较小的室内体育馆，宜采用高悬挂荧光灯和小功率LED灯具。

（3）特殊场所光源可采用特殊灯具，如防爆灯具。

（4）光源功率应与比赛场地大小，安装位置和高度相适应。室外体育场宜采用大功率和中功率LED灯具、金属卤化物灯，并保证光源工作不间断或快速启动。

（5）光源应具有适宜的色温，良好的显色性，高光效，长寿命和稳定的点燃及光电特性。

（6）眩光与灯具的发光方式、安装高度、角度、灯具功率有直接关系，对眩光要求高的场所推荐采用高悬挂荧光灯具或者采用高度角度的调整来降低灯具的眩光。发光方式：点光源（LED、金卤灯），特点，单点光效高，眩光大，难以控制；面光源（高悬挂荧光灯、高悬挂LED灯），照度均匀，眩光低。

（7）光源的相关色温及应用可按表8.10-5确定。

光源的相关色温及应用　　　　表8.10-5

相关色温（K）	色调	体育场馆应用
＜3300	暖色	小型训练场所，非比赛场所
3300～5300	中间色	训练场所，比赛场所
＞5300	冷色	

8.10.9　体育照明灯具选择

（1）灯具及附件的安全性能应完全符合相关标准的规定。

（2）灯具的防触电等级应符合下列要求：应选用有金属外壳接地的Ⅰ类灯具或Ⅱ类灯具。游泳池和类似场所应选用防触电等级为Ⅲ类的灯具。

（3）灯具效率不应低于表 8.10-6 的规定。

灯具效率（%）　　　　　　　　　　　　　　　　　　　　表 8.10-6

高强度气体放电灯具	65
栅格式荧光灯具	75
透明保护罩荧光灯具	65

（4）灯具宜有多种配光形式，体育场馆灯光灯灯具可按下表进行分类：灯具配光分类，见表 8.10-7。

灯具配光分类　　　　　　　　　　　　　　　　　　　　表 8.10-7

光束分类	光束张角范围（°）
窄光束	10～45
中光束	46～100
宽光速	100～160

8.10.10　体育照明灯具附件选择

（1）选用的照明灯具附件应符合现行国家相关标准的有关规定。

（2）根据照明场所的环境要求，分别选用不同类型灯具。在有腐蚀性气体或蒸汽的场所，宜采用防腐蚀密闭式灯具。在振动、摆动较大的场所的灯具应有防震，防脱落措施。在需防止紫外线照射的场所，应采用隔紫外线灯具或无柴光源。直接安装在可燃材料表面的灯具，应采用标有"F"标志的灯具。灯具及附件应能满足使用环境的要求，灯具应强度高，耐腐蚀，灯具电器附件都必须满足耐热等级的要求。

（3）金属卤化物灯不宜采用敞开式灯具。灯具外壳的防护等级不应小于 IP55，不便于维护或污染严重的场所防护等级不应小于 IP65。

（4）灯具的开合方式应确保在维护时不改变其瞄准角度。

（5）安装在高空中的灯具宜选用重量轻，体积小和风载系数小的产品。灯具应自带或附带调角度的指示装置。灯具锁紧装置应能承受在使用条件下的最大风荷载。灯具及其附件要有防坠落措施。

8.10.11　体育照明灯杆设置

当场地采用四塔式，多塔式或塔带混合照明方式布灯时，需要选用照明灯杆作为灯具的承载体。照明灯杆在满足照明技术条件要求的情况下，与建筑物的关系主要有以下几种方式：

（1）灯杆独立于主体建筑物之外，这种灯杆作为独立设备单独存在，目前应用广泛。

（2）灯杆依附于主体建筑物上，但未同主体建筑整体结合，这种形式的基础同建筑物基础形式可能不同，需单独处理。

（3）灯杆依附于主体建筑物上，并同主体建筑物整体结合时，这种形式能很好地处理美观问题，如果这种方案可行，可优先考虑采用这种方案。

三种形式分别如图 8.10-3 所示。

（a）灯杆独立于主体之外　　（b）灯杆依附在主体上，但未与主体结合　（c）灯杆依附在主体上，且与主体结合

图 8.10-3　照明灯杆与建筑物的关系

（4）灯杆应根据航空管理设置障碍照明。

8.10.12　体育照明马道设置

（1）体育馆按需设置马道，马道设置的数量，高度，走向和位置应满足照明装置的要求。

（2）马道应留有足够的操作空间。

（3）马道的安装位置应避免建筑装饰材料、安装部件、管线和结构件等对照明光线的遮挡

8.10.13　体育照明控制方式

体育馆的照明控制系统根据比赛等级和类型不同提供不同的照明效果，设置多档次控制模式，变换照明方式和照度，最终达到其使用目的。

照明等级Ⅳ级及以上比赛场地照明应设置集中控制系统，Ⅲ级比赛场地照明宜设置集中控制系统；集中控制系统应根据需要预置针对各类运动项目的比赛、训练、健身、场地维护等不同使用目的的多种照明场景控制方案；照明等级凹级及以上比赛场地照明的集中控制系统，宜对全部比赛场地照明灯具进行单灯控制；采用 LED 灯的照明系统宜具备调光控制功能，宜显示各分支路干线的电气参数，宜显示全部比赛场地照明灯具的工作状态；使用高强气体放电光源且未设置热触发装置或不间断供电设施的照明系统，控制系统宜具有防止短时再启动的功能，宜具备照明设备的运行时间统计。

8.11　体育 LED 显示屏专项

8.11.1　LED 显示屏安全性与可靠性要求

体育场馆人群密度大，其场馆设备使用的安全性能应该放在第一位。一般情况下，体育场馆 LED 显示屏的安全性能应符合《发光二极管（LED）显示屏通用规范》SJ/T 11141—2017 中 5.7 要求，可靠性要符合标准中 5.10 要求。

材料选择上，要求选择阻燃性能好的聚合物材料（包括 LED 模组外壳、LED 模组填充胶、PCB 板、电源线护套等），同时在供电设计上，体育场馆 LED 显示屏须单独供电且符合《发光二极管（LED）显示屏通用规范》SJ/T 11141—2017 中 5.8 要求；电缆线路施工验收需符合《电气装置安装工程 电缆线路施工及验收标准》GB 50168、《电气装置安装工程 盘、柜及二次回路接线施工及验收规范》GB 50171 的要求；工程质量应符合《建筑电气工程施工质量验收规范》GB 50303 的要求。另外，体育赛事 LED 显示屏应有烟感、防雷、火灾自动报警和自动关屏功能，配电柜应具有过载保护功能、漏电保护功能和分步上电功能。

8.11.2　显示屏的安装位置和数量上的要求

体育赛事 LED 显示屏的安装位置需要保证场馆内固定座位的观众 95% 以上能够有效观看，视距、视觉宽广。同时要求 LED 显示屏显示内容能够让比赛现场的运动员、教练员和裁判员（跳水比赛中现场打分裁判员除外）都能够方便地清楚地看到。

8.11.3　LED 显示屏最大视距和字符高度要求

户外体育场馆全彩 LED 显示屏亮度要求 5000cd/m² 以上；双基色显示屏 4000cd/m² 以上；单色 2000cd/m² 以上。室内体育场馆全彩 LED 显示屏亮度要求 1000cd/m² 以上；双基色 led 显示屏 300cd/m² 以上；单色 120cd/m² 以上。同时在字符高度要求上，建筑结构独立的游泳馆和跳水馆 LED 显示屏每个字符至少高于 0.2m，建筑结构一体的游泳跳水馆 LED 显示屏每个字符至少高于 0.28m。

8.11.4　LED 显示屏的光学性能要求

体育赛事 LED 显示屏视角要求宽阔，视觉距远视觉大，亮度均匀、可调节。在背景照度小于 20lx 时，LED 显示屏的对比度应能达到 100e1。白场色品坐标根据使用环境在色温 5000～9500K 之内可调，按 CIE1931 色度系统，允差为 $|\triangle x| \leqslant 0.030$，$|\triangle y| \leqslant 0.030$。

8.11.5　LED 显示屏显示内容可实时控制

要求具备实时显示比赛的滚动计时，可显示滚动比赛成绩，可翻页显示比赛成绩，显示的文字内容可以自动、手动切换。对于有图文和视频显示功能的全彩 LED 显示屏，文字与图片、动画、现场直播图像之间应能相互自动、手动切换。

多功能体育馆要保证方便、准确地利用显示屏，就应在设计制造中坚持高标准、高技术、高质量的要求，具体可以从以下3个方面分析。

1. 高标准的发光材料

发光材料是显示屏特别是全彩色显示屏最重要的材料，是保证显示屏显示效果和高可靠性、长寿命的关键，主要参考指标是亮度和均匀性。控制驱动芯片是显示屏关键设计的保证，由于这一部分的技术含量较高，加之生产厂家的水平参差不齐，这一部分的设计应慎重对待。开关电源是显示屏中故障率较高的元件，必须采用高品质的开关电源，才能保证满足体育馆显示屏的使用要求。

2. 高水平的控制技术

体育馆显示屏是服务于竞技项目的大型设施，在其控制技术上需综合该行业的先进技术，如静态锁存技术、白平衡技术、非线性矫正技术、高灰度技术、色彩均匀性技术、视频处理技术、快速运动图像补偿技术、全制动控制技术等。

3. 设计和安装调试的质量保证

体育馆显示屏一般用于体育比赛、大型活动，任何一点故障和失误都会造成很大的影响，因而稳定的工程质量是用户的客观要求。为了达到要求，保证显示屏稳定、可靠地运行，做到万无一失，就必须在设计、生产、安装、调试、交付使用中以质量为先导，用有效的质量保证体系来保证整个生产过程。

（1）LED电子显示屏的设计、制造、安装、调试和运行一定要与体育馆的场地平面、剖面相配套，协调好整体效果，同时应充分考虑场地的电源结构。

（2）一般来讲，应保证电源在（220±22）V、（380±38）V的范围内正常工作。另外，所有的控制设备应集中于一个控制室内，场地内应在各种比赛的裁判席处留有控制设备的接入口。

场地较大，观众座位达到5000个以上的体育馆，一般可建造两块面积达40m² 的LED电子显示屏，其中一块屏分为时钟区、全彩色区和双基色区三部分，另一块屏可分为时钟区和双基色区两部分。这样做既保证了各种功能的满足，又保证了资金的合理使用。若资金充足，且以后有可能承办大型集会或比赛，还可以把两块屏做成全彩屏，使播放效果更逼真、气氛渲染更浓厚。

8.11.6 LED显示屏显示内容的需求分析

多功能的现代化体育馆，不仅可用于举行各种体育比赛，而且可用于举办各种大型文艺活动和集会等，因而对显示屏的显示内容要求可概括为丰富、多样、实时，具体如下：

1. 实况转播视频图像的需求

体育馆举办的体育比赛、文艺表演、大型活动可通过电子显示屏实况转播，并具有全景、特写、慢镜头、闪跳动作、拖曳影像、怀旧电影等特技效果。

2. 多种输入方式的兼容性需求

体育馆显示屏不仅可由摄像机进行真彩色实时现场转播，还可转播电视及卫星电视节目，播放 VCD、DVD、LD 和各种自制视频信号节目，支持 PAL、NTSC 等各种制式，显示内容还可以是计算机上的各种图文信息，来自体育馆内部信息网或公众信息网的各种信息；具有在电视画面上叠加文字信息，也可在视频图像外叠加文字、图片、动画等功能；在文艺表演、大型集会时播放相关背景画面等。

3. 丰富多彩的图文信息播放的需求

体育馆显示屏一方面可用于视频图像的实况转播，另一方面可进行新闻发布、重要通知、标语显示，显示屏可显示文字、图形、图案、动画等；具有同时播放左右不同比例的画面及文字的功能。

4. 多种播出方式的需求

要有平移、滚动、旋转、划变、拉幕、单 / 多行平移、单 / 多行上 / 下移、左 / 右拉、上 / 下拉、翻页、移动、旋转、缩小、放大、闪烁、开窗等功能，为了举办大型国际性的体育赛事和活动，显示屏对各国语言要兼容，如可显示中文、英文、数字及各种文字，并有多种字体字型选择，文字可无级缩放。

5. 插播广告宣传和显示方式的需求

体育馆全彩色显示屏作为体育馆中最引人注目的显示媒体，必然会成为广大企业宣传的首选，因而在显示内容的需求上也要充分考虑各商家广告播放的需要，使显示屏能迅速方便地插播企业广告，满足广大客户的需求。

6. 体育比赛信息和体育成绩公布的需要

体育比赛信息和成绩的发布是对电子显示屏实现其显示功能的基本要求，因而在设计中应充分考虑各类体育比赛的使用要求，发布比赛信息，如篮球、排球、羽毛球、乒乓球、举重、体操等多种比赛信息，在成绩公布中可显示国名、队名、姓名、运动员号码及成绩记录等；比赛中可以显示各种实时信息，如比赛队名、比分、进球运动员、换人、犯规处罚的运动员姓名、号码及次数等。

7. 时钟显示的需求

体育馆显示屏另一显示功能是要求具有准确时钟显示功能，时钟显示功能包括北京时间、比赛时钟、倒计时显示，可根据不同的比赛项目和裁判规则设置不同的比赛时钟，并可方便地控制计时暂停、复位、快调、慢调等。

8. 音频同步播放的需求

（1）体育馆显示屏具有音频接口，可与场馆内的音响结合，达到声像同步功能。

（2）由于体育馆比赛和活动在白天或强烈灯光下进行，因而显示屏必须达到高亮度，在强光下有清晰可见的效果。

（3）由于显示屏体积较大，固定安装，接线较多，不能做特殊的保存方式，加之要适应安装地区可能出现的潮湿、多雨、高温天气，因此要保证稳定、可靠的使用，必须在设计、施工中考虑防潮、防腐以及良好的散热措施。同时还应做好显示屏的防尘处理。

8.12 体育建筑声学

体育建筑声学[①] 设计，是确保比赛场馆具备赛事，基础条件的必要设计手段。通过对厅堂的声学特性研究，采取相应的物理措施，确保体育场馆大空间的声音效果符合相关要求。

8.12.1 体育建筑声学设计基本规定

（1）体育场馆的建筑声学条件应保证使用扩声系统时的语言清晰。未设置固定安装的扩声系统的训练馆，其建筑声学条件应保证训练项目对声环境的要求。

（2）体育馆比赛大厅内观众席和比赛场地以及体育场的观众席不宜出现回声、颤动回声和声聚焦等声学缺陷。

（3）当选择体育场馆建筑声学处理方案时，应结合建筑形式、结构形式、观众席和比赛场地的配置及扬声器的布置等因素确定。

（4）当选择声学材料和构造时，声学材料和构造应符合对材料的声学性能、强度、防火、装修、卫生、环保、防潮、造价等方面的要求。

（5）体育场馆的吸声处理宜结合房间围护结构的保温、隔热、遮光的要求进行综合设计。

（6）在处理比赛大厅内吸声、反射声和避免声学缺陷等问题时，除应将扩声扬声器作为主要声源外，还宜将进行体育活动时产生的自然声源作为声源。

8.12.2 体育建筑声学基本原则

（1）体育场馆建筑声学设计主要目的是控制混响时间，消除声学缺陷，保证扩声系统的正常使用。

（2）体育建筑中应尽可能利用允许的部位布置吸声构造，通常可以布置吸声材料的部位包括屋面钢结构网架内、马道下、屋面系统内、四周墙面。

（3）应消除体育建筑内回声和声聚焦等声学缺陷，处理时除应将扩声扬声器作为主要声源外，应将进行体育活动时产生的声音作为声源。因为体育馆中常见的声源与声缺陷，在产生声缺陷的部位应设置强吸声构造。

8.12.3 体育建筑声学设计指标参数

（1）综合体育馆比赛大厅满场 500 ~ 1000Hz 混响时间，如表 8.12-1 所示。

（2）游泳馆比赛大厅满场 500 ~ 1000Hz 混响时间，如表 8.12-2 所示。

（3）体育馆比赛大厅等厅（室）的背景噪声限值，如表 8.12-3 所示。

（4）体育场声学设计指标推荐值，如表 8.12-4 所示。

---

① 体育场馆声学设计及测量规程：JGJ 131—2012［S］. 北京：中国建筑工业出版社，2013.

综合体育馆混响时间　　　　　表 8.12-1

综合体育馆等级	体育馆按等级在不同容积（m³）下的混响时间（s）		
	> 80000m³	40000 ～ 80000m³	< 40000m³
特级、甲级	1.70	1.40	1.30
乙级	1.90	1.50	1.40
丙级	2.10	1.70	1.50

注：所规定的混响时间指标允许 ±0.15s 的变动范围。

游泳馆混响时间　　　　　表 8.12-2

游泳馆等级	游泳馆等级在不同容积（m³）下的混响时间（s）	
	< 25m³/ 座	> 25m³/ 座
特级、甲级	< 2.0	< 2.5
乙级、丙级	< 2.5	< 3.0

注：有花样表演的溜冰馆，其比赛厅混响时间可按上表内溶剂大于80000m³的综合体育馆比赛大厅的混响时间设计。冰球馆、速滑馆、网球馆、田径馆等专项体育馆比赛混响时间可以按游泳馆比赛厅的混响时间设计。

体育馆比赛大厅等厅（室）的背景噪声限值　　　　　表 8.12-3

厅、室类别	体育馆不同等级厅、室的噪声限制	
	特级、甲级	乙级、丙级
比赛大厅	NR-35	NR-40
贵宾休息室	NR-30	NR-35
扩声控制室	NR-35	NR-40
评论员室	NR-30	NR-30
扩声播音室	NR-30	NR-30

体育场声学设计指标推荐值　　　　　表 8.12-4

场内最大声压级（dB）	声场不均匀度（dB）	扩声系统传声增益（dB）	地区有效频率范围（Hz）
> 90	< 10	> 10	100 ～ 1000

注：根据体育场不同规模，有关指标可适当变动。

8.12.4　体育建筑音质缺陷及设计要点

1. 音质缺陷原因

体育馆容积大，自由声程过大，容易产生回声和多重回声，使人听音混浊，干扰音响设备的正常运行。体育馆体型规则如长方形、正方形等，则容易产生颤动回声。体育馆体型不规则如圆形、弧形等（现在体育馆多数为不规则体型），则容易产生声聚焦现象。体育馆内部设有噪声严重的机房等各类功能用房时，产生噪声，使背景声增加，影响体育馆的正常使用。

2. 设计措施要点

根据场馆的使用功能和用途，设计合理的混响时间，并在比赛大厅的相应位置上安装吸声材料。比赛大厅宜利用休息廊等隔绝外界噪声干扰，休息廊做吸声降噪处理。通往比赛大厅、贵宾休息室、扩声控制室、电视评论室、扩声播音室等房间的送、回风管道均采取消声、降噪和减振措施。空调机房、锅炉房等各种设备用房应远离比赛大厅、贵宾室等有安静要求的用房。当其与主体建筑相毗邻时，采取有效的降噪、隔振措施。

8.12.5 声学设计物理措施

（1）体育馆比赛大厅的上空应设置吸声材料或吸声构造。

（2）当体育馆比赛大厅屋面有采光顶时，应结合遮光构造对采光部位进行吸声处理。

（3）体育馆比赛大厅四周的玻璃窗宜设置吸声窗帘。

（4）体育馆比赛大厅的山墙或其他大面积墙面应做吸声处理。

（5）体育馆比赛场地周围的矮墙、看台栏板宜设置吸声构造，或控制倾斜角度和造型。

（6）体育馆内与比赛大厅连通为一体的休息大厅内应结合装修进行吸声处理。

（7）游泳馆中使用的声学材料应采取防潮、防酸碱雾的措施。

（8）网球馆内应在有可能对网球撞击地面的声音产生回声的部位进行吸声处理。

（9）对挑棚较深的体育场，宜在挑棚内进行吸声处理。

（10）体育场馆的主席台、裁判席周围壁面应做吸声处理。

（11）在没有观众席的体育馆、训练馆和游泳馆内宜在墙面和顶棚进行吸声处理。

（12）体育场馆的评论员室、播音室、扩声控制室、贵宾休息室和包厢等辅助房间内应结合装修进行吸声处理。

8.12.6 扩声系统设计

（1）在体育场馆中应设置固定安装的扩声系统。固定安装的扩声系统应满足体育比赛活动时观众席、比赛场地等服务区域的语言扩声需求。

（2）扩声系统应保证在观众席、比赛场地及其他系统服务区域内达到相应的声压级，声音应清晰、声场应均匀。同时，在其服务区域所产生的最大声音不应造成人员听力的损伤。

（3）当体育场馆进行非体育比赛活动时，宜根据需要配置临时扩声系统，结合固定安装的扩声系统使用。

（4）根据使用要求，固定安装的扩声系统应包括下列独立或同时使用的主扩声系统和辅助系统：观众席、比赛场地的主扩声系统；检录、呼叫广播系统；新闻发布厅扩声系统；内部通话系统；游泳池水下广播系统。

（5）主要观众席和比赛场地周边应设置扩声系统综合输入、输出接口插座，扩声控制室与各控制机房之间应有管道或线槽路径供安装信号联络线。

（6）扩声系统对服务区以外有人区域不应造成环境噪声污染。

（7）应按使用范围配置相应数量的传声器；应选择有利于抑制声反馈、低阻抗和平衡输出类型的传声器；在主席台、裁判席应设传声器插座；比赛场地四周宜设传声器插座。

（8）观众席扬声器系统应选用灵敏度高、指向性合适、最大声压级高、频带范围宽的扬声器系统；扬声器系统宜根据不同场馆的具体情况，可采用集中式、分散式或集中分散相结合的方式吊装；在体育场馆观众席上感觉到的由扩声扬声器系统产生的声像宜位于前方；对露天非全封闭体育场，扬声器系统应为全天候型：具有防风、防热、防水、防盐雾（沿海地区）等性能；在游泳馆使用的扬声器系统应具有防水、防酸碱雾等性能；当采用功率放大器与扬声器为一体的有源扬声器系统时，有源扬声器系统的安装位置应满足安全要求。

（9）比赛场地扬声器系统应设置可独立控制的扬声器系统，扬声器系统的轴线指向应避免场地作为反射面将主要声能反射到观众席上。

（10）主扩声扬声器系统与可能设置主扩声传声器处之间的距离宜大于主扩声扬声器系统的临界距离；扬声器系统主轴应避免指向主扩声传声器。

（11）主扩声扬声器系统的特性及配置应使其直达声均匀覆盖其服务区。主扩声扬声器系统的设置，应避免在体育馆观众席、比赛场地出现回声；应避免在体育场观众席出现强回声。

8.13　体育智能化

体育建筑智能化[①]，指为在体育建筑内举办体育赛事和实现体育建筑的多功能应用，并满足日常管理的需要，通过信息设施和信息应用构建的对建筑设备、比赛设施进行控制、监测、显示的综合管理系统。体育建筑智能化系统配置如表 8.13-1 所示。

体育建筑智能化系统配置表　　　　　　　　　　　　　表 8.13-1

智能化系统配置		体育建筑等级（规模）			
		特大级（特大型）	甲级（大型）	乙型（中型）	丙级（小型）
设备管理系统	建筑设备监控系统	√	√	○	○
	火灾自行报警系统	√	√	√	√
	安全技术防范系统	√	√	√	○
	建筑设备集成管理系统	√	√	√	√
信息管理系统	综合布线系统	√	√	√	○
	语音通信系统	√	√	√	√
	信息网络系统	√	√	○	○
	有线电视系统	√	√	√	√
	公共广播系统	√	√	√	√
	电子会议系统	√	√	○	√

---

① 体育建筑智能化系统工程技术规程：JGJ 179—2009［S］. 北京：中国建筑工业出版社，2009.

续表

智能化系统配置		体育建筑等级（规模）			
		特大级（特大型）	甲级（大型）	乙型（中型）	丙级（小型）
专用设施系统	信息显示及控制系统	√	√	○	×
	场地扩声系统	√	√	√	○
	场地照明及控制系统	√	√	○	×
	计时记分及现场成绩处理系统	√	√	○	×
	竞赛技术统计系统	√	○	○	×
	现场影像采集及回放系统	√	○	○	×
	售检票系统	√	√	○	×
	电视转播和现场评论系统	√	○	×	×
	标准时钟系统	√	√	○	×
	升旗控制系统	√	√	○	×
	比赛设备集成管理系统	√	√	○	×
信息应用系统	信息查询和发布系统	√	√	○	×
	赛事综合管理系统	○	○	×	×
	大型活动公共安全信息系统	○	○	×	×
	场馆运营管理系统	√	√	○	×

注：√表示应用；○表示宜采用；×表示可不采用。

8.13.1 赛事智能化（专用设施系统）

（1）体育建筑特有的、为满足举行比赛及观看、报道和转播比赛所必需的智能化系统，包括信息显示及控制、场地扩声、场地照明及控制、计时记分及现场成绩处理、现场影像采集及回放、售检票、电视转播和现场评论、标准时钟、升旗控制、比赛设备集成管理等系统。

（2）专用设施系统的设计应根据体育建筑的规模、等级和功能需求等实际情况，选择配置相关系统。

（3）专用设施系统应满足场馆运营管理的需要，并应与建筑设备监控系统、火灾自动报警系统和安全技术防范系统等实现系统集成或预留技术接口。

8.13.2 信息显示及控制系统

（1）信息显示及控制系统应包括比赛信息显示系统和彩色视频显示系统。

（2）比赛场馆应设置满足举办体育赛事需要的比赛信息显示及控制系统，并宜根据比赛的级别和项目特点，设置彩色视频显示屏系统，且显示屏的设置应符合国际单项体育组织的有关规定。

（3）信息显示及控制系统应在综合布线系统、信息网络系统的基础上与计时记分及现场成绩处理、竞赛技术统计、有线电视、电视转播及现场评论、现场影像采集及回放、场地扩声等系统相连。

（4）信息显示及控制系统应由硬件部分和软件部分组成。硬件部分应包括显示图像和文字信息的显示屏、专用数据转换设备、信号传输电缆以及用来控制显示屏工作的控制设备和显示信息处理设备；软件部分应包括显示屏的驱动控制软件、显示信息的处理、控制软件。

（5）信息显示及控制系统的信号传输部分应具备选择多种传输介质进行远距离传输的能力，显示控制部分应具备标准的数据接口，并应具备多种标准视频接口，可接收多种制式的视频信号。

（6）信息显示及控制系统的控制软件应具备多种显示方式，并应实现文字、图形、图像和视频的显示控制。

（7）信息显示及控制系统应能实时获取计时记分及现场成绩处理系统中的竞赛信息，并应能结合实时获取的现场电视转播系统或现场影像采集系统的现场视频信号，编辑处理成多媒体信息进行显示。

（8）信息显示及控制系统显示的文字最小高度和最大观看距离的关系、比赛信息显示屏显示的字符行数和列数的最低要求、LED 全彩显示屏视频画面的最小解析度要求等可按照现行行业标准《体育场馆设备使用要求及检验方法 第 1 部分：LED 显示屏》TY/T 1001.1的规定进行确定。

（9）信息显示及控制系统在竞赛区应符合下列要求：

1）比赛场地应根据不同比赛项目的需要，结合比赛项目的计时记分及现场成绩处理系统，设置比赛信息显示屏。

2）比赛热身区的热身场地、按摩区、热身休息区应设置比赛信息显示屏。

（10）信息显示及控制系统在观众区应符合下列要求：

1）应根据需要设置一块或多块用于显示比赛信息或视频图像的显示屏，显示屏的安装位置应满足场馆内 95% 以上的固定坐席观众的最大视距要求。

2）观众服务区应设置显示屏。

3）运动员区的运动员检录处应设置显示屏。

4）媒体工作区的新闻中心、新闻发布厅应设置显示屏。

5）贵宾服务区应设置显示屏。

6）赞助商包厢及服务区应设置显示屏。

（11）信息显示及控制系统控制室宜与场地扩声系统控制室、场地灯光系统控制室合并设置。

（12）信息显示及控制系统应满足体育建筑赛后运营的使用要求。

8.13.3 场地扩声系统

（1）场地扩声系统应设置在场馆的竞赛区、观众区，并应作为语言及音乐兼用。

（2）场地扩声系统的设计应与建筑声学设计、环境噪声控制相结合，统筹考虑。

（3）场地扩声系统应由传声器、调音设备、放大器、扬声器和信号处理设备等组成。

（4）信息显示及控制系统和公共广播系统应设置音频接口。当发生火灾或其他紧急突发事件时，消防控制室和公安应急处理中心应具有强制切换场地扩声系统广播内容的能力。

（5）场地扩声系统应保证比赛场地和观众区等区域的声压级和语言清晰度。

（6）竞赛区和观众区的扩声系统应采用固定扩声系统，运动员区和竞赛管理区的竞赛信息广播系统以及场馆外广场扩声系统宜与公共广播系统合用，其他扩声系统宜采用移动扩声系统。

（7）场地扩声系统应配备足够数量的传声器，且宜采用有利于抑制声反馈、低阻抗平衡输出的传声器。

（8）场地扩声系统应配置独立的调音台，调音台的输入通道总数不应少于最大使用输入通道数。

（9）场地扩声系统功率放大器的设计功率不宜低于扬声器系统设计功率的 1.5 倍，功率放大器与主扬声器系统之间的连线功率损耗应小于主扩声扬声器系统功率的 10%，次低频扬声器系统的连线功率损耗宜小于 5%。

（10）场地扩声系统对观众区、比赛场地的最大声压级宜为 99 ～ 105dB，其他扩声特性指标应按现行行业标准《体育场馆声学设计及测量规程》JGJ/T 131 的规定执行。

（11）场地扩声系统的声音对周围环境和居民的影响不得高于现行国家标准《声环境质量标准》GB 3096 的规定。

（12）扬声器的选型和布局应根据建筑的形状、大小、座位容量和混响时间、使用用途等进行设计，直达声应覆盖均匀，并应减轻观众区的声波干涉。

（13）场地扩声系统应配备信号处理设备。

（14）场地扩声系统应与公共广播系统结合，减少设备的重复配置。

（15）竞赛区应设置专门服务于比赛场地的扬声器，保证裁判员、运动员在比赛场地内能清晰地听到扩声广播。

（16）观众区应设置专门服务于观众席的扬声器，保证场馆内所有的观众席能清晰地听到扩声广播。

（17）场地扩声系统应满足体育建筑赛后运营的使用要求。宜采用临时或移动扩声系统来满足场馆举办文娱活动时对音乐扩声的需求。

8.13.4 场地照明及控制系统

（1）场地照明及控制系统应满足不同比赛项目的要求，实现各种比赛所需的灯光照明模式，节省能源，并应符合现行标准《体育场馆照明设计及检测标准》JGJ 153、《体育照明使用要求及检验方法 第 1 部分：室外足球场和综合体育场》TY/T 1002.1 和《建筑照明设计标准》GB 50034 的规定。

（2）比赛场地照明的控制模式应符合表 8.13-2 要求。[①]

比赛场地照明的控制模式

表 8.13-2

照明控制模式		体育建筑等级（规模）			
		特大级（特大型）	甲级（大型）	乙型（中型）	丙级（小型）
有电视转播	HDTV 转播重大国际比赛	√	○	×	×
	TV 转播重大国际比赛	√	√	○	×
	TV 转播国家、国际比赛	√	√	√	○
	TV 应急	√	√	○	×
无电视转播	专业比赛	√	√	√	○
	业余比赛、专业训练	√	√	○	√
	训练和娱乐活动	√	√	√	○
	清扫	√	√	√	√

（3）智能照明控制系统应采用开放的通信协议，可与比赛设备集成管理系统或其他照明控制系统相连接。当其他照明控制系统与场地照明控制系统相连或共用时，不得影响场地照明的正常使用。

（4）智能照明控制系统的网络结构可为集中式、集散式或分布式。智能照明控制系统应设模拟盘或监视屏，以图形形式显示灯的状况。所用软件应可在通用硬件上使用，所用语言宜为中文。

（5）场地照明及控制系统驱动模块的额定电流不应小于其回路的计算电流，驱动模块额定电压应与所在回路的额定电压相一致。当驱动模块安装在控制柜等不良散热场所或高温场所，应降容使用，降容系数宜为 0.8 ～ 1。

（6）智能照明控制系统的总线或信号线、控制线不得与强电电源线共管或共槽敷设，保护管应为金属管，并应良好接地。

（7）智能照明控制系统应具有以下功能：

1）预设置灯光场景功能，且不因停电而丢失。

2）系统模块场景渐变时间可任意设置。

3）软启动、软停机功能，启动时间和停机时间可调。

4）手动控制功能：当手动控制采用智能控制面板时，应有"锁定"功能，或采取其他防误操作措施。

5）回路监测功能：可以监测灯的状态、过载报警、漏电报警、回路电流监测、灯使用累计时间、灯预期寿命等。

6）分组延时开灯功能，或采取其他措施防止灯集中启动时的浪涌电流。

---

① 体育建筑智能化系统工程技术规程：JGJ 179—2009［S］. 北京：中国建筑工业出版社，2009.

8.13.5　计时计分及现场成绩处理系统

（1）计时记分及现场成绩处理系统应满足竞赛规则的要求，并应具备对比赛全过程产生的成绩及与比赛相关的环境因素进行监视、测量、量化处理、显示公布的能力。计时记分及现场成绩处理系统如图 8.13-1 所示。

（2）计时记分及现场成绩处理系统应能把从比赛现场获得各种竞赛信息，传送到总裁判席、计时记分机房、现场成绩处理机房、电视转播机房、信息显示及控制系统机房。

（3）计时记分系统应具备完整的数据评判体系，并应具备将其采集的数据通过技术接口传送给现场成绩处理系统的功能，应根据不同比赛项目的需要，在比赛场地设置计时记分装置及比赛信息显示屏。计时记分装置及比赛信息显示屏如图 8.13-2 所示。

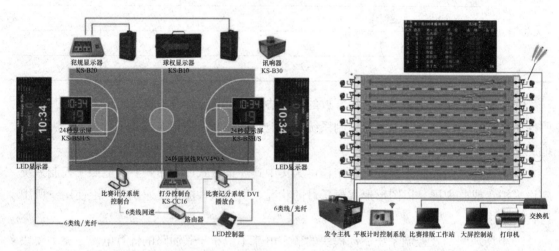

图 8.13-1　计时记分及现场成绩处理系统　　　图 8.13-2　计时记分装置及比赛信息显示屏

（4）计时记分系统应符合下列要求

1）计时计分系统由数据（成绩）采集、数据（成绩）传输和数据（成绩）输出三部分组成。

2）数据（成绩）采集应包括各种检测设备、发令设备、自动计时设备、现场裁判员用记分设备、计时设备等。

3）数据（成绩）采集的设备所采集的比赛环境数据（如风速等）、比赛成绩数据（如距离、高度、时间、得分等）应客观、精确，数据的精度应符合国家及国际各单项体育组织的有关规定。

4）数据（成绩）采集用各种设备须具备良好的性能，室外用设备须具备防尘和防水功能，应能适应比赛环境的变化，设备应具备符合国际工业标准的联网接口。

5）数据（成绩）传输宜采用国际标准的通信协议进行现场采集数据的传输，以方便现场成绩处理系统的数据处理和成绩发布，系统精度不应低于国家及国际单项体育组织的要求。

6）显示比赛信息的各种显示屏，其数量、位置、面积、显示的内容应满足国家及国际单项体育组织竞赛规则及运动员、观众对视距、视角的要求。

7）联网型比赛信息显示屏应与计时记分系统的数据采集设备和现场成绩处理系统连接，接收、显示数据；独立型比赛信息显示屏应配备不低于比赛用时的工作电源，并具备充电功能；设备应具备远程控制操作功能和联网通信接口。

（5）现场成绩处理系统应具备快速数据处理能力，并应具备与其他系统进行数据交换的能力。赛事专用的现场成绩处理机房内应设置现场成绩处理系统，保证各种赛时信息的及时处理和发布。

（6）现场成绩处理系统应符合下列要求

1）应及时处理场馆举办单项比赛期间的各种数据信息，提供及时的赛程编排、成绩数据采集、成绩处理、成绩校核、成绩发布等功能，同时将以上内容上传至信息显示及控制系统、电视转播和现场评论系统、信息查询和发布系统、打印分发系统。如图 8.13-3 所示。

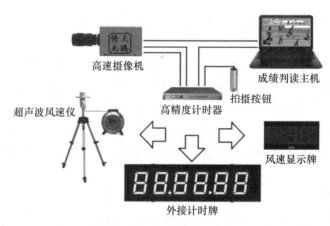

图 8.13-3　信息显示及控制系统

2）应在场馆设置现场成绩处理中心（机房），以提供现场成绩处理系统专用数据库服务器、成绩处理终端、成绩处理计算机局域网络的工作空间。

（7）计时记分及现场成绩处理系统应具备与信息显示及控制系统、电视转播和现场评论系统、信息查询和发布系统、比赛设备集成管理系统通信的接口和开放的协议。

（8）举办综合性运动会的体育建筑，其现场成绩处理系统应能及时把各种比赛信息传送到综合性运动会的其他信息系统。

8.13.6　竞赛技术统计系统

（1）竞赛技术统计系统（图 8.13-4）应能通过自动录入接口或人工录入的方法记录运动员（队）在比赛过程中不同时刻的技术状况数据，并应能对数据进行处理后产生统计结果。在赛事期间的处理准确率应达到 100%。

（2）竞赛技术统计系统应由竞赛现场的技术统计专业人员提供原始数据，现场专门进行技术统计的处理机应负责实时完成录入和统计工作。计时记分及成绩处理系统中的裁判员统计数据宜作为竞赛技术统计的内容。

图 8.13-4　竞赛技术统计系统设备

（3）在多赛场和单赛场多项目的赛事中，竞赛技术统计系统应具备各场馆之间数据互传，集中和分布相结合的统计处理能力。

（4）竞赛技术统计系统应具备与信息显示及控制系统、电视转播和现场评论系统、比赛设备集成管理系统、第三方系统通信的接口和开放的协议，以满足信息互通与共享的需要。技术统计结果经过确认后，应及时传送到信息显示及控制系统、电视转播和现场评论系统、信息查询和发布系统。

（5）根据不同比赛项目的需要，应在比赛场地设置竞赛技术统计系统的处理机。

8.13.7　售检票系统

（1）售检票系统应由门票制作部分、售票部分、通道检票部分、体育场（馆）票务综合监控管理部分组成。

（2）售检票系统的制票、售票、检票以及综合监控管理均应能通过计算机网络进行通信，并应由专用软件统一处理和分析。

（3）售检票系统应能根据体育建筑的座位、通道以及制票方案，产生相应的门票数据，并应能进行门票的制作和打印。

（4）售检票系统应具备本地销售和远程联网销售的功能，观众可通过多种方式确定所购门票的座位和数量。

（5）售检票系统的检票设备应采用联网型通道闸机、联网型手持检票机或两者结合的方式进行检票管理。如图 8.13-5 所示。

（6）售检票系统的检票通道数量应保证在所有通道正常工作状态下，90% 以上的观众在规定的入场时间内进入体育建筑。

（7）售检票系统的检票通道应满足公安及消防对通道的要求，可通过网络对每个通道闸机实行远程开启或关闭控制。观众入口处应至少设置一个残疾人专用检票通道。

（8）售检票系统的软件应具有监控门票销售、通道运行状态、系统网络状况的能力以及进行统计、生成报表等管理功能。

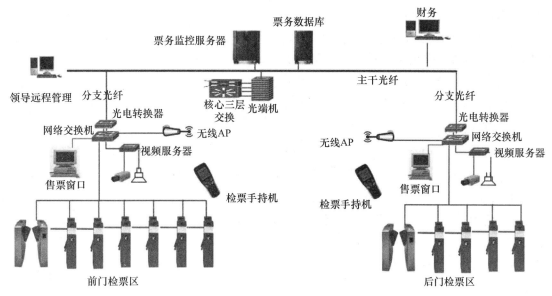

图 8.13-5 售检票系统

（9）售检票系统应与体育建筑的安全技术防范、火灾自动报警等系统实现系统集成。

（10）售检票系统应满足体育建筑赛后运营的使用要求。

（11）对举办综合性运动会的体育建筑，应能与综合性运动会售检票系统互联。

8.13.8 电视转播和现场评论系统

（1）电视转播和现场评论系统应为体育赛事或其他活动的电视转播提供现场音视频信号采集、处理以及评论员进行现场评论的工作条件。

（2）对举办国家级、洲际性以及世界性重大体育赛事的体育建筑，应在场馆内部或场馆外设置电视转播机房和转播车停车位、摄像机位、电缆通道、评论员席、混合区、广播电视综合区等区域，区域的面积和环境应满足电视转播机构的要求。

（3）摄像机机位的位置应根据不同比赛项目对电视转播工艺的要求进行设置，该位置的照明应满足电视转播的要求。

（4）赛场、观众席、运动员入口、混合区等区域应设置主播摄像机机位，并应预留相应的电源和信号接口。

（5）赛场、观众席、运动员入口、混合区等区域应设置次要摄像机机位，并应预留相应的电源和信号接口。

（6）体育建筑内应敷设专用电视转播电缆通道，缆沟应设置在暗处，吊架可设置在明处，可采用缆沟和吊架相结合的方式。

（7）评论员席应设置在场馆内最佳坐席区域，并应预留相应的电源和信号接口。

（8）混合区的灯光照明应满足摄影、摄像要求，应设有电视转播缆沟，并应预留相应的电源和信号接口。

（9）电视转播车停车位应设置在体育建筑物外靠近场馆电视转播机房的地方，并应预

231

留相应的电源和信号接口。

（10）根据体育赛事的规模和等级，宜在建筑外的广场或公共区域，临时设置广播电视综合区，并应预留相应的电源和信号接口。

（11）体育建筑内应设置一电视转播机房，且面积不宜小于30m²。

（12）电视转播和现场评论系统的供配电应符合下列要求：

1）电视转播机房应配置配电源柜一个，柜内输入电压为AC 380V，电源应由市电和备用电源提供，两路电源可实现互投。配电源柜应为每辆电视转播车辆提供不小于30kW的电功率，并应提供连接电视转播车的电缆通道，电源接地应采用TN—S，机房宜提供专用工艺接地。

2）应为每个评论员席提供输入电压为AC 220V、额定电流10A的插座，插座不得少于5个，或提供1个5组以上的额定电流为10A的插座板。

3）混合区应为每家媒体提供输入电压为AC 220V、5组以上的额定电流为10A的插座板1个。

4）电视转播车可通过在停车位附近设置室外配电柜供电，也可通过连接电视转播机房的电缆通道，由转播机房内的配电柜供电。每台电视转播车的电功率不得小于30kW。

（13）根据不同比赛项目的转播需要，应在比赛场地周边设置摄像机位，并应和电视转播缆沟连通。

（14）观众看台区应设置相应的固定和临时摄像机位，并应和电视转播缆沟连通。

（15）运动员入口处、检录处应设置相应的临时摄像机位，并应和电视转播缆沟连通。

（16）电视转播和现场评论系统在新闻媒体区应符合下列要求：

1）媒体工作区的混合区、新闻发布厅应设置相应数量的临时摄像机位，并应和电视转播缆沟连通。

2）媒体技术支持区的电视转播机房、广播电视转播技术用房等应通过电视转播缆沟连通。

3）媒体看台区的电视评论员席应通过电视转播缆沟连通。

8.13.9 升旗控制系统

（1）升旗控制系统（图8.13-6）应为赛事组织者提供用于体育赛事或大型活动的开闭幕仪式及发奖仪式时的国旗同步自动升降控制及会标杆、临时灯光、音响吊杆等的控制。

（2）升旗控制系统应由机电部分和远程控制部分组成。机电部分应包括电气部件、机械部件、控制柜、本地控制器，远程控制部分应包括专用控制主机、控制软件、国旗国歌库。

（3）升旗控制系统应保证国旗的上升与国歌播放同步，应设立两级限位开关，并应具有机械防冲顶保护功能。

（4）升旗控制系统应具备国旗管理功能，宜具备国旗自动识别功能。

（5）升旗控制系统应具备远程自动、本地自动、本地手动等控制功能，宜配备人力升旗装置。

（6）远程控制主机应具备系统故障的检测功能，当系统远程控制网络出现故障时，本地控制器可自动同步控制升旗。

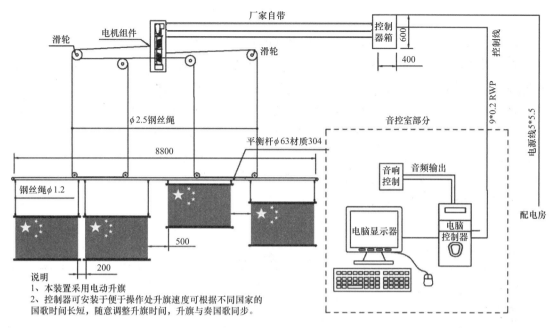

图 8.13-6　升旗控制系统

（7）远程控制主机宜具备系统集成接口，可控制多套升旗设备分别升降，同步提供符合专业要求的音频输出和国旗国歌库，可通过场馆比赛设备集成管理系统实现统一控制。

（8）在比赛场地的升旗区应设置颁奖旗杆和现场控制台（柜）。

（9）观众席附近的升旗区应设置会标旗杆和现场控制台（柜）。

（10）升旗控制系统应满足体育建筑赛后运营的使用要求。

8.14　场地检测与认证

体育场地检测是通过科学的试验及检验手段，结合相应的规范数据指标及赛事标准，对各种体育设施、设备进行客观的标准评判。对于某些特定的比赛，具有一定规模要求或赛事要求的场地，需要进行相关专业认证。如：举办国际足球赛事的天然足球场地，需经过 FIFA 认证；举办国内重大田径赛事的场地，需经过国际田联 I 类场地认证。这些检测和认证，都是结合体育场地设施的质量和功能角度去评判，是最终对体育工艺质量的检视。

8.14.1　田径场地检测 [①]

1. 检测内容

田径场地的检测内容主要包括施工工艺质量、面层物理性能检测和化学指标检测。

（1）施工工艺质量包括：面层铺装、面层厚度、面层平整度、面层坡度、预制型面层

① 体育场地使用要求及检验方法 第 6 部分：田径场地：GB/T 22517.6—2020［S］. 北京：中国建筑工业出版社，2020.

粘结等。

（2）物理性能检测主要是对合成面层材料的物理特性进行检测，包含拉伸强度、拉断伸长率、冲击吸收率、垂直变形、抗滑值、阻燃性能。除了对场地面层进行常规的物理性能检测外，还需进行耐久性检测。耐久性检测以拉伸强度和拉断伸长率为主。面层材料在标准老化箱内加速老化试验336小时后，拉伸强度和拉断伸长率应满足表8.14-2的要求。

（3）化学指标检测主要包括：苯、甲苯和二甲苯总和及游离甲苯二异氰酸酯的含量。可分别按 GB 18583 中相应方法进行测定。对于重金属含量的测定见《体育场地使用要求及检验方法 第6部分：田径场地》GB/T 22517.6—2020 附录 C。

2. 田径场地面层指标要求与检测方法

（1）面层材料物理性能要求如表8.14-1所示。

面层材料物理性能要求   表 8.14-1

面层类型	拉伸强度（MPa）	拉断伸长率（%）	冲击吸收（%）	垂直变形（mm）	抗滑值 BPN20℃	阻燃性（级）
非渗水型合成面层材料	≥ 0.50	≥ 40	35 ～ 50	0.6 ～ 2.5	≥ 47	1
渗水型合成面层材料	≥ 0.40	≥ 40	35 ～ 50	0.6 ～ 2.5	≥ 47	1

（2）田径场地面层性能及检验项目、检测仪器，如表8.14-2所示。

田径场地面层性能及检验项目、检测仪器   表 8.14-2

序号	项目	指标		检测仪器
		渗透型	非渗透型	
1	厚度（mm）	13	13	三针测厚仪
2	冲击吸收率（%）	35 ～ 50	35 ～ 50	冲击吸收测试仪
3	垂直变形量（mm）	0.6 ～ 2.5	0.6 ～ 2.5	垂直变形检测仪
4	抗滑值（20℃）/BPN ≥	47	47	塑胶跑道面层抗滑值测定仪
5	拉伸强度（MPa）	0.4	0.5	材料拉伸强度试验机、切片机、磨片机
6	拉断伸长率（%）	40	50	材料拉伸强度试验机、切片机、磨片机
7	阻燃性（级）	I	I	塑胶跑道面层阻燃性试验机
8	有害物质限量和气味等级	符合 GB 36246—2018 标准 5.6 章节要求		塑胶跑道 TVOC 环境试验箱
9	面层耐久性（h）	老化 336		塑胶跑道面层材料耐老化试验箱

（3）物理性能检测方法：

1）冲击吸收：冲击吸收需进行现场检测，主要利用探针式温度测量器测量合成面层的温度，用冲击吸收测试仪检测场地冲击吸收的能力。

检测方法：采用质量为20kg的重物自由下落到一个铁砧上，铁矿通过弹簧将力传向测力台底部，测力台通过球形底盘安装在地面。测力台由力量传感器组成，并能在冲击过程中记录下冲击返回力的最大值。将该最大值与在坚固地面上（如混凝土）所测得的数据进行比较，同时计算出合成表面冲击返回作用力的百分比。

2）垂直变形检测：参考 8.14-2。

3）冲击吸收检测及垂直变形检测一体机，如图 8.14-1 所示。

4）抗滑值检测：将一个标准的光滑橡胶滑动片安装在摆动臂末端的支撑块之下，并用弹簧顶住。这个滑动片将随摆动臂从 90° 位置向下摆向跑道表面，并沿着表面滑动一定距离，摆动臂摆动时带动一个惰性指针，使指针停留在摆动的最高点位置上。将滑动阻力测试仪水平放置在跑道表面，放开撑脚，以防止当摆动臂摆过表面时，支撑脚下方合成材料的表面出现局部偏斜。当摆动臂从正常的水平位置自由下落时，指针停留的刻度应是零点，否则，应调节摩擦环（在摆动臂的定位中心处）并反复操作，直到始终得到一个零点。检测仪器如图 8.14-2。

 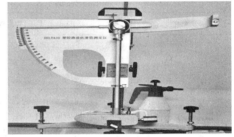

图 8.14-1　冲击吸收及垂直变形检测一体机　　　图 8.14-2　抗滑值检测仪器

测试样品时，调节摆动臂的高度，使滑动片与被测表面接触，滑动片从左边缘到右边缘与被测表面接触的距离是在 125mm 和 127mm 之间。把所设置的高度固定在这个位置上并反复摆动滑动片以核定距离。然后，把摆动臂放在水平重物的位置上。

在测试区洒上干净的水，放开摆动臂使其自由落下，略去第一次指针计数，然后进行 5 次同样的试验。记录每次摆动后指针所得的刻度读数，计算这 5 个读数的平均值，即为潮湿表面的抗滑值，或称为滑动阻力。

8.14.2　足球场草坪检测 [①]

（1）天然草地面层分级：天然草坪足球场面层分为一级、二级和三级，具体见表 8.14-3。

天然草坪足球场面层分级表　　　表 8.14-3

级别	适用范例	要求
一级	世界杯、国际锦标赛、奥林匹克运动会、国家级竞赛	满足表 8.14-4 最佳值
二级	省级、地区及竞赛	满足表 8.14-4 合格值
三级	教学及群众性休闲活动	满足表 8.14-4 第 2、3、7、10 合格值及 12、13 项要求

（2）天然足球场地检测要求，如表 8.14-4 所示。

---

① 天然材料体育场地使用要求及检验方法　第 1 部分：足球场地天然草面层：GB/T 19995.1—2005［S］. 北京：中国建筑工业出版社，2005.

天然足球场地检测标准   表 8.14-4

序号	检测项目名称	检测标准
1	场地规格、划线、朝向应符合国际足球联合会竞赛规则的规定	
2	表面硬度	合格值应为 10 ~ 100，最佳值应为 20 ~ 80
3	牵引力系数	合格值为 1.0 ~ 1.8，最佳值为 1.2 ~ 1.4
4	球反弹率	足球垂直自由落向场地表面后反弹的高度与开始下落高度的百分比。合格值为 15% ~ 55%，最佳值为 20% ~ 50%
5	球滚动距离	合格值应为 2 ~ 14 m，最佳值为 4 ~ 12
6	场地坡度	合格值应不大于 0.5%，最佳值不大于 0.3%
7	平整度	草坪场地表面凹凸的程度。3 m 长度范围内任意两点相对高差，其合格值不大于 30 mm，最佳值不大于 20mm
8	茎密度	单位面积内向上生长茎的数量，合格值应为 1.5 ~ 4 枚 /cm²，最佳值应为 2 ~ 3 枚 /cm²
9	均一性	要求：① 草坪颜色无明显差异，② 目测看不到裸地，③ 杂草数量（向上生长茎的数）小于 0.05%，④ 目测没有明显病害特征，⑤ 目测没有明显虫害特征。五项分数的总和代表均一性，分值应 ≥15 分。单项得分应 ≥3 分
10	根系层渗水速率	采用圆筒法合格值应为 0.4 ~ 1.2mm/min，最佳值应为 0.6 ~ 1.0mm/min；采用实验室法合格值应为 1.0 ~ 4.2mm/min，最佳值应为 2.5 ~ 3.0mm/min。同一场地应采用一种检测方法，当检测结果有分歧时以实验室检测法为准
11	渗水层渗水速率	实验室法应大于 3.0 mm/min
12	有机质及营养供给	根系层要求应有足够的有机质及氮（N）、磷（P）、钾（K）、镁（Mg）等
13	环境保护	不应使用带有危险的或是散发对人、土壤、水、空气有危害污染的物质或材料
14	叶宽度	叶宽度宜不大于 6 mm，可根据各地区具体情况，选择合适的草种

（3）人造草运动场地检测指标（表 8.14-5）

人造草运动场地检测指标   表 8.14-5

性能指标	GB/T 34281	GB/T 34419
冲击吸收	35% ~ 70%	35% ~ 55%（足球）
垂直变形	4 ~ 9mm	3 ~ 10mm（足球）
防滑性能	滑动阻力（BPN 20℃）120 ~ 220	—
球反弹率	30% ~ 50%	30% ~ 50%（足球）
球滚动距离	—	4 ~ 10m
渗水型	—	≥ 180mm/h（如果有）
阻燃性	—	I 级（GB/T 20394）

（4）检测方法及要求

1）牵引力系数检测

本测试用于测量场地地面给运动员的阻力。通过测试嵌钉测试鞋转动的力矩来测量。如果数值过大，则地面阻力过大，可能会对韧带带来损伤；如果阻力过小，则运动员在迂回曲折跑的过程中会容易摔倒。国际足联 Quality 性能指标要求 32 ~ 43NM，国际足联

Quality Pro 性能指标要求 27 ～ 48NM。

　　测试方法是将鞋钉装于圆盘底部，沿切线方向牵引，用测力计测定圆盘开始转动时的力矩。牵引力系数现场检测，如图 8.14-3 所示。

图 8.14-3　牵引力系数现场检测

　　影响测试的因素：钉鞋上面的钉子刺入面层的能力。如，人造草坪的填充物和地毯织距，草坪织距过大会导致阻力过小，草坪织距过小则阻力过大。致使人造草坪测试失败的因素包括不当的填充深度、草坪扁平（钉鞋的钉子可以透过草坪穿入）、面层潮湿（沾了水的场地可能会打滑）。

　　2）球反弹率

　　通过标准高度使足球下落以观察球反弹的情况测试其反弹力。以标准足球从（3±0.1）m（足球下缘）的高度自由下落（图 8.14-4），记录足球的反弹高度。按下列公式计算：$BR = H/3 \times 100\%$（BR 为足球反弹率，H 为足球反弹起的最高高度）。足球反弹率现场检测，如图 8.14-5 所示。

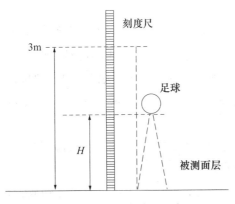

图 8.14-4　球反弹率检测示意

图 8.14-5　球反弹率现场检测

　　3）球滚动距离

　　本测试用以确定足球在场地表面滚动的阻力。足球从标准坡度滚下，滚动距离决定测量结果。通常人造草坪表面如果无法提供足够的阻力，则足球会滚动过快。国际足联 Quality 性能指标要求 4 ～ 12m，国际足联 Quality Pro 性能指标要求 4 ～ 8m。

检测方法是将球从 1m 高处沿 45° 斜坡滑下，从斜面的前端，用标定过的钢卷尺测定足球滚出的距离，即从斜面的前端到球停止点的距离。球滚动距离测试如图 8.14-6 所示。

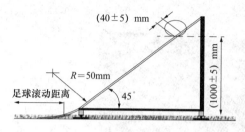

图 8.14-6　球滚动距离检测

影响人造草坪测试的因素有：自然状态下人造草坪的垂直程度，人造草坪的厚度和硬度和单位区域内草坪密度。导致测试失败的原因一般是没有充分保养造成的草坪扁平。

4）场地平整度

采用直尺法，将 3m 直尺置于场地面层上，测定直尺下缘与地面的高差。如图 8.14-7 所示。

图 8.14-7　场地平整度现场检测

5）垂直变形检测

垂直变形检测是通过机械模拟加载运动员在场地上奔跑的情形以测量出相应数值。测量处的数值越大，变形幅度越大。如果变形幅度太大，则运动员会发现场地容易使人劳累并且不平稳，容易造成身体伤害；如果变形幅度过小，则运动员会感觉场地太硬减震效果太差。

除相关表格内指标要求外，国际足联 Quality 性能指标要求 6 ～ 11mm，国际足联 Quality Pro 性能指标要求 6 ～ 10mm。

垂直变形检测需在体育场地现场进行，对于塑胶场地主要利用探针式温度测量器测量合成面层的温度，用垂直变形测试仪检测场地垂直变形。

检测方法：将质量为 20kg 的重物下落到弹簧上，通过弹簧将负荷传递到放置在被检测物表面的测力台，测力台内包含一力量传感器，传感器可以在冲击过程中记录下力量的增量，通过测力台两侧的变形摄取器的平均数来测量出被检测物表面的变形量。

对于塑胶场地和人造草坪，影响测试的因素是场地的硬度。对于塑胶场地，面层的材料和厚度都是影响硬度的因素；人造草坪测试失败的因素多是不适当的填充深度（过度填充容易造成场地松软和地面不稳，填充物过实或太浅可能会让场地变得太硬）。

8.14.3　运动木地板场地检测 ①

1. 运动木地板性能指标（表 8.14-6）

运动木地板性能指标

表 8.14-6

内容	性能指标		试样尺寸（m）
	竞技体育	健身	
冲击吸收（%）	≥ 53	≥ 40	3.5×3.5
球反弹率（%）	≥ 90	≥ 75	
滚动负荷（N）	≥ 1500	≥ 1500	
滑动摩擦系数（ν）	0.4～0.6	0.4～0.7	2.0×2.0
标准垂直变形（mm）	≥ 2.3	不要求	3.5×3.5
垂直变形率 W500（%）	≤ 15	不要求	

注：① 垂直变形率 W500 指标对举办一般国际比赛以下级别及健身用的场地不做要求。
　　② 球反弹率对没有篮球项目的全国性比赛以下级别及健身用的场地可不做要求

2. 检测内容与方法

（1）平整度

铺装好的木地板层表面，用 2m 靠尺测量，间隙应不大于 2mm；场地整体平整，在场地上任意选取间距 15m 的两点，用水准仪测量标高，其标高差值应不大于 15mm。

（2）冲击吸收

运动员落到地板上时，受到的反弹力占落到地板上的力的百分比。分别测量在混凝土地面和同一区域木地板场地上的冲击力，经过计算得出冲击吸收值。检测装置和现场检测分别如图 8.14-8、图 8.14-9 所示。

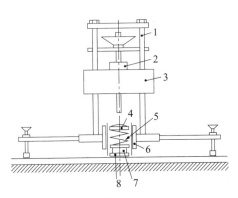

图 8.14-8　冲击吸收检测装置
1—下落重物导轨；2—电磁铁；3—落锤；4—成冲头；
5—弹簧；6—导管；7—力传感装置；8—底座

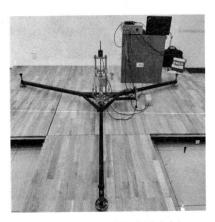

图 8.14-9　运动木地板冲击
吸收现场检测

---

① 天然材料体育场地使用要求及检验方法 第 2 部分：综合体育场馆木地板运动场地：GB/T 19995.2—2005［S］.
北京：中国建筑工业出版社，2005.

（3）球反弹率

标准篮球在木地板上反弹高度是在水泥地面上反弹高度的百分比。利用篮球在木地板场地上和混凝土地面上的反弹高度的测量数据来计算球的反弹。测试装置包括一个约2.2m高的架子和一个篮球。篮球及其充气压力应符合国际篮球联合会竞赛规则的要求。如图8.14-10所示。

检测操作：利用一个活门。使篮球从1.8m高处自由落体下落到混凝土地板上。下落高度是指篮球下沿到地面的距离，反弹的高度从地板表面算起，到篮球的上沿。篮球的充气程度：使其在混凝土地面上的反弹高度为（1.3±0.025）m。在混凝土地面上测量反弹高度后。立即在木地板场上测量反弹高度。在每个点上只进行5次测量并取平均值。

图8.14-10 球反弹率检测示意图

（4）滑动摩擦系数

反映地板表面的滑移特性，太滑或太涩都不利于运动员的移动。

滑动摩擦系数用斯图加特型滑移测试台（也称阻力测试仪）或柏林型便携式阻力测试仪测量，如图8.14-11所示。

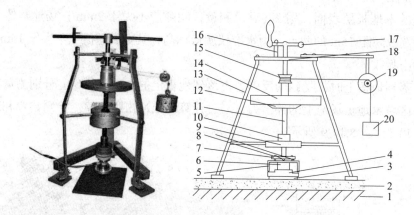

图8.14-11 滑动摩擦系数检测仪与检测示意

1—地基；2—材料表面；3—底基；4—测试台下部件；5—测试台上部件；6—电子传感器；
7—软橡胶环；8—滚珠结合处；9—滚珠轴承支架；10—滚珠轴承；11—卷线轴；12—托座；
13—支架；14—重物；15—卷线鼓轮；16—挡杆；17—手轮；18—滑动轴承；
19—测转速的电位器；20—悬空重物

8.14.4 泳池场地检测[①]

（1）规格尺寸：比赛池、跳板、跳台等附属设施及周边环境的规格尺寸应使用计量检定合格的50m钢卷尺或激光测距仪测量。

① 体育场地使用要求及检验方法 第2部分 游泳场地：GB/T 22517.2—2008［S］．北京：中国建筑工业出版社，2008.

（2）泳池水质检测①②

游泳池水质检测是经卫生检疫部门，且必须经过当地卫生管理部门备案。对泳池初次补水及循环净化水进行现场取样检测，水质检测的标准及检测项目如表8.14-7所示。

水质检测的标准及检测项目　　　　　　　表8.14-7

序号	项目	限制
1	浑浊度	≤ 1NTU
2	pH 值	7.0 ～ 7.8
3	尿素	≤ 3.5mg/L
4	菌落总数（36±1℃，48h）	≤ 200 个 /mL
5	总大肠菌落（36±1℃，24h）	每 100mL 不得检出
6	游离性余氯	0.2 ～ 10mg/L
7	化合性余氯	≤ 0.4mg/L
8	余温	23 ～ 30℃

8.14.5　场地扩声检测③

1. 声学测量的具体要求

声学测量应在扩声系统电气指标正常的条件下进行。体育馆的声学测量项目应包括混响时间、背景噪声、最大声压级、传输频率特性、传声增益和声场不均匀度；还可包括扩声系统语言传输指数（STIPA）。体育场的声学测量项目应包括最大声压级、传输频率特性、传声增益和声场不均匀度；还可包括背景噪声和扩声系统语言传输指数（STIPA）。在进行声学特性指标的测量时，可对观众席测点和比赛场地测点测得的数据分别加以统计。

检测项目及标准，如表8.14-8所示。

检测项目及标准　　　　　　　　表8.14-8

检测项目名称	检测标准
混响时间	比赛厅的混响时间建议在 1.3 ～ 1.4s；贵宾休息室的混响时间应控制在 0.8 ～ 1.0s
背景噪声	比赛厅的背景噪声应控制在 NR-40，贵宾休息室的背景噪声应控制在 NR-35
最大声压级	最大声压级按照额定通带内大于或等于 95dB
传输频率特性	传输频率特性以 250 ～ 4000Hz 的平均声压级为 0dB，在此频带内允许范围：－10 ～＋4dB；12 ～ 250Hz 和 4000 ～ 8000Hz
传声增益及声场不均匀度	传声增益及声场不均匀度 250 ～ 4000 Hz 的平均值大于或等于 －12dB；1000Hz，4000Hz 大部分区域小于或等于 10dB

---

① 体育场地使用要求及检验方法 第 2 部分 游泳场地：GB/T 22517.2—2008［S］. 北京：中国建筑工业出版社，2008.

② 游泳池给水排水工程技术规程附条文：CJJ 122—2017［S］. 北京：中国建筑工业出版社，2017.

③ 游泳池水质检测标准：CJ/T 244—2016［S］. 北京：中国建筑工业出版社，2016.

2. 声学测量仪器

测量仪器应符合现行国家标准《厅堂扩声特性测量方法》GB/T 4959 的有关规定，同时测量仪器应经国家计量单位认定，并应在计量有效期内。

3. 声学测量方法

（1）测点的选取应符合下列规定：

1）依据扬声器系统的布局情况以及体育场的对称情况，可在体育场的 1/2 区域或 1/4 区域内选取测点。

2）观众席区的测点数宜为测量区域内坐席数的 2‰，且不得少于 9 个；比赛场地测量区域内的测点数不应少于 3 个。

3）主席台区域宜适当增加测点数。

4）测点分布应均匀并具代表性。

（2）背景噪声测量：

1）测量体育馆比赛大厅内背景噪声时，通风、调温、调光等产生噪声的设备应按正常使用状态运行，扩声系统应关闭。

2）测量体育场内背景噪声时，扩声系统应关闭，并不应有偶然、突发噪声。

3）测量所有测点处 31.5 ～ 8000Hz 各倍频带的声压级。分别对体育馆或体育场的观众席、比赛场地的各测点相同倍频带的声压级进行平均，得出观众席和比赛场地每个倍频带的平均声压级。

（3）混响时间测量：

1）将粉红噪声信号馈入调音台输入端。调节噪声信号发生器、调音台的增益，使测点的信噪比符合要求。

2）测量所有测点处 125 ～ 4000Hz 各倍频带的混响时间。必要时可按 100 ～ 5000Hz 的各 1/3 倍频带测量混响时间。每个测点、每个频带应至少测量 3 条衰变曲线。

3）分别对体育馆的观众席、比赛场地的各测点相同倍频带（或 1/3 倍频带）的混响时间进行平均，得出观众席和比赛场地每个倍频带（或 1/3 倍频带）的平均混响时间。

（4）最大声压级测量：

1）将额定通带粉红噪声信号通过模拟节目信号网络馈入调音台输入端，调节调音台的增益，使测点的信噪比符合《体育场馆声学设计及测量规程》JGJ/T 131 规定。保持调音台、功率放大器的增益不变。

2）测量所有测点处的线性声压级。分别对体育馆或体育场的观众席、比赛场地的各测点声压级进行平均，得出观众席和比赛场地的平均声压级。

3）用声频电压表测量功率放大器的输出电压，读 3 ～ 5s 时间内输出电压的平均值，计算测量时的输出功率。

（5）声场不均匀度测量：

1）将粉红噪声信号馈入调音台输入端。调节噪声信号发生器、调音台的增益，使测点的信噪比符合《体育场馆声学设计及测量规程》JGJ/T 131 第 5.3.4 条的规定。保持噪声信号发生器、调音台、功率放大器的增益不变。

2）测量所有测点处 1000Hz、4000Hz 两个 1/3 倍频带的声压级。分别找出体育馆或体育场的观众席、比赛场地的各测点相同 1/3 倍频带的声压级极大值和声压级极小值，用观众席或比赛场地每个 1/3 倍频带的声压级极大值减同一区域、相应 1/3 倍频带的声压级极小值，得出观众席和比赛场地每个 1/3 倍频带的声场不均匀度。

（6）传声增益测量：

1）传声器应置于设计所定的使用点上，测试扬声器应置于传声器前 0.5m。当设计所定的使用点不明确时，传声器可置于主席台第一排中点，还可增加位于主席台中线上、距主席台 2/3 比赛场地宽度的体育馆比赛场地上的使用点。

2）调节扩声系统增益，使扩声系统达到声反馈临界状态，调低扩声系统增益，使扩声系统从声反馈临界状态时的增益下降 6dB，保持调节后的扩声系统增益不变。用测试扬声器放出粉红噪声，调节噪声信号发生器、测试功率放大器的增益，使测点的信噪比符合相关规定。保持噪声信号发生器、测试功率放大器的增益不变。

3）测量传声器上、左、右侧，紧邻传声器处的 125～4000Hz 各 1/3 倍频带的声压级，并对相同 1/3 倍频带的声压级进行平均，得出传声器处每个 1/3 倍频带的平均声压级。

4）测量所有测点处 125～4000Hz 各 1/3 倍频带的声压级。

5）用每个测点处每个 1/3 倍频带的声压级减传声器处相应 1/3 倍频带的平均声压级，得出每个测点、每个 1/3 倍频带的传声增益。

6）分别对体育场馆的观众席、比赛场地的各测点相同 1/3 倍频带的传声增益进行平均，得出观众席和比赛场地每个 1/3 倍频带的平均传声增益。

8.14.6　场地照明检测 [①]

1. 一般要求

（1）体育场馆照明检测应满足使用功能的要求。

（2）应使用在检定有效期内的照度计、光谱辐射计和功率计等检测设备。

（3）检测条件应符合下列规定：

1）应在室外气象条件对测量无影响时进行；

2）应在体育场馆满足使用条件的情况下进行；

3）应点亮相对应的照明灯具，稳定 30min 后进行测量；

4）电源电压应保持稳定，灯具输入端电压与额定电压偏差不宜超过 5%；

5）检测时应避免人员遮挡和反射光线的影响。

（4）检测项目应包括照度、眩光、现场显色指数、色温和照明功率密度的测量。

2. 照度值测量

照度应在规定的比赛场地上进行测量，照明装置轴线对称或完全对称布置的场地，可

---

① 体育场馆照明设计及检测标准：JGJ 153—2016 ［S］. 北京：中国建筑工业出版社，2016.

只测 1/2 场地。

3. 眩光度测量

比赛场地眩光测量点应按下列方法确定：

（1）眩光测量点选取的位置和视看方向应按安全事故、长时间观看及频繁地观看确定。观看方向可按运动项目和灯具布置选取。

（2）专业足球场、体育场、网球场、室内体育馆等眩光测量点均参照相关规定布置。

4. 显色指数及色温测量

（1）现场显色指数和色温的测量应在场地上均匀分布的测量点上进行，且不宜少于 9 个测量点。

（2）现场显色指数和色温应为各测点上测量值的算术平均值。现场色温与光源额定色温偏差不宜大于 10%，现场显色指数不宜小于光源额定显色指数 10%。

第9章 投资管理咨询

建设工程投资管理就是在项目全生命周期的各个阶段，包括投资决策阶段、勘察设计阶段、招标采购阶段、工程施工阶段、竣工验收阶段以及移交维保阶段，把建设工程投资控制在批准的投资限额内，随时纠正发生的偏差，保证项目投资管理目标实现，同时让有限的投资价值最大化。

9.1 投资管理目标

投资管理的目标主要包括：

（1）批复的设计概算是项目投资的最高限额，是项目投资管理的总目标。体育场馆项目建设体量大、实施难度高、建设周期长、需求不明确等特点，将直接导致投资控制难度高。为实现项目的投资总目标，可以依据批复投资估算控制初步设计、依据批复的概算控制项目实施阶段的工程造价（包括施工图预算、工程结算、项目决算等），从而达到投资控制的目的。

（2）满足需求，实现价值，获取效益。项目必须通过满足社会需求，或自身需求和市场需求等，实现项目投资价值，包括为公众提供竞赛、训练、健身、休闲、娱乐等便利，获得社会对投资项目价值的肯定，使建设项目"物有所需"和"物有所值"，甚至"物超所值"。

9.2 投资控制重点及难点分析

针对体育场馆工程规模大、质量要求高、设计复杂、工期紧、施工难度大、需求不明确等特点，建设标准的确定、质量目标的设定、建筑材料的选用、设备与工艺的选型等，都将对投资产生直接影响，基于此，投资控制的重点及难点，可以归纳以下几个方面：

9.2.1 加强设计阶段投资控制

设计阶段是控制投资实现经济效益最直接、最重要的环节。设计功能定位可锁定可控成本的90%以上，提前与建设单位和使用单位做好沟通，在满足项目的使用功能的前提下，设计要力求经济、合理、适用。图9.2-1是参照国内外工程实践相关资料统计描述的不同建设阶段影响建设工程投资程度折线图。从该图可以看出，在初步设计阶段对投资的影响程度为 75% ～ 95% ；在技术设计阶段对投资的影响程度为 35% ～ 75% ；在施工图设计阶段对投资的影响程度为 5% ～ 35%。由此可见，项目投资控制的重点在于设计阶段。

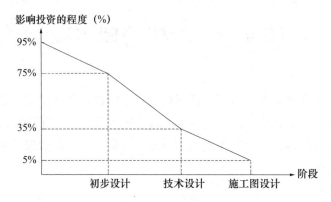

图 9.2-1　不同建设阶段影响建设工程投资程度折线图

9.2.2　组织使用需求论证，避免过度设计

前期由于对使用方的需求调研不足，造成设计成果不能满足使用要求，从而带来大量设计修改，影响投资控制。加强前期的需求调研，细化需求对接，各个需求对接单位要及时地将对接信息共享给其他专业及专项设计单位，实现需求信息的共享同步。工程项目建设往往要经历很长的周期，使用方的需求是动态变化的，这就需要对使用方的需求加以控制，制定需求确认机制，明确需求确认的流程及时间节点。有效引导使用单位，确定项目需求。功能需求做到"满足要求"与"适合使用"即可，避免"项目镀金"与"范围蔓延"等现象；初设阶段："细分功能空间""设备选型""主要材料"等方面的需求进行确认。

9.2.3　限额设计，条块分割，与概算对比

开展限额设计。为防止设计概算出现失控现象，设计单位内部首先要使设计与概算形成有机整体，克服相互脱节的缺点。设计人员在设计过程中，要经常检查本专业的工程费用，把技术经济统一起来，改变"设计过程中不算账、设计结束概算见分晓"的现象，由"画了算"变为"算着画"。在保证功能需求的前提下控制初步设计以及按照批准的初步设计总概算，控制施工图设计。将设计审定的投资额和工程量先分解到各专业，然后再分解到各单位工程和分部工程，条块分割，与概算逐条对比。

9.2.4　优化设计，精细化图审

对施工图纸全面审核，尽可能多发现施工图中存在的错、漏、碰、缺等问题，由设计单位进行修改，把问题消灭在图纸阶段，避免返工增加造价、延误工期。采用 BIM 技术是优化设计的良好工具。外立面效果、体育工艺、金属屋面做法、绿化景观、精装修等方

案前期设计方案图纸设计深度不够对后期投资控制影响很大，且施工过程中深化设计、设计变更等在所难免，加强前期设计阶段对设计深度的把控及图纸的审核，可有效控制项目实施过程中签证及变更数量，达到控制整体造价的目标。

9.2.5　推行标准化设计

推行标准化设计，优先选用标准化材料与设备，尽量避免采用特殊型号的材料与设备，以避免投资增加的风险。体育工艺有特殊的工艺要求，各设备市场价格不透明，竞争性不强，可能涉及专利权等各种因素，使投资控制难度加大。

9.2.6　建设规模的合理性

根据项目当地经济水平及政府财力，结合建设后的运营和维护成本、使用效率，合理的确定建设规模。如投资规模偏小，会使新建场馆的资源得不到充分和有效配置，对比赛需求和赛后运营不利。鉴于以上影响因素，由使用部门牵头，组织相关专家对已建成的场馆考察，充分调研。

9.2.7　建设标准的经济性

建设标准是编制可研估算的重要参考依据，是衡量经济性的客观尺度，对投资控制有很大的影响。从技术经济分析、比较，体育工艺方案及各专项方案由体育方面专家严格把关；材料和设备选择性价比高的国产设备，不要盲目追求高大上，如田径场，比赛场地塑胶跑道可选用进口或国产主流品牌，热身、训练场地塑胶跑道可选用国产主流品牌中等偏上档次。一方面满足了比赛要求，另一方面经济合理。

9.2.8　合理制定工期目标

工期具有价值，影响项目投资。在决策阶段，根据项目建设内容及规模，结合已建成的体育场馆项目，合理地制定工期目标，避免因工期过短，导致发生赶工费用。

9.2.9　合理制定质量目标

质量目标直接影响项目投资，避免因"面子工程"制定高质量目标，造成资源浪费。

9.2.10　做好现场勘查工作

地基与基础结构选型的合理性，直接影响着项目投资和进度目标的实现，做好现场勘查工作，避免过度设计造成投资及工期的增加。

9.2.11　加强实施阶段投资控制

实施阶段是资金投入量最大的阶段，也是实现建设工程价值的主要阶段。在实施中，施工阶段都作为工程造价控制的最主要阶段，此阶段的主要任务是通过进度款支付、工程变更控制、索赔处理、优化设计、严控变更以实现发生的费用不超过分解的概算金额。此阶段要求严格按批复的建设规模、建设内容、建设标准和概算投资进行施工组织管理，确保保质保量。

9.3 投资风险管理

体育场馆项目建设周期长、投资额度大、资金回收慢、后期管理复杂、维护费用高、运营成本高，具有极大的投资风险。为适应大型体育比赛的赛事要求，很多大型体育场馆的设计并没有充分考虑后期运营能力，导致很多体育场馆在后期运营方案上很难满足普通老百姓全民健身的需要，从而陷入财务危机，造成投资者较大的资产流失和巨大的经济损失。

（1）投资方式风险，随着体育产业市场化的发展，越来越多的民营资本进入体育场馆的投资中，投资方式由过去单一的政府财政拨款到现在的通过多种渠道和多种方式筹集资金。有政府财政拨款，对于体育场馆的资金投入比较有保证，而私人资本的注入，会涉及资金是否及时到位等不确定因素，给建设过程资金的保证带来风险。

（2）决策风险，可行性研究是项目在充分的市场分析后对项目的投资进行的全面技术、经济论证，以确定该项目是否值得投资。由于可行性研究需要完备的市场信息，但由于我国体育产业市场信息不完备、市场预测模型选取不当等因素影响，市场分析结果可能不准确，给可行性研究带来风险，并最终给项目投资决策带来风险。

（3）勘查、设计对工程进度和质量有重大影响，勘查、设计工作质量不高，必然会导致工期延长、投资增加、质量下降，甚至发生质量事故。对于体育场馆项目，在设计过程就要综合评价场馆建成后的建设成本和运营方式的问题。最显著的案例就是"鸟巢瘦身"，就是从设计方面节约建设成本的典型案例。

（4）大多体育场馆项目设计复杂，造型复杂，采用先进的配套设施、进口的体育工艺设备等，虽然会提升整个体育场馆档次，但也为日后的高额维护成本留下隐患。

（5）设计变更带来的投资风险，由于体育场馆类项目具有设计复杂、建设规模大、工期时间紧等特性，设计阶段图纸深度往往达不到施工要求，加之设计师考虑不周等诸多因素，导致施工时产生大量设计变更，增加了建设投资控制的风险。可在设计阶段，除按程序完成图纸审查外，可组织行业专家对图纸进行审核把关，从施工及后期运营角度出发，提出合理化意见及建议，从源头有效控制设计变更的数量，达到降低投资风险的目的。

（6）价格变更风险，体育场馆类项目建设周期长，在编制投资估算和设计概算时，应充分考虑建筑材料价格风险因素，增强风险意识，合理分担风险，需在招标文件及合同中明确计价中的风险内容及范围，约定主要材料的范围、风险幅度及调整方法等内容，避免出现无限风险、所有风险等类似表述。

（7）政治环境风险，是指政府的相关政策直接影响项目的选址、建设、一直到生产运营等项目全过程。如国家对体育场馆全民健身的扶持力强，则体育场馆运营面临的风险就小，反之亦然。

（8）运营风险，体育场馆项目投资大、利用率低、运营成本大等问题，目前国内建成的体育场馆大多数是处于亏损的状态。建设后的体育场馆除举办赛事外，可对外开放场地收取费用或承担商业演出等，由于市场需求不稳定，存在一定的闲置风险，当处于闲置状态时，无法带来收益。

9.4　投资估算管理

体育场馆建设项目投资估算是指在项目的决策阶段，根据现有项目相关资料、行业标准规范、项目的建设规模、建设内容、设计方案等基础资料，采用特定的编制方法，对拟建项目的投资进行预估和确定。投资估算作为是项目决策的重要依据之一，是整个项目造价控制的源头。决策阶段投资管理最重要的任务是合理地确定投资估算。投资估算的主要作用有：进行项目经济评价的依据，控制初步设计概算，项目资金筹措的依据。

经批复的可行性研究投资估算是整个项目投资控制的基础。在项目建设的前期，由于项目的各项特征都尚未完全明确，另外，项目的客观环境和外部条件也在不停地发生变化，投资估算具有较大的不确定性，其主要影响因素有 4 个方面。

1. 投资估算影响

（1）项目定位，在体育场馆建设项目的前期估算时，依据项目建设规模、项目特征、设计参数、行业标准、设计文件、赛事级别等才能作出的投资估算。在社会和科技不断进步的今天，体育设计标准以及社会要求不断的提高，设计内容复杂多变。项目的建设规模对于工程造价的影响最大，同时项目特征、设计参数及标准等都与建设项目的工程造价直接相关，以上各项的明确程度对投资估算的精确程度有着巨大的影响。因此，在体育场馆项目建设初期，应尽早确定合理的建设规模、设计文件、赛事级别，明确设计参数及标准以减少工程特征模糊引起的投资估算不确定性。

（2）估算基础资料，对拟建体育场馆项目的各类信息进行全面性的收集与整理，并充分利用该类信息进行项目估算的编制。信息可分为两方面：一方面是对建筑项目本身相关条件的分析，包括施工的地理条件、区位、拟建场馆规模、赛事级别、施工材料、施工设备的选择与应用等，该类建设条件直接影响项目的投资，加强基础信息的收集与分析，调研同类型项目；另一方面是市场环境的变化，施工材料的上涨会对项目的投资产生巨大的影响，分析近几年材料价格变化趋势，编制项目投资估算同时考虑建设周期及材料上涨指数。

（3）项目现场条件，体育场馆建设项目的工程技术方案和施工组织方案都是在充分的现场勘查与调查的基础上进行的，不同的项目现场条件，将会产生不同的工程方案。而工程的技术方案和施工组织方案又是投资估算编制最基础的资料。因此，在进行投资估算工作时，应充分考虑项目现场条件的影响。

2. 投资估算编制依据的选择

投资估算编制依据是保证估算编制依据的基础材料，包括政府部门发布的相关法律、法规、工程造价管理机构等发布的投资估算有关规定、投资估算指标、价格信息，也包括与投资估算中有关参数、费率、价格确定相关的文件及资料。其选择一定要切合项目特点和项目所在的有关要求，一般包括：

（1）国家、行业有关规定；

（2）投资估算指标；

（3）工程勘察与设计文件；

（4）类似工程的技术经济指标和参数；

（5）工程所在地的人工、材料、机械台班价格，同时考虑建设周期及近几年材料上涨指数；

（6）政府有关部门发布的价格指数，行政事业性收费等；

（7）其他资料。

3. 投资估算编制方法的选定

（1）生产能力指数法，是根据已建成的类似建设项目规模及投资额，进行粗略估算拟建建设项目相关投资额的方法。主要适用于设计深度不足，拟建建设项目与类似建设项目的规模不同，设计定型并系列化，行业内相关指数和系数等基础资料完备的情况。

（2）系数估算法，是根据已知的拟建建设项目主体工程费或主要工艺设备费为基数，以其他辅助或配套工程费占主体工程费或主要工艺设备的百分比为系数，进行估算拟建建设项目相关投资额的方法。本办法主要应用于设计深度不足，拟建建设项目与类似建设项目的主体工程费或主要工艺设备投资比重较大，行业内相关系数等基础资料完备的情况。

（3）指标估算法，根据各种具体的投资估算指标，进行各单位工程或单项工程投资的估算，在此基础上汇成拟建建设项目的各个单项工程费用和拟建建设项目的工程费用投资估算。为保证编制精度，可行性研究阶段建设项目投资估算原则上应采用指标估算法。

4. 投资估算管理要点

（1）根据项目设计定位，结合拟建项目行业特点，按照拟建项目采用的设计方案及总图布置，生产工艺流程，以及国家及地区、行业或部门相关投资估算基础资料和数据的合理、可靠、完整程度，采用合适的方法，对建设项目投资估算进行编制。

（2）工程内容和费用构成齐全，不漏项，不少算，不重复计算，不提高或降低估算标准，计算合理。

（3）拟建项目设计的技术参数和投资估算所采用的估算指标，应遵循口径一致的原则。

（4）分析市场的变动因素，充分估计物价上涨因素和市场供求情况对项目造价的影响，确保投资估算的编制质量。

（5）投资估算应能满足控制初步设计概算要求，减少投资估算的误差。

9.5 工程概算管理

经批复的设计概算作为建设项目投资的最高限额。设计概算是在初步设计阶段，由设计单位根据初步设计或扩大初步设计图纸及说明、概算定额或概算指标、综合预算定额、取费标准、设备材料预算价格等资料，编制确定建设项目从筹建至竣工交付生产或使用所需全部费用的经济文件。设计概算可分为单位工程概算、单项工程综合概算和工程项目总概算三级组成。单位工程概算是确定各单位工程建设费用文件，它是根据初步设计或扩大初步设计图纸和概算指标以及市场价格信息等资料编制而成的。单项工程综合概算是确定一个单项工程所需建设费用文件，是由单项工程中的各单位工程概算汇总编制而成的，是工程项目总概算的组成部分。工程项目总概算是确定整个工程项目从筹建开始到竣工验收、交付使用所需的全部费用的文件，它由各单项工程综合概算、工程建设其他费用概算、预备费等汇总编制而成。某体育中心概算内容参考表，见表 9.5-1。

某体育中心概算内容参考表 表 9.5-1

序号	项目费用名称及单方造价			概算投资
一	建筑安装工程费用	建筑面积（m²）	单方造价（元/m²）	
1	**体育场**			
1.1	体育场基础			
1.2	土石方工程			
1.3	土建工程			
1.4	钢结构工程			
1.5	装饰工程			
1.6	屋面金属板工程			
1.7	阳光板屋面工程			
1.8	室内给水排水工程			
1.9	室内水消防及气体灭火工程			
1.10	室内电气工程			
1.11	消防自动报警系统工程			
1.12	室内通风空调工程			
1.13	智能化系统工程			
1.14	电梯购置及安装工程			
1.15	观众固定座位			
1.16	田径足球比赛场地			
1.17	标识系统			
1.18	扩声系统			
1.19	雨水回收利用系统			
1.20	体育场及附属训练场喷灌			

续表

序号	项目费用名称及单方造价			概算投资
一	建筑安装工程费用	建筑面积（m²）	单方造价（元/m²）	
2	**体育馆**			
2.1	体育馆基础			
2.2	体育馆地上结构工程			
2.2	土石方工程			
2.3	地下室结构工程			
2.4	地下室装饰工程			
2.5	体育馆钢结构工程			
2.6	体育馆外立面及屋面金属板工程			
2.7	室内装饰工程			
2.8	室内给水排水工程			
2.9	室内水消防及气体灭火工程			
2.10	室内电气工程			
2.11	消防自动报警系统工程			
2.12	室内通风空调工程			
2.13	智能化系统工程			
2.14	电梯购置及安装工程			
2.15	观众固定座位			
2.16	扩声系统			
2.17	标识系统			
3	**游泳馆**			
3.1	游泳馆基础			
3.2	土石方工程			
3.3	地下室结构工程			
3.4	地下室装饰工程			
3.5	地上结构工程			
3.6	钢结构工程			
3.7	外立面工程及屋面金属板工程			
3.8	室内装饰工程			
3.9	室内给水排水工程			
3.10	室内水消防及气体灭火工程			
3.11	游泳池水处理系统（含加热系统）			
3.12	室内电气工程			
3.13	消防自动报警系统工程			
3.14	室内通风空调工程			

序号	项目费用名称及单方造价			概算投资
一	建筑安装工程费用	建筑面积（m²）	单方造价（元/m²）	
3.15	智能化系统工程			
3.16	电梯购置及安装工程			
3.17	扩声系统			
3.18	观众固定座位			
3.19	游泳馆游泳移动池岸			
3.20	游泳馆跳水池制波及即时安全气垫			
3.21	体育比赛专用设备及器材			
3.22	游泳比赛计时计分系统（触板系统）			
3.23	比赛池跳水池水下摄影系统			
3.24	移动热水热身池			
3.25	多功能跳水台			
3.26	标识系统			
4	**室外配套及其他工程建安工程**			
4.1	室外篮球场			
4.2	室外网球场			
4.3	室外水上活动池			
4.4	架空层			
4.5	绿化工程			
4.6	健身步道工程			
4.7	人防水电通工程			
4.8	道路广场工程			
4.9	室外给水排水及电气工程			
4.10	软基处理与回填			
4.11	高压进线工程			
4.12	发电机（含环保工程）			
4.13	室外安防			
4.14	大门及围墙			
4.15	变配电站			
5	**工程建设其他费用**			
5.1	建设单位管理费			
5.2	工程设计费			
5.3	竣工图编制费			
5.4	勘察费			
5.5	造价咨询服务费			

续表

序号	项目费用名称及单方造价			概算投资
一	建筑安装工程费用	建筑面积（m²）	单方造价（元/m²）	
5.6	施工图技术审查费			
5.7	工程监理费			
5.8	建设单位临时设施费			
5.9	工程保险费			
5.10	招标投标交易费			
5.11	环境影响咨询费			
5.12	前期咨询费			
5.13	弃土场受纳处置费			
5.14	建设场地地震安全性评价			
5.15	建设场地地质灾害评估			
5.16	环境影响评价			
5.17	研究试验费（风洞\震动\仿真）			
5.18	交通影响评价费			
5.19	招标代理服务费			
5.20	第三方检测、监测、评估、评价费等			
5.21	BIM费			
5.22	水土保持咨询费			
5.23	高可靠性供电费用			
5.24	体育专项技术咨询服务费			
5.25	绿色建筑咨询、评估、认证费			

9.5.1 初步设计概算文件编制要求

（1）做好初步设计概算与可研报告投资估算指标的对比和分析，初步设计概算申报原则上不应超过批复的可行性研究报告投资估算的10%。

（2）严格按照初步设计图纸和有关工程造价管理规定编制，既要防止少算、漏算，又要避免多算、重复计算，切实保证项目投资概算的完整、准确。

（3）充分考虑项目自身特点、建设条件（包括自然条件、施工条件）等影响工程造价的各种因素。

（4）结合项目建设期限，合理预测建设期间物价上涨因素和市场供求情况对工程造价的影响。

9.5.2 初步设计概算管理要点

（1）优选初步设计概算编制单位及团队成员。

（2）全面收集项目基础资料及相关政策文件，充分了解项目定位、功能、特点、建设标准、设计意图等。

（3）组织现场踏勘，帮助各参与单位深入了解项目周边场地条件及工程施工组织计划等。

（4）组织召开概算启动会，明确各参与单位的工作职责及要求，层层把关，确保初步设计及概算编制质量和进度。审核概算编制依据的合法性、时效性与适用范围。审核概算编制说明是否完整，是否有三级概算文件，是否预留发展空间等。重点核查概算漏项，组织专家评审会议，根据项目特点参考同类工程经济指标提出修改意见。

（5）开展限额设计，抓好初步设计质量和进度管理，保证图纸深度，按时向概算编制单位提交各专业初步设计图纸。尽量以施工图深度进行报概，可确保项目概算的准确性。

（6）及时按审核意见修改完善设计图纸和概算成果。

（7）积极与市发改部门沟通汇报，配合市政府投资项目评审中心开展评审工作，并按评审意见及时补充相关资料。

9.6 招标采购阶段及施工阶段投资管理

招标采购阶段重点做好招标策划，编制招标文件及控制价等，招标控制价要对照投资总的控制目标进行核算，并留有一定的纠偏空间；施工阶段重点做好工程款支付、工程签证、工程变更审核的掌控，尽可能将工程费用控制在合同额范围内，确保投资处于可控状态。

9.6.1 招标采购阶段投资控制

项目招标采购工作，涉及合同标段划分（界面管理）、供应商供给能力市场分析、市场价调研、限价的合理性分析、时间计划等因素。做好市场调研，是招标采购工作的前提条件。招标文件中需要约定业绩资信要求、技术要求、材料设备品牌、报价规定等，前提是做好价格分析和价值分析。

（1）做好前期准备工作。清单控制价编审是招采阶段投资控制的重要工作之一，尤其对体育场馆这种大型复杂的特殊公共建筑，准备阶段应明确编制依据，通过多渠道收集资料及当地政策文件。准备工作完成后，根据招标文件及合同要求明确编制范围，同时需加强设计成果文件的审核，保证图纸的完整性。

（2）合理安排工作计划。工程量清单控制价的编制过程中，应优先选用具有丰富同类项目经验的人员作为项目负责人，统筹安排工作进度计划，按计划合理推进项目进程。

（3）加强成果文件的审核。成果文件编制完成后，除完成公司内部逐级审核外，更应从指标分析的角度出发，与同类项目做好数据比对分析，将整体造价控制在概算造价范围内，可通过调整暂估价或适当调整材料设备品牌档次等策略，对整体造价进行控制。

9.6.2 施工阶段投资控制

由于建设工程具有工期长、复杂多变等特点，施工阶段往往会发生一些难以预测的费用，应加强合同管理，加强现场的投资管控，确保投资处于可控状态。

（1）动态投资控制。以限额投资、合约规则为底线，强化价值工程体现，以全过程、全方位视角进行项目投资区块分解控制，实行全过程动态管控与纠偏，按概算批复将资金分解落实到地基基础、总包、精装修、安装工程、专项工艺等分项预签合同中，再根据各合同分配金额，组织限额设计与招标。例如针对某项目精装修初步方案组织优化与投资测算，对各功能房间装修标准、装修材料进行市场调研与询价，根据各功能区域划分确定装修标准，确保各分项投资不超概。

（2）注重资金使用计划，严格审批工程款。依据项目进度计划，编制施工阶段各年度、季度、月度资金使用计划，提前做好资金筹划与准备。每月进行现场形象进度核验，依据合同按实审批工程款，为工程顺利推进提供资金保障。

（3）加强设计管理，减少设计变更。在施工过程中严格控制工程变更，从变更的技术可行性、费用、工期、质量的影响等方面对工程变更进行综合评价。在总监未签发工程变更指令之前，承包单位不得实施工程变更。未经审查同意而实施的工程变更，不予以计量。施工单位自身原因引起的变更，费用不予增加。

（4）严把签证审核关。审核签证程序是否合法，是否有总监及建设方的签字确认；是否在规定时限内提出索赔，依据是否充分；签证完工要进行确认，并附前后对比照片；按照事项及费用两个模块审批签证。

（5）进度款支付

制定进度款支付管理细则，进度款按合同约定的支付比例进行支付，结合过程的过程变更、清单工程量修正等，避免超付，遵循按形象进度、产值统计的原则，不超付，不冒付。

9.7 工程结算管理

工程结算是施工单位完成合同约定的工作内容并经验收合格向建设单位申请对工程价格清算的一种经济活动。竣工验收是工程项目建设的最后阶段，竣工结算全面考核项目投资控制的关键环节，要严把工程结算控制关。结算文件清单可参见表9.7-1。

结算文件资料清单 表 9.7-1

资料	文件组成及装订顺序	备注
结算原始资料文件	封面	—
	竣工结算报审表	签章扫描件
	竣工结算资料清单及目录	签章扫描件

资料	文件组成及装订顺序	备注
结算原始资料文件	授权委托书	签章扫描件
	结算资料真实有效性承诺书	签章扫描件
	工程进度款支付情况汇总表	签章扫描件
	工程进度款审定表（原件）	签章扫描件
	甲供材供货记录（原件）	签章扫描件
	有关结算界面类证明文件（原件）	签章扫描件
结算书及结算报表（包括调差部分）	封面	—
	结算报表（整套）	同步提供电子版
结算书及结算报表（新增单价、签证）	封面	—
	新增单价部分	同步提供电子版
	签证部分（原件）	同步提供电子版
结算依据文件（竣工图及设计变更）	封面	—
	施工图目录	同步提供电子版
	施工图／竣工图（原件）	同步提供电子版
	图纸会审记录目录	同步提供电子版
	图纸会审记录（原件）	同步提供电子版
	工程变更目录	同步提供电子版
	工程变更（原件）	同步提供电子版
结算依据文件（主设计单位工作联系单）	封面	—
	主设计单位工作联系单目录	同步提供电子版
	主设计单位工作联系单（原件）	同步提供电子版
结算依据文件（施工组织设计／专项施工方案）	封面	—
	施工组织设计／专项方案目录	同步提供电子版
	施工组织设计／专项方案（原件）	同步提供电子版
开工、竣工、移交	封面	—
	开、竣工报告书，验收证明	签章扫描件
	向使用（或接收）单位移交记录	签章扫描件
招标投标文件	封面	—
	招标文件、投标文件、合同协议书、补遗答疑、中标澄清会议纪要	同步提供电子版

9.7.1 工程结算的方式

（1）按月结算，月终结算，竣工后清算。

（2）竣工结算，工程竣工验收后统一结算，也是目前采用最多的结算方式。

（3）分阶段结算，分阶段结算是指为加快结算进度，在项目实施过程中，依据施工进度，对施工完成并经验收合格的工程内容（包括现场签证、工程变更等）开展分阶段审核工作。

9.7.2 结算审核要点

（1）程序合法性。审核招标投标过程的合法性、合同签订及履行的合法性、工程款支付的合法性等。

（2）资料完整性。核查结算资料是否完整、有效、实事求是，结算计量计价资料是否真实有效。

（3）申报时限性。推行过程结算，及时处理解决索赔争议，保证项目竣工验收与结算同步完成。审核结算合同是否按要求的工期完成，是否存在工期、质量奖罚。具体审核报送的工程范围、执行的建设标准、签认的各种资料等完善性和有效性。

（4）费用准确性。审核造价费率的符合性、工程量及造价计算的准确性、采用的价格信息的时效性等。结算是否根据招标文件及合同的约定计算，新增材料设备的结算价格是否按合同规定计价，无信息价格的，是否按程序询价定价，结算价格是否在合理范围内。对于引起造价减少的工程变更（设计变更、现场签证等）结算时是否已计算。在工程量审核过程中，明确清单计价规范的计算原则及相关要求，对施工图纸要理解透彻，加强对施工现场实际情况的了解，确保工程量的计算符合招标文件规定。

9.8 某体育中心投资分析案例

某体育中心项目于 2016 年开始建设，2018 年投入使用，建设内容包括体育场、体育馆、多功能综合馆、体育学校等。总投资 13 亿元（表 9.8-1），总用地面积 35.3 万 m^2，总建筑面积 14.7 万 m^2。体育馆 3.64 万 m^2、多功能馆 4.17 万 m^2、体育场 4.14 万 m^2、体育学校 2.61 万 m^2。体育场可容纳 3 万名观众，场馆设计和施工采用大量国内领先的新技术、新材料、新工艺和节能环保系统，项目规模大、技术复杂。

某体育中心单方造价指标表 表 9.8-1

序号	单位工程名称	专业工程	总投资（万元）	经济指标（元/m^2）
1	体育场 建筑面积 41400m²	体育场汇总	46197	11158.70
		土建	8295	1795.58
		机电	3100	671.04
		室内装修	2288	495.27
		金属屋面	4599	995.52
		钢结构	19596	4241.83

序号	单位工程名称	专业工程	总投资（万元）	经济指标（元/m²）
1	体育场 建筑面积 41400m²	幕墙	2763	598.09
		智能化	1839	398.08
		场地设施	1901	411.50
		场地扩声及赛事智能化	750	162.35
		场地照明	635	137.45
		座椅	431	93.30
2	多功能馆 建筑面积 41733m²， 其中地下 18799m²	多功能馆汇总	26769	6414.38
		土建	8577	3203.97
		机电	5800	2166.68
		室内装修	3340	1247.84
		金属屋面	3064	1144.60
		钢结构	3017	1127.04
		幕墙	1243	464.34
		智能化	539	201.35
		场地设施	360	134.48
		场地扩声及赛事智能化	172	64.25
		场地照明	397	148.31
		座椅	260	97.13
3	体育馆 建筑面积 36400m²， 其中地下 8730m²	体育馆汇总	33874	9306.17
		土建	9656	2850.66
		机电	6400	1889.33
		室内装修	2873	848.13
		金属屋面	4165	1229.54
		钢结构	7367	2174.80
		幕墙	1003	296.09
		智能化	665	196.31
		场地设施	621	183.32
		场地扩声及赛事智能化	428	126.35
		场地照明	250	73.80
		座椅	446	131.66

续表

序号	单位工程名称	专业工程	总投资（万元）	经济指标（元 /m²）
4	体校 建筑面积 26121m²， 其中地下 3457m²	体校汇总	12428	4757.87
		土建	4131	3323.97
		机电	1960	1577.08
		室内装修	1765	1420.18
		金属屋面	484	389.44
		钢结构	924	743.48
		幕墙	1316	1058.90
		智能化	453	364.50
		场地设施	1177	947.05
		场地照明	158	127.13
		座椅	60	48.28
5	景观塔 建筑面积 1139m²， 其中地下 549m²	景观塔汇总	1811	15902.45
		土建	525	4611.84
		机电	236	2071.99
		室内装修	174	1527.66
		钢结构	355	3116.77
		幕墙	439	3854.26
		智能化	82	719.93
6	连桥 2300m²	连桥汇总	4276	18592.56
		土建	2748	11949.08
		装修	167	726.09
		金属屋面	242	1052.17
		钢结构	488	2121.74
		幕墙	631	2743.48
7	室外工程 铺装 100607m²， 绿化 131354m²	室外工程汇总	6164	265.73
		景观绿化	4700	202.62
		室外给排水	1464	63.11

第10章　工程技术管理

　　全过程工程咨询的工程管理是指组织或参与工程建设的人员，利用现代管理学理论、方法和土木工程技术知识，在工程建设实践成功经验的基础上，对工程建设实施（包括工程项目规划与论证、决策、工程勘察与设计、工程施工与运营等）进行的管理，也包括对工程建设中应用的材料、设备、构配件等在开发、设计、制造、生产过程中的管理，还包括在经济、安全、环保的前提下进行的技术研发、技术创新等方面的管理，以及实现产品所需要的工艺与方案的选择与确认等，工程管理的目标是实现工程项目的投资、质量、进度最优化，进而实现工程项目的可持续、高质量发展。利用土木工程技术、现代信息技术等手段，保障工程项目产品实现的过程即工程技术管理。

　　体育建筑有着场馆类型多、体量大、造型多变、结构复杂等特点。因此，体育建筑的建设过程需要建筑技术不断创新、建筑工艺不断改进，也因此为工程技术的管理带来不断挑战。

　　本章选取了体育建筑中比较有代表性的工程内容，通过技术管理实践对工艺过程和有关控制重难点予以描述与分析，希望为类似工程提供借鉴。选取的工程内容包括特殊混凝土结构工程、钢结构工程、屋面工程、预制看台板、样板工程、机电安装工程等。

10.1　特殊混凝土结构工程

10.1.1　超长混凝土结构

　　超长混凝土结构是指混凝土结构平面长度超过《混凝土结构设计规范》GB 50010所规定的结构长度，而没有按规范设置伸缩缝的现浇钢筋混凝土结构。大型体育建筑中，体育场工程是比较常见的超长混凝土结构类型的建筑工程，其他场馆也多有应用超长混凝土结构。作者主持或参与的体育场工程，如南京奥林匹克体育中心体育场、沈阳奥林匹克体育中心体育场、徐州市奥体育中心体育场、苏州奥林匹克体育中心体育场、潍坊体育中心体育场、湛江体育中心体育场、武汉东西湖体育中心的"一场两馆"等，均属于超长混凝土结构的现浇钢筋混凝土框架体系。结构设计控制裂缝的方式或措施有多种形式，如分段设置后浇带或后脚跨，在现浇框架梁、板中设置预应力钢筋或钢绞线，跳舱法施工，现浇混凝土中加抗裂纤维，选择收缩比较小的混凝土等，具体选择时可以是一种形式，也可以是几种形式的组合。

下面以武汉东西湖体育中心为例，介绍跳仓法施工工艺及有关注意事项。

1. 跳仓法施工

（1）跳仓法施工概念

在超长混凝土结构施工中，在早期温度收缩应力较大的阶段，将超长的混凝土块体分为若干小块体间隔施工，经过短期的应力释放在后期收缩应力较小的阶段再将若干小块体连成整体，依靠混凝土抗拉强度抵抗下一阶段的温度收缩应力，实现以施工间隔缝取代混凝土后浇带的施工方法。

（2）跳仓法施工优点

按照现行混凝土设计规范，混凝土结构为避免超长引起使用期与施工期的收缩裂缝，需要设置永久伸缩缝与施工后浇带。但永久性伸缩缝在防水材料老化后，经常成为渗水的源泉。后浇带也带来一系列的质量与施工难题，如后浇带清理工作艰难，施工质量难以保证；后浇带混凝土填充前，地下室受雨水侵害，严重影响施工；后浇带不能及时封闭，影响后续钢结构工程、预制看台板安装施工等；后浇带与底板抗水平力能力不足等问题。并且后浇带在预防墙体与楼板收缩裂缝效果上并不理想。

因此防止混凝土结构裂缝是一个综合性的问题，通过留设后浇带来防止混凝土裂缝不是万能的，相反可以通过落实"减、放、抗"的综合施工措施，来有条件地取消各种后浇带与结构缝，从而极大地实现方便施工、加快施工进度、减小施工成本、提高施工质量。"跳仓法"利用"抗放兼施"的思想取消后浇带，既能保证施工质量，又能加快工期。

（3）跳仓法施工原理

"跳仓法"的原理就是"放"与"抗"的原理，早期对混凝土的应力进行释"放"，后期利用混凝土自身的抗拉能力来"抗"，防止混凝土裂缝。

"放"的原理是基于目前在工民建混凝土结构中，胶凝材料（水泥）水化放热速率较快，1～3 天达到峰值，以后迅速下降，经过 7～14 天接近环境温度的特点，通过对现场施工进度、流水、场地的合理安排，先将超长结构划分为若干仓，相邻仓混凝土需要间隔 7 天后才能浇筑相连，通过跳仓间隔释放混凝土前期大部分温度变形与干燥收缩变形引起的约束应力。"放"的措施还包括初凝后多次细致的压光抹平，消除混凝土塑性阶段由大数量级的塑性收缩而产生的原始缺陷；浇筑后及时保温、保湿养护，让混凝土缓慢降温、缓慢干燥，从而利用混凝土的松弛性能，减小叠加应力。

"抗"的基本原则是在不增加胶凝材料用量的基础上，尽量提高混凝土的抗拉强度，主要从控制混凝土原材料性能、优化混凝土配合比入手，包括控制骨料粒径、级配与含泥量，尽量减小胶凝材料用量与用水量，控制混凝土入模温度与入模坍落度，以及混凝土"好好打"保证混凝土的均质密实等方面。"抗"的措施还包括加强构造配筋，尤其是板角处的放射筋与大梁中的腰筋。结构整体封仓后，以混凝土本身的抗拉强度抵抗后期的收缩应力，整个过程"先放后抗"，最后"以抗为主"。

超长混凝土结构使用跳仓法施工既能取消后浇带又能起到控制有害裂缝的作用。

2. 武汉东西湖体育中心跳仓法施工案例

本工程设计为甲级体育建筑，总建筑面积 144160m²。其中体育场建筑面积 39352m²，建筑为 1 层大空间（附属 3 层），建筑高度 39.449m，观众席位数 30808 个；体育馆建筑面积 22292m²，建筑为 1 层大空间（附属 4 层），建筑高度 29.60m，观众席位数 8028 个；游泳馆建筑面积 16172m²，建筑为 1 层大空间（附属 3 层），建筑高度 24.67m，观众席位数 1068 个；其余还有地下停车库、覆土车库、平台及配套服务设施。

（1）施工重难点

1）本工程体量大，工期异常紧张，项目施工工期仅为正常定额工期的 70%，混凝土结构的施工进度控制是本工程的施工管理重点。

2）本工程设计后浇带数量多，根据设计要求后浇带施工须在混凝土施工完成 60 天后方可进行，如果按照此要求，工期无法保证。

3）由于本工程梁板设置大量的后浇带，后浇带施工是一个综合性难题，钢筋外露时间长，保护难度大，后浇带清理困难，保证后浇带施工质量的技术和管理难度大，混凝土二次浇筑容易形成质量问题；后浇带自身反而经常成为地下结构开裂漏水的原因。

4）后浇带一次性投入周转材料过多，支撑架体不可拆除，影响工程内部交通运输。

5）本工程混凝土结构施工正处多雨季节，后浇带封闭之前雨水大量进入工程主体结构内，影响工程的后续施工。

（2）跳仓法施工方案

施工现场分为五个区域，分别为体育场、体育馆、游泳馆、地下车库、覆土车库等。地下室底板、外墙及楼板均采用跳仓法施工，在原设计后浇带位置设计跳仓施工缝，跳仓的最大分块尺寸不宜大于 40m。适当安排每仓混凝土的浇筑顺序与时间，保证每相邻仓间隔 7 天及以上浇筑混凝土。由于各种原因现场必需留置后浇带时，可把后浇带作为一小仓，间隔 7 天或在合宜时间封闭。本节选取地下车库分仓图（图 10.1-1）、体育场地上结构分仓图（图 10.1-2）作为示例，相关说明分别如表 10.1-1、表 10.1-2 所示。

1）地下车库分仓

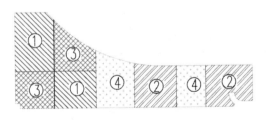

图 10.1-1　地下车库分仓图

地下车库分仓施工说明　　　　　　　　　　　　　　　表 10.1-1

分仓	①	②	③	④	备注
混凝土浇筑顺序及时间	第 N 天	第 N＋5 天	第 N＋10 天	第 N＋15 天	墙体相应跟着基础底板跳仓施工
备注	③、④仓之间的后浇带保留，作为单独一仓，在③、④仓混凝土浇筑完成 7 天后浇筑				

2）体育场地上结构分仓

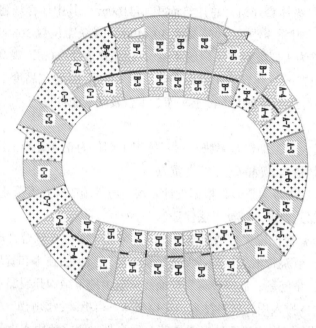

图 10.1-2　体育场地上结构分仓

地下车库分仓施工说明　　　　　　　　　　　　　　表 10.1-2

分仓	A1	A2	A3	A4	A5	A6	A7
混凝土浇筑顺序及时间	第 n 天	第 n＋4 天	第 n＋8 天	第 n＋12 天	第 n＋16 天	第 n＋20 天	第 n＋24 天
分仓	B1	B2	B3	B4	B5	B6	B7
混凝土浇筑顺序及时间	第 n 天	第 n＋4 天	第 n＋8 天	第 n＋12 天	第 n＋16 天	第 n＋20 天	第 n＋24 天
分仓	C1	C2	C3	C4	C5	C6	C7
混凝土浇筑顺序及时间	第 n 天	第 n＋4 天	第 n＋8 天	第 n＋12 天	第 n＋16 天	第 n＋20 天	第 n＋24 天
分仓	D1	D2	D3	D4	D5	D6	D7
混凝土浇筑顺序及时间	第 n 天	第 n＋4 天	第 n＋8 天	第 n＋12 天	第 n＋16 天	第 n＋20 天	第 n＋24 天
备注	体育场分成 A、B、C、D 四个区域平行施工； A1 仓、A4 仓、A5 仓之间的后浇带保留，作为单独一仓，在 A1 仓、A4 仓、A5 仓混凝土浇筑完成 7 天后浇筑						

（3）跳仓法施工缝做法

地下室基础底板跳仓施工缝采取 20 目 /cm² 密目钢丝网阻隔，防水采用 400mm×4mm 钢板止水带，施工缝处表面粗糙，可不凿毛，清洗后即可进行第 2 次混凝土浇筑，接缝处两次浇筑混凝土能粘接紧密。施工缝两边混凝土要振捣密实，每次浇筑完毕后施工缝处宽

500mm 的混凝土表面要用人工两遍收光。跳仓施工底板施工缝设置详见图 10.1-3。

顶板梁的施工缝与此类似，只是取消钢板止水带做法。

跳仓法施工外墙水平第一道施工缝留置在距离底板 500mm 处，防水采用 300mm×3mm 钢板止水带，见图 10.1-4。

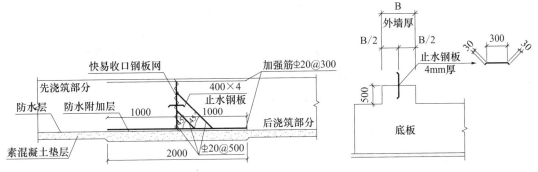

图 10.1-3　跳仓施工底板施工缝做法　　　图 10.1-4　跳仓外墙水平施工缝示意图

（4）跳仓施工混凝土原材料控制

混凝土材料控制与配合比设计的原则是在保证混凝土抗压强度满足要求的条件下，尽量提高抗拉强度，同时从减小水泥用量与用水量两个方面来减小混凝土的温度收缩与干燥收缩。

1）混凝土原材料控制

混凝土各项组成材料的质量直接影响混凝土的各种收缩与抗拉强度大小，必须严格控制。

水泥的品种与用量是影响混凝土力学性能与混凝土温度变形、自收缩变形、干燥收缩变形大小的重要因素。在选择水泥时应从水泥的标号、水泥熟料的矿物组成、水化热大小、水泥的细度等方面进行综合考虑，选用中热或低热的水泥品种，地下结构混凝土优先选用矿渣硅酸盐水泥。在配置配合比时，尽量减少水泥用量，易控制在 220～300kg/m³，水泥铝酸三钙（C3A）宜小于 8%，水泥在预拌商品混凝土时使用时的温度不宜超过 60℃。其他质量指标应符合现行国家标准《通用硅酸盐水泥》GB 175 的规定。

选择粗骨料时应从粗骨料的品种、力学性能、级配、颗粒形状大小、含杂质量、含泥量、吸水率等方面考虑。理想粗骨料为 5～32mm 连续级配花岗石碎石粗骨料（尽量不采用中小粒径的粗骨料），粗骨料的含泥小于 0.5%，泥块含量小于 0.2%，针片状颗粒含量不应大于 8%。其他量指标应符合《普通混凝土用砂、石质量及检验方法标准》JGJ 52—2006 要求。粗骨料用量不低于 1050kg/m³。

选择细骨料时应主要从细骨料的平均粒径、细度模数、颗粒级配与砂率等角度考虑。理想砂为石英含量高、颗粒形状浑圆、洁净、具有平滑筛分线、细度模数在 2.3～3.0 之间、平均粒径为 3.8mm、含泥量（或石粉量）小于 1.5%、泥块含量小于 0.5% 的中粗砂。其他质量指标应符合《普通混凝土用砂、石质量及检验方法标准》JGJ 52 要求。砂率〔砂的用量/（砂的用量＋石子用量）]易控制在 31%～42%。

粉煤灰掺到混凝土中后，能降低水化热，减少干缩，改善新拌混凝土的和易性。宜选用性能良好、各项指标符合国家标准的二级粉煤硝灰，CaO 含量不超过 10%，其他质量指标应符合《用于水泥和混凝土中的粉煤灰》GB/T 1596 要求。根据工程的需要确定粉煤灰掺量，楼板混凝土粉煤灰掺量宜为 20%～30%，基础底板掺量为 30%～40%。不建议掺加矿粉。

减水剂宜采用符合国家标准《聚羧酸系高性能减水剂》JG/T 223 的聚羧酸减水剂。C30、C35 用量为 0.8%，C40 则控制 1%～1.2%。使用聚羧酸时必须注意聚羧酸的敏感性，装载聚羧酸的罐车不能与装载萘系减水剂的罐车混用，并要注意聚羧酸与水泥、掺和料的相容性。

使用城市市政自来水拌制商品混凝土，用水量不应大于 170kg/m³。

2）配合比设计与混凝土性能控制

混凝土配合比控制的原则是在保证抗压强度满足要求的条件下，尽量提高抗拉、抗折强度，同时从减小水泥用量与用水量两个方面减小混凝土的温度收缩与干燥收缩，并根据现场施工条件、当地原材料性能、施工时外界环境条件，确定施工所需的混凝土工作性能，主要是混凝土的坍落度、扩展度、倒置流时间、初凝终凝时间。

本工程地下部分结构超长混凝土底板及外墙顶板混凝土采用 60 天龄期作后期强度评定。

混凝土原材料与配合比要经试配合格，满足所需的强度、施工性能后方可最终确定。主要工作包括：收集当地混凝土地材资料、混凝土地材质量现场检验、混凝土工作性能指标确定、混凝土试配检验。

要求混凝土入泵坍落度为 140～160mm，到浇筑仓面坍落度为 120～140mm，同时具有良好的和易性与保水性。

（5）混凝土入模温度控制

1）为降低入模温度，浇筑时间尽量定于夜间与清晨。

2）规划交通路线，尽量缩短混凝土从搅拌站到现场的运输时间。

3）浇筑混凝土前，对现场场地进行清理，统一布置泵车及罐车行驶路线，缩短现场混凝土泵车等待时间。

4）罐车与泵管在夏季应有隔热覆盖，降低环境温度对混凝土泵送过程中的影响。

5）要求搅拌站对粗、细骨料进行遮阳覆盖，避免阳光直射。

6）拌和用水不得采用在常温下晒过的存水，采用低于常温的市政管道自来水。

（6）混凝土浇筑

1）混凝土泵和搅拌运输车的台数可根据混凝土工程量的大小以及预计的浇筑时间来确定。多台混凝土泵同时浇筑时，选定的位置要使其各自承担的浇筑量接近，最好能同时浇筑完毕。混凝土泵布置的地点要有足够的场地，以保证混凝土搅拌运输车的供料、调车的方便。

2）混凝土浇筑前，针对各个部位的浇筑特点，进行详细交底，管理人员跟班作业，检查和监督振捣作业。

3）混凝土振捣必须密实，不漏振、欠振、不过振。振点布置均匀，插入式振捣棒要快插慢拔。在施工缝、预埋件处，加强振捣。楼板振捣应采用平板式振捣器振捣，大面积底板应在终凝前 2 小时进行 2 次复振。

4）泵送混凝土入模时，端部软管均匀移动，使每层布料均匀，不成堆浇筑。

5）振动混凝土时，振捣棒要做到"快插慢拔"，在振捣过程中，宜将振捣棒上下略有抽动，以使上下振动均匀。每点振动时间以 20～30s 为宜，以混凝土表面呈水平不再显著下沉、混凝土表面泛出灰浆、不再溢出气泡为准。分层浇筑时，振捣棒应插入下层混凝土 50mm 左右，以消除两层之间的接缝，不可过振。振捣时防止振动模板，尽量避免碰撞钢筋、管道、预埋件等。

6）基础底板及柱墩混凝土浇筑采用"斜面分层"，振捣棒应在坡尖和坡顶分别布置，保证混凝土振捣密实，且不漏振。沿每段浇筑混凝土的方向，在前、后布置 2 道插入式振捣棒，前 1 道插入式振捣棒布置在底排钢筋处和混凝土的坡脚处，确保混凝土下部的密实；后 1 道插入式振捣棒布置在混凝土的卸料点，解决上部混凝土的捣实，并促进混凝土流动。

7）框架梁：梁的振捣点可采用"行列式"，每次移动的距离为 400～600mm。

8）墙体：采用斜向分层一次到顶的分层浇筑方式，分层厚度不超过 500mm，混凝土接槎时间不宜超过 150 分钟（严格控制在初凝时间内），振捣棒应插入下层混凝土 50mm 左右，对下层混凝土进行二次振捣，以消除两层之间的接缝。

9）严格控制振捣时间及插入深度，并重点控制混凝土流淌的最近点和最远点，尽可能采用两次振捣工艺，提高混凝土的密实度。

10）混凝土下落的自由倾落高度不得超过 2m，如超过 2m 时必须采取措施。浇筑竖向结构混凝土时，如浇筑高度超过 2m 时，应采用串筒、导管、溜槽或者将布料杆软管深入墙柱内，保证混凝土下落高度不超过 2m，杜绝离析现象。

11）竖向构件混凝土下料点应分散布置循环推进，连续进行。插入式振捣棒不得触动钢筋和预埋件。除上面振捣外，下面要有人随时敲打模板。

12）在混凝土浇筑前，应先将基层和模板浇水湿透，如果没有浇水或浇水不够，则模板吸水量大，干燥模板将过多吸收混凝土中拌和物中的水分，将引起混凝土的塑性收缩，产生裂缝。

13）混凝土表面泌水及时引导集中排除，跳仓缝处振捣要小心细致，不要碰撞坏钢丝网，振捣细致可保证混凝土与钢丝网的粘接质量。

（7）收光与养护

混凝土浇筑完成后，采用 2m 长铝合金刮杠将混凝土表面找平，控制好板顶标高，然后用木抹子拍打、搓抹两遍。混凝土终凝前 1～2h，提浆机二遍收光，混凝土养护采用边收光边覆盖塑料薄膜防止水分蒸发，塑料薄膜搭接按不小于 200mm，需保证薄膜内处于

100% 湿度，养护时间不少于 14 天。

在混凝土初凝前后进行第一遍人工压抹、收光工作，边压抹、收光边覆盖薄膜；在混凝土终凝前后进行第二遍收光与抹光机收光工作，做到掀一块收一块，收光完毕后立刻重新覆盖薄膜。夏季喷雾养护 14 天，养护过程若遇较大暴雨需在板面铺设麻袋，避免形成较大的水流冲刷楼面造成过快降温。

10.1.2　大体积混凝土

体育建筑中的大体积混凝土多见于地下室底板、基础承台、大截面梁柱和特殊部位的基础或节点等。大体积混凝土的主要特点就是体积大，最小断面的任何一个方向的尺寸都超过 1m。混凝土表面系数比较小，水泥水化热释放比较集中，内部升温比较快。混凝土内外温差较大时，会使混凝土产生温度裂缝，影响结构安全和正常使用。因此，体育建筑结构设计有大体积混凝土时，全过程工程咨询人员必须引起足够的重视，必须从根本上予以分析，以保证施工质量。

1. 混凝土浇筑的管理

（1）确保连续浇筑

要求混凝土供应商派出技术人员到工地驻地监控和调整混凝土坍落度，密切配合混凝土的浇筑施工。并根据现场混凝土浇筑情况安排车辆，及时解决问题，保证供应的连续性。混凝土浇筑过程中，认真做好场内外交通疏导工作，确保道路畅通。要求混凝土供应商派驻一名调度员到现场，重点跟踪加强带高等级混凝土的到达时间，做好不同等级混凝土到达施工现场的书面交接工作，全程监督混凝土实际供应过程，保证工地现场每台泵机均有 1 台搅拌车在等候卸料，确保混凝土能连续供应。

（2）浇筑过程注意事项：

1）宜采用"平面分段，斜面分层，薄层浇捣，自然流淌，循序渐进，一次到顶"的连续浇捣方式。分层厚度为 400mm 左右，在斜面下层混凝土未初凝时进行上层混凝土浇筑，防止出现冷缝。

2）浇筑混凝土时间应按表 10.1-3 控制。掺外加剂时由试验确定，但最长不得大于初凝时间减 90min。

混凝土搅拌至浇筑完的最大延续时间（单位：min）　　　　表 10.1-3

混凝土强度等级	气温		混凝土强度等级	气温	
	≤25℃	>25℃		≤25℃	>25℃
≤C30	120	90	>C30	90	60

3）混凝土浇筑宜从低处开始，沿长边方向自一端向另一端推进，逐层上升。浇筑时，要在下一层混凝土初凝之前浇筑上一层混凝土，避免产生冷缝，并将表面泌水及时排走。

4）振捣混凝土应使用高频振动器，振动器的插点间距为 1.5 倍振动器的作用半径，防止漏振。振动器插点要均匀排列，可采用"行列式"或"边格形"的次序移动，不应混用以免造成混乱而产生漏振。每一插点要掌握好振捣时间，过短不易捣实，过长可能引起混凝土产生离析现象。

2. 大体积混凝土温控监测及预控措施

为满足设计对养护期间混凝土体内温度控制要求，进行信息化施工，防止混凝土结构的有害裂缝产生，对混凝土结构在浇筑与养护期间的温度场及其变化进行监测。

（1）监测的目的

1）根据养护期间混凝土体内温度梯度及其变化及时改善养护条件或采取有效的技术措施，防止混凝土体内有害裂缝产生。

2）根据对大体积承台混凝土体内一段时间温度变化监测，分析大体积承台的受力状况，达到防止大体积承台混凝土在后期温度降低期间产生有害裂缝的目的。

（2）温度监测内容

1）养护过程中各测温点随时间的变化。

2）在养护期间，混凝土体内、外温差及其变化。

3）混凝土体内外的降温速度。

4）环境温度、湿度及其变化。

（3）测温点的布置

测温点的布置要科学有序，要求每个测温点都能有效反映相应区域混凝土的内部温度，以便发现问题及时处置。

（4）测温数据采集时间

1）浇筑后 24 小时以内，间隔时间 2 小时数据采集；

2）第 2 至 7 天，间隔时间 4 小时数据采集；

3）第 8 至 14 天，间隔时间 6 小时数据采集；

4）第 15 至 21 天，间隔时间 12 小时数据采集；

5）第 22 至 28 天，间隔时间 24 小时数据采集。

（5）降温措施

针对大体积混凝土可能出现内外温差过大而产生裂缝的情况，可以采取的降温措施有：

1）可以在浇筑的时候减少大体积混凝土的厚度，这样可以帮助大体积混凝土的层面散热；

2）可以在大体积混凝土当中埋一些水管，再通入冷水对大体积混凝土进行降温；

3）混凝土浇筑过程中，抛入适量粒径不大于 300mm 的精选石块，起到降温作用。

沈阳奥林匹克体育中心体育场拱脚基础为大体积混凝土，施工过程采用抛石块和敷设冷却水管的方式予以降温，如图 10.1-5 所示。

图 10.1-5　沈阳奥林匹克体育中心体育场拱脚基础大体积混凝土施工照片

10.1.3　百年混凝土

　　重要的体育建筑一般都是当地标志性的建筑物，除用于承办各类运动会、满足市民日常使用之需外，碰到严重自然灾害时还可以作为避灾之用。因此，利用耐久混凝土将体育建筑使用年限从普通的 50 年延长到 100 年，从长远运行和民生大计考虑是节约建设投资行之有效的举措。这里引用某特大型体育场项目百年混凝土应用案例，为后续 100 年耐久性体育场馆项目建设全过程工程咨询提供借鉴。

　　工程包括主体育场及附属设施（含体育场场地、训练场场地、第一检录处及能源中心）。主体育场为 8 万座特级特大型体育建筑，总建筑面积为 216094m²，其中主体育场建筑面积为 212310m²（地上 151451m²，地下 60859m²），主体育场地上六层，地下一层，建筑高度 59.4m，主体育场看台和附属用房为钢筋混凝土框架剪力墙结构，罩棚为空间管桁架＋弦支单层网壳钢结构体系，主体育场结构使用年限 100 年。

　　1. 混凝土工程结构设计概况（表 10.1-4）

主体育场结构工程概况表 表 10.1-4

序号	设计概况			
1	主体结构	六层	地下层数	一层
2	混凝土结构高度	36.445～42.463m	地下室埋深	7m、2.4m
3	建筑结构安全等级	一级	结构形式	框架剪力墙＋钢结构

续表

序号	设计概况		
4	建筑抗震设防类别	乙类　抗震设防烈度	6 度
5	设计使用年限	100 年　结构抗震等级	框架抗震等级三级＋剪力墙抗震等级二级
6	地基基础设计等级	甲级　建筑桩基安全等级	一级
7	基础形式	采用钻孔灌注桩基，桩径 700～1000mm，总桩数 3212 根	
8	柱截面尺寸	$b×h$：方柱 800mm×800mm、800mm×2000mm、1200mm×1200mm、600mm×600mm、800mm×1200mm、400mm×600mm、800mm×1000mm；圆柱：$D=1000$mm、800mm、1400mm、1200mm	
9	基础底板	h：500mm	
10	承台厚度	1000mm、1500mm、2100mm、2400mm	
11	墙板厚度	200mm、400mm、500mm、变截面 800～500mm	
12	梁截面尺寸	$b×h$：800mm×700mm、800mm×1700mm、400mm×700mm、800mm×1000mm、800mm×1200mm、600mm×700mm、800mm×550mm、800mm×800mm、1200mm×1500mm、800mm×1400mm、1200mm×2400mm	
13	板截面尺寸	200mm、160mm、140mm、120mm	
14	混凝土强度等级	（1）基础垫层：C15，桩：C35。基础底板和承台：C40，抗渗等级 P8。地下室挡土外墙：C40，抗渗等级 P8。与水土直接接触的地下室顶板：C40，抗渗等级 P8。（2）室内环境（不含与水土直接接触的构件）下的楼面梁板、楼梯、车道：C30。室外环境（包括与水土直接接触的构件）下的屋面梁板、看台梁板、楼梯、车道：C35，抗渗等级 P6。（3）柱、剪力墙、连梁：C50。水箱、水池：C40，抗渗等级 P8。构造柱、圈梁、现浇过梁：一般采用 C30	
15	钢筋及钢材	钢筋采用 HPB235、HRB335、HRB400，型钢、钢板、螺栓采 Q235B 和 Q345B 钢	
16	砌体材料	室内 M5 混合砂浆，MU5 实心砌块；建筑面层以下室外 M10 水泥砂浆，MU10 实心砌块	

2. 百年耐久性混凝土设计要求

（1）结构混凝土耐久性要求

工程设计施工图纸结构总说明，对结构混凝土耐久性（设计使用年限 100 年）要求如表 10.1-5 所示。

100 年耐久性混凝土要求 表 10.1-5

环境类别	最大水灰比单位（kg/m³）	最小水泥用量（kg/m³）	最大氯离子含量（%）	最大碱含量（kg/m³）
一	0.55	250	0.06	3.0
二 a	0.50	275	0.06	3.0

注：①混凝土中宜加入活性掺和料或能提高耐久性的外加剂，宜使用非碱活性骨料。
　　②基础底板、地下室外墙、与水土直接接触的地下室顶板最小水泥用量为 300kg/m³。

（2）钢筋混凝土构件受力钢筋保护层厚度要求

混凝土构件保护层厚度按表 10.1-6 所列数值加大 40% 确定，加大后混凝土构件的保护层厚度大于 45mm，应加 φ4@200×200mm 钢筋网以防止表面开裂（其中基础梁板背水面不设置钢筋网片），钢筋网片本身的保护层厚度为 15mm。

钢筋混凝土构件受力钢筋保护层厚度（单位：mm）   表 10.1-6

位置		保护层厚度
基础梁板	上筋	30
	下筋	40
地下室外墙	迎土、迎水面	40
	背土、背水面	25
地下室顶梁柱	迎土、迎水面	40
	背土、背水面	30
地下室顶板	迎土、迎水面	35
	背土、背水面	25
室外外露构件	墙板	20
	梁柱	30
水池、游泳池	迎水面	25
	背水面	20
水泵房、水箱间、卫生间	墙板	20
	梁柱	30
其他正常室内环境	楼板、楼梯、混凝土墙	15
	梁	25
	柱	30

受力钢筋的保护层厚度尚应不小于钢筋的公称直径；墙板中分布钢筋的保护层厚度不应小于上述受力钢筋保护层厚度减 10，且不小于 10；梁柱箍筋保护层厚度不应小于 15。

（3）百年耐久性混凝土工程特点、难点

1）空间环梁等超长构件的混凝土防止出现裂缝，超厚梁板混凝土质量的控制是混凝土施工的难点。

2）中、上层看台悬挑梁断面尺寸大、钢筋排布密集，给混凝土浇筑布料带来很大困难。

3）工程多处构件为清水混凝土，如何控制施工各方面因素，保证清水混凝土质量也是本工程的难点。

4）斜柱、型钢柱多，混凝土的下料、振捣存在一定的困难。

5）由于结构复杂，施工缝的留置需综合考虑，既要保证质量，又要兼顾施工进度的紧迫要求。

6）混凝土浇筑应做好"低温入模"。具体指混凝土的入模温度，夏季混凝土入模温度不高于 30℃，冬季混凝土入模温度不低于 8℃。

3. 百年混凝土配合比设计

主体育场混凝土结构构件材料要求为：① 基础底板和承台、地下室挡土外墙、顶板及水箱、水池均为 C40P8，后浇带等级为 C45P8。② 室外环境与水土直接接触下的屋面梁板、看台梁板、楼梯、车道：C35P6。③ 室内环境不与水土直接接触的楼面梁板、楼梯、车道及构造柱、圈梁、现浇过梁均为 C30。④ 柱、剪力墙、连梁均为 C50。

针对耐久性能 100 年的混凝土设计要求，经某省建科院反复配置和大量性能研究。得出了双掺粉煤灰和矿渣粉，以及掺膨胀剂与聚丙烯纤维的最佳配合比，经混凝土搅拌站引进了试配，其性能满足工程设计要求。

百年耐久性混凝土的指标控制，如表 10.1-7 所示。

百年耐久性混凝土的控制指标　　　　　　　　　　　　　　　表 10.1-7

环境类别	最大水灰比	最少水泥用量（kg/m³）	最大氯离子含量（%）	最大含碱量（%）	适用范围
一	0.55	250	0.06	3.0	室内环境
二 a	0.5	275	0.06	3.0	室内潮湿环境，与土壤直接接触环境

鉴于本工程的重要性，设计年限为 100 年，为此，除以上设计提出的耐久性指标外，在施工时还应同时考虑以下几个耐久性指标：

（1）最大胶凝材料用量：$\leqslant 450 kg/m^3$（C30～C40）、$\leqslant 500 kg/m^3$（C50）；

（2）单位体积混凝土中三氧化硫的最大含量不应超过胶凝材料总量的 4%；

（3）混凝土抗氯离子侵入性指标：电通量（56 天龄期）＜1200 库伦；混凝土氯离子扩散系数（28 天龄期）＜$7×10^{-12} m^2/s$；

（4）±0.00 以下混凝土结构需具有良好的抗裂性，建议掺用聚丙烯纤维提高混凝土抗裂性能，并采用平板约束法对混凝土进行抗裂性的对比试验；

（5）±0.00 以下混凝土结构采用补偿收缩混凝土，一般部位混凝土限制膨胀率 $\leqslant 0.025\%$，后浇带、膨胀加强带部位的限制膨胀率 $\leqslant 0.030\%$。

4. 百年原材料混凝土的质量控制

（1）水泥

水泥应选用硅酸盐水泥或普通硅酸盐水泥，水泥的混合材宜为矿渣或粉煤灰，不宜使用早强水泥，水泥质量需保持稳定。水泥性能指标应满足表 10.1-8 的规定，同时，尚应满足国家标准的相关规定。

百年耐久性混凝土用水泥指标要求　　　　　　　　　　　　　表 10.1-8

序号	项目		技术要求
1	标准稠度（%）		23～26
2	凝结时间	初凝	≥45min
		终凝	≤10h
3	安定性		合格
4	抗折强度（MPa）≥	3d	3.5
		28d	6.5

续表

序号	项目		技术要求
5	抗压强度（MPa）≥	3d	16.0
		28d	42.5
6	比表面积（m²/kg）		不小于300
7	游离氧化钙含量（%）		≤1.0
8	碱含量（%）		≤0.80
9	熟料中C3A含量		非氯盐环境下≤8%，氯盐环境下≤10%
10	Cl- 含量		不宜大于0.10%（钢筋混凝土）

（2）粉煤灰

应选用F类Ⅰ级粉煤灰或优质Ⅱ级粉煤灰，要求粉煤灰产品品种稳定。粉煤灰性能指标应满足表10.1-9的规定。

Ⅰ级粉煤灰的技术指标要求 表 10.1-9

序号	项目	技术要求	
		C50以下混凝土	C50及以上混凝土
1	细度（45μ筛余）（%）	≤20	≤12
2	Cl- 含量（%）	不宜大于0.02	
3	需水量比（%）	≤105	≤100
4	烧失率（%）	≤5.0	≤3.0
5	含水量（%）	≤1.0	
6	SO₃ 含量（%）	≤3	

（3）矿渣粉

应选用S95级矿渣粉，产品品质稳定。矿渣粉性能指标应满足表10.1-10的规定。

矿渣粉的技术指标要求 表 10.1-10

序号	项目	技术要求
1	MgO含量（%）	≤14
2	SO₃ 含量（%）	≤4
3	烧失率（%）	≤3
4	Cl- 含量（%）	不宜大于0.02
5	比表面积（m²/kg）	350～5004
6	需水量比（%）	≤100
7	含水率（%）	≤1.0
8	活性指数（%）（28d）	≥95
9	密度（g/cm³）	≥2.80

（4）细骨料

细骨料应选用级配合理、质地均匀坚固、吸水率低、空隙率小的洁净天然粗河沙，也可采用专门机组生产的人工砂，不得使用山砂和海砂。细骨料的颗粒级配（累计筛余百分数）应满足表 10.1-11 的规定。

细骨料的累计筛余百分数（单位：%）　　　　　　　　表 10.1-11

筛余尺寸（mm）	级配区　Ⅰ区	Ⅱ区	Ⅲ区
10.0	0	0	0
5.00	10～0	10～0	10～0
2.50	35～5	25～0	15～0
1.25	65～35	50～10	25～0
0.63	85～71	70～41	40～16
0.315	95～80	92～70	85～55
0.160	100～90	100～90	100～90

本工程配置混凝土时宜优先选用中级细度模数细骨料。当采用粗级细度模数细骨料时，应提高砂率，并保持足够的水泥或胶凝材料用量，以满足混凝土的和易性；当采用细级细度模数细骨料时，宜适当降低砂率。

细骨料的坚固性用硫酸钠溶液循环浸泡法检验，式样经 5 次循环后其重量损失应不超过 8%。细骨料的吸水率应不小于 2%。当砂中含有颗粒状的硫酸盐或硫化物杂质时，应进行专门检验，确认能满足混凝土耐久性要求时，方可采用。细骨料应使用非碱活性骨料。

（5）粗骨料

粗骨料应选用级配合理、粒形良好、质地均匀坚固、线膨胀系数小的洁净碎石，不宜采用砂岩碎石。粗骨料的最大公称粒径不宜超过钢筋的混凝土保护层厚度的 2/3，且不得超过钢筋最小间距的 3/4。配置强度 C50 及以上混凝土时，粗骨料最小公称粒径不应小于 25mm。粗骨料采用二级或多级级配，其松散堆积密度应大于 1500kg/m³，紧密空隙率宜小于 40%。粗骨料的吸水率应小于 2%。粗骨料应使用非碱活性骨料。

（6）外加剂

外加剂应采用减水率高、坍落度损失小、适量引气、缓凝型的、能明显提高混凝土耐久性且质量稳定的产品，宜选用优质缓凝型的聚羧酸高效减水剂。外加剂与水泥、粉煤灰及矿渣粉等掺和料之间具有良好的相容性。外加剂的性能应能满足表 10.1-12 的要求。

外加剂的性能　　　　　　　　表 10.1-12

序号	项目	指标
1	水泥净浆流动度（mm）	≥240
2	$NaSO_4$ 含量（%）	≤10

续表

序号	项目		指标
3	Cl- 含量（%）		≤0.2
4	碱含量（Na$_2$O＋0.658K$_2$O）（%）		≤10.0
5	减水率（%）		≥20
6	含气量（%）	用于配置非抗冻混凝土	≥3.0
		用于配置抗冻混凝土	≥4.5
7	坍落度保留值（mm）	30min	≥180
		60min	≥150
8	常压泌水率比（%）		≤20
9	压力泌水率（%）		≤90
10	抗压强度比（%）	3d	≥130
		5d	≥125
		7d	≥120
11	对钢筋锈蚀作用		无锈蚀
12	收缩率比（%）		≤135
13	相对耐久性指标（%）（200次）		≥80

（7）水

拌和用水采用饮用水，水的品质应符合相关拌和用水的品质指标。

5. 百年耐久性混凝土配合比

普通 C30～C50 混凝土设计使用寿命在 40～50 年，而本工程 C30～C50 耐久性混凝土设计使用寿命在 100 年以上。同时要求制备的混凝土不但要具有良好的工作性，坍落度满足 18～20cm，力学性能满足设计要求，28d 或 60d 配置抗压强度不得低于设计要求，而且要具有高的耐久性，特别是具有良好抗裂防渗作用。

某建设工程质量检验站给出 C40P8 的混凝土配合比试验报告：

（1）所用材料

1）水泥：品种：P.O 等级：42.5

2）细集料：类别：河沙细度模数：2.8

3）粗集料：类别：碎石最大粒径：31.5

4）外加剂：聚羧酸高性能减水剂（掺量为 1.0%）

5）掺和料：粉煤灰（内掺 12%）；矿粉（内掺 20%）

（2）配合比

试验配合比（重量比），水胶比：0.37（百年耐久性混凝土控制水胶比上限，C40P8 上限为 0.45，砂率：40%。每立方米材料用量见表 10.1-13，混凝土立方体抗压强度试验结果见表 10.1-14。

每立方米材料用量（单位：kg）　　　　　　　　　　表 10.1-13

水泥	细集料	粗集料 1	粗集料 2	水	矿粉	粉煤灰	外加剂
293	694	625	417	159	86	51	4.3

注：粗集料 1 为 20～31.5mm 粒径（掺量为 60%）；粗集料 2 为 10～20mm 粒径（掺量）为 40%。

混凝土立方体抗压强度试验结果　　　　　　　　　表 10.1-14

试验项目	龄期（天）	强度值（MPa）
抗压强度	7	28.7
	28	41.2
	60	后补

6. 百年耐久性混凝土制备与生产控制

（1）混凝土组成材料的配料

生产工序中的计量器具应定期检定，每一工作班正式称量前，应及时将计量设备进行零点校核。在配料工艺中，整个生产期间，每盘混凝土的各组成材料的称量结构的偏差应满足表 10.1-15 的规定。

百年耐久性混凝土组成材料称量的偏差　　　　　表 10.1-15

组成材料	允许偏差
水泥掺和料	±1%
粗、细骨料	±3%
水、外加剂	±1%

生产过程应测定骨料的含水率，每一工作班，不应少于 2 次，当含水率明显变化时，应增加测定次数，依据检测结构及时调整用水量和砂、石用量。

（2）混凝土的搅拌

1）拌制百年耐久性混凝土的搅拌站，应符合国家现行标准《混凝土搅拌站（楼）技术条件》的有关规定。采用的搅拌机应符合国家现行标准《混凝土搅拌机技术条件》的规定，必须使用强制式搅拌机。

2）在搅拌工序中，混凝土搅拌的最短时间应符合现行国家标准《混凝土结构工程施工及验收规范》的规定。每一工作班至少抽查 3 次。

3）混凝土搅拌时，其投料次序，除应符合有关规定外，水泥与掺和料与外加剂同步掺入，干拌 30s，再加水湿拌 1min。

4）在搅拌工序中，拌制的混凝土拌合物的均匀性应符合《混凝土结构工程施工及验收规范》。

5）混凝土搅拌完毕后，应按下列要求检测混凝土拌合物的各项性能：

① 混凝土拌合物的坍落度应在搅拌地点取样检测，每一强度等级不少于一次，观察混凝土拌合物的黏聚性和保水性。要求混凝土到达现场的坍落度控制为 200±20mm。混

凝土从出机到浇筑这段时间内的坍落度损失不大于 20mm，且混凝土不分层、不离析。

②取混凝土浇筑量 20%～80% 的混凝土制作标养试块、同条件养护试块、拆模试块。控制混凝土的浇筑时间，凡超出规定时间的混凝土，不准在本工程使用。

（3）混凝土的运输

1）百年耐久性混凝土宜采用搅拌运输车，运输途中拌筒以 1.3r/min 速度搅动，到达现场卸料前应使拌筒以 8.12r/min 转 1～2min，然后再进行反转卸料。

2）在运输工序中，应控制混凝土运至浇筑地点后，至施工浇筑时，不离析，不分层，组成成分不发生变化，并能保证施工必需的稠度。

3）运送混凝土的容器和管道，应不吸水、不漏浆，并保证卸料机输送通畅。容器和管道在冬期应有保温措施，夏季最高气温超过 40℃时，应有隔热措施。

4）混凝土从搅拌机卸出后到浇筑完毕的延续时间，不应超过表 10.1-16 的规定。

百年耐久性混凝土从搅拌机卸出到浇筑完毕的延续时间（单位：min） 表 10.1-16

气温	延续时间（采用搅拌车）	
	≤C30	>C30
≤25℃	120	90
>25℃	90	60

5）混凝土运送到浇筑地点时，应检测其稠度。混凝土拌合物稠度应满足施工方案的要求，并按照《混凝土结构工程施工质量验收规范》GB 50204—2015 的第 7.3.5 条要求检查。

6）采用泵送混凝土时，应保证混凝土泵的连续工作，受料斗应有足够的混凝土，泵送间歇时间建议不超过 15min。

7. 百年耐久性混凝土浇筑准备工作

（1）钢筋的隐检工作已经完成，并已核实预埋件、线管、孔洞的位置、数量及固定情况无误。

（2）模板的预检工作已经完成，模板标高、位置、尺寸准确，符合设计要求，支架稳定，支撑和模板固定可靠，符合规范要求。

（3）混凝土浇筑前组织施工人员进行方案学习，由技术部门讲述施工方案，对重点部位单独交底，设专人负责。监理签发混凝土浇灌令后才能进行混凝土浇捣。

（4）混凝土浇筑用的架子、走道及工作平台，安全稳固，满足浇筑要求。

（5）浇筑机械设备经检修、试运转情况良好，可满足连续浇筑要求。试模已准备。

（6）各节点部位的竖横向钢筋，宜采用电焊进行定位控制措施，以控制钢筋保护层和钢筋间距，对输送管下受泵送冲击较大部位，应用拉条等牵拉牢固。

（7）模板拼接缝间隙要求严密，模板孔洞应预先补平，柱、墙模下口与楼板接触处空隙必须用砂浆找平，防止漏浆，模板内垃圾、杂物、积水应清除干净。

（8）商品混凝土供应连续，使泵车能连续工作。

（9）施工人员向班组认真交底技术、质量、安全措施。

（10）现场将运输通道清理到位，无障碍物，通知各材料供应商浇筑期间不要有车辆入场供货。

（11）将养护覆盖材料配备齐全（一层薄膜，一层纤维毯），部分备用。

（12）泵车停机点及主要行车通道提前清理障碍物等。

（13）备好通信联系的无线对讲机，备好混凝土泵送放料的指挥旗（下料点专人挥旗，举红旗，停止下料，举蓝旗，下料）或对讲机。

8. 百年耐久性混凝土泵送技术

（1）泵送混凝土的输送

混凝土搅拌运输车的现场行驶道路，应符合下列规定：

1）混凝土搅拌运输车行车的线路宜设置成环行车道，并应满足重车行驶的要求。

2）车辆出入口处，宜设置交通安全指挥人员。

3）夜间施工时，在交通出入口的运输道路上，应有良好照明。危险区域，应设警戒标志。

（2）混凝土泵的布置要求

1）混凝土泵设置处应场地平整、坚实，具有重车行走条件。

2）混凝土泵应尽可能靠近浇筑地点，在使用布料杆工作时，能使浇筑部位尽可能地在布料杆的工作范围内，尽量少移动泵车即能完成浇筑。

3）混凝土泵或泵车布置停放的地点要有足够的场地，以保证混凝土搅拌输送车的供料、调车方便。

4）为便于混凝土泵或泵车，以及搅拌输送车的清洗，其停放位置应接近排水设施，并且供水、供电方便。

5）在混凝土泵的作业范围内，不得有阻碍物、高压线，同时要有防范高空坠物的措施。

（3）泵送混凝土的浇筑顺序

1）采用混凝土输送管输送混凝土时，应由远而近浇筑，逐段拆卸输送管。

2）在同一区域的混凝土应按先竖向结构后水平结构的顺序，分层连续浇筑。

3）当不允许留施工缝时，区域之间，上下层之间的混凝土浇筑间歇时间，不得超过混凝土初凝时间。

4）当下层混凝土初凝后，浇筑上层混凝土时，应先按留施工缝的规定处理。

5）泵送混凝土的布料方法

① 在浇筑竖向结构混凝土时，布料设备的出口离模板内侧面不应小于 50mm，并且不向模板内侧面直冲布料，也不得直冲钢筋骨架。

② 浇筑水平结构混凝土时，不得在同一处连续布料，应在 2～3m 范围内水平移动布料。且宜垂直于模板。混凝土浇筑分层厚度一般为 300～500mm。当水平结构的混凝土浇筑厚度超过 500mm 时，可按 1:6～1:10 坡度分层浇筑，且上层混凝土，应超前覆盖下层混凝土 500mm 以上。振捣泵送混凝土时，插入式振捣棒插入的间距一般为 400mm 左右，

振捣时间一般为 15～30s，并且在 20～30min 后对其进行二次复振。对于有预留洞、预埋件和钢筋密集的部位，应预先制订好相应的技术措施，确保顺利布料和振捣密实。在浇筑混凝土时，应经常观察，当发现混凝土有不密实等现象，应立即采取措施。水平结构的混凝土表面，应适时用木抹子磨平搓毛两遍以上。必要时，先用铁滚筒压两遍以上，以防止产生收缩裂缝。

（4）商品混凝土泵送

1）泵送开始前先用适当水泥砂浆（0.5m³）润滑输送管内壁。天热施工，在管径外应用湿草包覆盖，并经常浇水散热。

2）在泵车进料口应有专人负责出料，限制速度快慢，以防止吸入口空气入内形成阻塞。

3）泵送进程中管道发生阻塞时应及时清除并用水冲洗干净，泵送间歇时间超过初凝或出现离析现象时，应立即冲洗管内残留的混凝土。

4）为防止堵管，喂料斗上应设专人将大石块及杂物及时拣出。

当遇到混凝土压送困难，泵的压力升高，管路产生振动时，不得强行压送，应对管路进行检查，并减慢压送速度或使泵反转，以防止堵塞。

（5）输送管布置

1）布置水平管时，采用混凝土浇灌方向与泵送方向相反，布置向上垂直管时，采用混凝土浇筑方向与泵送方向相同。

2）混凝土泵的位置距垂直管应有一段水平距离，其水平管的长度与垂直管高度的比值在于 1∶4。

3）垂直管布置用抱箍固定在柱子或墙上，逐层上升到顶，并应保持整根垂直管在同一铅直线上。

9. 百年混凝土耐久性控制措施

（1）混凝土保护层厚度

混凝土保护层厚度加大 40%，加大后保护层厚度大于 45mm 时，加 φ4@200mm×200mm 的钢筋网以防止表面开裂，钢筋网片本身的保护厚度为 15mm。为了保证混凝土结构 100 年设计年限，在施工过程中应采取下列措施保证混凝土保护层厚度。

1）施工前应根据设计图纸及施工验收规范，针对不同的工程部位确定正确的保护层厚度。对不同的构件采取不同的措施，保证保护层厚度在规定范围之内。保护层厚度采用混凝土垫块，垫块的尺寸和形状（宜为工字形或锥形）必须满足保护层厚度和定位的允差要求；垫块的强度应高于构件本体混凝土。浇筑混凝土前，应仔细检查定位夹或保护层垫块的位置、数量及其紧固程度，并应指定专人做重复性检查以提高保护层厚度尺寸的施工质量保证率。构件侧面和底面的垫块应至少 4 个/m²，绑扎垫块和钢筋的铁丝头不得伸入保护层内。模板刚度和支撑要牢固，避免模板在浇捣过程中变形，确保保护层厚薄均匀。

2）施工过程中严格按规范科学操作。在施工过程中，由于施工荷载的增加以及施工人员的连续作业，容易出现脚踏钢筋变形、模板松动、上部受力筋保护层变大等一系列问题。保护层在施工中要严格按照规范要求科学操作，特别是在现浇与振捣过程中更要规范操作。

（2）百年耐久性混凝土低温入模控制

百年混凝土"低温入模"要求，夏季小于 30℃，冬季不低于 8℃，针对此要求采取以下措施：

1）在相对湿度较小、风速较大的环境下，采取喷雾、挡风等措施，且避免浇筑面板等有较大暴露面积的构件。

2）在混凝土初凝前第一次抹面时应随时覆盖塑料布，边抹压边覆盖；而后加盖保温材料毛毯缓慢降温。

3）夏季采用低温水或冰水搅拌混凝土，对骨料喷冷水雾或冷气进行预冷，或对骨料进行覆盖或设置遮阳装置避免日光直晒，运输工具如具备条件也应搭设避阳设施，以降低混凝土拌合物的入模温度。

4）针对大体积混凝土的具体措施如下：炎热天气浇筑混凝土时，宜采用遮盖、洒水、拌冰屑等降低混凝土原材料温度的措施。

10.1.4　型钢混凝土结构

型钢混凝土组合结构构件是近些年发展的新型结构构件，它继承了钢和混凝土各自的优点，是一种有广大发展前景的结构形式。型钢混凝土组合结构构件因其自身特性，在型钢选择、节点处理等方面有其复杂性。

某大型体育场项目主体结构采用了型钢混凝土结构，经统计使用型钢结构共计 4000 余吨。该工程型钢结构主要应用于柱、梁构件，为钢筋混凝土包覆型钢结构，其中 V 形斜柱、Y 形斜柱及顶环梁在型钢混凝土结构施工中带来了一定难度。

1. 施工重点及难点

体育场工程与一般民用建筑不同，由于其看台和场地使用的需要，构件、构件节点以及构件与构件之间的角度的不固定性，很容易造成现场施工放线与施工实际尺寸吻合度出现偏差的现象，因此造成：

（1）现场施工周期的不可控

从理论上讲，当前建筑结构施工虽然借助 BIM 技术可以实现梁板柱的准确找形、可以确定构件与构件以及构件内材料（如钢筋与钢筋、钢筋与结构型钢、钢筋与预应力钢绞线、钢筋与预埋管线等）相对合理位置，可以借助 GPS 测量放样技术实现构件的空间定位，但由于体育建筑的特殊性，特别是跨度大、坡度陡、构件截面尺寸大、构件交接方向不规则、钢筋连接与锚固操作困难等（图 10.1-6、图 10.1-7），施工工人现场操作仍然有比较大的难度，造成了主体结构工程施工工期的不可控。因此，全过程工程咨询单位和工程施工单位需要结合总工期，统筹合理安排结构构件加工、制作、安装的施工工期。

图 10.1-6　梁柱节点 1 地面实物放样过程　　　　图 10.1-7　梁柱节点 2 地面实物
（背面为看台斜梁）　　　　　　　　　　　　　　放样过程

（2）深化设计技术复杂，需要现场模拟放样

整个看台结构呈东西高、南北低的椭圆形，上部看台采用多杆件空间交汇的分叉 V 形斜柱和分叉 V 形斜梁（图 10.1-8），混凝土内钢筋数量多，排布集中且复杂。整个深化设计的难点在于不但要考虑钢结构本身的建造技术问题，同时需要配合钢筋混凝土结构的钢筋排布。在保证结构安全（如钢筋锚固、钢筋连接等可靠）的前提下，对关键节点构造进行优化，保证钢筋混凝土结构和钢结构施工同时顺利进行。

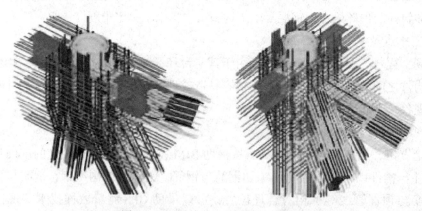

图 10.1-8　梁柱节点深化模拟轴侧图

（3）分叉 V 形斜柱与斜梁施工难度大，不可控因素多。高层看台的支撑柱和看台斜梁的倾斜角度、标高范围不统一，钢骨混凝土支撑柱的型钢为十字形和焊接 H 形，斜向水平投影悬挑最长达 8.5m，如图 10.1-9 所示。吊装作业面高度高，斜向外挑距离长，现场施工困难，需要可靠的安全保障措施。

2. 施工中采用的关键技术

（1）顶部环梁处铸钢节点的深化设计

该工程中顶部环梁处采用了大量的铸钢节点，施工难度大，顶部梁、柱截面尺寸和钢骨尺寸都比较大，需对钢筋与铸钢节点进行深化设计，确保钢筋连接有效和满足构造要求，保证结构安全。

1）该节点主筋空间交汇复杂，数量多分布密集，环梁、斜梁、斜柱与短柱空间交汇，钢筋不易连接锚固，铸钢节点可焊性差，需要尽量避免在铸件表面焊接，而且钢骨表面形状复杂，因此常用钢筋套筒连接在该节点并不适用。在深化设计过程中，通过对钢筋双层排布、折弯锚固、钢筋连接板焊接等技术措施解决。

2）环梁铸钢节点主体是一个直径 900mm、壁厚 60mm 的筒体，是斜柱、斜梁、环梁的连接过渡体。由于斜柱与斜梁各自的相对位置为倒"V"形，梁、柱阴角面交汇空间很小，无法满足钢筋连接的构造要求。深化设计时将筒体下端沿原方向增加 600mm，将倒"V"形转换成为"几"形，解决了混凝土钢筋与铸钢节点的连接构造空间不足的问题。节点优化前后对比如图 10.1-10 所示。

图 10.1-9　高层看台下斜柱与斜梁施工照片

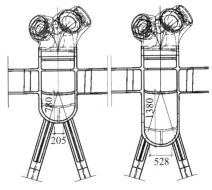

（a）优化前　　　（b）优化后
图 10.1-10　顶部环梁节点优化前后对比

3）施工图中混凝土的钢筋通过钢筋套筒与铸钢节点焊接，但套筒与铸钢节点的相对位置不垂直，因此焊接难度大，焊接质量难保证。深化设计将该连接节点设计成连接板形式，实现了钢筋与铸钢节点的可靠连接。

4）为了保证混凝土与顶部环梁铸钢节点钢材的可靠连接，施工图设计铸钢件表面设置栓钉，每个铸钢件表面总共需焊栓钉 500 多颗。为减少铸钢件表面的焊接量，避免因焊接过多造成铸钢节点母材出现裂缝，深化设计采用剪力块代替栓钉，剪力块在铸钢节点直接浇铸而成。

5）采用 ANSYS 对铸钢件节点进行了有限元分析，本书挑选了典型的受力较大的节点采用实体单元 Solid92 进行数值模拟。计算结果表明最大应力为 170MPa，最大位移为 1.4mm，均满足设计要求。

（2）分叉 V 形斜柱、斜梁安装技术

看台钢骨混凝土斜柱在 2 层结构标高至 6 层结构标高范围内是单斜柱，在 6 层结构标高之上约 17m 高范围内是 V 形双斜柱，柱子截面尺寸大、倾斜度不统一。

根据现场特点，结合工程实际，确定钢结构分段吊装需要遵循的原则有：① 构件特性；② 起重机的起吊能力；③ 进行地面拼装及运输要求；④ 尽量减少高空焊接；⑤ 施工进度要求；⑥ 分段点应避开结构不利点。以此为基础，最终确定钢结构 V 形柱的安装分为了 5 个步骤，最终实现了现场安装平稳、可靠。

（3）复杂节点施工模拟技术

顶部环梁节点为型钢钢筋混凝土和铸钢节点组合的钢骨结构，由 2 根 V 形柱（截面为 H 型钢）、2 根 V 形梁（截面为 H 型钢）、2 根环梁（截面为 H 型钢）、上部罩棚连接钢柱及铸钢节点本身构成，且所有构件均为空间交汇（图 10.1-9）。该节点主钢筋空间交汇数量多达 146 根（不含构造筋）。

通过建立计算机模型，可以实现钢筋排布方式、钢筋与铸钢节点的连接、钢筋与钢筋的连接、钢筋锚固等方式方法，确定钢筋绑扎顺序：先绑扎斜柱钢筋，再绑扎斜梁钢筋，最后绑扎环梁钢筋和环梁节点上部混凝土墩钢筋。并通过地面 1：1 实物模型实战演练，过程中不断改进，最终成功完成了试验，为顶部环梁实际施工提供有效依据。

10.2 钢结构工程

体育建筑钢结构工程一般包括有两部分：一部分为钢骨或钢管混凝土结构体系中的钢结构内容，属于主体结构分部工程中的钢骨混凝土结构子分部和钢管混凝土结构子分部；另一部分是罩棚或屋面支撑与承重体系使用的钢结构，即通常说的主体结构分部工程的钢结构子分部工程。本节仅对钢结构子分部工程的钢结构内容进行阐述。体育建筑为了满足其使用功能，其罩棚或屋面多具有跨度大、悬挑长、空间高度高等特点，实现上述结构需要，支撑体育建筑罩棚或屋盖的钢结构承载体系，设计通常选用管桁架结构、网壳结构、索承结构、索壳结构、网架结构等结构形式。因此，在结构设计确保安全的基础上，钢结构的施工就显得尤为重要。钢结构工程施工的每一个环节，包括深化设计、工厂制作、现场拼装、吊装、合拢、卸载等，都会对体育建筑的安全可靠、经济适用等产生重要影响。

本节分别以黄石奥体中心体育场钢结构工程和武汉东西湖体育中心体育场索结构为例，介绍全过程工程咨询有关技术管理工作。

10.2.1 HS 奥体中心体育场

1. 钢结构工程重难点分析与对策

（1）钢结构杆件截面小，杆件数量多

1）构件管理难

黄石奥体中心体育场桁架杆件数量大，多达 3 万余件；构件样式多，圆管规格 76～351，多达 19 种，同时施工的工作面多，不同的钢结构施工阶段，可能同时存在几个区同时施工，如构件管理不善造成现场构件管理混乱，将给工期和成本造成巨大的损失。

2）解决措施

为确保构件进场后能够便于查找安装，黄石奥体中心钢结构从以下两方面加强管理。

① 按现场安装分区，进行切管编程，同一个安装区域内的杆件在同一份切管清单上。现场项目部将分块吊装的方案给加工厂。加工厂按吊装单元编程切管，确保每一批切割的构件，是同一吊装单元的构件。

② 分区打包，确保每个包内的杆件，均是同一安装单元的杆件。工厂分区切管后，杆件分区堆放、分区除锈、油漆，防止不同区域的杆件混在一起。如图 10.2-1 所示。

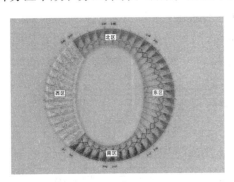

图 10.2-1　杆件分区编号及打包示意图

（2）现场拼装

1）现场拼装量大

为保证公路运输，钢结构构件多以散件打包后运至现场，在现场组拼成不同的吊装单元后，吊装至高空再进行单元与单元间的连接焊接。单元内部的杆件之间、单元与单元之间都存在拼装的问题。

2）高空焊接质量要求高

体育场馆钢结构除承受自重之外，其金属屋面、体育照明、体育扩声、LED 大屏以及管线等荷载都可能由钢结构承担，其焊接质量将关系到整个结构的安全功能，因此必须重点保证。由于现场的焊接环境不如工厂，温度、湿度、风力大小变化都会影响焊接质量，如何保证焊接质量是难点。

3）解决措施

① 对工厂制作的构配件，桁架主管全部在工厂内进行预拼装，检查主杆件、次杆件相互间的连接情况，并及时进行修正，保证构件加工精度满足要求；

② 对现场拼装场地进行压实硬化，拼装胎架经过设计计算，杆件规格按照设计要求进行选择，保证有足够的刚度和稳定性，且必须保证胎架上口水平度 ±1mm，另外为了便于桁架的起吊，胎架定位块的位置须避免与桁架起吊时碰撞；

③ 工程结构体型大，构件多，现场拼装量大，根据结构特点，为加快结构拼装速度，将吊装分块再分解成拼装单元。先将零散杆件在拼装场地上进行拼装，然后在组装场地上将拼装单元进行组装成吊装分块。这样各个拼装、组装场地各司其职，不仅能加快拼装速

度，还能减少误差、提高效率；

④ 拼装时控制杆件的就位精度；拼装完成后检查拼装的整体外形尺寸，检查无误后才能开始焊接；焊接完成后再次复核桁架的整体外形尺寸，超出允许偏差必须及时矫正；

⑤ 依据现场的焊接工作量和施工进度安排，组织足够的拼装、焊接工人，并进行严格的培训、考核，经考核合格后方能参与钢结构工程相应的焊接工作。

（3）钢结构安装与土建施工的配合

1）如何有效协调，满足安装工期是钢结构工程实施重难点

体育场馆钢结构工程上部一般支撑在土建结构的顶环梁位置，土建施工顺序直接影响了构件预埋施工，钢结构的拼装及吊装顺序要与土建施工顺序吻合。黄石奥体中心体育场主体混凝土结构分多个区域施工，如何保证多个区域的施工顺序满足钢结构安装的施工需要，或者土建满足了钢结构施工的条件后钢结构施工如何组织是钢结构工程的实施重难点。

2）解决措施

① 合理选用施工方案来保证工期

根据本工程结构特点及土建施工顺序，体育场馆罩棚钢结构施工采用合理的施工方法，如地面拼装跨外组合吊装、分段吊装等，根据不同分区不同施工环境因素，采用最合理的施工工艺，来确保施工安全、质量和工期。

② 技术力量保证

针对体育场馆屋盖罩棚现场安装拼装量大，精度要求高，节点形式多样等特点，选择有着丰富类似工程施工经验的承包单位，着重从技术上解决好管桁架的加工、拼装、安装精度控制；现场各分区安装方案的确定；支座及铸钢件安装等技术方案。通过各项有效的技术措施，保证现场安装的顺利进行。

③ 资源保证

钢结构工程作业面大，适宜于多工作面同时进行安装。拟根据工程特点，将本工程划分为若干个施工区，在安装准备期间做好相关人力、机械、材料资源的准备工作。

④ 人力资源保证

钢结构工程人力资源的投入分为三个阶段：设计阶段、加工阶段、现场安装阶段。在设计阶段，有着丰富类似场馆工程，专业从事管桁架结构设计的工程师进行设计工作，迅速启动；在钢结构管桁架加工阶段，加强钢结构管桁架加工能力，投入相应人力资源，在现场各分区达到安装条件前，完成该分区的钢结构桁架制作；在屋面管桁架安装阶段，利用充足的人力资源，根据工作面与分区情况，组织流水作业，各分区独立完成，保证进度需要。

⑤ 机械设备保证

钢结构现场安装方面，需根据钢结构工程吊装单元重量、行走路线、吊装工况等因素选择吊装设备。黄石奥体中心体育场的主要大型安装机械1台400t履带吊、1台180t履带吊，按照现场安装进度的需要进场，保证本工程的施工。

⑥ 辅助与支撑材料使用保证

体育场馆钢结构工程屋面管桁架外形尺寸巨大，存在现场的二次组装与拼装，由于施工面面积较大，安装时要大量使用到拼装胎架、临时支撑，尤其是用于高空分块安装的胎架用量非常大，在桁架安装前期把所需的胎架制作完毕，可保证现场安装的需要。

⑦ 施工组织保证

针对钢结构工程工作面广，适宜于多点多面同时开工、平行推进的特点，下设若干班组，每组负责一定区域内的钢结构施工，组织流水作业，并按照各分区的工作量情况调配施工人员，保证工程进度的需要。

（4）钢结构合拢设计要求高

1）设计合拢要求

体育场馆钢结构工程不设缝，钢结构合拢位置的选择及合拢时的温度选择不当，都将对钢结构施工质量产生不利影响，因此在施工方案编制阶段，结合项目所在地历年气象资料，采用计算机对应力及位移进行模拟，合理确定钢结构施工合拢时间。

黄石奥体中心钢罩棚结构由 48 榀沿径向布置的异形桁架结构单元组成，每榀结构单元通过屋面内端和外端两道环桁架连成一个空间受力的整体，如图 10.2-2 所示。整个结构不设缝，最大直线长度为 265.6m。每榀桁架结构单元都是由平面交叉桁架组成，外端沿建筑立面向下延伸支承在二层平台上，中间通过树状支撑支承在斜看台顶端，内端悬挑，最大悬挑跨度为 36.983m，最小悬挑跨度为 10.420m。平面桁架截面高在树状支撑连接处最高，高度为 4.8～3.5m；两端最小，高度为 2.0m。由此看出，整个罩棚结构体型大，安装如果不考虑温度的影响安装完成后会改变结构的整体受力及变形，有安全隐患。

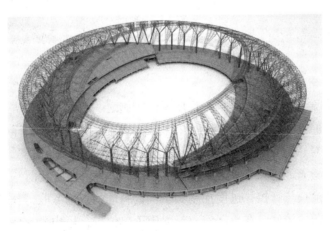

图 10.2-2　黄石奥体中心体育场钢结构示意图

2）解决措施

根据结构特点及设计要求，根据设计合拢温度的要求，设置 4 条合拢缝，合拢缝的位置如图 10.2-3 所示。钢结构合拢时的温度为 20℃；根据历年气象资料，黄石当地的最高基本气温为 38℃，最低基本气温 -3℃；考虑夏季太阳辐射引起钢构件表面升温，最高的

升温荷载 $T=38+8=46℃$；考虑冬季降温，钢构件表面温度与室外气温相同，最低的降温荷载 $T=-3℃$；待结构安装完成后，满足合拢要求时，焊接合拢段，合拢段焊接完成后钢结构罩棚统一卸载。

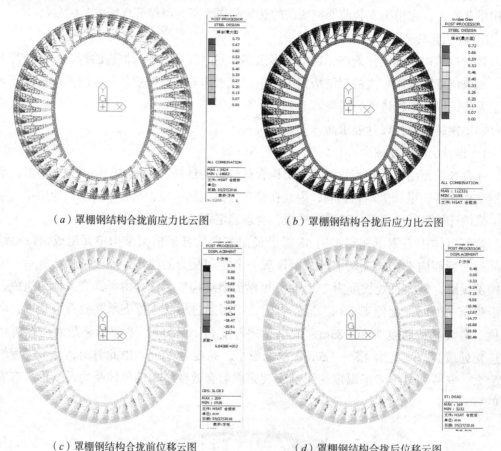

（a）罩棚钢结构合拢前应力比云图　　　　　（b）罩棚钢结构合拢后应力比云图

（c）罩棚钢结构合拢前位移云图　　　　　（d）罩棚钢结构合拢后位移云图

图10.2-3　钢结构合拢前后模拟分析

2. 驻场监造质量控制要点

驻场监造是从源头上确保钢结构工程质量的措施之一，驻场监造人员一定要有高度的责任心，并重点从原材料（包括钢板、焊接材料、螺栓材料等）、放样与下料的工艺图纸审查与原始尺寸核对、加工制作（包括加工厂的质量保证体系的落实、交接检查等）、焊缝检测（包括外观检查、旁站无损检测等）、涂装制作（包括涂装前基层检查、图层厚度检测等）等的质量检查与管控，进度控制和工程资料的检查与签收等作为监造管理与控制内容。对于大型复杂的构件，在出厂前应督促施工单位进行厂内预拼装，符合要求后方允许出厂。

3. 安装前的准备

安装前的准备阶段，全过程工程咨询现场咨询师需要管控的内容包括：督促施工单位建立健全有关管理制度并有保障措施、专项方案的编制与评审、轴线的交接及复测、大型机械设备的进场与安装验收、钢结构构件进场及验收以及安装辅助材料的检查等。

4. 钢结构拼装

钢结构拼装过程中，全过程工程咨询现场管理人员需要重点关注与核查的内容包括：现场分段情况或拼装单元是否与专项方案一致，拼装顺序是否符合专项方案确定的流程，拼装场地的地基承载力能否保证拼装质量，拼装胎架的强度和尺寸是否满足保证构件不变形和设计造型的要求，拼装单元内杆件与杆件的焊接质量检查（方法为外观检查和无损检测等）、防腐涂装质量的检查（包括涂层厚度、涂装均匀度、附着力等）、防火涂装质量的检查和拼装单元完成后的检查验收。

5. 支撑胎架设置与平面布置

支撑胎架是钢结构构件或钢结构拼装吊装单元高空就位时的支撑体系，同时为钢结构构件或拼装吊装单元落点就位后为相互之间的连接（焊接或栓接或其他连接方式）的施工创造条件。

（1）支撑胎架布置原则

1）安全、可靠，方便施工（包括胎架本身的施工和罩棚钢结构桁架的施工）。

2）尽量符合设计意图，即施工时的结构受力状况与最终结构本身的受力状况大致一致。

3）尽量减少安装时的桁架变形，便于安装精度的控制。

4）尽量简化结构的受力和支撑胎架的受力情况。

5）尽量减少对下部混凝土看台结构的影响。

6）卸载要安全、可行，方便施工。

（2）支撑胎架布置

支撑胎架的布置需要根据钢结构的拼装方案，对胎架进行受力计算分析，主要受力包括吊装单元自重、胎架自重、风荷载，由于支撑胎架搭设高度从看台顶面到钢结构下弦，胎架搭设高度一般都在 20～40m，所以考虑风荷载对胎架的稳定性影响是特别重要的，如黄石奥体中心体育场支撑胎架受力计算分别进行了 10m、20m、30m、40m 高度风荷载的受力计算，通过受力计算，为确保胎架搭设及使用过程中的稳定性，当胎架高度超过 15m 后增加缆风绳进行固定。

由于钢结构施工时，土建混凝土看台已施工完毕，故支撑胎架下端只能坐落在混凝土看台上，即采用非"过楼面支撑胎架"。根据支撑胎架的受力计算分析，支撑胎架下方为看台斜梁和看台板，为减少支撑胎架对混凝土看台板的影响，避免看台板因此而出现破坏，支撑胎架下方设置型钢转换梁，转换梁两端支承于斜梁和混凝土柱上，并将支撑胎架上的荷载传递到下部混凝土结构。

（3）支撑胎架安装

支撑胎架的安装在看台混凝土的强度达到要求后方可进行，安装前，先放线定位。安装时，先安装转换梁，后安装支撑胎架。支撑胎架安装就位后，四周立即拉设缆风绳，以加强支撑胎架的侧向稳定性。

支撑胎架必须稳定、可靠，同时，在保证安全稳定的前提下，要控制好胎架的垂直度、轴线偏移及顶点标高，以确保桁架安装时，其顶面标高满足设计和规范要求，不致因误差较大而影响结构的受力性能和工程质量。

6. 钢结构吊装

上述工作全部或部分完成后，相应区域的钢结构即可进行吊装。

（1）吊装顺序

钢结构工程主要受力点基本都在体育建筑主体结构或地面上，钢结构的吊装顺序很大程度上受到主体混凝土结构施工顺序的影响，在制定项目总控计划时，应充分考虑主体混凝土结构与钢结构工程之间的衔接，同时，钢结构加工制作、拼装、吊装顺序要符合混凝土结构施工顺序，吊装前确保支撑位置混凝土或地面基础混凝土龄期已达到28天，或混凝土同条件试块抗压强度已达到设计要求。

（2）吊装路线

体育建筑体型基本都为椭圆形或方形，钢结构吊装路线基本都是围绕建筑四周进行规划，如黄石奥体中心体育场吊装路线就是延建筑呈环形，见图10.2-4。在前期规划吊装路线时，需考虑如下因素：

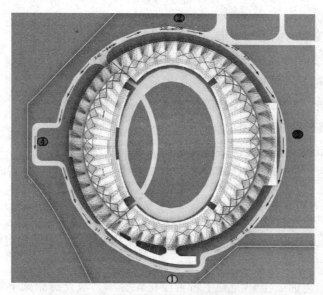

图10.2-4 黄石奥体中心体育场钢结构吊装路线

1）体育建筑外围是否有影响大型履带吊行走的建筑物、地下通道。若有，可在项目主体结构施工期间，对影响钢结构吊装的地上建筑进行缓建，待钢结构吊装施工完成后再进行施工；当钢结构吊装行走通过地下通道、地下室时，需对地下结构进行承载力验算，当不能满足大型履带吊行走时，应对地下结构进行加固。

2）拼装场地设置远近应适中。钢结构各拼装单元应就近围绕体育建筑四周进行设置，设置位置远近应适中，一方面不能太远，造成吊机行走路线过长；另一方面不能太近，不能影响吊装履带吊的回转作业。

3）行走路线地基承载力是否满足要求。钢结构吊装通常采用大型履带吊，其自重加上吊装单元的重量可能达到百吨以上，将很有可能破坏行走路线的地基进而造成倾覆。在吊装作业前，首先应对行走路线上的地基承载力进行复核，当存在回填土或湿陷性黄土等承载力难以满足的地基时，应采取必要的措施进行加固，通常会在行走路线上铺设 30cm 的碎石或铺设路基箱，以确保吊装作业时安全。

（3）吊装设备

钢结构吊装设备的选型，需考虑拼装单元的重量、吊装高度、行走路线、吊装距离等工况，同时还需要考虑工程所在地的气候条件，特别是钢结构吊装期间大风天气的影响。经过对吊装工况的全面分析，结合拟选用的设备参数表进行比对，重点针对最不利工况选择吊装设备。

由于国内基础设施建设工程体量巨大，大型起重设备相对较少，需提前对接承租，避免在施工前起重机械无法到位，影响工程施工进度。

做好大型起重设备进场管理，进场时按照流动式起重机（汽车式起重机、履带吊等）进场验收记录表（表 10.2-1）逐项进行检查。同时，承包单位需提供：① 起重机械出厂文件；② 生产许可证；③ 安全生产资格认可证；④ 产品合格证；⑤ 出厂检验报告或年度检验报告；⑥ 产品说明书。

流动式起重机（汽车式起重机、履带吊等）进场验收记录表　　　　表 10.2-1

工程名称			
型　号		编　号	
操作人员		验收日期	
验收项目	验收内容		验收结果
技术资料	有效的检测报告，安全检验合格证，特种设备作业人员操作证		
外观验收	灯光正常		
	仪表正常，齐全有效		
	轮胎螺丝紧固无缺少		
	传动轴螺丝紧固无缺少		
	方向机横竖拉杆无松动		
	无任何部位的漏油、漏气、漏水		
	全车各部位无变形		
检查各油位水位	水箱水位正常		
	机油油位正常		
	方向机油油位正常		
	刹车制动油正常		
	变速箱油位正常		
	液压油油位正常		
	各齿轮油位正常		
	电瓶水位正常		

续表

验收项目	验收内容	验收结果
发动机部分	机油压力怠速时不少于 1.5kg/cm²	
	水温正常	
	发动机运转正常无异响	
	各附属机构齐全正常	
液压传动部分	液压泵压力正常	
	支腿正常伸缩，无下滑拖滞现象	
	变幅油缸无下滑现象	
	主臂伸缩油缸正常，无下滑	
	回转正常	
	液压油温无异常	
底盘部分	离合器正常无打滑	
	变速箱正常	
	刹车系统正常	
	各操作机构正常	
	行走系统正常	
安全防护部分	有产品合格证	
	起重钢丝绳无断丝、断股，润滑良好，直径缩径不大于 10%	
	吊钩及滑轮无裂纹，危险断面磨损不大于原尺寸的 10%	
	起重量 - 幅度指示器正常	
	力矩限制器（安全载荷限制器）装置灵敏可靠	
	起升高度限位器的报警切断动力功能正常	
	水平仪的指示正常	
	放过放绳装置的功能现象	
	卷筒无裂痕、无乱绳现象	
	吊钩防脱装置工作可靠	
	操作人员持证上岗	
	驾驶室内挂设安全技术操作规程	

出租（产权）单位验收意见：	使用单位验收意见：
签章：　　　　　　　　日期：	签章：　　　　　　　　日期：
监理单位验收意见：	总承包单位验收意见：
签章：　　　　　　　　日期：	签章：　　　　　　　　日期：

（4）钢结构合拢

体育建筑钢结构（桁架结构）通过工厂加工制作、地面拼装、吊装就位、合拢卸载，最终形成稳定的受力体系。合拢作为体育建筑钢结构施工中一个重要环节，需对合拢位置、合拢温度、合拢过程中结构监测进行周密策划，实施过程中根据实际情况进行调整，才能确保钢结构的顺利合拢。

1）合拢温度

对于大跨度结构，结构安装完成后，环境温度变化将在结构中引起内力变化，通常将主体结构合拢时的温度作为结构的初始温度（也称安装校准温度）。因此设计确定合拢温度的原则：一要结构的初始温度接近年平均气温；二要考虑施工进度计划及其变化，预留一定的允许温度偏差范围；三是结构合拢温度应尽量设定在结构可能达到的最高温度与最低温度的中间区域，使结构受力比较合理，用钢量较小。

钢结构合拢温度一般控制在 20℃±5℃，钢结构合拢前后，应根据工程当地的气象资料，分析对比当地近 5 年在合拢计划时间的天气状况、最高温度、最低温度、平均温度、风速等条件，选择适宜的日期作为钢结构合拢时间，并在合拢当天与设计要求的合拢温度接近的时间段组织钢结构合拢。

2）合拢位置的选择

在确定合拢位置时，不但要考虑结构本身的受力和变形情况，同时还应考虑钢结构的整体安装顺序和主桁架的安装分段情况。在满足合拢要求的条件下，尽量减少合拢点的数量，特别是合拢口的数量，以方便施工，减少人员、设备的投入。

黄石奥体中心主体育场钢罩棚结构由 48 榀沿径向布置的异形桁架结构单元组成，整个结构不设缝，外圈周长达 834m。整个罩棚结构体型大，施工过程中需严格控制合拢温度，以满足设计要求。根据结构特点及设计要求，设计合拢温度的要求，设置 2 条合拢缝，合拢缝的位置如图 10.2-5 所示。钢结构合拢时的温度为 20℃；根据历年气象资料，黄石当地的最高基本气温为 38℃，最低基本气温 −3℃；考虑夏季太阳辐射引起钢构件表面升温，最高的升温荷载 $T = 38 + 8 = 46℃$；考虑冬季降温，钢构件表面温度与室外气温相同，最低的降温荷载 $T = -3℃$。

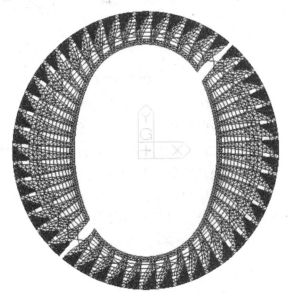

图 10.2-5　合拢位置位于东北角与西南角

3）合拢过程监测

钢结构随着最后一个吊装单元就位、杆件焊接，结构合拢是从拼装单元到整体受力体系的关键环节，合拢的过程中会引起结构受力发生变化，既有内部应力的变化，也有结构位移变化，由于这些变化很难用肉眼发现，钢结构健康监测此时就发挥着重要作用。在合拢的过程中，随时关注应力应变、垂直位移、水平位移是否在可控范围内，一旦监测数值超警戒值，应组织参建各方进行专题讨论，以确保结构的安全可靠。

7. 钢结构健康监测

监测系统主要是在一些重大型的工程结构和基础设施，如超大跨度桥梁、大跨度空间结构、超高层建筑、大型水利工程等重要的建（构）筑物施工过程，针对结构形式特点、工作状态以及所处环境因素在结构上安装各类传感器，通过传感器探测不同工作状态下的结构响应（结构变形、结构内力、温度等），利用这些长期的监测数据完成以下功能（监测系统功能流程图如图 10.2-6 所示）：

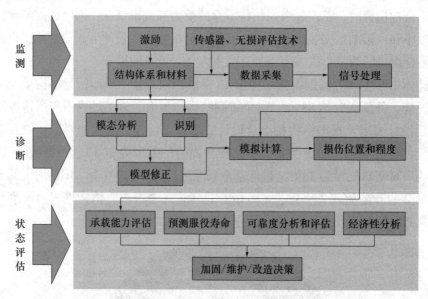

图 10.2-6　监测系统功能流程图

1）对结构由于环境腐蚀、材料老化和荷载的长期效应、疲劳效应等因素引起的结构损伤程度和损伤位置做出诊断，及时预见危险因素，避免灾难性的突发事故；

2）发生台风、地震、火灾、爆炸等突发灾难事件或结构发生异常状态时，判断结构的安全等级，保证人员的生命与财产安全，并且在事后为结构的加固维护和使用管理的决策提供依据；

3）评估结构的服役情况、可靠性、耐久性以及剩余寿命；

4）为类似结构的设计优化、验证与理论研究提供依据。

（1）监测系统设计原则

首先监测系统包含的监测项目和传感器数量越多，监测所获取的信息就越全面，但监测系统的成本也随之增加。监测系统的设计应依据监测项目和所要达到的预期功能，合理优化传感器的布设位置，在满足监测功能需求的前提下，控制监测系统的成本，尽量做到效益最大化，成本最小化。

其次，结构的健康监测是全天候实时、长期、连续的在线监测，监测系统应满足可靠性、耐久性和系统性。在建立监测系统时，在成本允许的基础上，尽量选择防护等级高、易于安装更换、高可靠和高耐久的仪器设备。并且，监测网络的设计也需要最优化，尽量做到路径简洁、反应迅速；在系统网络布置时，尽量做到不影响结构装饰的美观，施工方便，确保安装质量，避免留下隐患。

（2）监测组成系统

监测系统主要由子系统组成，包括传感器子系统、数据的采集和处理子系统、数据传输子系统、数据存储和管理子系统、结构状态识别和健康评估子系统。

一般体育建筑钢结构工程健康监测主要采用人工采集的方式，定期监测钢结构提升、滑移、吊装、合拢、卸载阶段的各个参数，为钢结构施工提供安全保障，健康监测系统如图 10.2-7 所示。

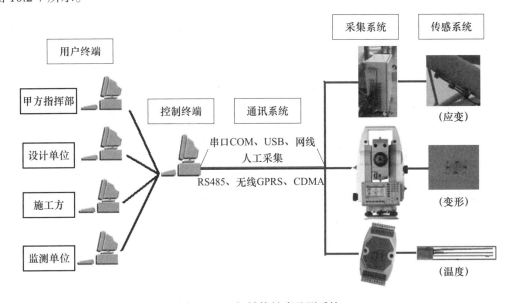

图 10.2-7　钢结构健康监测系统

1）传感器

传感器是健康监测的源头，能够将位移、应力应变和温度等测量参数直接转成电信号输出，担负感知外界环境与结构各性态参数变化，收集监测信息的任务。

传感器主要有应力传感器、位移传感器、温度传感器等。这些传感器选用、性能、布置方法直接决定了监测数据的正确性、精确性和全面性。用于钢健康监测的传感器系统应满足以下要求：

①传感器的性能指标满足测量要求；

②高可靠性和高耐久性；

③与采集、传输通信等系统兼容，具有一定的扩展性；

④ 传感器元件不影响被测结构的外观与性能；

⑤ 传感器布设方便，易于安装维护和更换。

针对不同结构的结构形式和工作环境的特点，结合目前各类传感器和钢结构监测项目，对于传感器的选择注意事项做以下说明。

① 结构变形监测的传感器的选用

变形监测主要是监测建筑物位置的缓慢变化或周期较长的变形。钢结构的变形监测主要是水平位移、垂直位移、变形缝等监测，其主要包括结构垂直位移监测和整体水平变形监测。目前比较成熟、精度可以保证的监测方法有全站仪、静力水准仪、裂缝观测仪和全球定位系统（GPS）等多种形式。

② 结构关键部位、关键构件内力监测传感器的选用

通过了解结构关键部位、关键构件根据受力特点和截面形式，合理布置应变传感器，来监测结构关键部位、关键构件的应变。目前在土木工程的结构检测和监测中广泛应的应变测量传感器主要有振弦式应变计、光纤光栅型应变计、电阻应变式传感器等，这些传感器的监测精度、耐久性和稳定性已在以往的工程应用中已被证明，满足钢健康监测耐久性、长期性和可靠性的要求。

③ 结构所处工作环境监测传感器的选用

结构所处工作环境监测所处采用的传感器主要有强震仪、风速风向仪、风压计、温度等，由于不同的结构形式、环境荷载及建筑特征会有所不同，环境荷载监测传感器的性能指标和安装方法、位置需要严格依据建筑结构的实际情况。

2）数据采集和处理系统

数据采集、处理与存储系统主要承担收集传感器输出的数据并对数据进行信号处理，如信号滤波、信号放大、A/D 转换等信号采集和处理的基本功能，并将处理过的数据存储。该系统主要针对监测项目的要求，通过高性能的数据采集仪或者工控机来完成。健康监测测点多而且较为分散，宜采用分布式数据采集系统如图 10.2-8 所示。该系统应该具有以下功能：

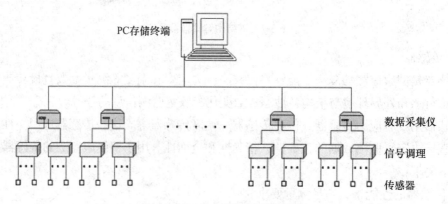

图 10.2-8　分布式数据采集系统

① 自动化运行：采集设备应能在无人坚守的环境下连续 24h 不间断工作，并在设备

断电来电后采集设备自动启动，继续进行数据采集工作；

②数据预处理功能：能对采集到的数据进行工程量转换，并对数据进行初步处理，检查数据的完整性；

③系统控制功能：通过数据管理系统能对数据采集的频率和采样方式进行设置；

④系统时钟同步功能：各数据采集设备之间可以实现同步采样。

3）数据传输系统

数据传输系统主要完成现场至中央控制室的双向数据传输及中央控制室到远程管理端和客户端信号的传输。一般分为有线电（光）缆传输和无线传输两种。结构监测到的信号按时间变化的特征分为静态信号和动态信号，从感知机理上可分为光信号和电信号。

数据传输系统除了将采集到的数据传输到监控中心外，还应当具备将监测结果进行远程传输和报警的功能。可以采用在商业上已取得巨大成功的客户机/服务器网络系统，使用电话线和调制解调器实现计算机之间的远程传输，甚至可以将监测网络系统连接到 Internet 上，实现方便和真正的远程监测。

4）数据存储和管理系统

健康监测数据管理系统采用 C/S（客户机/服务器）结构设计，集数据采集、远程控制、数据管理和监测信息远程传输于一体。黄石奥体中心健康监测系统采用先进平台 Visual Studio.net 开发，适用于 Windows 2000/2003/XP 操作系统，采用 SQL Server 作为数据库，最大限度保证用户数据的安全。系统界面简洁美观，操作方便快捷，能完整直观地显示用户需求的信息。系统功能结构图如图。系统可管理众多的电脑、串口、支持多种通信协议，能胜任复杂的分布式监测系统，具有强大的扩展性能。

该系统的远程监测平台是基于物联网及云计算技术开发的智能化、网络化监测预警平台，能够为用户提供传感器数据、视频图像、图片远程采集、传输、存储、处理及预警信息等多种服务。通过这种业务，用户可以不受时间、地点限制对监控目标进行实时监控、管理、观看和收发预警信息。该系统远程监测平台具有以下优势：

①建设周期短：提供方便的设备接入服务，设备即接即用。

②建设成本低：设备接入和管理、应用都可以通过平台进行，用户只需为必要的设备和服务付费，可以大大简化中心站机房环境建设（网络设备、安全设备、网络资源等）降低建设成本。

③安全性高：基于云架构的安全认证机制和资源访问机制，有效地保护用户的监测数据、应用数据、专业数据等信息。

④易用性强：用户只需将设备部署到现场，再通过自服务门户将设备的基础信息录入到平台，就可以使用。平台对复杂的专业信息进行了封装和简化，为最终用户提供了简单易用的应用界面；为应用系统开发者提供了标准的、专业的服务节接口套件。

⑤协作性强：强大地信息共享，使得用户方便快捷获取所需要的信息。

5）结构状态识别和健康评估系统

结构状态识别和健康评估系统的功能是根据结构实时监测获得的信息，科学、准确、客观地评价超高层结构的安全性、耐久性和正常使用功能，为结构的维护和管理提供决策依据，必要时还发出预警以保证人员的生命财产安全。

（3）应力应变监测

以黄石奥体中心项目钢结构健康监测为例。

1）应力应变的监测点布置原则

① 有限元软件模拟计算受力比较大的点作为应力应变监测控制点。

② 结构重要构件：提升点附近杆件、提升倾斜柱、结构跨中杆件等。

③ 监测控制点要具有代表性和规律性：监测点组合起来要能对结构的整体安全性进行评估，体现整个结构的应力分布。

④ 根据《建筑与桥梁结构监测技术规范》GB 50982—2014 第 3.3.2 条要求，在施工期间重点监测以下构件的应力：A. 在施工模拟分析中，应力变化显著或应力水平较高的构件；B. 提升点附近杆件、作为提升支点的钢柱、悬挑根部杆件等应作为关键监测点。

2）应力应变监测传感器

黄石奥林匹克体育中心钢结构应力应变监测采用 JMZX-212 表面智能数码弦式应变计，JMZX-212 表面智能数码弦式应变计广泛应用于桥梁、建筑、铁路、交通、水电、大坝等工程领域的混凝土及钢结构的应力应变测量，以充分了解被测构件的受力状态。

JMZX-212 表面智能数码弦式应变计采用振弦理论设计制造，具有高灵敏度、高精度、高稳定性的优点，适于长期观测。弦式传感器内置高性能激振器，采用脉冲激振方式激振，测试速度快，钢弦振动稳定、可靠。频率信号长距离传输不失真，抗干扰能力强。智能弦式传感器（AT、A 型）内置智能芯片，全数字检测，具有智能记忆功能。传感器中能存贮传感器型号、电子编号、标定系数、出厂日期等参数。其中"电子编号"功能，能防止因传感器导线被剪或导线编号丢失后，致使无法使用的现象。使用 JMZX 系列仪表测量，能自动识别传感器，并读取存储在传感器中的标定系数，自动转换为目标物理量值。测量保存时传感器能同时备份最近 400～600 次的测量值。其外观如图 10.2-9 所示。

振弦式表面应变计自 30 年代发明以来，由于其独特的优异特性如结构简单、精度高、抗干扰能力强以及对电缆要求低等而一直受到工程界的注目。其测试原理为：以被拉紧了的钢弦作为敏感元件，其振动频率与拉紧力的大小、弦的长度有关。当振弦的长度确定后，弦振动频率的变化量便表示拉力的大小，即输入的是力，输出的是频率，如图 10.2-10 所示。振弦固定在上、下夹块之间，给弦加一定的初始张力 F，若弦长为 L，质量为 m，预张力为 F 时，固有频率如下式所示：

$$f = \frac{1}{2}\sqrt{\frac{F}{mL}}$$

JMZX-212 表面智能数码弦式应变计的测量精度不受电缆长度的影响，在使用区间有限的部位仅需一个小截面即可安装，在安装的过程中可调整钢弦的张力，读数和记录可遥测，其技术指标如表 10.2-2 所示。

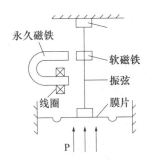

图 10.2-9　JMZX-212 表面智能数码弦式应变计外观　　　图 10.2-10　振弦式传感器测试原理

JMZX-212 表面智能数码弦式应变计技术指标		表 10.2-2	
应变量程	±1500με	温度范围	−20～＋70℃
应变测量精度	0.5% F.S.	测量标距	128mm
应变分辨率	0.05% F.S.（1με）	安装方式	表面安装

3）仪器的安装与使用

黄石奥林匹克体育中心钢结构振弦式应变计的安装采用焊接的方式，整个仪器的安装分为五个步骤，如图 10.2-11 所示。

（a）安装位置打磨现场照片　　　　　　　（b）传感器固定支座安装

（c）传感器弦杆安装　　　　　　　　（d）传感器初始值调节与采集

图 10.2-11　应力应变监测传感器安装流程照片（一）

（e）传感器保护 　　　　　　　　　（f）成品现场照片

图 10.2-11　应力应变监测传感器安装流程照片（二）

① 首先确定好监测杆件的空间位置，根据现场实际情况，确定传感器安装截面的具体定位，然后用角磨机打磨两个 5mm×5mm 大小的方块，方块大小可比传感器安装块稍大一些，以方便传感器安装块与钢结构表面的焊接。

② 采用手工焊或者耐候胶将应变计安装块焊接或粘结在钢结构表面，安装过程中，应采用定位杆确定好两个安装块之间的距离，并使两安装块中心的连线与杆件传力路径平行。

③ 安装弦杆及磁环：采用扳手将传感器弦杆固定于安装块之间，并安装磁环。

④ 初始数据的采集：利用 JMZX-3001 智能综合测试仪采集安装传感器的初始数据，并根据杆件的受力特性调节传感器的初始位置，并做好数据的记录。

⑤ 传感器的保护，首先焊接钢结构保护盒的连接件，然后对传感器附近的钢结构做好防腐处理，最后固定传感器保护盒。

4）监测频率

① 阶段一：钢结构安装、卸载、竣工验收完成，不低于设计要求的监测频次，跟随施工进展同步监测，原则上每次加载前、后同步监测一次；

② 阶段二：工程整体验收完成，不低于设计要求的监测频次，跟随施工进展同步监测，原则上工程整体完成后应监测一次。

当观测区受地震、洪水、爆破等异常外界因素影响时，应无条件同步进行监测。

5）监测预警

① 预警状态判定

监测应按"分区、分级、分阶段"的原则制定监测控制标准，并按黄色、橙色、红色三级预警进行反馈和控制。发出黄色预警时，应加密监测频率，加强对建筑结构的动态观察。发出橙色预警时，除继续加强上述监测、观察、检查外，应根据预警状态进一步完善预警方案。发出红色预警时，应立即向上级单位报警还应立即采取措施，进行施工处理。预警状态判定如表 10.2-3 所示。

② 预警值确定

预警值可根据设计要求、施工过程结构分析结果由各方协商或按下列规定执行：

应力监测值接近原设计杆件计算值的 85% 要求时；

当监测结果超过施工过程分析结果时；

当施工期间结构可能出现较大的荷载或作用时。

③ 预警状态处置

当实测数据出现任何一种预警状态时，应立即通知施工、监理、建设和设计等单位采取相应措施；当监测值超过预警值时应立即报警；必要时可进行加密监测或 24h 不间断监测。

预警状态判定表　　　　　　　　　　　　　　　　　　　　表 10.2-3

预警级别	预警状态描述
黄色预警	实测的绝对值和速率值均达到控制值的 70%～80% 时
橙色预警	实测的绝对值和速率值均达到控制值的 85%～100%
红色预警	实测的绝对值和速率值均达到控制值、实测速率出现急剧增长

（4）温度监测

由于太阳辐射的作用钢结构的温度明显不同于大气环境温度，其直接影响是在高次超静定结构中产生温度应力，因此在钢结构施工过程中，需要在特定的阶段（安装、合拢和卸载）和特殊气候条件（高温和低温）下对钢结构的温度场进行实时监测，为科学地组织施工和结构温度应力的计算提供技术依据。

1）监测内容

温度监测的主要内容包括三部分：① 钢结构拼装及合拢过程（设计合拢温度在 15～20℃）的温度；② 钢结构安装于塔架上卸载前的温度；③ 钢结构卸载后成型的温度。

2）监测点布置位置及数量

温度监测与应力监测位置相同。共计监测点数 84 个（体育场＋全民健身馆＋游泳馆）。

结构温度监测频率与应力监测相同，在每次大风过程中（8 级或以上），监测所选择观测点的温度、应力情况，分析结构的温度、应力分布，提交监测报告，竣工后监测不少于 3 年。

3）监测设备

温度监测采用半导体温度传感器，本项目中半导体温度传感器与应力传感器集成在一起，通过 485 采集终端与计算机的控制程序通信，可以改变采集的时间和频率，以及采集数据的各种存储格式。485 传输协议可以传输不超过 10km 的电压信号，能够满足本项目温度监测的要求。

4）监测频率

温度监测频率宜应力监测频率保持一致。

5）监测预警

温度预警值按照设计假定的结构成型温度及设计所采用的最大、最小温差确定，合拢时，应尽量选择设计要求的成型温度区间实施。当实测数据出现任何一种预警状态时，应立即通知施工、监理、建设和设计等单位采取相应措施；当监测值超过预警值时应立即报警；必要时可进行加密监测或不间断监测。

（5）变形监测

1）监测点布置的位置及数量

黄石奥林匹克体育中心的变形监测主要以钢结构网架挠度监测为主，根据设计文件与要求确定变形监测点，每单榀桁架沿跨度方向设置至少5个检测点，体育场＋全民健身馆＋游泳馆共计监测点数为49个。

2）监测仪器设备

结构施工阶段风致位移监测需要得到选定点三个方向的位移数据进行静态观测，本项目采用瑞士徕卡 TPS1200 系列高精度精密全站仪 Type 1201 及反光棱镜配合进行观测。

3）监测频率及监测成果

结构施工过程中，不低于设计要求的监测频次跟随施工进展同步监测，原则上每次加载前、后同步监测一次；在每次大风过程中（8级或以上），监测所选择观测点的变形变化情况，提交监测报告。

（6）监测成果

监测报告宜分为阶段性报告和总结性报告，阶段性报告应在监测期间定期提交，总结性报告应在监测期结束后提交。监测报告应能满足监测方案的要求，内容完整、文理通顺、结论明确；应为施工期间工程结构性能的评价提供真实、可靠、有效的监测数据和结论。总结性监测报告应具有项目概况相关内容。

除项目概况外，阶段性和总结性监测报告均应包括以下内容：

1）监测方法和依据。包括：监测依据的技术标准，监测期和频率。监测参数，采用的监测设备及其检校情况，监测部位分布及测试截面上测点分布，监测方法及数据处理方法等。

2）监测结果。包括：各期的成果汇总，监测期间的各测点监测参数变化情况，监测结果与模拟分析对比结果，预警方法及其安全评估，对监测期间的异常情况的处理记录及结果等。

3）监测结论与建议。

4）附图附表等相关附件。

8. 钢结构卸载

（1）卸载原则

钢结构工程的卸载过程既是拆除支撑胎架的过程，又是结构体系逐步转换过程，在卸载过程中，结构本身的杆件内力和临时支撑的受力均会产生变化。卸载时，既要确保安全、方便施工，又不能改变设计意图，对构件的力学性能产生较大的影响。为了保证卸载时相邻支撑胎架的受力不会产生过大的变化，同时保证结构体系的杆件内力不超出规定的容许应力，避免支撑胎架内力或结构体系的杆件内力过大而出现破坏现象，保证结构体系可靠、稳步形成，制订详细的施工方案，且卸载方案遵循以下原则：

1）确保结构自身安全和变形协调。

2）确保支撑胎架安全。

3）以理论计算为依据、以变形控制为核心、以测量监测为手段、以安全平稳为目标。

4）便于现场施工组织和操作。

在卸载过程中，结构本身的杆件内力和临时支撑的受力均会产生变化，卸载步骤的不同会对结构本身和支撑胎架产生较大的影响，故必须进行严格的理论计算和对比分析，以确定卸载的先后顺序和卸载时的分级大小。计算时，将支撑胎架视为结构本身的一部分，并建立总体的计算模型，求出支座反力及结构本身的内力。大跨度空间结构各部位的强度和刚度均不相同，卸载后的各部位变形也各不一样，卸载时的支座变位情况会对结构本身和支座产生较大的影响，故卸载时，必须以支座变位控制为核心，确保卸载过程中结构本身和支撑胎架的受力及结构最终的变形控制。

卸载过程是一个循序渐进的过程，卸载过程中，以测量控制为手段，进行严格的过程监测，以确保卸载按预定的步骤和目标进行，防止因操作失误或其他因素而出现局部部位变形过大，造成意外的发生。

由于卸载过程也是结构体系形成过程，不论采用哪种卸载工艺，其最终目标是保证结构体系可靠、稳步形成，所以，在卸载方案的选择上，以安全平稳为目标。

（2）卸载总体思路

由于钢结构支撑胎架数量众多，且相邻支撑胎架在卸载过程中互相影响，不可能同时一起卸载，也不可能逐个进行拆除，必须分批、分级、同步进行。这样既可以避免大量的人力和物力需求，又便于组织协调。根据结构本身的受力情况、传力途径、变形情况、体系形成过程及支撑胎架的实际情况，通过计算分析决定采用分批、分级同步卸载。卸载时，分批、分级同步进行，卸载的先后顺序及分级大小根据结构计算和工况分析得出的结果进行，即以变形量控制分级大小、以支撑胎架的内力变化控制卸载先后顺序，以保证卸载时相邻支撑胎架的受力不会产生过大的变化，同时保证结构体系的杆件内力不超出规定的容许应力，避免支撑胎架内力或结构体系的杆件内力过大而出现破坏现象。

（3）卸载顺序与流程

卸载时，根据分批、分级、同步卸载原则循环进行，先立面桁架，后顶部桁架，直到所有胎架卸载完成为止，具体卸载步骤如下：

1）卸载工艺（以黄石奥体中心体育场为例）

该工程中所采用的卸载工艺是通过可调节支承装置（螺旋式千斤顶），按多次循环、反力控制与位移控制相结合的原则，来实现荷载平稳转移。为保证卸载时平稳，减少支撑胎架的偏心受力，每个下弦支点对称设置两个千斤顶。具体卸载工艺如下：

① 根据卸载步骤及分级情况，先在支撑胎架顶部 H 型钢梁上、主桁架下弦杆的下方垫设规格为 3mm、5mm、10mm 不同厚度的垫板。

② 在支撑胎架顶部 H 型钢梁上、主桁架下弦下架设 50t 螺旋千斤顶，每个支架 2 台。为确保卸载过程中的安全，千斤顶应固定牢靠，防止高空滑落。

③ 先将千斤顶反顶 1～2mm，使垫板上部脱空，然后根据每次预定的卸载量，抽掉相应厚度的垫板。

④ 千斤顶统一下降，开始卸载。

⑤ 千斤顶下降到预定位置，即垫板紧顶主桁架下弦管后，开始另一批支撑胎架的卸载工作。

⑥ 循环反复，直至卸载完毕。

2）卸载技术措施

屋面罩棚钢结构桁架的支撑胎架卸载过程既是释放胎架中的内力和拆除胎架的过程，也是罩棚产生变形和结构体系稳步成型的过程。在此过程中，支撑胎架和结构体系中的受力十分复杂。为防止发生意外，确保卸载的顺利进行，在卸载过程中采取特殊的技术措施：

① 卸载采用千斤顶，通过千斤顶的回程来实现罩棚的变形，当罩棚变形全部完成后，罩棚即自成体系，此时罩棚的重量就可以由罩棚本身来承担了，支撑胎架不再承受罩棚荷载，卸载即全部完成。

② 卸载前先计算好支撑点的罩棚变形量，通过变形量确定千斤顶的行程，如变形量超出千斤顶的最大行程，则要在卸载过程中更换千斤顶，或者卸载到一定位置时，将罩棚临时固定，待更换千斤顶位置后继续卸载。

③ 卸载时，每个支点下都要安排人员测量同步下沉数据。

④ 卸载时要统一指挥，保证同步，且严格按分批和分级大小进行。

⑤ 卸载前要仔细检查各支撑点的连接情况，此时应让罩棚处于自由状态，不要有附加约束，特别要避免支撑胎架与罩棚之间的固接。

⑥ 卸载时要进行跟踪测量和监控。

⑦ 卸载前要清理罩棚上的杂物，卸载过程中，罩棚上下不得进行其他作业。

⑧ 卸载前要做好一切安全措施，并检查好千斤顶。

10.2.2　武汉东西湖体育中心体育场

体育场馆项目屋盖因跨度大，采用桁架结构自重大，会使得下部混凝土结构构件截面增大、配筋量增加、建筑有效使用面积减少，拉索结构能充分利用高强材料的抗拉性能，可以做到跨度大、自重小、材料省、易施工，也正是这些特点，大量的体育场馆项目采用了拉索结构，使得体育建筑整体更加轻盈，如深圳宝安体育场、苏州奥林匹克体育中心体育场和游泳馆、武汉东西体育中心、徐州市奥体中心体育场等体育建筑。

本节以武汉东西湖体育中心体育场工程为例，阐述全过程工程咨询有关工作内容。

1. 项目概况

武汉东西湖体育中心项目建设用地面积 158123.40m²，总建筑面积 144160m²。由 1 个

30000 座体育场、1 个 8000 座体育馆和 1 个 1000 座游泳馆组成，并配套建设户外体育公园。体育场整体结构呈"椭圆"形，椭圆屋盖长轴长为 237.66m，短轴长为 205.9m，结构顶标高为 46.5m，如图 10.2-12 所示。上部结构由三大部分组成：① 赛场内区域看台罩棚，采用大开口车辐式索承网格结构；② 赛场外区域屋盖，采用张弦结构体系；③ 屋盖立面采用平面桁架结构体系。体育场的索系施工主要包含 6 根 φ110mm 的优质密封索和 72 根 φ75mm、φ95mm 高钒索钢索形式（图 10.2-13）。

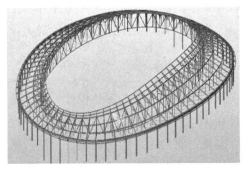
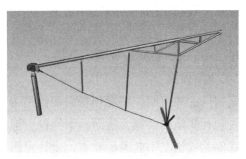

图 10.2-12　体育场三维轴测图　　　图 10.2-13　张拉索标准立面图

2. 施工工艺及流程

根据本工程结构特点，索系在提升和连接过程整体按照结构受力顺序进行施工，总体施工顺序为：布置胎架→拼装环索→将斜提的 36 根径向索与环索连接→安装 36 个环索垂直提升工装→环索索系提升就位→环索索夹就位→72 根径向索安装就位→补装环索上的斜撑→分阶段、分批次张拉径向索（期间部分胎架提前卸载）→拆除支撑胎架→安装屋面、马道等。

在拉索安装过程中，单榀桁架径向索的施工顺序如下：环索索夹就位→径索提升→径向索一端与环索索夹连接就位→径向索索夹与内撑杆连接→径向索索夹与外撑杆连接→径索张拉端索头就位。

3. 施工前质量控制要点

（1）企业资质、专项施工方案的审查及监理细则的编制

1）审查承包单位报送的预应力分包单位的资质，重点审查分包单位的营业执照、企业资质等级、安全生产许可证、分包单位的业绩、拟分包的内容和范围、分包单位管理人员的资格证和特殊工种上岗证。

2）预应力张拉索施工必须由专业厂家根据设计文件二次深化设计，二次深化须充分考虑现场施工做法，考虑索张拉节点施工，控制好索夹的标高位置，报施工单位复核无误后送设计院审批、确认。

3）审查施工现场的施工技术标准、质量管理体系、质量控制及检验制度、施工方案等技术文件。施工方案必须包括编制依据、概况及分析、组织机构、施工准备、施工工艺安排、主要施工方法、质量要求等内容，反映出索构件加工制作和现场安装的主要工作参数、施工重点、难点以及采取的技术保证措施。

4）项目监理部应依据设计文件、有关规范及规程、施工方案等编制《监理实施细则》制定质量目标，落实分工和责任，结合各阶段的重点和难点，明确监理控制手段和采取的措施。

（2）原材报验与进场检验

1）拉索尺寸复核

此步骤对每根钢索长度逐根复核，由制作方进行监察，钢索质量控制人员进行旁站监督和记录。将浇筑锚具之后的拉索重新张拉至设计要求的制作荷载，采用专用计量工具对拉索两端锚具孔中心之间的长度进行实测并记录，实测尺寸与图纸尺寸之间的最大误差不应超过 ±10mm，否则应视为不合格。

2）成品检测

索构件的加工制作精度和材料属性是否与设计图纸及本方案的深化设计一致，是本工程能否顺利实施的关键，然而，索构件一般均是在工厂内形成成品后运至现场，一旦出厂时出现偏差或精度不能满足要求，设计意图难以实现，将会给工程的质量、工期带来不利影响。在索构件生产过程中拟派专职工程师和索材生产商共同进行成品索的出厂检验，包括成品索的索长确定、标记点位置、超张拉和索材弹性模量监测实验等。

① 成品索长度量测

索长量测方法为径超张拉后成品拉索，卸载至 20% 的超张拉力时测量拉索长度，然后再换算成 20℃，零应力时的拉索长度。在成品索长度测量时，根据本方案出具的深化设计图纸中索规格型号、装配形式，对每根成品索进行长度检验。

② 检查标记点

标记点是索在下料状态下的节间长度特定标记，指导安装施工，一般在工厂加工时根据给定的条件（标记力）下进行标记，若标记点遗漏或标记位置不准确，将给预应力钢索施工带来较大困难，因此标记点是索生产时一项重要的工作内容，索材出厂之前必须进行严格检查。在索材生产时，与生产厂商进行沟通，约定时间按照深化图纸要求进行核查。

③ 拉索弹性模量监测

在成品索超张拉时，取 1 根作弹性模量试验监测，试验方法为利用超张拉监测时取得的索力与索长变化的数据，算出拉索的抗拉弹性模量，成品拉索的抗拉弹性模量不小于 1.6×105MPa。

3）进场检验

拉索进场后，需对索体、锚具及零配件的出厂报告、产品质量保证书、检验报告以及品种、规格、色泽、数量进行验收，如检查无误，要求及时整理资料和材料产品检验批，报审到监理单位进行物资资料报验。

（3）钢索的成品保护

1）钢索在防护前必须表面处理，认真除污。本工程钢丝束直接裸露在外。在施工过程中，为了避免对裸露钢索造成损伤，在钢索出厂时，首先在钢索外面缠绕一层塑料薄膜以及细铁丝，然后在外面增加薄毛毡及塑料带。到达现场后，在放索过程中也要对索体进行保护，防止其摩擦破坏。

2）预应力钢索及配件运输及吊装、运输过程中尽量避免碰撞挤压。

3）预应力钢索及径向钢拉杆在铺放使用前，应妥善保存放在干燥平整的地方，下边要有垫木，上面采取防雨措施，以避免材料锈蚀；切忌砸压和接触电气焊作业，避免损伤。

4）展索过程中避免出现过大的弯折现象，同时应用展索小车辅助，以防止索体与混凝土板和锯齿梁的摩擦。

5）径向索展索应用吊装带或者钢丝绳在锯齿梁上固定住径向索的索头，防止索头的滑动以及与锯齿梁的摩擦。

原材报验与进场检验与成品保护分别如图 10.2-14、图 10.2-15 所示。

图 10.2-14　索进场报验

图 10.2-15　索成品保护

4. 施工过程中质量控制要点

（1）索系地面拼装施工顺序及流程

本工程索系地面拼装施工的主要顺序如下：环索、径索展索→下层环索铺放→环索索夹安放→下层环索索头连接→上层环索铺放→环索索夹盖板安装→上层环索索头连接→提升径索与环索索夹连接→提升径索与工装索连接→索系地面拼装完成。

（2）径索展索施工

径向索最长 35m 左右，加索头约重 3t，径向索的展索施工，用吊车将成盘的索吊至展索范围，然后用汽车式起重机吊起，在空中展开后缓缓落在混凝土锯齿梁上的方法，汽车式起重机够不到的用卷扬机展索。如图 10.2-16 所示。具体步骤如下：

1）径向索成盘索的倒运，用 25T 吊车将成盘索倒运至每个轴线附近。

2）用汽车式起重机牵起索头，将径向索在空中展开，释放残余应力。

3）汽车式起重机吊往径向索索头移动，并沿轴线锯齿梁缓缓下放，平稳铺放在看台上，看台上设置钢丝绳或者吊装带牵引住索头，保持径向索的稳定，防止径向索与看台摩擦，产生跳丝现象。

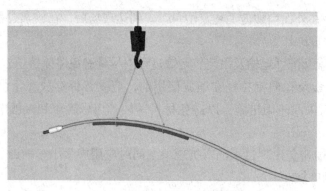

图 10.2-16　吊装护索装置示意图

（3）环索展索施工（图 10.2-17、图 10.2-18）

图 10.2-17　径向索展索

图 10.2-18　环向索展

环索部分的安装采用先在看台上展索，然后吊装至胎架上拼装固定的方法，单根环索最大约 140m，计入索夹及索具等，总重量约 380t，环索安装步骤如下：

1）第一步，在看台上把 4 段 24 根的索展开并将其中三个接头连接；

2）第二步，将下层三根索用吊车一段一段的吊至已经搭好的胎架上的指定位置进行铺放并调平；

3）第三步，放上索夹并与下层三根环索索夹标记点对位与调整，索夹在吊车的辅助下，根据辅助标记线进行细部的对位与调整，并将索夹盖板螺栓进行初拧，初拧力值不大于设计力值的 40%；

4）第四步，在就位的索夹位置处用同样的方法将上层 3 根索吊至指定位置，并进行上层环索的铺放与调平，下层索夹盖板全部初拧后进行上层环索的精确就位，如同下层环索一样进行标记线对位与调整。

（4）环索索夹胎架就位

1）由于本工程环索索夹较重约为 2t，故需要 25T 吊车配合把环索索夹吊装到胎架上去，排放索夹的位置处的胎架所需的脚手架需要加密，以确保索夹放上去后胎架不会失稳。如图 10.2-19 所示。

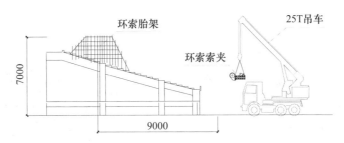

图 10.2-19　吊装环索索夹

2）索夹就位后进行索道对位与调整，按照标记点进行索夹与拉索的固定。所有的环索索夹完成位置的调整和与 6 根环索的固定后安装上层索夹盖板，上层环索全部调整对位后，安装上层索夹盖板，并将盖板螺栓拧至设计力值，环索索夹安装完毕。如图 10.2-20、图 10.2-21 所示。

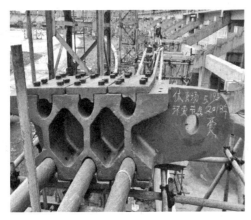

图 10.2-20　索夹就位

图 10.2-21　索夹与索道对位调整

3）索夹与拉索完成固定后，将索夹就位至指定位置，展索时候环索有初始内力，选择先固定一个环索索夹，相邻的两个环索索夹用吊链来施加内力来就位相邻索夹的位置。

4）环索索夹就位时，索体内有内力，就位难度会增大，因此现场会将内力差值大的部分匀一点过来，进行一些调节措施，让这个最大力值的力会相应地减少，并且接头处会采用特制的工装进行对接。

（5）环索索头的拼接

本工程环索有六根，每根分四段，共 24 段，在看台上选择拼接三段，因为处于松弛状态，直接用吊链吊着，工装对接即可。每根环索的最后一段选择在胎架上对接，固定好最后一段相邻两索夹，中间用对接工装进行施加内力的对接。环索索头的拼接如图 10.2-22 所示。

对接过程和原理：在每个接头下面设置 2 个千斤顶，通过环索接头对接装置，确保两个对接索头同轴、同心，环索索头对接装置由 4 个竖向千斤顶和 2 个侧向千斤顶组成，该装置能够调节两个索具的竖向和横向位置。

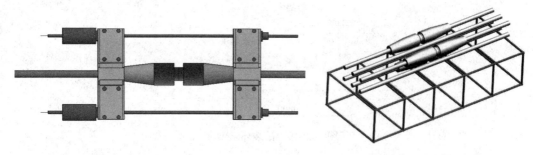

（a）环索接头装置示意图　　　　　　（b）每个对接接头截面错开距离 3m

图 10.2-22　环索索头的拼接

（6）提升工装索的连接

以径向索工装连接为例：径向索一共 72 根，最长的 35464mm，加索头和索夹约 3t；需进行径向斜提的径向索一共 36 根，具体的安装步骤如下：

1）用汽车式起重机倒运工装索，用汽车式起重机或者卷扬机辅助完成工装索一端和销轴孔的连接。

2）径向索的索头很重，用捯链或者吊车辅助完成索头与工装索的连接。

3）依次完成提升所用 36 根径向索与工装索的连接。

4）在钢结构相应位置安装垂直提升工装，将工装件与销轴的穿钢丝绳固定，下方进行千斤顶、提升工装、传感器和耳板（钢丝绳）的穿销轴固定，能够用耳板的尽量穿耳板，不能用斜腹杆耳板则穿索固定。

（7）提升过程及控制措施

1）提升过程

该工程通过 72 个提升点，采用垂直提升（为主）和径向斜提（为辅）的提升方案，来实现索系的整体提升。其中每根径向索 2～3t，提升索系中共 36 根，6 根环索重约 380t，环索索夹每个约 2t，提升总重量大约为 650t，提升高度大约 13m。地面搭设胎架，将索在胎架上展开，展开位置为最终态平面投影往内偏移 400～800mm 处，索系的提升以垂直提升为主、径向斜提为辅。

环索提升是安装施工的关键内容之一，也是本工程施工的难点，以环索提升为例，本工程提升吊点布置如下：垂直提升吊点选择为北部区域的偶数点和南部区域的奇数点、剩余的环索索夹作为径向斜提点。提升施工的具体步骤如下：

第一步，将工装设备，配件，传感器等通过卷扬机或者捯链吊上环梁与径向桁架和环向桁架连接的部位，并与工装索连接好。

第二步，将要提升的径向索和工装索一端进行连接，非提升径向索先不连，工装索另一端与提升孔连接，另外在工装索上做好起始点的标记；另外将要提升的环索索夹与已经连接好工装索的工装件进行连接。

环索垂直提升吊点的选取：北半区（轴线 37～72），选取偶数轴线号所对应的环索索夹作为提升吊点；南半区（轴线 1～36），选取奇数轴线号所对应的环索索夹作为提升吊点。其余轴线号所对应的环索索夹点采用径向斜提的方式。提升图如图 10.2-23 所示。

图 10.2-23　垂直工装索提升

第三步，检查各提升点设备、工装件连接和控制系统是否连接可靠，同步提升系统的控制键是否正常，并进行预紧，72 个点的工装索按照力值或者距离进行预紧。

工装索的预紧分为 36 根斜拉索与 36 根垂直提升索，提升前注意 72 根索一定要预紧，控制在环索索夹将动未动的情况，垂提以工装索崩上力，环索索夹将动未动，不脱离胎架为准。

第四步，进行预提升，预提升是对设备在负荷状态下的检查，是设备检查的工作的延续。预提升力控制在初步提升力的 30% 左右，一般持续半小时左右，以环索不脱离胎架为准，预提升准备提升短轴向的 35～38 轴，长轴向的 53～57 轴。

第五步，预提升完毕并检查各设备工作正常，开始正式提升作业第一步—悬停，悬停作业是指将环索提升至脱离胎架一定高度，一般控制在 1m 左右，持续时间为 1 天，悬停期间需要查看各工装设备、控制系统工作是否正常外，还要查看钢构的工作状态，包括连接螺栓、焊缝以及临时支撑架的情况等，如有异常情况出现则立即停止提升作业，排除不利因素后再进行施工。

第六步，本方案将提升分为六个提升阶段，每个提升大步的作用是调整提升的不均匀偏差，采集提升监测数据；在提升过程中，按照行程将提升过程分为以下几个大步。本交底拟定将垂直提升过程行程分为如下步骤：

① 从预紧状态到全部脱架状态（垂提索夹已离开胎架 2.1m，斜提索夹刚脱架）；

② 环索全部脱架至脱架 4.3m；

③ 环索索夹脱架 4.3m 至环索索夹脱架 8m；

④ 环索索夹脱架 8m 至环索索夹就位。

另外在提升过程中，考虑到每次千斤顶的出缸行程最长为 200mm，故将所有的大提升步分为若干小的提升步；将 72 个提升点分为两个组（1～36 轴和 37～72 轴）每组 6 个操泵手，进行循环对称提升，每个循环提升行程为半米左右，每个轴线，每次出缸行程定位 150mm，过程中根据径向索碰撞情况进行局部微调。提升过程中每个大步约为 3m，每次小步出三缸提升高度约 0.5m，故每个大步约为 6 个小步，每一小步的循环顺序为：1-12 轴→13-24 轴→25～36 轴与 72～61 轴→60～49 轴→48～37 轴。

提升过程中的示意图如 10.2-24 所示。

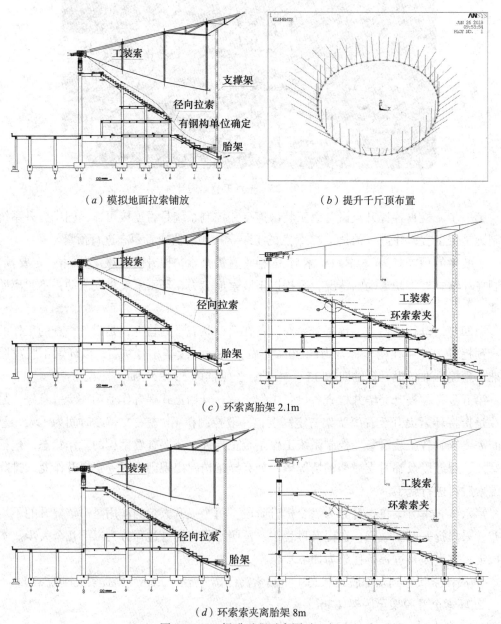

（a）模拟地面拉索铺放　　　　　（b）提升千斤顶布置

（c）环索离胎架 2.1m

（d）环索索夹离胎架 8m

图 10.2-24　提升过程示意图（一）

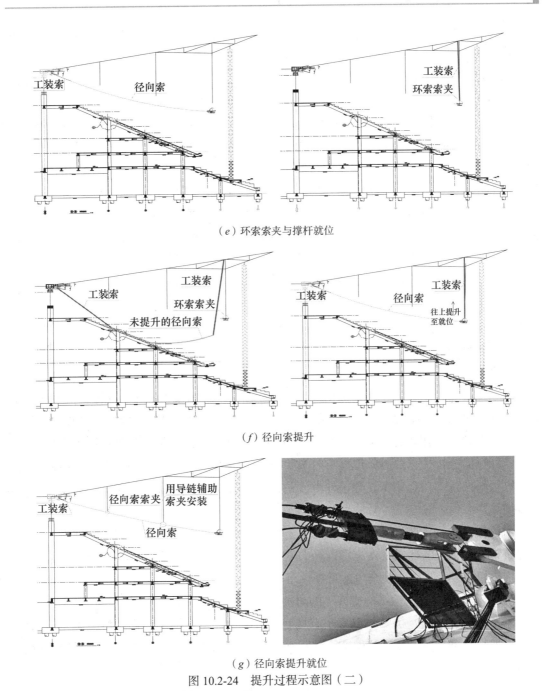

（e）环索索夹与撑杆就位

（f）径向索提升

（g）径向索提升就位

图 10.2-24 提升过程示意图（二）

第七步，待所有环索索夹就位之后，用提升工装进行非提升径向索两端的提升，用电动吊篮进行径向索索头与环索索夹的连接，在张拉操作平台上进行径向索与耳板的连接。

第八步，待所有的非提升径向索与环索索夹的连接完成后，挪动提升工装进行非提升环索的环索索夹就位，用电动吊篮配合非提升环索的索夹完成与撑杆的销轴连接。

第九步，72 根径向索提升至一定高度后，挪动吊篮用捯链或者吊车配合进行径向索索夹的安装。

第十步，继续提升 72 根径向索，直至 72 个索头就位，即提升就位过程结束，索系安装完成。

2）提升控制措施

① 设置力传感器和位移传感器，过程中以力传感器为主，位移传感器为辅助。

力传感器：因为根据计算结果，提升最大力值 200kN，张拉部分力值多数为 600～1400kN 左右，故力传感器型号选择为 50t 和 70t 的柱筒式传感器，传感器放置在提升所用的千斤顶上，布置方式基本为隔一根布置一个，1～36 轴的奇数轴，37～72 轴的偶数轴，放置在千斤顶的尾部，因每个点提升和张拉用两个顶，故共需 72 个传感器。

位移传感器：提升过程中的位移监测选择用位移监测系统：提升前在提升点处做一个标记，并在工装索上提前做好间隔为 10mm 的刻度。过程中安排专人负责看刻度，并实时汇报数据给技术负责人，进行汇总和分析。

② 先到先就位原则：考虑到现实与理论计算上的同步性偏差，则有无论是径索还是环索索夹，均采取先到先就位的原则，各个轴线的索头，即各个轴线的环索（径向索）索夹不论哪一个轴线先到位置，则先就位；

3）安全控制措施

① 索系碰撞分析

索系提升过程中，经碰撞分析检查，环索和径向索与胎架无严重的碰撞情况发生，但是由于部分胎架本身布置时离径向索设计位置相接近，所以下轴线的径向索在提升过程中离胎架的距离也会比较近，需要在提升过程中多加观察，避免拉索与外圈胎架发生碰撞。同理，经碰撞分析检查，避免拉索与内圈胎架发生碰撞。同时，垂直提升点处应该加设钢丝绳进行斜拉保护，避免在提升过程中，尤其是脱胎过程中因为施工操作失误而产生的可能碰撞。

由于提升过程中的位形变化比较缓慢，过程中若有径向索与钢结构支撑架发生碰撞，及时调整相邻轴线的环索索夹高度与径向索索力即可，因为过程中径向索的索力很小，与钢结构支撑架发生接触的安全风险可控。

② 索系与混凝土（钢结构支架）的防护

索系预紧完成后，仍然与混凝土有接触，过程中产生摩擦的应做防护措施，用木板，木方，橡胶垫进行防；与钢结构支撑架底座有碰撞的，应及时告知轴号，让钢结构进行切除与防护。

10.3　屋面工程

体育建筑屋面工程按照材料类型可分为金属屋面、膜屋面、阳光板屋面和玻璃屋面，其中，金属屋面以直立锁边屋面系统居多。由于直立锁边屋面系统整体效果相对单调，建筑师往往会在直立锁边屋面板外部再加一层装饰铝板，如蚌埠体育中心装饰铝板呈现出龙鳞效果；膜屋面按照材料不同可分为 PVC 膜、PTFE 膜、ETFE 膜；用于屋面的阳光板分为实芯板和空芯板两种，体育场馆屋面使用时，总量一般不大；玻璃由于自重大、安全性不能充分保证，不适合高空、大面积使用，国内大型体育场馆应用较少，本书不做介绍。

10.3.1 直立锁边金属屋面

直立锁边金属屋面系统的主要优点在于整个系统采用浮动结构设计，即无穿孔、无穿刺的隐蔽式安装设计。是一种"耐候性金属屋面系统"，属于半开放式的金属屋面系统。其最大优点在于它的耐用性、可靠的防水性能、多样化的曲面形状，因此，在体育建筑屋面工程中应用较为广泛。

1. 系统特点

（1）采用暗扣式直立锁边的固定方式，屋面没有螺钉外露，整个屋面不但美观而且从根本上杜绝了螺钉造成的漏水隐患；

（2）屋面板在长度方向可以自由伸缩，解决了因热胀冷缩而产生的温度应力；

（3）采用集装箱移动式生产设备进行现场生产，出板长度无限制，纵向无须搭接；

（4）直立锁边板肋直立，使其排水断面几乎不受板肋影响，有效排水截面比普通板型更大，板肋高达 65mm，能保证屋面板在坡度平缓的情况下的防水性能；

（5）生产、安装快捷，免于维护，工期较短，可以降低工程费用；

（6）系统具有极强的造型能力，可生产弯弧及扇形板，让屋面的形状增加了多种可能。

2. 直立锁边常规板型与锁边

直立锁边常规板型包括 300 系列、400 系列、430 系列、500 系列，肋高为 65mm，如图 10.3-1 所示。直立锁边板两侧分为大扣和小扣，小扣安装在 T 形铝合金支座上，大扣压在小扣上，通过专用咬合设备锁边后形成整体，如图 10.3-2 所示。有坡度的屋面、环形直立锁边金属屋面，安装时应小扣位置高于大扣，这样可减少屋面渗漏；另外，为减少渗漏，咬合锁边方向应顺应工程所在地风向。

3. 工程案例

杭州奥体博览中心主体育场直立锁边金属屋面面积 75000 m²。金属屋面系统施工流程为次檩条加工→次檩条安装→C 型底座安装→钢底板安装→铝合金固定支座安装→避雷片安装→无纺布安装→吸音棉安装→钢丝网安装→保温棉安装→防水透气膜安装→抗风夹具安装→铝镁锰板生产加工和安装。

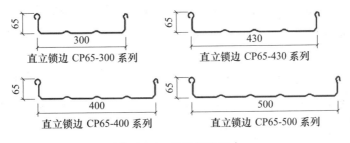

图 10.3-1 常规板型尺寸

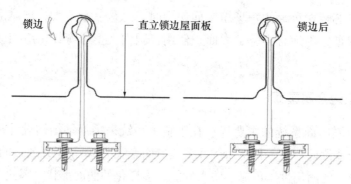

图 10.3-2　直立锁边屋面系统——锁合示意

（1）次檩条加工

该工程外形犹如一朵盛开的莲花，为双曲面金属屋面，屋面曲线变化造成了屋面材料加工、制作安装极其困难。次檩条作为金属屋面的基层，下部与钢结构主檩条连接，上面与 C 连接件连接，次檩条加工的准确性，将直接影响屋面的整体效果。

为确保 2067t（16062 根）次檩条加工的准确，承包单位采取了如下措施：

1）先建立三维线框模型，三维线框模型是整个计算机放样的基础，要求建模必须完全准确，放样人员进行 2 遍复查，做到 100% 正确。

2）线框模型建立后，将模型转换成 DXF（标准图形转换）文件并将此文件输入 WIN3D 设计软件中进行计算。

3）将经过 WIN3D 计算所得的杆件角度、长度等参数输入 PIPE-COAST 软件的切割数据单，此时应同时将各种杆件事先确定好的焊接收缩余量及机械切割余量也输入切割数据单；加工制作选择匹配的加工设备、切割速度、坡口角度等工艺元素，由专人负责对切割数据进行认真细致地复查，保证在进入加工指令编制前所有数据正确无误。

4）生成单根切割数据后，先生成单根杆件的加工指令，然后再根据材料规格进行合理的套料，即可将放样程序下发车间，分批实施切割。

5）按数控数据进行相贯线的切割和坡口的加工，为保险起见，如果每批切割杆件数量较多时，可先切割一根，进行外形尺寸的检查，确认无误后再进行大批量的切割。

6）相贯线的检验方法为：用塑料薄膜按 1∶1 比例展开做成检验样板，把样板贴在钢管的相贯线接口上，检查接口的外形线形是否相互吻合，否则应进行查明原因并调正。

（2）金属屋面安装

铝镁锰合金直立锁边屋面系统分为：平面铝镁锰合金直立锁边屋面系统和墙面铝镁锰合金直立锁边屋面系统。

1）平面铝镁锰合金直立锁边屋面

平面铝镁锰合金直立锁边屋面系统由 14 组（28 片）主花瓣和 14 组（28 片）次花瓣组成，平面铝镁锰合金直立锁边屋面系统的施工流程：钢底板安装、高强铝合金固定座安装、避雷片安装、无纺布安装、50mm 玻璃棉安装、钢丝网安装、100mm 岩棉安装、防水透气膜安装、抗风夹具安装、铝镁锰合金直立锁边屋面板加工和安装。

① 钢底板：0.53mm 多肋型镀铝锌穿孔板，聚酯涂层，板宽 760mm，波高 29mm，孔径 2.5mm，穿孔率 25%。钢底板用高强不锈钢自攻螺丝按间距 300mm 固定在次檩条下口，不锈钢自攻螺丝必须打在波谷位置，底板接缝必须设在方管次檩条上，搭接长度 100mm，钢底板不得污染、弯折、翘曲。

② 高强铝合金固定座（H160mm）及隔热垫安装，用全站仪将铝镁锰合金直立锁边屋面板排版线引测到次檩条上作为高强铝合金固定座定位依据，高强铝合金固定座的位置及排数严格按照设计图纸进行施工（图 10.3-3）。高强铝合金固定座和隔热垫用电钻螺和不锈钢自攻自钻螺丝固定，高强铝合金固定座安装关键要保证在一条直线上；避雷片（图 10.3-4）一头用不锈钢自攻自钻螺丝固定在高强铝合金固定座上，另一头用不锈钢自攻自钻螺丝固定在方管次檩条上。

图 10.3-3　Ｔ形支座安装　　　　　　　图 10.3-4　避雷片安装

③ 无纺布平铺在钢底板上与次檩条搭接长度 100mm；50mm 玻璃棉（光棉、密度 12kg/m³）平铺在无纺布上；钢丝网（1000mm 宽、50mm×50mm）1～6 仓均为 2 层钢丝网其他部位均为 1 层钢丝网，平铺在方管次檩条上用不锈钢自攻自钻螺丝固定在方管次檩条上；100mm 岩棉安装（铝箔贴面、密度 200kg/m³），平铺在钢丝网上，碰到高强铝合金固定座时用刀片开缺口；100mm 岩棉上平铺防水透气膜，搭接长度 100mm，用丁基胶粘贴。

④ 铝镁锰合金直立锁边屋面板（1.2mm 厚 65/400mm）选用进口屋面板成型设备进行现场加工制作，设备设备包括：直板机、扇板机和 ST 板机。板材加工质量控制如下：

准确确定屋面板尺寸，包括屋面板的长度、弯弧半径、圆弧分弧分界等。

控制单块板材加工工艺流程的每个环节：上料→定尺寸→输入数据参数→压制成型→出板→裁切→搬移→检验→安装。

⑤ 位置调整好后，先安装端部面板下的泡沫塑料封条，然后进行咬边。要求咬过的边连续、平整，不能出现扭曲和裂口。当天就位的面板必须当天完成咬边，保证夜晚有风时板不会被吹坏或者刮走。

2）立面铝镁锰合金直立锁边屋面

立面直立锁边铝镁锰屋面板系统由（14 组（28 片）主花瓣、13 组（26 片）次花瓣）

组成，每片主花瓣有 3380 个 C 型底座、3380 个铝合金固定支座和 124 张铝镁锰板。

① 技术重点

外观造型为莲花的花瓣，完成面为双曲不规则面，每张铝镁锰板单边 C 型底座和铝合金固定支座 26 个，最多的有 42 个，要在每根不同角度的次檩条上安装 C 型底座和铝合金固定支座，并保证 42 个铝合金固支座的进出完成每和上下水平面都在一条直线上。

② 采取样板先行的技术措施

墙面直立锁边金属屋面安装前，由于双曲面不规则变化，国内大多数直立锁边金属屋面都是在屋面顶部，缺乏墙面直立锁边金属屋面施工经验。为确保金属屋面安装完成后能够达到预期的效果，经参建单位主要人员专题讨论，决定制作样板引路。

样板施工时，首先选用的直立锁边屋面板为直板，安装完成后整体效果如图 10.3-5 所示，线条没有随着曲面高低变化，看上去相对混乱，整体效果不尽人意。为解决样板施工不佳的问题，围绕所有直立锁边屋面线条随双面变化，达到从远处看所有线条与地面平行的效果。后邀请专家现场指导，决定在直板中加入腰形板与扇形板，改善线条混乱的情况。板型的改变，直接导致 T 形铝合金支座的位置发生变化，也增加了 T 形支座定位的难度。经过多次试验摸索，后续的样板效果得到参建各方的认可，如图 10.3-6 所示。在此基础上，展开大面积施工，整体效果令人非常满意，如图 10.3-7 所示。

图 10.3-5　样板 1　　　　　　　图 10.3-6　样板 2

图 10.3-7　直立锁边金属屋面实景图

10.3.2　膜屋面

膜结构是近年来发展起来的一种建筑结构形式，用作体育建筑的屋面时，多是利用柔性钢索或刚性支撑结构将面绷紧，从而形成具有一定刚度、能够覆盖大跨度空间的屋面结构体系。目前，膜结构屋面已成为建筑结构设计选型中的一个主要方案。

1. 膜结构的特点

膜结构具有施工工期短、安装较其他工艺相对便捷、造价成本相对较低等优点，能起到传统围护结构所起的防日晒雨淋、传递荷载、抗风揭等作用。

由于膜材在持续的张力状态下容易发生蠕变，预应力损失，膜面发生褶皱，导致整体结构的承载力下降，无法保持原有的形状。另外，长期风、雪等动荷载作用下，轻质膜材容易发生振动，结构的稳定性将受到影响。在温差较大的区域，受天气影响较大。紫外线照射较强的区域，膜材容易褪色。因此，膜材总体上讲仍然具有耐久性差的特点。

2. 膜结构类型

膜结构体系在所起的作用和结构形式分为五种形式：张拉膜、骨架式膜、充气膜、索桁架膜结构、张拉整体与索穹顶膜结构，其中前三种结构形式最为常见。

（1）骨架式膜：以钢构或是集成材构成的屋顶骨架，在其上方张拉膜材的构造形式，下部支撑结构安定性高，因屋顶造型比较单纯、开口部不易受限制、经济效益高等特点，骨架式膜结构中的膜面仅仅起到对框架结构的维护作用，框架结构可以是传统的刚性结构，也可以是各类索结构，因此广泛适用于任何大、小规模的空间。

（2）张拉式膜：张拉膜结构是通过边界条件给膜材施加一定预张应力，膜既是建筑的围护体又作为结构以抵抗外部荷载的作用，因此在一定的初始条件下，其形状的确定、在外荷载作用下膜中应力分布与变形以及怎样用二维的膜材料来模拟三维空间等一系列复杂问题，都通过计算确定，张拉膜结构的发展离不开计算机的进步和新算法的提出。但张拉膜结构因施工精度要求高，结构性能强，且具有丰富的表现力，所以造价略高于骨架式膜结构。

（3）充气式膜结构：充气式膜结构是将膜材固定于屋顶结构周边，依靠曲面内外气压差来维持膜曲面的形状，利用送风系统让室内气压上升到一定压力后，使屋顶内外产生压力差，以抵抗外力，因利用气压来支撑，充气式膜结构是在膜结构构成的室内冲入空气，保持室内的空气压力始终大于室外的空气压力，由此使膜材料处于张力状态来抵抗荷载及外力的构造形式，及钢索作为辅助材，无需任何梁、柱支撑，可得更大的空间，气膜结构分为单层结构和双层结构，单层结构如同肥皂泡，单层膜的内压大于外压。此结构具有大空间、重量轻、建造简单特点，但需要不断输入超压气体及需日常维护管理。双层结构是双层膜之间充入气体，和单层相比可以充入高压空气，形成具有一定刚性的结构，而且进出口可以敞开，施工快捷，经济效益高，但需维持进行 24 小时送风机运转，在持续运行及机器维护费用的成本上较高。

3. 膜材类型

膜材类型主要有三种：膨化 PTFE 膜材、玻纤 PVC 膜材、ETFE（乙烯-四氟乙烯共聚物）。三种膜材优缺点对比如表 10.3-1 所示。

膜材主要性能对比

表 10.3-1

	PTFE 膜材	PVC 膜材	ETFE（乙烯 - 四氟乙烯共聚物）
优点	① 焊接性能好； ② 抗紫外线性能好； ③ 抗老化性能好； ④ 阻燃性能好； ⑤ 防污自洁性好	① 耐老化性能好； ② 耐磨损性、耐化学性和阻燃性好； ③ 抗拉强度和弹性模量高； ④ 良好的透光性	① 优良的抗冲击性能、电性能、热稳定性和耐化学腐蚀性，而且机械强度高，加工性能好； ② 环保，可回收； ③ 轻质、节能减碳； ④ 防火性能好
缺点	① 柔韧性较差； ② 造价成本高； ③ 施工难度大	① 造价成本高； ② 膜材容易发黄	① 易受环境影响导致漏气； ② 维护费用较高

4. 索膜结构技术要点

（1）设计要点

索膜结构一般由三部分组成：① 形成曲面结构的张拉膜材；② 用于加强膜面的脊索和谷索，以及将膜内力传向支承结构的边索；③ 索膜体系的支架结构。索膜结构设计时，最重要的是膜张拉点拉力的选定、膜结构边界条件的设定等，需要结构设计与膜生产厂家共同完成。

（2）施工要点

1）索膜施工前必须编制专项施方案，经审批同意后按方案实施。需要专家论证的，应按有关规定组织论证后实施。

2）吊装时要注意膜面的应力分布均匀，必要时可在膜上焊接连续的"吊装搭扣"，用两片钢板夹紧搭扣来吊装；焊接"吊装搭扣"时要注意其焊接方向，以保证吊装时焊缝处是受拉，避免焊缝受剥离。

3）吊装时的移动过程应缓慢、平稳，并有工人从不同角度以拉绳协助控制膜的移动；大面积膜面的吊装应选择晴朗无风的天气进行，风力大于三级或气温低于 4℃时不宜进行安装。

4）吊装就位后，要及时固定膜边角；当天不能完成张拉的，也要采取相应的安全措施，防止夜间大风或因降雨积水造成膜面撕裂。

5）整个安装过程要严格按照施工技术设计进行，做到有条不紊；作业过程中安装指导人员要经常检查整个膜面，密切监控膜面的应力情况，防止因局部应力集中或超张拉造成意外；空作业，要确保人身安全。

10.3.3　屋面抗风试验

本节以杭州奥体博览中心主体育场工程为例，对屋面工程的风洞试验和抗风揭试验有关要求和注意事项予以描述，供类似工程参考。

1. 工程概况

杭州奥体博览中心主体育场位于杭州市钱塘江南岸，为 8 万座特级特大型体育建筑，建筑面积 212310m²。主体育场上部为钢结构悬挑罩棚，外边缘南北向长约 333m、东西向约 285m，罩棚最大宽度 68m，悬挑长度 52.5m。罩棚最高点标高 59.400m，罩棚由上部及下部支座支撑在钢筋混凝土看台及平台上。主体育场钢结构罩棚由 28 个大花瓣和 13 个小花瓣交错排列组成，体型非常独特。罩棚分两种不同的材料：铝镁锰板直立锁边金属板屋面系统（面积约 7.5 万 m²）和 U 形聚碳酸酯中空板屋面（面积约 1.3 万 m²）。

2. 风洞试验

该体育场悬挑罩棚的内外表面均受到风荷载作用，国内现行规范对这种造型独特的体育场罩棚的风荷载计算缺乏相应的体型系数规定。为了保证结构设计安全、经济、合理，决定进行体育场罩棚风压测定的风洞试验，即根据相似原理，在模拟大气边界层流场的风洞中进行模型试验，测定建筑物表面风压和体型系数。

（1）B 类地貌风洞试验

2010 年 4 月由浙江大学建筑工程学院进行第一次杭州奥体中心主体育场 B 类地貌的风洞试验，主体育场风洞试验模型的几何缩尺比为 1∶300 模型制作，采用玻璃钢、有机玻璃和 ABS 塑料等材料制成，模型总高度约为 0.20m，长轴方向长约 1.12m，短轴方向长约 0.96m。依据《建筑结构荷载规范》GB 50009 规定，确定杭州奥体中心主体育场所在地 100 年一遇的基本风压为 0.5kPa。考虑杭州奥体中心主体育场周围具体的地形地貌特征，按《建筑结构荷载规范》GB 50009 规定，该建筑物处于 B 类地貌场地。地貌粗糙度指数 $\alpha = 0.16$，要求模型风压测定在大气边界层风洞中进行，平均风速沿高度按指数规律变化，指数 $\alpha = 0.16$；风场湍流度强度沿高度按指定公式变化，在离地面高度 30m 处，要求湍流强度为 $I = 16\%$。试验风速参考点选在风洞高度 0.5m 处，该高度在缩尺比 1∶300 的情况下对应于实际高度 150m。试验直接测得的各点风压系数均是以 150m 高度处的风压为参考风压。风洞试验中参考点的风速为 $V\infty = 11.5\text{m/s}$，对应于实际高度 150m 处，100 年重现期 10 分钟平均风速为 43.62m/s（相当于 14 级风），因此本次风洞试验的风速比为 1∶3.80。对于模型表面风压测点布置，本项试验的主要测量对象为主体育场的罩棚。在体育场罩棚的外表面和内表面各布置 514 个测点，共 1028 个测点。根据主体育场建筑结构特征，将测点共分为 14 个区，分别为（A/AX）～（N/NX）区，X 表示内表面测点分区，外表面和内表面测点编号相同的表同一位置。试验风向角根据建筑物和地貌特征，在 0°～360° 范围内每隔 15° 取一个风向角，共有 24 个风向角。

将整个建筑划分为 5 个区域，如表 10.3-2 所示。

建筑区域划分　　　　　　　　　　　　　　　　　表 10.3-2

区域	部位	覆盖范围
第一区域	立面部分	标高在 50.557m 以下，风洞试验检测布点轴号 1 轴～4 轴
第二区域	屋脊部分	风洞试验检测布点轴号 4 轴～6 轴；覆盖区域为径向长度 14.302m 范围
第三区域	屋面部分	风洞试验检测布点轴号 6 轴～9 轴；覆盖区域为径向长度 30m 范围
第四区域	屋面檐口部分	风洞试验检测布点轴号 9 轴～11 轴；覆盖区域为径向长度 16m 范围
第五区域	花瓣部分	

根据风洞试验知，各个区域的最大风荷载如表 10.3-3 所示。

区域最大风荷载 表 10.3-3

区域部位		风压	
		最大正风	最大负风
第一区域		1.69 kPa	−1.50 kPa
第二区域	非透明部分	0.91 kPa	−2.72 kPa
	透明部分	1.15 kPa	−1.50 kPa
第三区域	非透明部分	0.72 kPa	−1.05 kPa
	透明部分	0.72 kPa	−0.99 kPa
第四区域	非透明部分	1.00 kPa	−1.16 kPa
	透明部分	1.00 kPa	−1.16 kPa
第五区域	非透明部分立面部位	1.19 kPa	−0.82 kPa
	透明部分	0.72 kPa	−0.77 kPa

（2）模拟台风状态风洞试验

2010 年 4 月由浙江大学建筑工程学院进行第二次杭州奥体中心主体育场风洞试验（模拟台风状态）。主体育场风洞试验模型的几何尺寸与 B 类地貌风洞试验相同，台风风场在《建筑结构荷载规范》GB 50009 中没有规定，需要根据相关资料来确定合适的风速剖面和湍流度剖面。香港城市大学李秋胜课题组基于 100m 近海岸测风塔和 2 个移动追风房屋测试系统，对近地台风风场特性进行实测研究，并基于研究数据对沿海台风风场近地层特性进行统计分析。分析给出台风风场的一组参考指标：风速剖面基本符合 α 指数率分布，指数 $\alpha = 0.142$；台风风场具有高湍流特征，其湍流度剖面按照公式 $Iu = c(10/z)d$ 变化，其中 $c = 0.354$，$d = 0.334$。试验风速参考点选在风洞高度 0.3m 处，该高度在缩尺比 1∶300 的情况下对应于实际高度 90m。试验直接测得的各点风压系数均是以 90m 高度处的风压为参考风压。对应于实际高度 90m 处，100 年重现期 10 分钟平均风速为 39.03m/s（相当于 13 级风），因此本次风洞试验的风速比为 1∶5.62。对于模型表面风压测点布置及试验风向角根据建筑物和地貌特与 B 类地貌风洞试验相同。

将整个建筑分为 5 个区域，如表 10.3-4 所示。

建筑区域划分 表 10.3-4

区域	部位	覆盖范围
第一区域	立面部分	标高在 50m 以下
第二区域	屋脊部分	覆盖区域为径向长度 30m 范围
第三区域	屋面部分	覆盖区域为径向长度 20m 范围
第四区域	屋面檐口部分	覆盖区域为径向长度 12m 范围
第五区域	花瓣部分	

根据风洞试验知，各个区域的最大风荷载如表 10.3-5 所示。

区域最大风荷载　　　　　　　　　　　　　　　　　　　表 10.3-5

区域部位		风压	
		最大正风	最大负风
第一区域		2.0 kPa	−1.89 kPa
第二区域		0.64 kPa	−4.12 kPa
第三区域		0.8 kPa	−1.53 kPa
第四区域		1.22 kPa	−1.49 kPa
第五区域	立面部位	1.47 kPa	−1.11 kPa
	屋顶部位	0.8 kPa	−0.98 kPa

3. 风揭试验

铝镁锰铝合金板的结构性能对整个工程安全极其重要，根据设计要求，需要提供静态均布风荷载（风吸力）作用下的承载力性能测试报告。承包单位依据设计要求及模拟台风状态风洞试验数据，委托苏州"国家建筑材料工业建筑防水材料产品质量监督检验测试中心"进行铝镁锰金属屋面板及聚碳酸酯屋面板的抗风揭性能试验。

（1）第一次抗风揭试验（铝镁锰金属屋面板）（表 10.3-6）

第一次抗风揭试验　　　　　　　　　　　　　　　　　　表 10.3-6

试验时间		2014-01-02
检测依据		FM4471:2010《1 级平面屋面认证标准》
检测项目		3.7m×7.3m（12ft×24ft）抗风揭性能
试验材料	屋面板	直立锁边铝合金（铝镁锰）屋面板，厚度 1.2mm，宽度 400mm，H46
	固定座	铝合金 T 型固定座
	檩条	钢方管，厚度 5mm，Q235B
	紧固件	SST12-14×32 六角头不锈钢自钻钉
试件安装及试验描述	檩条安装	钢方管间隔 1330mm 固定至试验架上
	屋面板、固定座安装	在钢方管上依次安装铝合金 T 型固定座和铺设直立锁边铝合金屋面板，铝合金 T 型固定座间距 402mm；每个铝合金 T 型固定座使用 2 个 SST12-14×32 六角头不锈钢自钻钉
	安装描述	① 将方管固定在试验架上； ② 使用 SST12-14×32 六角头不锈钢自钻钉将铝合金 T 型固定座固定至钢方管上； ③ 铺设安装直立锁边铝合金屋面板； ④ 重复步骤 2、3 至最后一片屋面板； ⑤ 使用电动锁边机将直立锁边铝合金屋面板锁边咬合
	试验设备	3.7m×7.3m（12ft×24ft）正压抗风揭试验装置

续表

试件安装及试验描述	试验过程	① 初始的压力等级为 1.4kPa（30psf）气压上升速率为 0.07kPa/s±0.05kPa/s（1.5psf/s±1psf/s）。在该压力下保持 60s 后，排出空气直至没有上升力作用于屋面。 ② 通过引入更多的空气，压力等级再次增加 0.7kPa（15psf），按如上描述的速率进行。保持该压力等级 60s 后，排出空气直至没有上升力作用于屋面。 ③ 接着如过程 2 所述重复进行直至样品破坏，不能达到或保持更高的压力等级，或依据测试人员的判断，认为试验结束。
试验结果与现象		① 在 2.9kPa（60psf）压力下保持 60s 后，无任何部件产生永久变形。 ② 在 3.6kPa（75psf）压力下保持 26s 后，屋面板锁缝从固定座松脱，试验结束。 ③ 抗风揭性能试验结果达到 2.9kPa（60psf）等级

（2）第二次抗风揭试验（聚碳酸酯屋面板）（表 10.3-7）

第二次抗风揭试验　　　　　　　　　　　表 10.3-7

试验时间		2014-01-16
试验单位		国家建筑材料工业建筑防水材料产品质量监督检验测试中心
检测依据		FM4431:2010《采光板认证标准》
检测项目		3.7m×7.3m（12ft×24ft）抗风揭性能
试验材料	屋面板	聚碳酸酯中空板，厚度 20mm，宽度 1000mm
	固定座	T 形固定件
	檩条	钢方管，厚度 5mm，Q235B
	紧固件	宏挺 5.5×25 自攻钉
	其他	PC 连接件
试件安装及试验描述	檩条安装	钢方管檩条间隔 1002mm 固定至试验架上
	屋面板、固定座安装	在钢方管檩条上从中间往两边铺设聚碳酸酯中空板和安装 T 形紧固件，T 形紧固件间隔 300mm；每个 T 形紧固件使用 2 个宏挺 5.5×25mm 自攻钉
	屋面板锁边	聚碳酸酯中空板使用 PC 连接件卡住搭接缝
试件安装及试验描述	安装描述	① 将方管檩条固定在试验架上； ② 铺设安装聚碳酸酯中空板； ③ 使用宏挺 5.5×25mm 自攻钉将 T 形紧固件固定至钢方管檩条上； ④ 使用 PC 连接件卡住搭接缝； ⑤ 重复步骤 2、3、4 至最后一片屋面板
	试验设备	3.7m×7.3m（12ft×24ft）正压抗风揭试验装置
	试验过程	① 初始的压力等级为 1.4kPa（30psf）气压上升速率为 0.07kPa/s±0.05kPa/s（1.5psf/s±1psf/s）。在该压力下保持 60s。 ② 通过引入更多的空气，压力等级再次增加 0.7kPa（15psf），按如上描述的速率进行。保持该压力等级 60s。 ③ 接着如过程 2 所述重复进行直至样品破坏，不能达到或保持更高的压力等级，或依据测试人员的判断，认为试验结束
试验结果与现象		① 在升至 2.4kPa（51psf）压力过程中，达到 2.4kPa（51psf）压力时，聚碳酸酯中空板从 T 型紧固件处松脱，试验结束。 ② 抗风揭性能试验结果达到 2.2kPa（45psf）等级

（3）试验结果分析

风揭试验 1.2mm 厚 400/65mm 铝镁锰面板，1330mm 檩距，风压极值结果为 2.9kPa，安全系数取值为 2，依据体育场模拟台风状态下抗风揭试验最大负风压试验数据，仅有第五区域满足试验要求。体育场主体结构风洞试验考虑台风状况后加大风荷载取值，国内规范没有要求围护结构需要考虑台风状况后加大风荷载取值的要求，根据有关专家建议，屋面围护结构风压的取值可以参考国标，即屋面围护结构应采用风洞试验考虑脉动后各测点内外表面风压差最大负值（B 类地貌）的数据较为合理。试验室的风揭试验是根据美国 FM 标准做的，安全系数建议仍取值为 2。风揭试验结果检验数据应采用最大负风压值 ×2 倍。各区域非透明部分检验如下：

第一区域最大负风 −1.50kPa×2×0.8（穿孔板折减系数）＝2.4kPa ＜ 2.9kPa，满足试验要求。

第二区域最大负风 −2.72 kPa×2 ＝ −5.44 kPa ＞ 2.9kPa，未满足要求；

第三区域最大负风 −1.05 kPa×2 ＝ −2.10 kPa ＜ 2.9kPa，满足试验要求；

第四区域最大负风 −1.16 kPa×2 ＝ −2.32 kPa ＜ 2.9kPa，满足试验要求；

第五区域最大负风 −0.82 kPa×2 ＝ −1.64 kPa ＜ 2.9kPa，满足试验要求。

从试验结果看，只有第二区域的屋面未满足要求。根据参考霍高文厂家提供的其他项目风揭试验报告，项目 T235-06，风揭试验 1.2mm 厚 400/65 的铝镁锰面板，600mm 檩距，极值结果为 6.14kPa。可满足第二区域试验值 5.44kPa 的要求，因此建议该区域的檩距由原来 1330mm 改为 600mm。为满足 600mm 模数统一的要求，其他非透明区域的檩距改为 1200mm。

第一、三、四、五区域 1330mm 檩距已满足风揭试验要求，不需要重做风揭试验。第二区域次檩按 600mm 檩距加密重新做风揭试验，试验过程压力等级到达 5.0kPa 后，压力等级增加 0.5kPa，满足极值 5.50kPa 后，压力等级增加 0.7kPa，直至试件破坏，试验结束。

（4）第三次抗风揭试验（调整后铝镁锰金属屋面板）

2014 年 1 月 22 日根据试验结果分析重新进行 1.2mm 厚铝镁锰屋面板抗风揭试验，仅调整檩条间距为 600mm，其他材料及安装过程与之前相同，试验结果与现象：在 7.2kPa（150psf）压力下保持 60s 后，无任何部位产生永久变形。在升至 7.9kPa（165psf）压力过程中，达到 6.2kPa（130psf）压力时，屋面板锁缝从固定座松脱，试验结束。抗风揭性能试验结果达到 7.2kPa（150psf）压力等级。试验结果满足要求，2014 年 3 月 10 日，设计人员下达设计修改联系单：原图纸次檩条布置间距为 1300mm，更改为非檐口区域次檩条布置间距为 1200mm，檐口区域次檩条布置间距为 600mm。

试验表明将次檩条间距调整为 600mm 后，铝镁锰屋面板抗风揭性能得到了明显的改善，两次试验破坏形式相同，均为直立锁边从 T 形固定座松脱。增大内屋面板与 T 形固定座的摩擦力可有两个途径；① 增大直立锁边咬合力，可通过安装夹具施加外力实现。此方法已在龙文志关于《首都机场 T3 航站楼屋面不要第四次再被风掀开——提高金属屋面抗风力技术探讨》一文中，通过试验证明随着屋面板与 T 形固定座夹具布置密度的增加而增大。从杭州奥体及湛江体育中心抗风揭试验情况来看，夹具选型及定位施工对抗风揭性能的影响很大，夹具安装应该对螺栓施加多大的扭矩能够满足直立锁边咬合力，夹具安装若偏离出 T 形固定座，其效果也将大打折扣，但影响的程度还需进一步通过试验和理论计算来验证。② 就是按照本工程的做法，减小檩条间距，通过增加单位面积内的 T 形固定座的数量来增大屋面板的抗风揭性能。此方法简单有效，但会直接增加檩条、T 形固定座等材料的投入，人工及设备的投入也相应会增加，与第一种方法相比较，在确保屋面围护结构安全的前提下，是否经济合理也值得我们思考。

（5）第四次抗风揭试验（调整后聚碳酸酯屋面板）

杭州奥体博览中心主体育场屋面工程根据已调整的风洞试验数据，判定之前聚碳酸酯屋面抗风揭试验 2.2kPa 不能满足要求，即：第二区域最大负风 −1.50kPa×2 ＝ 3.0 kPa、第四区域最大负风 −1.16kPa×2 ＝ 2.32kPa，均大于 2.2kPa，不能满足要求。

为此，2014 年 2 月 24 日设计单位做出了调整，连接件采用 U 形铝材，增加不锈钢方通，M6×60mm 螺栓，其他试验材料相同。聚碳酸酯中空板搭接缝中嵌入不锈钢方通，使用 U 形铝材卡住搭接缝，在每个 T 形紧固件上方各使用一个 M6×60mm 螺栓将 U 形铝材锁紧，其他安装方式相同。试验结果与现象：在 3.1kPa（65psf）压力下保持 60s 后，无任何部件脱离和破坏，试验成功结束。抗风揭性能试验结果达到 3.1kPa（65psf）压力等级。

聚碳酸酯屋面和 T 形紧固件的连接方式，只需要增加搭接缝位置的抗变形能力就能增加其抗风揭性能。聚碳酸酯屋面板由 PC 连接件调整为铝合金连接件，增大了连接件的刚度，搭接缝增加不锈钢方通减小了两块屋面板之间的变形空间，通过 M6×60mm 螺栓将 U 形铝材锁紧施加外力增加屋面板的整体性。试验结果满足要求后，2014 年 2 月 27 日设计根据试验提出修改意见：原图纸采用 PC 扣条不满足风揭实验要求，帕拉姆聚碳酸酯中空系统板连接方式更改成铝合金扣条。

4. 试验总结

风洞试验，风揭试验是大型建筑工程的基础性试验，尤其是半开敞罩棚体系的体育场工程尤为重要。杭州奥体博览中心主体育场首先进行 2 次风洞试验，为屋面板的二种材料的风揭试验提供相关数据，即第一次 B 类环境风洞试验，第二次台风环境风洞试验。在第一次屋面铝镁猛板风揭试验中采用台风状况下的试验参数，进行风揭试验，未获通过且与要求参数相差悬殊。随即修订风揭试验技术参数，通过调整铝镁锰板屋面次檩条间距及聚碳酸酯板屋面连接件构造，分别重新进行了铝镁锰板、聚碳酸酯板屋面抗风揭试验试验结果均满足要求。

风洞试验数据可以指导两种屋面材料的风揭试验，设计人员再从两种屋面材料的风揭试验数据，反过来调整风荷载取值类型，根据取值计算结果调整屋面檩条间距，更换连接件材料和连接方式等技术修改，从而确保屋面维护结构设计的安全性、可靠性、经济性和合理性。

10.4　预制看台板

看台是体育建筑工程中观看比赛或演出不可缺少的体育设施，目前常见的看台形式有：现浇钢筋混凝土固定看台、预制钢筋混凝土固定看台、钢结构活动看台等。由于工期和质量等特殊需要，固定看台中，预制钢筋混凝土看台板被越来越多地推广应用。

10.4.1　预制看台板施工工艺

1. 制造工艺流程

主要生产工艺过程：模具清理→刷隔离剂→模具组装→安放钢筋骨架及埋件→混凝土浇筑成型→混凝土养护→拆模→起吊翻转→修整→码放。

2. 模具

（1）模具设计

1）看台板为清水混凝土构件，其模具应采用定型钢模，面板厚度为 5mm。

2）看台板模具应根据构件的形式、断面和其他特征以及生产方式设计出钢模的结构图，再进行加工制作。

3）为保证清水混凝土的装饰效果，在模板设计时按反打工艺进行设计安装后外露较多的构件，模板设计时尽量将外露面放在模具面成型，以减少手工抹面的缺陷。T 形标准看台板的模具为侧立生产方式，板的长度与梁的高度模板为可调节的带拦杆板和平板采用反打生产方式；踏步模板采用反打生产方式。

4）模具设计制作应考虑板长和梁高的改制。

5）模具设计制作应有足够的刚度，保证模具在振捣过程中的不变形。

6）根据看台板的断面形式，模具采用立式与卧式两种生产方式。

7）模具的设计特殊、难度较大。采用多变性组合式模具体系，来满足宽度不同的施工特点。

（2）模具加工

1）制作模具的面板应采用未经加工表面氧化皮完好且平整的钢板，厚度不少于 6mm，支撑面板的骨架应采用槽钢或角钢。

2）骨架的型钢之间接合处应满焊；面板与骨架的焊接采用间断焊，且电流要小，以防焊迹透过钢板。

3）看台板和踏步板边棱有倒角要求的，倒角可采用机械加工或钢板直接弯折成形。

4）模具各部件的接合采用顶丝或螺栓固定。

5）侧立生产的模具一侧应设附着式振捣器，间距不大于 2m，与现场振动器相配套使用。

6）长度方向两端对称的看台板模具，要在模具两侧帮及底模两侧上做出中心线标记，在侧帮的两端要有尺寸控制标识点。

7）模具的吊点位置要设置合理，要使模具整体装卸车时起吊平稳，受力均匀。

8）模具外侧表面应涂刷防锈漆，内壁涂刷防锈油，并用薄塑料布覆盖，粘贴。

9）模具外侧应有模具型号、编号的标识。

10）模具加工了大量的封头板，来提高看台板的施工工期。

11）模具的加工针对宽度不同的标准板、异形板，分别制作专用的模具进行看台板的施工。

（3）模具使用

1）模具运到工地，要检查同运的零部件是否齐全完好。损坏丢失的，应修复或补齐。

2）模板应根据起吊设备的起升高度，选择合理的起升夹角和相应的拉力的吊装索具进行卸车和倒运。起吊时钢丝绳与模板的夹角不应小于45°，不超过45°的情况应增加吊具。

3）检查模具在运输过程中有无变形，与混凝土接触面的钢板是否有挤压，磕碰等损伤，有问题必须进行处理。

4）模具安装就位的地坪应为坚实平整的混凝土地面，按生产工艺布置方案，模板运到指定区域，调整模板方位用 M16 膨胀螺栓进行就位固定时，必须用水准仪对底模板进行操平。

5）模具加工时在模具上做的中心线、边缘线等标记，是模具组装的基准依据，必须保护好。已不模糊清楚的要处理或重新标记。

6）预埋件、预留洞的位置必须确保准确，安装后要按构件图的标注尺寸进行核对。

7）现场安装好的模具，进行除锈，清污处理，刷脱模剂量，经过全面验收后，才能投入试生产。

8）模具使用要求，是侧重于模具保护方面的一些基本注意事项。构件生产过程所提的有关规定，也涉及模具，但主要是针对构件质量。

9）活动侧模、端侧模在起吊安装时，应做到平缓、轻稳，不得与固定模相撞、刮碰。模具打开应将固定螺丝全部拧开后用起重设备将侧模吊起打开，支拆模具必须利用扳手等工具，不得碰撞和划伤模具面板，严禁野蛮施工。

10）模具使用前应将模内的保护油及浮锈除去，组装前内壁应涂刷脱模剂。

11）模具组装应在模板接合处加垫泡沫条，以保证接合处密封。

12）模板临时存放的地面，要求平坦，不能有大的坑洼或凸坡。模板落地后，避免出现三点支撑受力的状态，未与地面接触的空虚角处，应做临时的支垫，做到支点基本均衡，防止模板变形或翘曲。

13）蒸汽对模具的影响较大，上述部位必须经常加油保养，防止该部件腐蚀、生锈，以延长零件的使用寿命。

14）模具上的连接螺栓，旋紧时要受力一致。应先对位，再预紧，最后拧紧。旋紧螺栓要选用合适的扳手，不能用加长套管的方法，以免导致模具变形或损坏。

15）模具上设置附着震动器安装座板 6 个，可安装 6 台震动器。生产时，可根据震动器的震动效果，调节震动器个数及震动时间的长短。

16）拆模的步骤与模具组装的顺序相反，即先装的后拆。构件起吊前所有连接或定位螺栓必须拆除后进行。

17）重新组装前检查模具各处的焊点是否有开焊现象，有问题及时发现，及时处理。

18）每次构件浇筑完成后，模具上的混凝土残留物，都要求在未凝固前及时清除干净，防止粘结成块。

19）由于模具的宽度不同，对每一块板都需要进行封头板的修改。

20）模具安装尺寸允许偏差见表 10.4-1。

模具安装尺寸偏差要求 表 10.4-1

项次	检查项目	允许偏差（mm）
1	长度	0，−2
2	宽度	0，−2
3	高（厚）度	0，−2
4	侧向弯曲	$\triangle L/1500$，且≤2
5	对角线差	2
6	翘曲	$\triangle 1$
7	角度偏差	1
8	表面平整度	$\triangle 2$
9	相邻表面高低差	1
10	垂直度	2
11	组装间隙	$\triangle 1$
12	埋件及孔洞中心位移	2

3. 涂刷隔离剂

（1）为了保证清水混凝土看台板浑然天成的效果，需采购清水混凝土专用的蜡质隔离剂。

（2）隔离剂涂刷前模内不得有积水、冰雪、灰渣等。用棉丝或布将脱模剂涂擦模板表面，涂抹应均匀一致，无明显花纹，不漏涂。隔离剂严禁滴、撒到钢筋、预埋件上。模内的隔离剂被雨水等冲洗后，视情况决定是否重新涂刷。

（3）涂刷过隔离剂的板面，不得踩踏或乱蹭，否则应重新涂刷受损部分。

（4）涂刷隔离剂后放置时间过长（超过半天）或者被雨水、灰尘污染的面板，应重新涂刷。

4. 模具组装

（1）底模应在坚实的地坪上铺设，铺设的底模应用水平尺或水平仪抄平。

（2）生产清水混凝土构件的模板，应在接合处加泡沫塑料条挤严，不应留有缝隙，也不应重叠过多。

（3）在组装模具的过程中，应先装端模、然后装侧模，调节活动侧模下部顶丝以达到合适的高度，用螺丝拉杆连接紧固。

（4）大型模具部件在卸开节点之前应当准备好支护措施，避免模具倾覆造成模具、机械和人员损伤。

（5）在模具组装过程中，不得用工具锤击底模或侧帮的板面，以免造成板面划伤或不平。

（6）模具组装完成后，要进行自检，模板的各部尺寸、埋件及孔洞位置等要符合设计图纸及允许偏差要求。

（7）每次卸下来的模具应妥善放置，及时清理。发现模具有损伤必须及时告知技术人员检查。

5. 钢筋入模及埋件安装

（1）钢筋要就专门的存放区，要采取措施防止雨淋、雨水浸泡和油污。

（2）钢筋入模

1）在钢筋入模时，要检查下列内容，如有下列情况之一者，不准入模。

① 钢筋的级别、直径、根数、间距、形状与设计图纸不符；

② 钢筋表面沾有油污、泥土等杂物以及有颗粒状和片状老锈；

③ 钢筋骨架或网片变形、松扣、开焊；

④ 受力主筋的接头的数量和位置，违反"规范"的规定；

⑤ 预埋件的型号、规格尺寸与设计不符，埋件平整度超允许偏差。

2）钢筋骨架采用人抬或吊车入模，吊运长度较大的钢筋骨架要采用多吊钩的长吊架，吊点设置要合理，间距不大于3m，保证骨架在吊运过程中不变形。

3）钢筋入模时，要根据构件不同要求采用下列方法控制钢筋保护层厚度：

① 垫塑料垫块。

② 将钢筋骨架用火烧丝吊架在侧模的横杆上。垫块的厚度或吊运的高度应符合图纸要求。垫块应相互错开，间距控制在500～800mm。

③ 模的钢筋如有移位、松动、变形等应复位并绑牢。

（3）预埋件的安装

1）预埋件安装之前，应核对其型号及锚筋的规格尺寸。埋件钢板不平，焊接处有夹渣、咬肉和裂缝时要挑出不用。

2）侧模上的预埋件用工具式螺栓固定，底面上的预埋件可与钢筋焊接固定或用火烧丝将埋件锚筋与主筋绑扎固定；浇筑面上的预埋件用附加定位板及螺栓固定，小的埋件，可在混凝土浇筑后再砸入找正找平，将埋件处混凝土重新振捣、抹平。

（4）插筋放置

穿出侧模的外露筋，模内部分与钢筋骨架绑扎。直径大于12mm的插筋外露部分要用钢筋或木条夹绑固定，并用泡沫条塞严。插筋的外露长度应符合设计图要求。

（5）在混凝土浇灌前，因下雨等原因使钢筋被隔离剂、污物、泥土等污染时，应清除钢筋表面的污染。

（6）钢筋全部入模后，要对照设计图纸及规定偏差要求进行自检，自检合格后，通知检验人员进行隐检。

6. 混凝土制备

混凝土采用商品混凝土，制作清水混凝土应选择好原材料，特别是水泥和外加剂要有良好的适应性，通过适配保证混凝土有良好的和易性，不分层、不泌水，成型后良好的外观质量。同时选用同一种水泥和配合比要保证混凝土外观颜色一致。

注意事项包括原材料选择、混凝土配合比试配、混凝土搅拌、混凝土浇筑过程振捣等。

7. 抹面

（1）混凝土振捣密实后，用抹子把构件表面拍实抹平，并将模板上的灰浆、散落的混凝土清理干净。

（2）板面压光做法：待混凝土初凝后，用铁抹子进行第一遍压光；混凝土终凝前，用铁抹子进行二次压光。其压光不留明显的沫子印。

（3）构件的面层处理，当设计有要求时，按设计要求执行。当设计无要求，应遵循以下原则：构件在使用状态下为露明面的应压光；构件在使用状态下为隐蔽面的，该面可为粗抹面。

（4）粗抹面做法：当混凝土收水后，用塑料抹子压平。构件表面平整，不准有突起的粗骨料。

（5）常温生产时，抹面完成后，即可覆盖塑料布等覆盖物。冬季生产时，为缩短压面的等候时间，构件表面拍实抹平后，即可盖上覆盖物，通入少量蒸汽（蒸汽不准直接吹到混凝土上）加速混凝土凝结，但要随时注意不要使混凝土凝结过快而无法压面。

8. 构件养护

为了有效地达到混凝土清水的效果，并加快模板周转，应采用蒸汽养护，按照生产高峰每天产量 24 块计算，需配备 2t 燃煤蒸汽锅炉一台。采用 6m×15m 的帆布与五彩布相结合的方式进行保温覆盖。

（1）基本要求

1）构件浇筑成型及面层处理后，直达到规定脱模强度前，必须进行养护。

2）根据有关情况，采用蒸汽或自然养护。

（2）蒸汽养护

1）蒸养设施

①无养护池要进行蒸汽养护时，可在构件模板上方支搭棚架，并覆盖塑料布或苫布，封闭空间，将蒸汽管道通入内部进行养护。苫布交接处及苫布与地面间要压严。

②覆盖塑料布或苫布时要注意保护不使其刮坏，蒸汽结束揭开后要卷好。

③ 蒸汽管应根据构件大小、长短来设置进气口，使构件受热均匀。蒸汽管出口不应直对构件模板，以免局部受热过快。

2）混凝土构件的蒸汽养护

① 检查蒸汽管路，发现管路开裂、漏气等应及时修复或更换；

② 构件养护时，进气口设置合理，构件覆盖要严密。

构件养护应要先成型后再蒸汽养护，均衡使用蒸汽；

③ 按构件养护制度的规定，及时进行混凝土强度试验，达到强度要求后立即停止供气；在取出蒸养试件时，应先关闭供汽阀，再取试件，并应戴手套。

④ 用后的供气胶管及时收存。

3）测温

① 测温的温度计应合格，破损或断线的温度计不得使用。测温位置不应设在蒸汽通入口的上方。

② 测温人员应按养护制度控制蒸汽阀门，并每小时记录一次温度。测温记录应真实，字迹清楚。

4）构件的蒸养要求见表10.4-2。

构件蒸养要求

表10.4-2

养护阶段	常温期（h）	冬期（h）	恒温最高温度	备注
静停	1	1		下限用于薄、小构件
升温	2～3	3～4		
恒温	6	7	60℃	
降温	4	4～5		
合计	12～14	15～17		

注：表中的升温、降温时间，厚、大构件应根据大气温度适当延长。

（3）自然养护

1）在常温季节工期许可时（或无蒸汽条件的施工现场），构件可采用自然养护。

2）在混凝土浇筑后6小时内必须覆盖潮湿保水材料，并浇水养护。浇水的次数以能保持混凝土具有足够的湿润状态为度。

3）养护的时间，以同条件试块达到规定强度等级而定，一般不少于7天。

9. 构件拆模、起吊、翻转

（1）模板上没有固定插筋、螺栓、埋件的，可在混凝土强度能确保构件表面不沉陷及棱角不因拆膜而损害时方可拆除。除此之外，模板应在混凝土达到出池强度再拆除。

（2）蒸汽养护的构件，蒸养结束后，应有降温时间，当构件表面的温度与外界温度相差小于30℃（冬期为20℃）时，方可揭池盖或塑料布，然后进行拆模。

（3）拆模时应首先将所有固定预埋件，插筋、螺栓的螺丝、火烧丝、钢筋或木条拆除后再打开边模。

（4）拆模时应使用撬棍将模板撬离构件或将撬棍插入模板的支拆孔内翻开模板。不得使用大锤猛砸模板。

（5）拆除的模板应清理干净。此模板暂时不用的应涂油后保存。

10. 构件起吊脱模、修整

（1）当混凝土试块经试压达到设计要求的脱模强度，凭试验室出具的"混凝土强度通知单"方可起吊脱模。

（2）起吊构件用的吊具、吊钩、吊绳和卡具应经常检查其是否有开焊、变形、裂纹、断丝等缺陷。

（3）起吊时，吊车大钩应对准构件重心，缓慢提升，使构件脱离模板。

（4）加工专用的构件翻身架便于构件的翻身，在构件翻转前，应在转轴边构件下垫有弹性的软垫（例如：20mm 以上的橡胶垫、轮胎等），翻转时，吊绳的提升速度与电动葫芦（或大车）的行走速度相匹配，避免构件被拖拉或产生很大的颤动。

（5）构件在吊运过程中，应保持其平稳不转动。并要绕过人及重要的机械设备。

（6）构件临时堆放场地应坚实平整，重叠堆放时上下垫木应对齐。

（7）在临时堆放场地内应将构件上的飞边，孔洞的堵塞物清理干净。外露的埋件、插筋应使其外露整齐。

（8）清水混凝土构件出模后应对构件的一般缺陷（如气孔、飞边、漏浆处）进行修整，修补后颜色应与周边一致。

（9）在出池时或在临时堆放场地，检验人员对构件进行检验，符合质量标准的，加盖合格印章，不合格的构件加盖不合格印章，可修理的构件，在需修理处加标记。

11. 成品管理

（1）构件标识

构件出池后，在构件安装的隐蔽面上用墨汁标明工程名称、构件型号、成型日期、生产班组；检验人员在合格品的安装隐蔽面上加盖印章；对不合格品，检验人员要在构件的"不合格点"做标记，质检管理人员对不合格品进行评价，经修理后再检查验收。

（2）构件堆放

1）构件应堆放在混凝土地面上。临时堆放场地应坚实平整，下部设通长垫木（梁），垫点应平实。容易倾覆的构件应设置侧支撑。

2）垫木质量应坚固，材质基本一致。与构件清水面接触的垫木上应覆盖对构件不产生污染的物品。

3）大型构件的垫木截面不小于 10cm×10cm；标准构件的垫木截面不小于 5cm×10cm 垫木端部应缩进构件棱边约 3cm。

（3）构件装卸

1）清水混凝土构件装卸或翻身，无吊环时，应采用软吊装带。有吊环时，尽量使用吊环，应单块装卸。

2）在起吊构件时，要垂直轻起轻落，不得拖拉及与其他构件或物体碰撞。

3）运输过程中用刹车绳固定构件时，刹车绳处应有护角，直角处应使用角钢。

4）在运输小型构件时，构件与构件之间应用无污染的木条隔离。

5）厂内运输时，车辆起步、弯道、地面不平处要缓慢。车速要均匀，防止急刹车。

6）运输途中，要随时检查构件的固定装置，有松动时应紧固。

12. 构件外观缺陷修理

清水混凝土表面缺陷的修理方案：

（1）清水混凝土构件表面缺陷主要为表面气泡、色差及棱角损伤等质量问题。

（2）对于气泡、色差及轻微棱角损伤表面缺陷，用水泥、其他胶粘剂等加适量水进行调配修补，修补后的外观颜色要与清水混凝土表面颜色一致。

（3）对棱角损伤严重的缺陷，先将松散的混凝土清除，用清水冲洗干净，待干燥后用EC-1型表面处理剂涂刷表面，干后用高强渗透性聚合物砂浆进行修补；修补后应采用自然养护及保水覆盖，并喷水养护7天，养护过程中要进行修补处得保护严禁磕碰。

（4）连续出现的一般缺陷或者偶尔出现的严重缺陷，都必须找出缺陷产生的原因，为以后生产合格产品制定改进方案。

（5）构件生产时的底面清水面一般不需涂抹修整，直径小于2mm的少量的气泡不用修补；大于2mm的气泡或成片的小气泡用修补剂掺少量水泥调成膏状搓抹后，搓抹后应立即用干净的棉丝将板面擦干净。

13. 预制看台板安装

（1）工艺流程

安装工艺流程：结构测量→抄平放线、弹定位线→结构基层处理→构件检查→支垫标高→灌浆→看台板吊装→微调、找正→塞缝→打胶→验收→成品保护。

（2）施工顺序

1）支座处理：

① 对支座部位标高及预留孔位置、尺寸进行复测并办理交接手续（合格后签认方可施工）。

② 根据施工图纸及轴线进行平面定位，并进行复查。

③ 根据图纸标高对支座处标高进行复测，梁支座处抄平采用薄钢板，板边垫板采用80mm×80mm×10mm的橡胶垫板。

2）前半区看台板安装采用40t吊车，安装完毕验收合格后，可选用75t汽车式起重机进行后半区看台板安装。看台板安装顺序由第一排最前面开始，分段逐排向上安装。特殊部位先安装，标准部位后安装。

3）清理、塞缝、打胶等工序随上道工序流水施工，并符合建筑用《建筑用硅酮结构密封胶》GB 16776的要求。

（3）基本安装顺序

看台板分为高、低两层，整体设计是"上压下"的形式，层与层之间宏观安装顺序要安装上层、下层的次序进行。针对每一层来说，在径向方向上，上排看台板紧压着下排，因此安装循序应遵循先下后上的原则。

1）低层安装

先安装南北区低层看台，待高区钢结构临时支撑拆除后，再安装东西区低层看台。

2）高层安装

根据总体工期要求，高层看台板的安装需要和钢结构的安装交叉施工，现场制约因素非常多。经过详细分析综合考虑，高层构件的安装在场内布置两个以上作业面同时作业，互不干扰，相互配合，最后合拢。

14. 成品保护

（1）从看台板出模码放、装车运输到工地吊装的全过程须采取有效措施进行防护。

（2）看台板脱模翻转并晾干后，喷涂或涂刷专用硅质防水剂二遍，二遍间隔时间大于1小时。

（3）经过车间检验合格的构件产品。应立即按规则编号，并做上标记；构件标识至少应包含构件型号、编号、生产日期、检验状态。

（4）为防止板面污染。垫木必须用白色苯板或薄膜包裹隔开，板上不得放赃物，起重设备不得滴油，操作工人不得戴脏手套（特别不能戴有油的手套）接触板面，必要时加以覆盖。

（5）构件运输时，固定构件的绳索与构件之间增加无污染的保护垫。

（6）构件吊点和运输应符合设计和规范要求，使用专用工具，不得随意选择吊点。

（7）构件支点应采用强度高的软木，面积应足以保证构件稳定，并且不会造成构件局部受力过大。

（8）构件存放场地应按照建厂工艺方案的要求进行处理，不得有影响构件外观和导致地基下沉的积水，支点位置必须采用混凝土枕木垫实。

（9）特殊形状构件的运输和存放应当做单独的方案，确保在运输和安装过程中不倾覆、不变形。

（10）经检验合格的构件露天存放时应确保不被污水、铁锈和油污污染，如果受到污染，必须及时处理。

（11）对于吊装上的看台板，应用大量的竹胶板进行大面积的覆盖。防止板面被污染以及高空坠物的打击。

10.4.2　工程案例

本节以深圳大运中心体育场工程为例，阐述预制看台板有关工艺与技术要求。

1. 概况

深圳大运中心体育场工程预制构件有预制看台板、预制挂板，混凝土总用量2.5万 m^3。看台板分为低区、中区和高区三部分，共4177块，长度3～10.6m，厚度90～130mm，型号多达995种。

（1）该工程预制清水混凝土构件的建厂、构件生产、现场吊装必须在 6 个月内完成，任务紧。

（2）该工程预制看台板 4177 块，其中单块最重的达 18.6t，最大吊装高度 42m，最远吊装 65m。

2. 施工工艺

现场预制清水混凝土构件的施工工艺流程如图 10.4-1 所示。

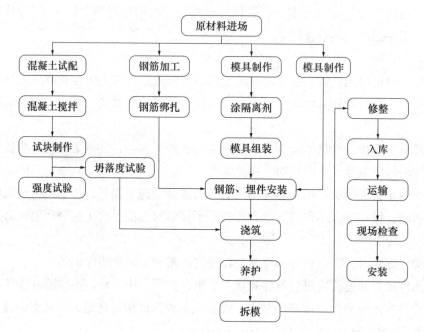

图 10.4-1　现场预制清水混凝土构件流程工艺

预制清水混凝土构件的制作

（1）混凝土配合比设计

根据深圳本地的砂、石及可采购的材料进行适配，并邀请混凝土专家现场指导。采用正交试验设计法，生产多组不同配合比，不同的配合比在同等施工条件下形成了不同质量效果：表面色泽不匀、清水面剥皮、表面气孔多等。试配过程中特别注意外加剂的使用，最后确定选用聚羧酸高性能外加剂，从而有效控制混凝土质量。

1）能够克服普通混凝土施工中干涩、匀质性差、骨料浆体易离散等不足；

2）避免混凝土硬化后表面存在色差、孔洞及裂纹的质量通病。

通过反复试验，进行混凝土配合比优化，优化后配比见表 10.4-3。

优化混凝土配合设计　　　　　　　　　　　　　　　　　　表 10.4-3

材料名称	水泥	水	粉煤灰	河沙	5-25 碎石	外加剂
用量（kg/m³）	371	165	60	700	1073	3.88
比例	1.00	0.44	0.16	1.89	2.89	0.010

续表

表观密度（kg/m³）	1h 后坍落度（mm）	扩展（mm）	7d 抗压强（MPa）	28d 抗压强度（MPa）
2373	160	650	42.4	54.9

（2）模板深化设计

本工程预制清水混凝土构件外观质量要求模板具有较好的表面平整度、光滑度，较高的精度以及接缝严密。因此选用钢模板，并由有经验的厂家制作，严格验收质量。

本着节约模板，降低施工难度的宗旨，根据图纸，对模板进行深化设计。本工程看台板原设计是弧线形，经深化设计后，改成了折线形，如图 10.4-2 所示。

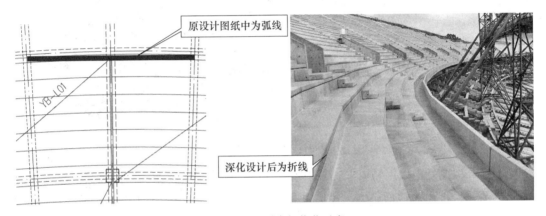

图 10.4-2　看台板优化示意

（3）钢筋及预埋件安装

钢筋入模前安装塑料垫块以控制构件保护层厚度，塑料垫块呈梅花形布置，不得在模具面上拖拉钢筋，以免造成模具划痕，影响混凝土浇筑质量。钢筋入模后严禁在其上行走踩踏。

埋件应准确定位。侧模上的预埋件用工具式螺栓固定，底面或浇筑面上的预埋件用附加定位板及螺栓固定，固定后做好核对工作。

浇筑混凝土前检查。重点检查接缝密封条是否严密，内表面隔离剂是否涂刷且无污染，模具的加固是否到位，预埋件位置是否准确，主要尺寸是否符合设计要求。

（4）混凝土的搅拌与运制

现场采用 50 型强制式搅拌机，自动配料机配料，配料机经计量监督部门鉴定合格并在有效期内使用。

每次搅拌混凝土前必须由试验员对配料机进行计量校对，砂石的计量误差控制在 ±2% 以内，水泥掺和料计量误差控制在 ±1% 以内。由试验人员检测砂石的含水率，同时在雨后按规范要求增加测定频率，及时调整配合比，确保混凝土质量。安排专人对外加剂的掺量和使用负责，防止外加剂漏掺、少掺和不掺。

混凝土现场搅拌，采用翻斗车进行运输，距离短，浇筑前混凝土的匀质性不会受到影响。现场浇筑混凝土时准备了 4 个 2m³ 灰斗，灰斗按有利于装料和控制下料速度而进行设计。

（5）混凝土浇筑

1）浇筑混凝土前先清除模内的杂物，并用空压机将模内的灰尘吹走，如图 10.4-3 所示。

图 10.4-3　清除模内的杂物

2）看台板混凝土采用侧模上安装附着式振捣器配合插入式振捣器振捣成型。

3）预制挂板由于截面小，采用震动台成型混凝土，使用面采用钢模板面，背面用人工抹面。

4）预制悬挑三折板超薄清水构件的混凝土浇筑。

振捣方式采用在模具的每个肋梁的侧模上安装附着式振捣器配合插入式振捣器振捣成型。在模具的设计安装上，采用反打法。如图 10.4-4 所示。

三梯看台板模具及生产成型

图 10.4-4　三折看台板生产模型

模具组装：在确保清水混凝土质量的情况下，模板易拆、易装，工具化使用。

浇筑控制难点及措施：

清水混凝土看台由于形状、构造较为复杂，加大了浇筑的难度，特别是每一折看台板的肋梁由于模具构件较多，导致混凝土的浇筑空间很小，在浇筑该部分的混凝土时，对混凝土的坍落度、混凝土骨料、振捣等要求更为严格。在浇筑三折板的混凝土时每一斗料都要进行坍落度检测，振捣手安排指定人员操作，以保证构件的浇筑质量。

（6）构件养护

预制清水混凝土构件养护采用蒸汽养护。

（7）构件拆模、起吊

1）构件蒸养降温后应及时拆模起吊至临时周转场地，不得隔天进行，防止表面出现色差。

2）留置混凝土同条件养护的试块，其抗压强度达到设计强度的 85% 时可以拆模。拆模前，按照顺序将固定预埋件的螺栓、支撑、紧固件等依次拆除，然后将模板松开，准备起吊构件。

3）构件起吊前，应确认所有连接点已经断开，尤其是预埋件，防止构件拉伤或磕碰，造成预制构件的损坏。超过 3m 长的构件一般应采用辅助的装置起吊，如铁扁担等。

4）预制悬挑三折板超薄清水构件的翻转

由于预制悬挑三折板超薄清水构件的体型大，重量在 18 吨左右，形状复杂，其出模后翻转操作难度大。

1）翻转装置设计与制作

翻转装置设计应充分考虑三折悬挑板受力点及其自重，同时也要考虑同一翻转装置翻转不同型号的三折悬挑板。

2）翻转装置组装

底架安装地面应做 20cm 混凝土硬化处理，地面平整无位差，使用高强膨胀螺丝将底架固定于硬化地面，底架固定必须牢固可靠，以防构件翻转时发生侧翻和位移，确保翻转的安全性。两转动曲轴孔的轴心必须对应。

3）构件翻转流程

翻转过程中，翻转装置的两端吊点应保持在同一水平面，保证吊点受力平衡。翻转过程必须慢起慢落，构件及翻转架旋转 180° 后，完成构件的翻转。如图 10.4-5 所示。

（8）构件临时堆放

1）构件在堆放前，应先进行表面轻微缺陷处理，如对个别小气泡、边棱毛刺等进行必要的修饰，然后涂刷清水混凝土保护剂。

2）构件在起吊及码放时，应慢起慢落，防止与其他物体碰撞。构件下用方木垫块垫实，垫木要上下对齐垫实，不允许出现虚角或挑头的情况。

3）经检验合格的构件产品，立即编号，构件标志包含构件型号、编号等。

3. 预制清水混凝土构件的吊装

低区看台板长度以 5.7～8.5m 为主，中区看台板长度以 8.1～9.5m 为主，高区看台板长度以 8.5～10.6m 为主，各区吊装看台板的最远水平距离和最大垂直距离见表 10.4-4（已充分考虑吊车位置和吊钩上最小安全距离）：

图 10.4-5　预制悬挑三折板翻转过程

看台板吊装参数统计表　　　　　　　　　　　　　　　　　表 10.4-4

序号	部位	数量（块）	最大吊装高度（m）	场内最远吊装距离（m）	最重吊装构件（t）
1	低区看台	1696	23	26	9.0
2	中区看台	1339	28	37	18.6
3	高区看台	1176	42	65	12.5

　　看台板以"卜"形和"∟"形看台板为主，"H"形及其他异性板其次，少量"—"形看台板。"—"形看台板和墙挂板均采用两点起吊，"卜"形和"∟"形看台板采用三点起吊的方式，"H"形及其他异性板采用四点起吊或其他特殊方式起吊。如图 10.4-6所示。

图 10.4-6　预制构件吊装示意

　　采用两台 250t（型号 SCX2500）的履带吊对中、高区以及部分重量大的预制看台板在场内进行吊装，备两台 80t（型号 AC80-2）的汽车式起重机负责施工现场的预制件装卸车工作，并可对部分低区看台的预制构件进行吊装。

吊装工艺流程如下：

（1）轴线定位：根据施工图纸，定出在斜梁位置的控制点，并弹出各轴轴线。

（2）看台板边线定位：根据施工图纸及已经标出的轴线，及看台板每步宽度，放出每层踢踏看台板边线，边线距上层踏步立面不能满足看台板梁宽 30cm，必须剔除。

（3）定位螺栓孔及支座位置：根据看台板构件图及安装节点详图，在每道踏步表面画出支座位置及螺栓孔。具体的节点大样如图 10.4-7 所示。

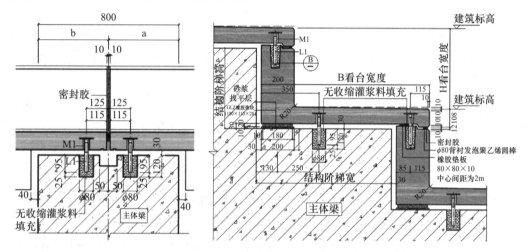

图 10.4-7　看台板安装节点大样

（4）踏步钻孔：根据已放好的螺栓孔位置，用钻孔机进行钻孔。

（5）埋设支座：复测每层踏步标高，并在每层踏步的立面标出每层支座的上标高，并根据标高埋设橡胶支座。对标高偏低用 C40 混凝土先进行找补，螺栓相应加长；偏高的进行剔凿，用砂浆找平。

（6）核对看台板型号及尺寸：吊装前在板的摆放位置，按照看台板的型号及尺寸进行复核，以保证板的运输及就位准确。

（7）运输：看台板采用 6 辆 12m 长平板拖挂进行运送，吊运前根据设计图纸复核预制看台板尺寸，确保预制板顺利安装；专职安全员严格检查吊车吊钩及钢丝绳必须符合要求，吊装用工具安全可靠，吊运时注意保护预制看台板表面，防止棱角损伤。

（8）吊装、就位：吊装时按自下而上的顺序进行吊装，安装前复测各个接触面标高与设计标高一致，按螺栓孔位置将螺栓拧紧，每侧均有工人对预制板进行扶正，先根据轴线及边线进行试按，复核看台板尺寸及偏差，试按满足要求后，将螺栓孔内注满 C60 灌浆料，再进行安装，确保就位准确。

（9）复核标高：就位完成后，立即用水准仪复核每块板两端标高及相邻板之间标高，对标高误差较大的用橡胶垫片进行调整，每层看台板吊装完毕，复核每个轴线位置处标高，已确保标高符合设计要求。

4. 表面处理与成品保护

超薄预制清水构件是直接采用现浇混凝土的自然表面效果作为饰面，表面平整光滑，色泽均匀，棱角分明，无碰损和污染，只是在表面涂一层或两层透明的保护剂，显得天然、庄重。它显示的是一种最本质的美感，体现的是"素面朝天"的品位。

（1）表面处理施工要点

1）基层处理

用专用清洗剂洗去附在混凝土表面的油污、脱膜剂等，用180号砂纸进行打磨，对棱角缺损处修补，对修补过的地方用360号砂纸进行打磨，直到板面平滑，修补痕迹大致消失。

2）混凝土修色

薄喷混凝土调整材（Bonnflon AC下底调整材W）。用水进行稀释，先小面积试喷，后大面积施工。

修色时只对修补过的地方和颜色差异较大的地方进行修色。采用海绵或专用工具进行拍打，拍打出的花纹应是点状或无规则的形状，使整个板面具有美感，而无明显拍打和修补留下的痕迹。

3）修色后的质量验收

修色后就基本决定了成品的质量，修色后需对整个墙面进行检验，对不合格的地方进行修整。

自行检验和调整后甲方应对其确认后才能进行下道工序施工，不然施工底漆后，返工难度会大大增加，质量也很难保证。

4）混凝土保护底漆施工（Bonnflon　水性AC下涂）

①滚涂前将底漆漆搅拌均匀，不稀释。

②滚筒使用前应清洗干净，施工时采用中毛滚筒，并尽量将底漆推涂均匀。

③第二次滚涂应间隔15min以上，在第一次滚涂底漆基本干燥后，进行第二次滚涂。

5）混凝土保护中涂施工（Bonnflon　水性AC中涂）

①滚涂前将中涂漆搅拌均匀，必要时可加水进行稀释。

②滚涂中涂漆前确保底漆完全干燥，（20℃干燥3h以上）才能进行中涂漆施工。

③滚筒使用前应清洗干净，施工时采用中毛滚筒，并将中涂漆摊涂均匀。

6）混凝土保护面漆施工（Bonnflon　水性AC上涂）

①滚涂前将中涂漆搅拌均匀，必要时加水进行稀释。

②滚涂中涂漆前应确保底漆完全干燥，（20℃干燥6h以上）才能进行中涂漆施工。

③第二次滚涂上涂漆时应间隔30min以上，即第一次滚涂的上涂漆是基本干燥后才能进行第二次滚涂。

（2）成品保护

1）通过合理、科学的安排施工工序和划分流水段施工来减少与钢结构及其他分项工程的施工交叉。

2）通过在制作阶段、运输阶段、吊装阶段、钢结构安装阶段及装饰等各个阶段制定具体有效的成品保护措施，来达到对构件保护的目的。

1）制作过程中成品保护措施

① 挂板出模后应及时翻转使板正面朝上，让水分蒸发。

② 防污染。

③ 预制清水混凝土挂板采用水平存放时，码放不宜超过 10 层，每层的支点在同一水平面上，支点竖向在同一垂直线上，层间采取措施确保存放期间距离不变。

2）搬运过程的成品保护措施

从看台板出模码放、装车运输到工地吊装的全过程均须采取有效措施进行防护。

① 看台板脱模并晾干后，喷涂或涂刷专用防护剂二遍，二遍间隔时间大于 1 小时。

② 防止板面污染，垫木必须用白色苯板或薄膜包裹隔开、板上不得放脏物、起重设备不得滴油、操作工人不得戴脏手套（特别不能戴有油的手套）接触板面，必要时加以覆盖等等。

③ 看台运输，选择路况好的路线，以免在运输过程中损坏。

④ 构件运输时，固定构件的绳索与构件之间增加无污染的保护垫。

⑤ 在运输过程中用纸壳对易破碎的棱角等部位进行保护。

3）吊装过程的成品保护措施

① 根据吊装方案，依次由下向上安装，安装过程中必须严格按照方案进行吊装。

② 起吊及就位时，均需有人用绳索进行辅助，就位时水平慢慢放下。

③ 构件在现场倒运装卸时，吊机操作应平稳。起重工经常检查吊索情况，对于有损伤的吊索具随时更换，保证构件在吊运中的安全性。

4）钢结构安装阶段的成品保护措施

① 钢结构安装阶段主要防护内容为电气焊火花及高处物体坠落。项目在钢结构正在施工的区域放置清理干净的废旧模板（要求上面的钉子等清理干净）对看台表面进行全面保护。

② 要求钢结构作业人员加强对现场的管理工作，不许随意在屋面网架上存东西，以免掉下来。

③ 钢结构焊接人员必须符合现场的管理程序，开完动火证后，方可进行施工，必有专门防电焊火花设备。

④ 派专人在看台上进行察看，严禁无关人员上看台。

5）装饰装修阶段的成品保护措施

① 装饰分包单位分层、分区设置专职成品保护员，根据各分项工程的施工特点采取相应的保护措施。

② 预制清水挂板安装完成后，在墙体周围搭设防护栏杆对墙体进行保护。

5. 应用效果

深圳大运会主体育场现场预制清水混凝土看台施工取得了一定的成绩，施工质量得到了有效的控制，施工出来的预制构件达到了设计要求的清水效果，极具美感，得到了参建单位及地方的一致认可。采用现场建厂预制，有效节约了成本，并缩短了工期，为工程的最终按时交付提供了保障。

10.5 样板工程

体育场馆工程因施工工艺复杂、结构节点施工难度大、外立面结构新颖，建成后都会成为当地的标志性建筑，通常都是争创鲁班奖的重点项目。因此，通过推行工程样板先行管理制度，以样板工程引领后续同类工程施工，从而规范施工流程管理，提高施工工艺和技术管理水平，确保工程质量，创造精品工程。

样板引路是工程施工质量管理的一种行之有效的做法，通过加强施工现场的工程质量管理意识，明确各分部分项工程质量验收标准，有效提高本工程质量水平。整个工程推行样板教育、实体样板制、样板引路这一做法，使之成为施工项目质量管理的一项措施，有利于加强对工程施工重要工序、关键环节的质量控制，消除工程质量通病，提高工程质量的整体水平。现特制定样板引路策划方案，使项目形成"方案先行样板引路实物交底"的质量管理模式。

10.5.1 样板实施的目的

样板引路，从理论模型到实践层面，为后期大规模的施工作业内容提供了技术上的支持，对有样板要求的各材料、工艺工法必须样板先行，符合样板要求并经项目部自检，监理与甲方共同确认合格后方允许进入大规模施工。

号召广大参建人员务必在思想上给予高度重视，以"高标准，严要求"指导施工，对现场管理人员及工人进行直观的交底，明确各典型节点的做法及直观的施工完成效果，达到与施工现场操作的一致性，明确现场施工标准，保证施工质量。样板先行，对整个项目实体质量把控，树立标杆，打造精品工程。

10.5.2 样板制作要求

（1）工程实体的分部分项工程均应做实体样板，实体样板经验收合格后方可进行大面积施工，同时项目严格按实体样板标准进行检查验收。

（2）实体样板应分层体现分项工程的整个流程工艺。

（3）实体样板中应在展板中注明分项工程作业条件。

（4）实体样板中应在展板中注明分项工程作业所用工具和设备等内容。

（5）实体样板中应在展板中注明分项工程的操作控制重点和难点。

（6）实体样板中应在展板中注明分项工程各分层工艺的验收标准。

10.5.3 样板展示内容

体育建筑样板展示内容一般分为实体样板和模型样板，实体样板是指在建筑实体上进行样板工程施工，通常是砌筑工程、装饰装修工程、机电安装工程等，样板工程需选取具有代表性的部位进行实施，往往会在同一部位进行多项分部工程的样板施工，一方面了解样板工程实施之后的效果，另一方面是用来检验各专业之间施工是否会存在碰撞影响，如机电安装工程样板往往会和装饰装修样板在同一部位实施。模型样板主要用以模拟现场复杂节点施工，通常以结构模型居多，如杭州奥体中心主体育场项目，顶环梁节点由环梁、斜柱、斜梁交汇，节点内有型钢、铸钢件以及146根直径32mm以上的钢筋，为有效解决顶环梁节点施工难题，项目在实施前分别制作了两次模型，第一次为0.5∶1的模型，用来模拟原图纸钢筋绑扎，经过第一次模型施工，为节点优化明确了方向；第二次为1∶1模型，全面验证优化后的节点施工可行性；通过两次模型样板的实施，为后续结构的顺利实施创造了良好的基础。由于体育建筑中清水混凝土应用较多，用来验证清水混凝土配合比、模板拼接固定、清水混凝土饰面效果。如衢州市体育中心清水混凝土为木纹效果，为国内首次采用，且清水混凝土曲面较多，增加了模板拼接固定的难度，项目清水混凝土实施前专门进行了1∶1模型样板施工，经参建各方共同确认后展开全面施工。

黄石奥体中心样板工程实施内容如表10.5-1所示。

黄石奥体中心样板工程实施内容　　　　　　　　　　　　　　表10.5-1

分部工程	子分部工程	内容	附加节点
主体结构	混凝土结构	体育场清水混凝土圆柱	梁柱节点、圆柱钢筋绑扎、圆柱定型模板、混凝土表观质量
		混凝土看台及斜梁、框架柱现浇结构外观及尺寸偏差	模板安装、盘扣式脚手架支撑体系、混凝土看台外观
		清水混凝土剪力墙	钢筋、模板拼缝、墙体清水效果
		清水混凝土Y型柱	结构形式、梁柱节点、清水效果
		后浇带、施工缝留置	模板架体支设、施工缝凿毛
		清水混凝土柱脚	定型模板、混凝土表面平整度及观感
		预制看台板	构件尺寸
	砌体结构	填充墙砌体	排砖、底部做法、顶部、构造柱、门窗洞口做法
		细部	机电专业后开洞开槽、预留洞设置、后期封堵
		墙体与结构墙体	加强网设置
	钢结构	细部	预埋、高强螺栓、焊接
建筑装修装饰	外墙装饰	外墙基层、外保温、涂料	基层、面砖、分割线方法
	抹灰	一般抹灰，腻子，墙面拉毛	基层处理、不同界面接缝处理、一遍抹灰、二遍抹灰、腻子、拉毛
	门窗	木门窗制作与安装，金属门窗安装，塑料门窗安装，特种门安装，门窗玻璃安装	门窗框与结构缝隙细部处理，缝隙密封，滴水线
	外墙涂饰	水性涂料涂饰、溶剂型涂料涂饰	基层保温板、抗裂砂浆、面层

续表

分部工程	子分部工程	内容	附加节点
建筑装修装饰	卫生间	基层、防水、管道布置、地砖	基层处理、防水细部处理、排砖方法
	细部	踢脚，窗台板安装，门窗套制作与安装，护栏和扶手制作与安装	
屋面工程	防水	基层、卷材、面砖	阴阳角、接槎、平面搭接、出墙管道根部、螺杆洞等
	细部		女儿墙上返，出屋面管根
机电安装	户内立面管线、开关、插座线盒		线槽走向、线盒高度
	管线综合布置		管道平整、顺直，管道、金属支架和设备的防腐和涂漆附着良好，桥架洞口封堵
	管道井管线布置		底部地漏安转，管道排布，阀门布置，套管防火封堵

10.5.4 样板实施的工作流程

1. 方案确认

首先进行工艺方案确认工作。包括施工工艺、质量标准、注意事项等（关键是要有针对性，抓住重点和容易出现问题的部分）。经承包单位项目部技术负责人审批，报监理单位批准、甲方同意后再做样板。监理和项目部应进行认真、仔细的审核。

2. 样板施工

挑选有经验、操作技能较强的班组，严格按照技术标准、施工图设计文件以及审批通过的专项方案进行样板施工。对于工程质量样板的制作过程，应当进行拍照，保留照片资料。关键部位、重点工序应分层解构，并附文字说明。

3. 样板验收

样板施工完毕，应组织项目样板制作指导、监督小组及分公司相关部门进行验收，并应形成相应的样板验收的意见。

4. 样板交底

样板经验收合格后，技术负责人对施工班组进行交底和岗前培训，交底、培训过程应有相应的记录，施工中必须派人监督检查。进行专业分包的工程，总包和专业分包单位均应签字确认。以上功能工作完成后方可大面积开展。

5. 人员培训和考核

在样板集中展示区向工人说明质量通病防治及安全文明管理的意识及措施，现场依据样板进行技术交底。

同时，根据样板施工收集的施工、图片、影像资料，制作幻灯片，利用晚上空余时间组织战前培训和交底会议，通过投影仪的配合向作业工人进行施工技术交底，提前邀请甲方、监理单位相关主管人员参加。

每个班组施工前，选定一面有代表性的部位按样板的要求进行施工，施工员和质检员加强过程中的跟踪检查；施工完成后，组织对每个班组的施工质量进行综合打分、评比，对合格的班组方可允许大面积施工，对成绩优异的班组进行奖励、并在宣传栏进行表扬。

10.5.5　样板实施计划

1. 样板实施进度计划安排

以黄石奥体中心样板实施作业内容，主要样板实施进度计划如表 10.5-2 所示。

样板实施进度计划

表 10.5-2

序号	样板实施作业内容	完成时间要求	备注
1	清水混凝土圆柱及梁柱节点	主体结构施工前	实际工期节点，根据图纸及相关合同要求、实际进度要求进行调整
2	现浇混凝土看台框架体系	主体结构施工前	
3	清水混凝土剪力墙	主体结构施工前	
4	体育场混凝土 Y 型柱	主体结构施工前	
5	清水混凝土柱脚	主体结构施工前	
6	预制清水混凝土看台板	主体结构施工前	
7	砌筑施工样板	大面积施工前 10 天是完成	
8	抹灰样板	大面积施工前 10 天完成	
9	卫生间样板	卫生间施工前	
10	门窗洞口处理	大面积施工前 10 天完成	
11	外装饰工程	大面积施工前 10 天完成	
12	门窗安装	大面积施工前 10 天完成	
13	屋面工程	屋面大面积施工前 10 天完成	
14	机电专业样板随工程进度及时穿插进行		

2. 样板实施进度计划保证措施

（1）根据样板实施进度计划要求，施工阶段的划分，突出关键、突出控制节点。在施工中针对各样板展区的质量把控点和有关条件，安排好施工顺序，做到小步距、快流水施工。

（2）为了便于控制施工进度，建立详细样板区施工进度计划，按照目标管理的原理，进行项目进度控制。根据总体施工进度计划，按施工工艺及施工顺序编制详细的分部进度计划，以周计划作为报告周期，每周发布当前实际进度状况及本周实施计划、下周施工准备计划，由各组负责人下达到施工班组。

（3）根据施工计划，按专业工种进行分解，确定完成日期。在下达施工任务时要强调两工种之间的相互衔接和配合，确定交接日期。加强施工作业层管理，每道工序必须为下道工序按时、保质完成。强调计划的严肃性，确保各道工序按期完成，为实现总进度计划打下坚实基础。

（4）加强日常施工管理，检查当天生产进度情况，及时解决施工中出现的问题，搞好生产调配及协调工作，确保进度计划的完成。

10.5.6 样板引路施工注意事项

（1）样板施工前各部位作法已确定，各材料已按进度要求合格进场，现场见证取样送检合格。

（2）样板集中展示部位需将各操作规程、质量管理制度、措施、安全施工注意事项全部挂牌上墙。

（3）样板验收合格的部位或构件要挂"验收合格标识牌"，验收不合格的要立即整改，直到合格为止，并将实测实量的结果标注于被测量的构件上。

（4）样板施工完成后应将各部位构件作法详细标注在构件上，隐蔽部分应用墨线标出，如板厚、混凝土强度、砌体砂浆强度、楼层净高、房间方度等。

（5）施工过程中应及时收集样板施工、图片、影像资料，及时办好所有隐蔽验收手续，确保有案可查，施工完成后可制作幻灯片作为后期施工交底资料。

（6）施工过程中应做好现场文明施工工作，做到工完场清，现场无垃圾、杂物、无剩余材料，并派专人进行日常维护。

10.5.7 样板实施质量控制

1. 样板引路制度

本项目实行样板引路制度，在项目大面积开工前，通过对样板的验收和评价，及时调整设计构造、选材、施工工艺等方面的不合理之处，避免大面积施工时因整改和返工造成工期、质量和成本方面的损失。同时将样板质量作为工程验收的标准和依据，也有利于对施工班组的现场交底，确保项目质量目标的实现。

样板引路制度通过实体样板和工序样板两方面进行控制，样板经建设方、监理验收合格后方可大面积施工，各样板的实施由项目部质量领导小组进行组织，由各工程施工员负责具体实施。

2. 施工挂牌制度

工程关键部位必须实行挂牌制度，以便出现质量问题后进行追溯和调查以及问题分析，挂牌制度实施由各工种施工员组织和实施。质量管理人员进行监督和跟踪检查，一旦出现质量问题追查有关人员的责任，做出相应的处罚。

（1）主要工种如钢筋、混凝土、模板等，施工过程中要在现场实行挂牌制，注明管理者、操作者、施工日期，并做好相应的图文记录，作为重要的施工档案保存。

（2）因现场不按规范，规程施工而造成质量事故的要追究有关人员的责任。

3. 施工"三检"制度

施工过程中严格实行"三检"制度，即自检、互检、交接检，完毕后报业主、监理进行最后的验收，未经业主或监理验收，不得进入下道工序施工，具体要求如下：

（1）各班组完成施工任务时，自己要先认真对所施工内容进行检查；

（2）自检合后的报专业工长进行专业检查，专业工长检查时，班组长必须陪同，以便及进整改。

（3）专业工长检查合格后，报项目部专职质量人员或技术部门，对已完成的工作进行质量、安全等全方位的检查。

（4）每次检查必须要检查人和被检查人签字。对检查过程中发现的质量和安全问题要在限期内整改完成，并经复查合格后进入下道工序施工。

（5）前面工序完成后，在进入后道工序施工前，两施工班组必须进行交接检查，并有书面的检查记录。

（6）具体实施由各工种施工员组织，并实行岗前交底、岗中验收、岗后讲评，确保每道工序受控，将三检及交接检制度落实到实处，一旦出现质量问题，首先从三检或交接检工作查起，如因三检及产检工作不落实而出现质量问题，有关人员应负相应的责任，视情节轻重给予一定的处罚。

（7）每道工序进行交接要按照要求填写工序交接单，按照规范要求进行移交。

4. 工序报验制度

每道工序完成后，必须按规定程序分级进行报验，验收合格后进入下道工序施工。如图 10.5-1 所示。

图 10.5-1　工序报验制度

5. 质量定期检查制度

为加强工程质量的管理工作，项目部实行工程质量定期检查制度，并在工程中严格执行，质量检查规定如下：

（1）质量员每日跟踪质量检查；

（2）项目部每周进行一次质量检查，对检查的工程质量问题下发质量整改通知单；

（3）项目部每月 25 日前进行一次月底的质量大检查，除与工程进度同步的工程质量检查外，对每周的检查整改情况进行总结和分析，结果作为当月支付工程款的评价依据。

6. 质量否决制度

实行质量一票否决制度，质检员具有质量一票否决权，不受任何人的干扰。工程施工过程中，各级质检员（包括分包质检员）要跟踪检查，发现问题立即纠正、整改，整改检查达不到要求的不得进入下道工序施工。

7. 质量与经济挂钩制度

每月对各分包单位进行质量评比，采用打分制原则，设立分值区间，把每月支付工程款中的 1%～2% 作为奖罚基金，本月达不到总包的满意程度，工程款中的 1%～2%

将在本月的工程款中扣除，如果下个月施工质量有明显的改观或令建设方、监理的认可，则在下个月返还上个月的扣除部分，如质量一直得不到改观，那么扣除部分将不予返还。

8. 工程质量例会制度

项目部每周一次进行质量例会和每周班前会制度，强化员工质量意识，提高防范质量风险的能力，确保工程顺利进行。

（1）检查上次例会议定事项的落实情况，提出下一阶段进度目标落实情况。

（2）检查分析工程项目施工进度完成情况，提出下一阶段的质量目标和控制重点。

（3）针对检查的内容提出整改措施。

9. 质量处罚制度

过程施工坚持样板先行，分项工程分包商必须先施工样板，由总包进行样板施工内容的验收（验收样板参照总包创优计划），样板得到总包、监理、建设方方确认后才能进入大面积施工（样板确认记录表附表）。样板部位按总包要求挂牌明确样板内容、部位、验收标准，时间、施工单位和负责人。对不执行样板制的一次处罚 1000 元，并不允许进入下道工序的施工。

10.6　机电安装工程

体育建筑的机电安装工程与其他建筑工程相比，有着其明显的特殊性，特别是管线综合、智能化系统和系统调试等。下面从图纸审查、管线综合和调试案例予以阐述。

10.6.1　施工图纸审查

由于施工技术的不断更新、提高，越来越多的四新应用到建筑工程中。相比较土建工程，机电安装的施工技术变化尤为明显，突飞猛进的趋势。从机电安装施工设计规范及施工质量验收规范，就可以看出。规范的一次一次的更新，也印证了技术的变革之快。施工图审查是体育建筑全过程工程咨询的重要环节，重点解决工程实施前设计图纸错漏碰缺问题。结合体育建筑项目机电安装图纸审查的成果，梳理总结机电安装施工图的常见问题及审查要点。

1. 机电安装常见图纸问题

（1）设计说明套用

随意套用设计说明，是在进行施工图审查时，最易被发现的问题。由于现在设计人员，鱼龙混杂，行业氛围大不如从前，许多从事设计的人员，责任心不强。在进行项目施工图设计时，生搬硬套，使用其他项目的设计说明。

例如：在进行宁夏石嘴山市全民健身中心电气施工图审查时，发现项目的地址居然是山东潍坊。以及南通科创中心暖通设计说明中，出线南京某项目名称。

（2）设计总说明与节点图、大样图不一致

由于一个项目的设计文件，需要经过多次修改，因此在最终定稿施工图时，极可能存在前后不一致的情况。这也是非常常见的问题。但这个问题在后期，对业主进行清单编制时，将带来较大麻烦。这个问题需要设计单位在施工图定稿时，一定要认真核对清楚，系统的将所有更改的内容，最终落到施工图中，必须形成一一对应，前后一致。

例如：蚌埠市游泳跳水馆项目给排水专业施工图，设计总说明中提及生活给水采用无负压供水设备，但在大样图中为箱式无负压供水设备，箱式与不带箱式的差别非常大。

（3）机电安装图纸与土建图纸布局不一致

洞口预留位置错误，是机电安装施工中，最常见的问题。但这个问题往往在施工图设计阶段被设计人员所忽视，其造成的原因是专业间没有互相提资，专业间缺乏沟通。以建筑为主导的设计，机电专业的设计人员未结合本专业需要的预留洞口进行复核。

例如：深圳职业技术学院北校区一期，机电安装竖向桥架预留洞口居然在土建图纸中是体现在卫生间。蚌埠市游泳跳水馆机房夹层，风管预留洞口，在土建图纸中正对马道。

（4）机电安装图纸引用设计规范与验收规范歧义

在日常施工管理中常常紧密相关的两大类规范，一类是施工质量验收规范，一类是设计规范。但设计规范与施工规范可能存在有歧义的地方，在后期施工过程中，对于图纸设计的针对性有较大出入。造成设计角度与施工角度对施工内容质量的把控不一致，则影响工程实施推进。尤其当引用设计规范错误或已过期废止时，设计规范不能作为现场判定施工质量的依据。

（5）机电安装图纸中随意套用图集规范

在机电安装施工图审查中，常发现套用图集规范的情况。往往项目没有的施工内容，会出现与之相关的图集和规范，虽不影响现场施工开展，但体现出设计人员，责任心不强。

例如：蚌埠市游泳跳水馆，该项目生活热水辅助热源采用空气源热泵，但在设计说明中，未发现有关于空气源热泵设计规范，反而有平板式集热水器的规范。

（6）专业设计文件与节能专篇、绿建、消防不一致

常见的问题是：变压器选用类型不能满足规范《电力变压器能效限定值及能效等级》GB 20052 第 4.3 条的节能评价值，给排水洁具选用与绿建、节能不一致，管道保温材料选用不能满足节能及消防要求等。

例如：南通科创中心一期东区，南通院在设计一次高压电气回路时，变压器选用 SCB-10 干变，参照节能专篇图纸负载损耗，与《电力变压器能效限定值及能效等级》GB 20052 明显要求不一致。

（7）图纸深度偏差

经过这么多项目的图纸审查，发现各家设计院对施工图设计深度，完全没有明确的概念。图纸中缺少的核心内容非常之多。根据《建设工程质量管理条例》（国务院第 279 号令）和《建设工程勘察设计管理条例》（国务院第 662 号令），在《建筑工程设计文件编制深度规定》2008 的基础上修订的 2016 年版《建筑工程设计文件编制深度规定》，明确提

出对施工图设计深度的具体要求。

例如：萍乡奥体、乌兰恰特剧院、711项目、汇金广场、南通科创中心、张家口奥体等项目在进行变、配电站设计图时，均未画剖面图，未按比例绘制变压器、发电机、开关柜、控制柜、直流及信号柜、补偿柜、支架、地沟、接地装置等平面布置、安装尺寸等，以及变、配电站的典型剖面，当选用标准图时，应标注标准图编号、页次；标注进出线回路编号、敷设安装方法，图纸应有设备明细表、主要轴线、尺寸、标高、比例。

（8）施工图设计与新实施规范不对应

这点往往在有经验的设计单位是不会发生的情况，设计人员实时关注的常用规范若发生变动时，在进行施工图定稿前，肯定会对设计文件进行调整，已契合规范的要求。但仍然还是会存在，设计师的疏忽，导致施工图出图时，设计内容与新实施规范不吻合，尤其消防这一块的内容。若不吻合将对后期施工图审查及消防审查，带来极大的困难。

例如：2018年8月1日新实施的《建筑防烟排烟系统技术标准》GB 51251，涉及的强条变动较大。但在南通科创中心一期东区项目，停车楼改为科研楼，对防排烟系统变化非常大，南通院设计师按照新规对地下室部分进行修改，但地上部分仍按老标准设计。导致目前地上部分施工图审查无法申报。

（9）地区差异对施工图设计文件的理解不一致

由于市场的开放，设计单位跨地区承接业务，已非常常见了。只要业绩好，资质过硬，就能承担相应规模的设计任务。但对几个项目的设计文件审查时发现，设计院对异地施工图设计，未完全参照项目实施当地的数据或当地硬性要求来进行设计。

例如①：无负压供水设备，有的城市必须经过卫生防疫部门认可，方可实施无负压供水，如南通市。在进行南通市科创中心一期项目，施工图审查时，南通院设计生活供水采用变频恒压供水。当时与南通院设计师沟通，为何不设计无负压供水，完全可以利用市政水压。难道是南通市的市政水压压力不够吗？设计院答复，市政水压压力绝对够用，但是在南通市采用无负压供水需经过卫生防疫部门的认可。比较麻烦，因此不采用无负压供水。

例如②：气候是最能直接反映出不同地理位置，对设计要求的客观条件。北方的设计院设计南方的项目，往往对保温防结露尤为重视。反之南方设计师在设计北方的项目时，往往会忽视这点。

（10）施工图设计对后期专项检测影响

目前这是绝大多数设计院，最易忽视的地方，由于设计标准与施工标准存在歧义，与检测标准同样存在歧义，因此设计人员往往为了应付设计任务，忽视了后期检测、验收的问题。以至于多数项目在后期验收阶段还需要对原设计文件进行修改，已达到专项检测、验收的要求。这一点对于设计单位在施工图设计阶段工作有难度，但是为了更高质量的为业主单位提供技术服务。建议设计单位应结合设计规范、施工规范、检测规范进行设计。

2. 机电安装施工图审查要点

（1）通风空调图纸审查要点：

1）各系统使用材料的材质及连接方式；

2）各系统的工作及试验压力值；

3）各种阀门的图示以及具体的功能要求；

4）保温材料的材质各项参数要求，施工做法；

5）各系统法兰垫料的材质；

6）空调系统调试的风压和温度；

7）设备的减振做法；

8）空调水系统的定压形式；

9）凝结水是否有排水点；

10）水泵的扬程与楼高是否匹配；

11）管道标识的方法，色标颜色、宽度；

12）是否绘出设备、风管平面位置及其定位尺寸，标注设备编号或设备名称，是否绘出消声器、阀门、风口等部件位置，阀门的设置是否满足风量平衡；

13）风管是否注明风管尺寸，无系统或剖面图时是否注明标高；

14）空调水系统的管径和标高是否注明，坡度设置是否合理，冷凝水管道是否已在图纸中注明；

15）车库或公共区域的通风管道安装风口后能否满足净高要求；

16）管道进出竖井的部位是否影响标高，管道能否正常施工；

17）是否注明设备、管道的标高及其与地面和土建梁柱关系尺寸；

18）机房及屋面设备基础与设备的尺寸匹配情况；

19）机房内的设备布置能否满足施工和检修，阀部件的设置是否合理；

20）冷却塔是否设置了连通管，补水管是否做了防冻保温；

21）管道竖井的排布是否合理。

（2）给水排水与供暖图纸审查要点：

1）防结露和保温材料的材质各项参数要求及施工做法；

2）设有潜污泵的集水坑是否设置了密封井盖和通气管；

3）消防电梯坑是否设置了排水设施；

4）排水系统是否采用了雨、污分流，排水和雨水管道的检查口是否均已在首、顶层设置，管道与透气管的连接位置是否能满足灌水试验的要求；

5）热水系统是否设置了有效的循环系统；

6）消防系统上是否有减压、泄压等安全使用和保证措施；

7）有用水点的房间或管井是否均设置了地漏；

8）屋顶是否设试验用消火栓，自动喷水灭火系统各层末端是否设有终端放水试验装置，是否有排水措施；

9）卫生间给水、中水支管的做法明装还是暗装，水表的做法是否满足规范要求，安装位置能否满足检修和查表要求；

10）是否说明给排水设备接管尺寸及标高，阀部件的设置是否合理；

11）设备机房是否布置合理，是否采取了有效的排水措施；

12）消防稳压设备是否已按图集设置了安全阀等保护装置；

13）在有供暖要求的地区，无供暖的房间管道是否有防冻措施。

（3）电气图纸审查要点：

1）插座、灯具、开关、电话、电视、对讲机、门铃、集抄线有无错漏，安装位置是否合理，是否符合建筑布置；

2）人防区的管道是否为镀锌管，穿越人防门是否有警铃及报警按钮；

3）是否有 SC70、SC50 等大管敷设在楼板内，造成管道无法通过及保护层厚度不够，是否有成排暗配管的集中排列（如进竖井或集中在走廊内），造成需加厚楼板或修改安装方式；

4）暗装配电箱厚与墙厚是否匹配；

5）电话机房、信息机房等防静电板高度是否影响开关、插座高度；

6）灯具、开关、插座的安装位置、方式、高度是否合理；与其他设施的安全距离是否符合规范要求；

7）照明配电箱在动力平面图和照明平面图中位置是否一致；

8）设计的线、缆与管径有弯时是否符合规范、图集要求；

9）竖井、机房、配电间等小开间管路、线路密集的地方应注意；

10）设计给定的预留孔洞是否满足施工要求，大规格桥架、管线考虑回转半径，分支处的施工空间，插接母线等大型线路走向、转向、相续等问题，配电箱、柜等是否便于施工、维护；

11）电气图纸与土建图纸中的窗、门、后砌墙的位置、尺寸是否相符，配电箱所安墙体尺寸、结构是否符合安装要求；

12）插接母线、裸母线等防水差的大型线路考虑与水专业管道的安全距离；

13）电气图中用电设备（如风机、水泵）等功率、位置与暖通专业是否一致，控制回路参数是否匹配，导线规格是否满足要求；

14）与弱电、消防等联动的接点是否满足要求，包括各种电动阀的电压等级要求、位置以及各电接点压力表的设置、需要参与消防联动的配电箱、柜内弱电接口的设置；

15）强电配电系统中需设置消防强切控制连接点，是否与消防系统一一对应；

16）对照平面图，察看箱、柜的位置、控制回路、所使用设备及其控制设备是否一一对应，是否合理、是否为淘汰产品，系统图与平面图标注是否相符（管径、敷设方式、线缆规格型号）；

17）设计的线、缆与管径有弯时是否符合规范、图集要求，在弯曲部位是否存在线缆无法穿过现象；

18）控制系统图中的控制原理是否满足使用功能；

19）竖井、小配电间内的配电箱布置能否排开，门的开启方向是否与配电箱、柜交叉；

20）接地装置的敷设就、连接，预埋件的敷设及焊接，接地干线的规格及敷设方式，等电位连接的位置、规格、敷设方式，避雷器的安装，设备的等电位连接或接地连接以及所使用的材料；避雷引下线的规格、敷设方式及接地电阻测试点或连接卡子的位置、标高等。

10.6.2　体育场馆管线综合布置

体育场馆机电管线以水暖电和智能化四大专业为主，细分有几十个子系统，兼有体育工艺管槽、电信联通移动室内定向天线等接入网管槽，内容复杂，施工难度大，经常遇到错漏碰缺现象，机电管线综合布置技术作为建设部推广的十项新技术之一，很好地解决了上述问题，本节从管线综合布置的原则和特点，管槽布置的净距，支吊架计算与选用等方面进行阐述，以期对体育场馆机电管线综合布置提供一个系统解决思路。

1. 体育场馆机电管线安装常见问题

体育场馆机电安装系统多，在工程实施过程中，常常发现体育场馆机电专业管槽安装经常遇到错漏碰缺现象，造成无谓的返工，给相关单位造成不必要的经济损失，综合表现在以下方面：

（1）机房、竖井和重要管线交叉部位施工图设计深度不够，专业沟通不够，缺少综合布置图。

（2）公共通道、多种功能集中的机房和竖井等公共部位的线槽、管道等的定位、标高、空间位置方面存在着矛盾。

（3）机电安装专业一般随主体出图，而精装施工图按惯例属于后出图，中间一般相隔较长时间，疏漏之处在所难免，部分精装甚至由设计施工一体化单位解决，由此造成配合不足，机电末端设备与精装修布置矛盾或内容不齐全。

（4）设备供应商随着招标投标确定，在与设计参考选型上存在部分偏差，施工单位根据中标设备配置再进行深化施工图设计，明确具体设备的规格、尺寸、定位、标高以及管线的规格、路由等，不可避免引起设计变更。

（5）比赛组委会等赛事需求方功能不明确、政府相关配套部门介入工程时间晚，也是影响安装专业的一个重要方面。

从多年的工程实践来看，充分考虑各种可能的因素，按住房和城乡建设部《建筑业10项新技术（2017版）》文件要求，积极推广应用机电管线综合布置技术的工程出现的问题相对较少，局部或根本未实施管综技术的工程，出现的问题就多，返工也就多。

2. 机电管线综合布置技术的适用范围和技术特点

（1）管综的适用范围

体育场馆工程一般实行总包管理模式，为管综技术的应用创造了一定的有利条件，加强总包管理，严格约束引导各分包单位，为积极应用管综技术提供组织措施，尤其适合于实行机电总包的工程，或将管槽施工纳入总包工作范围的工程也可。利用 CAD 或其他建模软件，进行管线综合，模拟或分析机电管线排布情况，即进行图纸"预装配"，如图 10.6-1 所示，有条件的可以采用三维模型（图 10.6-2），发现错漏碰缺情况，明确施工顺序，细化完善节点图。

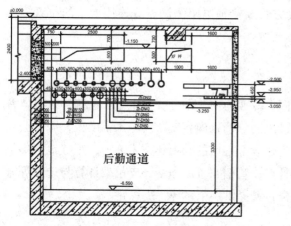
图 10.6-1　管线"预装配"

图 10.6-2　管线三维模型

（2）管综的技术特点

1）应用综合支吊架

管综的最大优点就是支架综合利用，减少支架使用，合理利用空间，降低成本，只有采用管综技术才能更好地进行综合支架的选择和计算。

2）明确各专业工程施工顺序

通过管综的"预装配"，把错漏碰缺问题全部暴露出来，提前解决这些问题，因此可合理安排整个工程各专业或各分包的施工穿插及顺序。

3）便于施工动态控制

由于管综现场设计制作，可与参建各方有效沟通，及时进行调整，及时掌握变更状况。

4）细化完善节点图

通过管综技术，集中各专业人员的共同智慧，把涉及的各个专业工程内容集中反映在一起，细化完善节点图，解决好遇到的问题。

3. 机电管线综合布置技术的布置原则

（1）结构安全原则：采用管综技术时荷载集中，要确保结构安全，梁底尽量不固定支吊架，宜选择梁侧居中 1/3 范围内固定，支吊架选型要经过复核验算。

（2）管线冲突避让原则：

1）管综优先排序是电让水，水让风，风让设备，弱电让强电；

2）管径小的让管径大的；

3）压力管让自流管；

4）易弯曲的让不易弯曲的；

5）分支管线让主干管线；

6）工程量小的让工程量大的；

7）检修方便或次数少的让检修不方便或次数多的。

（3）垂直面排列管道原则：

热介质管道在上，冷介质在下；气体介质管道在上，液体介质管道在下；保温管道在上，不保温管道在下；金属管道在上，非金属管道在下；不经常检修管道在上，经常检修的管道在下；电缆桥架、线槽尽量高位安装，通风管道低位安装；水管与电缆桥架、线槽应尽量错位安装。

（4）考虑机电末端安装空间：

主要考虑送回风口、灯具、烟温感、喷淋头、广播喇叭、摄像机等在吊顶区域的合理分布，以及维修和操作空间。

（5）方便调试原则：充分考虑系统调试、检测、维修的操作空间要求，合理确定各种设备位置和距离。

（6）尽量利用梁内空间：

管综时贴梁底走管是惯例，在管道十字交叉时，在满足弯曲半径条件下，桥架、空调风管和有压水管均可有效利用梁内空间，避免与其他管道冲突，保持路由通畅，满足层高要求。

（7）美观原则：主要针对明装管综支架，暗装应尽可能遵循此原则。

4. 机电管线综合布置技术的规范依据

目前机电管线综合布置技术尚无明确的规范依据，仅有《石油化工厂区管线综合技术规范》GB 50542 和《城市工程管线综合规划规范》GB 50289 可供参考，其他管线综合布置技术所涉及的主要内容，如水平净距、垂直净距、支吊架选用等内容适用相关专业规范尽可能地取得统一。

（1）电气专业关于桥架间距要求

1）桥架安装应符合《建筑电气工程施工质量验收规范》GB 50303 第 11.2.3 条第 7 款的规定，当设计无要求时，电缆桥架水平安装的支架间距宜为 1.5～3m；垂直安装的支架间距不应大于 2m。

2）电缆桥架与其他专业工程管道的最小净距，应符合《建筑电气工程施工质量验收规范》GB 50303 第 12.2.1 条第 1、2 款的规定。

（2）通风专业关于间距要求

1）风管支、吊架的安装应符合《通风与空调工程施工质量验收规范》GB 50243 第 6.3.1 条的规定；非金属风管支、吊架的安装还应符合《通风与空调工程施工质量验收规范》GB 50243 第 6.3.6 条第 4 款的规定，风管垂直安装，支架间距不应大于 3m。

2）金属管道的支、吊架的形式、位置、间距、标高应符合设计或有关技术标准的要求。设计无规定时，管道安装应符合《通风与空调工程施工质量验收规范》GB 50243

第3.0.11、9.2.2和9.3.8条规定；制冷系统管道、管件的安装应符合《通风与空调工程施工质量验收规范》GB 50243第8.3.3条规定；

3）过滤吸收器、蒸汽加湿器应按《通风与空调工程施工质量验收规范》GB 50243第7.2.12条、第7.3.6条规定设独立支架；补偿器的安装应符合《通风与空调工程施工质量验收规范》GB 50243第9.2.5条的规定，补偿器一端的管道应设置固定支架。

4）常见风管技术参数和支吊架间距参见《金属、非金属风管支吊架（含抗震支吊架）》（19K112）第5～6页。

（3）给水排水专业关于间距要求

1）明装管道应符合《建筑给水排水及供暖工程施工质量验收规范》GB 50242第3.3.6条的规定，成排安装时，直线部分应互相平行。曲线部分：当管道水平或垂直并行时，应与直线部分保持等距；管道水平上下并行时，弯管部分的曲率半径应一致。

2）给水钢管水平安装的支、吊架间距不应大于《建筑给水排水及采暖工程施工质量验收规范》GB 50242第3.3.8条的规定；塑料管及复合管管道支架的最大间距应符合《建筑给水排水及采暖工程施工质量验收规范》GB 50242第3.3.9条的规定；铜管垂直或水平安装的支架间距应符合《建筑给水排水及采暖工程施工质量验收规范》GB 50242第3.3.10条的规定；采暖、给水及热水供应系统的金属管道立管管卡安装应符合《建筑给水排水及采暖工程施工质量验收规范》GB 50242第3.3.11条的规定。

3）排水塑料管道支、吊架间距应符合《建筑给水排水及采暖工程施工质量验收规范》GB 50242第5.2.9条的规定；金属排水管道应符合《建筑给水排水及采暖工程施工质量验收规范》GB 50242第5.2.8条的规定，吊钩或卡箍应固定在承重结构上。固定件间距：横管不大于2m；立管不大于3m。楼层高度小于或等于4m，立管可安装1个固定件。立管底部的弯管处应设支墩或采取固定措施。

（4）智能化专业关于间距要求

参考电气专业执行。

（5）消防专业关于间距要求

1）管道的安装位置应符合设计要求。当设计无要求时，管道的中心线与梁、柱、楼板等的最小距离应符合《自动喷水灭火系统施工及验收规范》GB 50261第5.1.14条的规定。公称直径大于或等于100mm的管道其距离顶板、墙面的安装距离不宜小于200mm。

2）管道支架、吊架、防晃支架的安装应固定牢固；管道支架或吊架之间的距离不应大于《自动喷水灭火系统施工及验收规范》GB 50261第5.1.15条的规定。当管道的公称直径等于或大于50mm时，每段配水干管或配水管设置防晃支架不应少于1个，且防晃支架的间距不宜大于15m；当管道改变方向时，应增设防晃支架。竖直安装的配水干管除中间用管卡固定外，还应在其始端和终端设防晃支架或采用管卡固定，其安装位置距地面或楼面的距离宜为1.5～1.8m。

（6）沟槽式连接管道的特殊要求

沟槽式连接的管道，支、吊架的间距在符合《通风与空调工程施工质量验收规范》GB 50243 第 9.3.6 条的规定之外，还应满足的《沟槽式连接管道工程技术规程》CECS151 第 5.6.1～5.6.5 条的要求，重点要求沟槽两侧 150～300mm 范围内设支吊架。

5. 机电管线综合布置技术的管道重量计算

（1）管道重量计算

按照《室内管道支架及吊架》03S402 第 4.2.5 条的规定，分保温管与不保温管两种情况计算。

1）保温管道：按设计管架间距内的管道自重、满管水重、60mm 厚度保温层重及以上三项之合 10% 的附加重量计算，保温材料密度按岩棉 100kg/m³ 计算。

2）不保温管道：按设计管架间距内的管道自重、满管水重及以上两项之合 10% 的附加重量计算。

3）各种管架间距管重均未计入阀门重量（弯管托座管重包括阀门重量），当管架有阀门时，在阀门段应采取加强措施。

4）常见管材（钢管、铜管、塑料管、薄壁不锈钢管）重量计算参见《室内管道支架及吊架》03S402 第 6 页。

（2）设计荷载

按照《室内管道支架及吊架》03S402 第 4.3.1 条的规定，主要考虑垂直荷载、水平荷载、地震作用。

垂直荷载：考虑制造、安装等因素，采用管架间距的标准荷载乘 1.35 的荷载的分项系数。

水平荷载：按垂直荷载的 0.3 倍计算。

地震作用：按地震设防烈度≤8 度计算地震作用，不考虑风荷载。

（3）常用锚固形式

常用锚固形式为锚栓固定型，其安装应符合国家有关的规程、规范要求，锚栓荷载参见《室内管道支架及吊架》03S402 第 5.10 条，安装时所有锚栓的机械性能不得小于该荷载，锚入的基材混凝土强度不得小于 C15，如小于该值时，请自行核算。

（4）受力分析和计算方法

参考《室内管道支架及吊架》03S402 第 4 条，分悬臂型和简支型两种。

6. 机电管线综合布置技术的支吊架设计与计算

（1）支吊架荷载准则

1）支吊架荷载准则应按照的《管道支吊架　第 1 部分：技术规范》GB/T 17116.1 第 6.2.1 条规定，支吊架应能承受管道和相关设备在可能出现的各种工况下所施加的静荷载和规定的动力荷载。支吊架零部件应按对其结构最不利的组合荷载进行选择和设计。

2）在荷载效应组合时，应按照《管道支吊架　第 1 部分：技术规范》GB/T 17116.1 第 6.2.8 条的规定，当永久荷载效应对结构有利时，永久荷载取其计算值；当永久荷载效应对结构不利时，取计算值的 1.2 倍，对由永久荷载效应控制的组合永久荷载应取其计算值的 1.35 倍。

（2）支吊架荷载包括内容

在管道支吊架设计时，应按照《管道支吊架 第 1 部分：技术规范》GB/T 17116.1 第 5.2.2 条的规定，应考虑的荷载包括（但不限于）下列各项：

1）管子、阀门、管件及绝热层的重力；

2）支吊架零部件的重力；

3）管道输送介质的重力；

4）若输送介质较轻，则考虑水压试验或管路清洗时的介质重力；

5）管道中柔性管件（如波形膨胀节、滑动伸缩节、柔性金属软管等）由于内部压力产生的作用力；

6）支吊架约束管道位移（包括热胀、冷缩、冷紧、自拉和端点附加位移）所承受的约束反力和力矩；

7）管道或管道绝热层外表面温度小于 20℃ 的室外管道受到的雪荷载；

8）正常运行时，由于种种原因引起的管道振动力；

9）室外管道受到的风荷载；

10）管内流体动量瞬时突变（如水锤、气锤等）引起的瞬态作用力；

11）流体排放产生的反力；

12）地震引起的荷载。

（3）常用螺纹吊杆的最大使用荷载

常用螺纹吊杆的最大使用荷载按符合《管道支吊架 第 1 部分：技术规范》GB/T 17116.1 第 6.3.6 的规定，材料为 Q235B、Q235C、Q235D、Q345 或 20 优质碳素钢的吊架螺纹吊杆的最大使用荷载应符合规范表 7 要求。用其他材料制造的吊架吊杆，其许用应力应将《管道支吊架 第 1 部分：技术规范》GB/T 17116.1 第 6.3.1 或 6.3.3 确定的数值降低 25%（对正常安装和运行条件而言）。最大使用荷载应按螺纹的根部截面积计算。

7. 机电管线综合布置应用实例与经验总结

（1）应用实例（图 10.6-3）

（a）深圳大运中心主体育场管线综合实例　　　（b）杭州奥体主体育场管线综合实例

图 10.6-3　机电管线综合布置应用实例（一）

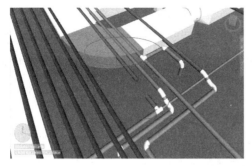

（c）苏州工业园区体育中心 BIM 管综模型　　　（d）局部未实施管综的失败案例

图 10.6-3　机电管线综合布置应用实例（二）

（2）经验总结

1）管综支吊架水平间距常规选用 2m 或 4m 间距；选择 2m 间距时，电气桥架不增加辅助支架，选用 10 号槽钢，支架根部钢板 4 个 M12 膨胀锚栓固定；选择 4m 间距时，电气桥架增加辅助支架，选用 16～18 号槽钢，支架根部钢板 4 个 M12 膨胀锚栓固定；选型结束进行复核验算。

2）管综支吊架垂直间距常规选用 300mm，一般能够满足各个专业的规范和支架厚度。

3）沟槽件两侧 150～300mm 范围内均设支架；强弱电桥架尽量避免在水管正下方。

4）管综时机电各专业均需参加，要引起参建各方的足够重视，需投入一定的费用，有条件可应用 BIM 技术进行建模，条件不足时要充分利用 CAD 制图和专业工程师的参与。

5）样板引路，参建各方共同现场确认，再全面展开施工，避免返工。

10.6.3　安装工程调试

以黄石奥体中心项目为例。

本工程位于黄石大冶湖生态新区核心区东区，包括体育场、方形馆（含全民健身馆及游泳馆）等。其中体育场总建筑面积 43050m²，建筑高度 50.300m，屋面最高点钢结构上弦中心标高 50.000m。一层为赛事用房、新闻媒体用房、商业用房、设备机房等，二、三层为观众看台层。体育场屋顶为钢网架结构。全民健身馆总建筑面积 32229m²，游泳馆总建筑面积 28223m²，两馆建筑高度 23.6m，均为四层。

安装工程主要包括供配电、普通照明及应急疏散照明、空调机组、防排烟系统、给排水系统、洁具等。

1. 变配电室调试试验

（1）送电前的检查

1）变压器及高低柜应清理、擦拭干净，顶盖上无遗留杂物；

2）变压器一二次引线相位、相色标志正确，绝缘良好，其中性点及外壳接地良好；

3）用兆欧表测试配电柜间线路的线间和线对地间绝缘电阻值，馈电线路必须大于

0.5 MΩ，二次回路必须大于 1MΩ；

4）对配电柜内的所有接线端子重新进行检查，对松动螺丝、螺栓等全部进行紧定；

5）调整配电柜机械联锁，重点检查五种防止误操作功能，应符合产品安装使用技术说明书的规定。

（2）设备测试、试验

1）变压器的常规试验见表 10.6-1。

变压器的常规试验

表 10.6-1

试验内容	干式变压器
	电压等级
	10kV
绕组连同套管直流电阻值测量（在分接头各个位置）	与出厂值比较，同温度下变化不大于 2%
检查变比（在分接头各个位置）	与变压器铭牌相同，符合规律
检查接线组别	与变压器铭牌相同，与出线符号一致
绕组绝缘电阻值测量	经测量时温度与出厂测量温度换算后不低于出厂值 70%
绕组连同套管交流工频耐压试验	24kV，1min
与铁芯绝缘的紧固件绝缘电阻值测量	用 2500V 兆欧表测量 1min，无闪络击穿现象
检查相位	与设计要求一致

2）将配电柜内的控制、操作电源回路熔断器上端相线拆掉，将临时电源线压接在熔断器上端，接通临时控制电源和操作电源。按图纸要求，分别模拟试验控制、连锁、操作、继电保护和信号动作，正确无误，灵敏可靠。

3）对柜内母线的绝缘、耐压试验，PT、CT 柜的变比、极性试验、开关及避雷器试验进行全面检测。

4）对于柜内继电器控制的配电柜，分别对电流继电器、时间继电器定值进行调整。

（3）送电前的准备

1）备齐经过检验合格的验电器、绝缘靴、绝缘手套、临时接地线、绝缘垫、干粉灭火器等。

2）再次清扫设备，并检查母线上、配电柜上有无遗留的工具、材料等。

3）运行的安全组织措施到位，明确试运行指挥者、操作者和监护者。

4）明确操作程序和安全操作应注意的事项，填写工作票、操作票，实行唱票操作。

（4）送电空载运行

1）对高压柜进行送电前，应由供电部门检查合格后，检查电压正常，然后对进线电源进行核相，相序确认无误后，按操作程序进行合闸操作。

2）配电柜的操作顺序为先合高压进线柜开关，并检查 PT 柜的三相电压指示是否正常。再合变压器柜开关，观察电流指示是否正常，低压进线柜上电压指示是否正常，并操作转换开关，检查三相电压情况。再依次将各高压开关柜合闸，并观察电压、电流指示是否正常。

3）变压器送电时应先进行空载投入冲击试验，即变压器不带负荷投入，所有负荷侧开关应全部拉开。

4）变压器在带负载前应进行全电压冲击试验，全电压冲击合闸，第一次投入时由高压侧投入，受电后，持续时间不少于 10min，经检查无异常情况后，再每隔 5min 进行冲击一次，连续进行 3～5 次全电压冲击合闸，查看励磁涌流是否引起保护装置误动作。

5）在冲击试验中操作人员应注意观察冲击电流、空载电流及一二次侧电压等，并做好详细记录。

6）在变压器空载运行时，应对变压器的温度及噪声进行监测，变压器正常时发出嗡嗡声，异常时有以下几种情况：声音比较大而均匀时，可能是外加电压比较高；声音比较大而嘈杂时，可能是芯部有松动；有嗞嗞放电声音，可能是芯部和套管有表面闪络；有爆裂声响，可能是芯部击穿现象，应严加注意，并检查原因及时分析处理。

7）变压器空载运行 24h，无异常情况后，方可投入负荷运行。

8）合低压柜进线开关前，应先在低压联络柜内，在开关的上下侧（开关未合状态）进行核相。

9）经过空载试运行试验 24h 无误后，进行负载运行试验，并观察电压、电流等指示正常，高压开关柜内无异常声响，运行正常后，即可组织相关部门人员办理验收手续。

（5）有载负荷调试

在空载运行结束后，根据现场各专业的实际安装进度对各配电箱柜进行有载运行及满负载运行，在其整个运行过程中，对其各变配电设备的温度及运行情况进行检测及监控，同时做好相关的测试记录，如发现有任何异常情况，需及时断开相应负载并进行检查及问题的处理。

2. 配电箱柜调试试验

（1）调试前检查

1）配电箱（盘）带有器具的门均应有明显可靠的裸软铜线接地。

2）箱（盘）上配线需排列整齐，绑扎成束，在活动部位的两端应有卡子固定。盘面引出及引进的导线应留有适当余度，以便于检修。

3）剥削处不应损伤线芯或线芯过长，导线压头牢固可靠，多股导线不应盘圈压接，应加装压线端子用顶丝接时，多股线应刷锡后再压接，不得减少导线股数。

4）配电箱（盘）的盘面上安装的各种手控、自控电器等，当处于断路状态时，刀片可动部分均不应带电（特殊情况除外）。

5）垂直装设的电器一般均应上端接电源，下端接负荷；横装者左侧（面对盘面）接电源，右侧接负荷。

6）配电箱（盘）上分别设置零线（N）和保护地线（PE）汇流排，零线和保护地线经汇流排配出，压接点使用内六角螺丝。

7）配电箱（盘）上的母线应涂有黄 A 相（L1），绿 B 相（L2），红 C 相（L3），淡蓝

（N 零线）等颜色，黄绿相间双色线为 PE 线。

8）配电箱（盘）安装应牢固、平整，其垂直度允许偏差为 1.5‰。

9）配电箱、配电柜的金属部分，包括电器的安装板（支架）和电器的金属外壳等均应有良好的接地。配电箱、柜盖、门、覆板等处装有电器并可开启时也应以裸铜软线与接地的金属构架可靠连接。

10）配电箱、配电柜内电气开关下方宜设标志（牌），标明出线开关所控支路名称或编号，并标明电器规格以利于安装及维修。

11）柜（屏、台）二次线连接，按原理图逐台检查柜（盘）上的全部电器元件是否相符，其额定电压和控制操作电源电压必须一致。

12）控制线校线后，将每根芯线煨成圆圈，用镀锌螺丝、平垫圈、弹簧垫连接在每个端子板上。端子板每侧一般一个端子压一根线，最多不能超过两根，并且两根线间加平垫圈。多股线应刷锡，不准有断股，不留毛刺。

（2）二次控制线路试验调整

调整内容包括过流继电器调整、时间继电器调整、信号继电器调整及机械连锁调整。

1）将所有的接线端子螺丝再检查紧固一次。

2）绝缘摇测：用 500V 摇表在端子板处测试每条回路的绝缘电阻，绝缘电阻必须大于 0.5M。

3）二次小线回路如有晶体管、集成电路、电子元件时，该部位的检查不准使用摇表测试，应使用万用表测试回路是否接通。

4）接通临时的控制电源和操作电源：将柜（盘）内的控制、操作电源回路熔断器上端相线摘掉，接上临时电源。

5）模拟试验：按图纸要求，分别模拟试验控制，联锁、操作、继电保护和信号动作。试验动作正确无误，灵敏可靠。

6）拆除临时电源，将摘下的电源线复位。

（3）送电试验

1）送电前的准备工作：安装作业全部完毕，质量检查部门检查全部合格后着手组织试运行工作。明确试运行指挥者、操作和监护人。明确职责和各项操作制度。由建设单位备齐试验合格的验电器、绝缘靴、绝缘手套、临时接地编织铜线、绝缘胶垫、粉末灭火器等。彻底清扫全部设备及变配电室、控制的灰尘。用吸尘器清扫电气、仪表元件。清除室内杂物，检查母线上、设备上有无遗留下的工具、金属材料及其他物体。查验试验报告单，试验项目全部合格，继电保护动作灵敏可靠，控制、连锁、信号等动作准确无误。

2）送电：由供电部门检查合格后，将电源送进电室，经过验电校相无误。安装单位合进线柜开关受电，检查 PT 柜上电压表三相是否电压正常。并按以下步骤给其他柜送电：合进线柜开关→合变压器柜开关→合低压柜进线开关，每次全合闸后均要查看电压表三相是否电压正常。

3）校相：在低压联络柜内，在开关的上下侧（开关未合状态）进行同相校核。用电压表或万用表电挡 500V，用表的两个测针分别接触两路的同相，此时电压表无读数，表示两路电同一相。用同样方法检查其他两相。

4）验收：送电空载运行 24h 无异常现象，办理验收手续，交建设单位使用。同时提交产品合格证、说明书、变更洽商记录、试验报告单等技术资料。工业项目在变配电交验后，经双方协商由安装单位进行一段时间的保修运营。

（4）其他要求

配电箱柜必须按现行国家标准《电气装置安装工程电气设备交接试验标准》GB 50150 的规定交接试验合格且应符合下列规定：

1）继电保护元器件、逻辑元件、变送器和控制用计算机等单独校验合格，整组试验动作正确，整组参数符合设计要求。

2）凡经法定程序批准，进入市场投入使用的新型高压电气设备和继电保护装置，按产品技术文件要求交接试验。

3）低压成套配电柜交接试验，交流工频耐压必须大于 1kV，当绝缘电阻值 >10MΩ 时，用 2500V 兆欧表摇测 1min 后，无闪络击穿现象。

4）柜（屏、台）间线路的线间，线地绝缘电阻值，馈电线路必须大于 0.5MΩ，二次回路必须大于 1MΩ。

5）直流屏试验应将屏内电子器件从线路上退出，检测主回路电阻 0.5MΩ，蓄电池组充放电，整流器的控制调整及输出特性试验应符合产品技术文件要求。

3. 灯具调试试验

（1）灯具要求及接线检查

1）灯具的选用应符合设计要求，灯具的型号、规格必符合设计要求和国家标准的规定。灯具配件齐全，无机械损伤、变形、油漆剥落、灯罩破裂、灯箱歪翘等现象。所有灯具应有产品合格证或"CCC"认证。

2）照明灯具使用的导线，其电压等级不应低于交流 750V，穿入灯箱的导线在分支连接处不得承受额外应力和磨损，多股软线的端头需盘圈、刷锡；灯箱内的导线不应过于靠近热光源，并应采取隔热措施；使用螺灯口时相线必须压在灯芯柱上。

3）特种灯具检查：各种标志灯的指示方向正确无误；应急灯必须灵敏可靠；事故照明灯具应有特殊标志；局部照明灯必须是双圈变压器，初次级均应装有熔断器；携带式局部照明灯用的导线，宜采用橡套导线，接地或接零线应在同一护套内；应急照明电源转换时间：疏散照明 ≤15s，安全照明 ≤0.5s。

4）普通灯具检查：产品型号符合设计要求；灯具重量大于 3kg 要固定在螺栓上；灯具固定牢固可靠，使用塑料膨胀管及螺钉，固定点不少于 2 个；灯具带电部件的绝缘材料以及提供防触电保护的绝缘材料，耐燃烧和防明火；灯具安装高度大于 2.4m；灯具的裸露导体有标识的专用接地螺栓与（PE）接地线可靠连接；灯具配件齐全，灯罩没有破裂、变形、机械损伤及脱落层；灯具安装要求整洁、美观。

（2）绝缘电阻测试试验

1）根据《建筑电气工程施工质量验收规范》GB 50303 要求，在照明配电间与现场照明配电箱的两边各安排 2 个工人，首先查看电缆头上标志（放电缆时，在电缆头上做的编号）是否一致，现场工人用对讲机与配电室工人确认电缆上标志统一后，用电工刀把电缆头上的密封塑料带划开（电缆敷设好后，安排工人用塑料带把电缆头密封防水），再把电缆头上的外护套扒开 1m，同时把电缆线芯头扒出一点便于绝缘摇表测试。

2）现场照明配电箱内的电缆头扒开后，用绝缘材料把电缆头支持好，与导体绝缘，现场工人用对讲机通知照明配电间内的工人，现场电缆头已准备好，电缆可以绝缘测试，配电间内两个工人，一个用 500 V 兆欧表测试电缆绝缘电阻，一个用记录本记录测试值，作为原始记录，电缆绝缘电阻值测试大于 0.5Ω 才能制作电缆头。电缆头制作好后，重复以上步骤，复查电缆绝缘电阻值必须符合规范要求，大于 0.5Ω 才能安装电缆头。

3）在安装电缆头时，要检查电缆线路的相序，照明配电箱内的相序要与照明配电柜内的相序保持一致，配电柜内的相序且与变压器相序一致。

4）照明配电箱内的出线导线绝缘电阻值测试，导线穿管后，把导线头分开，与导体绝缘，在照明配电箱处用 500 V 兆欧表测试每一个回路的绝缘电阻值，同时记录下来，作为原始记录，导线绝缘电阻值测试大于 0.5Ω，照明配电箱及灯具才能接线。

（3）线路受电

1）受电前必须具备的条件

① 低配室内所有低压配电柜均已单体调试完毕，保护系统所有电气元件均已调整好整定值。

② 变压器已按要求调试完毕，并已具备受电条件。

③ 高低压母线也已调整完毕，按规范检查其安装间隙、绝缘程度也符合要求。

④ 高压电缆耐压试验完好，符合规范要求。

⑤ 两个配电室间及箱式变电站联系电缆已敷设并试验完好，联锁装置操作灵活可靠，手动机械装置试操作灵活。

⑥ 变压器室和低配室内接地母线已敷设完毕，并已与室外接地装置可靠连接。

⑦ 室内所有设备均已与接地母线可靠连接，各金属构架也与接地系统连接牢固。

⑧ 实测接地电阻值一般不大于 1Ω 的要求。

2）受电时主要工作

① 受电应从变压器开始，两台变压器应分别受电，空运行 24 小时。

② 开始时应进行试操作，然后才能正式合闸。

③ 受电后应对每台低压柜进行试操作，受电正常后才能正式合闸。

④ 待所有用电设备都已通电试验完后，检查联锁装置是否工作正常。

⑤ 检查计量仪表是否正常工作，读数是否在正常范围内。

⑥ 受电完成后及时向建设方和监理报验，经其检查认可后方可进行下道工序。

⑦ 受电后应正常运行 48 小时，然后根据实际情况决定是否断电。

3）受电时人员安排

① 分两组共 6 人，其中变压器室 2 人，低配室 3 人，1 人周围巡视并负责外部联络。

② 受电完成后，留下 3 人专门值班，直至全部试验完成。

③ 受电完成后若不断电，则应有专人负责看管，并制定专门的进出人员记录。

④ 变压器室和低配室实现封闭管理，低配室只对安装单位开放，晚上留专人值班。

（4）灯具调试试验

灯具、配电箱（盘）安装完毕，经检查无误，且各条支路的绝缘电阻摇测合格后，方允许通电试运行。通电后应仔细检查和巡视，检查灯具的控制是否灵活、准确；开关与灯具控制顺序相对应；吊扇的转向及调整开关是否正常，如果发现问题必须先断电，查找原因进行修复。

1）分回路操作送电

① 现场工人用对讲机通知照明配电间内的工人，双方用万用表校验电缆敷设是否符合设计图纸，确认无误后，用 500 V 兆欧表测试电缆绝缘电阻，电缆绝缘电阻值测试大于 0.5Ω 才能送电。

② 准备送电前，配电间内两个工人，要用对讲机通知现场工人，确认能送电的情况下才能合闸送电。

③ 现场配电箱有电后，通过用万用表确认灯具回路不短路再把分支回路送上电，安排工人到照明箱控制区域查看灯具必须都开启后，才能用钳型电流表检测电缆回路电流与照明配电柜显示的电流是否一致，确认一致后，再用钳型电流表检测照明配电箱内的每个回路的电流，且每 2 小时检测记录运行状态 1 次，记录数据作为原始资料保存，连续 24 小时内无故障，通电试运行才为合格。

2）照明器具亮度测试

① 检查照明配电箱、线路及灯具绝缘电阻值符合送电要求。

② 在照明配电间及现场照明配电箱各安排两人，观察线路运行情况，在灯具亮度区域内安排两人检测亮度。

③ 现场检查完毕后，现场照明箱处工人用对讲机通知配电间内工人送电，送完电后，照明间工人通知现场照明箱处工人，电已送上，现场工人确认电已送上后，才能合上分支回路的空气断路器。

④ 确认所有灯具开启后，开始按照设计要求，测试各个点的平均亮度，每个测试区域不少于 3 处，各个控制区域灯具亮度达到设计要求才能合格。

4. 开关插座调试试验

（1）开关插座材料要求

1）各型开关和插座：规格型号必须符合设计要求，并有产品合格证或"CCC"认证，产品额定电流符合设计要求。

2）塑料（台）板，应具有足够的强度。塑料（台）板应平整，无弯翘变形等现象，并有产品合格证。

（2）开关插座检查接线

1）开关操作部位零部件要灵活、接触可靠。

2）同一建筑物内、构筑物的开关插座采用同一系列产品。

3）开关的通断位置一致，同一场所安装高度一致；距门边不大于 0.2m。

4）相线经开关控制，开关进出线接线紧固无松动、锈蚀。

5）在潮湿场所采用防潮型开关插座，密封垫圈完好。

6）开关插座没有损坏，导体没有露出部分。

7）开关插座表面光滑整洁、美观、无碎裂、划伤，装饰帽齐全。

8）单相两孔插座有横装和竖装两种，横装时，面对插座的右孔接相线，左孔接零线；竖装时，面对插座的上孔接相线，下孔接零线。

9）单相三孔及三相四孔的接地或接零线均应在上方，插座的接地端子不与零线端子连接。对于单相三孔插座，面对插座的右孔接相线，左孔接零线；对于三相四线插座，面对插座的左孔接相线 L1，下孔接相线 L2，右孔接相线 L3。

10）交、直流或不同电压的插座安装在同一场所时，应有明显区别，且其插头与插座配套，均不能互相利用。

（3）开关插座通电检测试验

开关插座通电检测，是在前端电气设备安装合格并送电调试合格，开关回路绝缘测试合格，灯具安装合格情况下进行，结合灯具调试一起进行。

1）在灯具调试过程中，开启开关，灯具应该无闪烁，开关内触点接触良好，温升在规范允许范围内，所有开关的开启方向一致。

2）相线经开关控制，开关能开启和关断电源，开启灯具后，测试电流，在设计的范围内。

3）插座安装的极性，满足规范要求。各个相序，根据规范接线。线路通电后，配电箱对应回路的开关完好。

4）插座回路送电后，采用插座漏电开关测试仪，测试仪显示接线正确后，表明插座接线正确。

5）按下漏电开关测试仪按钮，配电箱内控制该开关的回路，能及时跳闸。

6）采用漏电开关测试仪，检测漏电动作电流大小及时间，并做下记录，要求动作电流及时间，在设计范围内。

5. 设备通电调试试验

（1）调试试验准备

1）准备好试验需要的所有有关的操作及维护手册、备件和专用工具、临时材料及设备。

2）检查和清洁设备，清除管道和构筑物中的杂物。

3）依照厂商说明润滑设备。

4）在手动位置检查电机转动方向是否正确。

5）在手动位置操作阀门全开全闭，检查并设定限位开关位置是否有阻碍情况。

6）检查用电设备的供电电压是否正常，线路供电是否正常。

7）检查所有设备的控制回路。

8）制定相应的试验、试车计划，准备相应的测试表格，并报请建设单位、监理工程师、厂商代表的批准。

（2）电源设备加电前检查测试

1）设备配线及接线正确，无碰地、短路、开路、假焊等情况。机架保护地线连接可靠。

2）设备接触器与继电器的可动部分动作灵活，无松动和卡阻，其接触表面无金属碎屑或烧伤痕迹。

3）设备开关灵活，接触可靠。熔断器容量和规格符合设计或产品技术指标要求。

4）用绝缘电阻测试仪测试电源设备的带电部分与金属外壳间的绝缘电阻不小于5MΩ。

5）用绝缘电阻测试仪测试电源设备设备配线芯线间及芯线对地绝缘电阻不小于1MΩ。接地电阻测试仪测试接地电阻阻值小于4Ω。

6）用万用表测试外电源，外电电压符合使用要求。交流输入电压相线与相线、每根相线与零线之间的电压符合设计要求。

7）高频开关电源的配置容量、电池功耗、备用时间、整流模块的热插拔等性能指标符合设计要求。

（3）单机空载功能性试验

1）在建设单位、监理工程师、厂商代表的同意的时间开始试验。

2）根据使用说明书，在供货商指导下给设备加注润滑油脂。在建设单位、监理工程师都出席的情况下进行功能试验，直到每个独立的系统都能按有关方面规定的时间连续正常运行，达到生产厂商关于设备安装及调节的要求为止。并以书面形式表明所有的设备系统都可以正常运转使用，系统及子系统都能实现其预定的功能。

3）空载试验首先保证电气设备的正常运行，并对设备的振动、响声、工作电流、电压、转速、温度、润滑冷却系统进行监视和测量，做好记录。

4）试验过程中，按功能项，逐个进行送电运行，在进行下一功能项试验时，必须关闭上一功能项，逐个调试达到设计要求。并对数据进行记录，与设计值进行比对、调整。

（4）单机负载调试试验

1）设备或系统符合功能实验要求后，在建设单位、监理工程师、厂商代表的同意的时间，在建设单位、监理工程师都出席的情况下进行单机荷载调试。

2）开启设备润滑和冷却系统以及其他辅助系统，并随时观察运行状态。

3）在润滑、冷却系统工作正常后，开启设备进行全面试验。试验中要检查核实仪表的标准；工作电流稳定情况；控制环路的功能是否完善；系统功能以及是否有液体泄漏等情况。并以书面形式进行记录。

4）荷载调试直到每台设备正常连续运转规定时间且达到生产厂商关于设备安装及调

试的要求为止。

5）单机调试结束后，断开电源和其他动力源；消除压力和负荷，例如放水、放气；检查设备有无异常变化，检查各处紧固件；安装好因调试而预留未装的或调试时拆下的部件和附属装置；整理记录、填写调试报告，清理现场。

（5）单系统联动试运行

单系统多机组联动试运行分为两阶段。

1）第一阶段：

① 检验工艺流程的使用功能；

② 检验机电设备的工作情况；

③ 检验仪表及自控系统检测和控制情况；

④ 检验各类附属结构的功能。

2）第二阶段：

检验电气负荷能否满足使用要求，运行时必须达到全系统电力负荷的75%；在第一阶段运行完成合格后，可在设备运行时检验开关柜本回路的电力负荷，此时仅需检验电力设施，不影响构筑物及其设备。

6. 接地电阻测试试验

本工程接地为综合接地，要求接地电阻小于1Ω。

（1）接地电阻的测量方法

1）沿被测接地极 E'，使电位控测针 P' 和电流控测针 C' 依直线彼此相距20m，插入地中，且电位控测针 P' 要插于接地极 E' 和电流探测针 C' 之间。

2）用导线将 E'、P' 和 C' 分别接于仪表上相应的端纽 E、P、C 上。

3）将仪表放置水平位置，检查零指示器的指针是否指于中心线上。若偏离中心线，可用零位调整器将其调整指于中心线。

4）将"倍率标度"置于最大倍数，慢慢转动发电机的手柄，同时旋动"测量标度盘"，使零指示器和指针指于中心线。当零指示器转针接近平衡时，加快发电机手柄的转速，使其达到每分钟120转以上。调整"测量标度盘"使指于中心线上。

5）如果"测量标度盘"读数小于1，应将"倍率标度"置于较小的倍数，再重新调整"倍率标度盘"，以得到正确的读数。

6）当指针完全平衡在中心线上以后，用"测量标度盘"的读数乘以倍率标度，即为所测的接地电阻阻值。

（2）测试注意事项

使用接地测量仪（接地摇表）时，应注意以下几个问题：

1）当"零指示器"的灵敏度过高时，可将电位探测针插入土壤中浅一些；若其灵敏度不够时，可沿电位探测针和电流探测针注水使之湿润。

2）测量时接地线路要与被保护的设备断开，以便得到准确的测量数据。

3）当接地极 E' 和电流探测针 C' 之间的距离大于20m，电位探测针 P' 的位置插在 E'

和 C′ 之间的直线几米以外时，其测量的误差可以不计；但 E′ 和 C′ 距离小于 20m 时，则应将电位探测针 P′ 正确地插于 E′ 和 C′ 直线中间。

7. 质量目标及保证措施

为保证本调试工程达到质量优良、无质量责任事故，应采取如下措施：

（1）调试人员熟悉调试系统图纸，实地勘察调试现场。

（2）调试仪器设备完好，属计量器具的应满足量值传递要求并在有效期范围内。

（3）调试前应对所用仪器、设备熟练了解，在搬运、运输中应对仪器、设备进行可靠保护。

（4）调试人员应熟悉工程图纸、了解各设备及元件的特性、掌握相应的标准规范。

（5）调试时接线应准确无误，调试接线应一人接线、另一人检查后方可进行操作。

（6）各项调试均应严格按照电气装置安装工程电气设备交接调试标准进行。

8. 安全技术措施及要求

（1）调试人员进入现场应穿戴整齐，戴安全帽，佩戴胸卡。

（2）对其他人员可能造成触电危险的调试区，应由专人看护现场，并在调试区域挂警示牌。

（3）在调试过程时，严禁带电接线。

（4）送电的设备应挂"已送电"标示牌，防止危害人身安全伤害。

（5）送电前一定要进行绝缘检查，合格后方可送电。

第11章 其他专项咨询

11.1 智慧场馆

11.1.1 智慧体育场馆建设目标

（1）通过可视化技术，实现体育场馆的场馆、场地、设施、网络等对象感知数据的可视化管理。

（2）通过对对象的运维管理过程进行融合集成，实现体育场馆信息、设施信息、运维人员信息之间的互联互通。

（3）通过对场馆、设施、运维人员的信息管理与状态监测、日常巡检与故障告警处理等管理手段，提升对运维管理的智慧化管控能力。

（4）通过对运维历史数据的分析、实时状态数据的掌控和未来的推演预测，推动体育场馆运维管理向数字化、智慧化转变。

11.1.2 体育场馆智能化建设要求

1. 建设综合应用技术平台

为体育场馆的赛事和日常运营提供科学化的管理和综合应用技术平台。在这一技术平台上能顺畅地承办各种等级的赛事，提供相应的经营服务功能，实现场馆建成后运营能耗的节省和人工成本的降低。其中，智慧场馆系统架构应运用互联网、数据、云计算、人工智能等现代信息技术进行部署设计，分别为感知层、基础硬件层、基础平台层、业务应用层以及应用展示层，应以提升场馆运营效率和用户体验为目标导向，实现场馆物联化、3D可视化、智能化、人性化管理。

2. 实现场馆可视化运营管理

结合物联网、云计算等技术，集成自控系统、消防系统、监控系统等各类子系统采集的数据，实现场馆的空间、设备、管线、环境、监控、监测、报警等可视化运营管理。以"智慧协同，立体可控"为重点，通过有序地在数据大屏上实时动态的展示各类数据和图表，并对各类报警做出快速定位，业务派发，通知及事件跟踪结果，特别是安防、消防及重要区域的多维度预警及人员调度。自比赛前、赛中至比赛结束散场采用数据方式（能提供不限于本地数据的更优）获取各类态势，并能通过数字地图等手段多维度展示，通过指挥大屏将外部和内部采集的各类数据汇总、分析，实时形成赛事演出等各时间重要节点的标识，进行逐步演进、展示，为指挥中心提供动态态势展示，保障各类活动的顺利举行。

3. 契合场馆日常运营需求

全面考虑体育场馆的日常运营需求、设备运维管理、日常巡检维护以及通过智慧化手段达到节能降耗需求。智能场馆的建设需要借鉴国际国内先进的相关行业 IT 系统建设经验，并在智慧化顶层设计的框架下对业务功能进行部署和划分，对业务发展保持良好的前瞻性，提供对运维业务的完善支撑。

11.1.3 智能场馆管理体系架构

1. 总体框架

智慧体育场馆系统架构应运用互联网、大数据、云计算、人工智能等现代数字技术进行设计，包括硬件感知层、核心技术层、基础平台层、业务应用层、应用展示层以及网络安全等级保护体系、技术规范体系，智慧体育场馆总体架构图见图 11.1-1。

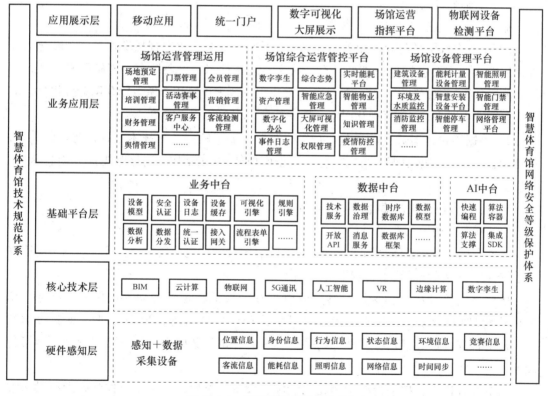

图 11.1-1 智慧体育场馆总体构架

2. 体系分解

（1）硬件感知层

硬件感知层位于智慧体育场馆系统的最底层，主要功能是通过感知设备和传感技术对场馆内的基础设施、软硬件设备、人员等进行物理感知，实现对位置、身份、行为、状态、环境、客流、能耗、照明、网络、竞赛信息等的信息和数据采集，提供时间同步服务。

硬件感知层应与智慧体育场馆基础平台层和业务应用层联动，实现信息和数据传输，支撑平台和系统正常运行。

硬件感知层应负责对接场馆新建和原有的机电设备系统、消防系统、动力中心系统、智能化系统等基础设备、设施系统，实现数据采集和功能集成。

（2）核心技术层

核心技术层是智慧体育场馆的技术保障，向各场馆、各部门提供计算、存储、传输、学习、推理、决策等保障和服务。

核心技术层包括云计算、物联网、移动互联网、人工智能、VR、边缘计算等现代信息技术。

核心技术应符合 GB/T 31168、GB/T 35319、GB/T 36326、GB/T 37741、GB/T 37732、GB/T 37950、YD/T 2717 等相关国家标准、行业标准的要求。

（3）基础平台层

基础平台层包括业务中台、数据中台、AI 中台三个部分。

1）业务中台层是与业务相关的数据管理系统的集合，以实现后端业务资源转化为前台易用能力，主要包括设备模型、安全认证、设备日志、设备缓存、规则引擎、接入网关、数据分析、数据分发、统一认证、可视化引擎、表单流程引擎等物联网业务组件、应用业务组件（图 11.1-1）可视化引擎、统一认证、表单流程引擎等。

2）数据中台是对数据的采集、计算、存储、加工的一系列技术集合，与业务关联，包括函数计算、数据治理、数据模型、数据库框架 OPENAPI、时序数据库、消息队列、消息服务等。

3）AI 中台包括快速编程、算法容器、算法支撑、集成 SDK 等。

（4）业务应用层

业务应用层是智慧体育场馆管理与服务的内容载体，包括场馆运营管理应用、场馆综合运维管控平台、场馆设备管理平台。

场馆运营管理应用为场馆日常经营管理和赛事活动运营管理提供保障和服务。场馆运营管理应用包括场地预定管理、门票管理、会员管理、培训管理、赛事活动管理、营销管理、财务管理、移动应用平台管理、客户服务中心、客流监测管理、舆情管理等。

场馆综合运维管控平台应为场馆内设施、设备、能效、环境等监控和管理提供运维保障。场馆运维管理应用包括数字孪生、综合态势、实时能耗平台、资产管理、智能应急管理、智慧物业管理、数字化办公、大屏可视化管理、知识管理、事件日志管理、权限管理、疫情防控管理等。

场馆设备管理平台应包括：基础强、弱电综合管网系统，自来水、污水等水系统综合管网系统，空调暖通系统管网等展示管理；场馆内设备设施台账管理，如设备型号、序列号、技术特征、维修记录、供应商等（主要设备尽可能做到"一物一码"）；设备、设施的运行状态、报警信息等设备信息和数据收集。设备运维包括自动派工报修单、维修记录、维修成果闭环管理，设备巡检、日常保养等计划及安排，备品备件库管理等。场馆设备管理平台集成基础子系统后，应具备各子系统相应的监控管理功能，以及生成模式控制、场景控制等一键操作功能，场馆设备管理具备移动端的应用和功能。

（5）应用展示层

应用展示层通过计算机、移动设备、展示终端大屏以及分级数据可视化技术和方案，对场馆运营数据进行掌握、分析和信息展示，实现全局性、综合化、集中化管理，应包含包括移动应用、门户网站、数字可视化大屏展示、场馆运营指挥平台、物联网设备监测平台。

移动应用包括手机应用程序、小程序等内外部移动应用服务，为场馆内部运维和场馆对外运营提供全面的移动业务接入服务，移动业务接入服务应具备多平台支持、安全性、API 能力、拓展性等特性。

统一门户可通过建立场馆官方网站、综合管理场馆运营管理应用以及平台，设置服务功能模块为公众提供相应服务。

数据可视化大屏展示实现对场馆人流、车流、经营数据、能耗、空气质量、水质、水温、设备运行等各类数据的采集、清洗、汇总、利用、实时呈现，为场馆运营管理人员决策和用户消费选择提供依据和支撑。

场馆运营指挥平台通过物联网、大数据、可视化大屏、广播通信、监控设备等技术和设备对场馆赛事活动等运营状况进行实时监控、调度运行、自动控制、应急指挥、数据分析和数据支持等操作管理，实现远程指挥可视化、实时现场监控、自动数据采集、动态态势展示、系统应用集成化。

物联网设备监测平台应基于物联网技术、物联设备以及物联网安全运营平台对场馆设施设备运行、故障监测、自动报修、恢复正常等物理状态进行持续监测、安全风险感知、风险评估分析、风险预警处置、安全漏洞检测修复、异常行为组织管理。

11.1.4　智能场馆典型应用案例

浙江省黄龙体育中心是浙江省体育局下属事业单位，占地 580 亩，目前已建成主体育场、体育馆、老年体育活动中心暨网球中心、室内训练馆、重竞技馆、动力物业管理楼、室外田径场等场馆及相应的配套设施。自建成运行以来，先后获得全国十佳体育场馆、全国青年文明号、全国模范职工之家等国字号荣誉。

2017 年 12 月 20 日，黄龙智慧场馆系统正式应用，实现了场地预定、门票购买、运动卡办理等业务的"网上办""掌上办"。2019 年，黄龙智慧场馆管理系统通过引入自助服务机、人脸识别设备、无人值守闸机、灯控等智能化硬件，以信息化技术手段打破软硬件异域结构，实现了智慧硬件和智慧软件的协同联结，构建黄龙智慧物联"大脑"服务生态圈。黄龙体育中心的包玉刚游泳场是有着 30 多年经营历史的"老场馆"，于 2020 年 4

月在线上购票、办卡、充值等服务的基础上，完善了自助手环机、人脸识别设备、无人值守闸机等智能化硬件，实现了全流程自助化。同时，场馆还引入了人脸会员实名认证及人脸支付体系，实现"一脸通"消费服务场景，让游泳健身跨入"刷脸"时代。如今，市民来黄龙体育中心运动，可通过运动数据显示大屏，实时了解馆内的场地预定情况、运动人次、设施占用、场内空气质量、水电能耗等用户所关心的信息，数据形式的直观呈现，大大增强了市民的运动健身体验感。

黄龙体育中心结合自身近二十年的运营经验，在已启用的智慧化场馆软硬件设施的基础上，积极思考梳理，联合浙江省标准化研究院、浙江黄龙呼啦网络科技有限公司、海康威视等专业机构，牵头汇编了全国首个场馆智慧省省级地方（浙江）标准——《大中型体育场馆智慧化建设和管理规范》，为体育场馆系统性、规范化实施智能化建设和管理进行了探索和示范。

无独有偶，省内通过"互联网""大数据"为体育赋能的案例还有不少。如湖州市奥体中心积极引入智能闸机、自助售票机等智能硬件，逐步打造无人值守应用场景，智慧场馆及培训服务体系在其公众号上"落户"，场地预订及培训报名实现"无纸化"。宁波北仑青年体育公园依托数字体育的创新技术模式，实现了群众购票、订场、进出场的无纸化、无人化管理，迎来了的智慧体育管理服务大升级……体育场馆智慧化建设助力了群众体育"最多跑一次"，目标的实现，让老百姓真切享受到数字体育、智能服务带来的改革红利。

11.2 工程检测

11.2.1 一般规定

（1）钢结构工程检测可分为见证取样送样检测、焊缝无损探伤检测、现场见证检测。

（2）装配式钢结构检测应由不少于两名检测技术人员承担。钢结构检测结果正确与否直接影响到鉴定结果。因此，有必要对检测单位的资质、检测所用的仪器设备、实施检测的检测人员以及现场检测工作的最少人数提出相应要求。

11.2.2 见证取样送样检测

（1）钢结构工程见证取样送样检测包括钢材理化检测、焊接材料理化性能检测、高强度螺栓连接副复验、摩擦面抗滑移系数检验、金属屋面系统抗风能力检测。

（2）钢材理化检测项目和要求应符合表 11.2-1 的规定。

（3）焊接材料理化性能检测项目和要求应符合表 11.2-2 的规定。

（4）高强度螺栓连接副复验检测项目和要求应符合表 11.2-3 的规定。

（5）摩擦面抗滑移系数检验项目和要求应符合表 11.2-4 的规定。

钢材理化检测项目和要求 表 11.2-1

序号	检测项目	检测要求	检测方法
1	屈服强度或规定非比例延伸强度、抗拉强度、断后伸长率	《低合金高强度结构钢》GB/T 1591；《碳素结构钢》GB/T 700；《合金结构钢》GB 3077；《建筑结构用钢板》GB/T 19879；《结构用无缝钢管》GB/T 8162；《直缝电焊钢管》GB/T 13793 或其他钢材产品标准	《金属材料 拉伸试验 第1部分 室温拉伸试验方法》GB/T 228.1
2	冷弯		《金属材料 弯曲试验方法》GB/T 232
3	冲击韧性		《金属材料 夏比摆锤冲击试验方法》GB/T 229
4	化学成分		《钢铁及合金化学分析方法》GB/T 223；《碳素钢和中低合金钢 多元素含量的测定 火花放电原子发射光谱法（常规法）》GB/T 4336
5	Z向钢板厚度方向断面收缩率	《厚度方向性能钢板》GB/T 5313	《厚度方向性能钢板》GB/T 5313

焊接材料理化性能检测项目和要求 表 11.2-2

序号	检测项目	检测要求	检测方法
1	屈服强度或规定非比例延伸强度、抗拉强度、断后伸长率	《热强钢焊条》GB/T 5118；《非合金钢及细晶粒钢焊条》GB/T 5117；《气体保护电弧焊用碳钢.低合金钢焊丝》GB/T 8110；《埋弧焊用非合金钢及细晶粒钢实心焊丝、药芯焊丝和焊丝-焊剂组合分类要求》GB/T 5293；《碳钢药芯焊丝》GB/T 10045	《焊缝及熔敷金属拉伸试验方法》GB/T 2652
2	冲击韧性		《焊接接头冲击试验方法》GB/T 2650
3	化学成分		《钢铁及合金化学分析方法》GB/T 223；《碳素钢和中低合金钢 多元素含量的测定 火花放电原子发射光谱法（常规法）》GB/T 4336

高强度螺栓连接副复验检测项目和要求 表 11.2-3

序号	检测项目	检测要求	检测方法
1	扭矩系数 紧固轴力 螺栓楔负载 螺母保证载荷 螺母和垫圈硬度	《钢结构用高强度大六角头螺栓、大六角螺母、垫圈技术条件》GB/T 1231；《钢结构用扭剪型高强度螺栓连接副技术条件》GB/T 3633；《钢网架螺栓球节点用高强度螺栓》GB/T 16939	《钢结构用高强度大六角头螺栓、大六角螺母、垫圈技术条件》GB/T 1231；《钢结构用扭剪型高强度螺栓连接副技术条件》GB/T 3633；《钢网架螺栓球节点用高强度螺栓》GB/T 16939；《钢结构工程施工质量验收标准》GB 50205
2	螺栓实物 最小载荷及硬度	《紧固件机械性能螺栓、螺钉和螺柱》GB/T 3098.1；《紧圈件机械性能螺母粗牙螺纹》GB/T 3098.2	《紧同件机械性能螺栓、螺钉和螺柱》GB/T 3098.1；《紧固件机械性能螺母粗牙螺纹》GB/T 3098.2；《钢结构工程施工质量验收标准》GB 50205

摩擦面抗滑移系数检验项目和要求　　　　　　　表 11.2-4

序号	检测项目	检测要求	检测方法
1	摩擦面抗滑移系数检验	《钢结构工程施工质量验收标准》 GB 50205 及设计要求	《钢结构工程施工质量验收标准》 GB 50205

（6）金属屋面系统抗风能力检测项目和要求应符合表 11.2-5 的规定。

金属屋面系统抗风能力检测项目和要求　　　　　　　表 11.2-5

序号	检测项目	检测要求	检测方法
1	金属屋面系统抗风能力检测	《钢结构工程施工质量验收标准》 GB 50205 及设计要求	《钢结构工程施工质量验收标准》 GB 50205

11.2.3　焊缝无损探伤检测

（1）焊缝无损探伤检测分为施工单位自检与第三方监检。

（2）施工单位自检：设计要求的一、二级焊缝应进行内部缺陷的无损检测，一、二级焊缝的质量等级和检测要求应符合表 11.2-6 的规定。

焊缝质量等级和检测要求　　　　　　　表 11.2-6

焊缝质量等级		一级	二级
内部缺陷 超声波探伤	缺陷评定等级	Ⅱ	Ⅲ
	检验等级	B 级	B 级
	检测比例	100%	20%
内部缺陷 射线探伤	缺陷评定等级	Ⅱ	Ⅲ
	检验等级	B 级	B 级
	检测比例	100%	20%

注：二级焊缝检测比例的计数方法应按以下原则确定：工厂制作焊缝按照焊缝长度计算百分比，且探伤长度不小于 200mm；当焊缝长度小于 200mm 时，应对整条焊缝探伤；现场安装焊缝应按照同一类型、同一施焊条件的焊缝条数计算百分比，且不应少于 3 条焊缝。

（3）第三方检测：由建设方或其代表委托的具有相应要求的独立第三方检测机构进行检测并出具检测报告。一级焊缝按不少于被检测焊缝处数的 20% 抽检；二级焊缝按不少于被检测焊缝处数的 5% 抽检。

（4）焊缝无损探伤检测项目和要求应符合表 11.2-7 的规定。

焊缝无损探伤检测项目和要求　　　　　　　表 11.2-7

序号	检测项目	检测要求	检测方法
1	超声波探伤	《钢结构焊接规范》 GB 50661	《钢结构焊接规范》GB 50661； 《焊缝无损检测超声检测技术、检测等级和评定》GB/T 11345； 《钢结构超声波探伤及质量分级法》JG/T 203

续表

序号	检测项目	检测要求	检测方法
2	X 射线探伤	《钢结构焊接规范》GB 50661	《焊缝无损检测 射线检测 第 1 部分：X 和伽玛射线的胶片技术》GB/T 3323.1； 《焊缝无损检测 射线检测 第 2 部分：使用数字化探测器的 X 和伽玛射线技术》GB/T 3323.2

11.2.4　现场见证检测

（1）现场见证检测可分为焊缝外观质量、焊缝尺寸检测、大六角头高强螺栓终拧检测等检测类型。

（2）焊缝外观质量

1）检查数量：承受静荷载的二级焊缝每批同类构件抽查 10%，承受静荷载的一级焊缝和承受动荷载的焊缝每批同类构件抽查 15%，且不应少于 3 件：被抽查构件中，每一类型焊缝应按条数抽查 5%，且不应少于 1 条；每条应抽查 1 处，总抽查数不应少于 10 处。

2）检验方法：观察检查或使用放大镜、焊缝量规和钢尺检查，当有疲劳验算要求时，采用渗透或磁粉探伤检查。

3）验收标准：外观质量符合《钢结构工程施工质量验收规范》GB 50205 表 5.2.7-1 和表 5.2.7-2 的规定。

（3）焊缝尺寸检测

1）检查数量：承受静荷载的二级焊缝每批同类构件抽查 10%，承受静荷载的一级焊缝和承受动荷载的焊缝每批同类构件抽查 15%，且不应少于 3 件；被抽查构件中，每种焊缝应按条数各抽 5%，但不应少于 1 条；每条应抽查 1 处，总抽查数不应少于 10 处。

2）检验方法：用焊缝量规检查。

3）验收标准：焊缝外观尺寸要求应符合《钢结构工程施工质量验收规范》GB 50205 表 5.2.8-1 和表 5.2.8-2 的规定。

（4）大六角头高强螺栓终拧检测

1）检查数量：按节点数抽查 10%，且不少于 10 个，每个被抽查到的节点，按螺栓数抽查 10%，且不少于 2 个。

2）检验方法：按《钢结构工程施工质量验收规范》GB 50205 附录 B 执行。

3）验收标准：高强度螺栓连接副应在终拧完成 1h 后、48h 内进行终拧质量检查，检查结果应符合《钢结构工程施工质量验收规范》GB 50205 附录 B 的规定。

（5）扭剪型高强度螺栓终拧检测

1）检查数量：按节点数抽查 10%，且不少于 10 个节点，被抽查节点中梅花头未拧掉的扭剪型高强度螺栓连接副全数进行终拧扭矩检查。

2）检验方法：观察检查按《钢结构工程施工质量验收规范》GB 50205 附录 B 执行。

3）验收标准：对于扭剪型高强度螺栓连接副，除因构造原因无法使用专用扳手拧掉梅花头者外，螺栓尾部梅花头拧断为终拧结束。未在终拧中拧掉梅花头的螺栓数不应大于该节点螺栓数的5%，对所有梅花头未拧掉的扭剪型高强度螺栓连接副应采用扭矩法或转角法进行终拧并做标记，且按本章第3条的规定进行终拧质量检查。

（6）单层、多高层基础和支座安装检测

1）检查数量：全数检查。

2）检验方法：用经纬仪、水准仪、全站仪和钢尺现场实测。

3）验收标准：建筑物定位轴线、基础上柱的定位轴线和标高应满足设计要求。当设计无要求时应符合《钢结构工程施工质量验收规范》GB 50205 表 10.2.1 的规定。

（7）空间结构基础和支座安装检测

1）检查数量：按支座数抽查 10%，且不应少于 3 处。

2）检验方法：用经纬仪和钢尺现场实测。

3）验收标准：钢网架、网壳结构及支座定位轴线和标高的允许偏差应符合《钢结构工程施工质量验收规范》GB 50205 表 11.2.1 的规定，支座描栓的规格及紧固应满足设计要求。

（8）钢材表面处理检测

1）检查数量：按构件数抽查 10%，且同类构件不应少于 3 件。

2）检验方法：用铲刀检查和用现行国家标准《涂覆涂料前钢材表面处理表面清洁度的目视评定 第 1 部分：未涂覆过的钢材表面和全面清除原有涂层后的钢材表面的锈蚀等级和处理等级》GB/T 8923.1 规定的图片对照观察检查。

3）验收标准：涂装前钢材表面除锈等级应满足设计要求并符合国家现行标准的规定。处理后的钢材表面不应有焊渣、焊疤、灰尘、油污、水和毛刺等。当设计无要求时，钢材表面除锈等级应符合《钢结构工程施工质量验收规范》GB 50205 表 13.2.1 的规定。

（9）防腐涂层表面检测

1）检查数量：按构件数抽查 1%，且不应少于 3 件，每件测 3 处。

2）检验方法：按现行国家标准《漆膜划圈试验》GB/T 1720 或《色漆和清漆 漆膜的划格试验》GB/T 9286 执行。

3）验收标准：当钢结构处于有腐蚀介质环境、外露或设计有要求时，应进行涂层附着力测试。在检测范围内，当涂层完整程度达到 70% 以上时，涂层附着力可认定为质量合格。

（10）防腐涂层厚度检测

1）检查数量：按照构件数抽查 10%，且同类构件不应少于 3 件。

2）检验方法：用于漆膜测厚仪检查。每个构件检测 5 处，每处的数值为 3 个相距 50mm 测点涂层干漆膜厚度的平均值。漆膜厚度的允许偏差应为 $-25\mu m$。

3）验收标准：当设计对涂层厚度无要求时，涂层干漆膜总厚度：室外不应小于 $150\mu m$，室内不应小于 $125\mu m$。

（11）防火涂层厚度检测

1）检查数量：按照构件数抽查 10%，且同类构件不应少于 3 件。

2）检验方法：膨胀型（超薄型、薄涂型）防火涂料采用涂层厚度测量仪，涂层厚度允许偏差应为 -5%。厚涂型防火涂料的涂层厚度采用《钢结构工程施工质量验收规范》GB 50205 附录 E 的方法检测。

3）验收标准：膨胀型（超薄型、薄涂型）防火涂料、厚涂型防火涂料的涂层厚度及隔热性能应满足国家现行标准有关耐火极限的要求，且不应小于 -200μm。当采用厚涂型防火涂料涂装时，80% 及以上涂层面积应满足国家现行标准有关耐火极限的要求，且最薄处厚度不应低于设计要求的 85%。

（12）柱构件安装精度检测

1）检查数量：按同类构件或钢柱数抽查 10%，且不应少于 3 件。

2）检验方法：应符合《钢结构工程施工质量验收规范》GB 50205 表 10.3.4 的规定。

3）验收标准：钢柱安装的允许偏差应符合《钢结构工程施工质量验收规范》GB 50205 表 10.3.4 的规定。

（13）梁与桁架构件安装精度检测

1）检查数量：按同类构件或钢柱数抽查 10%，且不应少于 3 件。

2）检验方法：用吊线、拉线、经纬仪和钢尺现场实测。

3）验收标准：钢屋（托）架、钢柜架、钢梁、次梁的垂直度和侧向弯曲矢高的允许偏差应符合《钢结构工程施工质量验收规范》GB 50205 表 10.4.2 的规定。

（14）单层、多高层主体结构整体检测

1）检查数量：对主要立面全部检查。对每个所检查的立面，除两列角柱外，尚应至少选取一列中间柱。

2）检验方法：采用经纬仪、全站仪、GPS 等测量。

3）验收标准：主体钢结构整体立面偏移和整体平面弯曲的允许偏差应符合《钢结构工程施工质量验收规范》GB 50205 表 10.9.1 的规定。

（15）空间结构主体结构整体检测

1）检查数量：跨度 24m 及以下钢网架、网壳结构，测量下弦中央一点；跨度 24m 以上钢网架、网壳结构，测量下弦中央一点及各向下弦跨度的四等分点。

2）检验方法：用钢尺、水准仪或全站仪实测。

3）验收标准：钢网架、网壳结构总拼完成后及屋面工程完成后应分别测量其挠度值，且所测的挠度值不应超过相应荷载条件下挠度计算值的 1.15 倍。

11.2.5 检测中常见问题

（1）钢材理化检测的复验与判定应符合《钢及钢产品 交货一般要求》GB/T 17505 的规定。

1）试验单元是单件产品，应对不合格项目做相同类型的双倍试验，双倍试验应全部合格，否则，产品应拒收；

2）如果试验单元不是由单件产品组成，制造商可有权不从试验单元中挑出试验结果不合格的抽样产品。

① 如果抽样产品从试验单元中挑出，检验代表应随机从同一试验单元中选出另外两个抽样产品；然后对两个抽样产品中分别制取的试样，在与第一次试验相同的条件下再做一次同类型的试验，其试验结果应全部合格；

② 如果抽样产品保留在试验单元中，试验步骤同①，但重取的试样就有一个是从原抽样产品上切取的，其试验结果应全部合格。

（2）焊接材料理化性能检测任何一项检验不合格时，该项检验应加倍复验。对于化学分析，仅复验那些不满足要求的元素。当复验拉伸试验时，抗拉强度、屈服强度及断后伸长率同时作为复验项目。其试样可在原试件上截取，也可在新焊制的试件上截取。加倍复验结果均应符合该项检验的规定。

（3）高强度螺栓检验批进场验收属于复验，最大批量不宜超过2个出厂检验批，且不宜超过6000套。

（4）摩擦面抗滑移系数检验三组试验值均应大于设计值。

（5）焊缝超声波探伤抽样检验应按下列规定进行结果判定：

1）抽样检验的焊缝数不合格率小于2%时，该批验收合格；

2）抽样检验的焊缝数不合格率大于5%时，该批验收不合格；

3）除5款情况外抽样检验的焊缝数不合格率为2%～5%时，应加倍抽检，且必须在原不合格部位两侧的焊缝延长线各增加一处，在所有抽检焊缝中不合格率不大于3%时，该批验收合格，大于3%时，该批验收不合格；

4）批量验收不合格时，应对该批余下的全部焊缝进行检验；

5）检验发现1处裂纹缺陷时，应加倍抽查，在加倍抽检焊缝中未再检查出裂纹缺陷时，该批验收合格；检验发现多于1处裂纹缺陷或加倍抽查又发现裂纹缺陷时，该批验收不合格，应对该批焊缝剩余的全数进行检查。

（6）焊缝检验抽检方法应符合下列规定：

1）焊缝处数的计数方法：工厂制作焊缝长度不大于1000mm时，每条焊缝应为1处；长度大于1000mm进，以1000mm为基准，每增加300mm焊缝数量应增加1处；现场安装焊缝每条焊缝为1处。

2）可按下列方法确定检验批：

① 制作焊缝以同一工区（车间）按300～600处的焊缝数量组成检验批；多层框架结构可以每节柱的所有构件组成检验批。

② 安装焊缝以区段组成检验批；多层框架结构以每层（节）的焊缝组成检验批。

③ 抽样检验除设计指定焊缝外应采用随机取样方式取样，且取样中应覆盖该批焊缝中所包含的所有钢材料别、焊接位置和焊接方法。

（7）当超声波检测有疑义时，可采用射线检测进行验证。

11.3　施工期间工程监测

11.3.1　一般规定

（1）钢结构工程施工期间监测应为保障施工安全，控制结构施工过程，优化施工工艺及实现结构设计要求提供技术支持。

（2）施工期间监测宜与量测、观测、检测及工程控制相结合。

（3）监测期间应进行巡视检查和系统维护，应对监测设施采取保护和维护措施，未经监测实施单位许可不得改变测点或损坏传感器、电缆、采集仪等监测设备。

（4）施工期间监测宜与使用期间监测统筹考虑。

（5）监测前应根据各方的监测要求与设计文件明确监测目的，结合工程结构特点、现场及周边环境条件等因素，制定监测方案，并报相关单位审批。

（6）下列建筑工程应进行监测：

1）跨度不小于 40m 的大跨结构；

2）带有不小于 20m 悬挑楼盖或 30m 悬挑屋盖结构的工程；

3）设计文件有要求的工程；

4）采用新技术新工艺设计和施工的工程。

（7）宜对下列构件或节点进行选择性监测：

1）应力变化显著或应力水平高的构件；

2）结构重要性突出的构件或节点；

3）变形显著的构件或节点；

4）承受较大荷载的构件或节点；

5）控制几何位形的关键节点；

6）能反映结构内力及变形关键特征的其他重要受力构件或节点；

7）设计文件要求的构件或节点。

（8）施工期间监测应设定监测预警值，监测预警值应满足工程设计及被监测对象的控制要求。

（9）监测作业人员应经过专业技术培训，行业规定的特殊工种必须持证上岗。

（10）监测设备及仪器应通过计量标定，采集及传输设备性能应满足工程监测需要。

（11）施工期间监测项目可包括应变监测、变形与裂缝监测、环境及效应监测。变形监测可包括基础沉降监测、竖向变形监测及水平变形监测；环境及效应监测可包括风及风致响应监测、温湿度监测及振动监测。

11.3.2　变形监测

（1）变形监测分为水平位移监测、垂直位移监测、角位移监测。

（2）监测工作开始前，监测单位应进行资料收集、现场踏勘调研，并根据设计要求和环境条件选埋监测点、建立变形监测网。

（3）变形监测网的组成与要求应符合下列规定：

1）基准点，应埋设在变形区以外，点位稳定、安全、可靠；

2）工作基点，应选在相对稳定且方便使用的位置，每期变形观测时均应将其与基准点进行联测；

3）变形监测点，应布设在能反映监测体变形特征的部位。点位布局合理、观测方便，标志设置牢固、易于保存。

（4）空间结构安装完成后，当监测主跨挠度时，测点位置可由设计单位确定。当设计无要求时，对跨度为24m及24m以下的情况，应监测跨中挠度；对跨度大于24m的情况，应监测跨中及跨度方向四等分点的挠度。

（5）施工期间变形监测可包括构件挠度、支座中心轴线偏移、最高与最低支座高差、相邻支座高差、杆件轴线、构件垂直度及倾斜变形监测等。

（6）大跨度空间结构临时支撑拆除、焊接合拢、拉索张拉等过程中，应对结构关键点的变形及应力进行监测。

（7）结构滑移施工过程中，应对结构关键点的变形、应力及滑移的同步性进行监测。

（8）竖向位移监测时，大跨空间结构的支座、跨中、跨间测点间距不宜大于30m，且不宜少于5个点。

（9）变形监测的频次应符合下列规定：

1）当监测项目包括水平位移与垂直位移时，两者监测频次宜一致；

2）结构监测可从基础垫层或基础底板完成后开始；

3）首次监测应连续进行两次独立量测，并应取其中数作为变形量测的初始值；

4）当施工过程遇暂时停工，停工时及复工时应各量测一次，停工期间可根据具体情况进行监测；

5）监测过程中，监测数据达到预警值或发生异常变形时应增加监测次数；

6）大跨空间结构应在吊装及卸载过程中重量变化50%和100%时各监测不少于一次。

（10）变形监测仪器量程应介于测点位移估计值与允许值的2～3倍；采用机械式测试仪器时，精度应为测点位移估计值的1/10。

（11）对于施工阶段累积变形较大的结构，应按设计要求采取补偿技术修正工程结构的标高，宜使最终的标高与设计标高一致，标高补偿技术应采用预测和监测相结合的方式进行。

11.3.3 应力应变监测

（1）应力应变监测应根据工程结构特点，结合监测部位、监测对象、监测精度、环境条件、监测频次等因素，选用合适的监测方法。

（2）构件截面处的应力可通过应力应变计直接测量，也可通过测量力、位移、自振频率或磁通量等参量后换算。

（3）应变监测可选用电阻应变计、振弦式应变计、光纤类应变计等应变监测设备进行监测。应变计宜根据监测目的和工程要求，以及传感器技术、环境特征进行选择。

（4）应变计应符合下列基本规定：

1）量程应与量测范围相适应，应变量测的精度应为满量程的 0.2%，且不大于 $4\mu\varepsilon$，监测值宜控制为满量程的 30%～80%；

2）应变梯度较大的应力集中区域，宜选用标距较小的应变计；

3）在温度变化较大的环境中进行应变监测时，应优先选用具有温度补偿措施或温度敏感性低的应变计，或采取有效措施消除温差引起的应变影响；

4）电阻应变计的测量片和补偿片应选用同一规格产品，并进行屏蔽绝缘保护；

5）振弦式应变计应与匹配的频率仪配套校准，频率仪的分辨率不应大于 0.5Hz；

6）采用光纤光栅传感器监测时，应考虑应变和温度的相互影响。光纤布设应避免过度弯折，光器件的连接应保持光接头的清洁。光纤解调系统各项指标应符合被监测对象对待测参数的规定；

7）采用位移传感器等构成的装置监测应变时，其标距误差应为 ±1.0%。

（5）应变传感器的安装应符合下列规定：

1）安装前应逐个确认传感器的有效性，确保能正常工作；

2）安装位置各方向偏离监测截面位移不应大于 30mm；安装角度偏差不应大于 2°；

3）安装中，不同类型传感器的导线或电缆宜分别集中引出及保护，无电子识别编号的传感器应在线缆上标注传感器编号；

4）安装应牢固，长期监测时，宜采用焊接或栓接方式安装；

5）安装后应及时对设备进行检查，满足要求和方能使用，发现问题应及时处理或更换；

6）安装稳定后，应进行调试并测定静态初始值；

7）监测仪器安装完成后，应记录测点实际位置，绘制测点布置图。

（6）应变监测应与变形监测频次同步且宜采用实时监测。

（7）传感器和监测设备安装前，应编制安装方案。内容宜包括埋设时间节点、埋设方法、电缆连接和走向、保护要求、一起检验、测读方法等。

（8）构件上监测点布设传感器的数量和方向应符合下列规定：

1）对受弯构件应在弯矩最大的截面上沿截面高度布置测点，每个截面不应少于 2 个；当需要量测沿截面高度的应变分布规律时，布置测点数不应少于 5 个；对于双向受弯构件，在构件截面边缘布置的测点不应少于 4 个；

2）对轴心受力构件，应在构件量测截面两侧或四周沿轴线方向相对布置测点，每个截面不应少于 2 个；

3）对受扭构件，宜在构件量测截面的两长边方向的侧面对应部位上布置与扭转轴线成 45° 方向的测点；

4）对复杂受力构件，可通过布设应变片量测各应变计的应变值解算出监测截面的主应力大小和方向。

11.3.4 温度监测

（1）温度监测应包括环境温度和结构温度监测。

（2）温度监测可采用水银温度计、接触式温度传感器、热敏电阻温度传感器或红外线测温仪进行，测量精度不应低于 0.5℃。

（3）环境及结构温度监测应符合下列规定：

1）温度监测的测点应布置在温度梯度变化较大位置，宜对称、均匀，应反映结构竖向及水平向温度场变化规律；

2）相对独立空间应设 1～3 个点，面积或跨度较大时，以及结构构件应力及变形受环境温度影响大的区域，宜增加测点；

3）监测结构温度的传感器可布设于构件内部或表面。当日照引起的结构温差较大时，宜在结构迎光面和背光面分别设置传感器；

4）监测整个结构的温度场分布和不同部位结构温度与环境温度对应关系时，测点宜覆盖整个结构区域；

5）温度传感器宜选用监测范围大、精度高、线性化及稳定性好的传感器。当需要监测日温度的变化规律时，宜采用自动监测系统进行连续监测，采用人工读数时，监测频次不宜少于每小时 1 次；

6）监测频次宜与结构应力监测和变形监测保持一致；

7）长期温度监测时，监测结果应包括日平均气温、日最高气温和日最低气温；结构温度分布监测时，宜绘制温度分布等温线图。

11.3.5 风荷载监测

（1）对风敏感的结构宜进行风荷载监测。

（2）风荷载监测内容应包括风速、风向、风压监测。

（3）风压计的量程应满足结构设计中风场的要求，可选择可调量程的风压计，风压计的精度应为满量程的 ±0.4%，且不宜低于 10Pa，非线性度应在满量程的 ±0.1% 范围内，响应时间应小于 200ms。风速仪量程应大于设计风速，风速监测精度不宜小于 0.5m/s，风向监测精度宜为 3°。

（4）风速及风向监测应符合下列规定：

1）结构中绕流风影响区域宜采用计算流体动力学数值模拟或风洞试验的方法分析；

2）机械式风速测量装置和超声式风速测量装置宜成对设置；

3）风速仪应安装在工程结构绕流影响区域之外；

4）宜选取采样频率高的风速仪，且不应低于 10Hz；

5）监测结果应包括脉动风速、平均风速和风向。

（5）风压监测应符合下列规定：

1）风压监测宜选用微压量程、具有可测正负压的压力传感器，也可选用专用的风压计，监测参数为空气压力；

2）风压传感器的安装应避免对工程结构外立面的影响，并采取有效保护措施，相应的数据采集设备应具备时间补偿功能；

3）风压测点宜根据风洞试验的数据和结构分析的结构确定，无风洞试验数据情况下，可根据风荷载分布特征及结构分析结果布置测点；

4）进行表面风压监测的项目，宜绘制监测表面的风压分布图。

11.3.6　振动监测

（1）振动监测应包括振动响应监测和振动激励监测，监测参数可为加速度、速度、位移及应变。

（2）振动监测的方法可分为相对测量法和绝对测量法。

（3）相对测量法监测结构振动位移应符合下列规定：

1）监测中应设置有一个相对于被测工程结构的固定参考点；

2）被监测对象上应牢固地设置有靶、反光镜等测点标志；

3）测量仪器可选择自动跟踪的全站仪、激光测振仪、图像识别仪。

（4）绝对测量法宜采用惯性式传感器，以空间不动点为参考坐标，可测量工程结构的绝对振动位移、速度和加速度，并应符合下列规定：

1）加速度量测可选用力平衡加速度传感器、电动速度摆加速度传感器、ICP 型压电加速度传感器、压阻加速度传感器；速度量测可选用电动位移摆速度传感器，也可通过加速度传感器输出于信号放大器中进行积分获得速度值；位移测量可选用电动位移摆速度传感器输出于信号放大器中进行积分获得位移值；

2）结构在振动荷载作用下产生的振动位移、速度和加速度，应测定一定时间段内的时间历程。

（5）振动监测前，宜进行结构动力特性测试。

（6）动态响应监测时，测点应选在工程结构振动敏感处。当进行动力特性分析时，振动测点宜布置在需识别的振型关键点上，且宜覆盖结构整体，也可根据需求对结构局部增加测点；测点布置数量较多时，可进行优化布置。

（7）振动监测数据采集与处理应符合下列规定：

1）应根据不同结构形式及监测目的选择相应采样频率；

2）应根据监测参数选择滤波器；

3）应选择合适的窗函数对数据进行处理。

（8）动应变监测设备量程不应低于量测估计值的 2～3 倍，监测设备的分辨率应满足最小应变值的量测要求，确保较高的信噪比。振动位移、速度及加速度监测的精度应根据振动频率及幅度、监测目的等因素确定。

（9）动应变监测应符合下列规定：

1）动应变监测可选用电阻应变计或光线类应变计；

2）动态监测设备使用前应进行静态校准。监测较高频率的动态应变时，宜增加动态校准。

11.3.7　监测结果及评定

（1）施工阶段应对结构和构件进行承载力验算和变形验算。承载力验算宜采用荷载效应的基本组合，变形验算应采用荷载效应的标准组合。

（2）对施工过程结构分析得出的计算结果，应进行分析判断，确认其合理有效后，方可用于评判施工方案的合理性和安全性，并作为现场监测结果的对比依据。

（3）施工过程结构分析发现构件承载力不足或变形过大时，应调整施工方案或经设计单位同意后对构件作加强处理。

（4）当施工过程模拟分析得到的结构位形和设计目标位形差异较大时，建设单位、设计单位、施工单位宜共同商讨解决方案。确定方案采用预变形技术分析时，应采用荷载效应的标准组合。

（5）施工过程结构分析结果与监测结果对比时，宜采用荷载标准组合的效应值，当温度影响较为显著时，应计入温度作用的影响。

（6）对需进行监测的构件或节点，应提供与监测周期、监测内容相一致的计算分析结果，并宜提出相应的限值要求和不同重要程度的预警值。

（7）预警值可依据设计要求、施工过程结构分析结果由各方协商确定或按下列规定执行：

1）应力预警值按构件承载能力设定时，可设三级，分别取构件承载力设计值对应监测值的50%、70%、90%；

2）变形预警值按设计要求或规定限值要求设定时，可设三级，分别取规定限值的50%、70%、90%；

3）预警值按施工过程结构分析结果设定时，可取理论分析结果的130%。

（8）以下情况发生时应进行预警：

1）施工阶段的变形、应力监测值接近规定限值、设计要求或约定的预警值时；

2）当施工期间结构可能出现较大的荷载或作用时。

11.4　BIM技术应用

体育建筑工程一般具有体量大、使用功能复杂、机电安装系统多而繁杂、体育工艺设备设施多样、工程质量要求高、建设周期长、参建单位多等特点。近年来，随着BIM技术的发展，越来越多的问题通过BIM技术的应用可以实现复杂的问题简单化、简单的问题程序化、隐蔽的问题可视化，因此，全过程工程咨询单位作为工程建设的全方位、全过程的组织实施方，必须充分利用并发挥 BIM 技术的优势，解决体育建筑建设过程中的难题，确保工程建设的质量、进度、投资和安全文明施工等管理水平、经济效益大幅度提升。

11.4.1　BIM 技术应用策划

针对体育建筑工程的特点，全过程工程咨询单位进场后需要对 BIM 技术的应用做好策划。

1. 应用阶段

BIM 宜覆盖建筑工程项目全生命期（包括策划与规划、勘察与设计、施工与监理、运行与维护、改造与拆除五个阶段），并实现项目各相关方的协同工作、信息共享。也可根据工程实际情况在某些阶段或环节内应用。

2. 实施主体

建设工程中各工作任务建筑信息模型的创建、应用和管理应以相应任务的承担方为实施主体。

3. 创建原则

工程项目 BIM 宜统筹考虑项目全生命期应用的需要，建立模型整体结构，并应在此基础上进行项目全生命期局部或跨阶段的多任务信息模型的创建、应用和管理。

4. 应用方式

BIM 宜采用应用清单选项的工作方式。全过程工程咨询工程师设定的任务信息模型宜根据任务需求和有关标准的要求确定模型元素、模型细度，宜按照模型整体结构组织和存储模型信息。

5. 应用要求

BIM 模型在工程项目全生命期的各个阶段创建、共享和应用，并保持协调一致。BIM 在创建、应用和管理过程中，应充分考虑信息安全。

6. 成果要求

BIM 技术应用和形成的成果应按合约规定执行或交付。

11.4.2　针对工程难点的应对思路

1. 建筑单体数量多，使用功能复杂

一般体育中心建设包含多个单体且功能各异专业众多，各单体建筑需考虑使用功能上的延续及衔接，设计时易考虑不周。

应对思路：采取设计阶段利用 BIM 三维可视化技术，进行方案比选、性能模拟分析，提前发现设计盲点、不合理点，形成问题报告文件，提出相应优化解决方案。

2. 参建单位多，协调管理难度大

由于体育建筑的特殊性和复杂性，参建单位可能会包含投资方、使用方、建设方、勘察设计方、咨询服务方、总承包施工方、专业承包施工方以及第三方检测、造价审计等，需要衔接的事务多、协调关注难度大。

应对思路：

（1）建立由全过程工程咨询方或第三方搭建的BIM应用协同管理平台，将参建各方的组织体系纳入BIM平台体系架构中，实现信息的实时交互共享。在应用过程中，所有数据无缝对接，打通多方、多层级的协同办公，做到项目级的BIM协同应用。

（2）选用合理的BIM技术管理平台，通过BIM技术平台和模型，配合数字化信息技术、无人机智能建造等技术，对参建各方和各方的人员、设备、环境、安全、文明施工等环节进行信息化、科学化、智能化的全过程管理，解决过程沟通、施工现场沟通及信息共享不及时，促进管理制度实时落地，实现智慧化工地。

3. 现场施工作业面大，工艺复杂

作为公共建筑的体育场馆，建设初期周边市政管网等配套设施基本不够完善，建造过程需建设大量临时建筑、临时道路，临设和项目本身的设施需在建造过程中考虑与市政道路、地下综合管廊的合理衔接。

应对思路：基于BIM技术进行场地规划分析、道路交通优化、地下管线综合分析，三维模拟现场的生产及生活设施，包含临设搭建、物料堆场、机械设备、道路交通等进行合理规划布置，正确处理施工期间所需各项设施和永久建筑、拟建工程之间的关系，提前预知可能导致施工过程中会引发的问题，提出解决方案。

4. 机电安装系统、体育工艺等设备设施多、管线复杂

体育建筑工程中，涉及大量的体育工艺和机电安装工程的设施、设备，再加上赛事管理系统预留的接口接线等，设备与设施管线、机电配套管线众多。

应对思路：利用BIM技术对管线安装、设备排布进行综合优化，提前借由BIM技术对现场预留孔洞、各类管线交叉安装进行模拟演示，提前演示大型设备搬运的运输过程，预留搬运通道，提高安装精准度，减少安装返工，保证工程进度，节省开支，降低工程成本。

5. 外立面、景观、室内装修设计要求高

作为地方标志性建筑的体育建筑，造型独特，往往还包含国际元素、体育元素等，因此，外立面、景观、室内装修等设计均有特定的要求。

应对思路：利用BIM技术的装修解决方案，制定外立面、景观、室内装修等三维模型，可以提前对二维的装修设计方案做到查漏补缺，减少后期返工，且三维可视化的技术提供了前期的直观观感，利用VR技术创建交互式的三维动态仿真体验，能更快地实现装修方案的确认，从而降低沟通成本。

11.4.3 各阶段BIM应用点选择示例

BIM应用点策划与选择是BIM前期工作的核心内容，需根据项目的实际需要、委托方要求、招标投标及合同文件的约定，选择合适的应用点，既要满足项目的使用需求，又要防止过度建模、过度应用BIM。本节选择某体育中心为例，对其初步设计阶段、施工图

设计阶段、施工阶段进行 BIM 应用点策划，根据不同单体的建筑特点及功能需求，拟就以下表格"√"项进行 BIM 应用，如表 11.4-1、表 11.4-2、表 11.4-3 所示，实际使用时根据情况调整。

初步设计阶段 BIM 应用点　　　　　　　　　　　　　　表 11.4-1

应用点	工作内容	体育场	体育馆	游泳馆	体育宾馆	室外场地
各专业模型构建	建立扩初阶段深度要求的 BIM 模型	√	√	√	√	
模拟分析	日照环境分析	√	√	√	√	
	声环境分析	√	√	√	√	
	气流组织模拟分析	√	√	√	√	
	疏散模拟分析	√	√	√	√	
	室内外漫游模拟	√	√	√	√	√
平面、立面剖面检查	建筑专业	√	√	√	√	
	结构专业	√	√	√	√	
面积明细表统计	检查各房间面积的准确性	√	√	√	√	
工程量统计	统计建筑结构工程数量	√	√	√	√	
	统计机电设备材料数量	√	√	√	√	
成果收集、整理	设计 BIM 成果汇总（模型、视频、报告等）与归档	√	√	√	√	√
设计 BIM 模型移交	设计 BIM 模型移交	√	√	√	√	√

施工图设计阶段 BIM 应用点　　　　　　　　　　　　　　表 11.4-2

应用点	工作内容	体育场	体育馆	游泳馆	体育宾馆	室外场地
各专业模型构建	建立施工图深度要求的 BIM 模型	√	√	√	√	
模拟分析	净高分析	√	√	√	√	
	室内外漫游模拟	√	√	√	√	√
设计优化	管线综合优化	√	√	√	√	√
	建筑结构优化	√	√	√	√	
碰撞检查	建筑结构与机电碰撞检查	√	√	√	√	
辅助施工图设计	出二维平面图、复杂节点三维视图	√	√	√	√	
工程量统计	统计建筑结构工程数量	√	√	√	√	
	统计机电设备材料数量	√	√	√	√	
成果收集、整理	设计 BIM 成果汇总（模型、视频、报告等）与归档	√	√	√	√	√
设计 BIM 模型移交	设计 BIM 模型移交	√	√	√	√	√

施工阶段 BIM 应用点 表 11.4-3

应用点	工作内容	体育场	体育馆	游泳馆	体育宾馆	室外场地
各专业模型构建	建立满足施工阶段要求的BIM 模型	√	√	√	√	
模拟分析	净高分析	√	√	√	√	
	室内外漫游模拟	√	√	√	√	√
场地优化	现场土方平衡分析	√	√	√	√	√
	场地布置、临建搭设模拟	√	√	√	√	√
深化设计	机电深化设计	√	√	√	√	
	钢结构深化设计	√	√	√	√	
	幕墙深化设计	√	√	√	√	
	室内装饰装修深化设计	√	√	√	√	
	体育工艺深化设计	√	√	√		√
深化设计出图	出二维平面图、复杂节点三维视图	√	√	√	√	
变更管理	变更合理性审查、修改模型	√	√	√	√	√
碰撞检查	建筑结构与机电碰撞检查	√	√	√	√	
支吊架、抗震支吊架	力学计算、型号确定	√	√	√	√	
预留孔洞	施工管线孔洞预留预埋	√	√	√	√	√
装配式机房	冷冻机房等重要的机房管线预制加工现场装配	√	√	√		
大型设备安装模拟	大型设备运输与安装模拟	√	√	√		
工程量统计	统计建筑结构工程数量	√	√	√	√	
	统计机电设备材料数量	√	√	√	√	√
成果收集、整理	施工 BIM 成果汇总（模型、视频、报告等）与归档	√	√	√	√	√
施工 BIM 模型移交	施工 BIM 模型移交	√	√	√	√	
其他应用点	无人机技术应用	√	√	√	√	√
	智慧工地	√	√	√	√	√

11.4.4　BIM 技术应用实例

根据建设需要，苏州奥林匹克体育中心项目从设计、监理、施工到运营，全过程运用了 BIM 技术，以数字化、信息化及可视化的方式提高了项目的建设水平，做到了精细化管理。

1. 项目概况

苏州工业园区体育中心位于苏州市金鸡湖东核心区，规划总面积近 60 公顷，总建筑面积约 35.28 万 m²，总投资约 60 亿元人民币。本工程总承包施工分为两个标段，一标段包括服务配套中心、全民健身馆和体育馆，二标段包括体育场、游泳馆、室外训练场及其室外工程。

体育场建筑面积约 8.3 万 m²，主体结构为钢筋混凝土结构，屋盖罩棚由钢支撑和单层索网索膜组成，最大跨度 260m，座位数约 41000 个，建筑高度约 54m；游泳馆建筑面积约 4.8 万 m²，主体结构为钢筋混凝土结构，屋盖由钢结构、正交索网和直立锁边金属板屋面组成，最大跨度 107m，座位数约 3000 个，建筑高度约 34m。工程质量目标为"鲁班奖"，安全文明施工目标为"国家 AAA 级安全文明标准化工地"，绿色建筑要求通过 LEED 认证并获得绿色三星设计和运营标识目标。

2. 项目对设计、监理和施工 BIM 技术与成果的要求

工程建设单位立足项目实施全过程和后期运营阶段均运用 BIM 技术，设计、施工阶段通过 BIM 技术提高项目质量、进度、成本管控能力，实现精细化的项目管理；竣工验收阶段交付建设方竣工 BIM 模型，配合建设方完成竣工模型向物业运维 BIM 模型的转变，最终实现运营阶段可视化管理与数据管理相结合，达到有序管理、规范管理与科学管理。为此，项目建设方在策划阶段做了大量的调查研究，在分析与论证的基础上对设计、监理和施工单位分别提供的 BIM 技术与服务成果做了详细的要求。

（1）对设计单位 BIM 技术与成果的要求

设计人应提供与相应 BIM 建模阶段深度相匹配的以下成果：

1）可视化演示：包括建筑空间演示，从地面上下、建筑内外、不同楼层等不同位置、不同视角演示建筑物的空间关系；功能演示；建筑立面演示及分析。

2）交通组织演示：包括人流、车流、地面泊车港湾、地下停车库的停车位、行车路线以及入退场人流、车流模拟。

3）净空分析：根据 BIM 模型，进行各建筑空间的净空分析，协助施工总包方、专业分包方及物业管理公司进行各使用空间以及安装、操作空间的净空分析，并提出改进建议。

4）各专业、专项设计的碰撞检查以及三维管线综合，包括但不限于：建筑、结构、机电、设备、市政、幕墙、内装、景观、泛光等各专业的碰撞检查以及管线布置的优化建议。

5）提供主要面积指标、主要材料的工程量，校验工程量清单的编制。

6）为每个构件和设备的信息输入建立合适的空间，并输入设计阶段的信息，同时也能便于后期施工阶段以及运营阶段的信息更改。

（2）对监理单位 BIM 技术与成果的要求

1）根据设计图纸，审核建筑结构及水暖电模型；

2）数据管理：对各参与方提供的 BIM 数据进行数据管理，明确各方的 BIM 更改权限并监督落实；

3）定期提供各专业、各专项 BIM 模型的碰撞检查以及三维管线综合，包括但不限

于：建筑、结构、机电、设备、市政、幕墙、内装、景观、泛光等各专业的碰撞检查校核以及管线布置的优化建议；导出并提交碰撞检查报告，制作动画及互动漫游；

4）定期对设计单位以及施工单位提供的BIM模型进行审查，核对是否满足深度要求以及核对BIM模型的准确性。根据甲方要求，出具关键部位三维轴测图及透视图，并制作互动漫游文件和动画视屏；包括建筑空间演示，从地面上下、建筑内外、不同楼层等不同位置、不同视角演示建筑物的空间关系，建筑立面演示及分析；

5）针对管线复杂或净高要求严格的部位，做管线施工安装排布图，并做四维施工模拟动画；定期根据BIM模型，进行各使用空间以及安装、操作空间的净空校核，并提出改进建议；

6）在已完成的模型基础上，搭建工程量统计及施工模拟的BIM模型；

7）统计主要材料工程量，并按施工进度计划分阶段统计工程量，做好备工备料及资金准备；

8）根据总进度规划、施工进度计划，完成项目整体及重点部位施工进度模拟，并根据时间节点调整施工模拟；对施工计划跟实际进度的对比；

9）根据设计变更情况，及时跟踪修改模型；提供变更、签证、进度款发放以及建设单位指定部位的工程量校核，并提供意见。

（3）对施工单位BIM技术与成果的要求

建设单位要求施工单位在施工期间提供的BIM模型主要目的和作用有：

1）根据设计阶段的BIM执行计划，结合施工阶段的需求，编制整个施工阶段的BIM实施方案、执行计划。所有应用的目的是技术整合、管理支撑与价值工程。

2）每周提交给发包人、管理公司和监理最新的BIM模型，该模型应及时反映当时施工状况的实际情况（即形象进度）。

3）基于BIM模型进行4D施工进度模拟、更新和周期性提交。提供图片和动画视频等格式文件，协调施工各方优化时间安排。

4）根据施工需求进行4D施工模拟，详细阐述各工序安排，及相关4D优化前后的分析，基于BIM模型探讨短期及中期的施工方案。施工模拟中还应包括安全设施、辅助设施、临时设施，包括但不限于各类安全防护设施、围网、脚手架、临时围墙、道路、大门等。

5）根据发包人要求和施工需求进行大型机电设备进行吊装模拟，包含和不限于：柴油发电机组、空调机组、水处理设备、冷冻机设备、地源热泵、热交换机设备、冷却塔设备等。吊装模拟应充分考虑安全标准的要求。

6）进行碰撞检查，提供包括具体碰撞位置的检测报告，并提供相应的解决方案，及时协调解决碰撞问题。

7）基于BIM模型进行管线综合并出具相关报告，准备机电综合管道图（CSD）及综合结构留洞图（CBWD）等施工深化模型。

8）进行安全风险分析，在BIM模型中对高风险点进行标注。

9）运用 BIM 模型进行施工管理，及时发现问题并报告给发包人、管理公司和监理，解决工地现场实际问题，减少现场签证和变更，节约成本，缩短工期，进行安全文明施工。

10）基于 BIM 模型的材料统计、施工方案探讨、施工现场监控、设备信息输入、更新及维护。

11）对 BIM 模型的深度要求具体如下：

施工图深化设计（及设计变更）：物体主要组成部分必须在几何上表述准确，能够反映物体的实际外形；保证不会在施工模拟和碰撞检查中产生错误判断；构件应包含几何尺寸、材质、产品信息（例如电压、功率）等。模型包含信息量与施工图设计完成时的 CAD 图纸上的信息量应该保持一致。

施工阶段：模型实体详细、模型尺寸准确，能够根据模型进行构件加工制造；构件除包括几何尺寸、材质、产品信息外，还应附加模型的施工信息，包括生产、运输、安装等方面的时间节点、进度、安装操作单位等。

竣工提交阶段：除最终确定的模型尺寸外，还应包括其他竣工资料提交时所需的信息，如工艺设备的技术参数、产品说明书／运行操作手册、保养及维修手册、售后信息等。

3. BIM 技术应用成效分析

本工程从设计到施工全过程应用了 BIM 技术，在解决重点、难点问题方面发挥了有效作用。

（1）设计方面

1）将设计理念形象地融入模型实体

工程从概念设计阶段引入 BIM 技术，通过 BIM 技术和 GIS 技术相结合，在场馆形体特征、外立面造型、建筑高度以及建筑物与周围环境相衬托等多方面进行优化，并将三维设计模型提供各方讨论得出最终设计方案，确保设计方案的质量。

2）使空间定位的设计表达更加直观

结构设计师为最大限度地还原方案设计的意图，在考虑现有设计资料的基础上协调 BIM 进行模型重塑，重塑后的造型虽然符合建筑美学的要求，但极富工业设计元素的造型，无法使用传统施工图（平立剖）的表达方式描述，因而 BIM 在此环节充当了"翻译"的角色。

3）为消防疏散分析提供了便利

建筑设计的消防疏散通道一般不能够预估到结构构件或机电管道设备形成的不利影响，特别在本项目中，由于存在大量异形及不规则构件，传统方法比较难以估量，往往需要设计过程中设计师直观、便捷、高效的设计体验能够解决问题，不能彻底消除疏散不足尺寸的隐患。本工程在运用 BIM 技术，不仅由单一的物理碰撞或间隙碰撞检查，而且上升到了设计成果与规范强条的碰撞检查，消防疏散的分析变得更加直观有效。

4）建筑构造的设计优化

建筑美学、可建造性及实施成本历来是一组矛盾体，在看台肋梁究竟是折梁还是曲梁方案选型问题上，设计借助 BIM 的技术特点，从视觉效果、材料用量、施工难易程度等多个维度进行综合比选，在综合建筑设计、结构设计、施工等各方的经验和意见的基础上，通过 BIM 模型分析，采用内曲外折的布置方案，从而既满足了结构布置的可操作性，又保证了内场观众能得到一个光滑连续的视觉效果。

5）屋面钢结构方案优化

体育场屋面结构由 40 个关节轴承作为支撑体系，最大的关节轴承承载力达 108t，体育场钢 V 柱与地面的夹角是一个变量，前期通过 BIM 模型测算部分柱墩斜外漏面尺寸大于 1m，不仅视觉感官上过于厚重，且庞大的体积也影响疏散楼梯的有效布置。运用 BIM 技术，经过多次分析比选，保留了原有轻薄的钢结构构造，将柱墩藏于室内标高下，可建造性与成本均符合要求，实现了各方对于设计品质的追求效果。

6）专业间设计协调

对游泳馆看台区域，建筑设计在 BIM 技术的配合下、在协调三维空间的基础上，对斜向看台重塑模型，经过反复的分析推敲，解决了看台边梁的定位问题，兼顾了看台下静压箱的空间。BIM 技术利用参数化算法计算出既满足暖通管道敷设空间，又保证看台下最大净高的空间定位。

（2）施工方面

1）将复杂的施工定位简单化

本体育场、游泳馆两项目具有平面布置不规则、空间变化大、定位复杂、测量要求高的特点，且工程设计有大量异型构件、斜柱、弧形看台等，上部钢结构屋面属于双曲线马鞍形，均需要进行三维定位，为满足施工要求，现场采用 GPS、全站仪等仪器进行定位工作，施工单位利用 BIM 模型直接生成现场施工现场坐标数据，供 GPS、全站仪等使用，简化了测放过程。

2）清水混凝土施工

本体育场外露的圆柱、楼梯、大平台底部、看台背面、环向梁、外环梁等，设计采用清水混凝土，总面积约 3 万 m²。为确保每一处蝉缝、螺栓孔均能彰显清水混凝土的自然美。BIM 建模时，技术人员根据实际情况创建一系列清水模板族。该模板族可自动生成蝉缝、螺杆洞并进行工程量的统计，用于模板下料及指导模板预拼装，使用视频交底的方式表现新型施工工艺。

3）屋面钢结构施工

体育场屋面钢结构构件单根重量约 70t，吊装半径达 70m，现场采用 500t 履带吊进行吊装，工程前期通过 BIM 三维模型，模拟工程各种不同吊装工况，确保在现场每一个构件均可顺利进行起吊、安装，对于屋面钢结构压环梁及 V 形斜柱安装使用的胎架，技术人员通过 BIM 模型对胎架工装进行模拟，确保了屋面钢结构构件一次性准确就位，大大降低了反复调整带来的安全风险，同时也大大加快了安装速度。

4）机电安装管线深化

体育场、游泳馆中，机电安装管线集中、排列困难的现象比较普遍。遵照碰撞检查、管网避让原则，通过 BIM 软件自有功能进行系统与系统、系统与结构的碰撞检测，完成综合管线排布。根据 BIM 模型出具管线净高分析及管道综合施工图，将结构、建筑和机电模型通过链接的方式进行整合，利用橄榄山插件的自动开洞功能，完成二次砌体结构留洞图深化工作。

对于体育场不同曲率组成的弧形走廊，每一个构件都有不同的弯曲角度，为保证弧形管道后期美观，利用 BIM 对弧形管道进行合理分段，对每段管道进行 BIM 快速出图，指导工厂化预制加工。

4. BIM 技术应用经济成效分析

（1）开展 BIM 技术工作的直接成本投入

体育场和游泳馆工程目前 BIM 工作直接费用约 386 万元，其中建设单位支付给设计单位的 BIM 工作专项设计费用 138 万元（其中体育场 90 万元、游泳馆 48 万元），监理单位投入硬件、软件与人工总计约 60 万元，施工单位投入硬件（设备）、人工、网络协同平台租用等约 188.34 万元（不含软件费用）。

（2）BIM 技术在本工程应用的经济效益分析

该工程自设计阶段即开始使用 BIM 技术，施工阶段在设计模型的基础上对 BIM 技术的应用进行了延展，除工程本身的施工组织、方案编制、图纸深化或优化、进度控制、材料设备采购、风险控制等方面外，在对施工阶段临时场地的规划、布置以及土方平衡等方面也发挥了很好的作用。

经初步统计，至主体结构、钢结构施工完毕阶段，现场已经节约直接成本约 500 万元。比如：① 通过 BIM 模型进行机电管线综合排布，减少自身碰撞点共计 332 处。② 机电安装通过联合支吊架设置，调整使用支吊架共计 750 组。③ 通过前期场地布置，合理规划履带吊行走吊装路线和钢构件堆场布置，减少场地处理面积约 300m^2。④ 优化材料采购，降低损耗率。利用准确的 TakleBIM 模型生成材料报告，形成采购清单，以便工厂采购采取双边定尺采购，降低材料损耗率达 3%，仅此一项节省成本约 150 万元。⑤ 对于幕墙结构，计算机自动模拟减少人工深化失误造成返工损失，返工率从 5% 左右误差降到 1%；辅助现场安装定位，减少施工中返工损失，返工率从 2% 左右误差降到 1%。⑥ 幕墙工程通过碰撞检查提前发现碰撞，减少返工损失，两场馆共碰撞约 2100 处，排除现场调节等外约 900 处等。

通过 BIM 技术的运用，现场解决的上述类似问题数不胜数，若综合计算因没有及时发现问题造成返工、工期延长、材料更换等造成的损失，其经济效益则更加直观。与各方实际投入的成本予以对比，BIM 技术应用后的效益不言而喻。

5. 应用总结

美国斯坦福大学整合设施工程中心（CIFE）曾经根据 32 个项目总结了使用 BIM 技术的效果：效果一，消除 40% 预算外变更；效果二，造价估算耗费时间缩短 80%；效果三，通过解决冲突，合同价格降低 10%；效果四，项目工期缩短 7%，及早实现投资回报。

　　对照上述 4 项效果中提到的数据，虽然本工程有所欠缺，但通过本文的分析与总结，本工程从设计阶段开始即将 BIM 技术应用于了项目全过程，在实施过程中，通过前期 BIM 深化对现场碰到的问题进行提前预警、消除，对于设计、施工不合理之处进行调整，为工程的顺利实施起到了保驾护航的作用，同时通过本项目的 BIM 实施，为各参建单位锻炼培养了 BIM 技术人才，提高了企业的竞争力。总之，BIM 技术的应用达到了项目建设方的预期。

第4篇

验收移交与运营咨询

　　建设项目施工完成设计与合同约定的全部内容并初步验收合格后，即可以进入验收阶段。工程竣工验收，是项目施工周期的最后一个程序，也是建设成果转入移交使用的标志。全过程工程咨询单位在验收移交阶段有大量的工作需要完成，否则将会影响后续的工程使用。本篇从竣工验收移交、移交后的项目运营方案、运营阶段的监测和拆除提升改造4个部分结合案例展开论述。

第 12 章　竣工验收与移交

竣工验收的目的在于全面考察建设项目的施工质量、明确合同责任、建设项目转入使用的必备程序。竣工验收及移交是对工程质量把关的重要环节，竣工验收及移交阶段的工作内容包括组织生活用水水质检测、房产测绘、规划竣工测绘、绿地面积测绘、建筑消防设施检测、污水水质检测、室内空气质量检测、土地复核宗地测绘等相关检测及测绘；组织通电、通水、通信接入、燃气接入、出入口开设、排水许可证及排污排水接入等配套办理；组织竣工专项验收，档案移交，竣工验收备案，产权证办理等报批报建手续办理。

竣工验收由建设单位主持，各相关单位参与，主要包括使用单位、建设单位、设计单位、勘察单位、施工单位、专业承包单位、监理单位、工程质量监督单位、工程安全监督单位。

体育场馆竣工验收的专业类别主要由建筑、结构、给水排水、供暖、电气、弱电、通风空调、电梯、体育工艺、智能化、景观、幕墙、钢结构、金属屋面、室外工程等建筑设计或专业设计组成。

竣工验收由建设单位主持，集中布置验收任务。

（1）建设、勘察、设计、施工、监理单位分别汇报工程合同履约情况和在工程建设各个环节执行法律、法规和工程建设强制性标准的情况；

（2）审阅建设、勘察、设计、施工、监理单位的工程档案资料；

（3）实地查验工程质量；

（4）对工程勘察、设计、施工、设备安装质量和各管理环节等方面做出全面评价，形成经验收组人员签署的工程竣工验收意见。

12.1　竣工验收提交成果

工程竣工验收合格后，建设单位应当及时提出工程竣工验收报告。工程竣工验收报告主要包括工程概况，建设单位执行基本建设程序情况，对工程勘察、设计、施工、监理等方面的评价，工程竣工验收时间、程序、内容和组织形式，工程竣工验收意见等内容。

12.1.1　工程竣工验收报告还应附有下列文件

（1）施工许可证。

（2）施工图设计文件审查意见。

（3）施工单位编制的工程竣工报告、监理单位编制的工程质量评估报告、勘察与设计单位编制的质量检查报告、由施工单位签署的质量保修书。

（4）验收组人员签署的工程竣工验收意见。

（5）法规、规章规定的其他有关文件。

12.1.2　质量监督有关工作

负责监督该工程的工程质量监督机构应当对工程竣工验收的组织形式、验收程序、执行验收标准等情况进行现场监督，发现有违反建设工程质量管理规定行为的，责令改正，并将对工程竣工验收的监督情况作为工程质量监督报告的重要内容。

12.1.3　竣工验收前需要专项验收的内容

工程专项验收需要在竣工验收前完成，内容包括建设工程竣工消防验收、建设项目环境保护设施竣工验收、防雷装置竣工验收、建设工程竣工档案认可、公共和专用停车场（库）竣工验收、城市绿化工程竣工验收、城市排水许可证核发、建设项目卫生竣工验收、房产测绘（移交前办理）、建设项目用地复核验收、建设工程用地规划核实、人防工程竣工验收备案等。

12.1.4　竣工验收通过

（1）对竣工验收情况进行汇总讨论，并听取质量监督机构对该工程质量监督情况；

（2）形成竣工验收意见，填写《建设工程竣工验收备案表》和《建设工程竣工验收报告》，验收小组人员分别签字，建设单位盖章；

（3）当在验收过程中发现严重问题，达不到竣工验收标准时，验收小组应责成责任单位立即整改，并宣布本次验收无效，重新确定时间组织竣工验收；

（4）当在竣工验收过程中发现一般需整改质量问题，验收小组可形成初步验收意见，填写有关表格，有关人员签字，但建设单位不加盖公章。验收小组责成有关责任单位整改，可委托建设单位项目负责人组织复查，整改完毕符合要求后，加盖建设单位公章；

（5）当竣工验收小组各方不能形成一致竣工验收意见时，应当协商提出解决办法，待意见一致后，重新组织工程竣工验收。当协商不成时，应报建设行政主管部门或质量监督机构进行协调裁决；

（6）竣工验收中发现的问题经整改合格后，建设单位应当组织施工、设计、监理等单位检查确认，提交《工程竣工验收整改意见处理报告》，符合下列要求时，竣工验收通过：

1）竣工验收资料齐全；

2）竣工验收组织机构有效；

3）竣工验收程序合法；

4）执行《建筑工程施工质量验收统一标准》GB 50300 及其配套的各专业工程施工质

量验收规范、工程建设强制性标准、相关法律（法规、规范性文件）及设计文件相关要求，符合单位（子单位）工程质量验收合格的规定，工程实体质量经监督抽查合格或发现的问题经整改合格。

（7）竣工验收通过时间应当以竣工验收发现的问题整改合格或重新验收符合要求之日为准；

（8）建设单位应当在竣工验收通过之日起1个工作日内将竣工验收的相关记录及文书等资料提交质监机构备查：

1)《工程竣工验收报告》；

2)监理单位发出的"整改通知书"；

3)经有关各方签章的《工程竣工验收整改意见处理报告》。

12.1.5 体育场场馆专业分包内容竣工验收内容与要求

体育场场馆专业分包内容竣工验收内容与要求详见表12.1-1。

体育场场馆专业分包内容竣工验收内容与要求 表12.1-1

序号	项目名称（验收内容）	验收要求	备 注
1	体育场和田径热身足球场草坪工程（含草坪机械）	符合设计、招标文件及合同要求，提供一级场地认证报告，测试赛使用合格	《天然材料体育场地使用要求及检验方法 第1部分：足球场地天然草面层》GB/T 19995.1
2	游泳池水处理设备采购与安装施工	符合设计、招标文件及合同要求，提供水质专项检测报告，试运行使用合格	水质达到《游泳池水质标准》CJJ 122，《水处理设备性能试验》GB/T 13922
3	场地照明系统设备采购与安装	符合设计、招标文件及合同要求，提供照度专项检测报告（各场馆照度标准见招标文件），测试赛使用合格	《体育场馆照明设计及检测标准》JGJ 153，《体育照明使用要求及检验方法 第1部分：室外足球场和综合体育场》TY/T 1002.1，《体育照明使用要求及检验方法 第2部分：综合体育馆》TY/T 1002.2
4	智能化系统工程	符合设计、招标文件及合同要求，测试赛使用符合要求	《体育场建筑智能化系统工程技术规程》JGJ/T 179
5	场地扩声系统设备采购与安装	符合设计、招标文件及合同要求，提供扩声系统专项检测报告（各场馆扩声系统级别标准见招标文件），测试赛使用合格	《体育场馆声学设计及测量规程》JGJ/T 131，《厅堂、体育场馆扩声系统验收规范》GB/T 28048，《厅堂扩声系统特性测量方法》GB/T 4959
6	大屏幕显示及控制系统设备采购及安装施工	符合设计、招标文件及合同要求，提供显示屏专项检测报告，测试赛使用符合要求	《视频显示系统工程技术规范》GB 50464，《体育场馆用LED显示屏规范》SJ/T 11406
7	夜景照明系统专业承包工程	符合设计、招标文件及合同要求，试运行符合要求	
8	泳池瓷砖专业承包工程	符合设计、招标文件及合同要求，提供跳水池跳板高度、比赛池长度专项认证报告，测试赛使用符合要求	《体育场地使用要求及检验方法 第2部分：游泳场地》GB/T 22517.2

序号	项目名称（验收内容）	验收要求	备　注
9	看台座椅工程采购及安装	符合设计、招标文件及合同要求，提供质量技术监督部门合格证	《体育场馆公共座椅》QB/T 2601
10	运动木地板安装工程	符合设计、招标文件及合同要求，提供专项检测认证报告，测试赛使用符合要求	《实木地板　第 1 部分：技术要求》GB/T 15036.1，《实木地板　第 2 部分：检验方法》GB/T 15036.2，《天然材料体育场地使用要求及检验方法　第 2 部分：综合体育场馆木地板场地》GB/T 19995.2
11	导向标识系统采购及安装	符合设计、招标文件及合同要求，测试赛使用符合要求	《标志用公共信息图形符号　第 1 部分：通用符号》GB/T 10001.1，《标志用公共信息图形符号　第 4 部分：运动健身符号》GB/T 10001.4，《公共信息导向系统设置原则与要求　第 7 部分：运动场所》GB/T 15566.7
12	地下停车场、室外园区、户外立体字导向标识系统采购及安装	符合设计、招标文件及合同要求，测试赛使用符合要求	
13	室内外网球场、篮球场场地专业承包工程	符合设计、招标文件及合同要求，提供第三方专项测量与验收报告，测试赛使用符合要求	《人工材料体育场地使用要求及检验方法　第 2 部分：网球场地》GB/T 20033.2-2005
14	光导照明系统专业承包工程	符合设计、招标文件及合同要求，提供专项测试报告	
15	地暖系统专业承包工程	符合设计、招标文件及合同要求，测试赛使用符合要求	《辐射供暖供冷技术规程》JGJ 142，《建筑给水排水及采暖工程施工质量验收规范》GB 50242
16	田径场塑胶跑道工程	符合设计、招标文件及合同要求，需提供中国田协认证一类地标准证书，测试赛使用符合要求	《合成材料运动场地面层》GB/T 14833
17	田径训练场塑胶跑道工程		
18	锅炉设备采购及安装	符合设计、招标文件及合同要求，须提供技术监督局部门专项验收证书	《锅炉安装工程施工及验收规范》GB 50273
19	人工冰场及附属设施工程设备采购与安装施工	符合设计、招标文件及合同要求，提供专项验收证书，测试赛使用符合要求	《国际冰球联合会官方冰球规则 2018—2022》，《天然材料体育场地使用要求及检验方法　第 3 部分：运动冰场》GB/T 19995.3

......

12.2　编制使用手册

　　作者参与的体育建筑工程基本存在着使用单位与建设单位不是一个单位主体的现象，即使有些项目的建设单位承担了项目后续的运营任务，其具体运营管理人员也有可能没有参与体育建筑的建设过程。因此，全过程工程咨询单位有必要组织编制《体育建筑工程使用手册》，并按照编制内容组织相关培训工作，以保证体育场馆运行阶段合理使用、高效节能、按时维护，在可持续发展的基础上，实现社会效益、经济效益最大化。

本节以某体育中心为例，列出使用手册有关目录供参考（使用具体内容略）。

某体育中心体育场馆使用手册（目录）

12.3　项目移交

现场具备移交条件后由（全过程）工程咨询单位负责组织移交，由总承包单位填写《工程移交单》，接收方、（全过程）工程咨询单位、移交方现场核验，若存在问题无法达到移交条件，现场提出整改，待移交方整改完成后，重新确认。确认现场达到移交条件，双方在《工程移交单》上签字确认，同时移交方将房间钥匙一并移交。体育场馆验收一般包括建筑、结构、装饰、市政、机电工程、体育工艺等，常规建议按照功能划分（也可以按照标段划分）移交；每部分（标段）移交的方法按照如下思路开展。

12.3.1　项目实体移交

资料移交完成后，按要求向使用单位进行资产移交。移交内容按合同要求，给使用单位进行培训，提供使用手册。培训工作可以提前在项目设备调试阶段进行，以减少缩短项目移交周期。项目移交工作应成立工作领导小组负责整体协调工程移交期间的问题，根据本工程特点基本上可按以下几个小组进行。

1. 建筑、结构、装饰、市政（表 12.3-1）

移交成员组成可由与之相关标段的人员参加。

移交内容：组要负责地基与基础、主体结构、建筑室内、外装饰装修（含标志标识）、室外景观照明、道路、市政绿化。

移交要求：交接双方对各部位进行实地检查，双方在交接单上签字。

建筑、结构、装饰、市政组　　　　　　　　　表 12.3-1

移交内容	移交人员安排
地基与基础、主体结构（含钢结构）	（全过程）工程咨询专业工程师、施工承包商技术负责人、建设（代建）单位代表、使用单位代表
幕墙	（全过程）工程咨询专业工程师、施工承包商技术负责人、建设（代建）单位代表、使用单位代表
室外道路、石材铺装、室外景观照明、建筑小品、综合管廊	（全过程）工程咨询专业工程师、施工承包商技术负责人、建设（代建）单位代表、使用单位代表
装饰装修（含标识）	（全过程）工程咨询专业工程师、施工承包商技术负责人、建设（代建）单位代表、使用单位代表

2. 机电安装、智能化专业组（表 12.3-2）

内容：电气、给水排水、供暖、通风空调、智能化、电梯、消防系统等。

移交要求：各系统设备编制设备移交清单，各相关专业移交完毕后需填写移交单。

机电安装、智能化专业组　　　　　　　　　表 12.3-2

移交内容	移交人员安排
电梯	（全过程）工程咨询专业工程师、施工承包商技术负责人、建设（代建）单位代表、使用单位代表
给水排水、消火栓、喷淋、水幕、水炮系统	（全过程）工程咨询专业工程师、施工承包商技术负责人、建设（代建）单位代表、使用单位代表
消防报警联动系统	（全过程）工程咨询专业工程师咨询专业工程师、施工承包商技术负责人、建设（代建）单位代表、使用单位代表
供暖通风空调及防排烟系统	（全过程）工程咨询专业工程师咨询专业工程师、施工承包商技术负责人、建设（代建）单位代表、使用单位代表
电气照明及动力系统	（全过程）工程咨询专业工程师咨询专业工程师、施工承包商技术负责人、建设（代建）单位代表、使用单位代表
智能化	（全过程）工程咨询专业工程师咨询专业工程师、施工承包商技术负责人、建设（代建）单位代表、使用单位代表

3. 体育工艺组（表 12.3-3）

内容：体育工艺等。

移交要求：各系统设备编制设备移交清单，各相关专业移交完毕后需填写移交单。

体育工艺组   表 12.3-3

移交内容	移交人员安排
专业设备验收	（全过程）工程咨询专业工程师、供货商、建设（代建）单位代表、使用单位代表
专门舞台设备	（全过程）工程咨询专业工程师、供货商、建设（代建）单位代表、使用单位代表

4. 档案资料组（表 12.3-4）

成员：各单位资料员。

内容：图纸及档案资料。

档案资料组   表 12.3-4

移交内容	交人员安排
竣工图纸	（全过程）工程咨询专业工程师、施工承包商技术负责人、建设（代建）单位代表、使用单位代表
档案资料	（全过程）工程咨询专业工程师、施工承包商技术负责人、建设（代建）单位代表、使用单位代表

12.3.2 移交程序

现场具备移交条件后由（全过程）工程咨询单位负责组织移交，由移交方填写《工程移交单》，接收方、（全过程）工程咨询单位、移交方现场核验，若存在问题无法达到移交条件，现场提出整改，待移交方整改完成后，重新确认。确认现场达到移交条件后，双方在《工程移交单》上签字确认，同时移交方将房间钥匙一并移交。程序图略。

12.3.3 移交方法

（1）由第四移交组进行竣工图及内业资料（含工程使用说明书及产品说明书，工程建设相关资料等）的移交，移交完成后填写《*** 项目竣工图纸移交单》《*** 项目竣工资料移交单》。

（2）由第一移交组、第二移交组、第三移交组进行工程实物移交。

工程移交以现状实物移交为主。各移交小组中的接收人员分别接收人员进行现场实物检查验收，检查验收后填写《*** 项目子分部工程移交单》，分组验收结束后，填写《*** 项目移交单》。

如接收人员要求启动设备试运行，移交人员应派专业人员负责设备开启工作。

12.3.4 培训工作

针对关键设备的培训工作，移交方邀请厂家对接收使用方人员进行现场培训，培训内容包括系统设计方案、操作原理、操作规程、维护保养注意事项、常见故障检修技术等，如表 12.3-5 所示。移交方要将接收方相关人员培训到位，达到独立维护、使用设备系统和各类器械及场地的水平。培训结束后，移交方填写《培训表》，如表 12.3-6 所示。同时将设备维保资料、培训资料、考核资料等过程资料进行整体移交。

培训工作安排 表 12.3-5

培训内容	培训人员安排
给水排水系统	承包单位技术负责人、使用方管理人员
供暖系统	承包单位技术负责人、使用方管理人员
空调与通风系统、防排烟系统	承包单位技术负责人、使用方管理人员
照明系统、动力系统	承包单位技术负责人、使用方管理人员
消火栓系统、喷淋系统、消防水炮系统、消防水幕系统、雨淋系统、气体灭火	承包单位技术负责人、使用方管理人员
消防报警及联动系统	承包单位技术负责人、使用方管理人员
电梯	承包单位技术负责人、使用方管理人员
智能化	承包单位技术负责人、使用方管理人员
体育工艺	承包单位技术负责人、使用方管理人员
地基与基础、主体结构、装饰装修、室外工程等	承包单位技术负责人、使用方管理人员
……	

培训表 表 12.3-6

人员培训表		
工程名称		
专业分类	暖通	
培训内容		
培训地点		
培训时间		
序号	培训人员	联系方式

12.3.5 移交资料附件

移交资料详附录 1 项目移交用表。

第13章 运 营 咨 询

体育建筑的全生命周期同其他建筑一样，都将经历工程建设前期阶段、工程建设准备阶段、工程建设实施阶段、工程验收与保修阶段、运营阶段和拆除阶段。按照目标导向、结果导向的建设管理思路，体育场馆的运营将是体育建筑发挥效益（包括经济效益和社会效益）的关键。因此，体育建筑的运营，全过程咨询单位必须结合场馆自身的特点和场馆所在城市的发展，确定场馆定位，以此为基础制定出具有地方特色的运营思路，确定具有地方特色的运营模式是场馆整体运营的先决条件。全过程咨询单位确定运营思路应本着以体为主、公益先行的主旨，通过市场调研和科学分析，一方面以特色化经营拉动体育氛围、促进体育消费和提高城市影响力；另一方面也需要有硬件（如体育设施）和软件（如管理团队、管理平台、技术配套等）的保障。

运营咨询中，有关市场调研与分析、项目运营定位、运营需要的硬件配置、管理与运营模式、管理制度等内容，可以参考胡新赞著《复合功能体育建筑建设与运营管理》（中国建筑工业出版社2019年1月出版）第4章功能复合型体育场馆建造评析4.2运营模式评析、第5章场馆长期运营能力分析、第6章建设运营管理模式创新等章节内容，本书不再赘述。本书仅对体育场馆的日常运营管理有关平台和智慧场馆咨询进行论述，并提供某体育中心运营方案（摘选）供大家参考。

13.1 场馆综合态势管理

综合态势管理应对影响场馆行业发展的政治、经济、社会、技术等环境因素以及场馆硬件设施分析、服务项目分析、场馆营销情况、场馆特色分析、财务状况、用户分布、男女比例等一系列整体经营形势进行分析，并根据综合态势分析情况制定场馆的发展规划、营销策略、运营方向等。提供多内容，多途径的事件查询方式及相关报表。一般包含以下内容：

1. 人员态势

人员态势主要支持针对场馆中人流、特征、数量等数据进行智能分析和展示，主要包含以下能力：

（1）支持人员热力分布展示，在GIS地图上以热力图形式显示场馆人员分布情况；

（2）支持人员特征分析，在场馆人员男女性别比统计、年龄分布统计、来源属性分析、来源分布以及人员画像分析的基础上，生成相应的柱状图、饼图等多种图表进行展示；

（3）人员数量统计：场馆人员数量统计，并用趋势图表展示近 7 日场馆人员数量变化趋势。

2. 车辆态势

车辆态势主要针对场馆范围内车辆的分布、数量、停车容量和进出状态进行分析，主要包含以下能力：

（1）车辆分布：在 GIS 地图上显示场馆内车辆、车位位置。

（2）车辆统计：整个场馆内车辆总数统计、车辆属性统计、按位置分布车辆数量统计。

（3）车辆进出分析：对各区域出入车辆数量按照时间维度进行统计；场馆车辆进出记录列表显示；以图表形式展示进出场车辆数量同比环比分析、车流量分时统计、车流量分布趋势、停车市场占比等。

3. 安全态势

安全态势主要针对场馆范围内相关拥堵状态和安全事件进行统一的展示和分析，主要包含以下能力：

（1）GIS 基础信息展示：在 GIS 地图上显示场馆主建筑（包括各功能场馆、应急装备仓库）、场馆出入口、停车场位置分布及属性信息。

（2）智能预警：面向不同授权层级人员提供告警提示，展示事件与危险源（报警）列表，并在 GIS 地图上显示告警信息，包括区域、事件、类型、状态、图片、处理情况等。

（3）安全评级：通过对场馆各安全风险因素和特征分析，对场馆安全等级进行评级，计算并显示得分情况。

（4）拥堵分析：基于人流和车流数据采集，场馆流量监测，对场馆拥堵情况进行检测分析，展示车辆拥堵指数、人员拥堵指数，对交通流量占比、交通延时指数占比、交通拥堵走势进行图形化统计展示。

（5）安全数据挖掘：对安全事件数量分类型统计，对告警数量、报警类型分类、告警处理状态、历史告警时段进行统计并以图形化形式展示，对本月区域告警数量进行排行。

4. 环境态势

环境态势主要针对场馆范围内的相关环境状态、异常波动、趋势判断进行展示，主要包括以下能力：

（1）态势总览：整个场馆空气、水环境、土壤等环境因子总体情况进行统计展示，包括空气质量为优的天数、空气报警次数、水报警次数、扬尘实时监控报警次数等的统计展示。

（2）实时监测：在 GIS 地图上展示场馆环境质量情况分布，包括 PM2.5、PM10、CO、NO、O_3、水环境、土壤等环境质量分布。

（3）智能预警：对空气、水环境、土壤等环境监控异常情况进行智能预警。

5. 比赛态势

比赛态势主要针对赛事相关的计划信息、比分信息、场次统计和观众分布进行展示，通过后台设置重要节点时间轴，通过各类数据源的采集，实时形成赛事演出等各时间重要节点的标识，进行逐步演进、展示。主要包括以下能力：

（1）比赛计划：列表展示比赛计划信息，包括比赛时间、场馆、赛事内容等。

（2）比分展示：列表展示当前各场馆赛事比分情况。

（3）场次统计：图形化方式对当日场次统计展示，并做历史对比。

（4）观众统计：图形化方式对当日各比赛观众人数进行统计展示，并做历史对比。

13.2　大屏可视化管理

大屏可视化应具备数据汇聚管理、可视化组件、超高分辨率渲染引擎、可视化方案设计工具软件和操控切换控制软件等功能。

开发建设智能化、可视化的数据汇聚工具，根据可视化场景需求为各类数据资源设计相应的采集、缓存和统计分析及处理方法，以信息要素、业务模型等多种形式，为实现多样化、可视化的展示提供数据保障。

可视化组件应包括支持柱形图、饼图、折线图、雷达图、仪表盘、3D 图标等组件以及模板库（支持应用克隆）、专业图形显卡，通过可视化开发界面，可对可视化组件进行拖拽、排版、数据源切换等操作，实现大数据的查询统计及展示方案的新建和切换。

大屏可视化图形样式主要包括文字、图片、动画、视频、图表、地图、地图热点、图文组合、表格等各类基础图形，对于复杂的数据可设计拓扑图、关系图、张力图、热力图、撒点图、时序图、观众迁徙地图等数据可视全景图。

通过分析不同情况下的业务需求，明确需要获取的信息及关联的数据构成，针对实际业务情形设计出能够根据实时信息进行联动切换等各类操作的大数据可视化展示预案。

13.3　实时能耗管控平台

实时能耗管控平台对场馆空调、照明、机电等设施设备的水电能耗数据、能效信息进行采集、清洗、实时呈现场内各部位设备、人员运行情况，为开展节能降耗提供数据支撑。

能耗统计：能耗成本及环比值统计、室温较低场馆统计、能耗变化趋势统计、历史能耗量统计，并以图形化形式展示。

智能预警：对能耗超标等情况进行智能预警。

13.4 场馆设备运营管理

13.4.1 建筑设备管理

建筑设备管理应通过物联网技术对场馆给水排水、供暖、通风、空调、电气、电梯、压缩机、风管机等现场设备、系统进行统一监测、获取实时运行信息，建立设备运行数据档案、进行远程控制与管理以及故障处置等。

13.4.2 能耗计量设备管理

能耗计量设备管理应具备对场馆电、水、天然气、热量、冷量等能源消耗量和能源利用效率的监控、统计、分析、评价、预测、优化等功能，主要满足于以下要求：

（1）应与设备监测系统、智能照明系统、环境监测系统进行联动，监测设备能耗情况以采取相应调解或优化措施；

（2）能耗管理系统的结构和组成、硬件配置、软件功能、通信协议等可参照 YD/T 3548 行业标准的技术要求。

13.4.3 智能照明管理

智能照明管理应用应具备实现场地开启、场次开始自动或自助开灯、场次结束自动关灯、整体场地控制等功能，主要满足于以下要求：

（1）应适配各类场地情况、运动项目情况等所需的灯光照明模式，如运动场地的照明应照度稳定、可靠，满足群众运动健身的视觉要求，观众席和主席台的照明应满足观众和贵宾能在舒适的照明情况下观看比赛；

（2）可采用中央集中式、集散式、分布式的网络结构，宜采用先进照明控制技术，远程控制和实时控制相结合；

（3）应具有关闭重开延时、回路开启延时的功能，在工作过程中既能抗外界干扰，又能保证不对其他设备产生干扰；

（4）设置软件的实时控制和故障检测，在系统监视屏上，能通过图文界面观察光源的状态和计算寿命、控制系统的运行状态等；

（5）支持移动端或自助服务设备开场自动开灯，包含场地开启、场次开始自动开灯、场次结束自动关灯、整体场地控制等功能。

13.4.4 环境及水质监控管理

环境及水质监控管理应用应具备对场馆环境温度、湿度以及颗粒物（PM2.5、PM10）、二氧化碳、VOC、甲醛、噪声、氧气等空气质量要素、有毒有害气体以及水质水温的监测、评估、安全预警、智能调节等管理功能。

环境监控管理系统及设备应符合 GB/T 15432 等国家标准要求，确保室内环境和空气质量达到 GB/T 18883、GB/T 17095 等国家标准要求以及场馆用户的舒适度需求。

13.4.5　智慧安防设备平台

智能安防设备平台应实现与甲方采购的安全监控系统的对接融合，通过甲方安装的视频监控系统实现对场馆重点部位、设施设备进行实时视频监控、异常识别、报警联动、应急响应、控制、事件追溯等安全保障管理功能。

通过给园区内摄像机进行分组、巡更线路规划实现运营中心视频巡更。在视频监控系统无法覆盖和重点防范区域，补充人工电子巡更，全方位防护安全，同时节约管理成本。

能够基于既定视频摄像头，实时调用视频监控厂家提供的视频 AI 算法，在本系统的应用展示层实现三维可视化的报表分析、告警布控，具体包括以下内容：人脸布控、人脸轨迹、人联门禁、视频周界、区域入侵检测、徘徊检测、区域统计、人员热力、人群聚集、车流统计。

应根据体育场馆的使用功能、建设标准及安全防范管理的需要，综合运用信息、计算机网络、电子等技术，构成先进、可靠、经济、配套的智能安全技术防范体系，并符合 GB 50348、GB 22185 等国家标准的要求。

智能安防管理应用应结合智能卡系统综合应用。

应设置紧急报警装置，并留有与 110 报警中心联网的通信接口，赛事期间系统应以预防、处置突发事件为核心。

智能安防管理应用宜由视频安防监控系统、入侵报警系统、电子巡更系统、安检系统和安防信息综合管理系统等子系统融合集成，各子系统应满足以下功能要求：

1. 视频安防监控系统

（1）应实时接入场馆的视频安防监控系统实现联动管理，对场馆的周界区域、出入口、进出通道、门厅、公共区域、重要休息室通道、重要机房、奖牌存放室、枪械仓库、新闻中心、停车场等重要部位和场所进行有效的监视和记录，图像分辨率应不低于 1080P，监控录像保存时间应不少于 30 天，其中反恐重点部位和场所不少于 90 天；

（2）应对场馆主要出入口进出人员进行实时人脸抓拍记录；

（3）应对场馆观众出入口的客流进行视频统计，并向安保指挥中心实时反馈统计数据；

（4）应对售票厅、检票通道处、人员疏散处等人员集散区域的人员密度进行视频检测分析并对关注区域人员计数，同时可对人员超限告警；

（5）应对大中型场馆内赛事过程中运动员、观众、技术官员坐席等关注目标的活动通过 8K 等超高清全景摄像机远程进行全程记录；

（6）宜对进出场馆人员通过人脸比对进行身份核验；

（7）宜对场馆内外的建筑、关注区域、人、车、道路等目标进行实景标注监测；

（8）应符合 GB 20815、GB/T 28181、GB 50198、GB 50395、GA/T 367 等国家、行业标准要求；

（9）应具有总控和分控功能，在画面应显示摄像机的编号、部位、地址、日期等内容，画面显示可进行编程、自动或手动切换；

（10）应与入侵报警系统、出入口控制系统联动：当报警发生时，能将现场图像自动切换到指定的监视器上显示并自动录像，对需要进行声音复核的场所，应安装声音侦听设备；

（11）应为安保指挥中心和消防控制室提供图像信号；

（12）应提供通信接口和协议，与安防信息综合管理系统联网；

（13）应具有灵活的扩展能力，保证在重大赛事和活动时能够扩展监控范围。

2. 入侵报警系统

（1）应实时对接场馆安装的入侵探测设备并与相关业务应用系统联动分析，实现对场馆的周界、重要机房、奖牌存放室、设备仓库（枪械等）等重点部位的非法入侵、盗窃、破坏进行实时有效的探测和报警，并应有报警复核功能；

（2）应符合 GB/T 31132、GB/T 32581、GB 50394 等国家标准要求；

（3）可按时间、区域、部位任意编程设防或撤防；

（4）应能对接入侵探测设备的数据通信接口，实现对设备运行状态和信号传输线路的检测，当探测器被拆或线路被切断时，能及时发出报警并指示故障位置；

（5）应显示和记录报警部位和警情数据，并能提供与其他子系统联动的控制接口信号；

（6）宜在场馆内重要部位部署可视紧急报警桩。

3. 电子巡更系统

（1）应根据场馆安全技术防范管理的需要，通过巡更点的信息采集对保安人员巡更的工作状态进行监督和记录；

（2）巡更点宜设置在主要出入口、主要通道、紧急出入口和各重要部位；

（3）应符合 GA/T 644 等行业标准要求；

（4）宜支持巡更现场图像拍摄上传和对讲；

（5）应提供通信接口和协议，与安防信息综合管理系统联网。

4. 安检系统

（1）对接在场馆入口处配置的手持金属探测器、安检门、安检机，通过以上安检设备对观众携带的液体、金属、可疑物品进行检测过程中实现告警统计；

（2）应符合 GB 12899、15208.1、GB 15210 等国家标准要求；

（3）应根据场馆安全技术防范管理的需要，对刀、枪及零部件、雨伞、电池、手机、笔记本电脑、打火机、剪刀、压力喷罐等违禁品按需自动智能识别的结果进行多屏联动统一可视化告警。

5. 安防信息综合管理系统

（1）通过统一的系统平台将安防控制中心与安全防范各子系统联网，实现安防控制中心对整体系统信息的集成和自动化管理；

（2）应对安全防范各子系统的运行状态进行检测和必要控制，对系统运行状况和报警信息等进行显示、记录和存储；

（3）应具有标准、开放的通信接口和协议，可与同机电设备监控系统、火灾自动报警系统及消防联动控制系统集成；

（4）能够预览、调阅、存储视频监控，支持轮巡和摄像机控制设置，支持 GIS 地图上监控点位的管理，支持图片搜索，能够与门禁、消防、入侵报警联动。

6. 智能门禁管理

智能门禁管理应用应具备通过对接在场馆出入口或重点部位安装的闸机等智能硬件设备，实现与系统的互联互通，实现无人值守场景下通过扫码、人脸识别或刷卡进出的功能，主要满足于以下要求：

（1）应对场馆出入口、重要办公室、重要机房、将牌存放室、枪械仓库、设备间、监控室等处设置出入口控制装置；

（2）出入口控制装置主要包括人脸识别门禁闸机、刷卡扫码门禁闸机，应保障装置操作安全、可靠、有效；

（3）应能对设防区域位置、出入对象及出入时间等进行控制和实时记录，具有非法操作报警功能；

（4）出入口管理系统应与视频安防监控系统、入侵报警系统、消防系统联动，在火警时应能自动打开疏散通道上的安全门；

（5）需对接亚组委办证系统并实现一端认证，需对接"钉钉"门禁系统，同步组织人员结构，人脸信息录入等。

7. 消防检测管理

消防监测管理应用应具备对消防设备系统的监测，跟踪建筑消防设施运行状态、火灾识别、火灾自动报警、灭火处理等管理功能，主要满足于以下要求：

（1）消防监测和报警区域应根据体育场馆功能分区划分；

（2）应设置中文操作页面，可利用中文屏幕菜单直接对消防联动设备进行操作；

（3）系统的设计、施工、验收应符合 GB 50045、GB 50116、GB 50166、GBJ 16 等国家、行业标准要求；

（4）局部设置专用的火灾报警系统或固定式灭火系统时，应将其报警输出信号传送至消防控制室；

（5）控制中心报警系统应设置火灾应急广播，集中报警系统宜设置火灾应急广播；

（6）场馆的火灾报警系统、图形显示装置等设备应具备网络连接功能；

（7）应具备火灾自动报警联网功能：针对场馆已安装火灾自动报警系统的建筑，应通过联网设备将报警信息进行传输，平台管理中心实时监控接收，以文字和图形方式显示联网单位各类报警信息，同时联动附近的监控系统，进行报警确认；

（8）应具备智能用电安全监测功能：应对线路的剩余电流、过线电流、故障电弧、温度异常等进行监测预警，支持对设备进行远程实时监控与管理；

（9）应具备智能消防用水监测功能：对场馆内外的消防消火栓系统以及消防水喷淋系统的管网压力、消防水箱和消防水池的水位、消防泵的工况进行实时检测系统；

（10）应具备电动车充电监测功能：对场馆外的电动车进行集中充电管理，充电监测情况可上传到中心平台；

（11）应具备消防通道、登高车场地占用隐患监测功能：对建筑消防通道及出口进行24小时实时视频监控，对封闭、堵塞、占用等消防通道异常情况进行视频智能监测及报警，并回传到中心平台；

（12）应具备人员值守监测报警功能：消防控制室在岗监测主要用于视频确认联网建筑消防控制室值班人员在岗、漏岗情况实现智能报警，如1小时消防控制室无人出现，自动报警；

（13）应具备消防基础设施巡查功能：通过电子化的方式对消防设施进行巡查，通过对消防设施进行NFC或二维码扫描即可将数据实时上传到中心平台；

（14）应具备烟火监测功能：针对被检测区域的物品温度异常、火焰等特征进行识别，并发出预警、报警的可实现联网管理，对被检测区域的测温报警（定温、差温、温升）、火点方位识别、视频复核等功能，并对火灾进行预警、报警、可视化复核；

（15）具备安消一体化功能：在系统收到火灾自动报警后，火警探头联动摄像头，自动调出对应视频。

8. 智慧停车管理

智慧停车管理应用应对接停车控制系统，实现车位规划、车辆疏导、出入口控制、监视、智能停车引导、反向寻车、车底检测、自助停车缴费以及车辆防盗报警等管理功能，主要满足于以下要求：

（1）出、验票机或读卡器的配置方式：短期或临时用户宜采用出、验票机管理方式，长期或固定用户采用读卡器管理方式，赛事期间设置的专用停车场宜采用读卡器管理方式；

（2）应提供通信接口和协议，与安防信息综合管理系统联网；

（3）应记录进出车辆的车牌、车辆全貌、时间等抓拍信息；

（4）在场馆主出入口部署防撞升降柱和车底可疑物品检测装置；

（5）需对接场馆运营小程序和场馆APP实现缴费。

9. 网络管理平台

网络管理平台应实现存储、服务器、应用、交换机、路由器、防火墙、WLAN、PON网络、无线宽带集群设备、视频监控、IP话机、视讯设备等多种设备的统一管理，支持多厂商设备统一视图、资源，拓扑、故障、性能以及智能配置的功能。

应为场馆提供第三方设备的定制能力与告警北向接口，打造专属的统一管理系统，接入统一门户，降低运维成本，提升运维效率。

13.5　智慧场馆运营咨询

13.5.1　智慧场馆功能需求与技术要求

1. 硬件感知和综合网络接入

（1）硬件感知层接入内容

感知层接入内容主要包括以下内容：机电设备系统、消防报警系统、动力中心系统、智能化系统、比赛专用设施系统、供配电监控系统、电梯系统等基础的设备、设施系统。以及符合主流标准接入协议（Modbus、BACnet、MQTT）的设备或者系统（HTTP、WebService）。

1）硬件感知接入平台技术要求

① 通过感知设备和传感技术对场馆内的基础设施、软硬件设备、人员等进行物理感知，实现对位置、身份、行为、状态、环境、客流、能耗、照明、网络等信息和数据的采集，提供时间同步服务。

② 支持场馆中的物联网设备的接入，能够实现针对不同协议的物联网设备纳管，实现针对设备（Modbus）和消费类设备（JSON）设备协议连接、解析、整合和分析。

③ 提供连接管理的能力，对接采集平台，实现采集平台的数据汇聚和逻辑建模必要的数据整合，支持针对 ModBus TCP/RTU、DL/T 645、JSON 等协议的解析、数据整合和规范统一。

④ 支持设备标准协议解析，支持制定统一的设备数据协议格式，具备和第三方硬件服务商的规范化对接能力，实现平台对设备数据的标准协议解析。支持对设备上下行数据的存储、查询，上下行数据包括时间、数据帧内容、数据帧运行结果、失败原因等。

⑤ 支持集成对接平台提供设备管理的能力，支持物模型构建，支持 JSON 格式的物模型描述。物模型包含品类、名称、工作模式、网络传输/应用协议、通信方式、工作参数表、参数类型（支持字符串、整数、浮点数）、参数校验范围（支持范围、布尔、枚举校验）、参数转换公式（支持 JavaScript 脚本变成语言）、设备上下行指令格式等信息；支持物模型的复制、导入、导出，支持物模型的动态发布，即添加物模型时保证不停机，避免中断服务。

⑥ 支持物联网设备状态监测，支持实时获取到设备的状态快照。状态快照里包括但不限于对应物模型中定义的各设备工作参数最后一次上报值及最后更新时间、在线/离线状态、最后上线时间、最后离线时间等。

⑦ 平台须具备有可供二次开发的 API SDK 或 WEB SERVICE 接口，以便对平台进行二次开发，并且可以和其他云端平台进对接开发。平台须支持移动端 APP 扩展开发，并提供 SDK、说明文档及示例代码。

⑧ 提供具备公有化或私有化部署能力的物联网设备接入硬件感知平台，可供硬件设

备、移动端设备和云端系统，进行开发接入，实现对千万级以上海量设备（包括硬件端、移动端）和云端系统的连接管理、设备管理，并满足采集数据的批处理、存储等。主要的系统组件包括但不限于：产品开发管理、云端及设备连接服务管理、用户管理、系统配置、预警和警告服务、时序数据存储、固件 OTA 调度升级管理、设备及数据实时信息概览呈现，以及配合硬件产品进行联网化开发的系列工具、场景测试 Demo 代码和 WEB 控制台、技术支持培训等。平台须采用分布式集群架构，能够提供海量设备数据存储能力，集群可支持按需追加扩展。平台须具备设备接入平台的服务功能，并且支持可扩展支撑千万量级设备；提供设备认证、通信加密、稳定可靠的连接通路管理。

⑨ 平台与设备的接入方式需具备有：设备端增加 SDK 组件联网到平台和设备端通过 HTTP/TCP/UDP/MQTT 等协议直连平台这两种以上的方式。平台须具备对接入设备通信协议的解析功能，平台可对定制设备通信协议进行编程、解析开发，并完全开放此开发接口代码，可自行进行二次开发。

⑩ 对于第三方云服务对接，也需提供接口说明、授权方案。

⑪ 平台能够提供平台管理控制台工具，提供控制台图形化界面。

⑫ 硬件、移动端和云端的联调等开发调试、设备模拟器等有关工具。

2）连接管理功能

① 提供"具备千万级以上设备的接入能力、具备主流物联网协议设备直连接入及边缘接入的能力、具备大规模高并发连接管理能力"等服务的安全、可靠、稳定、开放、可扩展的智能化设备连接平台。

② 提供用户私有协议设备接入平台的能力，通过泛协议接入方案实现用户私有协议设备在零改造下的设备接入平台的能力。

3）设备管理功能

① 提供设备标准化、设备云端建模及相关联的数据存储、设备影子、数据分发等服务。支持第三方设备与平台的直连对接，具备百万级物联网数据的存储能力，具备对接公有云的部署条件。

② 支持建筑智能设备、安防系统、门禁系统、车场管理系统、梯控系统、智能照明等设备接入，实现在平台上对上述各类设备的线上管理。

③ 支持设备联动、配置：可以自行定义配置跨系统的联动事件，支持配置各设备、数据、应用之间的互联、互动；通过简单的配置快速实现联动逻辑的下发生效，完全满足项目对跨系统联动功能的自主要求。

④ 支持设备转移：平台支持跨用户的设备转移（转移双方需实名认证）。用户可通过选择指定设备和导入设备列表两种方式进行设备转移，快速实现设备归属权的快速转移。

⑤ 支持用户私有协议设备接入平台：通过泛协议接入方案实现用户私有协议设备在零改造下的设备接入平台的能力。

⑥ 支持设备调试：设备调试服务模块支持用户通过 Web 控制台模拟虚拟设备接入，

同时支持用户通过 Web 控制台模拟应用访问设备数据以及与设备进行消息通信。

⑦ 支持设备运行日志：设备日志是在设备行为（设备上下线）、上行消息（设备通过 Topic 上报数据（属性、事件）到云端、设备侧属性期望操作）、下行消息（通过开放 API、控制台给设备下发消息、更新期望等）以及各云后业务处理（物模型调用、存储、规则引擎、HTTP 推送、MQ 推送）等业务过程中的全链路业务处理记录，通过设备日志功能，用户可以非常方便、迅速地监控业务运行状态和排查运行时问题。

4）数据管理功能

提供数据源管理、数据采集、数据批处理、数据转发等服务。

① 数据源管理

对平台设备数据和外部数据两种数据源提供管理能力。通过数据源配置，可管理设备数据、业务数据和数据生命周期。

② 数据采集

对外部数据进行采集，支持采集过滤、任务调度、任务日志等多种特性。

③ 数据处理

支持对大规模数据进行用户自定义 SQL 分析处理，分析结果可配置多种数据转发去向，支持可视化组件编排、依赖调度、系统指标模版等。

④ 数据转发

管理用户应用访问数据分析结果的方式，支持系统表、外部数据源、数据推送等多种数据转发去向。

5）服务使能功能

提供面向设备数字模型的用户管理、权限管理、组织结构管理、场景管理等服务。

具备多种账号的登录认证能力，具备多种消息通信的渠道以及消息运营能力，具备完善的事件配置、触发、响应的处理流程。

6）提供边缘计算云端一体化方案

提供边缘计算云端一体化方案，支持智能设备在边缘节点接入及在边缘节点执行本地场景的能力，实现云端应用、算法模型等能力下发到边缘节点，将云中心的算力延伸到靠近设备的一端，使得边缘节点拥有云端相同能力，能够实时处理终端设备计算需求，对终端末梢接入的数据进行预处理，达到降低数据传输成本和存储成本，降低整体带宽使用成本的同时保障应用相应的高效准确。

7）边缘计算节点管理

用于运行边缘 IoT 管理软件栈以及云端下发应用的边缘计算资源，边缘 IoT 管理软件栈采用松耦合的微服务架构，实现根据边缘节点的计算资源灵活调整其运行的服务模块，确保边缘 IoT 管理软件栈所需的计算资源不会超过边缘节点的实际算力。运行在边缘节点上的边缘 IoT 管理软件栈支持容器化部署，兼容包括 ARM、X86 在内的多种 CPU，多种操作系统。具备对不同应用进行资源隔离的能力，支持对 GPU 的调度，通过计算框架提供的 API 可以对边缘节点的计算、存储、网络、虚拟化等基础设施资源进行管理，同时，边缘计算框架也提供了对自身软件栈进行配置、监控、维护、优化等生命周期管理API。

①边缘终端管理

通过各类协议与边缘节点建立连接，并且通过边缘节点间接的接受云端管理平台的管理，多个边缘终端设备可以同时接入一个边缘节点，形成一种树形的拓扑组网结构。边缘终端可以将设备状态数据上报至边缘节点，也可以通过边缘节点接收来自云端的指令。

②边缘协议适配

支持接入各类工业协议或私有协议终端设备，用户可按照边缘 IoT 管理驱动标准和规范，将开发的自定义协议驱动上传至云端，云端通过云边协同实现驱动应用及相关配置下发至指定边缘节点运行。帮助用户快速实现不同类型、不同通信协议的物联网终端设备接入边缘节点。同时，边缘 IoT 管理原生提供 Modbus、OPC-UA、MQTT 等物联网协议设备接入驱动应用。

③边缘应用市场

在云端提供丰富的智能边缘应用如流处理、视频分析、文字识别、图像识别等应用，这些应用可以供用户部署到其所属边缘节点运行，所有运行在边缘节点的客户应用均可以通过云端或者边缘端对其进行管理。

8）客户端开发套件

提供 OpenSDK，用于开发 APP、管理后台页面等用户端界面；提供用于 Demo 演示的 App，协助完成基础功能的闭环验证。

①标准 API 接口

提供开发环境、调试运行、版本管理等服务，对基础平台（含基础设施、中间件技术服务、各层业务服务等）通过合理地抽象，将内部信息、处理与扩展能力，聚合成标准的服务至扩展接口，并通过统一的形式提供给使用者。

②项目管理服务

实现综合管理系统，用于创建项目、用户权限和角色管理、为系统集成商授权项目权限。

③集成实施管理

为集成商分配系统实施管理能力，系统集成商可以对具体项目的区域划分、设备选配、场景建模、实施人员等进行管理。

④视频监控管理

支持远程调用视频设备实时查看及回看视频；具备视频分析能力（人员分析、车辆分析、异常事件分析）；支持国标 GB/T 28181 传输协议。

⑤设备设施管理

提供设备相关的服务接口，实现设备的配网、绑定、解绑、控制，以及设备品类、品牌、型号、物模型查询、设备数据读取、设备状态等功能。

⑥ 数据分析展示

提供数据分析工具，支持快速实现数据分析展示。

（2）综合网络接入

根据场馆在信息管理、设备管理、赛事管理和观众服务的不同需求，结合有线、WiFi和运营商网络等不同网络手段，需要实现多种网络的固移融合接入，以支持系统管理、数据采集、业务支撑和业务交互的需求。

2. 核心技术层和基础平台层

（1）云计算基础架构

根据场馆在系统承载的多样性需求，结合主流私有云、公有云和边缘云等多种云资源池，为智能场馆管理系统提供统一的底层数据和业务承载基础架构，结合物联网、云原生、公有云、5G 覆盖和边缘计算技术，实现统一、规范、安全和先进的多云支撑架构，支持智能场馆管理系统的基本业务需求和未来创新需求。

支持智能场馆在设备管理、赛事互动、数据分析等方面的持续创新。

混合云管理平台具备统一分权分域和审计功能，支持查看不同资源池中的任务列表中的主机、虚拟机、网络、安全组等相关操作信息，查看相关事件和告警信息，实现资源运行状态和操作审计，具有可靠的安全性。

（2）数据中台

数据中台主要服务于场馆未来的智能化演进，实现多种数据源的接入、处理和分析，为场馆的运营提供必要的多维度视角，支持决策分析。主要包含以下能力：

1）支持接入 MySQL、Oracle、Kafka、HBase 等多种类型的外部数据源。

2）数据集成模块，界面化实现数据集成操作，实现多源异类数据的接入汇聚、集中管理，支持 Oracle、MySQL、Socket、Kafka 等多种数据源和数据格式的连接适配能力。实现各异构数据库之间的数据抽取、清洗、转换集成，实现原有各业务系统在数据级集成，保证异构数据库之间的数据交换与共享。数据集成包括批量数据采集、实时数据采集、任务设计界面化、任务运行过程监控等功能。

3）数据开发层，界面化实现数据开发操作，支持 Spark/Storm/Python/Java/工作流等数据开发任务，并支持离线统计任务界面化开发。支持数据开发资源统一管理。支持对提交的任务统一运维监控。提高数据开发效率。数据开发包括数据开发、运维中心等功能。为数据中台提供数据存储、离线计算、实时计算、Python 引擎、Java 引擎等基础存储和计算服务。

4）数据资产管理模块，支持数据规范化管理、有限访问、精准搜索、类目查看。支持界面化数据建模，规范数仓模型。系统内置丰富的数据校验规则，支持灵活、界面配置规则，提供全方位的数据质量监控。通过数据模型、数据资产管理、数据质量三大功能模块，来实现数据资产的界面化、规范化、平台化管理。数据资产包括类目管理、元数据管理、数据权限、数据搜索、数据源管理、数据模型、数据质量等功能。

5）数据服务模块界面化实现数据 API 的生成，支持界面化发布、注册和管理数据

API；提供 API 授权审批，安全配置、调用监控等安全功能；提供数据 API 市场服务能力，高效开放共享数据，推动数据资产服务化。数据服务包括 API 市场、API 管理、安全管理、数据源管理等功能。

6）基于数据平台提供的能力，支撑大屏展现、用户画像、指标统计、指标预测、指标告警等应用功能建设。

7）基于数据平台提供的数据清洗，数据治理和数据共享的能力，支持对业务的数据的抽象，构建数据之间的关联和血缘关系。抽象后的元数据，有利于对数据的继承和复用，有利于模型的创建和应用。支持通过关系型数据库和时序数据库，对数据进行存储。通过建立不同的库表，对数据的归集、清洗、共享进行整理，通过 API 对应用系统给予数据支撑。

（3）业务中台

业务中台主要根据业务需求，根据数据中台聚合的数据，基于业务视角，通过可视化聚合工具和图形化展现手段，展现业务全局运行状态。主要包含以下能力：

1）大屏可视化应具备数据汇聚管理、可视化组件、超高分辨率渲染引擎、可视化方案设计工具软件和操控切换控制软件等功能。

2）应开发建设智能化、可视化的数据汇聚工具，根据可视化场景需求对各类数据资源设计相应的采集、缓存和统计分析及处理方法，以信息要素、业务模型等多种形式，为实现多样化、可视化的展示提供数据保障。

3）提供图形化的页面配置功能，内置多种组件库（支持柱形图、饼图、折线图、雷达图、仪表盘、3D 图标等组件）和模板库（支持应用克隆），通过可视化开发界面，能够将各种组件拖拽至画布区，并且可以对组件的颜色、字体、大小进行自定义调整，实时预览可视化效果，最终实现大屏快速定制开发。支持分组应用管理、预览、克隆、可视化拖拽、数据源管理、数据源接口配置、自定义业务组件、应用导入和导出、柱形图类组件、折线类组件、饼图类组件、散点图组件、雷达图组件、仪表盘组件、3D 地图组件、素材组件等功能，可支持独立显示输出至大屏，并支持同画面同时显示输出至大屏与双控制显示终端大屏可视化图形样式主要包括文字、图片、动画、视频、图表、地图、地图热点、图文组合、表格等各类基础图形，对于复杂的数据可设计拓扑图、关系图、张力图、热力图、撒点图、时序图、观众迁徙地图等数据可视全景图。

4）应通过分析不同情况下的业务需求，明确需要获取的信息及关联的数据构成，针对实际业务情形设计出能够根据实时信息进行联动切换等各类操作的数据可视化展示预案。

5）大屏编辑，支持通过拖拽形式向画布中添加组件即可完成可视化大屏搭建。组件开放样式、数据、交互配置项，通过简单配置即可适配各类主题、色系大屏搭建需求。平台支持对大屏页面进行整体配置，包含画布分辨率等，满足项目需求。平台组件库预置多种可视化大屏组件，包含布局、地图、图表、文字、指标、媒体、辅助、交互等类别。特有的布局容器组件包含自适应型及尺寸固定型，在分辨率改变的情况下，自动适配不失真。支持对大屏组件进行组合收藏，固化常用搭配，方便选用。支持地理信息展示，针对地图可分别进行底图配置、图层管理、图层配置。

① 支持对底图进行配置，包含中心点、URL、zoom 等级、3D 角度等。

② 地图图层即在地图底图上叠加显示的效果。平台预置地图图层组件，图层管理功能支持对图层组件进行增删管理。

③ 平台支持对地图图层进行样式、数据、交互配置。以 3D 报警锥子为例，平台支持对其进行样式配置，包含锥子颜色、扩散动画、标签背景、标签文字样式等，均支持自定义进行配置。

6）组件库管理，组件库包含图表组件、指标组件、文字组件、媒体组件、交互组件、地图组件。平台支持用户对组件库进行增删改管理，且支持自定义组件，帮助用户生成真正贴合自身项目需求的可视化开发工具。

7）基于安全构件，对接入的设备进行安全认证。通过统一的数据接入模块，对数据进行结构化的处理。通过构件物模型对物的属性、服务、事件进行定义，具备被外部调用的能力和方法。通过对设备影子处理，减少对设备的频繁访问，减轻网络压力和设备压力。通过规则引擎，对数据的分析和分发处理，有力支撑上层应用系统和展示平台、终端设备的数据要求。在具体的业务场景中，结合数据中台，快速构建能够支撑场馆运营管理决策的模型。

13.5.2 场馆智能化总体技术要求

1. 基本要求

（1）系统应能提供满足 7×24 小时不宕机、不间断的持续服务能力。

（2）要求软件采用分层的模块化结构，模块之间的通信应按规定接口进行。任何一层的任何一个模块的维护和更新以及新模块的追加都不应影响其他模块。

（3）系统参数、用户数据与处理程序应有相对的独立性。用户数据的任何变更都不应引起运行版本程序的变更。处理程序应与任何系统参数、用户数据相适应。

（4）软件设计应有防护性能，某一软件模块内的软件错误应限制在本模块内，而不应造成其他软件模块的错误。

（5）应具有软件运行故障的守护进程监视功能。一旦软件出现重大故障，应能自动再启动。

（6）软件系统采用 B/S 架构，保证系统应用的便捷性。

2. 操作维护管理要求

系统的维护测试功能应能力求自动化，绝大部分的维护测试应能通过人—机命令启动自动进行，系统应提供以下维护测试功能：

（1）测试系统应包括专用的测试软件模块和必要的硬件测试电路。测试软件只有在需要时才由人—机命令启动执行，并不得影响系统的正常运行。在测试过程中，应能根据需要可用人机命令停止测试。

（2）测试应有完整的测试记录，并能通过打印机输出测试记录信息。

（3）资源使用情况测量

1）应能测量和记录系统中各种资源的使用情况，并能设置告警门限。同时也应能对处于备用状态或脱机状态的功能单元进行诊断测试，经测试通不过时，应打印输出故障信息并发出告警信号。

2）主处理机负荷。

3）硬件装置。

4）存储器使用情况。

（4）应用软件与系统集成商应阐述运维过程中，系统健康状态的评估手段及方式。

3. 软件系统更新

系统设计应方便其软件的更新。

（1）在更新过程中，应最大限度地降低中断业务的时间。针对不同的部分，设备厂商应提供具体的更新方法及相应的业务预期的中断时间。

（2）告警要求。

（3）当出现不正常的操作时，或需要人工干预，或性能超出预定操作门限时，应当产生告警指示。

（4）对应产生的告警消息，首先应提示操作人员注意已发生异常事件，然后再提供充分的用于故障定位和诊断的信息，指导操作人员查找、排除故障。

（5）应用软件与系统集成商应阐明告警信息的应用方式，如根据预案，由告警信息来触发系统能联动工作等。

4. 软件语言的要求

软件要求支持中英文。

5. 软件维护管理功能要求

（1）要求具有在不中断当前业务运行的情况下，完成程序打补丁的功能。

（2）若对修改后软件不满意或将修改后软件引入系统后，对系统有副作用或发现新版本有问题，应能方便而迅速地（在15分钟内）恢复到原来的程序。

（3）故障诊断软件的诊断

要求故障诊断软件能对硬件故障进行诊断和定位，故障诊断定位后应能显示或打印，报告故障设备的物理位置等有关信息。

13.5.3 开发、安装、调试、开通及试运行

1. 开发

应用软件与系统集成商应在项目现场进行客户化定制开发，应用软件与系统集成商应阐述项目团队在现场及在公司本部进行协作开发的方式，以及在现场开发的版本控制、测试、持续集成等控制方式。本次开发需要有页面原型阶段，在原型的过程中，采用技术迭代式开发。应用软件与系统集成商应阐述迭代式开发的控制方式。

2. 交货

应用软件与系统集成商应保证在双方约定的交货日期（详见进度要求）前将软件产品全部运抵设备安装现场。项目团队抵达项目现场。

应用软件与系统集成商提供的技术资料应是能确保系统运行所需的管理、运营及维护等有关的全套技术资料，在建议书中列出将提供的技术资料详细清单。

3. 验收

（1）软件系统开发安装、调试达到技术规范书规定的指标后，可进行验收测试（初验）。验收规范（包括计划、项目、指标、方式和测试仪器等）应由应用软件与系统集成商在验收前两周提交给建设方，建设方方可根据合同及技术规范书和建设方的有关规定进行修改和补充。验收规范经双方确认后形成验收文件作为验收依据。验收测试合格后，双方签署验收协议，系统上线开通试运行。

（2）设备经过六个月试用期，所有性能指标达到技术规范书的要求时，可进行最终验收。在试运行期间，由于设备质量等原因造成某些指标达不到要求，允许应用软件与系统集成商更换或进行修复，但试运行期顺延 3 个月。在全部达到要求时，双方签署最终验收文件。

（3）应用软件与系统集成商应根据系统业务需求，实现提供自测文档，列明系统功能、流程、接口清单，供验收核对。

13.6 某体育中心运营管理方案（摘选）

13.6.1 项目概述

为承办 2018 年湖北省第十五届运动会，全面改善 HS 体育运动发展的大型硬件设施，推动城市体育文化事业的大发展，推进大冶湖生态新区核心区建设，HS 市政府投资兴建 HS 奥林匹克中心体育场馆设施。该体育中心，不仅要满足 HS 市承办湖北省第 15 届运动会的需要，还要在赛后为广大市民提供多样化、高品质的竞技、表演、健身、休闲和文化娱乐等综合服务，使奥林匹克中心成为 HS 市体育文化事业的标杆和城市经济社会发展的标志。

项目选址位于大冶湖生态新区核心区。主要建设内容包括主体育场、全民健身馆、游泳馆、中间连廊及平台层体育配套设施、人行桥等。主体育场为中型乙级体育建筑，总座位数为 32059 座，游泳馆为中型甲级体育建筑，总座位数 1566 座，全民健身馆为普通体育建筑。项目总用地面积 579676.86m²（869.51 亩），项目总投资约 17 亿元，总建筑面积 120553m²，其中主体育场 43000m²、全民健身馆 32229m²、游泳馆 28223m²、中间连廊及平台层体育配套设施 17101m²。

大型公共体育场馆的赛后利用和有效运营，涉及体育场馆运营管理制度的选择，需要从体育场馆运营机制和体制上进行制度创新。HS 奥林匹克体育中心未来的运营，既要能满足开展全面健身、举办体育赛事和文化活动等社会公益需求，又能通过赛后专业化、市场化、产业化运营，在开展以体为主、多种经营，在逐步减少政府的财政负担的同时，通过公共服务和市场服务相结合，逐步形成 HS 奥林匹克体育中心硬件设施和服务产品相结合的复合型产业链，成为 HS 新型服务产业的核心区和创新点，成为新区建设和发展的亮点，从而带动区域经济社会发展。

基于 HS 奥林匹克体育中心发展的长远战略，依照 HS 市委市政府的指示精神，力图在奥林匹克中心投入使用之前就做好赛后运营管理的规划，并通过运营管理规划的编制，拓宽发展思路，创新运营机制，积极引入国内外体育文化产业资源，有效开发和综合利用赛后的体育场馆资源，加速 HS 体育产业链的形成，逐步培养奥林匹克中心自身的"造血"机制、功能和"品牌"效应。扩大奥林匹克中心的体育产业的规模和龙头效应，带动区域产业结构的调整，实现奥林匹克中心可持续发展的战略目标。

13.6.2 未来运营环境的 SWOT 分析

SWOT 分析法也称态势分析法，通过对组织内外部条件进行综合概括，分析组织的优劣势、面临的机会和威胁，从而使组织战略逐渐明朗。因此，对 HS 奥林匹克体育中心未来运营环境进行 SWOT 分析是制定中心未来管理、使用、运营战略的基本前提，也是奥体中心抓住机遇、迎接挑战、集聚优势、规避风险的重要方法和手段。

1. 优势分析（Strength）

（1）区位优越

从大区位看，奥体中心坐落的 HS 大冶湖新开发区，HS 的市民非常喜欢运动，以此搞活群众体育，集聚人气，承接国内外大型体育赛事、举办大型演艺活动，打造区域会展中心等运营成效实现的重要前提。

从小区位来看，奥林匹克中心所在的 HS 市东南部是 HS 规划建设的新城区，是 HS 未来城市建设和发展的重点，也是 HS 建设大城市的新核心，这一区域将是 HS 未来投资与消费的集中增长区。HS 奥体中心南邻大冶湖，背靠新城大道，东接汪仁镇同，并且是 HS 规划的重要商圈，共同接通老城区成熟的消费市场，将有效带动新区成熟前消费不足的问题。

（2）功能完善

在功能定位上，奥林匹克中心是 HS 体育事业发展的重要依托。中心在设计上既考虑到 HS 体育事业发展的基本需求，能够满足竞赛训练、全民健身、体育教育等体育功能实现，又充分考虑到场馆今后的开放、开发和有效利用，可以承接文艺演出、交流接待、展出集会等多种活动。

（3）资源聚集

涉及 HS 奥林匹克体育中心未来运营发展的资源主要有政策资源、管理体制和智库系统三大部分。

政策资源决定了 HS 奥体中心的整体定位和运营方向，也为奥体中心核心竞争力的实现提供了政策指导和保障。随着市场经济的发展和政治体制改革的深化，政府角色从"划桨"转为"掌舵"。国家社会发展司于 2015 年 5 月 21 日召开了国家基本公共服务体系"十三五"规划编制启动会议，不久《国家基本公共服务体系"十三五"规划》就会出台。建立健全基本公共服务体系，促进基本公共服务均等化，成为中央到地方全面建设服务型政府的内在要求。HS 奥体中心在未来的管理运营中只要把握住提供公共服务这一主线，强化服务功能，拓宽服务手段，必将成为政府推动大冶湖经济区发展的重点之一和有力抓手。

在管理能力上，运营咨询方充分利用体育场馆方面的运营经验，结合 HS 经济发展和体育事业的实际需求，创新体制机制，合理科学的制定经营管理模式，实行"所有权、管理权、经营权"分离的管理体制，这一体制的确定将为 HS 奥体中心在运营管理中"以体为本、兼顾其他、充满活力、富有效率和效益"提供内生动力。

注重智库系统的集聚和培育，汇集国内在体育产业与场馆运营方面顶尖的专家学者将来为奥体中心管理、运营提供智力支持，并注重与国家和省内外市体育场馆的交流合作与相互借鉴。完善的智库系统将成为 HS 奥体中心核心竞争力的重要组成。

（4）基础深厚

体育市场规模和体育消费能力是关系 HS 奥体中心运营成败的关键指标，这两个指标与地区经济发展程度高度相关。HS 市第三产业发展迅速，消费市场规模和潜力巨大。HS 有"尚武"的人文传统，在体育消费偏好中，对各类体育竞技比赛情有独钟，体育人口达到 48%，体育赛事有着广泛的群众基础和潜在的市场需求。

2. 弱势分析（Weakness）

（1）项目成熟周期较长

体育中心规划 2018 年 3 月交付使用，以迎接 2018 年举办的湖北省第十五届运动会。根据国内外很多大型体育场馆实际建设情况，为满足大型运动会需要，政府投入首先保障运动场馆与配套先行建设，商业设施等其他配套则随后跟进，期间容易受政府财政金融政策变化的影响，客观上拉长了场馆整体建设周期，使场馆在大型运动会闭幕后无法及时开展运营；另外，HS 奥林匹克体育中心所在地为城市新区，新区的建设和成熟期受各种因素影响，存在很多不确定因素，资源聚集效应无法及时展现，都会客观上对奥林匹克中心的运营产生影响。因此，HS 奥林匹克体育中心建成后会有一个较长的项目成熟期，在成熟期内，体育消费的稳定性不足，运营效果会受到影响，盈利相对困难。

（2）本土场馆运营团队水平的制约

HS 大型体育场馆资源相对缺乏，原体育场已老化，对外开放与市场化程度较低。另外，HS 体育产业总体水平不高，缺少有品牌、有实力的体育产业重点企业，尤其是从事体育场馆服务业的龙头企业。来自外埠的运营咨询方对 HS 奥林匹克体育中心管理运营可供参考借鉴的本土场馆不多，这也是运营发展的一个短板。

3. 面临机遇（Opportunity）

（1）事件机遇

HS 奥林匹克体育中心是 2018 年湖北省第 15 届运动会的主会场，这是中心基本建设、配套设施、管理体制完善的最大机遇。

（2）环境机遇

国内大型场馆运营管理改革的趋势。

国内大型场馆设施的运营经过了多年的实践，积累了丰富的场馆运营经验，也充分暴露出诸多问题。因此，运营咨询单位在 HS 奥林匹克体育中心的运营中有诸多经验做法可以借鉴，诸多弯路、教训可以避免，在追求公共服务和市场服务相结合的体育场馆改革的大环境和方向已相对明朗。

4. 存在威胁（Threat）

公益与市场边界较难把握。如何确定公益与市场的边界，如何实现管理与经营的相互促进是 HS 奥林匹克体育中心要遇到的一大威胁。

周边竞争对手强劲。武汉等周边地市经济实力强劲、体育事业发展迅速、体育场馆资源丰富，特别是武汉等地场馆运营起步较早，目前体制机制相对成熟，体育市场发育也相对完善。

政府购买服务尚未制度化。目前各级政府购买服务的政策、标准还未出台，政府购买服务尚未形成常态化和制度化，往往是财政收入宽裕，扶持资金就充足及时，财政金融政策紧缩，所需资金就难以保障。

区内相关服务产品的同质性竞争。HS 奥林匹克体育中心作为一个城市体育综合体，虽然具备开展大型演艺、会展等多种功能，但是中心基本的功能设计还是以体为本，这意味着在体育以外其他功能开发的专业性程度有其成熟的过程，在举办演唱会、博览会等活动时，必须面对音乐厅、会展中心等专业场馆的竞争压力。

13. 6. 3 运营内容

1. 赛事活动

利用场地优势未来可举办多类赛事，利用体育场举办市运会等综合赛事，以及深受喜爱的田径、足球等单项赛事；利用游泳馆举办各类游泳比赛及水上项目比赛；利用网球场地举办群众网球比赛；达到"周周有活动，月月有赛事"，预计年举办赛事活动达到 12 场以上。赛事举办对于丰富居民文化生活，带动体育氛围，推动 HS 体育发展，扩大 HS 城市影响力都具有重要意义。

（1）国际足球邀请赛

利用 HS 奥体中心的场地资源，举办国际足球邀请赛，邀请国内职业足球队以及其他国内外知名的足球队伍，前往奥体中心，通过举办高水平的比赛，为奥体中心积累人气，也能带动全民健身的风气，推动 HS 足球运动发展。

（2）国际篮球邀请赛

发挥 HS 奥体中心的场地优势，邀请国内知名的职业篮球队伍，如广州证券队、八一男篮等，以及国外的球队前往 HS 进行高水平的篮球比赛，带动 HS 的篮球运动氛围。

（3）游泳赛事

利用 HS 奥体中心游泳馆，举办各类游泳及水上赛事，如：花样游泳、水球等，将竞技体育与大众体育相结合，带动游泳项目发展，如举办全市级别青少年游泳赛事、业余游泳赛等。

（4）城市路跑

开展城市路跑运动，将 HS 奥体中心设置为城市路跑的起点和终点。近年来，城市路跑赛事运动逐渐成为城市宣传的铭牌和风景线，城市路跑运动变得炙手可热，举办路跑赛事能够提升 HS 的城市形象和城市知名度。

（5）网球赛事

近年来，随着社会经济水平不断发展，网球逐渐走入大众生活，网球运动受到越来越多群众的喜爱。HS 奥体中心将利用网球场地资源，举办网球赛事，让更多的网球爱好者参与其中，推动 HS 体育运动发展。

2. 大众健身

"每天健身一小时，健康生活一辈子"，广州爱奇体育拥有多年体育场馆设施连锁经营经验，每年开展上百场次全民健身活动接待人数达数十万人次，拥有先进的管理系统和服务标准。根据 HS 奥体中心的情况，我司拟成立全民健身俱乐部，其中包含篮球俱乐部、足球俱乐部、羽毛球俱乐部、乒乓球俱乐部等体育项目俱乐部，开展全民健身活动。爱奇体育作为华南区"我爱足球"民间争霸赛、"谁是球王"足球赛的承办单位，拥有丰富的资源，将与电视、报纸、网络等媒体通力合作，通过这些草根赛事的开展带动群众的足球热情，积极探索适合当地群众健身需要的体育活动和组织形式，组织各具特色的全民健身活动，全面推动 HS 大众体育发展。

（1）业余足球联赛

足球作为全球最受欢迎的运动，在 HS 得到众多市民的热烈支持，浓烈的足球运动氛围一定会使得广大市民踊跃参加足球运动。每周举办 HS 业余足球联赛，可以带动全民健身风潮，丰富市民的日常生活，还能通过足球运动满足广大市民对于精神文化的需要。

（2）青少年三人篮球赛

举办三人篮球赛能够丰富 HS 市民的业余生活，"三人制"篮球赛具有显著的游戏性质，和正式的篮球竞赛在最终价值取向上有着本质的不同。它显然不具有篮球比赛日益激烈的竞技性，而更多地体现最初篮球游戏的娱乐性和趣味性。它淡化了最终的胜负结果，注重技术的协调性和柔韧性，强调动作的观赏性、技巧性、表演性，在运动过程中发展参与者的创造能力和实际应变能力。

（3）职工羽毛球赛

深受国人喜爱的羽球运动，一直以来都是全民健身的热门项目，透过举办职工羽球比赛，满足大众对于羽球项目的比赛需求，通过比赛加强交流，促进全民健身的发展，带动和谐社会的建设。

3. 专业训练

HS奥体中心将为HS市专业训练提供场地保障，为竞技体育专业训练提供全方位的服务，将极大促进HS市竞技体育后备人才的培养和竞技水平的提高。同时还可供外来参赛人员热身、训练使用，为赛事服务。

4. 场地租赁

（1）文艺演出

在发展体育事业同时，还可利用场馆优势，积极开展各种文化演艺活动，如文艺汇演、商业演出、演唱会、音乐会，丰富HS市民精神文化生活。

（2）企业活动

推进与HS政府机关、企事业单位、各公司合作，利用场馆优势，吸引客户前来开展企业年会、企业趣味运动会、员工素质拓展等活动，以团队形式开展比赛，分为趣味跳绳、飞毽接龙、珠行万里、动感颠鼓、拔河等多种活动，提高场利用率，带动项目人气。

拓展训练已经成为提高沟通技巧、凝聚力、领导力、决策力、竞争力、人际信任和个人心理素质培训中广泛采用的技术。它所采用的方法就是将一群平时在一起工作的人集合起来，并将他们带入一个户外的环境或设施中进行体验式、参与式训练。这些户外环境和设施提供了一个与日常工作完全不同的场景，并且运用多样化的手段来满足不同的参训者。因此当今企事业单位为了促进公司凝聚力、提升企业文化、增强竞争力、倡导团队协作，拥有大量拓展训练的需求。结合HS当地的实际情况，爱奇体育将从如下方面着手开展拓展训练项目：一是与企业合作帮助企业策划趣味运动会和年会；二是在形式方面除了开展场地项目外，逐步拓展野外项目、水上项目和室内项目。

5. 文体培训

运营咨询公司拥有大量的体育专业技能人才和丰富的培训经验，在全国各地的分公司和各俱乐部开展了青少年、教练员、体育老师、社会体育指导员等体育相关工作人员的培训工作，取得的成效显著。

（1）青少年培训

设施一流的HS中心，能够满足多层次培训要求，在现有场地设施基础上能够开展棋类、美术、舞蹈、篮球、跆拳道、羽毛球、游泳等体育项目的培训，促进HS青少年全面健康发展。

1）棋类培训

引进东湖棋院等优质的培训机构，设立象棋、围棋、国际象棋等项目，根据需求开展入门班、初级班、高级班、精英班等。还可定期开展棋类比赛，提高师生的认可度，同时也能提高项目的知名度。

2）美术培训

通过引进清华美院、广州美院等优质的培训机构，根据需求开展涂鸦班、启蒙班、启智班等。还可以定期开展作品展示，提高学生的参与感，带动人群提高项目的知名度。

3）舞蹈培训

通过引进 DT 等专业的舞蹈培训机构。开展拉丁舞、街舞、舞蹈入门、芭蕾舞等课程，还可定期开展舞蹈类比赛或者表演，吸引客源以及带动项目的知名性。

4）跆拳道培训

凭借科学、规范的教学内容，严格的教学管理制度，高水平、专业化的教练队伍，针对学员的自身特点，因材施教，帮助学员达到最佳的训练效果。令每位跆拳道学员得到充分的学习，最大限度地提升学员对于跆拳道技术、理念的理解，也努力提升学员的精神力，锻炼其坚韧的品质。

5）篮球培训

旨在为青少年提供科学专业的篮球教育，让孩子们在轻松的篮球环境中，提高身体素质，培养运动热情，增强团队合作意识，学习积极阳光的人生态度。全面了解关于篮球运动的文化、规则、战术的同时，提高孩子运传投的基本技术，实战比赛中的技战术运用，同时锻炼孩子的领导力和创造力。

6）足球培训

爱奇足球学院，与巴西足球联合会合作，聘请水平高超、经验丰富的巴西原职业球员来华任教，同时还能积极与绿地申花足球俱乐部合作，获取足球青训资源。在全国足球热潮中，将为 HS 带来最专业的青少年足球培训，通过足球运动帮助青少年强健体魄的同时，学会尊重他人，学会应对逆境，以更积极、健康、快乐的态度面对生活。

7）羽毛球培训

针对不同层次的羽毛球爱好者进行分层次羽毛球技能培训，课程形式多样、丰富实用，使学员在培训的过程中，既强身健体，又真正领略到羽毛球运动的乐趣。

8）网球培训

在课程开发上不断借鉴欧美优质案例，旨在提供更加科学专业的网球培训服务。根据儿童身体成长规律设计而成的红橙绿三个阶段，满足儿童趣味性心理的同时，更专业更系统化，渐进式地帮助儿童学习与成长。同时采用先进的体适能体系，并融入适合学员的生理和运动规律的训练体系，内容由浅入深，系统地为学员进行培训。

9）乒乓球培训

乒乓球是我国有着悠久的历史，一直以来深受广大群众的喜爱，乒乓球可以增强体质，提高身体协调素质性；灵敏性，乒乓球运动能够促进操作能力的提高，还能够增强自信心、独立性和思维敏捷性。

10）游泳培训

为 HS 提供高水准科学化的游泳培训，让更多青少年系统规范学习游泳技能，培养游泳乐趣，引导学员养成终身体育的理念。

（2）教练员及体育教师的培训

近年来我国竞技运动水平较大幅度的提高，对业余训练和高水平专业训练提出了更高的要求，保持长年系统的科学训练和拥有高素质教练员是各运动队所渴求的。爱奇体育将利用多年体育专业人才的积累和丰富的培训教学经验为 HS 本土教练员提供充电学习提高专业素养的平台。

爱奇体育积极响应国家"足球进校园""强师工程"等号召，爱奇体育将为 HS 做好"强师工程"，进一步提升体育教师的专业水平，促进"足球进校园"。爱奇体育在足球培训上积极拓宽视野引入外教，办出了自身的特色，并且在广州开办了爱奇体育俱乐部巴西足球学院，巴西足球学院的教练均要求拥有巴西青训证书，并且要求有两年以上青训经验。高要求高水准的教练员团队为学员专业素质的提升奠定了坚实的基础。

（3）社会体育指导员的培训

配合当地体育部门大力开展社会体育指导员的培训工作，壮大 HS 市社会体育指导员队伍，为 HS 市健身人群普及体育健身技能，提供科学的健身指导。

6. 会展活动

利用 HS 奥体中心资源，利用体育场馆积极开展各类会议、博览会、展销活动。可通过举办以文化体育为内容的各种形式的专题会议或展览、博览活动，吸引大批与会参展人员及一般群众进行学术交流，贸易洽谈，文化交流或参观展览，形成信息流，资金流，物流和人流，创造商机，拉动文体产业及相关产业发展。

（1）年货展

作为极具经济潜力的年货展销会，举办年货展既可以提供一个集中的地点，方便群众购买年货，又可以带来相关的消费，促进经济的发展。

展览范围包含以下内容：

糖酒类：各种葡萄酒、白酒、黄酒、果酒、保健饮料、果汁饮料、乳酸菌饮料，茶叶等；

食品类：各种名特优新食品、绿色食品、粮油食品、保健食品、休闲食品、速冻食品、烘焙食品、肉禽产品、水产品、调味品、乳制品、干果炒货、土特产品、农产品等；

日用百货类：家用电器、厨卫洁具、饰品、化妆品、皮革制品、日用小商品、塑料制品、五金电器、鞭炮礼花、节庆用品、厨具、智能玩具等；

礼品类：各类礼品盒、花艺盆栽、剪纸字画、奇石玉器等；

服饰类：床上用品、服饰、鞋帽等。

（2）美食嘉年华

配合"环球美食品质 HS"的活动主题，组织区内各商贸载体餐饮集聚区、餐饮名店、特色店，举办美食集聚区缤纷 SHOW 主题活动，营造餐饮街区节庆氛围，促进餐饮消费。食博汇现场设国际美食区特装区、中华美食名店坊特装区、中华特色小吃区、啤酒美食文化区、手信街以及亲子休闲美食互动区等主题区域，汇聚国际、国内优质餐饮品牌，进行美食展示展销活动，将美食与时尚、文化、艺术完美结合，促进 HS 餐饮与湖北本土饮食文化、中华饮食文化、世界饮食文化融合发展。

1）美食动漫活动

将湖北美食文化以卡通动漫的形式进行展示，并充分运用动漫特装、现场与市民观众互动成分，打造品位 HS 幸福生活品牌形象。

2）餐饮行业职工技能大赛

由 HS 餐饮行业工会联合会组织开展"餐饮行业职工技能大赛"，结合本次美食节活动，进一步推动 HS 餐饮行业发展，弘扬餐饮文化，促进烹饪技艺创新，提升从业人员技能。

3）文艺演出

围绕"舌尖之旅幸福 HS"主题，组织形式多样、丰富精彩的文艺演出。

7. 无形资产开发

在广告和冠名方面，爱奇体育在全国各地的分公司有着多种合作模式。由于 HS 奥体中心的场地设施条件能够满足体育赛事、文娱会演等多方面的群众性活动，其广告效应凸显。积极引导有品牌宣传、扩大品牌影响需求的商家进行户外广告位租赁，项目逐渐成熟后还将进行场馆冠名权开发，进一步挖掘奥体中心无形资产。

8. 商业及配套

（1）水疗中心

位于奥体中心内的水疗馆应区别于独立经营以休闲为主的水疗馆，应以健康水疗项目为主，以科学的水疗机理及功效为主要经营策略，配合体育中心健身氛围，形成完善的科学健身体系。

水疗馆设计功能定位可采用传统分隔方式，即男宾及女宾水疗区独立分隔，包括接待大厅、休息大厅、更衣区、集中式多功能水池（温水冷水热水药浴）、蒸汽房（干蒸湿蒸香薰）、按摩足浴间、淋浴区、搓背区及配套卫生间及布草间。

（2）美容美体 SPA 馆

该 SPA 馆主要针对中高端消费人群，以健康、绿色项目为主，整体提高奥体中心的品质感。SPA 馆整体营造出舒适，简约的空间氛围，让广大的消费者在 SPA 馆得到满意的服务，从而提高消费者的消费黏性，培养消费者的忠诚度。

主要以芳香疗法为主，即利用纯天然植物精油的芳香的气味和植物本身所具有的治愈能力，以特殊的按摩方法，经由嗅觉器官和皮肤的吸收，到达神经系统和血液循环，以帮助人身心获得疏解，并达到皮肤保养的目的和改善身体健康的功效，使人的身、心、灵三者达到平衡和统一。当精油在体内循环时，有一部分会被人体的器官、肌肉、细胞或神经纤维所吸收，从而引发精油之治疗功能。因嗅觉与情绪是有关联的，所以不同的芳香气味会影响我们的情绪，根据各人的情绪、性格和体质，选择不同的芳香精油以达到调解身心的作用。

（3）自助餐厅

在遵循风味大众化的原则基础之上，将中餐、西餐、日本料理、韩式烧烤等不同风格的美味纳入餐厅的经营范围，提供水果、冰淇淋、糕点、饮料等，品类丰富极有卖点。因地制宜体现地域特色，主要符合当地消费群体的饮食特点，以满足当地消费群体的饮食需求，同时提供多种湖北小吃以供挑选。不同季节主打不同菜式，根据主食、水果、蔬菜的合理搭配，打造营养健康的美食。

（4）咖啡馆

将现代休闲方式和文化理念融入咖啡之中，给都市人群提供一个温馨浪漫的心情放飞空间。咖啡馆不仅提供健康搭配的商务套餐，还拥有丰富的菜式和周到专业的服务。咖啡馆让消费者感受到的不仅是一杯咖啡，一份可口的美食，它所营造的文化氛围，提倡的慢生活节奏，才是最能吸引消费者的独到之处。

（5）儿童水上乐园

作为游泳池的必要配套项目，儿童戏水池首先考虑专业的消毒措施，严格的救护机制及完善的安防监控设备。泳池充气式水池，图案色彩多样性，设置多个趣味滑梯等游乐设施，使空间活跃，更贴切主题。加入受到小朋友欢迎的《小猪佩奇》《熊出没》等卡通元素，吸引更多的小朋友，以及提供休息场所给广大的家长，让家长陪伴着孩子成长。

（6）健康管理中心

健康管理中心应以体检诊室、理疗诊室、健康讲堂及配套的服务内容为主。制定详细的起居调养、药膳食疗、情志调节、动静养生等方案，结合理疗康复、中医针灸等疗法，达到增强体质，改善身体状况目的。

（7）综合运动装备超市

打造一个涵盖不同消费区间的，产品包括自行车、轮滑、跑步、爬山、露营、越野、瑜伽、游泳、羽毛球、足球、篮球、网球、乒乓球、击剑、跆拳道、水上运动等几乎全部体育运动领域的一站式体育用品售卖区。同时，在售的体育用品均可供消费者试玩、试穿、试用，旨在通过多种运动体验，培养 HS 市民的体育消费习惯和体育运动。

（8）健身俱乐部

健身馆内健身中心可以大型运动项目为主，如综合健身房、动感单车、重型力量器械、健美操、跆拳道、全集、拳击等。完善的器械，为广大的健身爱好者提供一个高规格的运动健身平台。此外，还提供团体课程培训，囊括健身操、健身单车、普拉提、瑜伽、泰拳、散打等课程，开设休闲区域，为广大健身爱好者提供饮料、水果、沙拉、运动装备售卖等服务。

（9）射箭俱乐部

主要以专业训练与业余开放为主，与 HS 市的射箭队伍合作，为他们训练提供场地；在不影响专业队伍训练的同时，适当开放射箭俱乐部区域，利用人们对于该项运动的好奇心，继而带动人们参与射箭运动，培养更多的射箭人才，同时带来一定的经济效益。此外，定时举办业余射箭比赛，划分不同年龄层进行竞技，带动射箭项目在 HS 的发展。

（10）击剑俱乐部

击剑馆为业余击剑爱好者提供练习及娱乐场所，并提供专业辅导教学，定制不同档次击剑装备。专业化的教练团队塑造高品位、传播击剑文化、打造特色击剑教学；组织学生前来俱乐部参观、进行击剑体验活动；与 HS 学校建立合作伙伴关系，击剑俱乐部成为学校的击剑校外课堂，帮助学校丰富学生的课余生活，挑选优秀的学员与其他知名俱乐部进行击剑交流与互访。

（11）运动员餐厅

运动员餐厅应配备完善的营养分析机构，为赛事运动员提供合理的膳食结构，根据不同地域、信仰运动员生活习惯配套相应的就餐机制，保障食品安全卫生，营养丰富。合理的分配餐厨比例，餐厅类别，就餐方式，体现一定的运动员就餐私密性。

（12）汽车展厅区域可经营项目

1）品牌汽车展示：可供汽车厂商作为定期或不定期展览或者发布使用，同时可开展如宝马、路虎、保时捷等国外品牌车厂新车展销，刺激 HS 汽车消费。

2）汽车改装展示：作为弘扬汽车文化，展示汽车工业高精技术的场所，针对汽车爱好者需求提供改装服务，增添驾驶乐趣。

3）房车俱乐部：为房车车友会提供聚会场所，让人们了解和推广房车信息，为房车企业提供一个展示产品、商贸交流的平台，提高消费者对房车的了解，为消费者提供安全舒适的出行工具。

4）机车文化展示：引进哈雷宝马本田等摩托车重机进驻，带动热爱机车运动和哈雷文化的年轻人。传播机车文化，提升生活品位，引领大众消费。可进行机车巡游、改装鉴赏等系列活动。

5）汽车文化展厅。介绍汽车发展历史和汽车文化，作为参观展示厅，吸引人流。通过实物和视频影像，让参观者了解汽车的结构、工作原理、研究开发和生产过程，展示世界各汽车品牌最先进的造车技术与环保理念。

9. 全民体质监测

国民体质监测中心的成立目的在于长期动态观察和分析 HS 市民体质的状况和变化规律，为 HS 推动全民健身计划的实施提供科学依据。通过进行体质测定，评价体质状况和体育锻炼效果，并根据体质测试成绩开出运动处方，普及健身知识，提供健身和饮食指导，提供健身咨询和调理等服务，督促人们参加体育锻炼，科学开展体育活动。并为逐步为 HS 市市民建立国民体质健康监测档案，进一步提高人们对体育健身重要性的认识，培养广大群众科学健康的生活方式，形成崇尚健身、参与运动的社会氛围，为 HS 全民健身事业的蓬勃发展起到积极的推动作用。

10. 体育旅游

利用爱奇体育在全国各地的俱乐部资源和会员资源组织各体育项目爱好者以体育旅游的方式到不同的城市参观当地的体育旅游景点，并组织爱好者与当地会员进行体育竞赛，既增进了友谊又为各体育项目的爱好者提供了运动休闲的平台。

充分利用大型体育赛事、体育博览会、文艺汇演等活动的推动，有可能拉动周边地区的旅游市场，将中心打造成为富有文化色彩的、多功能化的旅游景点。

除了加强与旅游部门合作开发一般旅游休闲娱乐项目的同时，可利用中心的配套服务设施，如利用奥体中心的场地和室内空间为游客提供健身娱乐、竞赛、休闲、康体按摩、食宿、泊车等系列化综合服务。通过这些项目的开发，不仅可以开拓市民和游客参加体育休闲活动的途径，同时可以带动奥体中心自身和周边的旅游业、美食餐饮、住宿等行业的发展，从而带动奥体中心的客流量增加和多元经济发展。

13.6.4 维护方案

1. 组织架构（略）

（1）运维保障体系

为规范 HS 奥体中心运营维护管理制度，提升管理品质，创造良好的制度环境，为 HS 奥体中心运营开拓市场空间，保障 HS 奥体中心日常运营维护，尽快产生社会效益。成立 HS 奥体中心运营维护保障组织机构，下设市场部、场馆部、综合管理部、工程部、培训部，形成稳健、全面的运维保障体系，确保运维体系完善，管理流程合理，责权利明确，以便整个 HS 奥体中心的运营维护正常进行。

（2）部门职责

1）综合管理部

负责 HS 奥体中心运维期内的办公室和人力资源等业务。其中，办公室负责对外宣传、接待、综合协调、文档管理、车辆管理、财务管理等；人力资源负责岗位薪酬设计、人员招聘、员工培训、劳资、业绩考核等工作。

2）场馆部

负责 HS 奥体中心运维期内的正常运营、维护管理，包括大型活动举办、日常项目运营和对中心的经营活动进行保障及各场馆设备、设施正常运营的保障。

3）市场部

负责 HS 奥体中心运维期内的物业租赁和广告经营，包括各场馆和地下商业广场招租、中心总平面（馆外部分）经营、广告经营；负责商务会展招商、文体产品销售等。

4）工程部

负责 HS 奥体中心运维期内日常维护保障管理，主要内容包括：

① 日常保安、秩序维护、保洁等日常服务性工作；

② 绿化和草坪的保养工作；

③ 场地服务保障、场地器材设施设备的管理、维护；

④ 门禁、IC 卡检录、计时计分、音响、大屏控制等弱电的管理、操作和维护；

⑤ 空调、排风、冷热源、给排水、变配电、照明等强电设备的操作、运行与维护等工作；

⑥ 对外开放收银管理、前台接待和接待服务等工作；

⑦ 大型活动的接待和保障服务工作。

5）培训部

紧密联系公司发展战略，制定培训计划；负责各种培训开展及管理，管理内部事务，完成公司下达的各项培训任务；负责整个培训的组织工作，教与学之间的沟通，确保培训顺利完成；负责公司内部教师教练团队建设、培训、评估；管理培训团队，监督落实培训工作进展，及时处理相关问题；组织收集学员意见，推进培训工作的改进与调整；进行课程培训并开发和编制教材。

2. 场馆维护保养

（1）总体原则

1）场馆的维护保养是一项重要的工作，是场馆正常运转的基础。场馆中心负责人及相关工作人员，应以高度的责任感进行安全工作的管理，以认真负责的态度维护和保养好场馆及设施。

2）场馆每年组织人员对所有设施进行全面的检查、维护、修整，确保整套设施的正常运行。

3）做好场地的日常维护，及时修理器械等。

4）对场馆周围设施定期修缮和维护，做好如防水、刷漆、修理等细致工作。

5）对场馆设施进行维护和修补时必须专业，严禁不规范的操作。

6）对场馆设施进行维护和修补时必须专业，严禁不规范的操作

（2）外观和围墙护栏维护保养（略）

（3）设备维护及保养（略）

3. 保洁及绿化维护（略）

4. 维护管理流程（略）

5. 日常检测（略）

6. 运维考核（略）

（1）总体目标（表13.6-1）。

运营总体目标 表 13.6-1

序号	考核指标	标准
1	场地设施	设施设备和相关条件达到开放所应具备的基本条件和基本技术要求
		场地符合相关居民参观规则要求，并能基本满足多样化文化及其他活动需要
2	安全设施	建筑结构完整，功能分区科学，人流控制合理，安全警示清晰，满足举办大型活动的安全要求
		水电、燃气、消防、安保、供热、应急设施和疏散系统、急救系统配置合理，设施完备，维护完好，经有关部门检验合格，符合正常使用要求
3	环卫设施	设施齐全，设备完善，维护完好，符合正常使用要求
4	交通	区域内导向标识完整，无障碍设施完善，交通组织顺畅。具备可利用的与场馆规模相适应的停车位

（2）总体要求

1）各功能区应布局合理，应设置接待区、休息区、卫生间等辅助设施区域，场地区、辅助设施区域应有明显的功能分区布局图；

2）室内场馆应有空调或通风排气装置，通风良好，各区域温度适宜；

3）专用设施设备应养护良好，有年检合格标识，确保安全有效；

4）地面层应采用环保、先进材料，且平整无破损，无杂物，并应定期维护与保养；

5）场馆设施设备在使用、维护过程应实施环境保护、节能等有效措施。

7. 应急预案保障措施

除了运营维护的日常规章制度管理，对于大型场馆，还需制定突发事件的应急预案和保障方法措施，确保 HS 奥体中心内的每个人都熟悉预防和处理活动中心日常保全意外事件的程序。

（1）场馆区突然断水、断电的应急措施（略）

（2）雨、污水管及排水管网阻塞的应急措施（略）

（3）电梯故障的应急方案（略）

（4）火警、火灾应急处理方案（略）

（5）突发治安事件应急方案（略）

8. 大型群体活动拥堵、预防踩踏应急预案（略）

第14章　全寿命周期监测咨询

为实现体育建筑使用功能的需要，多数体育建筑屋面或楼层设计采用了大跨度空间结构，而大跨度空间结构又多以钢结构作为主要受力结构体系，可以说，体育建筑的耐久性受制于钢结构的耐久性。因此，对体育建筑全寿命周期内钢结构工程的监测则显得尤为重要。

受篇幅限制，本章仅对使用期间与钢结构结构安全有关的监测和耐久性展开论述，供全过程工程咨询人员参考。

14.1　使用期间的监测

钢结构使用期间监测应为结构在使用期间的安全使用性、结构设计验证、结构模型校验与修正、结构损伤识别、结构养护与维修、新方法新技术的发展与应用提供技术支持。全过程工程咨询单位应做好监测策划，施工期间监测宜与使用期间监测统筹考虑。咨询人员需对有关监测内容、要求和结果认真把控，发现异常及时处理。

使用期间监测的一般要求如下：

（1）监测前应根据各方的监测要求与设计文件明确监测目的，结合工程结构特点、现场及周边环境条件等因素，制定监测方案，并报相关单位审批。

（2）下列建筑工程应进行监测：

1）跨度不小于 40m 的大跨结构；

2）带有不小于 20m 悬挑楼盖或 30m 悬挑屋盖结构的工程；

3）设计文件有要求的工程；

4）采用新技术新工艺设计和施工的工程。

（3）宜对下列构件或节点进行选择性监测：

1）应力变化显著或应力水平高的构件；

2）结构重要性突出的构件或节点；

3）变形显著的构件或节点；

4）承受较大荷载的构件或节点；

5）控制几何位形的关键节点；

6）能反映结构内力及变形关键特征的其他重要受力构件或节点；

7）设计文件要求的构件或节点。

（4）使用期间监测宜为长期实时监测，监测预警应根据结构性能，并结合长期数据积累提出与结构安全性、适用性和耐久性相应的限值要求和不同的预警值。当监测数据异常或报警时，应及时对监测系统及结构进行检查或检测。

（5）监测作业人员应经过专业技术培训，行业规定的特殊工种必须持证上岗。

（6）监测设备及仪器应通过计量标定，采集及传输设备性能应满足工程监测需要。

（7）使用期间监测可包括变形与裂缝监测、应变监测、索力监测和环境及效应监测，变形监测可包括基础沉降监测、结构竖向变形监测及结构水平变形监测；环境及效应监测可包括风及风致响应监测、温湿度监测、地震动及地震动响应监测、腐蚀监测。

14.1.1 变形监测

（1）变形监测分为水平位移监测、垂直位移监测、角位移监测。

（2）监测工作开始前，监测单位应进行资料收集、现场踏勘调研，并根据设计要求和环境条件选埋监测点、建立变形监测网。

（3）变形监测网的组成与要求应符合下列规定：

1）基准点，应埋设在变形区以外，点位稳定、安全、可靠；

2）工作基点，应选在相对稳定且方便使用的位置，每期变形观测均应将其与基准点进行联测；

3）变形监测点，应布设在能反映监测体变形特征的部位。点位布局合理、观测方便，标志设置牢固、易于保存。

（4）空间结构安装完成后，当监测主跨挠度时，测点位置可由设计单位确定。当设计无要求时，对跨度为24m及24m以下的情况，应监测跨中挠度；对跨度大于24m的情况，应监测跨中及跨度方向四等分点的挠度。

（5）施工期间变形监测可包括构件挠度、支座中心轴线偏移、最高与最低支座高差、相邻支座高差、杆件轴线、构件垂直度及倾斜变形监测等。

（6）大跨度空间结构临时支撑拆除、焊接合拢、拉索张拉等过程中，应对结构关键点的变形及应力进行监测。

（7）结构滑移施工过程中，应对结构关键点的变形、应力及滑移的同步性进行监测。

（8）竖向位移监测时，大跨空间结构的支座、跨中、跨间测点间距不宜大于30m，且不宜少于5个点。

（9）变形监测的频次应符合下列规定：

1）当监测项目包括水平位移与垂直位移时，两者监测频次宜一致；

2）结构监测可从基础垫层或基础底板完成后开始；

3）首次监测应连续进行两次独立量测，并应取其中数作为变形量测的初始值；

4）当施工过程遇暂时停工，停工及复工时应各量测一次，停工期间可根据具体情况进行监测；

5）监测过程中，监测数据达到预警值或发生异常变形时应增加监测次数；

6）大跨空间结构应在吊装及卸载过程中重量变化 50% 和 100% 时各监测不少于一次。

（10）变形监测仪器量程应介于测点位移估计值与允许值的 2～3 倍；采用机械式测试仪器时，精度应为测点位移估计值的 1/10。

（11）对于施工阶段累积变形较大的结构，应按设计要求采取补偿技术修正工程结构的标高，宜使最终的标高与设计标高一致，标高补偿技术应采用预测和监测相结合的方式进行。

14.1.2　应力应变监测

（1）应力应变监测应根据工程结构特点，结合监测部位、监测对象、监测精度、环境条件、监测频次等因素，选用合适的监测方法。

（2）构件截面处的应力可通过应力应变计直接测量，也可通过测量力、位移、自振频率或磁通量等参量后换算。

（3）应变监测可选用电阻应变计、振弦式应变计、光纤类应变计等应变监测设备进行监测。应变计宜根据监测目的和工程要求，以及传感器技术、环境特征进行选择。

（4）应变计应符合下列基本规定：

1）量程应与量测范围相适应，应变量测的精度应为满量程的 0.2%，且不大于 4με，监测值宜控制为满量程的 30%～80%；

2）应变梯度较大的应力集中区域，宜选用标距较小的应变计；

3）在温度变化较大的环境中进行应变监测时，应优先选用具有温度补偿措施或温度敏感性低的应变计，或采取有效措施消除温差引起的应变影响；

4）电阻应变计的测量片和补偿片应选用同一规格产品，并进行屏蔽绝缘保护；

5）振弦式应变计应与匹配的频率仪配套校准，频率仪的分辨率不应大于 0.5Hz；

6）采用光纤光栅传感器监测时，应考虑应变和温度的相互影响。光纤布设应避免过度弯折，光器件的连接应保持光接头的清洁。光纤解调系统各项指标应符合被监测对象对待测参数的规定；

7）采用位移传感器等构成的装置监测应变时，其标距误差应为 ±1.0%。

（5）应变传感器的安装应符合下列规定：

1）安装前应逐个确认传感器的有效性，确保能正常工作；

2）安装位置各方向偏离监测截面位移不应大于 30mm；安装角度偏差不应大于 2°；

3）安装中，不同类型传感器的导线或电缆宜分别集中引出及保护，无电子识别编号的传感器应在线缆上标注传感器编号；

4）安装应牢固，长期监测时，宜采用焊接或栓接方式安装；

5）安装后应及时对设备进行检查，满足要求方能使用，发现问题应及时处理或更换；

6）安装稳定后，应进行调试并测定静态初始值；

7）监测仪器安装完成后，应记录测点实际位置，绘制测点布置图。

（6）应变监测应与变形监测频次同步且宜采用实时监测。

（7）传感器和监测设备安装前，应编制安装方案。内容宜包括埋设时间节点、埋设方法、电缆连接和走向、保护要求、一起检验、测读方法等。

（8）构件上监测点布设传感器的数量和方向应符合下列规定：

1）对受弯构件应在弯矩最大的截面上沿截面高度布置测点，每个截面不应少于2个；当需要量测沿截面高度的应变分布规律时，布置测点数不应少于5个；对于双向受弯构件，在构件截面边缘布置的测点不应少于4个；

2）对轴心受力构件，应在构件量测截面两侧或四周沿轴线方向相对布置测点，每个截面不应少于2个；

3）对受扭构件，宜在构件量测截面的两长边方向的侧面对应部位上布置与扭转轴线成45°方向的测点；

4）对复杂受力构件，可通过布设应变片量测各应变计的应变值解算出监测截面的主应力大小和方向。

14.1.3 温度监测

（1）温度监测应包括环境温度和结构温度监测。

（2）温度监测可采用水银温度计、接触式温度传感器、热敏电阻温度传感器或红外线测温仪进行，测量精度不应低于0.5℃。

（3）环境温度监测宜将温度传感器置于离地1.5m高、空气流通的百叶箱内进行监测。

（4）环境及结构温度监测应符合下列规定：

1）温度监测的测点应布置在温度梯度变化较大位置，宜对称、均匀，应反映结构竖向及水平向温度场变化规律；

2）相对独立空间应设1～3个点，面积或跨度较大时，以及结构构件应力及变形受环境温度影响大的区域，宜增加测点；

3）监测结构温度的传感器可布设于构件内部或表面。当日照引起的结构温差较大时，宜在结构迎光面和背光面分别设置传感器；

4）监测整个结构的温度场分布和不同部位结构温度与环境温度对应关系时，测点宜覆盖整个结构区域；

5）温度传感器宜选用监测范围大、精度高、线性化及稳定性好的传感器。当需要监测日温度的变化规律时，宜采用自动监测系统进行连续监测；采用人工读书时，监测频次不宜少于每小时1次；

6）监测频次宜与结构应力监测和变形监测保持一致；

7）长期温度监测时，监测结果应包括日平均气温、日最高气温和日最低气温；结构温度分布监测时，宜绘制温度分布等温线图。

14.1.4 风荷载监测

（1）对风敏感的结构宜进行风荷载监测。

（2）风荷载监测内容应包括风速、风向、风压监测。

（3）风压计的量程应满足结构设计中风场的要求，可选择可调量程的风压计，风压计的精度应为满量程的 ±0.4%，且不宜低于 10Pa，非线性度应在满量程的 ±0.1% 范围内，响应时间应小于 200ms。风速仪量程应大于设计风速，风速监测精度不宜小于 0.5m/s，风向监测精度宜为 3°。

（4）风速及风向监测应符合下列规定：

1）结构中绕流风影响区域宜采用计算流体动力学数值模拟或风洞试验的方法分析；

2）机械式风速测量装置和超声式风速测量装置宜成对设置；

3）风速仪应安装在工程结构绕流影响区域之外；

4）宜选取采样频率高的风速仪，且不应低于 10Hz；

5）监测结果应包括脉动风速、平均风速和风向。

（5）风压监测应符合下列规定：

1）风压监测宜选用微压量程、具有可测正负压的压力传感器，也可选用专用的风压计，监测参数为空气压力；

2）风压传感器的安装应避免对工程结构外立面的影响，并采取有效保护措施，相应的数据采集设备应具备时间补偿功能；

3）风压测点宜根据风洞试验的数据和结构分析的结构确定；无风洞试验数据情况下，可根据风荷载分布特征及结构分析结果布置测点；

4）进行表面风压监测的项目，宜绘制监测表面的风压分布图。

14.1.5　拉索索力监测

（1）拉索索力监测应符合下列规定：

1）监测方法可包括压力表测定千斤顶油压法、压力传感器测定法、振动频率法；

2）压力表测定千斤顶油压法与振动频率法监测精度宜为满量程的 5.0%，压力传感器测定法监测精度宜为满量程的 3.0%；

3）振动频率法监测索力的加速度传感器频响范围应覆盖索体振动基频，采用实测频率推算索力时，应将拉索及拉索两端弹性支承结构整体建模共同分析；

4）索力监测系统设计时，宜与结构内部管线、通信设备综合协调；

5）拉索索力监测预警值应结合工程设计的限值、结构设计要求及监测对象的控制要求综合确定。

（2）索力监测应符合下列规定：

1）应确保锚索计的安装呈同心状态；

2）采用振动频率法监测时，传感器安装位置应在远离拉索下锚点而接近拉索中点，量测索力的加速度传感器布设位置距索端距离应大于 0.17 倍索长；

3）日常监测时宜避开不良天气影响，且宜在一天中日照温差最小的时刻进行量测，并记录当时的温度与风速。

14.1.6　腐蚀监测

（1）在氯离子含量较高或受腐蚀影响较大的区域或有设计要求时，可进行腐蚀监测。

（2）腐蚀监测应符合下列规定：

1）腐蚀监测方案中应包括腐蚀监测方法、监测参数、监测位置和监测频次；

2）腐蚀监测宜选用电化学方法，电化学监测方法可选用电流监测、电位监测，也可同时采用电流和电位监测；

3）腐蚀监测参数可包括结构腐蚀电位、腐蚀电流和混凝土温度；

4）腐蚀监测位置应根据监测目的，结合工程结构特点、特殊部位、结构连接位置、不同位置的腐蚀速率等因素确定；测点宜选择在力与侵蚀环境荷载分别作用的典型区域及侵蚀环境荷载作用下的典型节点；

5）腐蚀传感器应能分腐蚀类型、测定腐蚀速率。可采用外置式和嵌入式两种方式布置：对于新建结构，可在施工过程中将传感器埋入预定的位置；对既有结构，可在结构相应测点的邻近位置外置传感器。

14.1.7　地震动及地震响应监测

（1）下列结构，应进行地震响应监测：

1）设防烈度为 7、8、9 度时，高度分别超过 160m、120m、80m 的大型公共建筑；

2）设计文件要求或其他有特殊要求的结构。

（2）监测参数主要为地震动及地震响应加速度，也可按工程要求监测力及位移等其他参数。

（3）结构地震动及地震响应监测应符合下列规定：

1）监测方案应包括监测系统类型、测点布置、仪器的技术指标、监测设备安装和管理维护的要求；

2）测点应根据设防烈度、抗震设防类别和结构重要性、结构类型和地形地质条件进行布置；

3）可结合风、撞击、交通等振动响应统筹布置监测系统，并应与震害检查设施结合；

4）测点布置应能反映地震动及上部结构地震响应。

14.1.8　监测结果及评定

（1）使用期间的监测报告可分为监测系统报告和监测报表，监测系统报告应在监测系统完成时提交，监测报表应在监测期间由监测系统自动生成。

（2）监测报表应为使用期间结构性能的评价提供真实、可靠、有效的监测数据和结论。

（3）监测系统报告应包括项目概况、施工过程、监测方法和依据、监测项目及监测系统操作指南。

（4）对需进行监测的构件或节点，应提供与监测周期、监测内容相一致的计算分析结果，并宜提出相应的限值要求和不同重要程度的预警值。

（5）预警值可依据设计要求、施工过程结构分析结果由各方协商确定或按下列规定执行：

1）应力预警值按构件承载能力设定时，可设三级，分别取构件承载力设计值对应监测值的 50%、70%、90%；

2）变形预警值按设计要求或规程限值要求设定时，可设三级，分别取规定限值的 50%、70%、90%；

3）预警值按施工过程结构分析结果设定时，可取理论分析结果的 130%。

（6）以下情况发生时应进行预警：

1）施工阶段的变形、应力监测值接近规程限值、设计要求或约定的预警值时；

2）当施工期间结构可能出现较大的荷载或作用时。

（7）监测报表应包括下列内容

1）监测结果及对比情况，包括：规定时间段内的监测结果及与结构分析结果的对比，预警值；

2）监测结论。

（8）监测报表、原始记录应进行归档。

14.1.9　健康监测案例

1. 健康监测概念

结构健康监测指的是针对工程结构的损伤识别及其特征化的策略和过程。结构损伤是指结构材料参数及其几何特征的改变。结构健康监测过程涉及使用周期性采样的传感器阵列获取结构响应，损伤敏感指标提取，损伤敏感指标的统计分析以确定当前结构健康状况等过程。监测周期包括施工期间和使用期间，主要包括变形监测、应力应变监测、风压监测、索力监测等。

2. 体育建筑健康监测的必要性

体育建筑多为大跨空间钢结构，造型新颖。因其空间使用要求高，屋盖采用的结构形式多样化，有网架、网壳、索膜、桁架等。其屋盖钢结构跨度大、施工难度大、受力复杂，建筑场馆举办相关赛事时人流量大，因此确保其结构使用安全尤为重要。根据科学统计，在钢结构的安全事故中，由于构造与连接不当而引起的各种破坏占较大比例，因此，在任何情况下，构造的正确性与可靠性是钢结构构件正常承载能力的最重要保证，一旦构造出现问题，便会直接危及结构构件的安全性，造成财产和生命的损失。这就要求在施工阶段和运营阶段对钢屋盖和一些关键构件进行实时监测，建立健康监测系统。

同时风荷载是结构物所承受的主要荷载之一，也是导致结构体系破坏的主要因素之一。目前，确定结构风荷载的手段主要依靠风洞实验和数值模拟，然而，由于风洞试验大缩尺比的弱点以及雷诺数难以模拟等复杂效应，使得风洞试验或者数值模拟得出的结构风荷载与实际情况可能存在差异。因此对于大型复杂结构，进行风速风向和风压监测是非常必要的。

3. 工程案例

本节以 XM 市新体育中心为例，介绍健康监测有关内容。

（1）工程概况

XM 市新体育中心总建筑面积 30.26 万 m²，包含一座 6 万座体育场（白鹭体育场），建筑面积 18.06 万 m²，约 12 万 m² 配套商业及园林景观、室外热身配套、室外运动场地等，项目建成后将用于 2023 年足球亚洲杯，满足专业足球赛事及专业田径赛事功能，并满足城市群众集会、大型演唱会等文化娱乐活动需要。如图 14.1-1 所示。

图 14.1-1　XM 市新体育中心效果图

（2）体育场结构介绍

体育场屋盖采用复杂大跨度空间结构形式，屋盖建筑体型复杂，西侧罩棚高度达85m，侧罩棚高度为 77m，东西长度为 326m，南北跨度 350m，屋盖东、西与南、北均不对称，屋面存在较多负高斯曲率部位，各立面拱形造型独特，用钢量约 3.5 万 t。体育场大跨度屋盖由中间两榀巨拱、固定看台混凝土结构以及 8.250m 高大平台支承，跨越体育场南北方向的两榀巨拱向场外方向倾斜，采用管桁架结构，空间尺度巨大，外观造型复杂，杆件数量众多。体育场中部开孔平面呈椭圆形，曲面高差很大，采用车辐式索结构，径向索长短度变化很大。车辐式索结构为新型的杂交空间结构体系，需通过张拉拉索方可成型。屋盖钢结构空间定位难度大，施工过程复杂。钢结构会因日照原因产生内外温度差，使得结构产生变形。结构运营过程中的主要受力构件与一些关键部位的内力、位移等参数的变化情况以及其受力状态和力学性能是否与初始设计相符，是否仍处于容许范围以内，成为一个不可忽视的问题。

（3）监测目的

对体育场钢结构运营期间关键构件的应变、拉索的索力、风环境、振动模态进行长期监测，综合利用多项结构性能指标，对结构的功能性进行评价与预警；对环境荷载的长期效应以及结构的病态进行综合性诊断；建立结构的健康档案，为工程正常施工与维护提供可靠依据，具体监测目的如下：

1）提供对运营过程中的应变等参数的监控，掌握钢结构及基础结构的状态。

2）及时发现结构的响应异常、结构损伤或退化，及时掌握传感器所在位置结构受力状态。

3）掌握结构施工和运营各阶段完整的监测数据资料。

（4）监测方案

根据体育场结构形式特点和施工工艺可知，在体育场的钢结构健康监测中应对如表 14.1-1 所示方面进行实时监测。

体育场健康监测项目一览表

表 14.1-1

项目编号	项目名称	单位	测点数量	传感器数量	监测阶段
1	索力监测	个	12	36	运营阶段
2	应变监测	个	88	300	运营阶段
3	风压监测	个	10	20	运营阶段
4	风环境监测	个	1	1	运营阶段
5	加速度监测	个	16	16	运营阶段
6	监测系统软件和硬件	套	1	1	运营阶段

主要监测内容总结为：

1）使用应变传感器对关键预应力索进行索力监测；

2）使用光纤光栅应变传感器对桁架进行应变监测；

3）使用风速风向仪和风压传感器对结构进行风环境监测；

4）使用加速度传感器对钢屋盖结构进行振动模态监测；

体育场结构监测中的应力应变、索力均可用光纤光栅传感器进行监测，风环境及加速度监测可采用电类传感器，光纤光栅传感器串联后统一接入监测控制中心的光纤光栅解调模块，电类传感器统一接入电类传感器解调模块，这样可对采集到的数据进行分析、存储，监测人员可对获取的可靠信息进行判别，采取相应措施。获得的数据和分析结果可通过 Internet 发送，达到远程监控的目的。

① 索力监测

缆索的监测采用光纤光栅智慧索的监测方案。采用自主研发的光纤光栅微型应变传感器（图 14.1-2），用于实时监测缆索的受力状态。安装时需将传感器用环氧树脂紧密贴合于密闭索表面。待环氧树脂凝固（24 小时），达到足够强度后，便可实现对索力的监测（图 14.1-3）。

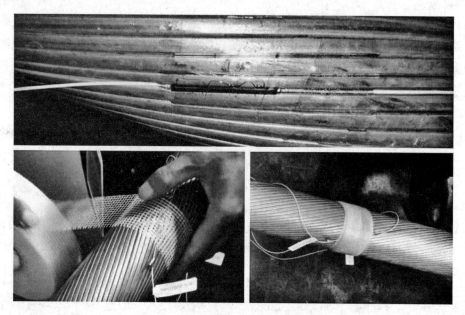

图 14.1-2 微型传感器的安装

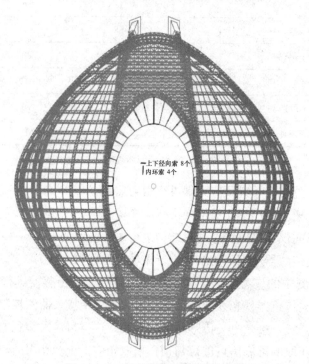

图 14.1-3 索力监测点平面布置图

② 结构关键构件应力应变监测

应变监测多采用粘贴应变片或安装振弦式应变计方法。实验室环境下，其具有准确度合格等优点。传统应变片和弦式应变计对荷载与温度交叉敏感，在实际服役环境下，变化的温差会使其准确度降低，无法保证应变监测的准确性和长期可靠性。

低温敏型光纤光栅应变传感器采用独特封装工艺降低了传感器的温度灵敏度，在钢结构材料上测试中可达到低于 1με/℃，不仅大幅降低了温度对应变测量的影响，还有效的消除了胶粘剂对传感器的应变传递影响，测量更精准。且传感器安装方式灵活，既可以直接表面粘贴、也可以埋入结构中或通过焊接辅助安装支座夹持传感器，可重复利用。

低温敏型光纤光栅应变传感器有以下特点：

低温敏效果显著，钢结构材料上低于 1με/℃；

增敏工作机制，应变灵敏度高于普通光纤光栅应变传感器；

可根据工程需求灵活定制量程、分辨率和规格尺寸；

通过传感器支座可焊接或胶粘接在工程结构表面，传感器可重复利用；

可根据工程需求灵活定制不同形状的传感器支座。

低温敏型光纤光栅应变传感器参数如表 14.1-2 所示。

低温敏型光纤光栅应变传感器参数　　　　　　　　　　　表 14.1-2

型号	DUT-FBGS-04
标距	60mm
量程	±1500με
传感器尺寸	直径 4mm，长度 90mm
波长范围	1510～1590mm
工作温度范围	−30～120℃
分辨率	1με
精度	0.1%F.S.
尾纤规格	ϕ3mmPVC 铠装护套 600mm
连接方式	FC/APC 连接头／熔接
安装方式	表面粘贴／支座夹持／支座焊接／埋入
温度灵敏度	<1με/℃

体育场屋盖钢结构由巨拱＋屋面桁架＋车幅索＋立面密柱组成。为了加强两个向外倾斜巨拱之间的联系，在巨拱之间设置了刚度较大的正交正方联系网架＋巨拱联系桁架＋场心环桁架，为了增加足球场的日光照射和增强整个屋盖的拉结作用，在场地上空周边采用车辐式索结构屋面桁架系统包含了横向桁架＋中间联系桁架＋柱顶纵向联系桁架＋外环桁架。结合建筑立面造型特点，设置菱形分叉柱及三角撑，和南、北侧落地拱，作为立面幕墙的支承结构。

根据结构分析报告，屋盖钢结构中的关键受力构件和节点有：巨拱拱脚，巨拱与场芯环桁架和悬挑桁架连接处、场芯环桁架最低点，巨拱联系桁架、横向主桁架和南北侧拱中点处，网架中点处，开花柱及铸钢节点，巨拱和场芯环桁架胎架等杆件受力较大杆件进行应变监测，监测重要构件的应力应变变化。以屋盖钢结构、巨拱、钢柱监测点布置为例，如图 14.1-5 所示。

如图 14.1-4 所示，巨拱为矩形空间管桁架，为屋盖钢结构的主要受力构件之一，向场外倾斜 22°，在南北两端形成悬挑桁架，作为拱脚上方横向桁架、上层网架及周边环桁架的支承构件。如图 14.1-5 所示，此部分共有 20 个测点。每个测点处的结构为矩形管桁架，每榀桁架高度 6～8m，宽度 4m，由弦杆、腹杆、系杆组成。虽然桁架本身由二力杆组成，即荷载处于节点时，桁架只有轴力存在。但是风雪荷载有可能单独作用某根杆件，使其发生横向变形，故在每根弦杆和腹杆处以对称布设的方式布设 2 个应变传感器。具体布设方式如图 14.1-5 所示，此部分共 20 个测点，每个测点选取 2 根杆件（弦杆、腹杆），每根杆件布设 2 个应变传感器，巨拱结构部分共需要 80 个应变传感器。

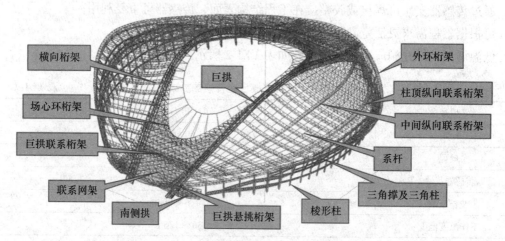

图 14.1-4 屋盖钢结构三维示意图

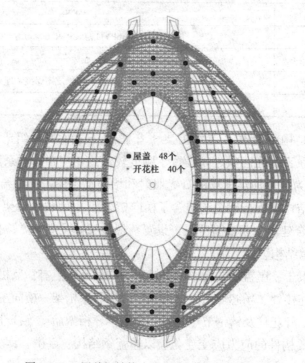

图 14.1-5 屋盖钢结构应力应变监测点平面布置图

立面结构包括三角柱、菱形柱、三角撑、南北侧拱、三角桁架，东西立面向外倾斜15°空间呈碗形，柱脚采用销轴与大平台连接，菱形柱顶与屋盖横向桁架相连，部分三角柱顶与屋盖环向桁架相连，立面结构之间通过三角桁架连为一体；南北侧拱向场外侧倾斜75°，采用多层矩形桁架拱，加劲焊接空心球节点。如图 14.1-6、图 14.1-7 所示，此部分共有 40 个测点，均位于钢结构开花柱。

每个测点选取杆件布设 3 个应变传感器，此部分共 40 个测点，需要 120 个应变传感器。

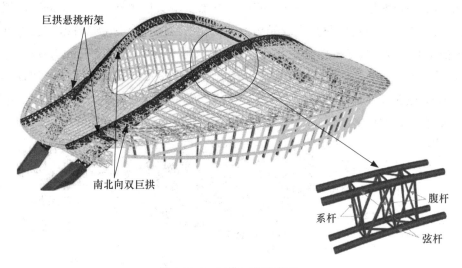

图 14.1-6　巨拱三维示意图

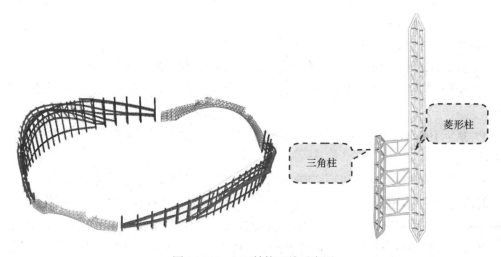

图 14.1-7　立面结构三维示意图

③ 风压监测

根据报告显示，X 市滨海地区属于亚热带海洋性季风气候，温和多雨，年平均气温21℃左右，其中 1 月最冷，7 月最热，年平均降雨量在 1200mm 左右，每年 5～8 月雨量最多，风力一般 3～4 级，常向主导风力为东北风。由于太平洋温差气流的关系，每年平均受 4～5 次台风的影响，且多集中在 7～9 月。有必要针对结构增加风环境监测，具体包括风速监测与风压监测以获取结构风环境信息，确定分压分布情况。

A. 监测方法：

使用风压传感器和风速仪对结构的风压分布进行监测。

B. 测点位置：

根据 X 市风玫瑰图与结构图纸，需要 20 个风压传感器。

④监测系统软件和硬件

DUT-i15-e32 是适合光纤光栅（FBG）传感器及电类传感器同步采集的解调仪，如图 14.1-8。2Hz 采样频率可以测量光纤光栅低频变化的温度、应变等物理参数。内置大功率波长扫描型激光器，每个光学通道具有 80nm 波长范围（1510～1590nm），波长解调精度达 1pm，可同时连接 240 个 FBG 传感器。解调仪支持最大 32 通道的电类传感器动态数据采集，信号类型包括加速度、力、位移、倾角、应变、温度、压力等，适用于桥梁、大坝、建筑物等长期状态监测。

图 14.1-8　多类型信号分布式同步采集仪

（5）结构健康监测平台

该项目研发的健康监测平台主要具有以下优点：

1）基于 BIM 模型可视化，能在项目建筑模型中查看场馆检测点的运行状态。

2）检测位置发生预警时，平台能直观展示预警信息及所在位置，工作人员能快速定位。

3）基于 BIM 模型，平台能够对建筑及检测设备全生命周期的维保、检测情况进行数据回溯及查看。

4）大屏控制中心，直观展示当前项目运行情况，提升项目信息化展示能力。

健康监测平台中的云平台使用远程监测、人工巡检、短信报警、网页报警等全方位监测手段，对各种复杂环境下受控建筑进行监控，大大提高监控效率，缩短了监测响应时间。平台所得数据及分析结果实时共享，实时传递到总监控中心及其他有关部门，保证了信息的及时性。

同时健康监测平台建成后 24 小时全天候运行，在恶劣天气环境如台风、大雪、大雨等环境下也能够正常工作。监测中心设有大型监控中心，亚运会期间配备专业技术人员 24 小时值班，实现信息的即时传递与交流。平台界面如图 14.1-9 所示。

（6）出具健康监测报告

根据项目特点、甲方需求和特殊情况（如台风、大雪天气过后），定期出具新体育中心体育场的健康监测报告，报告包含日期、天气、监测点信息，确保实时掌握结构健康状态，保证结构安全。

图 14.1-9　XM 市新体育中心结构健康监测平台

14.2　既有体育场馆钢结构耐久性鉴定

既有体育场馆钢结构耐久性鉴定，应包括钢结构构件安全性鉴定和钢结构耐久性鉴定。一般应在安全性鉴定合格的基础上进行，当安全性鉴定不合格时，应采取加固措施后进行鉴定。既有体育场馆钢结构构件的安全性鉴定，应按承载能力、构造以及不适于承载的位移或变形等三个检查项目进行。

14.2.1　鉴定程序及工作内容

（1）既有体育场馆钢结构耐久性鉴定的目的、范围和内容，应根据委托方提出的鉴定原因和要求，经初步调查后确定。

（2）初步调查宜包括下列基本工作内容：

1）查阅图纸资料。包括设计计算书、设计变更记录、施工图、施工及施工变更记录、竣工图、竣工质检及包括隐蔽工程验收记录的验收文件、定点观测记录、事故处理报告、维修记录、历次加固改造图纸等。

2）查询钢结构工程原始施工、历次修缮、加固、改造、用途变更、使用条件改变以及受灾等情况。

3）考察现场。按资料核对实物现状，调查钢结构实际使用条件和内外环境、查看已发现的问题、听取有关人员的意见等。

4）制定详细检测工作方案并提出需由委托方完成的准备工作。

（3）检测工作方案根据实际需要选择下列工作内容：

1）目视检测

① 钢材表面不应有裂纹、折叠、夹层，钢材端边或断口处不应有分层、夹渣等缺陷。

② 当钢材的表面有锈蚀、麻点或划伤等缺陷时，其深度不得大于该钢材厚度负偏差值的1/2。

③ 焊缝外观质量的目视检测应在焊缝清理完毕后进行，焊缝及焊缝附近区域不得有焊渣及飞溅物。焊缝焊后目视检测的内容应包括焊缝外观质量、焊缝尺寸，其外观质量及尺寸允许偏差应符合现行国家标准《钢结构工程施工质量验收规程》GB 50205的有关规定。

④ 高强度螺栓连接副终拧后，螺栓丝扣外露应为2～3扣，其中允许有10%的螺栓丝扣外露1扣或4扣；扭剪型高强度螺栓连接副终拧后，未拧掉梅花头的螺栓数不宜多于该节点总螺栓数的5%。

⑤ 涂层不应有漏涂，表面不应存在脱皮、泛锈、龟裂和起泡等缺陷，不应出现裂缝，涂层应均匀、无明显皱皮、流坠、乳突、针眼和气泡等，涂层与钢基材之间和各涂层之间应粘结牢固，无空鼓、脱层、明显凹陷、粉化松散和浮浆等缺陷。

2）钢材性能检测

① 既有体育场馆钢结构使用的钢结构材料及性能指标应符合现行国家产品标准。钢材的检测应根据表14.2-1钢材性能检测表执行。

② 既有体育场馆钢材取样部位应选择结构不受力且易于修补的地方进行。取样部位及过程不能对结构产生影响。

钢材性能检测表 表 14.2-1

序号	检测项目	检查数量	检测方法
1	钢材化学成分分析	每批1个	GB/T 222、GB/T 223、GB/T 4336
2	钢材拉伸性能试验	每批1个	GB/T 228.1
3	钢材拉弯曲能试验	每批1个	GB/T 232
4	钢材拉冲击能试验	每批1组	GB/T 229

3）焊缝无损检测

① 钢结构现场检测可采用全数检测或抽样检测。当抽样检测时，一、二级焊缝按焊缝处数随机抽检3%，且不应少于3处；检验方法采用超声波检测，当超声波检测无法判定缺欠时，采用射线检测。

② 当遇到下列情况之一时，宜采用全数检测：

范围较小或构件数量较少；

构件质量状况差异较大；

灾害发生后对结构受损情况的识别；

委托方要求进行全数检测。

③ 焊缝无损检测验收

焊缝超声波检测应符合设计及图纸规定相应标准的评级要求；

若出现不符合评级标准的焊缝，应加倍抽检；加倍抽检还出现不符合焊缝，应全数检测；

对于无损检测中不符合的焊缝应进行返修，返修后进行复探；

返修前维护单位应编制加固、返修方案，返修方案应经设计单位审核通过。

4）连接件检查

① 既有体育场馆钢结构应进行连接紧固件的应按节点数量随机抽检 3%，且不应少于 3 处，检查应着重于连接紧固件扳紧检测，不应出现紧固件松动、锈蚀严重等情况。

② 抽检节点的不符合数量超过检查数量的 20% 时，应加倍检查；若还出现不符合节点，应全数检查。

③ 对于不符合的连接紧固件要进行更换。

5）防腐防火涂层检测

① 既有体育场馆钢结构应进行防腐与防火涂层厚度的检测。抽检比例按构件数量的 3% 进行，且同类构件不应少于 3 件。

② 防腐防火涂层检测的验收按本规程规定的检测结果评定执行。

③ 对于防腐与防火涂层厚度脱落、达不到设计值的地方应进行修补。

6）构件厚度（减薄量）、尺寸的检测

既有体育场馆钢结构应进行构件厚度（减薄量）、尺寸的检测。抽检比例按同类构件数量的 3% 进行，且不应少于 3 件，所测的实际厚度及尺寸应进行记录。为既有体育场馆钢结构建模计算提供依据。

7）屋面板（天沟）工程检查

既有体育场馆钢结构工程应对屋面板（含各类金属板）、天沟等构件进行外观检查；对其是否被腐蚀或腐蚀程度进行评估。

外观检查包括：

① 金属屋面板表面油漆是否脱落、锈蚀；

② 金属屋面板表面有无裂纹；

③ 屋面板连接处自攻螺丝有无松动、脱落或断裂；

④ 屋面有无漏水；

⑤ 检查屋面结构的变形、开裂等情况。

8）既有体育场馆钢结构主体应进行变形检测。根据钢结构性质选择变形检测类型；检测结果应符合设计要求，若设计无要求时，应符合钢结构变形检测的要求。

9）既有体育场馆钢结构可进行结构静力荷载检验，对钢结构主体性能进行验证。

14.2.2　安全性等级评定

（1）当按承载能力评定钢结构构件的安全性等级时，应按表 14.2-2 的规定分别评定每一验算项目的等级，并应取其中最低等级作为该构件承载能力的安全性等级。钢结构倾覆、滑移、疲劳、脆断的验算，应按国家现行相关规程的规定进行；节点、连接域的验算应包括其板件和连接的验算。

按承载能力评定的钢结构构件安全性等级　　　　　　表 14.2-2

构件类别	安全性等级			
	au 级	bu 级	cu 级	du 级
主要构件及节点、连接域	$R/(\gamma 0S) \geqslant 1.00$	$R/(\gamma 0S) \geqslant 0.95$	$R/(\gamma 0S) \geqslant 0.90$	$R/(\gamma 0S) < 0.90$ 或当构件或连接出现脆性断裂、疲劳开裂或局部失稳变形迹象时
一般构件	$R/(\gamma 0S) \geqslant 1.00$	$R/(\gamma 0S) \geqslant 0.90$	$R/(\gamma 0S) \geqslant 0.85$	$R/(\gamma 0S) < 0.85$ 或当构件或连接出现脆性断裂、疲劳开裂或局部失稳变形迹象时

（2）当按构造评定钢结构构件的安全性等级时，应按表 14.2-3 的规定分别评定每个检查项目的等级，并应取其中最低等级作为该构件构造的安全性等级。

按构造评定的钢结构构件安全性等级　　　　　　表 14.2-3

检查项目	安全性等级	
	au 级或 bu 级	cu 级或 du 级
构件构造	构件组成形式、长细比或高跨比、宽厚比或厚比等符合国家现行相关规程规定；无缺陷，或仅有局部表面缺陷；工作无异常	构件组成形式、长细比或高跨比、宽厚比或高厚比等不符合国家现行相关规程规定；存在明显缺陷，已影响或显著影响正常工作
节点、连接构造	节点构造、连接方式正确，符合国家现行相关规程规定；构造无缺陷或仅有局部的表面缺陷，工作无异常	节点构造、连接方式不当，不符合国家现行相关规程规定；构造有明显缺陷，已影响或显著影响正常工作

注：①构造缺陷还包括施工遗留的缺陷：对焊接系指夹渣、气泡、咬边、烧穿、漏焊、少焊、未焊透以及焊脚尺寸不足等；对铆钉或螺栓系指铆、漏栓、错位、错排及掉头等；其他施工遗留的缺陷根据实际情况确定；
　　②节点、连接构造的局部表面缺陷包括焊缝表面质量稍差、焊缝尺寸稍有不足、连接位置稍有偏差等；节点、连接构造的明显缺陷包括焊接部位有裂敏，部分螺栓或铆钉有松动、变形、断裂、脱落或节点板、连接板、铸件有裂纹或显著变形等。

（3）当钢结构构件的安全性按不适于承载的位移或变形评定时，应符合下列规定：

1）对桁架、屋架或托架的挠度，当其实测值大于桁架计算跨度的 1/400 时，应按有关标准验算其承载能力。验算时，应考虑由于位移产生的附加应力的影响，并按下列原则评级：

①当验算结果不低于 bu 级时，仍定为 bu 级，但宜附加观察使用一段时间的限制；

②当验算结果低于 bu 级时，应根据其实际严重程度定为 cu 级或 du 级。

2）对桁架顶点的侧向位移当其实测值大于桁架高度的 1/200 且有可能发展时，应定为 cu 级或 du 级。

3）对其他钢结构受弯构件不适于承载的变形的评定，应按表 14.2-4 的规定评级。

其他钢结构受弯构件不适于承载的变形的评定　　　　表 14.2-4

检查项目	构件类别			cu 级或 du 级
挠度	主要构件	网架	屋盖的短向	$>l_s/250$，且可能发展
			楼盖的短向	$>l_s/200$，且可能发展
		主梁、托梁		$>l_0/200$
	一般构件	其他梁		$>l_0/150$
		檩条梁		$>l_0/100$
侧向弯曲矢高	深梁			$>l_0/400$
	一般实腹梁			$>l_0/350$

注：表中 l_0 为构件计算跨度；l_s 为网架短向计算跨度。

4）对偏差超限或其他使用原因引起的柱、桁架受压弦杆的弯曲，当弯曲矢高实测值大于柱的自由长度的 1/660 时，应在承载能力的验算中考虑其所引起的附加弯矩的影响，并按规程第 3.3.1 条的规定评级。

5）对钢桁架中有整体弯曲变形，但无明显局部缺陷的双角钢受压腹杆，其整体弯曲变形不大于表 14.2-5 规定的限值时，其安全性可根据实际完好程度度评为 au 级或 bu 级；当整体弯曲变形已大于该表规定的限值时，应根据实际严重程度评为 cu 级或 du 级。

钢桁架双角钢受压腹杆整体弯曲变形限值　　　　表 14.2-5

$\sigma = N/\phi A$	对 au 级和 bu 级压杆的双向弯曲限值			
	方向	弯曲矢高与杆件长度之比		
f	平面外	1/550	1/750	$\leqslant 1/850$	—
	平面内	1/1000	1/900	1/800	—
$0.9f$	平面外	1/350	1/450	1/550	$\leqslant 1/850$
	平面内	1/1000	1/750	1/650	1/500
$0.8f$	平面外	1/250	1/350	1/550	$\leqslant 1/850$
	平面内	1/1000	1/500	1/4000	1/350
$0.7f$	平面外	1/200	1/250	$\leqslant 1/300$	—
	平面内	1/750	1/450	1/350	—
$\leqslant 0.6f$	平面外	1/150	$\leqslant 1/200$	—	—
	平面内	1/400	1/350	—	—

6）当钢结构构件的安全性按不适于承载的锈蚀评定时，应按剩余的完好截面验算其承载能力，并应同时兼顾锈蚀产生的受力偏心效应，并应按表 14.2-6 的规定评级。

钢结构构件不适于承载的锈蚀的评定　　　　表 14.2-6

等级	评定标准
cu	在结构的主要受力部位，构件截面平均锈蚀深度 Δt 大于 0.1t，但不大于 0.15t
du	在结构的主要受力部位，构件截面平均锈蚀深度 Δt 大于 0.15t

注：表中 t 为锈蚀部位构件原截面的壁厚，或钢板的板厚。

7）对钢索构件的安全性评定（略）。

14.2.3 钢结构耐久性等级评定

（1）钢结构构件耐久性等级的评定，应以涂装防护层质量和锈蚀损伤两项目所评的等级为依据，应按其中较低一级确定。

（2）当对钢结构构件涂装防护层的质量等级评定时，应按表 14.2-7 的规定，分别评定构件本身和节点的每一子项目等级，并应取其中最低一级作为构件涂装防护层质量等级。

钢结构构件涂装防护层质量等级评定   表 14.2-7

子项目	ad 级	bd 级	cd 级
涂膜外观质量	涂膜无皱皮、流挂、针眼、气泡、空鼓、脱层；无变色、粉化、霉变、起泡、开裂、脱落；钢材无生锈	涂膜有变色、失光；起微泡面积小于 50%；局部有粉化、开裂和脱落；钢材出现锈斑	涂膜严重变色、失光，起微泡面积超过 50% 并有大泡；出现大面积粉化、开裂和脱落；涂层大面积失效；钢材已锈蚀
涂膜附着力	涂层完整	涂层完整程度不低于 70%	涂层完整程度低于 70%
涂膜厚度	厚度符合设计或国家现行规程规定	厚度小于设计要求，但小于的测点数不大于 10%，且测点处实测厚度不小于设计厚度的 90%	达不到 bd 级的要求
外包裹防护层	符合设计要求，外包裹防护层无损坏，可继续使用	略低于设计要求，外包裹防护层有少许损伤，维修后可继续使用	不符合设计要求，外包裹防护层有损坏，加固后方可可继续使用

（3）当对钢结构构件锈蚀损伤等级评定时，应按表 14.2-8 的规定分别评定构件本身和节点的等级，并应取其中较低一级作为构件锈蚀损伤等级。

钢结构构件锈蚀损伤等级评定   表 14.2-8

等级	ad 级	bd 级	cd 级
评定标准	涂装防护层完好，钢材表面无锈蚀	涂装防护层有剥落或鼓起，但面积不超过 15%；裸露钢材表面呈麻面状锈蚀，平均锈蚀深度未超过 $0.1t$	钢材大面积锈蚀，个别部位有层蚀、坑蚀现象，平均锈蚀深度超过 $0.1t$

注：表中 t 为板件厚度。

（4）钢构件剩余耐久年限的鉴定

当民用建筑钢结构构件的耐久性等级评为 ad 级，且今后仍处于室内正常使用环境中，并保持涂装防护层定期维护制度不变时，其剩余耐久年限的鉴定宜符合下列规定：

1）已使用年数不多于 10 年者，其剩余耐久年限可估计为 50～60 年；

2）已使用年数达 30 年者，其剩余耐久年限可估计为 30～40 年；

3）已使用年数达 50 年者，其剩余耐久年限可估计为 10～20 年；

4）当已使用年数为中间值时，其剩余耐久年限可在线性内插值的基础上结合工程经验进行调整。

（5）当民用建筑钢结构构件的耐久性等级评为 bd 级时，其剩余耐久年限可按有关标准规定的年数减少 10 年进行估计，但最低剩余耐久年限不应少于 10 年。

（6）当需对大气条件下，处于相对均匀腐蚀的使用环境中，对采用腐蚀牺牲层设计的钢结构构件，鉴定其剩余耐久年限时，可按下列公式进行估算：

$$Y = \frac{at}{v}$$

式中　Y——构件的剩余耐久年限（年）

　　　a——与腐蚀速度有关的修正系数，年腐蚀量为 0.01～0.05mm 时取 1.0，小于 0.01mm 时取 1.2，大于 0.05mm 时取 0.8；

　　　t——剩余腐蚀牺牲层厚度（mm），按设计允许的腐蚀牺牲层厚度减去已经腐蚀厚度计算；

　　　v——以前的年腐蚀速度（mm/年）。

（7）在钢构件剩余耐久年限鉴定基础上，评定其整体结构的剩余耐久年限时，应符合下列规定：

1）应以主要构件中所评的最低剩余耐久年限作为该结构的剩余耐久年限；

2）当一般构件的平均剩余耐久年限低于按主要构件评定的剩余耐久年限时，应取该平均年限为结构的剩余耐久年限。

14.2.4　鉴定报告编写要求

（1）既有体育场馆钢结构鉴定报告应包括下列内容：

1）钢结构工程概况

2）鉴定的目的、范围和内容；

3）检查、分析、鉴定的结果；

4）结论与建议；

5）附件。

（2）鉴定报告中，应对 cu 级、du 级构件检查项目的数量、所处位置及其处理建议，逐一作出详细说明。当构造复杂或问题很多时，尚应绘制 cu 级、du 级构件检查项目的分布图。

第 15 章　拆除改造提升咨询

由于项目本身选址要求的原因，大型体育场馆一般会选择远离城市中心，拥有较大场地的地带。随着城市的不断扩张，昔日的边缘地带已逐步成为新的城市中心。较低的建筑密度，良好的绿化和空间视野，开阔的场地，便捷的停车条件，这些先天的优势造就了一些早年建成的体育场馆，反而成了市民休闲、健身、娱乐、交往的不二之选。但是，由于缺少系统规划，配套设施严重不足，也在拖累老场馆的进一步发展。

在此背景下，浙江省 HL 体育中心结合 2022 年杭州亚运会的契机，对中心的建成较早"一场两馆"进行了系统性的升级改造，给广大市民呈现了更加亲切、友好、便利、时尚的健身活动场所。如图 15-1 所示。

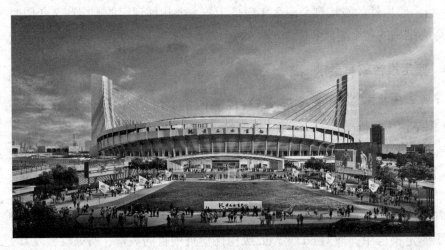

图 15-1　浙江省 HL 体育中心改造后效果图

15.1　重新定位

经过几十年的发展，原本处于城市边缘的地方变成了城市中心，原本稀疏的人口变得稠密，原本单一的产业变得多元，原本简单的运营模式变得复杂多变，这些都促使我们在开始进行体育场的改造时，进行更缜密的思考。结合城市的发展，周边产业的分布，市民需求的提升，健身活动类型的变更等各种因素来对老体育场馆的服务对象、经营模式进行重新的落位。准确的、切合实际的市场定位，才能让老场馆发挥出本身的优势，重新焕发新的生命力。

以黄龙体育中心为例,经过多年的发展,中心周边小区、办公楼林立,开放的安全的健身空间十分匮乏。经过多方调研和深入考察,将黄龙体育中心重新定位为以群众体育活动为中心,"体育＋"概念为平台,结合体育培训、休闲娱乐等体育周边产业为一体的新型体育综合体。将原来"请你吃吃饭"转变为"请你出出汗",使体育事业与其他行业同步发展,促进区域内社会经济稳定、持续、协调、健康发展。

15.2　实地查勘

改造类项目的最大难点就在于现场实际与原有设计图纸不符,或者原有图纸遗失,造成实际情况不明,特别是预埋管线、孔洞等,因此需要对现场进行详尽的查勘,以便对下阶段的设计、施工提供准确翔实的资料。结合浙江省 HL 体育中心改造的过程,查勘要特别注意以下几点:

1. 结构安全

一般来说,体育场馆的都具有大跨度、大空间、大悬挑等特点,其结构形式也一般为钢结构的桁架、网架等。特别是体育场,结构构件长期暴露于空气中,会存在不同程度的锈蚀情况,存在一定的安全隐患。体育场馆作为各类赛事、社会活动的举办场所,动辄几千上万人聚集,一旦发生事故,后果不堪设想。因此,有必要委托第三方单位对老场馆的结构安全性进行全面的鉴定,经专家论证后,给出结论和整改建议,以此作为下步设计的依据。

2. 设备设施

无论是消防设备还是照明、空调、给水排水设备,使用多年后,都会出现不同程度的老化。实地查勘应当对每一个楼梯、每一樘防火门、每一个消火栓、每一个机房的每一个设备,进行仔细地验看,列出详细的数据,指导后期的设计。该更换的更换,该保养的保养。特别是电气和排污管线,功能重新定位后,电力负荷是否能满足要求,污水排放是否会阻塞,是否需要设置油污处理等,都需要在这个阶段给出建议。

类似浙江省 HL 体育中心这类的项目,由于有举办亚运会赛事的需求,赛事组委会还会提出单独的针对比赛活动的要求。这些要求也要在实地查勘时一一落实,复核原有的设施设备是否可以满足赛事活动的标准。例如卫生间厕位数量、赛事功能用房、赛事专用系统等。

3. 室外工程

需要对场地的道路、广场、绿化、夜间照明等情况进行察看。观察道路是否有沉降、开裂的情况,下雨时是否有集水或排水不畅的情况;绿化是否有缺损、坏死、修剪不到位的情况;路灯和园路照明是否正常工作;场地停车布置是否合理,进出是否顺畅,是否人车分流、存在安全隐患等。

15.3 赛事要求

赛事的类别不同，对比赛场馆的要求也各不相同。在开始更新改造前，杭州亚运会组委会对黄龙体育中心的"一场两馆"进行了详尽的调研，根据亚运场馆竞赛功能标准，从竞赛场地、观众区域设施、赛事功能用房、赛事专用系统设备、媒体及转播区、安保及交通、电力供应等方面提出了详细的要求。

在深化设计中，首先要满足赛事要求，确因老旧场馆的原因无法满足赛事要求的，要与组委会相关部门及时沟通，协调解决。黄龙体育中心亚运场馆改造过程中，也有部分热身场地达不到要求，经过协调沟通，通过缩减器械数量、精简流线等方式，最终与组委会达成一致。也可以通过搭设临时建筑的方式来解决场地不足的问题。

15.4 设计深化

消防规范在2014年进行了重新的编订，相比以前有了重大的改变。无障碍设计也随着社会的发展和进步越来越受到重视。老体育场馆由于建造年代的原因，消防和无障碍设计是深化设计阶段重点和难点。

1. 消防设计

浙江省HL体育中心体育场、体育馆建成于2003年左右，现行的设计规范相比建筑落成时已经进行了巨大的改动。如果全部按照现行设计规范设计、施工、验收，几乎等同于推倒重来，将会对原有场馆的使用、管理、建筑形象甚至结构安全产生不良影响。"按下葫芦浮起瓢"，如何在保证场馆正常使用的情况下，还要满足设计规范的要求，是摆在设计人员面前的难题。

"凡事预则立，不预则废"。在设计之初，黄龙体育中心设计团队就通过组织消防领域专家进行专项论证的方式，反复论证设计方案，确立：不追溯、不推翻、适度优化的设计原则，立足实际，指导后续设计。

"不追溯、不推翻"指的是维持原有设计的防火分区、疏散距离等根本点不变，避免因调整防火分区或者疏散距离以满足现有规范而引起连锁反应，造成整个项目陷入死循环。例如在黄龙体育中心体育馆的设计中，设计团队仔细研究了原有图纸，对每个防火分区、每个疏散楼梯、每道防火门、每个消火栓等设施、设备都做了实地的勘验。对于防火分区和疏散门严格按照原有设计不做调整，仅更换老化的防火门、防火卷帘、消火栓等设备，保证了消防设计的系统性和完整性。

"适度优化"是指对场馆的消防设施、设备、装修材料等按现有规范要求予以更换提升。例如体育馆按现行规范增设了消防水炮，对吊顶、墙面、隔墙等装修材料也按照现行规范进行更换，提高场馆的安全性。

2. 无障碍设计

无障碍设计的范围一般包括：园区道路、建筑出入口、坡道、台阶、室内通道、垂直交通、厕所、盥洗间、无障碍坐席、停车位等。相比较而言，其中难度最大的是室内无障碍坡道和垂直交通的改造。

由于原规范几乎没有无障碍设计的要求，原设计中室内存在很多台阶，按照现行设计规范，都要改为无障碍坡道。但是平面长度或者宽度达不到要求，这些都对设计产生一些挑战，在设计深化阶段应予以足够重视。一般可以通过改变行进路线或者增加无障碍升降平台来解决。

无障碍垂直交通的改造一般通过增设电梯的方式。但是增设电梯会影响结构，要和结构专业充分沟通，对原有结构进行加固处理。同时消防电梯的冲顶高度和基坑也对建筑空间有一定要求，应当进行严格的实地查勘，验证是否满足电梯工艺要求。

3. 各专业设计要点

（1）建筑专业

建筑专建设方要对建筑的外立面、室内平面功能布局、场地流线组织等进行重新梳理。按照规划部门或可研报告来决定是否对建筑立面进行更新，立面造型更新时，要注意外立面的节能改造。由于早期建筑并没有节能方面的要求，外墙和屋面没有保温。门窗甚至还是钢窗，节能和密封性都很差，需要重新更换。更换门窗和外立面材料时，特别要注重保温材料与墙体基层的连接问题，防止保温层脱落。一般通过机械＋粘接固定的方式来固定保温层，如果面层为涂料还要外抹抗裂砂浆减少面层的裂缝。

室内平面功能房间的重新划分应当注意保持原有的防火分区、疏散通道、疏散门不改变，保证原有消防系统的完整。特别是通过在原有疏散通道上增设防火门来满足现有规范的疏散距离是值得商榷的，这样更改了原有消防疏散设计，会引发一系列的连锁反应。比如防排烟系统和防火门信号系统，最终可能会整个系统不再成立。消防设计应当与地方消防部门保持良好的沟通，及时发现问题，及时反馈，尽早确立设计原则。

平面功能的划分除了满足赛事组委会的要求外，还应当考虑赛后利用的需求，一房多用，减少赛后复原的工作。

（2）结构专业

应先进行结构安全鉴定，根据鉴定报告对原有结构进行复核并加固。根据建筑房间使用功能及隔墙布置情况，对原有结构进行验算，并依据规范要求，针对不满足的部位采取加固措施。针对梁、板构件不满足，采取粘钢或粘贴碳纤维布进行加固；针对柱构件不满足，采取粘钢方式进行加固。另外应注意建筑材料密度，新增隔墙采用轻质隔墙，密度不大于 $7kN/m^3$。在改造过程中应加强成品保护，避免对原有结构造成损伤。

在 HL 体育中心亚运场馆改造中，结构根据建筑改造要求，局部增加电梯的地方，结构充分考虑电梯的荷载，并对于楼板开洞部位设置边梁。新增构件与原有结构的连接采用植筋方式进行，植筋应满足混凝土后锚固技术规范要求，并进行抽检。

斜拉索上下端导管进行除锈、涂装处理；斜拉索锚具内防腐油脂更换、上下端破损导管密封材料进行更换等检查措施；内环梁腹板断裂的连接螺栓进行更换，对漏水位置采取防护措施，对箱梁外表面进行除锈涂装处理。对网壳钢结构部分杆件的除锈、涂装，局部网架支座锈浊、锚栓缺失等的加固处理。对有钢筋保护层脱落的部位、内部剪力墙裂缝部位、外环梁局部开裂部位加固设计。

（3）给水排水专业

根据前期勘查结论，结合黄龙体育中心亚运场馆改造项目实际情况，对屋面雨水系统、卫生间内给水排水管、消防给水系统消火栓及喷淋系统更新或者维修；更换消防水泵房内的消防主泵及屋顶消防增压设备。由于本项目不具备更换消防水箱和消防水池的条件，消防水池和消防水箱均保持原有设计做调整。

（4）电气专业

改造将拆除体育场全部原有电力管线，对消防动力、场地照明、普通照明及智能灯光控制系统、智能应急照明系统、空调配电及动力配电、接地保护，火灾自动报警及联动控制系统，消防电源监控及电气火灾监控系统等重新改造设计。

因电气专业涉及最广，也从安全使用的角度出发，在老场馆改造中电力管线应当全部拆除，重新设计，以保证赛事活动的正常进行和赛后正常运营。特别注意变电所负荷有无增加，是否需要增设变电所。对于有赛事要求的场馆，要严格按照赛事要求设计照明。

（5）空调通风专业

根据前期查勘情况，决定是否拆除场馆原有空调、通风管线，进行重新设计。重新设计时，应结合赛后运营情况选择空调形式，以达到节约运行费用的目的。室外机的布置应和建筑专业配合，布置于隐秘部位，避免对建筑形象造成不利影响。

空调出风口的设计应考虑比赛类型的要求，控制风速、风向等。

（6）智能化专业

智能化专业和电气专业类似，设备更新很快，在场馆改造项目中，基本上都会拆除原有管线设备，进行重新设计。

智能化设计中应当结合智慧场馆建设，将场馆运行维护、安防、票务服务、赛事服务等综合考虑、整合，打造完善的智能化系统。

（7）室外工程

老场馆建成时间较长且少有翻新，场馆外立面、功能用房、设备设施、塑胶跑道及观众看台等使用时间较长，会出现陈旧老化的情况，考虑电视转播和航拍效果的原因，须进行改造更新。经过多年的使用，一般来说场地道路面层都会有破损的情况，由于沉降原因也会导致道路局部积水，影响使用体验。场地内的停车位布置随意，缺少系统规划，导致交通组织人流、车流混杂，有安全隐患且不利于管理。室外景观也会由于各种原因造成缺损、坏死等情况，不能满足当下的审美需求。

老场馆更新改造时，要对以上问题进行整理，结合室外健身器械、场地的布置，重新规划景观设计，对路面面层进行翻新。根据室内地坪标高，重新确定路面标高，雨、污水管根据实际情况更换或者修复。有综合管廊的，要对管廊内管线进行核查。

体育场馆的广场一般是作为比赛活动时疏散人群使用，平时也可作为产品发布、企业聚会等活动场所，使用频率较高。要对广场铺地的材质、形式、色彩等精心设计，结合草坪、水景、建筑背景等，创造一个充满活力的空间。

老场馆由于占地较大，场地较多，停车管理也比较随意。在改造时，应特别注重停车系统性的安全性和便利性。尽可能地做到人车分流，客货分流。可以通过铺装、色彩、树箱等设计手法进行软隔断或者物理隔断。

15.5　咨询总结

老场馆的改造是一个比较繁杂的工作，历史遗留问题多，涉及政府部门也多。仅仅立面改造就可能涉及规划、城管、住建、节能办、亮化办、城市风貌管理等等部门，比赛场馆的改造还会和赛事组委会的各个部门比如场馆部、后勤部、安保部、单项协会等沟通，协调实际现状和赛事需求冲突的地方。工作量会远远大于新建场馆，需要各个参建单位相互协调、同心戮力、精诚合作才能收获完美的结果。

附 录

项目移交用表

附表 1　工程概况表；

附表 2　项目移交单；

附表 3　项目竣工图纸移交单；

附表 4　项目竣工资料移交单；

附表 5　项目子分部工程移交单；

附表 6　项目钥匙移交清单；

附表 7　项目移交物品清单；

附表 8　项目培训记录单（略）；

附表 9　项目水、电抄表移交记录单（略）；

附表 10　项目回访单（略）；

附表 11　项目设备移交清单（略）；

附表 12　项目备品备件移交清单（略）；

附表 13　项目移交人员通信录（略）。

附表 1

工程概况表

工程名称				
工程地址				
工程类型	□1.建筑工程；□2.设备安装工程；□3.装饰装修工程； □4.市政基础设施工程；□5.其他			
结构类型		市政基础 设施工程	工程类别	
层数			工程数量	
建筑面积		地上；地下（人防面积）	施工许可证号	
子单位 工程部位		子单位工程面积	m²	工程规划许可证号	
子单位工程开工日期			子单位工程竣工验收日期	
单位工程开完工日期			单位工程竣工验收日期	
单位名称			法人代表	项目负责人
			联系电话	联系电话
建设单位				
勘察单位				
设计单位				
监理单位				
施工单位				

470

附表 2

项目移交单

工程名称／分类		编号	
移交项目			
项目基本情况	建筑面积：	层数：	
施工移交单位		移交时间	年　月　日
建设（代建）单位		接收时间	年　月　日
使用单位		接收时间	年　月　日
交接内容	建筑单体与装修：　　　　　　　　家具： 给水排水：　　　　　　　　　　通风与空调： 电气：　　　　　　　　　　　　电梯： 消防报警：　　　　　　　　　　其他：		
施工单位移交意见	负责人：　　　　　　　　　　日期：　年　月　日		
（全过程）工程咨询单位意见	负责人：　　　　　　　　　　日期：　年　月　日		
建设（代建）单位接收意见	负责人：　　　　　　　　　　日期：　年　月　日		
使用单位接收意见	负责人：　　　　　　　　　　日期：　年　月　日		
核验人签字栏	移交单位	建设（代建）单位	使用单位

附表 3

项目竣工图纸移交单

编号：

工程名称		移交日期	
移交单位		接收单位	
承包单位			

移交内容：
现将＿＿＿＿＿＿＿＿＿＿工程完整竣工图纸一套（含竣工图目录 1 份）移交给贵局，总共＿＿＿＿＿册。
内容简要说明：

备　注	

移交单位：	接收单位：	全过程咨询单位：	承包单位：
签字：	签字：	签字：	签字：
＿＿＿年＿月＿日	＿＿＿年＿月＿日	＿＿＿年＿月＿日	＿＿＿年＿月＿日

附表 4

项目竣工资料移交单

工程名称		移交日期	
移交单位		接收单位	

移交内容：

现将＿＿＿＿＿＿＿＿＿工程完整竣工资料一套（含竣工资料目录 1 份）移交给贵局，共卷、共＿＿＿＿册。

内容简要说明：

备　注	

移交单位：	接收单位：	全过程咨询单位：	承包单位：
签字： ＿＿年＿月＿日	签字： ＿＿年＿月＿日	签字： ＿＿年＿月＿日	签字： ＿＿年＿月＿日

附表 5

项目子分部工程移交单

编号：

工程名称		移交日期	
移交单位		接收单位	
承包单位			

移交内容：

备　注	

移交单位：	接收单位：	全过程咨询单位：	承包单位：
签字：	签字：	签字：	签字：
___年__月__日	___年__月__日	___年__月__日	___年__月__日

附表6

项目钥匙移交清单

编号：

楼层（科室）	房间名称	钥匙编号	钥匙数量	备注
×××	×××	×××	××	
×××				
施工单位		负责人签字		
（全过程）工程咨询单位		负责人签字		
建设（代建）单位		负责人签字		
业主（使用）单位		负责人签字		

附表 7

项目移交物品清单

编号：

楼层	房间或部位	物品清单	日期
×××	×××		
施工单位		负责人签字	
（全过程）工程咨询单位		负责人签字	
建设（代建）单位		负责人签字	
业主（校方）单位		负责人签字	

参 考 文 献

［1］《中华人民共和国体育法》（2016 年修正版）

［2］《中华人民共和国政府采购法》（2014 年版）

［3］《中华人民共和国建筑法》（2019 年修订版）

［4］《公共文化体育设施条例》（国务院令第 382 号）

［5］《1995—2010 年体育产业发展纲要》

［6］《2001—2010 年体育改革与发展纲要》（国家体育总局发布，政字〔2000〕079 号）

［7］《关于培育发展工程总承包和工程项目管理企业的指导意见》（建市〔2003〕30 号）

［8］《体育事业"十一五"规划》（2006 年 7 月 11 日国家体育总局公布）

［9］《中央政府投资项目后评价管理办法（试行）》（发改投资〔2008〕2959 号）

［10］《体育产业"十二五"规划》（2011 年 4 月 29 日国家体育总局发布）

［11］《关于制止地方政府违法违规融资行为的通知》（财预〔2012〕463 号文）

［12］《关于加快发展体育产业促进体育消费的若干意见》（国发〔2014〕46 号）

［13］《关于推广运用政府和社会资本合作模式有关问题的通知》（财金〔2014〕76 号）

［14］《地方政府专项债券发行管理暂行办法》（财库〔2015〕83 号）

［15］《体育产业发展"十三五"规划》（国家体育总局 2016 年 6 月 27 日）

［16］《关于加快发展健身休闲产业的指导意见》（国办发〔2016〕77 号）

［17］《关于展开工程质量安全提升行动试点工作的通知》（建质〔2017〕69 号）

［18］《社会领域产业专项债券发行指引》（发改办财金规〔2017〕1341 号）

［19］《关于促进建筑业持续健康发展的意见》（国办发〔2017〕19 号）

［20］《关于加快发展体育竞赛表演产业发展的指导意见》（国办发〔2018〕121 号）

［21］《国家发展改革委投资咨询评估管理办法》（发改投资规〔2018〕1604 号）

［22］《房屋建筑和市政基础设施项目工程总承包管理办法》（建市规〔2019〕12 号）

［23］《关于促进全民健身和体育消费 推动体育产业高质量发展的指导意见》（国办发〔2019〕43 号）

［24］《关于推进全过程工程咨询服务发展的指导意见》（发改投资规〔2019〕515 号）

［25］《关于加强全民健身场地设施建设发展群众体育的意见》（国办发〔2020〕36 号）

［26］《全民健身计划 2021—2025》（国发〔2021〕11 号）

［27］《体育产业统计分类（2019）》

［28］林华. PPP 与资产证券化［M］. 北京：中信出版社，2015.

［29］苏士君，李启明. 体育场地建筑工艺［M］. 北京：人民体育出版社，2009.

［30］哈尔滨工业大学建筑学院. 建筑设计资料集第六分册［M］. 北京：中国建筑工业出版社，2017.

［31］胡新赞. 复合功能体育建筑建设与运营管理［M］. 北京：中国建筑工业出版社，2019.

［32］刘伟，钱锋. 真实与诗意的构筑——当代体育建筑的材料应用［M］. 北京：人民交通出版社，
2016.

［33］金坤．综合·高效·专业·多元——公共体育场馆建筑设计特征研究［M］．浙江：浙江大学出版社，2015．

［34］汪奋强．基于可持续性的体育建筑设计策略研究［M］．北京：中国建筑工业出版社，2016．

［35］高明磊．中国当代公共建筑．文化、体育建筑［M］．南昌：江西科学技术出版社，2019．

［36］肖淑红．体育服务运营管理［M］．北京：首都经济贸易大学出版社，2021．

［37］王健，陈元欣．大型体育场馆运营：理论与实务［M］．北京：北京体育大学出版社，2012．

［38］王健，陈元欣．国内体育场馆运营管理典型案例分析［M］．北京：北京体育大学出版社，2012．

［39］朱菊芳．公共体育场馆运营绩效评价研究［M］．南京：东南大学出版社，2019．

［40］韩秀英．中国体育场馆发展研究［M］．北京：中国纺织出版社，2018．

［41］李玲玲．21世纪我国体育建筑发展趋势［M］．北京：中国建筑工业出版社，2011．

［42］李玲玲，杨凌．体育建筑［M］．哈尔滨：黑龙江科学技术出版社，2014．

［43］谷金省，郭爱霞．体育场馆建设PPP模式探讨［J］．建设监理，2013（08）：13-14．

［44］李晓庆，胡新赞．两阶段招标在某体育中心专业承包采购活动中的应用实践［J］．建设监理，2014年第9期：37-38．

［45］蒋丰，魏爱生，刘火明．综合体育场馆底板超长混凝土结构施工技术［J］．建筑施工，2020，42（01）：38-40．

［46］劳唯中，周观根，洪王东．杭州奥体博览中心主体育场钢骨混凝土施工关键技术［J］．施工技术，2015，44（08）：41-44．

［47］李扬，刘玉涛，纪学灵，汪进，王颖．杭州奥体中心主体育场百年耐久性混凝土施工技术［J］．建筑，2012（05）：57-58．

［48］龙文志．首都机场T3航站楼屋面不要第四次再被风掀开——提高金属屋面抗风力技术探讨［J］．中国建筑金属结构，2013（15）：62-68．

［49］张世慧，曾桂萍．浅谈黄石市城市规划与黄石奥林匹克体育中心建筑设计［J］．建设监理．2020，（S1）：75-77．

［50］张绍虎，林志军．EPC模式下项目管理定位及造价控制措施——以榆林体育中心、会展中心项目为例［J］．建设监理．2020，（S1）：105-108．

［51］曹江，刘瑞金，张林萌，雷克．武汉东西湖体育中心体育场车辐式索承网格结构施工技术［J］．施工技术．2019，48（20）：70-73．

［52］罗尧治，张泽宇，许贤．杭州奥体中心体育场钢结构工程监测方案研究［C］．第十五届空间结构学术会议论文集．

［53］何于苗．PPP模式在我国大型体育场馆经营权改革中的应用研究［D］．华中师范大学．2018．